日経広告研究所編

有力企業の
広告宣伝費

NEEDS日経財務データより算定

2018年版

（2017年4月から2018年3月までの決算で集計）

2018年9月

日経広告研究所

は　じ　め　に

　本書は、全国5市場の証券取引所及びジャスダック上場企業と、財務省に有価証券報告書を提出する非上場企業の財務数値を、「広告宣伝費」を中心に集計、収録したものです。データの出所は日本経済新聞社の「ＮＥＥＤＳ日経財務データ」です。

　「広告宣伝費」以外には「売上高」「営業利益」「経常利益」「販売促進費」「売上高に対する広告宣伝費の比率」「売上高、広告宣伝費の対前年度増減率」「広告宣伝費対前年度伸び率」「広告宣伝費対前年度増加額」「(2012年度を100とした)広告宣伝費指数」を、それぞれ企業別に集計、収録しています。

　本書では、2013年版までは単独決算値を中心に集計を行っていましたが、2014年版より連結決算による集計分析中心に切り替えています。これは、企業の財務内容が連結中心になってきていることに加え、2014年3月26日の内閣府令第19号により単独決算における開示基準が変更され、広告宣伝費上位企業の中に単独決算においては広告宣伝費を記載しないケースが見られるようになったことに対応するためです。

　2014年版以降、全体の動向分析は連結決算値を中心に行い、業種別分析は10業種について詳細に行っております。全収録企業については、従来どおり、連結決算値と単独決算値を同じページに掲載するとともに、業種別集計値や広告宣伝費、販売促進費上位といったランキングについても、連結、単独決算値とも掲載しています。

　そして、2015年からは、75頁以降229頁までの企業別広告宣伝費の欄において、日経会社コードと証券コードを追加し、さらなる利便性の向上を図っております。

　本書を広告研究および広告業務の参考資料として役立てていただければ幸いです。

2018年9月

日経広告研究所

目　　　次

1	「有力企業の広告宣伝費」を用いた分析について　慶應義塾大学商学部教授　園田智昭・・・	5
	解説・概況・・・・・・・・・・・・・・・・・・・・・・・・・・・・	6
	業種別動向	
2－1	食品・・・・・・・・・・・・・・・・・・・・・・・・・・・・・	8
2－2	化粧品・トイレタリー・・・・・・・・・・・・・・・・・・・・	9
2－3	医薬品・・・・・・・・・・・・・・・・・・・・・・・・・・・	10
2－4	小売業・・・・・・・・・・・・・・・・・・・・・・・・・・・	11
2－5	サービス・・・・・・・・・・・・・・・・・・・・・・・・・・	12
2－6	自動車・・・・・・・・・・・・・・・・・・・・・・・・・・・	13
2－7	エレクトロニクス・・・・・・・・・・・・・・・・・・・・・・	14
2－8	住宅・不動産・・・・・・・・・・・・・・・・・・・・・・・・	15
2－9	ゲーム・デジタルメディア・・・・・・・・・・・・・・・・・・	16
2－10	通信・放送・・・・・・・・・・・・・・・・・・・・・・・・・	17
3	有力企業の広告宣伝費の活用法について・・・・・・・・・・・・・・	18
4	販売促進費の動向・・・・・・・・・・・・・・・・・・・・・・・・	20
	業種別広告宣伝費	
	2017年度上場企業の業種別連結広告宣伝費・・・・・・・・・・・・	22
	2017年度有力企業の業種別連結広告宣伝費・・・・・・・・・・・・	23
	2017年度上場企業の業種別単独広告宣伝費・・・・・・・・・・・・	24
	2017年度有力企業の業種別単独広告宣伝費・・・・・・・・・・・・	25
	業種別広告宣伝費伸び率の推移（単独決算、上場企業）・・・・・・・・	26
	業種別売上高に対する広告宣伝費の割合（単独、上場企業）・・・・・・	27
	データについて・・・・・・・・・・・・・・・・・・・・・・・・・	28
	上場企業の広告宣伝費総額と関連指標の推移・・・・・・・・・・・・・	30
	「ＮＥＥＤＳ日経財務データ」の販管費明細・・・・・・・・・・・・	32
	国際会計基準（ＩＦＲＳ）への対応について・・・・・・・・・・・・	33
	調査により判明した広告宣伝費・・・・・・・・・・・・・・・・・・	34

目　　次

連結広告宣伝費上位５００社

連結広告宣伝費　　　１―５０位・・・・・・・・・・・・・・・・・・・・・・・・・・・・・・・３７

連結広告宣伝費　５１―１００位・・・・・・・・・・・・・・・・・・・・・・・・・・・・・・３８

連結広告宣伝費１０１―１５０位・・・・・・・・・・・・・・・・・・・・・・・・・・・・・・３９

連結広告宣伝費１５１―２００位・・・・・・・・・・・・・・・・・・・・・・・・・・・・・・４０

連結広告宣伝費２０１―２５０位・・・・・・・・・・・・・・・・・・・・・・・・・・・・・・４１

連結広告宣伝費２５１―３００位・・・・・・・・・・・・・・・・・・・・・・・・・・・・・・４２

連結広告宣伝費３０１―３５０位・・・・・・・・・・・・・・・・・・・・・・・・・・・・・・４３

連結広告宣伝費３５１―４００位・・・・・・・・・・・・・・・・・・・・・・・・・・・・・・４４

連結広告宣伝費４０１―４５０位・・・・・・・・・・・・・・・・・・・・・・・・・・・・・・４５

連結広告宣伝費４５１―５００位・・・・・・・・・・・・・・・・・・・・・・・・・・・・・・４６

単独広告宣伝費上位５００社

単独広告宣伝費　　　１―５０位・・・・・・・・・・・・・・・・・・・・・・・・・・・・・・４７

単独広告宣伝費　５１―１００位・・・・・・・・・・・・・・・・・・・・・・・・・・・・・・４８

単独広告宣伝費１０１―１５０位・・・・・・・・・・・・・・・・・・・・・・・・・・・・・・４９

単独広告宣伝費１５１―２００位・・・・・・・・・・・・・・・・・・・・・・・・・・・・・・５０

単独広告宣伝費２０１―２５０位・・・・・・・・・・・・・・・・・・・・・・・・・・・・・・５１

単独広告宣伝費２５１―３００位・・・・・・・・・・・・・・・・・・・・・・・・・・・・・・５２

単独広告宣伝費３０１―３５０位・・・・・・・・・・・・・・・・・・・・・・・・・・・・・・５３

単独広告宣伝費３５１―４００位・・・・・・・・・・・・・・・・・・・・・・・・・・・・・・５４

単独広告宣伝費４００―４５０位・・・・・・・・・・・・・・・・・・・・・・・・・・・・・・５５

単独広告宣伝費４５０―５００位・・・・・・・・・・・・・・・・・・・・・・・・・・・・・・５６

業種別の広告宣伝費上位企業

業種別の連結広告宣伝費上位企業（小売業、食品、電気機器、自動車）・・・・・・・・・・・・・５７

業種別の連結広告宣伝費上位企業（化学、商社、医薬品、建設）・・・・・・・・・・・・・・・・５８

業種別の連結広告宣伝費上位企業（その他製造、サービス、不動産、その他金融）・・・・・・・・５９

業種別の連結広告宣伝費上位企業（通信、機械、精密機器、非鉄・金属）・・・・・・・・・・・・６０

業種別の連結広告宣伝費上位企業（繊維、ゴム、窯業、造船、輸送用機器）・・・・・・・・・・・６１

業種別の連結広告宣伝費上位企業（農林・水産、鉄道・バス、陸運、海運、空運、倉庫・運輸）・・６２

業種別の単独広告宣伝費上位企業（通信、証券、保険、銀行）・・・・・・・・・・・・・・・・・６３

—3—

目　　次

連結広告宣伝費対前年度伸び率上位１００社 ・・・・・・・・・・・・・・・・・ ６４

単独広告宣伝費対前年度伸び率上位１００社 ・・・・・・・・・・・・・・・・・ ６５

広告宣伝費対前年度増加額上位１００社（連結決算）・・・・・・・・・・・・・・・ ６６

広告宣伝費対前年度増加額上位１００社（単独決算）・・・・・・・・・・・・・・・ ６７

連結売上高に対する広告宣伝費の比率上位１００社 ・・・・・・・・・・・・・・・ ６８

単独売上高に対する広告宣伝費の比率上位１００社 ・・・・・・・・・・・・・・・ ６９

広告宣伝費指数上位１００社（２０１２年度＝１００）（連結決算）・・・・・・・・・ ７０

広告宣伝費指数上位１００社（２０１２年度＝１００）（単独決算）・・・・・・・・・ ７１

連結販売促進費上位１００社・・・・・・・・・・・・・・・・・・・・・・・・・・ ７２

単独販売促進費上位１００社・・・・・・・・・・・・・・・・・・・・・・・・・・ ７３

企業別広告宣伝費

食　品 ・・・・・・・・・・・ ７７	鉱　業 ・・・・・・・・・・・・ １３３
繊　維 ・・・・・・・・・・・ ８２	建　設 ・・・・・・・・・・・・ １３４
パルプ・紙 ・・・・・・・・・ ８３	商　社 ・・・・・・・・・・・・ １４１
化　学 ・・・・・・・・・・・ ８４	小売業 ・・・・・・・・・・・・ １５４
医薬品 ・・・・・・・・・・・ ９２	銀　行 ・・・・・・・・・・・・ １６４
石　油 ・・・・・・・・・・・ ９５	証　券 ・・・・・・・・・・・・ １６８
ゴ　ム ・・・・・・・・・・・ ９５	保　険 ・・・・・・・・・・・・ １６９
窯　業 ・・・・・・・・・・・ ９６	その他金融・・・・・・・・・・・ １７０
鉄　鋼 ・・・・・・・・・・・ ９８	不動産 ・・・・・・・・・・・・ １７６
非鉄・金属 ・・・・・・・・・ １００	鉄道・バス・・・・・・・・・・・ １８１
機　械 ・・・・・・・・・・・ １０５	陸　運 ・・・・・・・・・・・・ １８４
電気機器 ・・・・・・・・・・ １１３	海　運 ・・・・・・・・・・・・ １８５
造　船 ・・・・・・・・・・・ １２３	空　運 ・・・・・・・・・・・・ １８６
自動車 ・・・・・・・・・・・ １２３	倉庫・運輸・・・・・・・・・・・ １８６
輸送用機器 ・・・・・・・・・ １２６	通　信 ・・・・・・・・・・・・ １８８
精密機器 ・・・・・・・・・・ １２７	電　力 ・・・・・・・・・・・・ １９０
その他製造 ・・・・・・・・・ １２９	ガ　ス ・・・・・・・・・・・・ １９１
農林・水産 ・・・・・・・・・ １３３	サービス ・・・・・・・・・・・ １９１

「企業別広告宣伝費」索引（五十音順）・・・・・・・・・・・・・・・・・・・・・ ２３１

—4—

『有力企業の広告宣伝費』を用いた分析について

園田智昭（慶應義塾大学商学部教授）

　管理会計では、販売費を注文獲得費と注文履行費に大別しますが、広告宣伝費と販売促進費は、注文獲得費に属する代表的な費用です。売上高を増加させるためには、広告宣伝や販売促進のための支出は欠かせず、金額的な重要性も大きくなります。しかし、これらの活動を行わなくても口コミで売上が増えたり、広告宣伝や販売促進をしても売上が伸びなかったりするなど、支出と効果の相関関係が必ずしも明確でない場合も多く、支出水準の決定と効果測定に苦労されている企業も多いと思います。

　『有力企業の広告宣伝費』は、有価証券報告書に開示されている広告宣伝費と販売促進費を、NEEDS日経財務データにより集計し、連結・単独別に上位500社をランキングするとともに、業種別に連結広告宣伝費の上位企業のリストも作成しています。後半では、企業ごとの売上高、営業利益、経常利益、販売促進費、広告宣伝費の金額と、広告宣伝費の対売上高比率、売上高と広告宣伝費の対前年度伸び率を業種別に一覧表化しており、ライバル企業と自社の広告宣伝費のあり方を容易に比較検討することが可能です。

　さらに、広告宣伝費の対前年度伸び率、売上高に対する広告宣伝費比率、販売促進費についての上位100社等も、連結・単独別に一覧表化しています。ランキングの前の解説では、単独決算における業種別に、広告宣伝費伸び率の推移と、売上高に対する広告宣伝費の割合も一覧表化しています。

　このように、『有力企業の広告宣伝費』では、企業ごとの実際のデータをランキングするだけではなく、それらに基づいて広告宣伝費の分析に役に立つ比率を一覧表化しているのが大きな特徴です。これらの一覧表を活用して同業他社と比較することで、自社の広告宣伝活動の適切性を検証することができます。たとえば、売上高に対する広告宣伝費比率を同業他社と比較することは、自社が効果的な広告宣伝活動を行っているかどうかを判断することにつながります。歴史があり安定した売上高の企業が、急に広告宣伝費の金額を増加している場合は、有力な新製品を発売したか、注文獲得費の支出対象を、販売促進費から広告宣伝費にシフトしているかもしれません。後者については、その企業の広告宣伝費と販売促進費の金額を暦年で比較することで、注文獲得活動でどちらの手法に重きを置いているのかを知ることができます。また、業種別の広告宣伝費伸び率の推移や、売上高に対する広告宣伝費の割合と、自社の数値を比較することで、自社の広告宣伝戦略を見直すことができるかもしれません。

　なお、分析をするときには、同じ企業の連結と単独の数値を比較することも必要です。グループ会社の中に売上高の大きな企業が存在するかどうか、コーポレート・ブランドを対象とした広告宣伝費の割合がどれくらいか、親会社が純粋持株会社であるかどうかなど、企業グループごとの組織化の特徴と広告宣伝費政策の違いは、単独決算と連結決算の広告宣伝費に反映されます。その際には、過年度からの推移が変化しているのかどうかにも注目して頂きたいと思います。このように、『有力企業の広告宣伝費』を有効活用することで、ライバル企業の動向を把握し、自社の広告宣伝活動を見直すきっかけとすることができるでしょう。

1 2017年度有力企業の広告宣伝費の概略

連結決算は、広告宣伝費、売上高とも2年ぶりのプラスに

　日経広告研究所では、2018年7月より9月にかけて4224社を対象に調査を行った（調査概要は28・29ページ）。分析の結果、17年度の有力企業3153社（※）の連結決算ベースによる広告宣伝費は6兆3719億円で、前年度比6.33％増となった。

　2013年度から2015年度にかけては、円安が主な要因で円ベースの売り上げが増加し、広告宣伝費も大きく伸ばした。2016年度は、同年6月の英国の国民投票によるEU離脱の決定や、同年11月のアメリカ大統領選挙におけるドナルド・トランプ氏の勝利などを契機に円高が進行・定着した結果、円ベースの売上高と広告宣伝費が減少していた。2017年度は、為替は円安傾向で落ち着く一方、堅調な世界経済の成長を取り込む形で売上高が前年度比6.77％増加し、利益も高水準となった。その結果、広告宣伝費を支出しやすい状況となったことから、広告宣伝費は前年度のマイナスからプラスに転じた。

連結上位3社は前年度より広告宣伝費が増加

　連結の1位は、5096億円の広告宣伝費を計上し、前年度比13.56％増（同608億円増）だったトヨタ自動車で、3年連続のトップ。前年度比608億円増は、三菱商事の982億円増についで2位の増加額だった。ソニーも3年連続で変わらず2位（4071億円、同11.90％増）。以下、3位にはサントリーホールディングス（3694億円、同3.29％増）、4位日産自動車（3043億円、同2.90％減）、5位イオン（1847億円、同4.66％減）と続いた。

　有価証券報告書によると、連結1位のトヨタ自動車は、16年度は営業利益に関して為替変動のマイナスの影響が9400億円あったが、17年度はプラスの影響が2650億円あったという。主力である自動車事業の売上高は前年度比5.2％の増収で、日本、北米、欧州、アジア、その他（中南米、オセアニア、アフリカ、中近東）の全地域で前年度の売り上げを上回った。

　広告宣伝費上位企業（連結）には、海外売上高比率の高い企業が多い（図表1：上位30社の海外売上高比率）。このことからも、円安の影響で業績がよくなり、広告宣伝費も積極的に支出されるようになったことがうかがえる。

図表1　上位30社の海外売上高比率（連結）

2017年度 広告宣伝費額 順位	企業名	売上高・営業収益 （百万円）	海外売上高 （百万円）	海外売上高比率 （%）	広告宣伝費 （百万円）	2016年度 比広告・宣伝費 増減率（%）	2017年度 海外売上高 比率順位
1	トヨタ自動車	29,379,510	22,114,338	75.27	509,653	13.56	8
2	ソニー	8,543,982	5,918,363	69.27	407,106	11.90	11
3	サントリーホールディングス	2,420,286	953,472	39.40	369,414	3.29	19
4	日産自動車	11,951,169	10,109,901	84.59	304,328	-2.90	2
5	イオン	8,390,012	715,587	8.53	184,715	-4.66	26
6	サントリー食品インターナショナル	1,234,008	544,816	44.15	155,416	-2.48	17
7	楽天	944,474	194,164	20.56	152,383	25.64	25
8	リクルートホールディングス	2,173,385	1,001,131	46.06	138,150	27.08	16
9	セブン＆アイ・ホールディングス	6,037,815	2,130,749	35.29	136,473	-14.89	21
10	マツダ	3,474,024	2,842,795	81.83	119,684	9.63	4
11	ブリヂストン	3,643,427	2,959,066	81.22	119,148	-1.72	5
12	武田薬品工業	1,770,531	1,190,182	67.22	115,708	2.54	12
13	パナソニック	7,982,164	4,258,100	53.35	112,238	6.60	15
14	三菱自動車工業	2,192,389	1,842,983	84.06	110,047	32.56	3
15	三菱商事※	—	—	—	98,283	—	—
16	日本電信電話※	11,799,587	—	—	94,745	-0.56	—
17	花王	1,489,421	551,347	37.02	89,935	-7.70	20
18	SUBARU	3,405,221	2,736,655	80.37	82,801	2.50	6
19	スズキ	3,757,219	2,640,455	70.28	78,508	5.66	10
20	任天堂	1,055,682	794,493	75.26	72,616	49.03	9
21	ファーストリテイリング	1,861,917	807,947	43.39	70,937	-0.94	18
22	資生堂	1,005,062	548,133	54.54	62,943	18.25	14
23	コカ・コーラ　ボトラーズジャパン※	872,623	—	—	61,533	81.19	—
24	キヤノン	4,080,015	3,195,187	78.31	61,207	4.26	7
25	アサヒグループホールディングス	2,084,877	641,975	30.79	60,284	25.35	22
26	NTTドコモ※	4,769,409	—	—	58,955	-5.72	—
27	LIXILグループ	1,664,817	414,535	24.90	48,841	8.70	24
28	住友化学	2,190,509	1,384,749	63.22	46,707	5.51	13
29	ニコン	717,078	614,185	85.65	42,807	-9.86	1
30	バンダイナムコホールディングス	678,312	200,031	29.49	39,720	0.92	23

※三菱商事、日本電信電話、コカ・コーラボトラーズジャパン、NTTドコモは海外売上高を公表していない。

上位業種の広告宣伝費は堅調な伸び

次に業種別に見る。上位5業種（自動車、小売業、サービス、食品、電気機器）では、小売業が前年度比1.98％減であったのを除いて、4業種が前年度を大きく上回った。増加率は、自動車8.62％、サービス17.17％、食品7.95％、電気機器8.74％であった。

一方、17年度の上場企業2944社（※　※※）の広告宣伝費は5兆9857億円で、前年度比6.53％増、売上高伸び率は同6.80％増と、有力企業と同じ傾向となった。

対売上高比率は上昇して2008年以来最高値に

図表2に08年度から17年度までの10年間の有力企業（連結決算）の売上高と広告宣伝費の前年度比増減率の推移を示した。17年度は、リーマン・ショックが起きた年である08年度、その次の年の09年度、東日本大震災後の11年度、英国の国民投票によりEU離脱が決定し、アメリカ大統領選挙においてドナルド・トランプ氏が勝利した16年度に、売上高・広告宣伝費が前年度比でマイナスとなって以来、10年間で6度目のプラスとなっている。

図表3は08年度から17年度までの有力企業（連結決算）の売上高広告宣伝費比率の推移である。11年度以降増加基調にあり、17年度は2.56％と2008年以降で最も高い比率を更新している。

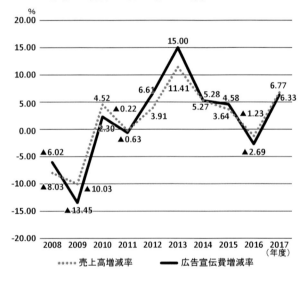

図表2　売上高と広告宣伝費の前年度比増減率の推移　（連結決算、有力企業）

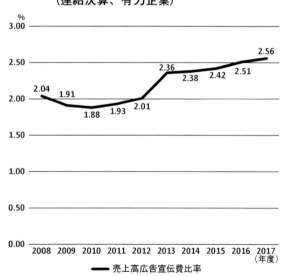

図表3　売上高に占める広告宣伝費比率の推移　（連結決算、有力企業）

単独の広告宣伝費は連結の伸びを下回る

17年度単独の広告宣伝費（有力企業）は前年度比1.46％増と3年連続のプラスとなった。連結は前述の通り前年度比6.33％増であり、単独の伸びが連結を下回った。なお、売上高は、前年度比2.44％増となった。

17年度の単独（有力企業4222社を対象）で、広告宣伝費が1000億円以上の業種※※※は、1位のサービスが前年度比9.43％増、3位の食品が同3.47％増とプラスだったが、2位小売業が同5.61％減、4位化学が同0.09％減、5位通信が同3.84％減とマイナスに落ち込み、前年度比1.46％増と小幅なプラスにとどまった。

※親子上場の子会社分を除く
※※前年度と比較可能な企業（2016年度と2017年度に広告宣伝費を開示している企業）のみを対象に算出している。
※※※前年度と比較可能な企業（2016年度と2017年度に広告宣伝費を開示している企業）のみを対象に算出している。

2-① 食品

健康志向の高まりと個性的なクリエーティブ

　各社とも個性的な広告クリエーティブでテレビCMを展開している。また、WEB動画やSNSの活用が進んでいる企業も多く見られた。業界としては、飲料を中心に健康志向の高まりが見られ、広告でも訴求をしている。本稿では、食品業界の中で、連結広告宣伝費の金額が高い4社を紹介する。

味の素
　広告宣伝費は355億円で前年度比1.23％増となった。2014年度に落ち込んだものの、ここ3年間は高い伸びを示している。小栗旬さんが中華料理店でチャーハンを美味しそうに食べる「ザ・チャーハン」などのテレビCMが話題になった。また、お母さんの子供に対する愛を表現した、母の日限定のラジオCM「あたしん家のお母さん」が、第56回JAA広告賞ラジオ広告部門JAA賞グランプリを受賞した。

ヤクルト本社
　183億円で同6.39％増。「ジョア」のテレビCMでは、剛力彩芽さんや渡辺えりさんに加え、本田望結さんを起用。女性層を中心に支持された。

日清食品ホールディングス
　146億円で同4.70％減。17年度は、3つのテレビCMが好評だった。「カップヌードル」は「青春」をテーマに、「アルプスの少女ハイジ」や「サザエさん」のパラレル・ワールドを展開した「HUNGRY DAYS」シリーズのCMが話題となった。「どん兵衛」では、星野源さんと「どんぎつね」を演じる吉岡里帆さんの交流を描いたCMが好評。「チキンラーメン」は、新垣結衣さんがチキンラーメンの様々な食べ方を訴求するシリーズを継続している。

江崎グリコ
　136億円で同16.32％増。様々な種類の菓子で有名芸能人を起用したテレビを展開した。特に三代目 J Soul Brothers from EXILE TRIBEを起用した「ポッキー」のCMが好評だった。また、吉高由里子さんがHIKAKINのプロデュースで、WEB動画「パナップTV」に登場。アイスクリーム「パナップ」の魅力を伝えるコンテンツをつくり、WEBとテレビCMを連動させたキャンペーンを展開した。

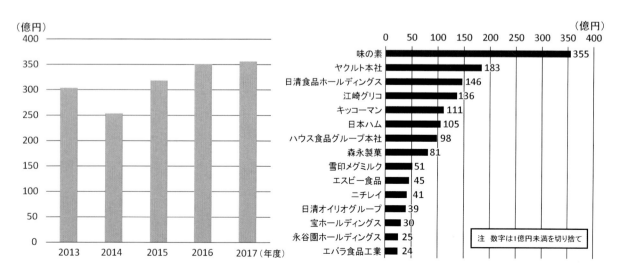

図表4　味の素の連結広告宣伝費

図表5　2017年度の食品連結広告宣伝費ランキング

2-② 化粧品・トイレタリー

ブランド強化の姿勢続く

　連結決算で見た場合の、広告宣伝費を開示している化粧品・トイレタリー企業は15社・グループ。その合計は2621億4100万円で、前年度に比べ3.43％の増加となった。海外市場の拡大を目指すといった、積極的な姿勢が続いているようだ。

花王

　連結広告宣伝費の第1位は花王の899億円で、前年度比7.70％の減少だった。業績はアジアや米州の売り上げが前年度を上回り、8期連続で営業利益及び当期利益の増益を達成した。研究開発を重視し、高付加価値商品の発売、育成に注力する一方で、コストダウン活動に取り組んだ。同社は単体の場合も第1位（同477億円）で、こちらも前年度比10.78％の減少だった。国内においては売り上げは伸長しているが、前年度に増えたマーケティング費用を縮小したかたちである。

ポーラ・オルビスホールディングス

　ポーラ・オルビスホールディングス（連結広告宣伝費127億円）は前年度比45.46％増と、1.5倍近くもの増額となった。POLAブランドの売上高の増加に伴い、広告宣伝費も増加した。海外ではORBISブランドとともに、中国市場での売り上げが成長しているようだ。海外売上高は206億円で、前年度比8.68％増加した。同社のVI（ビジュアルアイデンティティ）であるPOLA Dotsをベースに、笑顔をテーマにしたさまざまなコピーを載せたポスターでトレインジャックした展開は、「交通広告グランプリ2017」で最高賞を受賞した。

資生堂

　連結広告宣伝費は629億円で、前年度比18.25％の大幅な伸びとなった。資生堂は中長期戦略としてグローバルでのブランド価値向上に取り組んでおり、2017年度までは事業基盤再構築の期間と位置づけて、積極的な投資を行った。プレステージブランドやEコマース事業など成長が期待できる領域で、マーケティングを強化した。海外売上高（5481億円）も前年度比23.85％増と、大幅に伸びている。

フマキラー

　フマキラー（連結広告宣伝費31億円）は前年度比21.40％増と、大幅に広告宣伝費を増やした。「効きめプレミアシリーズ」をはじめとするクオリティの高い商品の開発、販売強化を進めるとともに、インドネシア、マレーシアといった東南アジアで、主力の蚊取り線香やエアゾールの広告宣伝・販促活動を積極的に行った。熱帯・亜熱帯地域で慢性的に発生する、蚊をはじめとする害虫による感染症のリスクは国内でも高まっており、防衛対策を促すポスター展開といった啓発活動にも取り組んでいる。

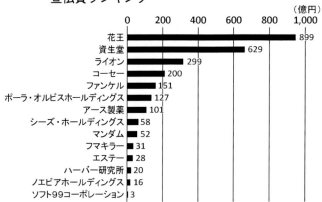

図表6　2017年度の化粧品・トイレタリー　連結広告宣伝費ランキング

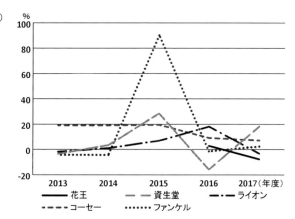

図表7　上位5社の広告宣伝費増減率の推移

2-③ 医薬品

国内医薬品市場は3年連続10兆円超えで広告宣伝費も堅調

　医薬・医療関連業界のマーケットリサーチ、コンサルティングのIQVIA ソリューションズ ジャパン（旧社名IMSジャパン）によると、2017年度の日本の医薬品市場は10兆5155億円、前年度比0.8%増と3年連続で10兆円を超えた。製品別売り上げ1位は中外製薬の血管新生阻害剤「アバスチン」で1146億円、2位は小野製薬工業のがん治療薬「オプジーボ」の1027億円。伸長する市場に合わせて広告宣伝費も堅調だった。

武田薬品工業

　連結広告宣伝費は、前年度比2.54%増の1157億円。現代人が日常的に感じ、労働力低下等の経済的な問題をも引き起こしている疲労は、エネルギー源の不足が原因であると言われているなか、主要子会社の1つである武田コンシューマーヘルスケアは、2017年4月に「アリナミン」シリーズの新商品「EXプラスα」（第3類医薬品）を発売した。これまでのシリーズ広告を刷新し、糖質をエネルギーに変換する際にビタミンB1の補給が大切であり、既存品の錠剤「アリナミンEXプラス」に糖質、脂質、タンパク質の3大要素をエネルギーに変えるリボフラン（ビタミンB2）を配合したことなどを訴求し、ブランドの活性化を図った。

大正製薬ホールディングス

　2.23%増の225億円。1960年に立ち上げた基幹商品である「ナロン」ブランドは解熱鎮痛薬「ナロンエース」(90年発売)へとつながり、大正製薬にとって歴史あるロングセラーブランド。それらのブランドイメージの維持とさらなる向上を狙い、幅広い世代で好感度が高く、明るく健康的なイメージの女優、本田翼さんを起用し、テレビCM等で、頭痛で悩む人に対して、「ナロンエースT」の優れた鎮痛効果を訴求した。

大幸薬品

　27.45%増の10億円。正露丸が主力商品の大幸薬品は、新製品「正露丸クイックC」のテレビCMを積極的に展開。また、2017年7月には「ラッパのメロディ」が、音楽的要素のみからなる音商標として初めて特許庁から登録を認定された。さらに、製薬会社による世界初の音楽レーベル「SEIROGAN UTILITY RECORDS」を立ち上げ、ラッパのメロディーをリミックスした「緊張をほぐす音楽」「集中する音楽」「ポジティブになる音楽」「やる気が出る音楽」「イライラをなくす音楽」の5曲を制作して発表するなど、ブランド資産を活用した多彩なコミュニケーション活動を行った。

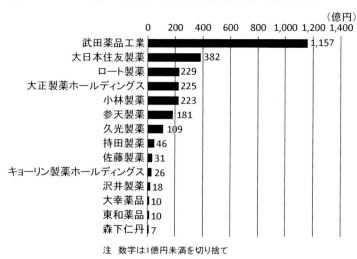

図表8　2017年度の医薬品の連結広告宣伝費、上位14社

注　数字は1億円未満を切り捨て

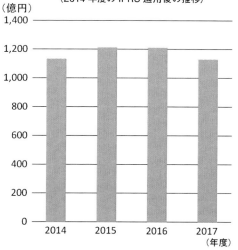

図表9　武田薬品工業の連結広告宣伝費
（2014年度のIFRS適用後の推移）

2-④ 小売業

広告投資を抑える傾向、ユニー・ファミリマートHDは積極展開

　連結決算で見た場合の、広告宣伝費を開示している小売業は100社・グループ。その合計は8681億9300万円で、前年度に比べ2.11％の減少となった。国内消費は堅調で、スーパー、家電大型専門店、ドラッグストアなどの販売が伸びたが、全体ではやや広告投資を抑えるかたちとなった。海外売上高を公表している企業の同数値も伸びているが、規模の大きなセブン＆アイ・ホールディングスや、イオン、ファーストリテイリングが広告宣伝費を減らしたことも響いたようだ。

イオン

　連結広告宣伝費1位のイオンは、前年度比4.66％減の1847億円を計上した。
　GMS事業は地域特性やG.G（グランド・ジェネレーション）世代を考慮するなど、より来店者の志向に合わせた店舗を出店した。一方で既存店舗の活性化を推進し、利益率の改善に努めた。そうしたなかで経費の削減にも取り組んだ。
　ドラッグ・ファーマシー事業では「ウェルシアモデル」を積極的に推進。調剤併設店舗、24時間営業店舗の拡大にともなって、告知のテレビCMも放映している。

セブン＆アイ・ホールディングス

　セブン＆アイ・ホールディングスも連結広告宣伝費は1000億円を超えるが（1364億円）、2017年度の広告宣伝費は前年度よりも14.89％減少した。16年度に続き、大幅に経費を圧縮した。営業利益（3916億円）や経常利益（3907億円）、当期純利益（1811億円）はそれぞれ最高益を達成した。
　国内コンビニエンスストア事業では18年2月末時点で2万260店舗となり、国内で展開する小売業において初めて2万店を超えた。一方で、販管費の伸びを抑えた。百貨店事業では宣伝装飾費の適正化を図り、31億円を削減した。

ユニー・ファミリーマートホールディングス

　ユニー・ファミリーマートホールディングスは200億円を超える連結広告宣伝費を計上しているが、17年度の広告宣伝費は前年度比19.60％増と、大幅な伸びとなった。同社は競争力強化に向けてマーケティング改革を進めており、その一環としてテレビCMをはじめとした販促効果の最大化に取り組んでいる。ファミリーマートの看板商品である「ファミチキ」を擬人化したオリジナルキャラクター「ファミチキ先輩」が、年間を通して訴求すべき商品カテゴリーをPRするCMを展開している。

図表10　2017年度の小売業　連結広告宣伝費ランキング

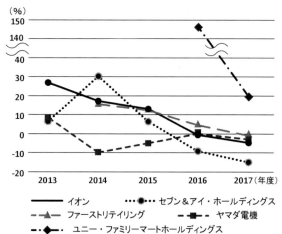

図表11　上位5社の広告宣伝費増減率の推移

2-⑤ サービス（外食・教育）

大手は積極的な広告展開で売り上げ増

　外食は、人件費の高騰が経営を圧迫するなか、広告宣伝費を積極的に支出し、売上高も大きく伸ばした。教育は、少子高齢化の影響で11社中8社が広告宣伝費を増加させており、売り上げを増加させたのは10社で、減収は1社にとどまった。

日本マクドナルドホールディングス
　広告宣伝費（連結）は53億円で、前年度比10.20％増。
　日本マクドナルドホールディングスは、レギュラー商品のおいしさにこだわる「おいしさ向上宣言」を行い、「プレミアムローストコーヒー」のリニューアルや、3種のビーフバーガー「グラン」などを新レギュラーメニューとして発売した。また、スイーツ商品と人気ブランドのコラボレーションも実施。森永製菓と「マックフルーリー森永ミルクキャラメル」、明治と「マックシェイク　チェルシー」などが話題となった。その結果、2017年度の売り上げは2536億円で、前年度比11.91％増と順調に売り上げを伸ばした。

吉野家ホールディングス
　広告宣伝費（連結）は46億円、前年度比8.52％増。吉野家ホールディングス全体の50％以上の売り上げがある国内主要セグメントの「吉野家」は、積極的な新商品開発を行って新規顧客層を開拓し、既存店客数の拡大を図った。また、国内の讃岐うどんのチェーン店「はなまる」や海外への各業態の積極的な出店により、売上高は1985億円で前年度比5.24％増と堅調だった。

日本KFCホールディングス
　広告宣伝費（連結）は31億円と前年度比15.02％の減少。売上高は同16.56％減の734億円。日本KFCホールディングスはブランド力向上のため、立地や客層に合わせた新業態店舗の展開、既存店舗の改装を積極的に実施した。また、CSR活動にも積極的に取り組み、スポーツ大会への協賛、KFCファンとの交流を図るタウンミーティングの開催、子どもたちに食事の大切さを伝え、手づくりすることの楽しさを体験してもらうことを目的に、「キッズスクール」（調理体験）を開催するなどした。

ベネッセホールディングス
　広告宣伝費（連結）は323億円と前年度に比べて6.57％増加した。売上高は1.03％増の4344億円。
　ベネッセホールディングスの売上高の半分近くを占める国内教育カンパニーの売上高は、2054億円と、前年度比5.6％の増収。その要因は、「進研ゼミ」「こどもちゃれんじ」の延べ在籍数の増加や、大学向け留学支援事業の伸長、東京教育研、東京個別指導学院の生徒数の増加などによる。

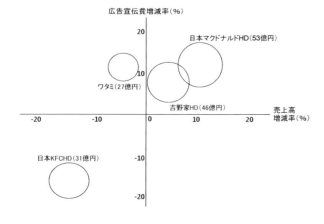

図表12　2017年度の外食関連4社（連結決算）の広告宣伝費、売上高の増減率と広告宣伝費の大きさ

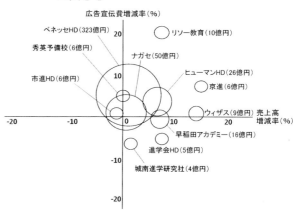

図表13　2017年度の教育関連11社（連結決算）の広告宣伝費、売上高の増減率と広告宣伝費の大きさ

2-⑥ 自　動　車

販売堅調に円安の恩恵加わり、広告費は大幅増

　自動車8社の2017年度の連結広告費は8.73％伸び、前年度の落ち込み分（8.0％）を取り戻した。国内は登録車が微減だったが、軽を含む新車販売台数は増え、2年連続で500万台を維持した。欧米やアジア市場の販売も総じて安定していた。円安基調で利益が改善し、広告費を増やす動きが強まった。

トヨタ自動車
　連結広告費は13.56％増と2ケタの伸びを記録、金額の5096億円は17年度も連結広告費ランキングのトップだった。地域によりクルマの売れ行きに濃淡はあったものの、世界販売台数は1044万台と1.9％増えた。対ドルで3円、対ユーロで11円の円安となり、利益水準を押し上げた。国内は225万5000台と微減だったが、軽自動車を除くトヨタレクサスブランドのシェアは46.9％と高水準だった。ハイブリッド車の「プリウス」やセダンの「カムリ」、17年に多目的スポーツ車（SUV）として最も売れた「C-HR」などの広告を積極的に展開した。

日産自動車
　連結広告費は2.90％減り、8社の中で唯一マイナスとなった。国内登録車が5.0％減ったことなどが要因。下期から期待の電気自動車「新型リーフ」の販売を内外で始め、国内では性能に関するテーマごとにテレビCMを投入した。新開発の「e-Power」を導入した「ノート」の広告にも力を入れ、「インテリジェント・モビリティ」としてのイメージを強調した。

マツダ
　16年度の連結広告費は11.16％減だったが、17年度は9.63％増え、14、15年度並みの水準まで戻った。販売は各地域で満遍なく伸び、世界販売台数は163万1000台と過去最高を記録した。自動車会社の中ではSUBARUと並び輸出比率が高く、円安の恩恵を受けやすいことも後押しした。SUVの「新型CX-5」の販売をグローバルに展開し、テレビCMを積極化した。

三菱自動車工業
　16年度は連結広告費が8.75％減り、13年度を100とした場合、78.2の水準まで落ち込んでいた。しかし17年度は32.56％と大幅に増やし、13年度並みまで回復した。世界販売台数は110万1000台と18.9％増えた。円安の恩恵に加え、日産自動車との提携も収益に好影響を与えている。看板車種の「ACTIVE GEAR」シリーズのほか、新型コンパクトSUV「エクリプス クロス」などのテレビCMを投入した。

図表14　2017年度の自動車8社の連結広告費などの動向

会社名	連結広告費 合計（百万円）	連結広告費 伸び率（％）	連結売上高 伸び率（％）	海外売上高 伸び率（％）	売上高 広告費比率（％）	海外売上 比率（％）
トヨタ自動車	509,653	13.56	6.46	6.66	1.73	75.27
日産自動車	304,328	-2.90	1.97	2.20	2.55	84.59
マツダ	119,684	9.63	8.08	8.20	3.45	81.83
三菱自動車工業	110,047	32.56	14.99	14.52	5.02	84.06
ＳＵＢＡＲＵ	82,801	2.50	2.38	2.28	2.43	80.37
スズキ	78,508	5.66	18.54	159.22	2.09	70.28
日野自動車	6,604	35.11	9.16	18.49	0.36	38.80
いすゞ自動車	5,623	8.24	6.00	10.19	0.27	61.99

図表15　2013年度を100としたときの連結広告費の推移

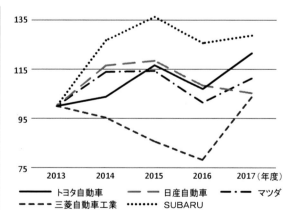

2-⑦ エレクトロニクス

好調な業績を背景に広告費は4年ぶりに増加

　有力企業で連結広告費を開示している電気機器231社の連結広告費合計は、海外市場が好調であることや、国内で白物家電の市場が拡大し、7429億円で前年度比8.74％増となった。白物家電は販売が好調で、日本電機工業会によると前年度比1.7％増と3年連続のプラスとなった。連結広告費の推移を見ると、18.48％増となった13年度以降、14年度（3.25％減）、15年度（6.1％減）、16年度（6.99％減）とマイナスが続いていたが、4年ぶりにプラスに転じた。

ソニー

　連結対象企業は、エレクトロニクス事業の他、ゲーム事業、映画・映像事業、音楽事業、金融事業など多岐に渡る。その中でもエレクトロニクス事業が原動力となって、17年度は過去最高益を更新した。ブラビアなどのテレビが好調で「ホームエンタテインメント＆サウンド」分野が17.7％の増収、「αシリーズ」などデジタル一眼レフが牽引した「イメージング・プロダクツ＆ソリューション」分野が13.2％の増収となった。好調な業績を背景に、広告宣伝費は11.90％増と14年3月期以来、4年ぶりに増加に転じた。

パナソニック

　17年度の連結広告宣伝費は6.60％増と、16年度の0.13％減からプラスに転じた。13年度を100とした伸び率を見ると微増傾向にある。エアコンや美容家電が伸びた白物家電が好調であることや、車の自動化や電装化が進む中で車載カメラや車内の情報表示機器が伸びた。海外売上高は15.56％と2ケタの伸びとなり、17年度は10年度以来の7年ぶりの増収増益となった。

キヤノン

　17年度の連結広告費は、4.26％増と16年度（27.44％減）からプラスに転じた。17年12月期の連結決算は、レンズ交換式デジタルカメラ、複合機が好調を持続し、増収増益となった。13年を100として連結広告宣伝費の推移を見ると、16年度の収益の落ち込みが影響し、71となった。

三菱電機

　17年度の連結広告費は、5.33％増となった。ここ数年、業績が好調で13年からの推移を見ると広告宣伝費は増加傾向にある。汎用化された製品を早期に切り捨てBtoB市場に特化した戦略が成功し、ここ数年は業績が好調。最近では、高齢者世帯や単身世帯をターゲットとしたIoT関連商品や、10万円を超える「プレミアム家電」など、高付加価値商品に絞ったBtoC商品に力を入れていて、広告宣伝費の増加につながっている。

図表16　エレクトロニクス8社の連結広告費などの動向

会社名	連結広告費金額（百万円）	伸び率（％）	連結売上高伸び率（％）	海外売上高伸び率（％）	売上高広告費比率（％）	海外売上比率（％）
ソニー	407,106	11.90%	12.37%	13.59%	4.76%	69.27%
パナソニック	112,238	6.60%	8.69%	15.56%	1.41%	53.35%
キヤノン	61,207	4.26%	19.95%	18.58%	1.50%	78.31%
三菱電機	34,279	5.33%	4.54%	9.52%	0.77%	45.31%
セイコーエプソン	21,886	3.96%	7.54%	10.15%	1.99%	77.31%
ブラザー工業	16,618	0.38%	11.20%	13.48%	2.33%	83.03%
カシオ計算機	14,406	5.16%	-2.00%	0.13%	4.58%	68.12%
オムロン	10,320	24.44%	8.28%	14.59%	1.20%	61.80%

連結広告費を開示している企業のうち、広告費上位8社を記載

図表17　2013年度を100としたときの連結広告費の推移

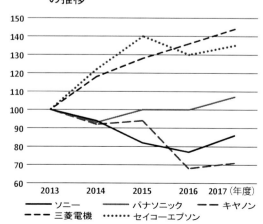

2-⑧ 住宅・不動産

住宅マーケットが縮小するなかブランド広告は堅調

　2017年度の新設住宅着工戸数は、前年度に比べて2.8％減の94万6396戸となった。住宅、不動産ともに売り上げが低調だった。マンションは建設費の高騰や地価の上昇で販売戸数が減少した。その一方で、企業イメージ向上を狙ったブランド広告が目立った。

大和ハウス工業

　17年度の単独決算ベースの広告宣伝費は264億円で前年度比3.19％の減少となった。戸建注文住宅の「xevoシリーズ」、賃貸住宅の「D-room」といった本業の広告に加えて、これから成長が期待される事業展開を訴求する広告が目立った。特に「物流にAIを」というキャッチコピーで、AIを導入することで物流の新しい形をつくりたいと考えている大和ハウス工業の取り組みを、役所広司氏がコミカルな歌と踊りを披露するビジュアルで展開。同社が物流という大きな成長が見込まれるマーケットで新たな取り組みに挑戦することを宣言した。物流以外にもベトナムをはじめとする住宅事業の海外進出、大規模商業施設、メガソーラーまで新たな事業展開に積極的に取り組む姿勢をアピールした。

三井不動産

　17年度の連結広告費ベースの広告宣伝費は214億円だった。16年度が前年度比で10％と大きく伸びた反動もあり、17年度は前年度比7.81％減となり、首位の座を野村不動産ホールディングスに明け渡した。そのような状況の下、三井不動産は企業イメージを向上させる広告活動を展開した。同社は20年12月末日までの期間における「東京2020オリンピック・パラリンピック競技大会」のゴールドパートナー契約を締結しており、一人ひとりが変化そのものになろうという意味の「BE THE CHANGE」のロゴを用いた広告を展開した。同社のコーポレートカラーの2色で塗り分けられたエレメントは、「風に乗って飛び立つ鳥」をイメージし、「BE THE CHANGE」をスローガンにしたテレビCMや新聞広告などを積極的に展開した。

野村不動産ホールディングス

　17年度の連結広告費は223億円で前年度比4.0％増加した。大手不動産会社との比較では三井不動産を抜いて再びトップに立った。売り上げに占める広告宣伝費の比率を見ると3.58％と他社と比較して高く、戦略的に広告費を投下していることがわかる。三井不動産、三菱地所という2強に肩を並べるために、「プラウド」のイメージを高めることに集中した広告展開を繰り広げている。溝口肇氏の奏でるチェロの音色をバックに世界中の雄大な景色を撮影し、テレビCMを放映する手法で、「プラウド」の世界観を表現する企業イメージ広告を地道に続けており、野村不動産ホールディングスが販売する高級マンションの価値が年々高まっている。

図表18　2017年度の住宅メーカーの広告宣伝費（単独）上位企業と前年度比増減率

順位	会社名	広告宣伝費（百万円）	前年度比増減率（％）
1	大和ハウス工業	26,459	-3.19
2	積水ハウス	17,294	-4.51
3	タマホーム	6,186	10.72
4	ミサワホーム	5,085	2.58
5	フジ住宅	2,315	11.41
6	サンヨーホームズ	1,946	-12.93
7	ヤマダ・エスバイエルホーム	1,510	-0.46
8	三井ホーム	1,422	-7.36

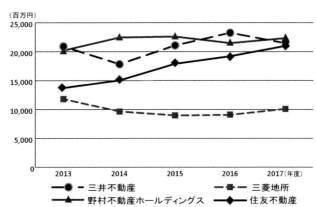

図表19　不動産大手各社の広告宣伝費（連結）の推移

2-⑨ ゲーム・デジタルメディア

任天堂の好調さが際立つ

　任天堂の広告宣伝費の増加が目を引く。話題のゲームの新発売が相次ぎ、広告宣伝費はテレビCMを中心に前年度比で大幅に増えた。

任天堂

　広告宣伝費（連結）は726億円と前年度比49.03％増。売上高は、16年度比115.84％増の1兆556億円。
　Nintendo Switchの全世界における販売が好調に推移し、2017年度の販売台数は1,505万台となった。また、ソフトウェアでは、『スーパーマリオ オデッセイ』が世界中で人気を博し1,041万本の大ヒットを記録した。加えて、『マリオカート8 デラックス』が922万本、『Splatoon 2』が602万本を販売するなど、当期のミリオンセラータイトル数はソフトメーカーのタイトルを含めて12タイトルとなった。2017年度のNintendo Switchのソフトウェア販売本数は6,351万本。
　ニンテンドー3DSのハードウェアは、Nintendo Switchの発売後も各地で堅調に推移し、2017年度の販売台数は640万台となった。ソフトウェアは、『ポケットモンスター ウルトラサン・ウルトラムーン』が751万本の販売を記録。2017年度のニンテンドー3DSのソフトウェアの販売本数合計は3,564万本となった。
　その他、「ニンテンドークラシックミニ スーパーファミコン」が各地で人気化。528万台の販売を記録した。それ以外にも、amiibo（アミーボ）の販売も前期を上回り、フィギュア型が約1,030万体、カード型が約580万枚の販売となった。
　これらのテレビCMが数多く流されて、広告宣伝費額を大きく押し上げた。

ミクシィ

　広告宣伝費（連結）は235億円と前年度比13.08％増。スマートフォン専用ゲーム「モンスターストライク」を主力とするエンターテインメント事業では、国内外で、TVCMや屋外広告等のプロモーション、eスポーツ促進を含むリアルイベントの実施などの施策を行った。そのほか、グッズの製作、映画や人気アニメとのタイアップ、オリジナルアニメの配信や劇場版公開などに加え、平成29年5月にはグッズ販売等を行う常設店舗を東京・渋谷にオープンした。

ガンホー・オンライン・エンターテインメント

　連結広告宣伝費は102億円と前年度比31.72％減。主力ゲームである「パズドラ」の売上高が減少したが、18年1月に「パズドラプロジェクト2018」と題し、「パズドラ」シリーズの新たなアニメ、マンガ、玩具に関する展開に加え、e-Sportsへの取り組みを進めていくこととなった。

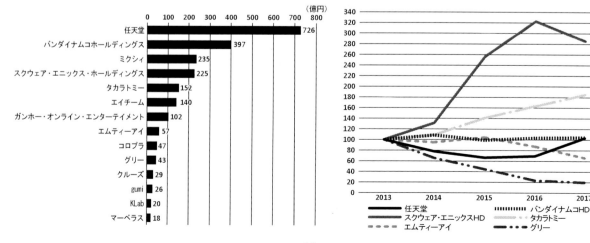

図表20　2017年度の主なゲーム・デジタルメディア企業の連結広告宣伝費　※1億円未満切り捨て

図表21　主なゲーム・デジタルメディア企業の2013年度を100としたときの連結広告費の推移

2-⑩ 通信・放送

携帯各社は人気 CM シリーズを継続展開

　携帯大手3社の広告は、ストーリー性のあるクリエーティブのテレビCMを継続し、CM好感度（CM総研調べ）の上位を占めている。売り上げは伸びたが、広告宣伝費は抑え気味であった。一方、放送業界ではキー局の業績が伸び悩んでいる。動画配信サービスの浸透が、テレビ視聴にも影響している模様だ。

KDDI

　広告宣伝費（単独決算）は、前年度比5.49％減の322億円。auのCMが、CM好感度で3年連続1位となった。松田翔太さんが桃太郎、桐谷健太さんが浦島太郎、濱田岳さんが金太郎を演じる「三太郎シリーズ」では、2017年8月から川栄李奈さんが扮する新キャラクターの織姫が登場して話題となった。

　また、グループ会社のUQコミュニケーションズも、深田恭子さん、多部未華子さん、永野芽郁さん扮する三姉妹とブルームク、ピンクガチャを起用した「家族、だぞっ」シリーズや、藤原紀香さんを起用した他キャリアからの「乗りかえ」がテーマの広告が、若年層を中心に人気に。CM好感度で6位に入った。

ソフトバンク

　広告宣伝費（単独決算）は、前年度比2.85％減の296億円。CM好感度では、「白戸家シリーズ」が3位に入り、11年連続のトップ3を維持した。17年9月には過去10年間を振り返ったCMを放送し、話題となった。また、グループ会社のワイモバイルはCM好感度で5位に。桐谷美玲さんとふてニャンを軸とした「ワイモバ学園」シリーズに加え、17年6月からは、「ズキュン！」というメインコピーのテレビCMで桐谷美玲さん、斎藤工さん、吉田鋼太郎さんが共演するバージョンが放映された。

NTTドコモ

　広告宣伝費（単独決算）は、前年度比10.00％減の276億円。堤真一さん、綾野剛さん、高畑充希さんが新聞記者に扮した「得ダネを追え」シリーズに、新キャラクターとしてブルゾンちえみさん扮する綾野さんの妹が登場。CM好感度は16年度の3位から2位となった。また、高橋一生さんが登場する「25年前の夏」篇や「娘の帰り」篇CMは、バックにMr.Childrenの曲が流れる感動ストーリーに仕上がっており、SNSで拡散されて多くの人の共感を呼んだ。

WOWOW

　広告宣伝費（単独決算）は、前年度比22.54％増の50億円。「幸せなら手をたたこう」のメロディーに合わせて替え歌を歌う柳楽優弥さんと、その歌が気になる有村架純さんの掛け合いのCMが話題となった。

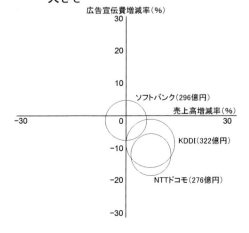

図表22　2017年度の通信3社（単独決算）の広告宣伝費、売上高の増減率と広告宣伝費の大きさ

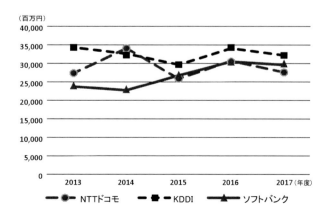

図表23　通信会社大手3社の広告宣伝費（単独）の推移

—17—

3　有力企業の広告宣伝費の活用法について

日本における広告宣伝費の統計について

　日本には広告宣伝費に関する統計が3つある。電通が毎年2月に発表している「日本の広告費」、経済産業省による特定サービス産業動態統計調査の「広告業」、そして、日経広告研究所の「有力企業の広告宣伝費」である。

　上記3つにはそれぞれ以下のような特徴がある。

　日本の広告費では、日本国内で1年間（1～12月）に使われたマスコミ四媒体（衛星メディア関連を含む）、インターネット、プロモーションメディアの広告媒体料と広告制作費について、媒体社や広告制作会社の協力を得ながら広告費を推定している。

　特定サービス産業動態統計調査では、特定のサービス業に属する事業を営む企業（または事業所）のうち、当該業種の全国（または特定の地域）の年間売上高の概ね7割程度をカバーする売上高上位の企業（または事業所）を対象として、調査票形式で回答を求め、集計している。「広告業」は1000事業社程度に毎月調査票を送り、それらを集計したものである。

　有力企業の広告宣伝費は、P28に記載しているように、日本経済新聞社の「NEEDS日経財務データ」をベースにしている。簡潔に言うと、企業の有価証券報告書に記載されている広告宣伝費を集計したものだ。それらに加えて、一部独自調査や決算説明資料などの公開情報で明らかになった数値も収録している（ex.P34。調査により判明した広告宣伝費）。

図表24　日本における広告宣伝費の統計（上段：調査対象、中段：調査主体および名称、下段：集計するデータ）

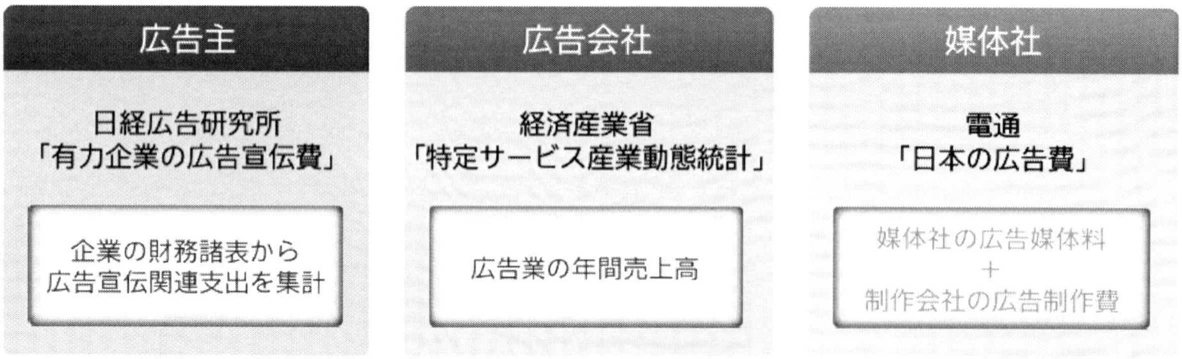

広告主	広告会社	媒体社
日経広告研究所「有力企業の広告宣伝費」	経済産業省「特定サービス産業動態統計」	電通「日本の広告費」
企業の財務諸表から広告宣伝関連支出を集計	広告業の年間売上高	媒体社の広告媒体料＋制作会社の広告制作費

各種統計およびランキングの活用

　有力企業の広告宣伝費では、P231 ～ 290 の索引からたどっていくことで、P75 ～ 229 にかけて掲載されている企業別広告宣伝費で、各企業の広告宣伝費を調べることができる（広告宣伝費は開示している企業のみ記載されている）。

　P22 ～ 27 にかけては、業種別の売上高、営業利益、経常利益、販売促進費、広告宣伝費が、それぞれ上場企業と有力企業（上場企業＋非上場の有力企業）、連結決算と単独決算の 4 種類の組み合わせで掲載されている。それらを概観することで、業種別の広告宣伝費の支出傾向や、売上高との関係が見て取れる。具体的には、売上高に対する広告宣伝費の比率や、売上高・広告宣伝費の前年度に対する伸び率などがわかる。

　P35 ～ 56 では、各種ランキングを掲載している。最初に、連結・単独とも広告宣伝費の上位 500 社を掲載している。前年度の順位や、前年度の広告宣伝費や売上高に対する伸び率、売上高に占める広告宣伝費の割合などが記載されている。これらを概観することで、前年とどのように変わったかを知ることができる。

　P57 ～ 63 の業種別のランキングでは、原則として各業種の上位 10 社を掲載しており、P8 ～ 17 の業種別動向とあわせて読むと、その業種でどのような広告宣伝活動が行われたかアウトラインを、つかむことができ、理解が進むだろう。

　その他、対前年度伸び率上位 100 社（P64、65）、対前年度増加額上位 100 社（P66、67）、広告宣伝費指数上位 100 社（2012 年度＝ 100）（P70、71）など、広告宣伝費の増加にフォーカスしたランキングは、ここ数年で広告宣伝費を大きく伸ばしている企業を把握するのに役立つ。また、売上高に対する広告宣伝費の比率上位 100 社（P68、69）は、企業規模に比べて広告宣伝費を多く使っている企業、あるいは、その逆を知るのに便利だ。

企業における広告宣伝費の位置づけを知るには

　広告宣伝費についての情報開示は、質・量ともに各企業によって温度差がある。しかし、業種によっては広告宣伝費の使い方が経営戦略そのものであり、有価証券報告書でその位置づけを説明しているケースもある。例えば、連結の広告宣伝費 3 位のサントリーホールディングスは、「事業等のリスク」において以下のように記載している。「当社グループの事業の継続的な成長は、新商品の継続的な市場への投入、中味開発及び商品デザインや広告宣伝活動の改善による更なるブランド強化といった革新活動に依存しているため、当社グループは、新商品投入及びブランド力強化のための積極的な広告宣伝活動を行い、お客様の心に響く商品をお届けするために営業活動に励む等多大な経営資源を投入しています。」

　そのほか、主に食品やゲームなどを手掛ける企業が、広告宣伝費の使い方や、使ううえでのポリシーを有価証券報告書で開示している。

販売促進費データの活用法

　P72、73 では、連結・単独の販売促進費上位 100 社を掲載している。広告宣伝費と販売促進費は販売費及び一般管理費の 1 項目である。本書の販売促進費は、P32 にあるように、「販売手数料」と「拡販費・その他販売費」を合計したものであるが、販売促進費は会計処理において明確な基準があるわけではないため、必ずしもその費目で計上されるということではなく、広告宣伝費で計上されることもある。そこで、ここでは、販売促進費と広告宣伝費を併記し、その合計の規模感を感じられるようにしている。

4 販売促進費の動向

上位企業の多くは、広告宣伝費よりも売上高の動きに連動

　2017年度の有力企業の連結販売促進費の20位までのランキングを図表25に示す。売上高に占める販売促進費の割合、広告宣伝費と販売促進費の合計額に占める販売促進費の割合も併わせて記載した。

　ランキング1位は前年度3位の日産自動車で、前年度比0.1％増の2515億円となった。2位は同5位からSUBARU、（同26.7％増、1737億円）が上昇、3位は同4位のキリンホールディングス（1.5％増、1582億円）、4位は同9位のアサヒグループホールディングス（20.2％増、1285億円）、5位は、同8位の明治ホールディングス（5.2％減、1125億円）となっている。

　販売促進費の領域は広い。売り場に陳列するPOPやノベルティ、サンプル提供、店頭でのプロモーション費用といった拡販費から、クーポンやキャッシュバック、ノベルティグッズといったキャンペーン費、製品カタログ、問屋・小売店に対する販売奨励金、販売手数料などのリベート、通販などで顧客に還元するポイントまでもカバーする。本書に収録している販売促進費は、NEEDS日経財務データにおける「販売手数料」と「拡販費、その他販売費」で構成されている。

　販売促進費と広告宣伝費を比較して、販売促進費が多い企業は、化粧品・トイレタリーなど系列の販売店を多用する業態に多い。一方、広告宣伝費が多い企業は、マス広告が有効な商品・サービスを扱う企業やブランディングを重視する企業などに多い。販売促進費上位20位までで、販売促進費よりも広告宣伝費の方が多い企業は、日産自動車、リクルートホールディングス、スズキ、花王、資生堂の5社となった。

　デジタル社会の進展に伴って、CRMの普及が進み、顧客情報を販売活動に利用するしくみが強化されるとともに、各種キャンペーンやキャッシュバックなどによって、自社サイトに誘引する販売活動が増えてきた。また、ネット通販市場が拡大し、ポイント制度の運用が一般的になっている。家電量販店のポイントプログラムは、ポイント付与時には会計処理を行わず、顧客がポイントを利用したときに「ポイント販促費」として計上することが多い。顧客囲い込みや購入履歴の記録につながるため、ポイント利用の拡大に各社とも力を入れている。

　図表26は、有力企業の連結決算における販売促進費と広告宣伝費、売上高の動きを12年度から時系列で比較した。販売促進費は、販売に直結する活動のため、広告宣伝費よりも、売上高との連動性が高い企業が多い。こうした流れに反して、販売促進費が下がる傾向にあるのはライオンである。値引き販売のための販売促進費が大きくなっていたのを是正し、広告宣伝費に回して付加価値品のブランドを強くしようとする戦略によるものだ。

図表25　連結販売促進費ランキング

（－は非開示、★はIFRS）

17年度順位	16年度順位		会社名	売上高（百万円）	販売促進費（A）（百万円）	販売促進費（A）（前年度比）	売上高に占める販促費の割合	広告宣伝費(B)（百万円）	販促費比率(A)/(A)+(B) ※
1	3		日産自動車	11,951,169	251,593	0.1%	2.1%	304,328	45.3%
2	5		ＳＵＢＡＲＵ	3,405,221	173,785	26.7%	5.1%	82,801	67.7%
3	4	★	キリンホールディングス	1,863,730	158,210	1.5%	8.5%	－	－
4	9	★	アサヒグループホールディングス	2,084,877	128,582	20.2%	6.2%	60,284	68.1%
5	8		明治ホールディングス	1,240,860	112,506	-5.2%	9.1%	－	－
6	6	★	日本たばこ産業	2,139,653	112,212	-10.1%	5.2%	24,413	82.1%
7	10		ライオン	410,484	102,737	1.9%	25.0%	29,968	77.4%
8	13		ＡＮＡホールディングス	1,971,799	96,991	14.4%	4.9%	13,132	88.1%
9	11		日清食品ホールディングス	516,400	90,974	3.5%	17.6%	14,684	86.1%
10	12	★	リクルートホールディングス	2,173,385	87,327	-0.9%	4.0%	138,150	38.7%
11	16		ポーラ・オルビスホールディングス	244,335	84,041	10.0%	34.4%	12,792	86.8%
12	15		伊藤園	475,866	79,034	1.9%	16.6%	12,937	85.9%
13	-		スズキ	3,757,219	77,684	－	2.1%	78,508	49.7%
14	23		コカ・コーラ　ボトラーズジャパン	872,623	76,401	77.1%	8.8%	61,533	55.4%
15	18		東洋水産	388,797	66,288	4.7%	17.0%	4,749	93.3%
16	17		森永乳業	592,087	64,930	0.1%	11.0%	－	－
17	14	★	花王	1,489,421	58,940	-29.1%	4.0%	89,935	39.6%
18	19		江崎グリコ	353,432	55,484	2.3%	15.7%	13,621	80.3%
19	20		コーセー	303,399	55,374	8.1%	18.3%	20,008	73.5%
20	27		資生堂	1,005,062	52,492	16.5%	5.2%	62,943	45.5%

※ 販売促進費と広告宣伝費の合計金額に占める販売促進費の割合

図表26 販売促進費と広告宣伝費、売上高との関係（時系列比較）

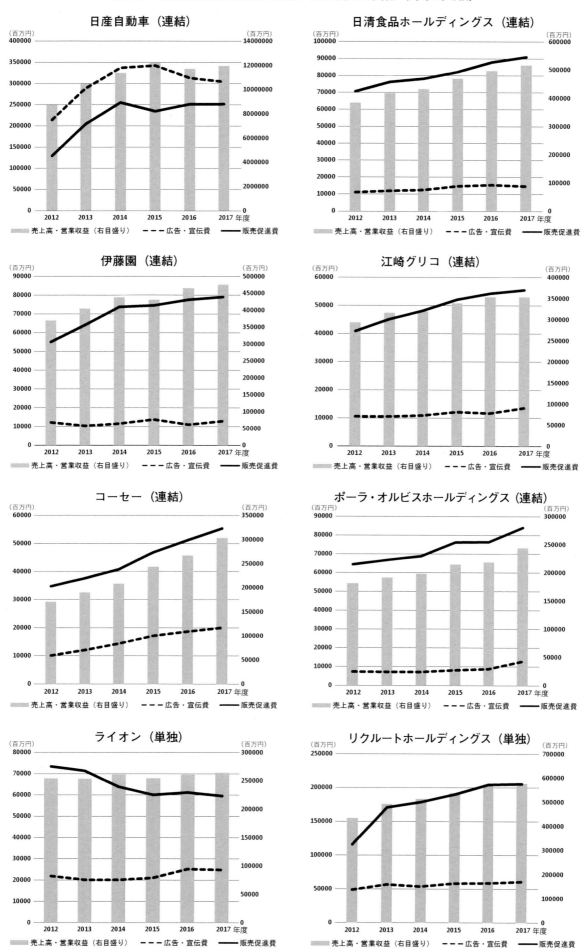

―21―

図表 27　2017 年度上場企業の業種別連結広告宣伝費

業　種	上場社数(注)1	(A)売上高(単位:百万円)(注)1	(B)営業利益(単位:百万円)(注)1	(C)経常利益(単位:百万円)(注)1	(D)販売促進費(単位:百万円)(注)1	(E)広告宣伝費(単位:百万円)(注)1	比　率($\frac{E}{A}\times100$)(注)2	対前年度伸び率 A(%)(注)3	対前年度伸び率 E(%)(注)3
食　　品	101	25,289,563	1,900,692	1,973,937	1,582,814	392,068	2.30	7.61	12.80
繊　　維	42	5,826,444	365,643	362,758	20,992	20,882	2.80	0.76	2.30
パルプ・紙	21	4,809,273	154,785	160,387	14,398	－	0.00	0.00	0.00
化　　学	177	36,016,544	3,603,754	3,713,328	433,516	335,746	3.68	8.21	4.43
医　薬　品	44	9,364,536	1,277,264	1,300,793	131,492	376,983	8.22	2.95	5.19
石　　油	10	19,281,437	905,542	928,057	－	－	0.00	0.00	0.00
ゴ　　ム	18	6,219,345	643,539	622,984	3,512	177,693	3.17	10.34	0.35
窯　　業	47	6,611,121	598,060	593,894	1,570	7,884	1.48	7.00	0.50
鉄　　鋼	38	14,160,713	676,141	758,501	2,056	－	0.00	0.00	0.00
非鉄・金属	101	17,744,715	1,080,293	1,095,922	22,554	56,337	2.34	2.79	7.34
機　　械	195	31,501,473	2,467,477	2,548,497	113,786	45,232	1.20	6.85	9.71
電　気　機　器	228	85,228,104	6,088,639	6,194,302	87,330	742,937	1.84	8.65	8.74
造　　船	5	2,489,637	28,546	23,215	－	11,953	0.76	3.65	6.33
自　動　車	67	88,795,107	6,090,968	6,855,201	605,112	1,210,993	2.15	6.32	8.62
輸送用機器	8	1,152,637	106,482	96,823	－	10,009	2.98	3.96	3.62
精　密　機　器	49	6,451,723	574,125	686,626	20,819	128,465	4.40	3.96	-3.57
その他製造	94	9,053,212	546,960	566,004	26,868	165,054	5.52	4.26	6.25
農林・水産	11	2,091,708	69,339	76,240	35,678	4,984	0.66	7.08	33.51
鉱　　業	7	1,475,471	379,678	408,099	－	－	0.00	0.00	0.00
建　　設	137	30,359,519	2,292,434	2,372,025	58,215	77,608	1.14	7.66	2.27
商　　社	298	49,025,768	1,793,523	4,074,022	82,142	204,177	2.23	4.07	0.65
小　売　業	178	47,471,196	2,157,638	2,237,250	251,550	836,249	2.31	4.91	-2.00
その他金融	44	7,995,150	777,153	1,033,064	38,956	33,698	5.44	6.02	1.28
不　動　産	90	11,269,770	1,459,841	1,357,733	28,749	139,971	1.41	7.18	4.64
鉄道・バス	29	14,653,168	2,123,653	1,977,505	－	3,115	0.52	0.87	3.39
陸　　運	31	8,999,062	391,529	409,208	2,602	8,445	0.30	6.39	-8.48
海　　運	12	5,366,609	80,958	79,795	214	178	0.31	3.38	30.88
空　　運	3	3,379,011	340,426	325,557	96,991	13,132	0.67	11.70	15.57
倉庫・運輸	33	2,548,901	117,039	127,405	618	69	0.03	7.81	15.00
通　　信	28	29,111,242	4,146,936	3,369,988	223,702	156,248	1.17	2.94	-1.35
電　　力	13	20,353,293	1,102,033	960,642	574	－	0.00	0.00	0.00
ガ　　ス	9	4,127,987	251,198	248,750	61	－	0.00	0.00	0.00
サ　ー　ビ　ス	668	50,004,714	3,008,638	3,958,454	201,471	809,619	5.61	12.30	17.17
小　　計	2,836	658,228,153	47,600,926	51,496,966	4,088,342	5,969,729	2.44	6.77	6.52
銀　　行	87	27,025,536	4,080,450	5,931,174	－	－	0.00	0.00	0.00
証　　券	13	3,070,500	532,062	559,438	－	16,067	1.98	16.90	10.25
保　　険	8	32,842,108	－	1,704,775	－	－	0.00	0.00	0.00
合　　計	2,944	721,166,297	52,213,438	59,692,353	4,088,342	5,985,796	2.44	6.80	6.53

(注) 1. 親子ともに上場し、連結決算値を開示している企業の子会社の社数およびデータは、重複になるために除外した。

(注) 2. 有価証券報告書に売上高と広告宣伝費双方の値を記載している企業を対象に算出した。

(注) 3. 前年度と比較可能な企業のみを対象に算出している。よって、昨年発行分のデータ（売上高または広告宣伝費）と比較しても、本欄の値にはならない。

図表 28　2017 年度有力企業の業種別連結広告宣伝費

業　　種	対象社数 [注1]	(A)売上高 (単位:百万円) [注1]	(B)営業利益 (単位:百万円) [注1]	(C)経常利益 (単位:百万円) [注1]	(D)販売促進費 (単位:百万円) [注1]	(E)広告宣伝費 (単位:百万円) [注1]	比　率 ($\frac{E}{A}\times100$) [注2]	対前年度伸び率 A(%) [注3]	対前年度伸び率 E(%) [注3]
食　　品	105	28,013,096	2,167,749	2,216,342	1,585,211	762,390	3.91	6.95	7.95
繊　　維	44	5,831,901	366,044	363,072	20,992	20,882	2.80	0.76	2.30
パルプ・紙	21	4,809,273	154,785	160,387	14,398	－	0.00	0.00	0.00
化　　学	182	36,579,464	3,671,151	3,785,675	437,672	335,746	3.68	8.21	4.43
医　薬　品	49	9,547,673	1,292,816	1,319,246	139,631	380,119	8.22	2.94	5.16
石　　油	10	19,281,437	905,542	928,057	－	－	0.00	0.00	0.00
ゴ　　ム	18	6,219,345	643,539	622,984	3,512	177,693	3.17	10.34	0.35
窯　　業	51	6,663,914	601,858	595,647	1,570	7,900	1.48	6.96	0.46
鉄　　鋼	39	14,166,412	676,407	758,778	2,056	－	0.00	0.00	0.00
非鉄・金属	103	17,759,640	1,080,724	1,096,441	22,554	56,337	2.34	2.79	7.34
機　　械	199	31,580,928	2,473,041	2,554,183	113,786	45,232	1.20	6.85	9.71
電　気　機　器	231	85,264,112	6,088,386	6,194,301	87,330	742,939	1.84	8.65	8.74
造　　船	5	2,489,637	28,546	23,215		11,953	0.76	3.65	6.33
自　動　車	69	88,909,902	6,098,637	6,863,238	605,112	1,210,993	2.15	6.32	8.62
輸送用機器	8	1,152,637	106,482	96,823	－	10,009	2.98	3.96	3.62
精　密　機　器	51	6,597,321	596,141	708,707	20,819	128,465	4.40	3.96	-3.57
その他製造	95	9,800,974	606,307	625,928	26,868	165,054	5.52	4.26	6.25
農林・水産	11	2,091,708	69,339	76,240	35,678	4,984	0.66	7.08	33.51
鉱　　業	9	1,495,747	367,972	395,141	－	－	0.00	0.00	0.00
建　　設	143	32,023,654	2,422,087	2,509,310	58,215	77,608	1.14	7.66	2.27
商　　社	322	53,421,390	1,862,932	4,143,392	92,895	213,254	2.21	5.72	1.11
小　売　業	184	48,049,972	2,178,489	2,258,097	253,271	837,358	2.30	4.89	-1.98
その他金融	52	8,482,967	806,322	1,069,614	38,956	33,698	5.44	6.02	1.28
不　動　産	95	11,644,515	1,546,989	1,439,944	28,749	141,566	1.41	7.01	4.80
鉄道・バス	48	15,749,455	2,235,107	2,079,609	5,749	3,332	0.52	0.81	3.16
陸　　運	34	9,214,533	395,824	413,919	2,602	8,445	0.30	6.39	-8.48
海　　運	13	5,412,055	81,962	80,139	214	178	0.31	3.38	30.88
空　　運	3	3,379,011	340,426	325,557	96,991	13,132	0.67	11.70	15.57
倉庫・運輸	40	6,893,943	133,111	151,297	144,151	69	0.03	7.81	15.00
通　　信	39	29,224,419	4,154,940	3,379,706	240,741	156,434	1.17	2.94	-1.34
電　　力	14	20,467,993	1,111,404	968,323	574	－	0.00	0.00	0.00
ガ　　ス	12	4,208,229	254,055	252,122	61	－	0.00	0.00	0.00
サ　ー　ビ　ス	694	51,798,336	3,156,050	4,107,482	223,240	810,083	5.61	12.30	17.17
小　　　計	2,993	678,225,593	48,675,164	52,562,916	4,303,598	6,355,853	2.57	6.74	6.32
銀　　行	123	42,144,363	5,963,939	9,533,001	－	－	0.00	0.00	0.00
証　　券	19	3,580,921	651,050	700,003		16,067	1.98	16.90	10.25
保　　険	18	47,383,987	－	2,544,740	－	－	0.00	0.00	0.00
合　　　計	3,153	771,334,864	55,290,153	65,340,660	4,303,598	6,371,920	2.56	6.77	6.33

—23—

図表 29　2017 年度上場企業の業種別単独広告宣伝費

業　　種	上場社数	(A)売　上　高 (単位:百万円)	(B)営業利益 (単位:百万円)	(C)経常利益 (単位:百万円)	(D)販売促進費 (単位:百万円)	(E)広告宣伝費 (単位:百万円)	比　率 ($\frac{E}{A}\times100$)(注1)	対前年度伸び率	
								A(%)(注2)	E(%)(注2)
食　　　品	128	10,134,077	792,716	968,887	623,204	165,363	2.91	-3.03	3.53
繊　　　維	48	1,830,339	129,511	227,864	1,679	5,005	1.99	3.37	3.52
パルプ・紙	24	2,107,830	39,490	78,064	13,913	7	0.14	1.21	16.67
化　　　学	206	15,958,927	1,656,952	2,162,069	280,284	122,996	3.94	5.92	-0.10
医　薬　品	67	6,139,227	814,228	1,278,021	166,396	52,373	2.59	-2.78	-18.28
石　　　油	11	5,323,883	218,837	249,010	–	1,002	3.07	1.55	12.84
ゴ　　　ム	20	2,444,714	219,706	371,932	46,833	10,225	2.60	3.68	5.93
窯　　　業	57	3,407,927	237,502	376,626	1,795	73	0.05	6.31	1.39
鉄　　　鋼	47	7,559,962	208,987	354,483	3,335	271	0.04	18.83	-22.67
非鉄・金属	127	7,609,065	350,852	502,301	4,202	2,045	0.46	7.94	-2.58
機　　　械	233	15,852,382	1,084,068	1,594,423	60,581	13,259	0.80	-2.00	-2.38
電　気　機　器	260	39,249,273	1,907,059	3,026,334	421,940	23,851	1.10	-48.90	-7.20
造　　　船	5	1,591,980	-1,179	14,313	–	–	0.00	0.00	0.00
自　動　車	76	37,656,536	2,316,992	4,102,266	325,656	83,849	1.05	6.16	21.63
輸送用機器	12	946,954	58,336	70,201	2,666	5,479	2.87	5.45	5.04
精密機器	53	3,352,154	282,985	484,897	14,800	18,688	4.54	16.95	12.57
その他製造	117	5,615,920	232,490	363,498	34,666	59,816	4.33	1.30	9.09
農林・水産	11	1,271,101	24,890	36,790	41,731	871	1.22	3.97	-8.28
鉱　　　業	7	589,585	63,764	58,708	–	36	0.07	-16.02	-12.20
建　　　設	183	22,900,055	1,811,533	1,987,211	48,686	82,345	0.41	3.14	0.45
商　　　社	348	60,490,504	365,297	2,192,883	88,682	50,174	0.30	4.48	-8.12
小　売　業	262	21,864,928	1,216,057	1,309,848	205,590	299,757	2.21	0.05	-5.65
その他金融	120	5,076,188	1,102,431	1,097,105	33,122	42,423	6.95	5.46	1.81
不　動　産	125	5,871,845	1,001,253	1,033,565	30,477	64,028	1.85	11.76	9.60
鉄道・バス	30	6,418,945	1,575,587	1,451,448	–	1,780	1.09	8.53	10.29
陸　　　運	36	2,814,692	158,857	195,472	2,568	7,891	0.58	1.05	-8.91
海　　　運	13	3,536,246	-13,679	102,905	–	115	1.24	2.93	4.55
空　　　運	5	1,520,752	245,296	239,805	63,813	583	1.53	9.20	53.02
倉庫・運輸	39	1,575,208	82,021	106,170	–	5	0.04	-0.04	25.00
通　　　信	35	11,545,324	2,291,818	2,307,120	27,608	83,312	0.84	6.20	-4.19
電　　　力	13	13,793,802	584,749	584,556	11,786	40,398	0.29	7.07	0.98
ガ　　　ス	9	3,480,820	166,188	199,332	2	44,788	1.29	12.89	-8.77
サ　ー　ビ　ス	942	21,972,916	2,506,464	3,079,403	388,267	398,451	4.69	11.38	9.54
小　　　計	3,669	351,504,061	23,732,058	32,207,510	2,944,282	1,681,259	1.42	2.67	1.55
銀　　　行	89	8,121,693	1,255,247	2,741,348	–	13,602	4.24	1.54	12.58
証　　　券	19	815,829	424,081	412,762	–	3,725	2.49	14.75	5.97
保　　　険	10	8,603,126	–	883,616	–	878	7.16	21.82	79.18
合　　　計	3,787	369,044,709	25,411,386	36,245,236	2,944,282	1,699,464	1.43	2.69	1.66

(注) 1. 有価証券報告書に売上高と広告宣伝費双方の値を記載している企業を対象に算出した。

(注) 2. 前年度と比較可能な企業のみを対象に算出している。よって、昨年発行分のデータ（売上高または広告宣伝費）と比較しても、本欄の値にはならない。

—24—

図表 30　2017 年度有力企業の業種別単独広告宣伝費

業　種	対象社数	(A)売上高 (単位:百万円)	(B)営業利益 (単位:百万円)	(C)経常利益 (単位:百万円)	(D)販売促進費 (単位:百万円)	(E)広告宣伝費 (単位:百万円)	比率 ($\frac{E}{A}\times100$)(注)1	対前年度伸び率 A(%)(注)2	対前年度伸び率 E(%)(注)2
食　　品	135	10,311,722	891,439	1,070,344	626,878	166,302	2.92	-3.01	3.47
繊　　維	50	1,834,166	129,664	227,996	1,686	5,007	1.97	3.31	3.51
パルプ・紙	24	2,107,830	39,490	78,064	13,913	7	0.14	1.21	16.67
化　　学	214	16,364,749	1,714,898	2,233,295	283,612	123,002	3.93	5.92	-0.09
医　薬　品	73	6,312,493	835,289	1,304,723	174,415	56,810	2.71	-2.69	-17.25
石　　油	11	5,323,883	218,837	249,010	－	1,002	3.07	1.55	12.84
ゴ　　ム	20	2,444,714	219,706	371,932	46,833	10,225	2.60	3.68	5.93
窯　　業	63	3,466,675	240,494	377,911	1,953	98	0.06	5.68	1.03
鉄　　鋼	49	9,502,621	327,380	505,516	3,335	271	0.04	18.83	-22.67
非鉄・金属	129	7,620,373	350,905	502,532	4,202	2,047	0.45	7.88	-2.68
機　　械	238	15,916,615	1,088,450	1,599,135	61,073	13,280	0.79	-1.98	-2.34
電　気　機　器	268	39,532,706	1,922,836	3,042,073	423,068	23,852	1.10	-48.90	-7.20
造　　船	5	1,591,980	-1,179	14,313	－	－	0.00	0.00	0.00
自　動　車	80	37,899,375	2,319,242	4,106,586	325,656	83,849	1.05	6.16	21.63
輸送用機器	12	946,954	58,336	70,201	2,666	5,479	2.87	5.45	5.04
精　密　機　器	56	3,445,587	293,423	496,872	14,825	18,831	4.38	16.95	12.57
その他製造	118	5,701,430	222,427	373,983	34,666	59,816	4.33	1.30	9.09
農林・水産	11	1,271,101	24,890	36,790	41,731	871	1.22	3.97	-8.28
鉱　　業	9	598,735	59,437	52,157	－	36	0.07	-16.02	-12.20
建　　設	194	24,404,670	1,931,460	2,114,746	48,686	83,640	0.39	3.17	0.50
商　　社	374	63,464,750	402,031	2,232,616	94,333	58,855	0.35	3.27	-7.52
小　売　業	268	22,402,704	1,236,848	1,331,749	207,350	300,497	2.21	0.06	-5.61
その他金融	143	7,040,530	1,265,677	1,274,354	60,294	43,597	6.72	5.28	1.81
不　動　産	154	6,208,418	1,096,650	1,127,267	30,518	65,890	1.85	11.15	10.08
鉄道・バス	64	7,192,770	1,718,512	1,584,842	89	2,067	1.00	6.29	6.93
陸　　運	40	2,947,722	163,217	200,167	2,568	7,901	0.54	1.13	-8.90
海　　運	14	3,572,080	-12,495	103,437	－	115	1.24	2.93	4.55
空　　運	7	1,607,604	251,667	245,343	65,612	1,406	1.13	2.31	-0.78
倉庫・運輸	46	5,821,002	76,800	119,569	142,679	5	0.04	-0.04	25.00
通　　信	53	14,881,960	2,871,766	2,858,091	50,924	114,271	0.87	4.63	-3.84
電　　力	15	15,618,132	703,471	661,334	14,960	40,639	0.26	6.56	0.50
ガ　　ス	13	3,572,712	170,668	204,789	2	46,725	1.31	12.51	-8.37
サ　ー　ビ　ス	1,085	23,786,647	2,637,391	3,210,225	464,084	407,110	4.63	11.07	9.43
小　　計	4,035	374,715,410	25,469,627	33,981,962	3,242,611	1,743,503	1.38	2.45	1.44
銀　　行	138	22,046,933	3,833,909	6,198,410	－	16,854	3.06	1.06	4.57
証　　券	28	1,467,999	624,116	615,792	－	3,980	2.36	15.43	6.67
保　　険	21	20,031,106	－	1,879,109	－	16,078	0.18	2.13	-0.30
合　　計	4,222	418,261,448	29,927,652	42,675,273	3,242,611	1,780,415	1.32	2.44	1.46

図表31　業種別広告宣伝費伸び率の推移（単独決算、上場企業）

（単位：％）

業種＼年度	08	09	10	11	12	13	14	15	16	17
食　　品	-11.43	0.79	-3.79	-6.10	6.57	-5.54	-3.51	17.55	12.86	3.53
繊　　維	-9.95	-11.18	-5.37	0.24	-3.71	-0.93	4.89	8.60	1.58	3.52
パルプ・紙	35.81	-29.50	14.17	-8.58	30.83	100.00	-7.95	166.67	-62.50	16.67
化　　学	-6.63	-7.29	-2.26	4.94	3.33	-0.79	-3.17	2.29	10.35	-0.10
医　薬　品	0.84	18.38	-4.79	7.06	-1.04	-0.13	-1.30	6.76	4.27	-18.28
石　　油	-23.23	4.84	10.77	-22.22	1.79	—	—	—	-26.61	12.84
ゴ　　ム	6.99	-28.47	27.13	-3.75	-4.67	11.26	38.35	83.98	17.22	5.93
窯　　業	-7.94	-23.55	18.04	-14.69	4.75	21.16	-21.12	-25.68	2.13	1.39
鉄　　鋼	-4.61	-27.53	22.90	0.26	-7.59	47.27	5.36	1.24	-34.06	-22.67
非鉄・金属	-9.71	-19.99	-1.65	12.76	3.48	4.07	2.08	-2.93	0.51	-2.58
機　　械	-10.06	-23.39	-12.39	-15.31	9.84	-5.47	9.63	-1.12	-8.21	-2.38
電　気　機　器	-5.78	-24.04	11.32	-12.36	-6.14	2.35	-7.54	-14.14	2.07	-7.20
造　　船	—	—	—	—	—	—	—	—	—	—
自　　動　　車	-13.90	-36.49	-0.88	-4.00	20.23	18.28	-9.88	1.13	-6.11	21.63
輸送用機器	6.50	-13.58	7.35	5.98	7.05	8.87	3.61	8.90	17.39	5.04
精　密　機　器	7.75	-16.12	18.66	-5.67	-3.43	8.04	9.75	6.84	-3.40	12.57
その他製造	-2.10	-12.59	-0.13	1.05	5.02	-3.28	4.35	8.31	0.48	9.09
農林・水産	8.46	-1.32	11.01	-6.65	4.67	-17.11	411.76	-25.29	-1.62	-8.28
鉱　　業	108.00	-36.54	-9.09	-23.33	52.17	57.89	-10.00	51.35	-10.87	-12.20
建　　設	-9.72	-13.29	5.20	0.73	4.15	11.45	-4.35	4.58	12.94	0.45
商　　社	-7.74	-10.24	-10.05	-2.94	8.87	0.34	0.13	5.61	2.16	-8.12
小　売　業	-8.78	-9.77	0.19	3.27	3.14	-2.48	-0.72	0.79	1.66	-5.65
その他金融	-8.22	-16.89	-2.79	-13.45	38.13	-4.45	8.39	11.49	5.43	1.81
不　動　産	8.64	-20.25	-22.96	-5.10	18.07	1.68	-0.36	9.68	6.80	9.60
鉄道・バス	-2.98	-8.22	0.88	5.27	0.57	9.58	15.52	16.43	0.32	10.29
陸　　運	-0.11	-15.54	1.42	2.55	-0.57	-1.95	3.38	7.25	16.67	-8.91
海　　運	6.14	38.03	1.02	—	2.02	—	11.54	—	-3.51	4.55
空　　運	-31.32	-34.82	-23.89	-14.11	21.61	-33.92	-3.70	47.25	42.16	53.02
倉庫・運輸	-22.90	-48.68	23.79	8.63	-7.22	-33.33	25.00	15.38	15.79	25.00
通　　信	7.68	-12.94	-8.18	2.07	-5.35	4.40	6.37	-12.11	9.21	-4.19
電　　力	-15.44	-1.76	-0.47	-34.85	-31.17	-32.35	-2.30	23.61	24.03	0.98
ガ　　ス	3.83	16.72	4.13	-1.75	-4.21	-8.29	-9.27	5.89	-11.64	-8.77
サ　ー　ビ　ス	-1.94	-11.98	1.95	-2.86	9.99	13.25	0.95	9.81	2.48	9.54
銀　　行	-7.86	-14.38	-10.47	7.19	9.45	14.34	8.35	3.00	-15.96	12.58
証　　券	-23.27	-34.57	1.47	1.94	9.53	26.67	23.92	8.61	-11.48	5.97
保　　険	-17.23	-66.21	—	—	—	—	—	—	—	79.18
全業種平均	-6.77	-13.64	-0.83	-2.71	4.46	1.43	-0.96	5.39	4.13	1.66

（注）前年度と比較可能な企業のみを対象に算出。

図表32　業種別売上高に対する広告宣伝費の割合（単独、上場企業）

（単位：%）

業種＼年度	08	09	10	11	12	13	14	15	16	17
食　　品	1.97	2.12	2.08	2.25	2.39	2.63	2.50	2.82	2.89	2.91
繊　　維	1.28	1.25	1.45	1.45	1.37	1.43	1.20	1.94	1.98	1.99
パルプ・紙	0.41	0.33	0.43	0.42	0.10	0.08	0.14	0.31	0.12	0.14
化　　学	3.12	3.41	3.83	4.01	4.20	5.79	5.55	4.83	4.17	3.94
医　薬　品	2.36	2.62	2.61	2.64	2.83	3.09	3.06	2.76	2.84	2.59
石　　油	0.05	0.15	0.17	0.12	0.12	—	—	3.46	2.76	3.07
ゴ　　ム	1.33	1.08	1.15	1.03	0.98	1.04	1.57	1.94	2.54	2.60
窯　　業	1.00	0.95	1.07	0.97	1.04	0.76	0.59	0.26	0.05	0.05
鉄　　鋼	0.09	0.08	0.07	0.06	0.06	0.08	0.07	0.08	0.06	0.04
非鉄・金属	0.59	0.56	0.54	0.59	0.71	1.01	0.28	0.21	0.49	0.46
機　　械	0.70	0.75	0.55	0.47	0.52	0.80	0.96	0.89	0.55	0.80
電　気　機　器	0.84	0.73	0.76	0.73	0.72	0.59	0.52	0.59	0.78	1.10
造　　船	—	—	—	—	—	—	—	—	—	0.00
自　動　車	1.28	0.92	0.77	0.82	0.92	1.18	1.01	0.95	0.90	1.05
輸送用機器	1.45	1.69	1.56	1.57	1.55	1.92	1.61	1.52	2.78	2.87
精　密　機　器	1.55	1.73	1.79	1.78	1.72	2.66	3.85	4.37	4.71	4.54
その他製造	2.80	2.88	3.05	3.22	3.54	4.72	5.10	4.71	4.05	4.33
農林・水産	0.86	0.96	1.03	0.94	0.99	1.49	0.73	1.25	1.19	1.22
鉱　　業	0.04	0.04	0.03	0.02	0.04	0.26	0.14	0.05	0.07	0.07
建　　設	0.37	0.36	0.42	0.41	0.45	0.46	0.42	0.42	0.49	0.41
商　　社	0.21	0.28	0.20	0.18	0.20	0.26	0.25	0.32	0.33	0.30
小　売　業	1.97	1.84	1.86	1.90	2.00	2.06	2.29	2.18	2.19	2.21
その他金融	4.42	3.93	3.50	4.50	4.76	7.16	6.87	7.33	7.25	6.95
不　動　産	1.95	1.58	1.27	1.24	1.42	2.18	1.82	1.91	1.85	1.85
鉄道・バス	0.91	0.95	0.90	0.21	0.95	1.09	0.23	0.26	1.58	1.09
陸　　運	0.47	0.47	0.38	0.40	0.41	0.41	0.38	0.52	0.64	0.58
海　　運	0.61	1.13	1.11	1.06	1.05	1.05	0.12	1.25	1.22	1.24
空　　運	0.78	0.60	0.41	0.32	0.37	0.25	0.52	0.78	1.09	1.53
倉庫・運輸	0.04	0.08	0.09	0.10	0.10	0.02	0.02	0.05	0.05	0.04
通　　信	1.18	1.02	0.96	0.94	0.88	0.98	1.04	0.87	0.94	0.84
電　　力	0.52	0.58	0.55	0.35	0.23	0.14	0.13	0.17	0.31	0.29
ガ　　ス	1.73	2.33	2.16	1.89	1.65	1.38	1.18	1.52	1.59	1.29
サ　ー　ビ　ス	2.32	2.26	2.35	2.51	2.60	3.35	4.48	4.59	4.50	4.69
銀　　行	0.60	0.57	0.54	0.60	0.67	0.76	2.72	0.83	0.74	4.24
証　　券	2.21	1.06	1.17	1.99	1.83	1.71	2.39	2.77	2.70	2.49
保　　険	0.18	0.07	—	—	—	—	—	—	—	7.16
全業種平均	1.05	1.08	1.04	1.01	1.05	1.19	1.22	1.29	1.41	1.43

（注）　有価証券報告書に売上高と広告宣伝費双方の値を記載している企業を対象に算出。

データについて

1. 収録対象企業

　本書は日本経済新聞社デジタルメディア局の「NEEDS日経財務データ」を元に作成しました。

　2018年3月31日現在の東京、大阪、名古屋、福岡、札幌の各証券取引所及びジャスダック上場企業と、財務省に有価証券報告書を提出している非上場企業を収録対象としています。

　今回収録した企業数は4,224社です。単独決算ベースでは上場企業3,787社、非上場企業435社の合計4,222社になります。

　なお、上場企業と非上場企業を合わせた企業を本書では有力企業としています。

2. 収録対象決算期

　2017年4月から2018年3月までに到来した決算期が対象です。「NEEDS日経財務データ」では、決算期を変更した企業については、12ヵ月ベースに調整を行っています。調整を行った企業には231ページ以降の索引に◎をつけています。

3. 社名表記、業種分類等

　社名表記と業種分類は、「NEEDS日経財務データ」が使用する表記と分類に基づくものです。また、2015年版より、IFRS（国際会計基準）による数値を記載している企業は★マークをつけました。その他、75ページから229ページの企業別広告宣伝費において、日経会社コードと証券コードを追加しています。日経会社コードとは、日本経済新聞が各企業に付与した5桁のコードです。

4. 広告宣伝費などの定義

　本書に収録している「広告宣伝費」は、「NEEDS日経財務データ」の「販売費及び一般管理費」明細における「広告・宣伝費」の項目に記載された金額ですが、広告宣伝費に販売促進費を含む金額のみ公表している企業については、その数値を収録しています。この「販売費及び一般管理費」明細の項目の内訳については32ページの付表に示してあります。

　集計表中の「経常利益」は米国会計基準とIFRS（国際会計基準）適用企業では「税引き前利益」となります。

　「販売促進費」は、同データの「販売手数料」と「拡販費・その他販売費」を合計した金額を適用しています。

5. 電力会社、ガス会社のランキングからの除外について

　電力会社とガス会社の広告宣伝費はそれぞれ、有価証券報告書に記載されている「普及開発関係費」「需要開発費」をそのまま掲載しています。これらの項目は事業の普及、啓発および広報にかかる経費全般を示すものであり、広告宣伝費以外の費用が含まれる可能性があります。そこで2013年版より企業別ランキングからこれらの会社を除外しています。

6. 金融機関の売上高、営業利益

　銀行、証券、保険は財務諸表の基準が一般事業会社とは異なるため、この資料の業種別、企業別の集計表では、金融機関の売上高、営業利益についてそれぞれ次の項目を適用しています。

　〔銀行〕売上高＝「経常収益」、営業利益＝「業務純益」

　〔証券〕売上高＝「営業収益」

　〔保険〕売上高＝「経常収益」

　〔その他金融の一部〕売上高＝「営業収益」

７．社名変更

社名変更については、2018年7月現在までに変更した会社は新社名で表記しました。

８．集計値の対前年度伸び率の計算および金額の表示

全体および業種別集計での「広告宣伝費」「売上高」の対前年度伸び率については、前年度と比較可能な企業を対象に、前年度にさかのぼり再集計したうえで計算しています。従って、各年度の数値を単純にその前年度の数値で除した値は伸び率にはなりません。

決算期を変更した企業の伸び率は、当年度と前年度の決算数値を合算し、経過月数で除した金額を12倍して1年分に換算したうえで、前々年度の決算数値と比較して算出しています。また、金額についても同様に換算した数値を掲載しています。

９．集計・分析方法の変更について

本書は有価証券報告書の提出義務のある企業を収録対象としており、その内容は各企業の有価証券報告書の記載等に基づいて日本経済新聞社デジタルメディア局がまとめた「NEEDS 日経財務データ」に拠っています。

2014年3月26日の内閣府令第19号により、単独決算における開示基準が変更され、販売費及び一般管理費の内訳で総額の10%以内の項目は表記しなくてもよいことになり、広告宣伝費上位の一部企業が単独決算では広告宣伝費の金額を記載しなくなりました。

このように財務内容の開示が連結中心になってきている昨今の状況を踏まえ、2014年版以降は連結決算値を中心に分析しております。

なお、親子ともに上場し、連結決算値を開示している企業の子会社のデータは重複になるため、2014年版以降連結決算値を全体や業種別で集計する際はその対象に入れていません。

１０．広告宣伝費の記載のない有力企業について

有価証券報告書に広告宣伝費の記載のない企業について日経広告研究所が独自に調査し、判明した14社については、75ページ以降の「企業別広告宣伝費」の収録ページに斜体文字で表記しています。

また、有価証券報告書の提出義務のない企業は本書の収録対象ではありませんが、積極的な広告活動を行っている企業についても同様に調査し、決算補足資料等から判明した4社と、調査にご協力いただいた14社について、34ページに記載しています。

〔既発行分〕

第 1 集	東京証券取引所一部上場会社広告宣伝費（昭和36年度～昭和42年度）
第 2 集	東京証券取引所二部上場会社広告宣伝費（昭和36年度～昭和42年度）
第 3 集	東京証券取引所上場会社広告宣伝費（昭和43年度）
第 4 集	東京証券取引所上場会社広告宣伝費（昭和44年度）
第 5 集	大阪証券取引所単独上場会社広告宣伝費（昭和38年度～昭和44年度）
第6集～第13集	有価証券報告書による証券取引所上場会社の広告宣伝費（昭和45年度～昭和52年度）
第14集～第22集	上場会社の広告宣伝費（昭和53年度～昭和61年度／1978～86年度分収録）
第 23 集	有力企業2855社の広告宣伝費（昭和62年度版／1987年度分収録）
第24集～第52集	有力企業の広告宣伝費（平成元年版～2017年版／1988～2016年度分収録）

国際会計基準（IFRS）への対応について

本誌におけるIFRSへの対応

「有力企業の広告宣伝費」では、2015年版より、連結広告費における全体の集計値、業種別集計値に国際会計基準（IFRS）で開示した企業の広告宣伝費を加えています。従来の基準とIFRSの両方を開示している場合にはIFRSを使用しています。各種企業別ランキングにおいても比較の対象に加えています。また75ページ以降の「企業別広告宣伝費」においては、IFRS採用企業は★マークをつけて、IFRSによる開示であることがわかるようにしています。

IFRSを使って決算を発表する企業は増加しています。日本取引所グループのホームページによれば、2018年8月現在、IFRS適用済企業は178社、適用決定企業は15社となっています。

IFRSとは

IFRSについては、日本取引所グループのホームページで以下の説明がされています。「IFRSとは、International Financial Reporting Standards の略称で、邦訳は国際財務報告基準といいます。IASB（International Accounting Standards Board：国際会計基準審議会）が作成している会計基準です。IASBの前身であるIASC（International Accounting Standards Committee：国際会計基準委員会）が作成した基準はIAS（International Accounting Standards：国際会計基準）と呼ばれ、第41号まであり、現在も有効です。IASBが作成した基準はIFRSと呼ばれ、第17号まで作成されています。IASとIFRSを総称し、IFRSsとも記します。）

IFRSへの対応は、世界共通の会計基準による財務諸表の作成を意味します。それによって、各国が同じ基準で企業の財務状況の実態を把握できるようになります。

また、IFRS導入によって期待される効果は、グローバルマネーの更なる呼び込みです。

IFRSという共通の基準で比較分析が可能となれば、世界の投資家はより日本市場に投資をしやすくなります。そのことは、投資判断の効率化につながります。企業の財務情報の基礎となる会計基準が同じであれば、投資情報の比較が容易になり、投資判断が効率的に行えるようになります。また、世界中に子会社を持つグローバル企業は、連結財務諸表作成時に、同じ基準を世界中で使うことで作業が効率化され、質が担保された均質なものが提供できるようになることが期待されます。

図表33 IFRSを適用して新規上場した会社一覧（16社）

会社名	適用時期
すかいらーく	2013年12月期
テクノプロ・ホールディングス	2014年6月期
ベルシステム24ホールディングス	2015年2月期
ツバキ・ナカシマ	2014年12月期
コメダホールディングス	2016年2月期
LINE	2015年12月期
ベイカレント・コンサルティング	2016年2月期
マクロミル	2016年6月期
ソレイジア・ファーマ	2015年12月期
スシローグローバルホールディングス	2016年9月期
MS&Consulting	2017年3月期
アルヒ	2017年3月期
プレミアグループ	2017年3月期
信和	2017年3月期
キユーピーネットホールディングス	2017年6月期
コンヴァノ	2017年3月期

※2018年8月現在
※日本取引所グループホームページより作成

図表34 IFRSを任意適用することを決定している会社一覧（15社）

会社名	導入予定時期
エボラブルアジア	2018年9月期
コカ・コーラ ボトラーズジャパンホールディングス	2018年12月期
ルネサスエレクトロニクス	2018年12月期
クリエイト・レストランツ・ホールディングス	2019年2月期
デジタルガレージ	2019年3月期
新日鐵住金	2019年3月期
ヤマハ	2020年3月期 第1四半期
日新製糖	2020年3月期
IDEC	2020年3月期
SUBARU	2020年3月期
プロネクサス	2020年3月期
エスペック	2021年3月期 第1四半期
東芝	未定
東芝テック	未定
西芝電機	未定

※2018年8月現在
※日本取引所グループホームページより作成

図表35　IFRSを適用している会社一覧（162社）

会社名	適用時期	会社名	適用時期
日本電波工業	2010年3月期	三菱ケミカルホールディングス	2017年3月期 第1四半期
HOYA	2011年3月期	田辺三菱製薬	2017年3月期 第1四半期
住友商事	2011年3月期	アサヒホールディングス	2017年3月期 第1四半期
日本板硝子	2012年3月期　第1四半期	ブラザー工業	2017年3月期 第1四半期
日本たばこ産業	2012年3月期	日本電産	2017年3月期第1四半期
ディー・エヌ・エー	2013年3月期　第1四半期	日本電気	2017年3月期第1四半期
アンリツ	2013年3月期　第1四半期	シスメックス	2017年3月期 第1四半期
SBIホールディングス	2013年3月期　第1四半期	アイシン精機	2017年3月期 第1四半期
トーセイ	2013年11月期　第1四半期	コロワイド	2017年3月期 第1四半期
双日	2013年3月期	光通信	2017年3月期 第1四半期
丸紅	2013年3月期	ゼロ	2016年6月期
マネックスグループ	2013年3月期	メタップス	2017年8月期第1四半期
ネクソン	2013年12月期　第1四半期	アウトソーシング	2016年12月期
中外製薬	2013年12月期　第1四半期	アサヒグループホールディングス	2016年12月期
楽天	2013年12月期　第1四半期	ブロードリーフ	2016年12月期
ソフトバンク	2014年3月期　第1四半期	大塚ホールディングス	2016年12月期
旭硝子	2013年12月期	住友ゴム工業	2016年12月期
武田薬品工業	2014年3月期	ユニー・ファミリーマートホールディングス	2017年2月期
アステラス製薬	2014年3月期	リンクアンドモチベーション	2017年12月期 第1四半期
小野薬品工業	2014年3月期	ナブテスコ	2017年12月期 第1四半期
そーせいグループ	2014年3月期	スミダコーポレーション	2017年12月期 第1四半期
第一三共	2014年3月期	ユニ・チャーム	2017年12月期 第1四半期
リコー	2014年3月期	味の素	2017年3月期
伊藤忠商事	2014年3月期	じげん	2017年3月期
三井物産	2014年3月期	JXTGホールディングス	2017年3月期
三菱商事	2014年3月期	MRT	2017年3月期
伊藤忠エネクス	2014年3月期	豊田自動織機	2017年3月期
エムスリー	2015年3月期 第1四半期	山洋電気	2017年3月期
エーザイ	2015年3月期 第1四半期	パナソニック	2017年3月期
ヤフー	2015年3月期 第1四半期	ニコン	2017年3月期
伊藤忠テクノソリューションズ	2015年3月期 第1四半期	豊田通商	2017年3月期
富士通	2015年3月期 第1四半期	J．フロント　リテイリング	2018年2月期 第1四半期
セイコーエプソン	2015年3月期 第1四半期	パルコ	2018年2月期 第1四半期
日東電工	2015年3月期 第1四半期	窪田製薬ホールディングス	2017年12月期 第2四半期
ケーヒン	2015年3月期 第1四半期	メンバーズ	2018年3月期 第1四半期
ファーストリテイリング	2014年8月期	カカクコム	2018年3月期 第1四半期
トリドール	2015年3月期	夢展望	2018年3月期 第1四半期
日立化成	2015年3月期	JSR	2018年3月期 第1四半期
電通	2015年3月期	三浦工業	2018年3月期 第1四半期
参天製薬	2015年3月期	リクルートホールディングス	2018年3月期 第1四半期
コニカミノルタ	2015年3月期	ニュートン・フィナンシャル・コンサルティング	2018年3月期 第1四半期
日立金属	2015年3月期	日本精機	2018年3月期 第1四半期
日立建機	2015年3月期	オリンパス	2018年3月期 第1四半期
日立製作所	2015年3月期	Jトラスト	2018年3月期 第1四半期
クラリオン	2015年3月期	GMOペイメントゲートウェイ	2018年9月期 第1四半期
デンソー	2015年3月期	キリンホールディングス	2017年12月期
ユタカ技研	2015年3月期	サントリー食品インターナショナル	2017年12月期
本田技研工業	2015年3月期	協和発酵キリン	2017年12月期
ショーワ	2015年3月期	ウルトラファブリックス・ホールディングス	2017年12月期
エフ・シー・シー	2015年3月期	横浜ゴム	2017年12月期
八千代工業	2015年3月期	日機装	2017年12月期
日立ハイテクノロジーズ	2015年3月期	サッポロホールディングス	2018年12月期 第1四半期
日立キャピタル	2015年3月期	ライオン	2018年12月期 第1四半期
日本取引所グループ	2015年3月期	クボタ	2018年12月期 第1四半期
日立物流	2015年3月期	ASJ	2018年3月期
コナミ	2015年3月期	住友化学	2018年3月期
クックパッド	2015年12月期 第1四半期	住友ベークライト	2018年3月期
DMG森精機	2015年12月期 第1四半期	大日本住友製薬	2018年3月期
ネクスト	2016年3月期 第1四半期	日医工	2018年3月期
住友理工	2016年3月期 第1四半期	テルモ	2018年3月期
ティアック	2016年3月期 第1四半期	沢井製薬	2018年3月期
日信工業	2016年3月期 第1四半期	JVCケンウッド	2018年3月期
ノーリツ鋼機	2016年3月期 第1四半期	エクセディ	2018年3月期
KDDI	2016年3月期 第1四半期	CYBERDYNE	2018年3月期
フュージョンパートナー	2016年6月期 第1四半期	シェアリングテクノロジー	2018年9月期 第3四半期
セプテーニ・ホールディングス	2016年9月期 第1四半期	日本ハム	2019年3月期 第1四半期
ジーエヌアイグループ	2015年12月期	日清食品ホールディングス	2019年3月期 第1四半期
ホットリンク	2015年12月期	KeyHolder	2019年3月期 第1四半期
花王	2016年12月期 第1四半期	住友金属鉱山	2019年3月期 第1四半期
飯田グループホールディングス	2016年3月期	アマダホールディングス	2019年3月期 第1四半期
インフォテリア	2016年3月期	ミネベアミツミ	2019年3月期 第1四半期
LIXILグループ	2016年3月期	三菱電機	2019年3月期 第1四半期
エイチワン	2016年3月期	マキタ	2019年3月期 第1四半期
日本精工	2016年3月期	ヒロセ電機	2019年3月期 第1四半期
アドバンテスト	2016年3月期	京セラ	2019年3月期 第1四半期
KYB	2016年3月期	三菱重工業	2019年3月期 第1四半期
テイ・エス テック	2016年3月期	豊田合成	2019年3月期 第1四半期
兼松	2016年3月期	エヌ・ティ・ティ都市開発	2019年3月期 第1四半期
アイティメディア	2017年3月期 第1四半期	日本電信電話	2019年3月期 第1四半期
クレハ	2017年3月期第1四半期	NTTドコモ	2019年3月期 第1四半期
大陽日酸	2017年3月期 第1四半期	エヌ・ティ・ティ・データ	2019年3月期 第1四半期

※2018年8月現在
※日本取引所グループホームページより作成

付表　「NEEDS日経財務データ」の「販売費及び一般管理費」明細

376	販　売　手　数　料	問屋・特約店等に対する販売手数料・販売奨励金および同引当金繰入額
⟨377⟩	荷造・運搬・保管費	販売費及び一般管理費で処理された物流経費。包装費、梱包費、容器費、空容器回収費、運賃、配送費、保管費、倉庫費等
378	広　告　・　宣　伝　費	広告費、宣伝費
379	拡販費・その他販売費	⟨376⟩⟨377⟩⟨378⟩以外の販売経費（ただし、⟨380⟩⟨382⟩に属するものを除く）。製品保証引当金繰入額、委託集金費、アフターサービス費等
⟨380⟩	貸倒損失・貸倒引当金繰入額	営業債権の貸倒損失及び貸倒引当金繰入額
⟨381⟩	役員報酬・賞与	販売費及び一般管理費で処理された役員報酬・役員賞与
⟨382⟩	人件費・福利厚生費	従業員の給与・賞与・退職金・法定福利費・福利厚生費及び賞与引当金・退職給与引当金の繰入額
⟨383⟩	減　価　償　却　費	販売費及び一般管理費で処理された減価償却費
⟨384⟩	賃　　借　　料	地代・家賃等。リース・レンタル料を含む
⟨385⟩	租　　税　　公　　課	固定資産税、自動車税、印紙税、登録税等。ただし、物品税、消費税は⟨373⟩へ組替える
⟨386⟩	事業税支払額事業税引当金繰入額	事業税支払額または事業税引当金繰入額。営業外費用で処理しているものは組替える
⟨387⟩	支　払　特　許　料	特許料・意匠使用料等
⟨388⟩	開発費・試験研究費	開発費・試験研究費等。開発費・試験研究費償却を含む
⟨389⟩	その他販売費及び一般管理費	⟨376⟩〜⟨388⟩に該当しないもの
⟨390⟩	▲他勘定振替高等	他勘定への振替高及び他勘定よりの受入高。関係会社等よりの受入金、福利施設よりの収益等を調整する
⟨391⟩	合　　　　　計	⟨376⟩〜⟨390⟩の合計額

※⟨378⟩が「広告宣伝費」、⟨376⟩＋⟨379⟩が「販売促進費」

（注）本書の「販売促進費」は上の付表に示した「NEEDS日経財務データ」の「販売費および一般管理費」明細の項目のうち、「販売手数料」と「拡販費・その他販売費」を合計した額である。企業および業種によっては「販売手数料」と「拡販費・その他販売費」に該当する費目であっても、会計処理でその項目には計上せず、「広告宣伝費」や「その他販売費及び一般管理費」など他の項目に計上するところもある。もちろんその逆のケースもありうる。

図表 36　広告宣伝費等の推移

	日経広告研究所（年度）						経済産業省（年度）	電通（暦年）
	上場企業							
	広告宣伝費（単独決算）	売上高（単独決算）	広告宣伝費／売上高（％）	広告宣伝費（連結決算）	売上高（連結決算）	広告宣伝費／売上高（％）	広告業年間売上高	総広告費
2008年	27,171	4,108,304	1.05	57,420	7,083,813	2.03	52,934	66,926
前年度比（％）	-6.77	-6.33		-5.99	-8.05		-9.9	-4.7
2009年	22,862	3,423,721	1.08	49,180	6,112,607	1.91	46,302	59,222
前年度比（％）	-13.64	-13.63		-13.34	-9.91		-13.1	-11.5
2010年	21,821	3,538,916	1.04	49,439	6,494,208	1.88	48,726	58,427
前年度比（％）	-0.83	3.10		2.17	4.65		2.7	-1.3
2011年	21,260	3,539,108	1.01	48,355	6,459,106	1.92	52,601	57,096
前年度比（％）	-2.27	1.15		-0.73	-0.22		1.6	-2.3
2012年	22,222	3,565,072	1.05	51,596	6,630,226	1.98	54,280	58,913
前年度比（％）	4.46	2.66		6.88	3.92		3.1	3.2
2013年	17,571	3,772,797	1.19	54,480	6,744,525	2.34	56,615	59,762
前年度比（％）	1.43	5.57		15.10	11.45		4.0	1.4
2014年	15,954	3,800,603	1.22	54,603	7,267,964	2.34	57,985	61,522
前年度比（％）	-0.96	2.16		4.88	5.13		2.3	2.9
2015年	16,969	3,800,208	1.29	58,791	7,290,585	2.40	59,971	61,710
前年度比（％）	5.39	-1.27		4.60	3.60		3.5	0.3
2016年	17,116	3,544,059	1.41	55,747	6,769,827	2.49	60,976	62,880
前年度比（％）	4.13	-6.39		-2.69	-1.23		1.7	1.9
2017年	16,994	3,690,447	1.43	59,857	7,211,662	2.44	59,892	63,907
前年度比（％）	1.66	2.69		6.53	6.80		-1.8	1.6

	日経広告研究所（年度）						経済産業省（年度）	電通（暦年）
	有力企業（集計企業全社）							
	広告宣伝費（単独決算）	売上高（単独決算）	広告宣伝費／売上高（％）	広告宣伝費（連結決算）	売上高（連結決算）	広告宣伝費／売上高（％）	広告業年間売上高	総広告費
2008年	—	—	—	—	—	—	52,934	66,926
前年度比（％）	—	—	—	—	—	—	-9.9	-4.7
2009年	—	—	—	—	—	—	46,302	59,222
前年度比（％）	—	—	—	—	—	—	-13.1	-11.5
2010年	—	—	—	—	—	—	48,726	58,427
前年度比（％）	—	—	—	—	—	—	2.7	-1.3
2011年	22,750	4,067,927	0.96	49,955	6,998,324	1.93	52,601	57,096
前年度比（％）	-2.21	1.41		-0.63	-0.22		1.6	-2.3
2012年	23,661	4,025,376	1.01	53,142	7,183,446	2.01	54,280	58,913
前年度比（％）	4.65	1.95		6.61	3.91		3.1	3.2
2013年	19,146	4,249,909	1.09	56,171	7,297,697	2.36	56,615	59,762
前年度比（％）	2.64	5.66		15.00	11.41		4.0	1.4
2014年	17,087	4,294,960	1.14	56,383	7,871,452	2.38	57,985	61,522
前年度比（％）	-1.02	2.77		5.27	5.28		2.3	2.9
2015年	18,010	4,301,141	1.21	60,136	7,863,841	2.42	59,971	61,710
前年度比（％）	5.57	-0.16		4.58	3.64		3.5	0.3
2016年	18,573	4,044,947	1.34	57,322	7,263,617	2.51	60,976	62,880
前年度比（％）	4.91	-5.81		-2.69	-1.23		1.7	1.9
2017年	17,804	4,182,614	1.32	63,719	7,713,348	2.56	59,892	63,907
前年度比（％）	1.46	2.44		6.33	6.77		-1.8	1.6

※出所　経済産業省「広告業年間売上高」は、経済産業省大臣官房調査統計グループが実施した「特定サービス産業動態統計調査」。電通の「総広告費」は、電通が毎年2月に発表する「日本の広告費」。
（注）1．日経広告研究所の対前年度比（％）データは、前年度と比較可能な企業のみを対象に算出している。また、同じく「広告宣伝費／売上高」は、有価証券報告書に双方の費目を記載している企業を対象に算出している。
（注）2．2013年度から親子ともに上場し、連結決算値を開示している企業の子会社のデータは重複になるため集計から除外した。

調査により判明した広告宣伝費

　日経広告研究所が独自に取材・調査し、判明した広告宣伝費は以下の通りである（29ページ参照）。

① 有価証券報告書の提出義務のない有力企業7社　　（調査に協力）

社　　　　　名	広告宣伝費 （百万円）
㈱ぎょうせい	192
㈱京王プラザホテル	233
神戸トヨペット㈱	1,281
四国旅客鉄道㈱	156
㈱日経ＢＰ	86
㈱ふくや	136
㈱ユーキャン	15,329

② 有価証券報告書の提出義務のない有力企業4社　　（資料で判明）

　セブン＆アイホールディングスは、公表している18年2月期の決算補足資料で、セグメント別主要会社（単独決算）の広告宣伝費を次のように記載している。

社　　　　　名	広告宣伝費 単位は百万円 （カッコ内は前期比増減率＝％）
セブン‐イレブン・ジャパン	59,377（‐13.9）
イトーヨーカ堂	20,653（　6.5）
そごう・西武	22,274（‐12.5）
ヨークベニマル	6,655（　0.5）

（注）イトーヨーカ堂、そごう・西武、ヨークベニマルの費目は「宣伝装飾費」

③ 有価証券報告書の提出義務はあるが、広告宣伝費が記載されていない14社　（調査に協力）

　調査に協力いただいたことにより判明した14社については、75ページ以降の「企業別広告宣伝費」の各企業の財務データ収録ページに斜体文字で表記しています。

—34—

項目別ランキング

1. 連結広告宣伝費上位500社 ・・・・・・・・・・・・・・・・・・・・・・・・・・・・ 37
2. 単独広告宣伝費上位500社 ・・・・・・・・・・・・・・・・・・・・・・・・・・・・ 47
3. 業種別の広告宣伝費上位企業 ・・・・・・・・・・・・・・・・・・・・・ 57
4. 広告宣伝費対前年度伸び率上位100社（連結・単独）・・・・・ 64
5. 広告宣伝費対前年度増加額上位100社（連結・単独）・・・・・ 66
6. 売上高に対する広告宣伝費の比率上位100社

（連結・単独）・・・・・ 68

7. 広告宣伝費指数上位100社（2012年度＝100）

（連結・単独）・・・・・ 70

8. 販売促進費上位100社（連結・単独）・・・・・・・・・・・・・・・・・・ 72

※8は銀行、証券、保険を除いたランキング

※電力会社、ガス会社は全てのランキングから除外（28ページ参照）

連結広告宣伝費上位 500 社

（＊：非上場企業）

'17年度順位	'16年度順位	会 社 名	業 種	(A)広告宣伝費(百万円)	(B)売 上 高(百万円)	(C)経常利益(百万円)	A／B×100	対前年度伸び率 A (%)	対前年度伸び率 B (%)
1	1	トヨタ自動車	自動車	509,653	29,379,510	2,620,429	1.73	13.56	6.46
2	2	ソニー	電気機器	407,106	8,543,982	699,049	4.76	11.90	12.37
3	10 ★	＊サントリーホールディングス	食品	369,414	2,420,286	226,890	15.26	3.29	2.62
4	3	日産自動車	自動車	304,328	11,951,169	750,302	2.55	-2.90	1.97
5	4	イオン	小売業	184,715	8,390,012	213,772	2.20	-4.66	2.19
6	23 ★	サントリー食品インターナショナ	食品	155,416	1,234,008	114,442	12.59	-2.48	2.06
7	6 ★	楽 天	サービス	152,383	944,474	138,082	16.13	25.64	20.79
8	12 ★	リクルートホールディングス	サービス	138,150	2,173,385	199,228	6.36	27.08	11.92
9	5	セブン&アイ・ホールディングス	小売業	136,473	6,037,815	390,746	2.26	-14.89	3.46
10	9	マ ツ ダ	自動車	119,684	3,474,024	172,133	3.45	9.63	8.08
11	7	ブ リ ヂ ス ト ン	ゴム	119,148	3,643,427	400,564	3.27	-1.72	9.18
12	8 ★	武 田 薬 品 工 業	医薬品	115,708	1,770,531	217,205	6.54	2.54	2.22
13	11 ★	パ ナ ソ ニ ッ ク	電気機器	112,238	7,982,164	378,590	1.41	6.60	8.69
14	15	三菱自動車工業	自動車	110,047	2,192,389	110,127	5.02	32.56	14.99
15	★	三 菱 商 事	商社	98,283	－	812,722	－	－	－
16	14	日 本 電 信 電 話	通信	94,745	11,799,587	1,755,624	0.80	-0.56	3.59
17	13 ★	花 王	化学	89,935	1,489,421	204,290	6.04	-7.70	2.18
18	16	Ｓ Ｕ Ｂ Ａ Ｒ Ｕ	自動車	82,801	3,405,221	379,934	2.43	2.50	2.38
19	17	ス ズ キ	自動車	78,508	3,757,219	382,787	2.09	5.66	18.54
20	24	任 天 堂	サービス	72,616	1,055,682	199,356	6.88	49.03	115.84
21	18 ★	ファーストリテイリング	小売業	70,937	1,861,917	193,398	3.81	-0.94	4.22
22	22	資 生 堂	化学	62,943	1,005,062	80,327	6.26	18.25	18.20
23	32	コカ・コーラ ボトラーズジャパ	食品	61,533	872,623	39,859	7.05	81.19	89.51
24	21	キ ヤ ノ ン	電気機器	61,207	4,080,015	353,884	1.50	4.26	19.95
25	25 ★	アサヒグループホールディングス	食品	60,284	2,084,877	196,984	2.89	25.35	22.14
26	20	Ｎ Ｔ Ｔ ド コ モ	通信	58,955	4,769,409	1,096,625	1.24	-5.72	4.03
27	27 ★	ＬＩＸＩＬグループ	非鉄・金属	48,841	1,664,817	89,997	2.93	8.70	1.93
28	28 ★	住 友 化 学	化学	46,707	2,190,509	240,811	2.13	5.51	12.97
29	26 ★	ニ コ ン	精密機器	42,807	717,078	56,257	5.97	-9.86	-4.30
30	29	バンダイナムコホールディングス	その他製造	39,720	678,312	75,380	5.86	0.92	9.39
31	50 ★	大日本住友製薬	医薬品	38,212	466,838	84,866	8.19	3.23	14.32
32	30 ★	味 の 素	食品	35,581	1,150,209	85,445	3.09	1.23	5.41
33	36	ア シ ッ ク ス	その他製造	35,033	400,157	21,738	8.75	9.79	0.26
34	31	大和ハウス工業	建設	34,753	3,795,992	344,593	0.92	0.20	8.06
35	35	三 菱 電 機	電気機器	34,279	4,431,198	364,578	0.77	5.33	4.54
36	34	フジ・メディア・ホールディング	通信	32,545	646,536	35,120	5.03	-1.36	-1.14
37	39	ベネッセホールディングス	サービス	32,341	434,497	9,253	7.44	6.57	1.03
38	47	サイバーエージェント	サービス	32,004	371,362	28,741	8.62	26.25	19.54
39	41 ★	住 友 ゴ ム 工 業	ゴム	30,105	877,866	65,733	3.43	0.46	16.01
40	37	ラ イ オ ン	化学	29,968	410,484	29,126	7.30	-3.25	3.76
41	42	ヤ マ ダ 電 機	小売業	27,883	1,573,873	47,335	1.77	-2.90	0.69
42	46	積 水 ハ ウ ス	建設	26,632	2,159,363	203,678	1.23	4.78	6.53
43	48	クレディセゾン	その他金融	26,354	356,466	56,717	7.39	4.45	1.53
44	54 ★	ユニー・ファミリーマートホール	小売業	26,038	1,275,300	28,639	2.04	19.60	51.14
45	40 ★	オ リ ン パ ス	精密機器	26,021	786,497	76,665	3.31	-3.65	6.20
46	38	ロ ー ソ ン	小売業	26,001	657,324	65,141	3.96	-15.01	4.12
47	49	高 島 屋	小売業	25,858	949,572	38,606	2.72	4.18	2.81
48	44 ★	日本たばこ産業	食品	24,413	2,139,653	538,532	1.14	-6.49	-0.17
49	59	ミ ク シ ィ	サービス	23,593	189,094	72,717	12.48	13.08	-8.72
50	52	ロ ー ト 製 薬	医薬品	22,982	171,742	18,849	13.38	3.27	11.09

連結広告宣伝費上位500社

（＊：非上場企業）

'17年度順位	'16年度順位	会　社　名	業　　種	(A)広告宣伝費(百万円)	(B)売上高(百万円)	(C)経常利益(百万円)	A/B×100	対前年度伸び率 A（%）	対前年度伸び率 B（%）
51	58 ★	ユニ・チャーム	商社	22,830	641,647	92,926	3.56	9.16	6.12
52	45	スクウェア・エニックス・ホール	サービス	22,585	250,394	36,124	9.02	-11.57	-2.50
53	53	大正製薬ホールディングス	医薬品	22,579	280,092	42,140	8.06	2.23	0.11
54	66	小 林 製 薬	医薬品	22,361	156,761	24,191	14.26	18.42	6.64
55	56	野村不動産ホールディングス	不動産	22,335	623,762	68,033	3.58	4.00	9.49
56	57 ★	セイコーエプソン	電気機器	21,886	1,102,116	62,663	1.99	3.96	7.54
57		富士フイルムホールディングス	化学	21,601	2,433,365	197,807	0.89	15.87	4.79
58	51	三 井 不 動 産	不動産	21,452	1,751,114	240,341	1.23	-7.81	2.74
59	64	住 友 不 動 産	不動産	20,993	948,402	186,870	2.21	9.26	2.51
60	63 ★	住 友 商 事	商社	20,715	－	412,295	－	7.78	－
61	55	三越伊勢丹ホールディングス	小売業	20,365	1,268,865	27,325	1.60	-5.97	1.23
62	60	サッポロホールディングス	食品	20,239	551,548	16,410	3.67	-0.89	1.79
63	65	ベ ル ー ナ	小売業	20,205	161,673	13,248	12.50	6.82	10.67
64	68 ★	横 浜 ゴ ム	ゴム	20,173	646,272	54,891	3.12	8.79	12.58
65	67	コ ー セ ー	化学	20,008	303,399	48,508	6.59	7.09	13.73
66	61	エ デ ィ オ ン	小売業	19,800	686,284	16,167	2.89	-2.63	1.76
67	62	シ チ ズ ン 時 計	精密機器	19,479	320,047	26,664	6.09	-1.42	2.40
68	69	ヤ マ ハ	その他製造	19,416	432,967	49,233	4.48	10.58	6.05
69	77	ク ボ タ	機械	18,700	1,751,535	212,901	1.07	21.74	9.74
70	71	ヤ ク ル ト 本 社	食品	18,383	401,569	53,054	4.58	6.39	6.15
71	73 ★	参 天 製 薬	医薬品	18,167	224,942	39,261	8.08	13.90	12.98
72	85 ★	ネ ク ソ ン	サービス	17,855	234,929	69,995	7.60	28.86	28.29
73	81	ニトリホールディングス	小売業	16,726	572,060	94,860	2.92	12.98	11.52
74	72 ★	ブ ラ ザ ー 工 業	電気機器	16,618	712,997	69,669	2.33	0.38	11.20
75	74	セイコーホールディングス	精密機器	16,393	268,529	10,911	6.10	3.22	4.44
76	109	ノ ジ マ	小売業	16,037	501,890	17,935	3.20	55.05	16.16
77	84	し ま む ら	小売業	15,760	566,103	43,920	2.78	12.61	-0.07
78	87	タ カ ラ ト ミ ー	その他製造	15,274	177,366	12,420	8.61	13.33	5.79
79	83	ケーズホールディングス	小売業	15,241	679,132	36,661	2.24	8.43	3.19
80	80	フ ァ ン ケ ル	化学	15,164	109,019	8,650	13.91	2.35	13.20
81	82	セガサミーホールディングス	機械	15,052	323,664	14,578	4.65	5.05	-11.79
82	76	日清食品ホールディングス	食品	14,684	516,400	40,588	2.84	-4.70	4.17
83	93	イ ズ ミ	小売業	14,494	729,857	38,208	1.99	14.66	3.95
84	86	カ シ オ 計 算 機	電気機器	14,406	314,790	28,726	4.58	5.16	-2.00
85	75	エイチ・ツー・オー リテイリン	小売業	14,266	921,871	24,272	1.55	-7.42	2.29
85	79	青 山 商 事	小売業	14,266	254,846	21,311	5.60	-4.52	0.82
87		メ ル カ リ	サービス	14,196	22,071	-2,779	64.32	106.43	80.08
88	118	エ イ チ ー ム	サービス	14,018	34,603	4,118	40.51	50.17	50.66
89	94	ウエルシアホールディングス	小売業	13,856	695,268	30,923	1.99	10.33	11.57
90	99	江 崎 グ リ コ	食品	13,621	353,432	21,993	3.85	16.32	0.06
91	88	山 崎 製 パ ン	食品	13,335	1,053,164	32,143	1.27	0.89	1.08
92	97 ★	飯田グループホールディングス	不動産	13,327	1,335,386	100,316	1.00	9.99	8.35
93	101	ＡＮＡホールディングス	空運	13,132	1,971,799	160,636	0.67	15.57	11.70
94	90 ★	Ｈ Ｏ Ｙ Ａ	精密機器	13,085	535,612	124,248	2.44	1.34	11.84
95	89	ＡＯＫＩホールディングス	小売業	13,079	198,417	14,003	6.59	0.63	2.25
96	106	伊 藤 園	食品	12,937	475,866	21,524	2.72	17.01	2.21
97	123	ポーラ・オルビスホールディング	化学	12,792	244,335	39,250	5.24	45.46	11.83
98	91	ワコールホールディングス	繊維	12,719	195,725	14,286	6.50	0.20	-0.08
99	92	エイチ・アイ・エス	サービス	12,371	606,024	19,647	2.04	-2.18	15.72
100	113 ★	ＲＩＺＡＰグループ	サービス	12,241	136,201	12,047	8.99	24.10	42.92

—38—

連結広告宣伝費上位500社

（＊：非上場企業）

'17年度順位	'16年度順位	会　社　名	業　種	(A)広告宣伝費（百万円）	(B)売　上　高（百万円）	(C)経常利益（百万円）	A/B×100	対前年度伸び率 A (%)	対前年度伸び率 B (%)
101	100	上新電機	小売業	12,209	391,726	9,662	3.12	5.97	4.63
102	95	丸井グループ	小売業	12,168	238,999	35,145	5.09	-2.07	0.83
103	105	大和証券グループ本社	証券	12,000	712,601	155,676	1.68	8.11	15.59
104	103	川崎重工業	造船	11,953	1,574,242	43,225	0.76	6.33	3.65
105	98	アコム	その他金融	11,734	263,453	81,694	4.45	-0.25	7.47
106	107	キッコーマン	食品	11,165	430,602	35,985	2.59	5.92	7.07
107	104	東急不動産ホールディングス	不動産	11,130	866,126	68,691	1.29	0.04	7.13
108	114	久光製薬	医薬品	10,987	147,870	28,245	7.43	13.73	1.33
109	102	ミズノ	その他製造	10,871	185,399	8,106	5.86	-3.48	-1.76
110	108	スクロール	小売業	10,761	62,207	1,458	17.30	2.72	5.68
111	130	東宝	サービス	10,678	242,668	48,645	4.40	33.81	3.90
112	43 ★	Ｊ．フロント　リテイリング	小売業	10,534	469,915	48,271	2.24	-10.45	3.85
113	110	日本ハム	食品	10,515	1,269,201	50,455	0.83	2.76	5.57
114	127	オムロン	電気機器	10,320	859,982	83,367	1.20	24.44	8.28
115	78	ガンホー・オンライン・エンター	サービス	10,224	92,306	34,351	11.08	-31.72	-17.92
116		東芝	電気機器	10,154	3,947,596	82,378	0.26	-13.69	-2.38
117	119	アース製薬	化学	10,142	179,738	4,987	5.64	10.25	6.67
118	120	三菱地所	不動産	10,089	1,194,049	190,506	0.84	11.33	6.10
119	115	シマノ	輸送用機器	10,009	335,800	55,748	2.98	3.62	3.96
120	112	ハウス食品グループ本社	食品	9,879	291,897	17,207	3.38	0.10	2.85
121	117	ヨネックス	その他製造	9,494	62,188	2,858	15.27	0.07	1.88
122	124	キユーピー	食品	9,469	561,688	32,511	1.69	8.39	1.70
123	140	ＲＶＨ	サービス	9,159	53,006	912	17.28	35.77	27.62
124	116	ＩＤＯＭ	商社	9,137	276,157	5,797	3.31	-5.09	9.80
125	125	＊興和	商社	9,077	434,329	4,715	2.09	5.68	22.85
126	122	デサント	商社	8,984	141,124	9,698	6.37	0.73	7.28
127		ディップ	サービス	8,788	38,062	10,794	23.09	－	－
128	154	エン・ジャパン	サービス	8,637	40,710	9,736	21.22	47.87	28.35
129	141	マキタ	電気機器	8,363	477,298	79,678	1.75	25.91	15.01
130	129	ミサワホーム	建設	8,166	388,552	7,672	2.10	0.34	-2.83
131	130	森永製菓	食品	8,135	205,022	20,422	3.97	1.94	2.78
132	136	ＴＢＳホールディングス	通信	8,073	361,954	26,923	2.23	8.74	1.85
133	137	東洋ゴム工業	ゴム	7,992	404,999	40,167	1.97	12.58	6.12
134	132 ★	ＪＶＣケンウッド	電気機器	7,821	300,687	5,946	2.60	5.75	0.94
135	146	アダストリア	小売業	7,728	222,787	5,428	3.47	22.51	9.38
136	128	エイベックス	サービス	7,573	163,375	6,582	4.64	-7.64	1.10
136	142	パイロットコーポレーション	その他製造	7,573	104,117	20,561	7.27	14.07	5.86
138	134	ミニストップ	小売業	7,347	206,964	1,192	3.55	-3.97	5.08
139	147	バローホールディングス	小売業	7,055	544,020	14,937	1.30	12.54	4.51
140	133 ★	リコー	電気機器	6,948	2,063,363	-124,182	0.34	-10.75	1.70
141	139	エービーシー・マート	小売業	6,898	254,283	44,501	2.71	1.37	6.42
142	138	カドカワ	サービス	6,883	206,785	3,716	3.33	-2.97	0.52
143	149	インフォコム	サービス	6,877	45,774	5,982	15.02	11.12	9.59
144	151	オンワードホールディングス	商社	6,635	243,075	5,928	2.73	11.23	-0.75
145	172	日野自動車	自動車	6,604	1,837,982	80,422	0.36	35.11	9.16
146	144	アートネイチャー	その他製造	6,335	37,254	2,707	17.00	-0.78	-4.38
147	158	タマホーム	建設	6,052	157,001	3,475	3.85	11.37	13.46
148	161	大京	不動産	6,044	335,184	19,789	1.80	14.49	3.02
149	152	近鉄百貨店	小売業	5,997	282,211	4,420	2.13	1.49	5.90
150	143	スカパーＪＳＡＴホールディング	通信	5,980	145,501	16,712	4.11	-7.64	-24.56

—39—

連結広告宣伝費上位500社

(＊：非上場企業)

'17年度順位	'16年度順位	会　社　名	業　　種	(A)広告宣伝費(百万円)	(B)売上高(百万円)	(C)経常利益(百万円)	A/B×100	対前年度伸び率 A (%)	対前年度伸び率 B (%)
151	168	カ　ゴ　メ	食品	5,977	214,210	12,618	2.79	17.52	5.76
152	157	日 本 特 殊 陶 業	窯業	5,974	409,912	69,094	1.46	6.64	9.92
153	166	良 品 計 画	小売業	5,933	379,550	45,985	1.56	14.43	13.88
154	155	シーズ・ホールディングス	化学	5,851	42,916	8,766	13.63	2.25	8.78
155	135	エムティーアイ	通信	5,746	30,933	3,972	18.58	-24.46	-5.82
156		Ｍ Ｔ Ｇ	その他製造	5,687	45,325	6,120	12.55	48.91	53.75
157	153	イエローハット	商社	5,682	137,865	10,689	4.12	-3.25	6.20
158	164	い す ゞ 自 動 車	自動車	5,623	2,070,359	173,616	0.27	8.24	6.00
159	148	ダイドーグループホールディング	食品	5,494	172,684	5,382	3.18	-11.24	0.75
160	126 ★	Ｌ Ｉ Ｆ Ｕ Ｌ Ｌ	サービス	5,414	15,948	957	33.95	-35.55	-46.70
161	173	日本マクドナルドホールディング	サービス	5,378	253,640	19,718	2.12	10.20	11.91
162	150	ナ　ッ　ク	サービス	5,352	89,818	1,574	5.96	-13.51	4.56
163	181	パ　ピ　レ　ス	サービス	5,215	16,202	1,252	32.19	21.73	14.57
164	160	マ ン ダ ム	化学	5,207	81,386	9,264	6.40	-2.33	5.22
165	145	ゼビオホールディングス	小売業	5,181	234,595	11,389	2.21	-18.63	5.03
166	156	チ　ヨ　ダ	小売業	5,125	127,634	6,595	4.02	-10.34	-6.85
167	159	雪印メグミルク	食品	5,105	596,158	20,996	0.86	-5.41	1.40
168	169	ナ　ガ　セ	サービス	5,095	45,949	4,697	11.09	1.98	0.84
169	185 ★	カ カ ク コ ム	サービス	5,078	46,782	22,820	10.85	21.69	7.63
170	162	ア ー ク ス	小売業	5,012	513,955	16,366	0.98	-4.90	0.26
171	170	セ　コ　ム	サービス	4,896	970,624	144,318	0.50	-1.23	4.58
172	175 ★	ノ ー リ ツ 鋼 機	精密機器	4,878	57,089	5,135	8.54	6.46	14.08
173	111	コ ロ プ ラ	サービス	4,754	52,246	12,901	9.10	-52.60	-38.34
174	180	東 洋 水 産	食品	4,749	388,797	28,571	1.22	7.78	1.60
175	196	ヤ ー マ ン	電気機器	4,700	19,969	3,533	23.54	18.75	22.43
176	177	持 田 製 薬	医薬品	4,682	106,761	12,008	4.39	5.10	9.67
177	174	京 セ ラ	電気機器	4,636	1,577,039	131,866	0.29	-4.27	10.84
178	182	吉野家ホールディングス	サービス	4,609	198,503	4,604	2.32	8.52	5.24
179	193	Ｗ Ｏ Ｗ Ｏ Ｗ	通信	4,556	81,574	10,698	5.59	12.86	4.24
180	171	東建コーポレーション	建設	4,536	305,312	18,017	1.49	-7.90	7.61
181	192	エ ス ビ ー 食 品	食品	4,513	142,396	6,189	3.17	11.19	3.26
182	190	GMOインターネット	通信	4,348	154,256	17,315	2.82	6.13	14.24
183	179	コ　メ　リ	小売業	4,342	341,956	17,087	1.27	-1.54	3.75
184	167	グ　リ　ー	サービス	4,335	65,369	10,035	6.63	-15.41	-6.45
185	194	テイクアンドギヴ・ニーズ	サービス	4,334	64,590	2,489	6.71	7.95	7.32
186	187	プロトコーポレーション	サービス	4,295	62,111	3,735	6.92	3.07	9.51
187	205	ゴールドウイン	商社	4,290	70,420	7,833	6.09	19.17	15.63
188	200	村 田 製 作 所	電気機器	4,263	1,371,842	167,801	0.31	11.48	20.81
189	208	ＮＴＴ都市開発	不動産	4,247	166,800	27,432	2.55	20.41	-11.57
190	201	レオパレス21	不動産	4,235	530,840	22,354	0.80	10.98	1.99
191	186	はるやまホールディングス	小売業	4,222	57,071	2,744	7.40	1.25	2.02
192	163	松 竹	サービス	4,158	92,878	5,774	4.48	-20.38	-3.43
193	165	ニ チ レ イ	食品	4,153	568,032	30,650	0.73	-19.95	5.26
194	183	フ ジ	小売業	4,136	316,638	8,938	1.31	-1.71	-0.23
195	176	Ｔ Ｄ Ｋ	電気機器	4,125	1,271,747	89,811	0.32	-8.19	7.93
196	195	ツカダ・グローバルホールディン	サービス	4,124	57,253	4,398	7.20	4.14	3.41
197	191	リ ン ナ イ	非鉄・金属	4,100	347,071	34,286	1.18	0.66	5.09
198	199	レ ナ ウ ン	商社	4,028	66,396	565	6.07	4.16	-1.82
199	197	ジ ャ ッ ク ス	その他金融	3,995	134,051	12,733	2.98	2.02	12.03
200	189	日清オイリオグループ	食品	3,964	337,998	9,276	1.17	-3.74	4.03

連結広告宣伝費上位 500 社

（＊：非上場企業）

'17年度順位	'16年度順位	会　社　名	業　　種	(A)広告宣伝費(百万円)	(B)売上高(百万円)	(C)経常利益(百万円)	A/B×100	対前年度伸び率 A（%）	対前年度伸び率 B（%）
201	239	日本水産	農林・水産	3,918	683,008	24,840	0.57	47.40	7.40
202	188	フェリシモ	小売業	3,810	29,285	915	13.01	-7.99	-5.24
203	184	日本通運	陸運	3,671	1,995,317	74,395	0.18	-12.68	7.03
204	216	ユーグレナ	食品	3,660	13,886	1,207	26.36	13.70	25.07
205	223	ジャストシステム	サービス	3,652	24,075	6,225	15.17	21.41	18.42
206	220	MonotaRO	小売業	3,614	88,347	11,858	4.09	17.15	26.85
207	227	ＭＣＪ	電気機器	3,587	124,544	8,743	2.88	26.13	14.55
208	292	アドベンチャー	サービス	3,585	5,269	409	68.04	103.69	96.38
209	210	マックスバリュ西日本	小売業	3,566	276,313	4,978	1.29	4.27	-0.71
210	211	グローブライド	その他製造	3,561	85,785	3,598	4.15	6.65	8.39
211	248	東京建物	不動産	3,510	266,983	39,416	1.31	37.76	4.91
212	234	カプコン	サービス	3,481	94,515	15,254	3.68	28.64	8.43
213	215	コナカ	小売業	3,426	68,130	2,448	5.03	4.45	-2.16
214	178	ニチイ学館	サービス	3,424	283,767	3,628	1.21	-22.74	2.57
215	230	エス・エム・エス	サービス	3,413	26,611	5,007	12.83	22.46	15.43
216	204	三井ホーム	建設	3,363	260,109	5,614	1.29	-7.07	2.02
217	233	スタジオアリス	サービス	3,290	36,905	3,297	8.91	20.29	-4.69
218	218	エスクリ	サービス	3,286	31,700	1,830	10.37	4.42	7.54
219	225	象印マホービン	電気機器	3,206	85,363	8,493	3.76	8.09	-4.33
220	229	スターツコーポレーション	不動産	3,191	168,870	20,731	1.89	13.96	-6.60
221	231 ★	ディー・エヌ・エー	サービス	3,175	139,390	30,390	2.28	14.37	-3.07
222	246 ★	マネックスグループ	証券	3,159	53,635	8,631	5.89	23.06	17.03
223	238	カルビー	食品	3,144	251,575	26,179	1.25	18.11	-0.33
224	221	＊佐藤製薬	医薬品	3,136	39,467	-21	7.95	1.95	1.46
225	202	日本ＫＦＣホールディングス	サービス	3,128	73,457	627	4.26	-15.02	-16.56
226	222	名古屋鉄道	鉄道・バス	3,115	604,804	48,566	0.52	3.39	0.87
227	247	フマキラー	化学	3,109	47,740	2,688	6.51	21.40	12.70
228	217	宝ホールディングス	食品	3,073	268,142	16,084	1.15	-3.91	14.50
229	235	タカラレーベン	不動産	2,982	110,851	11,792	2.69	10.73	7.00
230	228	ゲオホールディングス	小売業	2,968	299,262	15,248	0.99	4.95	11.63
231	209	クルーズ	サービス	2,902	25,486	702	11.39	-17.23	-10.58
232	242	エステー	化学	2,895	48,626	3,469	5.95	10.58	5.81
233	240	ユナイテッドアローズ	小売業	2,891	154,409	10,775	1.87	9.18	6.10
234	226	学研ホールディングス	サービス	2,833	102,177	3,525	2.77	-0.91	3.16
235		ヤオコー	小売業	2,829	414,991	16,528	0.68	－	－
236	237	グンゼ	繊維	2,816	140,521	6,446	2.00	4.96	2.89
237	252	ワタミ	サービス	2,760	96,458	1,636	2.86	11.61	-3.84
238	232	ぐるなび	サービス	2,697	36,226	4,809	7.44	-2.74	-2.04
239	253	マックスバリュ中部	小売業	2,695	178,347	3,128	1.51	9.24	0.54
240	206	gumi	サービス	2,685	25,933	1,734	10.35	-24.39	20.97
241	256	リゾートトラスト	サービス	2,677	165,413	19,422	1.62	10.89	15.24
242	250	パルグループホールディングス	小売業	2,665	123,241	6,967	2.16	7.24	5.83
243	245	ヒューマンホールディングス	サービス	2,664	78,763	1,999	3.38	3.34	5.84
244	212	キョーリン製薬ホールディングス	医薬品	2,653	110,640	9,345	2.40	-20.09	-4.10
245	241	ココカラファイン	小売業	2,612	390,963	16,019	0.67	-0.87	3.65
246	236	綜合警備保障	サービス	2,556	435,982	31,913	0.59	-4.88	5.48
247	249	永谷園ホールディングス	食品	2,527	98,899	3,184	2.56	-0.12	22.70
248	281 ★	じげん	サービス	2,507	10,266	3,317	24.42	33.92	36.26
249	277	アインホールディングス	小売業	2,494	248,110	15,080	1.01	28.96	5.65
250	257	エバラ食品工業	食品	2,441	50,397	1,546	4.84	3.26	-1.88

—41—

連結広告宣伝費上位 500 社

（＊：非上場企業）

'17年度順位	'16年度順位	会 社 名	業 種	(A)広告宣伝費(百万円)	(B)売上高(百万円)	(C)経常利益(百万円)	A/B×100	対前年度伸び率 A (%)	対前年度伸び率 B (%)
251	254	エ コ ス	小売業	2,413	117,330	3,815	2.06	-1.91	2.24
252	251	サカイ引越センター	陸運	2,378	88,386	10,687	2.69	-4.04	10.53
253	258	オ ー ク ワ	小売業	2,372	268,650	2,353	0.88	0.68	-0.07
254	260	ヒ ラ キ	小売業	2,339	17,788	1,069	13.15	1.04	-2.17
255	266	フ ジ 住 宅	不動産	2,325	103,880	6,139	2.24	11.19	4.55
256	259	ヤ マ ザ ワ	小売業	2,317	114,303	1,231	2.03	-0.90	0.17
257	262	ブ ル ボ ン	食品	2,260	117,696	5,322	1.92	3.48	4.23
258	244	平 和	機械	2,229	132,765	13,105	1.68	-14.24	-28.70
259	291	ダイユー・リックホールディング	小売業	2,209	81,388	1,935	2.71	24.66	23.51
260	265	カ メ イ	商社	2,199	447,774	10,847	0.49	3.73	5.74
261	275	第 一 興 商	商社	2,177	141,370	21,857	1.54	8.58	0.52
262	268	トランスコスモス	サービス	2,154	266,645	1,802	0.81	3.81	10.04
263	288	ク リ ナ ッ プ	その他製造	2,151	107,386	418	2.00	18.58	-5.52
264	278	北海道コカ・コーラボトリング	食品	2,128	56,061	2,431	3.80	10.43	-0.99
265	219	三 陽 商 会	商社	2,121	62,549	-1,941	3.39	-31.73	-7.49
266	263	すてきナイスグループ	商社	2,115	239,536	362	0.88	-2.22	-2.79
267		バロックジャパンリミテッド	小売業	2,102	67,952	2,556	3.09	20.39	-2.22
268	284	パ ー ク 2 4	不動産	2,068	232,956	20,281	0.89	12.51	19.83
269	198	フ ィ ー ル ズ	商社	2,059	61,055	-5,204	3.37	-47.26	-20.36
269	297	ハーバー研究所	化学	2,059	17,885	2,390	11.51	25.24	10.85
271	311	K L a b	サービス	2,049	26,777	4,853	7.65	46.15	36.62
272	290	N E W ΛR T	小売業	2,024	14,320	725	14.13	13.14	5.64
273	270	不 二 家	食品	1,997	105,915	1,460	1.89	-3.06	1.45
274	261	サンヨーホームズ	建設	1,984	54,117	1,911	3.67	-11.55	-2.50
275	305	ネ ク ス テ ー ジ	小売業	1,967	118,971	3,304	1.65	32.46	36.43
276	279	ナ カ ニ シ	精密機器	1,953	34,341	10,366	5.69	3.33	7.89
277	272	ア イ ケ イ	小売業	1,938	15,273	554	12.69	-4.95	9.81
278	282	ルックホールディングス	商社	1,937	43,040	1,747	4.50	4.31	0.98
279	274	S A N K Y O	機械	1,931	86,220	11,319	2.24	-4.59	5.85
280	325	エボラブルアジア	サービス	1,896	5,534	695	34.26	49.41	38.35
281	294	中 村 屋	食品	1,895	41,357	972	4.58	11.47	-1.30
281	276	マ ー ベ ラ ス	サービス	1,895	25,291	5,105	7.49	-2.87	-13.94
283	267	東 映	サービス	1,888	124,317	21,379	1.52	-9.32	-3.19
284	285	フ ェ イ ス	サービス	1,859	21,210	1,029	8.76	1.42	2.00
285	255	ジ ン ズ	小売業	1,850	50,451	5,227	3.67	-23.55	9.23
286	337	リ ブ セ ン ス	サービス	1,847	6,350	457	29.09	63.16	18.34
287	269 ★	沢 井 製 薬	医薬品	1,834	168,068	20,251	1.09	-11.57	26.95
288	280	フ ジ ッ コ	食品	1,819	62,917	5,728	2.89	-3.19	3.38
289	293	G u n o s y	サービス	1,817	7,739	1,516	23.48	3.89	68.28
290	264	ニ チ ハ	窯業	1,816	116,144	13,796	1.56	-15.06	-1.75
291	295	コ ス モ ス 薬 品	小売業	1,815	502,732	24,591	0.36	7.52	12.40
292	289	ア イ カ 工 業	化学	1,802	163,726	19,600	1.10	-0.33	7.98
293	331	ファーマフーズ	食品	1,774	4,722	143	37.57	49.33	36.47
294	320	オープンハウス	不動産	1,771	304,651	36,131	0.58	30.12	23.24
294	298	ヤ マ ナ カ	小売業	1,771	100,106	223	1.77	7.86	0.24
296	271	ヨンドシーホールディングス	小売業	1,726	48,060	7,562	3.59	-16.13	-3.49
296	304	テ ィ ー ラ イ フ	小売業	1,726	7,320	546	23.58	15.84	1.67
298	287	マツモトキヨシホールディングス	小売業	1,725	558,879	36,123	0.31	-4.96	4.44
299	296	早稲田アカデミー	サービス	1,676	22,143	1,107	7.57	-0.36	7.05
300	303	サ イ ボ ウ ズ	サービス	1,674	9,502	821	17.62	9.91	18.20

連結広告宣伝費上位 500 社

(＊：非上場企業)

'17年度順位	'16年度順位	会社名	業種	(A)広告宣伝費(百万円)	(B)売上高(百万円)	(C)経常利益(百万円)	A/B×100	対前年度伸び率 A(%)	対前年度伸び率 B(%)
301	314	シード	精密機器	1,662	27,827	2,157	5.97	20.78	13.75
302	299	ＢＥＥＮＯＳ	小売業	1,644	20,711	1,552	7.94	3.85	7.72
303	309	フリュー	機械	1,635	25,383	2,474	6.44	15.63	1.98
304	306	はごろもフーズ	食品	1,632	79,856	1,694	2.04	11.40	0.70
305	300	キーコーヒー	食品	1,625	63,027	474	2.58	2.85	0.05
306	310	一蔵	サービス	1,618	16,382	830	9.88	14.51	5.73
307	273	ノエビアホールディングス	化学	1,609	54,473	10,291	2.95	-20.93	6.43
308	360	リテールパートナーズ	小売業	1,605	228,982	6,181	0.70	67.54	60.18
308	282	Ａｉｍｉｎｇ	サービス	1,605	6,829	-2,947	23.50	-13.57	-29.52
310	301	サマンサタバサジャパンリミテッ	その他製造	1,576	32,158	-1,736	4.90	1.68	-9.28
311	313	シノケングループ	不動産	1,569	105,936	12,201	1.48	12.80	30.31
312	318	ＶＴホールディングス	商社	1,566	202,133	7,173	0.77	14.81	19.21
313	324 ★	エムスリー	サービス	1,560	94,471	29,700	1.65	22.83	20.90
314		ベクトル	サービス	1,557	20,090	2,950	7.75	235.56	51.22
315	336	リログループ	サービス	1,556	225,437	16,943	0.69	36.61	9.91
316	224	スタートトゥデイ	小売業	1,552	98,432	32,740	1.58	-48.25	28.85
317	302	ヤマダ・エスバイエルホーム	建設	1,540	49,185	-948	3.13	0.59	12.59
318	308	ＴＨＫ	機械	1,514	320,103	31,230	0.47	15.75	33.11
319	317	日本エスコン	不動産	1,501	44,724	5,988	3.36	9.64	30.21
320	★	Ｊトラスト	その他金融	1,492	76,266	416	1.96	-25.06	14.77
321	318	ニフコ	その他製造	1,485	271,302	30,380	0.55	8.87	4.57
322	363	インターネットイニシアティブ	サービス	1,459	176,050	7,840	0.83	53.10	11.57
323	307	セイノーホールディングス	陸運	1,394	596,130	29,120	0.23	-3.33	5.04
324	365	イグニス	サービス	1,389	5,577	71	24.91	46.52	-0.14
325	322	サンマルクホールディングス	小売業	1,375	69,084	6,867	1.99	5.36	2.33
326	321	穴吹興産	不動産	1,372	81,518	4,096	1.68	1.55	4.70
327	326	キャリアデザインセンター	サービス	1,341	9,893	1,158	13.56	8.15	15.45
328	346	ゴールドクレスト	不動産	1,329	42,857	12,948	3.10	23.28	19.63
329	372	三栄建築設計	不動産	1,307	100,572	9,120	1.30	42.37	38.48
330	315	明和地所	不動産	1,303	48,105	2,503	2.71	-4.96	-9.48
331	315	三重交通グループホールディング	不動産	1,219	104,436	6,431	1.17	-11.09	1.65
332	327 ★	アンリツ	電気機器	1,211	85,967	4,602	1.41	-0.57	-1.91
333	333	ニチバン	化学	1,208	46,234	4,626	2.61	3.96	4.73
334	375	エフ・ジェー・ネクスト	不動産	1,165	67,008	7,226	1.74	28.02	9.11
335	353	ニッピ	その他製造	1,158	42,137	1,854	2.75	12.87	8.11
336	351	イートアンド	食品	1,147	28,166	743	4.07	10.93	7.08
337		イワキ	商社	1,140	57,387	1,778	1.99	12.98	4.11
338	328	東武ストア	小売業	1,125	83,661	1,126	1.34	-7.10	-0.29
338	342	ローランド ディー.ジー.	電気機器	1,125	43,573	3,804	2.58	1.44	-1.22
340	352	ハウスドゥ	不動産	1,120	16,848	1,103	6.65	8.42	-2.47
341	334	松屋	小売業	1,101	90,568	2,044	1.22	-4.26	4.90
341	494	オープンドア	サービス	1,101	4,009	1,163	27.46	200.00	33.81
343	338	オービック	サービス	1,098	66,814	35,570	1.64	-2.49	8.72
344	376	リソー教育	サービス	1,094	22,584	2,139	4.84	20.62	8.70
345	340	井筒屋	小売業	1,080	78,304	561	1.38	-3.23	-1.69
346	348	アキレス	化学	1,073	87,910	2,769	1.22	0.37	1.12
347		王将フードサービス	サービス	1,059	78,117	5,780	1.36	-	-
348	329	京都きもの友禅	小売業	1,056	10,545	151	10.01	-12.73	-13.07
349	397	ストリーム	小売業	1,055	22,430	60	4.70	43.93	1.84
350	349	ＴＡＣ	サービス	1,054	20,951	735	5.03	0.00	2.50

—43—

連結広告宣伝費上位 500 社

（＊：非上場企業）

'17年度順位	'16年度順位	会　社　名	業　　種	(A)広告宣伝費(百万円)	(B)売上高(百万円)	(C)経常利益(百万円)	A/B×100	対前年度伸び率 A (%)	対前年度伸び率 B (%)
351	390	大 幸 薬 品	医薬品	1,040	9,459	1,567	10.99	27.45	14.05
352	386	ピーシーデポコーポレーション	小売業	1,030	43,590	3,079	2.36	22.33	-6.09
353	394	オ ン キ ョ ー	電気機器	1,025	51,533	-1,947	1.99	32.26	-7.78
354	384	東 和 薬 品	医薬品	1,016	93,430	11,717	1.09	19.39	9.98
355	357	コーエーテクモホールディングス	サービス	1,013	38,926	18,293	2.60	0.90	5.11
356	329	ヒ ロ セ 通 商	その他金融	996	7,671	2,552	12.98	-17.69	14.13
357	350	片 倉 工 業	繊維	992	46,185	2,660	2.15	-4.71	-1.58
358	359	サ カ タ の タ ネ	農林・水産	991	61,844	8,250	1.60	0.81	5.23
359	345	第 一 交 通 産 業	陸運	989	100,730	6,721	0.98	-9.27	-0.57
360	385	コ メ 兵	小売業	984	45,497	1,610	2.16	16.31	13.36
361	368	ア ル ビ ス	小売業	983	82,312	3,238	1.19	5.25	5.68
361	332	タ ム ロ ン	精密機器	983	60,496	4,100	1.62	-16.27	0.99
363	364	丸善ＣＨＩホールディングス	小売業	975	178,349	2,255	0.55	2.52	-0.03
364	396	日 本 エ ス リ ー ド	不動産	971	48,340	6,703	2.01	29.99	23.00
365	380	日本ハウスホールディングス	建設	945	46,482	4,116	2.03	6.42	1.09
366	540	ア エ リ ア	サービス	937	15,871	2,760	5.90	277.82	168.73
367	406	ホ ッ ト ラ ン ド	サービス	927	32,407	1,075	2.86	41.74	2.77
368	378	浜 松 ホ ト ニ ク ス	電気機器	925	130,495	24,037	0.71	2.44	7.09
368	379 ★	リンクアンドモチベーション	サービス	925	36,894	3,265	2.51	3.24	10.72
370	360	セ ン ト ラ ル 総 合 開 発	不動産	922	26,951	753	3.42	-3.76	7.53
371	355	コ ロ ナ	非鉄・金属	921	82,115	2,875	1.12	-9.53	1.88
372	442	ド リ コ ム	サービス	918	13,192	-29	6.96	75.19	57.27
373	374	富 士 紡 ホ ー ル デ ィ ン グ ス	繊維	914	35,891	4,269	2.55	0.11	-12.20
374	377	ウ ィ ザ ス	サービス	911	16,241	838	5.61	0.77	13.47
375	358	＊オ リ オ ン ビ ー ル	食品	908	28,317	3,713	3.21	-8.28	1.10
376	369	ウ ッ ド ワ ン	その他製造	901	64,959	1,517	1.39	-3.22	-2.16
377	362	新 日 本 建 設	建設	900	95,340	13,531	0.94	-5.76	9.77
378	479	Ｔ Ａ Ｔ Ｅ Ｒ Ｕ	建設	898	67,016	5,863	1.34	123.38	76.75
379	353	昭 和 産 業	食品	897	233,166	7,737	0.38	-12.57	-0.02
380	369	日 本 和 装 ホ ー ル デ ィ ン グ ス	サービス	896	5,246	443	17.100	-3.76	8.37
381	347	ワ ン ダ ー コ ー ポ レ ー シ ョ ン	小売業	894	72,954	475	1.23	-16.91	-1.67
382	371	さが美グループホールディングス	小売業	892	15,955	-42	5.59	-3.15	-9.48
383		ド リ ー ム イ ン キ ュ ベ ー タ	サービス	891	18,418	1,915	4.84	–	–
384	389	ケ ー ユ ー ホ ー ル デ ィ ン グ ス	商社	890	88,068	5,927	1.01	8.67	11.27
385	388	ザ ッ パ ラ ス	サービス	862	4,846	298	17.79	4.61	-12.81
386	401	ぴ あ	サービス	859	163,509	1,173	0.53	20.48	7.00
387	409	ホ ソ カ ワ ミ ク ロ ン	機械	843	49,519	5,219	1.70	31.31	10.87
388		マ ネ ー フ ォ ワ ー ド	サービス	836	2,899	-834	28.84	–	–
389	387	プ ラ ザ ク リ エ イ ト 本 社	サービス	834	22,172	93	3.76	0.85	0.82
390	383	ナ カ バ ヤ シ	その他製造	825	59,603	2,961	1.38	-5.17	3.06
391	335	カ ー チ ス ホ ー ル デ ィ ン グ ス	商社	814	24,440	-68	3.33	-29.16	-22.63
392	382	井 関 農 機	機械	806	158,382	4,250	0.51	-8.20	3.45
393	418	ＶＯＹＡＧＥ　ＧＲＯＵＰ	サービス	803	25,895	1,861	3.10	31.00	24.25
394	341	リ ー ガ ル コ ー ポ レ ー シ ョ ン	その他製造	798	34,205	1,338	2.33	-28.30	-4.11
395	444	ア カ ツ キ	サービス	797	21,926	10,475	3.63	55.06	89.88
396	413	イ ン タ ー ス ペ ー ス	サービス	791	27,754	1,291	2.85	26.16	19.15
397	366	森 下 仁 丹	医薬品	787	10,800	560	7.29	-16.19	-1.52
398		カ チ タ ス	不動産	773	69,202	6,789	1.12	-22.16	11.92
399	426	＊大 栄 不 動 産	不動産	772	28,858	3,938	2.68	33.10	5.61
400	409	ク ラ ウ デ ィ ア ホ ー ル デ ィ ン グ ス	繊維	771	12,514	379	6.16	20.09	-3.89

—44—

連結広告宣伝費上位500社

（＊：非上場企業）

'17年度順位	'16年度順位	会　社　名	業　　種	(A)広告宣伝費（百万円）	(B)売上高（百万円）	(C)経常利益（百万円）	A/B×100	対前年度伸び率 A（％）	対前年度伸び率 B（％）
401		ティア	サービス	752	11,352	1,185	6.62	－	－
402	373	理研ビタミン	食品	750	89,515	5,427	0.84	-18.03	2.68
403	399	アツギ	繊維	747	23,963	832	3.12	3.03	2.93
404		駅探	サービス	745	2,936	502	25.37	－	－
405	403	不二製油グループ本社	食品	737	307,645	19,983	0.24	6.97	5.16
406	390	愛眼	小売業	733	16,344	317	4.48	-10.17	2.43
407	397 ★	アサヒホールディングス	非鉄・金属	723	115,797	13,410	0.62	-1.36	8.40
408	461	日本M&Λセンター	サービス	722	24,625	11,670	2.93	61.16	29.14
409	414	＊日本土地建物	不動産	707	65,674	15,308	1.08	13.30	-12.02
410	406	日本毛織	繊維	700	103,498	9,089	0.68	7.03	2.49
411	381	三共生興	商社	699	28,451	2,649	2.46	-20.66	-1.79
411	443	ラクス	サービス	699	6,408	1,247	10.91	35.73	29.93
413	422	ＳＨＯＥＩ	その他製造	690	15,641	3,497	4.41	15.58	10.63
414	214 ★	パルコ	小売業	665	91,621	11,455	0.73	14.66	-2.30
415	437	ジェイエイシーリクルートメント	サービス	656	16,044	5,322	4.09	19.06	15.94
415	400	パートナーエージェント	サービス	656	4,102	325	15.99	-8.51	7.61
417	415	常磐興産	サービス	638	29,057	1,096	2.20	2.57	-19.68
418	424	秀英予備校	サービス	631	11,010	46	5.73	6.77	0.76
419	432	＊マルキョウ	小売業	629	83,667	2,161	0.75	12.32	-0.29
420	411	天満屋ストア	小売業	625	75,363	2,502	0.83	-2.50	-0.11
421	417	四国化成工業	化学	623	50,791	8,450	1.23	0.97	2.68
422	404	アプライド	小売業	620	30,797	1,165	2.01	-7.46	1.85
423	420	市進ホールディングス	サービス	618	15,672	271	3.94	0.98	-1.78
424	416	マキヤ	小売業	617	62,876	821	0.98	-0.16	2.83
425	286	J-オイルミルズ	食品	613	183,361	5,137	0.33	-66.48	1.74
426		ＳＯＵ	商社	611	22,685	1,139	2.69	11.50	3.21
426	427	京進	サービス	611	13,513	419	4.52	7.57	13.90
426	448	アールシーコア	その他製造	611	13,479	455	4.53	24.44	4.47
429	428	日本アジアグループ	サービス	609	73,318	1,426	0.83	7.79	7.28
430	434	グランディハウス	不動産	602	44,726	2,796	1.35	8.66	1.74
431	395	フェスタリアホールディングス	小売業	601	9,578	316	6.27	-21.64	3.02
432	441	ナイガイ	商社	589	16,952	472	3.47	10.51	0.31
433	435	ソースネクスト	サービス	580	9,494	1,258	6.11	4.88	1.65
434	418	進学会ホールディングス	サービス	573	6,624	-89	8.65	-6.53	8.20
435	428	文渓堂	サービス	572	11,731	777	4.88	1.24	0.55
436	423	川辺	商社	567	16,281	489	3.48	-4.87	-5.13
437	408	三城ホールディングス	小売業	566	50,406	463	1.12	-12.65	1.05
438	445	成学社	サービス	564	11,243	317	5.02	11.90	3.26
438	402	カヤック	サービス	564	6,087	737	9.27	-20.68	10.73
440	393	桑山	その他製造	562	32,998	1,010	1.70	-28.86	-11.75
441	323	ボルテージ	サービス	555	8,820	158	6.29	-56.54	-21.38
442	405	ケイアイスター不動産	不動産	547	64,107	5,283	0.85	-17.37	25.07
443	450	ＡＦＣ-ＨＤアムスライフサイエ	食品	539	15,141	1,040	3.56	10.68	3.49
444	456	夢の街創造委員会	サービス	537	4,943	797	10.86	15.98	18.99
445	421	蛇の目ミシン工業	機械	535	40,778	2,110	1.31	-10.83	4.95
446	584	モブキャストホールディングス	サービス	529	3,302	-1,242	16.02	214.88	6.62
447	477	アルバイトタイムス	サービス	514	5,556	543	9.25	25.67	2.38
448		サツドラホールディングス	小売業	511	87,844	1,333	0.58	－	－
449	493	総医研ホールディングス	サービス	507	4,147	271	12.23	37.77	29.07
450	451	ゼット	商社	504	38,833	588	1.30	3.70	-3.72

連結広告宣伝費上位 500 社

（＊：非上場企業）

'17年度順位	'16年度順位	会社名	業種	(A) 広告宣伝費 (百万円)	(B) 売上高 (百万円)	(C) 経常利益 (百万円)	A/B ×100	対前年度伸び率 A (%)	対前年度伸び率 B (%)
451	356	トラストホールディングス	不動産	500	17,584	353	2.84	-50.40	25.35
452	490	エニグモ	サービス	496	4,492	1,556	11.04	33.69	8.32
453	428	明光ネットワークジャパン	サービス	495	19,383	2,806	2.55	-12.39	3.81
454	461	トーソー	非鉄・金属	490	22,471	806	2.18	9.38	-0.04
455	431	ピエトロ	食品	483	9,618	510	5.02	-13.60	-2.11
456	457	ジェイグループホールディングス	サービス	481	14,963	154	3.21	4.57	4.22
457	500	タキヒヨー	商社	478	72,751	-1,099	0.66	35.03	-6.67
458	464	＊ドミー	小売業	473	35,195	247	1.34	6.77	-0.36
459	495	日住サービス	不動産	472	8,594	481	5.49	0.00	18.92
460	449	長府製作所	非鉄・金属	465	42,057	3,610	1.11	-4.91	-0.53
461	446	イマジニア	サービス	464	4,569	857	10.16	-7.39	6.11
461	487	＊エルアンドイーホールディングス	サービス	464	4,409	830	10.52	21.47	7.83
463	435	リズム時計工業	精密機器	462	31,516	1,131	1.47	-16.46	-5.45
464	480	ＣＳＰ	サービス	461	53,714	2,034	0.86	15.25	8.91
465	★	アルヒ	その他金融	460	20,433	5,199	2.25	-5.15	-4.84
465		アクアライン	サービス	460	5,254	386	8.76		
467	526	アヲハタ	食品	458	22,011	876	2.08	64.16	-2.09
468	507	モバイルファクトリー	サービス	454	2,437	722	18.63	40.12	17.62
469	472	ウッドフレンズ	不動産	451	29,615	809	1.52	6.62	5.26
469	425	インヴァスト証券	証券	451	4,166	575	10.83	-23.17	17.42
471	474	サンヨーハウジング名古屋	不動産	444	37,191	1,913	1.19	7.77	7.23
472	471	富士ソフト	サービス	439	180,773	10,260	0.24	3.54	10.08
472	453	タダノ	機械	439	173,703	14,907	0.25	-8.54	-3.32
474	461	井村屋グループ	食品	438	45,061	1,495	0.97	-2.23	7.30
475	455	プレサンスコーポレーション	不動産	436	134,059	19,858	0.33	-7.43	32.62
475	482	ワイズテーブルコーポレーション	サービス	436	13,972	-9	3.12	9.27	-6.30
477	473	ユー・エス・エス	サービス	434	75,153	36,676	0.58	2.84	11.87
478	558 ★	夢展望	小売業	433	5,075	541	8.53	101.40	63.92
479	465	遠藤照明	電気機器	428	40,126	2,760	1.07	-2.28	1.23
480	658	フルキャストホールディングス	サービス	426	32,066	4,406	1.33	526.47	26.54
481	497	日本ライフライン	商社	418	42,298	10,730	0.99	17.09	13.76
481	458	城南進学研究社	サービス	418	7,024	352	5.95	-8.73	1.41
483	530	メルコホールディングス	電気機器	417	72,319	6,359	0.58	52.19	-3.00
483	509	ダイドーリミテッド	繊維	417	27,272	-384	1.53	29.91	27.39
485	484	ＩＣＤＡホールディングス	小売業	416	26,001	888	1.60	5.05	8.14
486	491	アイコム	電気機器	415	24,880	875	1.67	12.47	3.27
487	452	焼津水産化学工業	食品	412	15,810	998	2.61	-14.52	3.69
488		ウォンテッドリー	サービス	411	1,289	59	31.89	–	–
489	460	さいか屋	小売業	407	19,855	-124	2.05	-9.56	-5.72
490	487	ロングライフホールディング	サービス	406	12,300	464	3.30	6.28	6.30
491	432	神戸物産	商社	399	251,503	15,778	0.16	-28.49	5.11
492	525	旅工房	サービス	398	24,257	69	1.64	41.64	7.68
493	486	アドヴァン	小売業	397	20,523	4,953	1.93	1.28	4.79
494	466	アールビバン	小売業	396	7,180	916	5.52	-9.17	8.67
495	498	ソフト９９コーポレーション	化学	393	23,413	2,895	1.68	10.39	4.67
496	484	Ｍｉｓｕｍｉ	商社	392	57,463	1,319	0.68	-1.01	10.96
497	503	インターワークス	サービス	389	3,968	645	9.80	13.41	-0.80
498	502	イーブックイニシアティブジャパ	サービス	384	11,882	261	3.23	11.30	15.70
499	505	フォーシーズホールディングス	小売業	383	2,668	161	14.36	14.33	-38.11
500		マーケットエンタープライズ	小売業	376	5,630	4	6.68	–	–

単独広告宣伝費上位 500 社

（＊：非上場企業）

'17年度順位	'16年度順位	会　社　名	業　種	(A)広告宣伝費(百万円)	(B)売上高(百万円)	(C)経常利益(百万円)	A/B×100	対前年度伸び率 A(%)	対前年度伸び率 B(%)
1	1	リクルートホールディングス	サービス	60,755	576,243	429,431	10.54	3.53	1.16
2	3	楽天	サービス	50,094	359,693	49,603	13.93	18.56	17.76
3	2	花王	化学	47,782	919,844	176,203	5.19	-10.78	2.45
4	8	三菱自動車工業	自動車	42,817	1,721,054	23,306	2.49	43.38	9.80
5	4	KDDI	通信	32,200	4,028,524	740,023	0.80	-5.49	4.26
6	42	サントリー食品インターナショナ	食品	31,297	387,633	56,469	8.07	229.44	2.40
7	7	＊ソフトバンク	通信	29,621	3,199,362	539,958	0.93	-2.85	0.14
8	6	NTTドコモ	通信	27,612	4,807,128	969,361	0.57	-10.00	4.76
9	9	大和ハウス工業	建設	26,459	1,814,277	263,039	1.46	-3.19	5.46
10	12	クレディセゾン	その他金融	25,404	249,865	38,871	10.17	4.44	4.71
11	11	ライオン	化学	24,794	264,280	20,473	9.38	-1.56	1.28
12	13	高島屋	小売業	22,355	724,604	15,235	3.09	0.04	3.06
13	14	ヤマダ電機	小売業	21,492	1,351,349	32,224	1.59	-1.37	-1.05
14	19	ミクシィ	サービス	20,937	178,813	71,873	11.71	17.80	-8.66
15	15	SUBARU	自動車	20,903	2,087,834	266,025	1.00	8.00	1.39
16	22	小林製薬	医薬品	20,347	133,522	20,910	15.24	20.33	6.36
17	31	任天堂	サービス	20,257	978,496	133,429	2.07	72.17	169.27
18	18	住友不動産	不動産	19,752	814,192	157,851	2.43	9.16	3.56
19	21	味の素	食品	18,524	254,935	35,275	7.27	6.34	3.52
20	17	エディオン	小売業	17,909	617,354	15,411	2.90	-1.11	1.91
21	16	積水ハウス	建設	17,294	1,169,671	124,643	1.48	-4.51	-0.95
22	28	しまむら	小売業	15,572	559,506	44,412	2.78	12.29	-0.15
23	24	マツダ	自動車	15,082	2,635,884	101,029	0.57	-5.86	6.23
24	25	青山商事	小売業	14,298	188,853	18,578	7.57	-3.24	-0.42
25	26	ベルーナ	小売業	14,098	108,020	8,714	13.05	0.48	8.45
26	53	ファンケル	化学	13,159	92,764	7,415	14.19	67.97	36.35
27	37	上新電機	小売業	12,752	387,567	8,558	3.29	15.43	5.37
28	29	ローソン	小売業	12,546	372,891	50,508	3.36	-9.14	4.69
29	40	イズミ	小売業	12,353	683,850	31,918	1.81	15.76	5.53
30	33	ロート製薬	医薬品	12,101	96,880	14,843	12.49	3.07	8.17
31	34	東宝	サービス	11,389	117,069	33,328	9.73	-1.13	1.63
32	35	アコム	その他金融	11,299	195,310	65,471	5.79	-1.12	6.15
33	39	ヤクルト本社	食品	11,138	177,535	15,151	6.27	3.51	2.22
34	32	コーセー	化学	11,137	135,893	20,021	8.20	-5.34	12.76
35	36	タカラトミー	その他製造	10,666	86,824	6,574	12.28	-4.92	14.75
36	45	江崎グリコ	食品	10,568	266,758	17,314	3.96	15.93	0.76
37		メルカリ	サービス	10,283	21,254	4,469	48.38	89.76	73.42
38	50	ノジマ	小売業	9,886	218,969	13,512	4.51	21.87	6.43
39	48	ユニ・チャーム	商社	9,828	338,846	43,056	2.90	17.18	3.38
40	43	横浜ゴム	ゴム	9,804	331,560	19,979	2.96	5.91	2.31
41	44	日本ハム	食品	9,088	802,712	22,934	1.13	-1.31	2.50
42	57	ディップ	サービス	8,788	38,060	10,847	23.09	18.93	14.71
43	46	IDOM	商社	8,536	215,777	6,851	3.96	-5.83	8.74
44	71	エン・ジャパン	サービス	8,490	31,437	8,978	27.01	48.50	33.66
45	27	ガンホー・オンライン・エンター	サービス	8,255	76,575	33,987	10.78	-40.80	-27.37
46	60	＊興和	商社	8,041	172,861	-2,571	4.65	12.04	10.43
47	51	ミズノ	その他製造	7,877	128,324	5,943	6.14	-0.29	-1.05
48	56	久光製薬	医薬品	7,729	112,391	21,369	6.88	4.08	-0.25
49	62	アース製薬	化学	7,617	115,685	5,970	6.58	7.60	5.61
50	59	キユーピー	食品	7,597	204,072	16,060	3.72	5.54	-0.50

—47—

単独広告宣伝費上位500社

（＊：非上場企業）

'17年度 順位	'16年度 順位	会　社　名	業　　種	(A) 広告宣伝費 (百万円)	(B) 売上高 (百万円)	(C) 経常利益 (百万円)	A/B ×100	対前年度伸び率 A (%)	対前年度伸び率 B (%)
51	52	＊東京海上日動火災保険	保険	7,573	2,588,685	325,847	0.29	-3.60	2.61
52	48	スクロール	小売業	7,248	34,161	1,843	21.22	-13.58	-8.71
53	63	新生銀行	銀行	7,202	169,324	36,586	4.25	5.28	2.02
54	68	ＬＩＦＵＬＬ	サービス	7,013	21,192	3,101	33.09	25.48	15.72
55	69	ヨネックス	その他製造	6,918	49,392	1,262	14.01	11.62	0.54
56	88	アシックス	その他製造	6,637	25,618	1,952	25.91	38.79	-3.65
57	65	＊日本経済新聞社	サービス	6,517	187,219	10,619	3.48	-4.40	-0.83
58	92	エイチーム	サービス	6,470	21,467	3,196	30.14	52.38	53.03
59	58	エイチ・アイ・エス	サービス	6,375	428,734	4,642	1.49	-11.97	8.46
60	47	森永乳業	食品	6,355	440,554	18,678	1.44	-28.02	-0.85
61	66	アートネイチャー	その他製造	6,329	37,047	2,751	17.08	-0.75	-4.38
62	72	タマホーム	建設	6,186	150,001	4,353	4.12	10.72	14.29
63	70	三井不動産	不動産	6,046	751,959	169,625	0.80	-2.03	21.67
64	67	ＨＯＹＡ	精密機器	6,019	182,385	146,987	3.30	-4.91	7.36
65	91	ソフトバンクグループ	通信	5,732	44,051	-150,510	13.01	24.55	-4.88
66	108	シチズン時計	精密機器	5,696	100,965	9,833	5.64	51.29	75.24
67	77	ケーズホールディングス	小売業	5,666	565,005	20,346	1.00	7.62	2.33
68	90	ＬＩＮＥ	サービス	5,626	125,929	14,157	4.47	22.15	17.66
69	87	カゴメ	食品	5,560	168,937	11,641	3.29	15.81	6.84
70	10	コカ・コーラ ボトラーズジャパ	食品	5,557	93,705	6,086	5.93	-78.03	-75.72
71	73	近鉄百貨店	小売業	5,539	259,319	3,488	2.14	1.22	6.10
72	54	エムティーアイ	通信	5,514	27,698	4,512	19.91	-27.54	-10.41
73	74	カシオ計算機	電気機器	5,511	237,238	23,817	2.32	2.43	-1.67
74	79	シマノ	輸送用機器	5,479	191,088	31,483	2.87	5.04	5.45
75		ＭＴＧ	その他製造	5,361	43,402	5,546	12.35	43.04	55.69
76	75	イオン九州	小売業	5,210	232,076	1,377	2.24	-3.05	-1.83
77	85	ミサワホーム	建設	5,085	189,678	5,235	2.68	2.58	-1.72
78	95	ＷＯＷＯＷ	通信	5,040	72,202	10,205	6.98	22.54	-0.93
79	93	パピレス	サービス	4,961	15,975	1,412	31.05	18.12	13.22
80	99	カカクコム	サービス	4,882	43,992	21,906	11.10	22.05	6.20
81		雪印メグミルク	食品	4,766	359,466	16,635	1.33	1.10	0.55
82	41	コロプラ	サービス	4,745	50,692	14,629	9.36	-52.65	-39.66
83	78	東建コーポレーション	建設	4,707	170,840	14,239	2.76	-9.88	8.23
84	80	アルペン	小売業	4,685	216,431	5,179	2.16	-10.06	-1.53
85	117	日野自動車	自動車	4,636	1,330,573	42,586	0.35	35.75	9.44
86		東芝	電気機器	4,633	526,096	-100,294	0.88	-40.04	-79.88
87	105	ヤーマン	電気機器	4,603	19,795	3,649	23.25	18.57	22.25
88	89	エービーシー・マート	小売業	4,452	186,243	40,719	2.39	-3.80	4.09
89	98	エスビー食品	食品	4,450	123,661	6,358	3.60	11.22	3.68
90	112	ＮＴＴ都市開発	不動産	4,248	138,380	21,705	3.07	19.76	-14.56
91	104	良品計画	小売業	4,239	284,954	33,919	1.49	8.97	11.39
91	82	ナフコ	小売業	4,239	225,511	8,093	1.88	-16.24	-2.39
93	103	イオンフィナンシャルサービス	その他金融	4,199	24,008	13,658	17.49	7.86	-4.45
94	83	松竹	サービス	4,081	55,032	4,136	7.42	-18.46	-5.28
95	100	イオン北海道	小売業	4,001	205,299	8,597	1.95	0.48	1.05
96	97	平和堂	小売業	3,947	374,624	12,259	1.05	-3.35	0.32
97	96	日清オイリオグループ	食品	3,938	203,570	4,097	1.93	-3.81	2.92
98	144	ダスキン	サービス	3,917	132,537	7,476	2.96	37.01	-1.27
99	94	フェリシモ	小売業	3,809	29,283	922	13.01	-8.06	-5.25
100	111	ナガセ	サービス	3,775	28,619	3,418	13.19	4.40	1.16

—48—

単独広告宣伝費上位500社

（*：非上場企業）

'17年度順位	'16年度順位	会社名	業種	(A)広告宣伝費(百万円)	(B)売上高(百万円)	(C)経常利益(百万円)	A/B×100	対前年度伸び率 A (%)	対前年度伸び率 B (%)
101	109	＊三井住友海上火災保険	保険	3,764	1,859,915	262,552	0.20	3.12	4.91
102	102	ジャックス	その他金融	3,755	119,612	11,365	3.14	-4.11	3.86
103	121	プリマハム	食品	3,704	292,799	11,618	1.27	9.85	8.62
104	116	東洋水産	食品	3,669	252,992	17,269	1.45	5.64	1.52
105	115	セイコーホールディングス	精密機器	3,666	11,237	3,308	32.62	5.19	8.45
106	135	ゴールドウイン	商社	3,647	60,288	6,719	6.05	19.30	17.59
107	138	ジャストシステム	サービス	3,646	23,840	6,127	15.29	21.57	18.94
108	200	アドベンチャー	サービス	3,587	5,246	441	68.38	104.97	98.11
109	128	大京	不動産	3,582	63,950	11,733	5.60	13.07	-5.94
110	158	東京建物	不動産	3,564	151,331	33,044	2.36	43.94	7.25
111	119	マックスバリュ西日本	小売業	3,558	275,838	5,275	1.29	4.28	-0.75
112	114	スタジオアリス	サービス	3,509	35,749	2,049	9.82	0.09	-5.60
113	141	MonotaRO	小売業	3,416	84,656	12,177	4.04	16.67	26.15
114	126	ゼリア新薬工業	医薬品	3,386	46,528	2,825	7.28	5.94	-1.86
115	107	チヨダ	小売業	3,368	95,509	6,384	3.53	-11.48	-5.02
116	121	マンダム	化学	3,365	51,646	6,696	6.52	-0.21	4.12
117	136	ビックカメラ	小売業	3,323	442,607	16,425	0.75	9.74	3.74
118		トリドールホールディングス	サービス	3,307	72,310	8,382	4.57	6.10	-9.72
119	124	モスフードサービス	サービス	3,279	51,898	3,907	6.32	-0.15	-0.86
120	123	フジ	小売業	3,241	307,007	6,315	1.06	-2.29	-0.42
121	143	パイロットコーポレーション	その他製造	3,212	72,395	15,708	4.44	11.30	0.93
122	120	西松屋チェーン	小売業	3,168	137,309	7,131	2.31	-6.16	0.76
123	134	＊佐藤製薬	医薬品	3,115	38,938	-71	8.00	1.63	1.25
124	110	日本通運	陸運	3,096	1,094,549	46,795	0.28	-15.02	4.87
125	147	JVCケンウッド	電気機器	3,067	170,283	3,932	1.80	10.68	6.39
126	129	プロトコーポレーション	サービス	3,058	28,312	3,434	10.80	-2.49	10.05
127	142	エスクリ	サービス	3,047	24,535	1,678	12.42	5.43	6.96
128	125	ニチイ学館	サービス	3,027	243,588	4,939	1.24	-6.28	1.59
129	137	テイクアンドギヴ・ニーズ	サービス	2,927	39,976	1,947	7.32	-2.66	-2.20
130	151	エバラ食品工業	食品	2,848	42,727	1,161	6.67	4.25	-3.74
131	149	旭化成	化学	2,828	621,875	94,163	0.45	2.24	8.60
132	155	エステー	化学	2,821	44,936	2,968	6.28	7.80	4.88
133	206	ディー・エヌ・エー	サービス	2,729	90,542	15,716	3.01	65.09	-4.75
134	113	gumi	サービス	2,674	25,896	1,259	10.33	-24.48	21.00
135	161	バイク王&カンパニー	商社	2,613	18,252	-92	14.32	6.70	7.39
136	181	住友商事	商社	2,587	2,816,180	208,211	0.09	20.49	11.62
137	163	ココスジャパン	サービス	2,534	58,274	1,543	4.35	4.67	-0.44
138	117	ケーヨー	小売業	2,533	132,191	2,450	1.92	-25.83	-10.01
139	167	タカラレーベン	不動産	2,495	85,038	10,214	2.93	5.81	0.02
140	157	＊損害保険ジャパン日本興亜	保険	2,463	2,590,740	175,220	0.10	-1.36	0.18
140	172	コナカ	小売業	2,463	40,488	883	6.08	7.37	1.24
142	153	ビーグリー	サービス	2,462	8,972	1,086	27.44	-6.71	7.62
143	173	ユーグレナ	食品	2,424	10,269	668	23.61	7.97	20.64
144	166	ユナイテッドアローズ	小売業	2,398	128,356	9,665	1.87	1.65	1.81
145	159	サカイ引越センター	陸運	2,367	80,708	10,012	2.93	-4.05	9.40
146	180	グローブライド	その他製造	2,357	43,575	1,337	5.41	9.37	5.66
147	133	クルーズ	サービス	2,349	21,657	723	10.85	-23.44	-17.54
148	170	ヒラキ	小売業	2,339	17,788	1,077	13.15	1.04	-2.17
149	182	グンゼ	繊維	2,333	107,660	4,856	2.17	9.89	1.54
150	183	フジ住宅	不動産	2,315	90,925	5,420	2.55	11.41	5.41

—49—

単独広告宣伝費上位 500 社

（＊：非上場企業）

'17年度 順位	'16年度 順位	会 社 名	業 種	(A) 広告宣伝費 (百万円)	(B) 売 上 高 (百万円)	(C) 経常利益 (百万円)	A／B ×100	対前年度伸び率 A (%)	対前年度伸び率 B (%)
151	168	イエローハット	商社	2,309	97,297	8,450	2.37	-1.54	1.63
152	175	Ｂ－Ｒ３１アイスクリーム	食品	2,278	19,790	588	11.51	2.11	0.43
153	178	ブルボン	食品	2,259	113,845	4,594	1.98	3.53	3.80
154	177	東京個別指導学院	サービス	2,239	19,175	2,636	11.68	2.52	7.07
155	156	養 命 酒 製 造	食品	2,164	10,655	829	20.31	-14.57	-13.20
156	162	日 本 郵 政	サービス	2,150	280,850	219,729	0.77	-11.60	-7.56
157	199	沖縄セルラー電話	通信	2,140	62,547	12,461	3.42	22.22	3.27
158	20	武 田 薬 品 工 業	医薬品	2,139	659,462	125,944	0.32	-87.86	-10.62
159	188	北海道コカ・コーラボトリング	食品	2,116	51,696	1,950	4.09	10.67	-1.32
160	152	＊住信ＳＢＩネット銀行	銀行	2,092	60,613	15,383	3.45	-23.00	6.17
161	262	セ ブ ン 銀 行	銀行	2,079	116,650	42,262	1.78	74.12	3.13
162	196	マックスバリュ九州	小売業	2,078	177,306	2,170	1.17	15.19	2.84
163	335	パーソルホールディングス	サービス	2,060	30,499	20,661	6.75	181.81	135.59
164	179	綜 合 警 備 保 障	サービス	2,057	232,697	23,720	0.88	-4.86	1.39
165	235	Ｋ Ｌ ａ ｂ	サービス	2,040	26,627	4,850	7.66	46.55	37.68
165	209	ハーバー研究所	化学	2,040	16,254	1,736	12.55	25.31	12.17
167	165	伊 藤 忠 商 事	商社	2,017	4,795,741	211,881	0.04	-14.75	7.28
168	189	日清製粉グループ本社	食品	2,015	30,056	18,911	6.70	5.89	19.17
169	106	フ ィ ー ル ズ	商社	1,994	50,570	-6,430	3.94	-47.64	-21.18
170	140	三 陽 商 会	商社	1,988	61,320	-1,822	3.24	-32.38	-8.24
171	198	カ ル ビ ー	食品	1,976	187,126	25,973	1.06	11.45	-2.04
172	176	ミ ニ ス ト ッ プ	小売業	1,967	73,966	1,711	2.66	-10.43	0.84
173	226	ネ ク ス テ ー ジ	小売業	1,960	118,943	3,274	1.65	32.43	36.43
174	150	大 塚 家 具	小売業	1,953	41,079	-5,144	4.75	-28.75	-11.29
175	174	サンヨーホームズ	建設	1,946	47,672	1,793	4.08	-12.93	-7.54
176	187	Ｓ Ａ Ｎ Ｋ Ｙ Ｏ	機械	1,933	73,671	7,493	2.62	-2.37	11.02
177	249	長谷工コーポレーション	建設	1,911	581,334	84,307	0.33	45.99	8.68
178	169	東 映	サービス	1,897	44,605	5,460	4.25	-18.86	-13.42
179	253	エボラブルアジア	サービス	1,891	3,976	518	47.56	49.37	32.45
180	186	ビオフェルミン製薬	医薬品	1,873	10,877	3,108	17.22	-6.12	2.44
181	190	ヤ マ ザ ワ	小売業	1,858	90,816	865	2.05	-2.26	-0.23
182	205	中 村 屋	食品	1,850	40,328	901	4.59	9.86	-1.84
183	248	ＧＭＯインターネット	通信	1,832	37,732	5,743	4.86	39.21	17.26
184	191	オートバックスセブン	商社	1,830	156,313	5,550	1.17	-3.48	2.13
185	215	キ ッ コ ー マ ン	食品	1,816	22,457	8,066	8.09	13.15	10.95
186	204	コ ス モ ス 薬 品	小売業	1,815	502,730	24,559	0.36	7.52	12.40
186	201	Ｇ ｕ ｎ ｏ ｓ ｙ	サービス	1,815	7,478	1,619	24.27	3.77	64.46
188	273	リ ブ セ ン ス	サービス	1,799	5,773	432	31.16	62.81	17.17
189	239	じ げ ん	サービス	1,789	3,821	773	46.82	28.98	11.79
190	195	マ ー ベ ラ ス	サービス	1,764	22,008	3,986	8.02	-2.81	-14.74
191	212	ヤ マ ナ カ	小売業	1,753	99,200	32	1.77	8.41	0.22
192	197	ハウス食品グループ本社	食品	1,743	19,724	9,361	8.84	-2.30	5.88
193	192	マ ッ ク ハ ウ ス	小売業	1,737	30,852	264	5.63	-7.06	-8.52
194	263	ファーマフーズ	食品	1,691	4,213	18	40.14	42.46	21.59
195	229	ティーライフ	小売業	1,677	5,455	485	30.74	16.30	5.47
196	207	カ プ コ ン	サービス	1,672	73,237	15,237	2.28	1.58	13.68
197	217	三 菱 商 事	商社	1,670	5,233,193	354,576	0.03	5.76	0.32
197	213	清 水 建 設	建設	1,670	1,262,554	113,116	0.13	3.34	-2.25
199	171	ジ ン ズ	小売業	1,668	42,295	5,723	3.94	-27.42	3.48
200	371	北の達人コーポレーション	食品	1,648	5,292	1,403	31.14	170.61	96.29

単独広告宣伝費上位 500 社

（＊：非上場企業）

'17年度 順位	'16年度 順位	会 社 名	業 種	(A) 広告宣伝費 (百万円)	(B) 売上高 (百万円)	(C) 経常利益 (百万円)	A／B ×100	対前年度伸び率 A (%)	対前年度伸び率 B (%)
201	214	トランスコスモス	サービス	1,646	203,097	6,257	0.81	2.24	4.94
202	231	日 本 電 信 電 話	通信	1,637	663,118	528,143	0.25	14.48	39.79
203	232	フ リ ュ ー	機械	1,630	24,975	2,468	6.53	15.60	2.64
204	84	イ オ ン	小売業	1,617	58,766	18,701	2.75	-67.41	-6.18
205	227	フ マ キ ラ ー	化学	1,609	24,984	1,927	6.44	9.38	13.71
206	234	一 蔵	サービス	1,607	15,474	866	10.39	15.03	4.72
207	202	Ａ ｉ ｍ ｉ ｎ ｇ	サービス	1,596	6,830	-2,922	23.37	-7.59	-29.68
208	235	シ ー ド	精密機器	1,580	25,246	2,228	6.26	13.51	9.19
209	216	早稲田アカデミー	サービス	1,573	21,321	1,143	7.38	-0.44	6.75
210	210	ア イ カ 工 業	化学	1,571	105,513	14,097	1.49	-3.20	6.00
211	225	象印マホービン	電気機器	1,566	71,874	8,365	2.18	5.45	-4.78
211	184	平 和	機械	1,566	51,437	5,604	3.04	-24.38	-52.39
213	139	スタートトゥデイ	小売業	1,554	84,070	31,003	1.85	-47.61	29.96
214	211	不 二 家	食品	1,548	81,684	780	1.90	-4.56	2.28
215	235	西 日 本 鉄 道	鉄道・バス	1,539	152,683	13,396	1.01	10.56	9.21
216	242	マックスバリュ北海道	小売業	1,525	125,950	1,222	1.21	11.23	2.23
217	221	ヤマダ・エスバイエルホーム	建設	1,510	46,734	-1,083	3.23	-0.46	12.60
218	208	ヤマトホールディングス	陸運	1,504	27,384	18,266	5.49	-7.84	-37.71
219	243	日 本 エ ス コ ン	不動産	1,501	44,108	5,940	3.40	9.72	31.45
220	228	サマンサタバサジャパンリミテッ	その他製造	1,498	23,186	-1,477	6.46	2.60	-12.06
221	218	エ コ ス	小売業	1,494	70,307	2,847	2.12	-3.68	0.93
222	222	ア イ ケ イ	小売業	1,476	13,271	499	11.12	-2.57	11.55
223	278	カブドットコム証券	証券	1,470	24,476	7,971	6.01	36.36	2.72
224	230	サ イ ボ ウ ズ	サービス	1,453	9,326	1,169	15.58	0.97	20.24
225	241	デファクトスタンダード	小売業	1,447	10,514	441	13.76	5.31	9.21
225	238	Ｇ Ｍ Ｏ ペ パ ボ	サービス	1,447	7,365	172	19.65	4.18	8.13
227	247	セガサミーホールディングス	機械	1,439	14,051	4,341	10.24	9.26	4.47
228	219	三 井 ホ ー ム	建設	1,422	165,811	3,456	0.86	-7.36	-2.83
229	245	キ ー コ ー ヒ ー	食品	1,411	55,314	514	2.55	6.01	0.24
230	185	沢 井 製 薬	医薬品	1,405	134,178	19,082	1.05	-32.13	1.80
231	246	ベ ル ク	小売業	1,396	211,918	9,420	0.66	5.44	9.21
232		ラ ク ス ル	サービス	1,385	7,675	-1,163	18.05	22.57	51.02
233	308	インターネットイニシアティブ	サービス	1,376	139,436	3,573	0.99	54.43	12.73
234	286	日 本 Ｂ Ｓ 放 送	通信	1,330	11,569	2,231	11.50	32.73	13.29
235	240	ジ ー フ ッ ト	小売業	1,324	97,282	2,279	1.36	-4.34	-4.83
236	244	ＤＣＭホールディングス	小売業	1,322	55,904	8,489	2.36	-0.83	9.99
237	270	エ ス ・ エ ム ・ エ ス	サービス	1,315	8,435	3,455	15.59	18.04	6.72
238	223	＊ 千 寿 製 薬	医薬品	1,300	37,094	4,435	3.50	-12.63	-2.16
238	259	キャリアデザインセンター	サービス	1,300	7,225	1,016	17.99	7.62	13.03
240	281	ゴールドクレスト	不動産	1,290	37,073	11,952	3.48	23.44	23.28
241	223	ナ ッ ク	サービス	1,272	30,521	2,260	4.17	-14.52	0.90
242	276	マックスバリュ東北	小売業	1,270	105,303	1,245	1.21	16.94	-1.03
243	250	明 和 地 所	不動産	1,268	41,835	2,123	3.03	-2.98	-9.37
244	81	デ サ ン ト	商社	1,256	11,046	4,143	11.37	-75.55	-80.73
245		安 川 電 機	電気機器	1,244	195,812	18,990	0.64	4.80	6.88
246	260	アオキスーパー	小売業	1,243	106,190	1,926	1.17	3.07	0.22
247	277	穴 吹 興 産	不動産	1,238	44,446	2,627	2.79	14.63	11.68
248	251	フジ・コーポレーション	小売業	1,236	30,744	2,342	4.02	-4.26	5.88
249	254	ジ ョ リ ー パ ス タ	サービス	1,229	18,377	1,001	6.69	-2.61	2.18
250	315	キャリアインデックス	サービス	1,204	2,398	732	50.21	41.31	40.81

単独広告宣伝費上位 500 社

（＊：非上場企業）

'17年度順位	'16年度順位	会 社 名	業 種	(A)広告宣伝費（百万円）	(B)売 上 高（百万円）	(C)経常利益（百万円）	A／B×100	対前年度伸び率 A（％）	B（％）
251	269	ニ チ バ ン	化学	1,183	44,940	3,918	2.63	5.62	4.91
252	267	＊ポケットカード	その他金融	1,174	38,600	5,374	3.04	1.65	2.61
253	388	バンダイナムコホールディングス	その他製造	1,167	21,075	16,230	5.54	114.52	-13.30
254	302	エフ・ジェー・ネクスト	不動産	1,164	59,607	6,317	1.95	28.48	11.54
255	271	木 曽 路	サービス	1,160	44,438	2,279	2.61	4.41	0.21
256	220	ニ ッ ピ	その他製造	1,148	26,899	1,563	4.27	-24.62	6.54
257	256	リ リ カ ラ	商社	1,139	33,074	41	3.44	-7.85	0.26
258	272	ネ ク ソ ン	サービス	1,127	5,927	-1,372	19.01	1.62	13.81
259		ス プ リ ッ ク ス	サービス	1,116	8,504	1,165	13.12	3.33	20.88
260	283	ハ ロ ー ズ	小売業	1,101	121,359	4,897	0.91	7.94	5.75
261	455	オ ー プ ン ド ア	サービス	1,099	3,936	1,156	27.92	201.92	34.61
262	282	Ｔ Ｈ Ｋ	機械	1,087	146,624	21,141	0.74	13.82	16.25
263	291	イ ー ト ア ン ド	食品	1,078	26,479	767	4.07	11.36	6.20
264		＊バンク・オブ・イノベーション	サービス	1,072	4,001	159	26.79	98.89	74.03
265	275	オ ー ビ ッ ク	サービス	1,061	58,719	32,619	1.81	-2.39	8.92
266	258	京都きもの友禅	小売業	1,056	10,605	122	9.96	-12.73	-13.03
267	285	王将フードサービス	サービス	1,052	77,934	5,786	1.35	4.57	3.80
268	252	＊あいおいニッセイ同和損害保険	保険	1,045	1,335,258	5,616	0.08	-17.59	2.32
269	327	三 栄 建 築 設 計	不動産	1,043	76,424	7,091	1.36	36.88	37.50
269	280	Ｔ Ａ Ｃ	サービス	1,043	20,054	540	5.20	-0.86	2.43
271	316	ワタベウェディング	サービス	1,027	16,011	136	6.41	25.86	1.30
272		サイバーエージェント	サービス	1,026	192,274	17,532	0.53	-55.20	12.71
273	292	ナ カ ニ シ	精密機器	1,010	27,193	8,901	3.71	4.88	5.33
274	288	日 本 オ ラ ク ル	サービス	1,006	173,190	52,502	0.58	1.11	1.75
275	314	コスモエネルギーホールディング	石油	986	15,117	5,357	6.52	14.52	0.41
276	311	ルックホールディングス	商社	973	19,932	1,207	4.88	10.44	-4.37
277	338	ク リ ナ ッ プ	その他製造	958	100,679	111	0.95	33.06	-5.82
278	332	日本エスリード	不動産	953	43,389	5,975	2.20	27.58	22.19
279	309	ダ イ チ	小売業	950	39,590	1,373	2.40	7.10	7.95
280	300	ウ ィ ザ ス	サービス	948	11,755	585	8.06	2.60	2.44
281	294	飯田グループホールディングス	不動産	944	50,096	46,170	1.88	-1.15	146.99
282	287	＊オリオンビール	食品	921	26,293	3,278	3.50	-7.81	1.31
282	293	セントラル総合開発	不動産	921	24,300	605	3.79	-3.76	7.81
284	284	コ ロ ナ	非鉄・金属	917	76,307	2,464	1.20	-9.66	3.30
285	412	ド リ コ ム	サービス	916	13,177	87	6.95	88.09	60.60
286	399	藤 商 事	機械	908	52,314	4,234	1.74	75.63	58.75
287	289	Ｎ Ｉ Ｐ Ｐ Ｏ	建設	907	220,640	22,098	0.41	-8.11	-8.74
288	295	新 日 本 建 設	建設	894	81,532	13,988	1.10	-6.09	7.34
289	300	日本和装ホールディングス	サービス	889	4,698	306	18.92	-3.79	8.35
290	303	和 田 興 産	不動産	887	35,149	2,424	2.52	-1.99	12.03
291		アイペット損害保険	保険	878	12,268	561	7.16	79.18	21.82
292	295	藤 久	小売業	877	21,387	5	4.10	-7.88	-1.89
293	359	大 幸 薬 品	医薬品	874	8,972	1,512	9.74	34.88	14.78
294	306	ウ ッ ド ワ ン	その他製造	870	54,204	1,421	1.61	-3.33	-4.13
295	309	亀 田 製 菓	食品	865	74,612	5,067	1.16	-2.48	1.07
296	303	サ ン デ ー	小売業	858	47,818	613	1.79	-5.19	0.82
297	319	ザ ッ パ ラ ス	サービス	853	4,070	299	20.96	5.83	-9.11
298	290	昭 和 産 業	食品	844	156,614	6,137	0.54	-13.17	0.05
298	324	タ カ キ ュ ー	小売業	844	26,134	304	3.23	9.33	8.87
300	439	Ｔ Ａ Ｔ Ｅ Ｒ Ｕ	建設	840	66,482	5,999	1.26	108.96	75.44

—52—

単独広告宣伝費上位 500 社

（＊：非上場企業）

'17年度 順位	'16年度 順位	会　社　名	業　　種	(A) 広告宣伝費 （百万円）	(B) 売　上　高 （百万円）	(C) 経常利益 （百万円）	A/B ×100	対前年度伸び率	
								A (%)	B (%)
301		マネーフォワード	サービス	836	2,899	-776	28.84	42.18	88.00
302	353	ぴ　あ	サービス	833	162,937	1,043	0.51	23.96	7.01
303	322	第　一　商　品	その他金融	822	4,074	-13	20.18	5.38	1.27
304	349	ピーシーデポコーポレーション	小売業	819	35,701	2,411	2.29	20.62	-6.22
305	336	第　一　三　共	医薬品	818	630,954	90,136	0.13	12.52	0.29
306	407	ホ　ッ　ト　ラ　ン　ド	サービス	807	27,043	2,089	2.98	61.08	1.91
307	307	ヒ　ロ　セ　通　商	その他金融	799	6,892	2,468	11.59	-10.53	19.80
308	511	ケ　イ　ブ	サービス	797	2,820	-229	28.26	195.19	20.31
309	297	森　下　仁　丹	医薬品	787	10,694	527	7.36	-16.19	-1.94
310	369	インタースペース	サービス	783	27,645	1,325	2.83	26.90	18.98
311	329	鹿　島	建設	782	1,165,175	146,284	0.07	3.30	-3.21
312	334	ク　ラ　レ	化学	780	242,657	45,214	0.32	5.12	11.45
313		ホ　ク　ト	農林・水産	779	47,496	4,170	1.64	-7.37	4.84
314	268	ゼビオホールディングス	小売業	778	8,208	3,550	9.48	-30.84	-26.34
315	376	＊大　栄　不　動　産	不動産	772	28,615	3,826	2.70	33.10	6.23
316	330	モ　ロ　ゾ　フ	食品	770	29,600	2,472	2.60	2.26	1.48
317	381	ア　ト　ラ　エ	サービス	769	1,830	555	42.02	36.59	39.48
318	343	ア　ズ　ワ　ン	商社	767	58,802	6,811	1.30	8.33	8.48
319	325	ニ　チ　レ　イ	食品	764	12,655	4,751	6.04	-0.65	3.95
320	320	Ｊ　Λ　Ｌ　Ｕ　Ｘ	商社	759	130,967	3,048	0.58	-3.80	6.24
321	342	日本ハウスホールディングス	建設	758	39,552	4,121	1.92	6.01	1.58
322	405	ア　カ　ツ　キ	サービス	754	21,832	10,981	3.45	49.90	90.01
323	331	＊竹　中　工　務　店	建設	752	1,006,571	99,307	0.07	0.53	5.35
323	357	テ　ィ　ア	サービス	752	11,352	1,179	6.62	14.98	7.15
325		オ　ー　ク　マ	機械	748	144,178	15,433	0.52	-6.97	4.53
326	346	駅　探	サービス	745	2,817	502	26.45	7.97	-3.23
327	305	理　研　ビ　タ　ミ　ン	食品	742	63,363	5,801	1.17	-17.92	0.94
328	339	ア　ツ　ギ	繊維	741	23,019	612	3.22	3.06	2.69
329	317	オービックビジネスコンサルタン	サービス	737	23,513	11,198	3.13	-8.90	0.96
330		カ　チ　タ　ス	不動産	736	50,043	5,622	1.47	-16.27	10.70
331	318	愛　眼	小売業	724	15,988	310	4.53	-10.29	2.57
332	420	日本M＆Aセンター	サービス	722	24,627	11,669	2.93	61.52	29.35
333	365	セ　リ　ア	小売業	721	159,114	16,500	0.45	16.29	9.49
334	344	常　磐　興　産	サービス	720	25,813	932	2.79	2.86	-22.24
335	358	ハ　ウ　ス　ド　ゥ	不動産	713	15,099	817	4.72	9.86	-4.62
336	233	ＭｒＭａｘＨＤ	小売業	709	66,543	2,825	1.07	-49.47	-43.77
337	365	＊日　本　土　地　建　物	不動産	705	46,426	12,070	1.52	13.71	-20.69
338	378	アイ・ケイ・ケイ	サービス	701	17,383	1,768	4.03	22.55	0.99
339	401	ラ　ク　ス	サービス	695	6,303	1,254	11.03	34.95	27.80
340	337	大　成　建　設	建設	688	1,273,316	161,134	0.05	-4.58	8.21
340	354	シ　ー　ボ　ン	化学	688	12,564	625	5.48	3.61	0.57
342	265	ＮＥＷ　ＡＲＴ	小売業	685	5,617	581	12.20	-41.25	-44.90
343	351	大　和	小売業	682	43,016	72	1.59	1.19	-1.97
344	351	イ　ト　ク　ロ	サービス	676	3,942	1,726	17.15	0.30	13.93
345	333	エー・ピーカンパニー	サービス	674	20,719	740	3.25	-9.41	-3.91
345	347	片　倉　工　業	繊維	674	16,960	1,353	3.97	-1.61	0.51
347	348	大　林　組	建設	670	1,294,062	117,850	0.05	-1.90	-0.77
348	321	第　一　交　通　産　業	陸運	669	26,021	2,808	2.57	-14.34	8.60
349	370	あ　さ　ひ	小売業	667	53,620	3,507	1.24	8.81	4.96
350	350	＊北　海　道　銀　行	銀行	665	78,222	8,995	0.85	-1.92	-0.95

単独広告宣伝費上位 500 社

（＊：非上場企業）

'17年度順位	'16年度順位	会 社 名	業　種	(A) 広告宣伝費 (百万円)	(B) 売上高 (百万円)	(C) 経常利益 (百万円)	A/B ×100	対前年度伸び率 A (%)	B (%)
351	364	成 学 社	サービス	659	10,876	332	6.06	4.94	4.60
352	341	パートナーエージェント	サービス	656	4,102	323	15.99	-8.51	7.64
353	483	コナミホールディングス	サービス	649	16,443	13,590	3.95	108.68	-3.33
354	374	アイ・オー・データ機器	電気機器	640	45,543	2,182	1.41	7.74	6.58
354	193	＊ワ ー ル ド	商社	640	24,833	6,090	2.58	-65.52	-88.78
356	632	奥 村 組	建設	638	218,573	16,676	0.29	362.32	10.23
357	403	ブ ラ ス	サービス	631	8,966	792	7.04	24.46	26.16
358	363	ハ ン ズ マ ン	小売業	626	32,222	2,505	1.94	-0.95	3.52
359	368	マ キ ヤ	小売業	616	62,777	713	0.98	-0.32	2.79
360	194	Ｊ－オイルミルズ	食品	613	174,219	4,273	0.35	-66.47	1.40
361		天 満 屋 ス ト ア	小売業	611	68,965	2,187	0.89	-3.17	0.31
362	362	ジュンテンドー	小売業	609	43,924	349	1.39	-4.09	-0.35
363	385	秀 英 予 備 校	サービス	597	10,346	48	5.77	7.18	0.88
364	328	フェスタリアホールディングス	小売業	595	9,382	178	6.34	-21.81	3.37
365	406	ジェイエイシーリクルートメント	サービス	594	15,269	5,203	3.89	18.33	16.74
366	361	ア プ ラ イ ド	小売業	593	28,992	1,218	2.05	-7.20	2.78
367	390	京 進	サービス	587	11,172	348	5.25	8.30	8.57
368	450	スターフライヤー	空運	583	38,095	2,733	1.53	53.02	9.20
368	414	アールシーコア	その他製造	583	12,304	452	4.74	23.00	2.40
370		Ｓ Ｏ Ｕ	商社	580	21,849	976	2.65	12.40	1.86
371	372	ニ チ リ ョ ク	小売業	579	3,509	-37	16.50	-4.77	-10.46
372		ア ト ム	サービス	573	48,146	2,282	1.19	18.14	1.52
373	345	さが美グループホールディングス	小売業	567	8,792	-351	6.45	-18.65	-30.43
374	367	ピ ジ ョ ン	その他製造	566	46,282	12,939	1.22	-8.56	5.23
375	416	ヒノキヤグループ	建設	563	6,353	2,883	8.86	22.13	-26.03
376	380	スターツコーポレーション	不動産	560	13,802	8,791	4.06	-0.88	40.59
377	468	シェアリングテクノロジー	サービス	558	1,754	389	31.81	62.21	53.72
378	388	ソースネクスト	サービス	557	9,359	1,172	5.95	2.39	0.42
379		ク ッ ク ビ ズ	サービス	556	2,066	266	26.91	60.23	67.69
380	298	ナ ブ テ ス コ	機械	553	164,992	21,713	0.34	-40.79	12.82
381	415	リ ソ ー 教 育	サービス	549	11,247	1,226	4.88	16.31	9.71
382	339	＊ソ ラ シ ド エ ア	空運	541	39,369	3,625	1.37	-24.76	3.19
382	395	ｅ ｎ ｉ ｓ ｈ	サービス	541	4,382	-911	12.35	3.64	-11.83
384	411	リーバイ・ストラウス ジャパン	商社	540	13,018	405	4.15	9.53	5.50
385	409	スーパーバリュー	小売業	538	74,297	156	0.72	7.60	0.58
386	356	オ ー エ ス ジ ー	機械	536	54,403	8,747	0.99	-18.42	6.84
386	393	松 井 証 券	証券	536	32,210	18,632	1.66	0.94	16.17
386	431	ス タ ー ツ 出 版	サービス	536	4,350	436	12.32	25.53	8.45
389	592	モブキャストホールディングス	サービス	529	3,300	-1,216	16.03	214.88	6.55
390	386	川 辺	商社	525	15,302	344	3.43	-5.58	-5.07
391	413	Ｓ Ｈ Ｏ Ｅ Ｉ	その他製造	519	14,344	2,978	3.62	7.23	11.46
392	255	ボ ル テ ー ジ	サービス	508	8,537	419	5.95	-59.29	-23.33
392	410	ミツウロコグループホールディン	商社	508	6,303	2,661	8.06	2.83	-1.21
394	392	＊青 森 放 送	通信	499	5,986	543	8.34	-6.73	-1.47
395	360	＊北 陸 銀 行	銀行	495	91,139	24,161	0.54	-22.78	-2.00
396	418	ト ー ソ ー	非鉄・金属	494	21,374	599	2.31	8.57	0.46
397	435	ソ デ ィ ッ ク	機械	489	43,517	3,211	1.12	43.82	8.67
398	383	ピ エ ト ロ	食品	482	9,366	499	5.15	-13.62	-2.07
399	404	北 雄 ラ ッ キ ー	小売業	481	42,907	430	1.12	-4.56	-3.04
400	355	カ ヤ ッ ク	サービス	480	5,570	765	8.62	-27.38	10.01

単独広告宣伝費上位 500 社

（＊：非上場企業）

'17年度順位	'16年度順位	会 社 名	業 種	(A)広告宣伝費（百万円）	(B)売 上 高（百万円）	(C)経常利益（百万円）	A/B×100	対前年度伸び率 A (%)	対前年度伸び率 B (%)
400	377	富士紡ホールディングス	繊維	480	4,823	2,159	9.95	-16.38	-27.15
402	442	アルバイトタイムス	サービス	479	4,378	458	10.94	21.27	4.89
403	444	いちよし証券	証券	478	23,440	6,128	2.04	22.56	26.72
404	456	日住サービス	不動産	477	8,567	447	5.57	0.00	18.97
405	394	ナカバヤシ	その他製造	475	38,310	1,607	1.24	-10.38	0.01
405	496	ロコンド	小売業	475	3,972	312	11.96	61.56	37.30
407	429	ウッドフレンズ	不動産	469	25,974	564	1.81	7.32	9.59
407	421	ハウス オブ ローゼ	小売業	469	13,978	531	3.36	6.11	2.51
409	467	エニグモ	サービス	468	4,263	1,715	10.98	35.65	10.78
410	478	トップカルチャー	小売業	465	30,397	249	1.53	44.86	-1.74
411	407	イマジニア	サービス	464	4,565	927	10.16	-7.39	6.66
412	507	アヲハタ	食品	459	21,019	803	2.18	63.93	-3.01
412	437	アクアライン	サービス	459	5,250	407	8.74	11.41	21.92
414	477	モバイルファクトリー	サービス	454	2,392	716	18.98	40.12	16.74
415	402	明光ネットワークジャパン	サービス	452	13,660	2,470	3.31	-11.37	-1.59
416	458	夢の街創造委員会	サービス	447	2,975	776	15.03	24.17	25.00
417	451	ナイガイ	商社	440	13,529	489	3.25	16.71	2.29
418	441	ワイズテーブルコーポレーション	サービス	436	13,979	11	3.12	9.55	-5.82
419	446	ＫＮＴ－ＣＴホールディングス	サービス	434	8,181	1,698	5.30	12.14	-7.86
420	426	や ま や	小売業	432	91,600	3,498	0.47	-1.37	2.43
420	446	Ｃ Ｓ Ｐ	サービス	432	43,081	1,469	1.00	11.63	6.36
422	457	ハ ウ ス コ ム	不動産	428	10,822	1,328	3.95	18.23	7.05
423	433	文渓堂	サービス	421	10,398	725	4.05	-0.47	0.85
424	432	井村屋グループ	食品	418	3,132	703	13.35	-1.65	14.10
425	463	パ ー ク ２ ４	不動産	416	25,645	11,740	1.62	19.20	22.80
426	381	インヴァスト証券	証券	415	3,140	345	13.22	-26.29	13.19
427	426	プレサンスコーポレーション	不動産	407	123,994	16,875	0.33	-7.08	31.31
428	452	エ リ ア リ ン ク	不動産	405	21,489	2,441	1.88	8.58	27.09
428	421	城南進学研究社	サービス	405	6,059	245	6.68	-8.37	-3.20
430		ウォンテッドリー	サービス	403	1,289	99	31.26	166.89	53.45
431	438	サンワカンパニー	小売業	402	8,737	185	4.60	-1.95	6.54
432	506	旅 工 房	サービス	398	24,221	57	1.64	41.64	7.60
433	557	ＭＳ－Ｊａｐａｎ	サービス	397	3,117	1,304	12.74	93.66	26.40
434	436	ア ー ル ビ バ ン	小売業	393	4,474	525	8.78	-5.53	5.17
435	426	ハ ー ク ス レ イ	小売業	392	18,832	21	2.08	-10.50	-2.28
436	487	ス ト リ ー ム	小売業	390	12,333	94	3.16	26.62	-5.78
437	443	サンヨーハウジング名古屋	不動産	389	28,073	1,539	1.39	-0.51	3.52
438	473	イーブックイニシアティブジャパ	サービス	384	11,882	287	3.23	13.95	43.87
439	423	ＫｅｅＰｅｒ技研	サービス	381	6,999	1,017	5.44	-13.61	6.27
440		＊ドミー	小売業	375	32,161	286	1.17	5.63	-0.21
441	481	マーケットエンタープライズ	小売業	374	5,607	10	6.67	18.35	15.30
441	469	インターワークス	サービス	374	2,821	597	13.26	9.04	-0.07
443	423	日清紡ホールディングス	電気機器	373	9,931	4,935	3.76	-15.42	-1.34
444	460	自 重 堂	繊維	367	17,088	3,358	2.15	3.38	2.95
444	387	学 究 社	サービス	367	9,319	1,560	3.94	-33.39	3.91
446	445	カ ン セ キ	小売業	362	33,191	762	1.09	-6.70	2.92
447	503	＊メガネスーパー	小売業	358	17,687	363	2.02	26.50	12.61
447	430	リネットジャパングループ	小売業	358	3,641	39	9.83	-16.94	1.42
449	485	細 田 工 務 店	建設	357	18,987	41	1.88	15.16	-3.29
450	498	元 気 寿 司	サービス	354	35,614	1,556	0.99	22.07	12.02

—55—

単独広告宣伝費上位 500 社

（＊：非上場企業）

'17年度順位	'16年度順位	会社名	業種	(A)広告宣伝費(百万円)	(B)売上高(百万円)	(C)経常利益(百万円)	A/B×100	対前年度伸び率 A (%)	対前年度伸び率 B (%)
450	537	オンワードホールディングス	商社	354	7,865	4,409	4.50	56.64	-18.19
452	398	ケイアイスター不動産	不動産	352	53,910	4,923	0.65	-32.31	18.20
453	538	オープンハウス	不動産	350	10,281	8,099	3.40	56.25	20.56
454	487	ネオジャパン	サービス	346	2,312	451	14.97	12.34	9.26
455	439	Ｉ Ｂ Ｊ	サービス	345	5,850	1,518	5.90	-14.18	14.93
456	474	ワークマン	小売業	342	56,083	11,856	0.61	1.79	7.69
457	464	＊東 北 放 送	通信	339	8,400	528	4.04	-2.59	-5.56
458	475	高 砂 熱 学 工 業	建設	338	217,474	15,023	0.16	0.90	8.23
459	500	毎日コムネット	不動産	330	11,822	963	2.79	14.58	8.47
460	649	ファーストロジック	サービス	329	1,794	840	18.34	165.32	40.49
461	449	ジャパンベストレスキューシステ	サービス	328	8,932	491	3.67	-15.03	9.86
462	446	ながの東急百貨店	小売業	326	16,393	244	1.99	-15.76	-4.15
463	471	＊共栄火災海上保険	保険	324	189,416	5,338	0.17	-4.71	-1.48
464	491	＊東洋経済新報社	サービス	323	11,494	1,120	2.81	7.67	8.75
464	326	アインホールディングス	小売業	323	6,755	3,662	4.78	-57.67	-90.15
466	493	藤 倉 ゴ ム 工 業	ゴム	322	22,309	1,524	1.44	8.05	6.88
466	453	さ い か 屋	小売業	322	19,835	-147	1.62	-12.50	-5.66
468	483	ナガイレーベン	商社	321	17,013	5,197	1.89	3.22	2.89
468	490	リズム時計工業	精密機器	321	11,505	101	2.79	5.94	-14.46
470	471	＊サ ー ラ 住 宅	建設	312	18,679	482	1.67	-8.24	7.40
471	476	平安レイサービス	サービス	310	8,888	1,866	3.49	-6.91	-3.12
472		ピックルスコーポレーション	食品	306	27,002	885	1.13	13.33	5.57
473	564	ユニフォームネクスト	小売業	305	3,467	324	8.80	54.82	18.17
474	577	コ ク ヨ	その他製造	303	167,214	16,217	0.18	64.67	1.38
474	505	ブルドックソース	食品	303	11,486	1,158	2.64	7.45	1.49
474	508	プ ロ ス ペ ク ト	不動産	303	5,103	-299	5.94	10.18	-22.27
477		ネクスグループ	電気機器	302	94	-868	321.28	―	―
478	391	ヒト・コミュニケーションズ	サービス	300	27,174	2,507	1.10	-44.44	4.32
478	511	キョーリン製薬ホールディングス	医薬品	300	7,715	4,734	3.89	11.11	-2.78
478	521	ＰＲ ＴＩＭＥＳ	サービス	300	1,697	326	17.68	20.00	26.64
481	554	プロパティエージェント	不動産	299	19,219	1,128	1.56	43.75	57.97
482	496	グランディハウス	不動産	298	21,175	2,360	1.41	1.36	8.80
483	530	富士山マガジンサービス	小売業	297	2,919	331	10.17	25.85	13.67
484	396	小森コーポレーション	機械	294	73,182	3,532	0.40	-43.57	8.89
484	433	東 洋 証 券	証券	294	15,530	3,022	1.89	-30.50	22.26
484	502	コーセーアールイー	不動産	294	11,215	1,560	2.62	3.16	34.76
487		東 リ	化学	293	54,902	2,886	0.53	19.11	-0.88
487	417	ヨ シ コ ン	不動産	293	21,024	3,032	1.39	-35.75	13.45
489	132	パ ル コ	小売業	291	57,699	11,576	0.50	46.97	-3.51
489	454	日本ＰＣサービス	サービス	291	3,196	-1	9.11	-20.71	-12.05
491	522	東急不動産ホールディングス	不動産	289	23,897	14,980	1.21	16.06	54.90
491	606	リンガーハット	サービス	289	21,171	2,574	1.37	86.45	5.31
493	491	松 風	その他製造	288	15,741	960	1.83	-4.00	4.95
494	684	わ か も と 製 薬	医薬品	285	10,900	-80	2.61	187.88	0.65
495	656	セ レ ス	サービス	284	5,400	960	5.26	138.66	44.93
496	548	夢 展 望	小売業	283	3,258	156	8.69	31.63	36.95
497	480	＊Ａ Ｉ Ｒ Ｄ Ｏ	空運	282	47,483	1,913	0.59	-11.04	-3.27
497	508	ヒューマンホールディングス	サービス	282	3,292	701	8.57	2.55	1.70
499		東 京 応 化 工 業	化学	281	63,675	8,315	0.44	36.41	6.91
500	523	エ ス ト ラ ス ト	不動産	280	13,252	883	2.11	13.82	-0.95

業種別の連結広告宣伝費上位企業

（＊：非上場企業）

業種内順位	全体の順位		会　社　名	(A)広告宣伝費(百万円)	(B)売　上　高(百万円)	(C)経常利益(百万円)	A/B×100	対前年度伸び率 A (%)	対前年度伸び率 B (%)
小売業									
1	5		イ　オ　ン	184,715	8,390,012	213,772	2.20	-4.66	2.19
2	9		セブン＆アイ・ホールディングス	136,473	6,037,815	390,746	2.26	-14.89	3.46
3	21	★	ファーストリテイリング	70,937	1,861,917	193,398	3.81	-0.94	4.22
4	41		ヤ　マ　ダ　電　機	27,883	1,573,873	47,335	1.77	-2.90	0.69
5	44	★	ユニー・ファミリーマートホール	26,038	1,275,300	28,639	2.04	19.60	51.14
6	46		ロ　ー　ソ　ン	26,001	657,324	65,141	3.96	-15.01	4.12
7	47		高　島　屋	25,858	949,572	38,606	2.72	4.18	2.81
8	61		三越伊勢丹ホールディングス	20,365	1,268,865	27,325	1.60	-5.97	1.23
9	63		ベ　ル　ー　ナ	20,205	161,673	13,248	12.50	6.82	10.67
10	66		エ　デ　ィ　オ　ン	19,800	686,284	16,167	2.89	-2.63	1.76
食品									
1	3	★＊	サントリーホールディングス	369,414	2,420,286	226,890	15.26	3.29	2.62
2	6	★	サントリー食品インターナショナ	155,416	1,234,008	114,442	12.59	-2.48	2.06
3	23		コカ・コーラ　ボトラーズジャパ	61,533	872,623	39,859	7.05	81.19	89.51
4	25	★	アサヒグループホールディングス	60,284	2,084,877	196,984	2.89	25.35	22.14
5	32	★	味　の　素	35,581	1,150,209	85,445	3.09	1.23	5.41
6	48	★	日本たばこ産業	24,413	2,139,653	538,532	1.14	-6.49	-0.17
7	62		サッポロホールディングス	20,239	551,548	16,410	3.67	-0.89	1.79
8	70		ヤ　ク　ル　ト　本　社	18,383	401,569	53,054	4.58	6.39	6.15
9	82		日清食品ホールディングス	14,684	516,400	40,588	2.84	-4.70	4.17
10	90		江　崎　グ　リ　コ	13,621	353,432	21,993	3.85	16.32	0.06
電気機器									
1	2		ソ　ニ　ー	407,106	8,543,982	699,049	4.76	11.90	12.37
2	13	★	パ　ナ　ソ　ニ　ッ　ク	112,238	7,982,164	378,590	1.41	6.60	8.69
3	24		キ　ヤ　ノ　ン	61,207	4,080,015	353,884	1.50	4.26	19.95
4	35		三　菱　電　機	34,279	4,431,198	364,578	0.77	5.33	4.54
5	56	★	セイコーエプソン	21,886	1,102,116	62,663	1.99	3.96	7.54
6	74	★	ブ　ラ　ザ　ー　工　業	16,618	712,997	69,669	2.33	0.38	11.20
7	84		カ　シ　オ　計　算　機	14,406	314,790	28,726	4.58	5.16	-2.00
8	114		オ　ム　ロ　ン	10,320	859,982	83,367	1.20	24.44	8.28
9	116		東　芝	10,154	3,947,596	82,378	0.26	-13.69	-2.38
10	129		マ　キ　タ	8,363	477,298	79,678	1.75	25.91	15.01
自動車									
1	1		ト　ヨ　タ　自　動　車	509,653	29,379,510	2,620,429	1.73	13.56	6.46
2	4		日　産　自　動　車	304,328	11,951,169	750,302	2.55	-2.90	1.97
3	10		マ　ツ　ダ	119,684	3,474,024	172,133	3.45	9.63	8.08
4	14		三菱自動車工業	110,047	2,192,389	110,127	5.02	32.56	14.99
5	18		Ｓ　Ｕ　Ｂ　Ａ　Ｒ　Ｕ	82,801	3,405,221	379,934	2.43	2.50	2.38
6	19		ス　ズ　キ	78,508	3,757,219	382,787	2.09	5.66	18.54
7	145		日　野　自　動　車	6,604	1,837,982	80,422	0.36	35.11	9.16
8	158		い　す　ゞ　自　動　車	5,623	2,070,359	173,616	0.27	8.24	6.00
9	587		エッチ・ケー・エス	179	7,075	264	2.53	55.65	-3.56
10	595		デ　イ　ト　ナ	170	6,247	382	2.72	41.67	4.01

業種別の連結広告宣伝費上位企業

（＊：非上場企業）

業種内順位	全体の順位		会　社　名	(A)広告宣伝費（百万円）	(B)売　上　高（百万円）	(C)経常利益（百万円）	A／B×100	対前年度伸び率	
								A（％）	B（％）
化学									
1	17	★	花　王	89,935	1,489,421	204,290	6.04	-7.70	2.18
2	22		資　生　堂	62,943	1,005,062	80,327	6.26	18.25	18.20
3	28	★	住　友　化　学	46,707	2,190,509	240,811	2.13	5.51	12.97
4	40		ラ　イ　オ　ン	29,968	410,484	29,126	7.30	-3.25	3.76
5	57		富士フイルムホールディングス	21,601	2,433,365	197,807	0.89	15.87	4.79
6	65		コ　ー　セ　ー	20,008	303,399	48,508	6.59	7.09	13.73
7	80		ファ　ン　ケ　ル	15,164	109,019	8,650	13.91	2.35	13.20
8	97		ポーラ・オルビスホールディング	12,792	244,335	39,250	5.24	45.46	11.83
9	117		ア　ー　ス　製　薬	10,142	179,738	4,987	5.64	10.25	6.67
10	154		シーズ・ホールディングス	5,851	42,916	8,766	13.63	2.25	8.78
商社									
1	15	★	三　菱　商　事	98,283	－	812,722	－	－	－
2	51	★	ユニ・チャーム	22,830	641,647	92,926	3.56	9.16	6.12
3	60	★	住　友　商　事	20,715	－	412,295	－	7.78	－
4	124		Ｉ　Ｄ　Ｏ　Ｍ	9,137	276,157	5,797	3.31	-5.09	9.80
5	125	＊	興　和	9,077	434,329	4,715	2.09	5.68	22.85
6	126		デ　サ　ン　ト	8,984	141,124	9,698	6.37	0.73	7.28
7	144		オンワードホールディングス	6,635	243,075	5,928	2.73	11.23	-0.75
8	157		イエローハット	5,682	137,865	10,689	4.12	-3.25	6.20
9	187		ゴールドウイン	4,290	70,420	7,833	6.09	19.17	15.63
10	198		レ　ナ　ウ　ン	4,028	66,396	565	6.07	4.16	-1.82
医薬品									
1	12	★	武　田　薬　品　工　業	115,708	1,770,531	217,205	6.54	2.54	2.22
2	31	★	大日本住友製薬	38,212	466,838	84,866	8.19	3.23	14.32
3	50		ロ　ー　ト　製　薬	22,982	171,742	18,849	13.38	3.27	11.09
4	53		大正製薬ホールディングス	22,579	280,092	42,140	8.06	2.23	0.11
5	54		小　林　製　薬	22,361	156,761	24,191	14.26	18.42	6.64
6	71	★	参　天　製　薬	18,167	224,942	39,261	8.08	13.90	12.98
7	108		久　光　製　薬	10,987	147,870	28,245	7.43	13.73	1.33
8	176		持　田　製　薬	4,682	106,761	12,008	4.39	5.10	9.67
9	224	＊	佐　藤　製　薬	3,136	39,467	-21	7.95	1.95	1.46
10	244		キョーリン製薬ホールディングス	2,653	110,640	9,345	2.40	-20.09	-4.10
建設									
1	34		大和ハウス工業	34,753	3,795,992	344,593	0.92	0.20	8.06
2	42		積　水　ハ　ウ　ス	26,632	2,159,363	203,678	1.23	4.78	6.53
3	130		ミ　サ　ワ　ホ　ー　ム	8,166	388,552	7,672	2.10	0.34	-2.83
4	147		タ　マ　ホ　ー　ム	6,052	157,001	3,475	3.85	11.37	13.46
5	180		東建コーポレーション	4,536	305,312	18,017	1.49	-7.90	7.61
6	216		三　井　ホ　ー　ム	3,363	260,109	5,614	1.29	-7.07	2.02
7	274		サンヨーホームズ	1,984	54,117	1,911	3.67	-11.55	-2.50
8	317		ヤマダ・エスバイエルホーム	1,540	49,185	-948	3.13	0.59	12.59
9	365		日本ハウスホールディングス	945	46,482	4,116	2.03	6.42	1.09
10	377		新　日　本　建　設	900	95,340	13,531	0.94	-5.76	9.77

業種別の連結広告宣伝費上位企業

（＊：非上場企業）

業種内順位	全体の順位	会　社　名	(A)広告宣伝費（百万円）	(B)売上高（百万円）	(C)経常利益（百万円）	A/B×100	対前年度伸び率 A（％）	対前年度伸び率 B（％）
その他製造								
1	30	バンダイナムコホールディングス	39,720	678,312	75,380	5.86	0.92	9.39
2	33	アシックス	35,033	400,157	21,738	8.75	9.79	0.26
3	68	ヤマハ	19,416	432,967	49,233	4.48	10.58	6.05
4	78	タカラトミー	15,274	177,366	12,420	8.61	13.33	5.79
5	109	ミズノ	10,871	185,399	8,106	5.86	-3.48	-1.76
6	121	ヨネックス	9,494	62,188	2,858	15.27	0.07	1.88
7	136	パイロットコーポレーション	7,573	104,117	20,561	7.27	14.07	5.86
8	146	アートネイチャー	6,335	37,254	2,707	17.00	-0.78	-4.38
9	156	ＭＴＧ	5,687	45,325	6,120	12.55	48.91	53.75
10	210	グローブライド	3,561	85,785	3,598	4.15	6.65	8.39
サービス								
1	7 ★	楽天	152,383	944,474	138,082	16.13	25.64	20.79
2	8 ★	リクルートホールディングス	138,150	2,173,385	199,228	6.36	27.08	11.92
3	20	任天堂	72,616	1,055,682	199,356	6.88	49.03	115.84
4	37	ベネッセホールディングス	32,341	434,497	9,253	7.44	6.57	1.03
5	38	サイバーエージェント	32,004	371,362	28,741	8.62	26.25	19.54
6	49	ミクシィ	23,593	189,094	72,717	12.48	13.08	-8.72
7	52	スクウェア・エニックス・ホール	22,585	250,394	36,124	9.02	-11.57	-2.50
8	72 ★	ネクソン	17,855	234,929	69,995	7.60	28.86	28.29
9	87	メルカリ	14,196	22,071	-2,779	64.32	106.43	80.08
10	88	エイチーム	14,018	34,603	4,118	40.51	50.17	50.66
不動産								
1	55	野村不動産ホールディングス	22,335	623,762	68,033	3.58	4.00	9.49
2	58	三井不動産	21,452	1,751,114	240,341	1.23	-7.81	2.74
3	59	住友不動産	20,993	948,402	186,870	2.21	9.26	2.51
4	92 ★	飯田グループホールディングス	13,327	1,335,386	100,316	1.00	9.99	8.35
5	107	東急不動産ホールディングス	11,130	866,126	68,691	1.29	0.04	7.13
6	118	三菱地所	10,089	1,194,049	190,506	0.84	11.33	6.10
7	148	大京	6,044	335,184	19,789	1.80	14.49	3.02
8	189	ＮＴＴ都市開発	4,247	166,800	27,432	2.55	20.41	-11.57
9	190	レオパレス２１	4,235	530,840	22,354	0.80	10.98	1.99
10	211	東京建物	3,510	266,983	39,416	1.31	37.76	4.91
その他金融								
1	43	クレディセゾン	26,354	356,466	56,717	7.39	4.45	1.53
2	105	アコム	11,734	263,453	81,694	4.45	-0.25	7.47
3	199	ジャックス	3,995	134,051	12,733	2.98	2.02	12.03
4	320 ★	Ｊトラスト	1,492	76,266	416	1.96	-25.06	14.77
5	356	ヒロセ通商	996	7,671	2,552	12.98	-17.69	14.13
6	465 ★	アルヒ	460	20,433	5,199	2.25	-5.15	-4.84
7	603	スパークス・グループ	148	13,227	6,668	1.12	-18.68	48.50
8	623	豊商事	108	4,978	334	2.17	-3.57	40.78
9	656	小林洋行	83	3,255	-272	2.55	48.21	0.87
10	677	フジトミ	65	1,783	-261	3.65	-	-

業種別の連結広告宣伝費上位企業

（＊：非上場企業）

業種内順位	全体の順位	会　社　名	(A)広告宣伝費(百万円)	(B)売上高(百万円)	(C)経常利益(百万円)	A/B×100	対前年度伸び率	
							A (%)	B (%)
通信								
1	16	日 本 電 信 電 話	94,745	11,799,587	1,755,624	0.80	-0.56	3.59
2	26	Ｎ Ｔ Ｔ ド コ モ	58,955	4,769,409	1,096,625	1.24	-5.72	4.03
3	36	フジ・メディア・ホールディング	32,545	646,536	35,120	5.03	-1.36	-1.14
4	132	ＴＢＳホールディングス	8,073	361,954	26,923	2.23	8.74	1.85
5	150	スカパーＪＳＡＴホールディング	5,980	145,501	16,712	4.11	-7.64	-24.56
6	155	エムティーアイ	5,746	30,933	3,972	18.58	-24.46	-5.82
7	179	Ｗ Ｏ Ｗ Ｏ Ｗ	4,556	81,574	10,698	5.59	12.86	4.24
8	182	ＧＭＯインターネット	4,348	154,256	17,315	2.82	6.13	14.24
9	584	＊長 崎 放 送	186	8,487	403	2.19	12.73	5.74
10	599	サカイホールディングス	156	17,765	729	0.88	-31.28	-1.26
機械								
1	69	ク ボ タ	18,700	1,751,535	212,901	1.07	21.74	9.74
2	81	セガサミーホールディングス	15,052	323,664	14,578	4.65	5.05	-11.79
3	258	平 和	2,229	132,765	13,105	1.68	-14.24	-28.70
4	279	Ｓ Ａ Ｎ Ｋ Ｙ Ｏ	1,931	86,220	11,319	2.24	-4.59	5.85
5	303	フ リ ュ ー	1,635	25,383	2,474	6.44	15.63	1.98
6	318	Ｔ Ｈ Ｋ	1,514	320,103	31,230	0.47	15.75	33.11
7	387	ホソカワミクロン	843	49,519	5,219	1.70	31.31	10.87
8	392	井 関 農 機	806	158,382	4,250	0.51	-8.20	3.45
9	445	蛇の目ミシン工業	535	40,778	2,110	1.31	-10.83	4.95
10	472	タ ダ ノ	439	173,703	14,907	0.25	-8.54	-3.32
精密機器								
1	29 ★	ニ コ ン	42,807	717,078	56,257	5.97	-9.86	-4.30
2	45 ★	オ リ ン パ ス	26,021	786,497	76,665	3.31	-3.65	6.20
3	67	シ チ ズ ン 時 計	19,479	320,047	26,664	6.09	-1.42	2.40
4	75	セイコーホールディングス	16,393	268,529	10,911	6.10	3.22	4.44
5	94 ★	Ｈ Ｏ Ｙ Ａ	13,085	535,612	124,248	2.44	1.34	11.84
6	172 ★	ノ ー リ ツ 鋼 機	4,878	57,089	5,135	8.54	6.46	14.08
7	276	ナ カ ニ シ	1,953	34,341	10,366	5.69	3.33	7.89
8	301	シ ー ド	1,662	27,827	2,157	5.97	20.78	13.75
9	361	タ ム ロ ン	983	60,496	4,100	1.62	-16.27	0.99
10	463	リズム時計工業	462	31,516	1,131	1.47	-16.46	-5.45
非鉄・金属								
1	27 ★	ＬＩＸＩＬグループ	48,841	1,664,817	89,997	2.93	8.70	1.93
2	197	リ ン ナ イ	4,100	347,071	34,286	1.18	0.66	5.09
3	371	コ ロ ナ	921	82,115	2,875	1.12	-9.53	1.88
4	407 ★	アサヒホールディングス	723	115,797	13,410	0.62	-1.36	8.40
5	454	ト ー ソ ー	490	22,471	806	2.18	9.38	-0.04
6	460	長 府 製 作 所	465	42,057	3,610	1.11	-4.91	-0.53
7	542	フ ジ マ ッ ク	266	38,565	2,783	0.69	12.71	6.85
8	562	マ ル ゼ ン	222	49,895	4,648	0.44	-1.33	5.43
9	610	Ｔ Ｏ Ｎ Ｅ	129	5,784	1,419	2.23	26.47	5.28
10	618	ツインバード工業	118	13,164	105	0.90	-33.33	-1.81

業種別の連結広告宣伝費上位企業

（＊：非上場企業）

業種内順位	全体の順位	会　社　名	(A) 広告宣伝費 （百万円）	(B) 売　上　高 （百万円）	(C) 経常利益 （百万円）	A／B ×100	対前年度伸び率	
							A（％）	B（％）
繊維								
1	98	ワコールホールディングス	12,719	195,725	14,286	6.50	0.20	-0.08
2	236	グ　ン　ゼ	2,816	140,521	6,446	2.00	4.96	2.89
3	357	片 倉 工 業	992	46,185	2,660	2.15	-4.71	-1.58
4	373	富士紡ホールディングス	914	35,891	4,269	2.55	0.11	-12.20
5	400	クラウディアホールディングス	771	12,514	379	6.16	20.09	-3.89
ゴム								
1	11	ブ リ ヂ ス ト ン	119,148	3,643,427	400,564	3.27	-1.72	9.18
2	39 ★	住 友 ゴ ム 工 業	30,105	877,866	65,733	3.43	0.46	16.01
3	64 ★	横 浜 ゴ ム	20,173	646,272	54,891	3.12	8.79	12.58
4	133	東 洋 ゴ ム 工 業	7,992	404,999	40,167	1.97	12.58	6.12
5	591	昭和ホールディングス	173	13,242	-4,013	1.31	40.65	3.83
窯業								
1	152	日 本 特 殊 陶 業	5,974	409,912	69,094	1.46	6.64	9.92
2	290	ニ チ ハ	1,816	116,144	13,796	1.56	-15.06	-1.75
3	643	ダントーホールディングス	94	5,481	-399	1.72	-10.48	-2.46
4	736	＊深 川 製 磁	16	1,093	-29	1.46	-15.79	-10.34
造船								
1	104	川 崎 重 工 業	11,953	1,574,242	43,225	0.76	6.33	3.65
輸送用機器								
1	119	シ マ ノ	10,009	335,800	55,748	2.98	3.62	3.96

業種別の連結広告宣伝費上位企業

（＊：非上場企業）

業種内順位	全体の順位	会　社　名	(A)広告宣伝費(百万円)	(B)売　上　高(百万円)	(C)経常利益(百万円)	A/B×100	対前年度伸び率 A（％）	対前年度伸び率 B（％）
農林・水産								
1	201	日　本　水　産	3,918	683,008	24,840	0.57	47.40	7.40
2	358	サ　カ　タ　の　タ　ネ	991	61,844	8,250	1.60	0.81	5.23
3	663	ホ　ク　リ　ョ　ウ	75	15,853	1,709	0.47	-18.48	1.09
鉄道・バス								
1	226	名　古　屋　鉄　道	3,115	604,804	48,566	0.52	3.39	0.87
2	598	＊長　崎　自　動　車	160	17,337	943	0.92	5.26	-1.29
3	607	＊九州産業交通ホールディングス	141	22,282	803	0.63	-3.42	10.05
4	689	＊じ　ょ　う　て　つ	53	16,388	1,018	0.32	-48.54	-6.74
5	710	＊サ　ン　デ　ン　交　通	30	9,189	-487	0.33	3.45	-0.76
陸運								
1	203	日　本　通　運	3,671	1,995,317	74,395	0.18	-12.68	7.03
2	252	サカイ引越センター	2,378	88,386	10,687	2.69	-4.04	10.53
3	323	セイノーホールディングス	1,394	596,130	29,120	0.23	-3.33	5.04
4	359	第　一　交　通　産　業	989	100,730	6,721	0.98	-9.27	-0.57
5	742	日　本　ロ　ジ　テ　ム	13	45,609	166	0.03	0.00	5.12
海運								
1	604	東　海　汽　船	146	11,442	554	1.28	33.94	2.40
2	708	栗　林　商　船	32	45,969	2,006	0.07	18.52	3.63
空運								
1	93	ＡＮＡホールディングス	13,132	1,971,799	160,636	0.67	15.57	11.70
倉庫・運輸								
1	671	日　新	69	216,924	6,869	0.03	15.00	7.81

業種別の単独広告宣伝費上位企業

（＊：非上場企業）

業種内順位	全体の順位	会　社　名	(A)広告宣伝費(百万円)	(B)売　上　高(百万円)	(C)経常利益(百万円)	A／B×100	対前年度伸び率 A (%)	対前年度伸び率 B (%)
通信								
1	5	ＫＤＤＩ	32,200	4,028,524	740,023	0.80	-5.49	4.26
2	7	＊ソフトバンク	29,621	3,199,362	539,958	0.93	-2.85	0.14
3	8	ＮＴＴドコモ	27,612	4,807,128	969,361	0.57	-10.00	4.76
4	65	ソフトバンクグループ	5,732	44,051	-150,510	13.01	24.55	-4.88
証券								
1	223	カブドットコム証券	1,470	24,476	7,971	6.01	36.36	2.72
2	386	松井証券	536	32,210	18,632	1.66	0.94	16.17
3	403	いちよし証券	478	23,440	6,128	2.04	22.56	26.72
4	426	インヴァスト証券	415	3,140	345	13.22	-26.29	13.19
5	484	東洋証券	294	15,530	3,022	1.89	-30.50	22.26
6	518	水戸証券	249	16,152	3,347	1.54	5.51	20.64
7	610	丸三証券	147	18,985	3,371	0.77	-11.98	20.95
8	625	＊むさし証券	139	5,528	315	2.51	13.01	24.48
9	679	＊エース証券	103	8,697	1,487	1.18	25.61	10.52
10	701	今村証券	91	3,887	1,049	2.34	7.06	34.17
保険								
1	51	＊東京海上日動火災保険	7,573	2,588,685	325,847	0.29	-3.60	2.61
2	101	＊三井住友海上火災保険	3,764	1,859,915	262,552	0.20	3.12	4.91
3	140	＊損害保険ジャパン日本興亜	2,463	2,590,740	175,220	0.10	-1.36	0.18
4	268	＊あいおいニッセイ同和損害保険	1,045	1,335,258	5,616	0.08	-17.59	2.32
5	291	アイペット損害保険	878	12,268	561	7.16	79.18	21.82
6	463	＊共栄火災海上保険	324	189,416	5,338	0.17	-4.71	-1.48
7	890	＊トーア再保険	31	197,638	5,115	0.02	24.00	-1.93
銀行								
1	53	新生銀行	7,202	169,324	36,586	4.25	5.28	2.02
2	160	＊住信ＳＢＩネット銀行	2,092	60,613	15,383	3.45	-23.00	6.17
3	161	セブン銀行	2,079	116,650	42,262	1.78	74.12	3.13
4	350	＊北海道銀行	665	78,222	8,995	0.85	-1.92	-0.95
5	395	＊北陸銀行	495	91,139	24,161	0.54	-22.78	-2.00
6	754	東京きらぼしフィナンシャルグル	71	3,301	2,235	2.15	26.79	0.18
7	872	西日本フィナンシャルホールディ	36	5,913	5,123	0.61	-33.33	-12.86
8	1010	じもとホールディングス	15	1,764	1,279	0.85	-65.91	-2.49

連結広告宣伝費対前年度伸び率上位 100 社　（＊：非上場企業）

'17年度順位	会　社　名	広告宣伝費伸び率(%)	広告宣伝費(百万円)	'17年度順位	会　社　名	広告宣伝費伸び率(%)	広告宣伝費(百万円)
1	ミクロン精密	1600.00	34	51	藍沢証券	48.24	126
2 ★	ウルトラファブリックス・ホール	592.86	194	52	小林洋行	48.21	83
3	フルキャストホールディングス	526.47	426	53	ジェネレーションパス	48.18	203
4	リーダー電子	400.00	15	54	エン・ジャパン	47.87	8,637
5	アイモバイル	309.88	332	55	日本水産	47.40	3,918
6	アエリア	277.82	937	56	ラクーン	47.22	106
7	メドピア	261.54	47	57	シンシア	46.94	144
8	ベクトル	235.56	1,557	58	イグニス	46.52	1,389
9	モブキャストホールディングス	214.88	529	59	ＫＬａｂ	46.15	2,049
10	オープンドア	200.00	1,101	60	ポーラ・オルビスホールディング	45.46	12,792
10	＊太平化学製品	200.00	6	61	ヤマダコーポレーション	44.83	84
12	ＫＧ情報	126.32	86	62	ストリーム	43.93	1,055
13	ＴＡＴＥＲＵ	123.38	898	63	三栄建築設計	42.37	1,307
14	メルカリ	106.43	14,196	64	ホットランド	41.74	927
15	アドベンチャー	103.69	3,585	65	デイトナ	41.67	170
16	ハイアス・アンド・カンパニー	101.45	278	66	旅工房	41.64	398
17 ★	夢展望	101.40	433	67	岩井コスモホールディングス	41.45	331
18	オーベクス	100.00	6	68	天竜製鋸	41.18	24
18	ムラキ	100.00	2	69	ロゼッタ	40.85	100
20	タイセイ	96.35	269	70	昭和ホールディングス	40.65	173
21	アイチコーポレーション	89.53	163	71	モバイルファクトリー	40.12	454
22	ウイルコホールディングス	88.24	32	72	ＰＲ　ＴＩＭＥＳ	38.71	172
23	コカ・コーラ　ボトラーズジャパ	81.19	61,533	73	ボーソー油脂	38.10	58
24	ＯＤＫソリューションズ	77.78	16	74	ハウスフリーダム	38.02	334
25	理研計器	75.26	170	75	燦ホールディングス	37.93	40
26	ドリコム	75.19	918	76	総医研ホールディングス	37.77	507
27	ピクスタ	71.76	225	77	東京建物	37.76	3,510
28	リテールパートナーズ	67.54	1,605	78	グローバル・リンク・マネジメン	36.92	178
29	サニックス	66.67	285	79	リログループ	36.61	1,556
30	ビューティガレージ	64.63	270	80 ★	トーセイ	36.18	207
31	アヲハタ	64.16	458	81	ＲＶＨ	35.77	9,159
32	リブセンス	63.16	1,847	82	ラクス	35.73	699
33	メディカルネット	62.22	73	83	日野自動車	35.11	6,604
34	日本Ｍ＆Ａセンター	61.16	722	84	タキヒヨー	35.03	478
35	帝国電機製作所	58.82	54	85	東海汽船	33.94	146
36 ★	ＡＳＪ	58.14	68	86 ★	じげん	33.92	2,507
37	日本一ソフトウェア	56.46	327	87	クレオ	33.90	79
38	エッチ・ケー・エス	55.65	179	88	東宝	33.81	10,678
39	アカツキ	55.06	797	89	エニグモ	33.69	496
40	ノジマ	55.05	16,037	90	サムティ	33.51	247
41	インターネットイニシアティブ	53.10	1,459	91	＊大栄不動産	33.10	772
42	アライドアーキテクツ	52.38	64	92	三菱自動車工業	32.56	110,047
43	メルコホールディングス	52.19	417	93	ネクステージ	32.46	1,967
44	エイチーム	50.17	14,018	94	オンキヨー	32.26	1,025
45	レーサム	50.00	33	95	アートスパークホールディングス	32.12	255
45 ★	メンバーズ	50.00	12	96	ホソカワミクロン	31.31	843
47	エボラブルアジア	49.41	1,896	97	ＶＯＹＡＧＥ　ＧＲＯＵＰ	31.00	803
48	ファーマフーズ	49.33	1,774	98	ゴルフダイジェスト・オンライン	30.87	195
49	任天堂	49.03	72,616	99	オープンハウス	30.12	1,771
50	ＭＴＧ	48.91	5,687	100	日本エスリード	29.99	971

単独広告宣伝費対前年度伸び率上位 100 社　　（＊：非上場企業）

'17年度順位	会 社 名	広告宣伝費伸び率(%)	広告宣伝費（百万円）	'17年度順位	会 社 名	広告宣伝費伸び率(%)	広告宣伝費（百万円）
1	御 園 座	3800.00	39	51	ハイアス・アンド・カンパニー	120.87	254
2	ア イ モ バ イ ル	1100.00	264	52	ベ ク タ ー	120.55	161
3	ウ ェ ル ネ ッ ト	887.50	158	53	コ ラ ボ ス	120.00	11
4	N u t s	800.00	9	54	インフォテリア	115.00	43
5	滝 上 工 業	700.00	8	55	バンダイナムコホールディングス	114.52	1,167
6	日 本 金 銭 機 械	550.00	13	56	＊新 生 テ ク ノ ス	112.77	100
7	細 谷 火 工	500.00	6	57	J I G - S A W	111.11	38
8	イ チ ケ ン	400.00	5	58	リンクアンドモチベーション	109.09	69
9	フジオフードシステム	385.71	102	59	T A T E R U	108.96	840
10	奥 村 組	362.32	638	60	コナミホールディングス	108.68	649
11	ト ラ イ ア イ ズ	350.00	9	61	東 京 会 館	107.14	29
12	川 口 化 学 工 業	300.00	4	62	プ ロ パ ス ト	106.93	209
13	フルキャストホールディングス	285.71	54	63	プ ラ ッ ツ	106.25	66
14	サーラコーポレーション	263.79	211	64	三 井 ハイテック	105.41	76
15	＊丸 ノ 内 ホ テ ル	250.00	21	65	サ ム テ ィ	105.19	158
16	コ ム シ ー ド	235.71	47	66	アドベンチャー	104.97	3,587
17	デザインワン・ジャパン	234.62	174	67	フェイスネットワーク	104.11	149
18	サントリー食品インターナショナ	229.44	31,297	68	メディカルネット	102.94	69
19	ツナグ・ソリューションズ	228.57	23	69	CAC Holdings	100.00	22
20	モブキャストホールディングス	214.88	529	69	N J S	100.00	20
21	オ ー プ ン ド ア	201.92	1,099	69	川 崎 設 備 工 業	100.00	16
22	イ ム ラ 封 筒	200.00	9	69	ウルトラファブリックス・ホール	100.00	6
22	＊太 平 化 学 製 品	200.00	6	69	データホライゾン	100.00	6
22	ア ク モ ス	200.00	3	69	RS Technologies	100.00	2
22	東 京 製 鉄	200.00	3	69	光 世 証 券	100.00	2
22	北 陸 電 話 工 事	200.00	3	69	ム ラ キ	100.00	2
27	ケ イ ブ	195.19	797	77	＊バンク・オブ・イノベーション	98.89	1,072
28	メ ド ピ ア	192.31	38	78	MS-Japan	93.66	397
29	わ か も と 製 薬	187.88	285	79	ピクセルカンパニーズ	91.67	23
30	パーソルホールディングス	181.81	2,060	80	メ ル カ リ	89.76	10,283
31	＊GA technologies	174.12	233	81	ド リ コ ム	88.09	916
32	北の達人コーポレーション	170.61	1,648	82	リンガーハット	86.45	289
33	ウォンテッドリー	166.89	403	83	テレビ東京ホールディングス	85.71	91
34	石 井 表 記	166.67	32	84	ロングライフホールディング	84.48	107
35	ファーストロジック	165.32	329	85	五洋インテックス	82.76	53
36	シップヘルスケアホールディング	160.66	159	86	日 立 物 流	82.73	254
37	インターアクション	160.00	13	87	アイペット損害保険	79.18	878
38	ブ ロ ッ コ リ ー	151.61	156	88	協 立 情 報 通 信	79.17	43
39	アイフィスジャパン	150.00	10	89	ODKソリューションズ	77.78	16
39	ク ボ テ ッ ク	150.00	5	90	レ ー サ ム	76.47	30
39	日 本 プ ロ セ ス	150.00	5	91	タ キ ヒ ヨ ー	76.14	155
39	北 越 メ タ ル	150.00	5	92	フ ジ ト ミ	75.68	65
43	オ ー ビ ス	145.45	27	93	藤 商 事	75.63	908
44	セ レ ス	138.66	284	94	A S T I	75.00	7
45	技 研 製 作 所	127.78	82	94	巴コーポレーション	75.00	7
46	熊 谷 組	127.50	273	96	セ ブ ン 銀 行	74.12	2,079
47	神 戸 物 産	127.08	109	97	大 本 組	74.07	47
48	K G 情 報	126.32	86	98	シ ー ド 平 和	73.47	170
49	大紀アルミニウム工業所	125.00	9	99	任 天 堂	72.17	20,257
50	F P G	123.08	29	100	森 組	71.43	12

広告宣伝費対前年度増加額上位 100 社（連結決算）

（＊：非上場企業）

'17年度順位	会　社　名	広告宣伝費増加額(百万円)	広告宣伝費(百万円)	'17年度順位	会　社　名	広告宣伝費増加額(百万円)	広告宣伝費(百万円)
1 ★	三 菱 商 事	98,283	98,283	51	三 菱 電 機	1,735	34,279
2	ト ヨ タ 自 動 車	60,873	509,653	52	マ キ タ	1,721	8,363
3	ソ ニ ー	43,291	407,106	53	日 野 自 動 車	1,716	6,604
4 ★	楽 天	31,097	152,383	54 ★	横 浜 ゴ ム	1,630	20,173
5 ★	リクルートホールディングス	29,441	138,150	55 ★	住 友 商 事	1,495	20,715
6	コカ・コーラ ボトラーズジャパ	27,572	61,533	56	ア ダ ス ト リ ア	1,420	7,728
7	三 菱 自 動 車 工 業	27,033	110,047	57	久 光 製 薬	1,326	10,987
8	任 天 堂	23,890	72,616	58	コ ー セ ー	1,324	20,008
9 ★	アサヒグループホールディングス	12,192	60,284	59	ウエルシアホールディングス	1,297	13,856
10 ★	＊サントリーホールディングス	11,751	369,414	60	ベ ル ー ナ	1,290	20,205
11	マ ツ ダ	10,513	119,684	61	日 本 水 産	1,260	3,918
12	資 生 堂	9,714	62,943	62	積 水 ハ ウ ス	1,215	26,632
13	メ ル カ リ	7,319	14,196	63 ★	飯田グループホールディングス	1,210	13,327
14 ★	パ ナ ソ ニ ッ ク	6,953	112,238	64 ★	大日本住友製薬	1,196	38,212
15	サイバーエージェント	6,654	32,004	65	ケーズホールディングス	1,185	15,241
16	ノ ジ マ	5,694	16,037	66	クレディセゾン	1,123	26,354
17	エ イ チ ー ム	4,683	14,018	67	ヤ ク ル ト 本 社	1,104	18,383
18 ★	ユニー・ファミリーマートホール	4,267	26,038	68	ベ ク ト ル	1,093	1,557
19	ス ズ キ	4,205	78,508	69	高 島 屋	1,037	25,858
20 ★	ネ ク ソ ン	3,999	17,855	70	三 菱 地 所	1,027	10,089
21	ポーラ・オルビスホールディング	3,998	12,792	71	東 京 建 物	962	3,510
22 ★	ＬＩＸＩＬグループ	3,910	48,841	72	ア ー ス 製 薬	943	10,142
23	小 林 製 薬	3,479	22,361	73	パイロットコーポレーション	934	7,573
24	ク ボ タ	3,340	18,700	74	パ ピ レ ス	931	5,215
25	ア シ ッ ク ス	3,124	35,033	75 ★	カ カ ク コ ム	905	5,078
26	富士フイルムホールディングス	2,959	21,601	76	大和証券グループ本社	900	12,000
27 ★	武 田 薬 品 工 業	2,866	115,708	77	東 洋 ゴ ム 工 業	893	7,992
28	エ ン・ジ ャ パ ン	2,796	8,637	78	カ ゴ メ	891	5,977
29	ミ ク シ ィ	2,729	23,593	78	ドリームインキュベータ	891	891
30	東 宝	2,698	10,678	80	野村不動産ホールディングス	860	22,335
31	キ ヤ ノ ン	2,500	61,207	81 ★	セイコーエプソン	833	21,886
32 ★	住 友 化 学	2,439	46,707	82	バローホールディングス	786	7,055
33	Ｒ Ｖ Ｈ	2,413	9,159	83	カ プ コ ン	775	3,481
34 ★	ＲＩＺＡＰグループ	2,377	12,241	84	大 京	765	6,044
35 ★	参 天 製 薬	2,217	18,167	85	良 品 計 画	748	5,933
36	オ ム ロ ン	2,027	10,320	86	Ｍ Ｃ Ｊ	743	3,587
37	Ｓ Ｕ Ｂ Ａ Ｒ Ｕ	2,021	82,801	87	ヤ ー マ ン	742	4,700
38	ベネッセホールディングス	1,994	32,341	88	オ ー プ ン ド ア	734	1,101
39	ニトリホールディングス	1,922	16,726	89	キ ュ ー ピ ー	733	9,469
40 ★	ユ ニ・チ ャ ー ム	1,916	22,830	90	ロ ー ト 製 薬	727	22,982
41	江 崎 グ リ コ	1,911	13,621	91	セガサミーホールディングス	724	15,052
42	伊 藤 園	1,881	12,937	92	ＮＴＴ都市開発	720	4,247
43	Ｍ Ｔ Ｇ	1,868	5,687	93	リ ブ セ ン ス	715	1,847
44	ヤ マ ハ	1,858	19,416	94	川 崎 重 工 業	712	11,953
45	イ ズ ミ	1,853	14,494	95	カ シ オ 計 算 機	707	14,406
46	ア ド ベ ン チ ャ ー	1,825	3,585	96	ゴ ー ル ド ウ イ ン	690	4,290
47	タ カ ラ ト ミ ー	1,797	15,274	97	ア エ リ ア	689	937
48	住 友 不 動 産	1,779	20,993	98	上 新 電 機	688	12,209
49	ANAホールディングス	1,769	13,132	98	イ ン フ ォ コ ム	688	6,877
50	し ま む ら	1,765	15,760	100	オンワードホールディングス	670	6,635

広告宣伝費対前年度増加額上位 100 社（単独決算）

（＊：非上場企業）

'17年度順位	会 社 名	広告宣伝費増加額(百万円)	広告宣伝費(百万円)	'17年度順位	会 社 名	広告宣伝費増加額(百万円)	広告宣伝費(百万円)
1	サントリー食品インターナショナ	21,797	31,297	51	長谷工コーポレーション	602	1,911
2	三菱自動車工業	12,955	42,817	52	タ マ ホ ー ム	599	6,186
3	任 天 堂	8,491	20,257	53	ゴ ー ル ド ウ イ ン	590	3,647
4	楽 天	7,843	50,094	54	横 浜 ゴ ム	547	9,804
5	フ ァ ン ケ ル	5,325	13,159	55	ア ー ス 製 薬	538	7,617
6	メ ル カ リ	4,864	10,283	56	＊バンク・オブ・イノベーション	533	1,072
7	小 林 製 薬	3,437	20,347	57	ケ イ ブ	527	797
8	ミ ク シ ィ	3,164	20,937	58	GMOインターネット	516	1,832
9	エ ン・ジ ャ パ ン	2,773	8,490	59	フ ァ ー マ フ ー ズ	504	1,691
10	エ イ チ ー ム	2,224	6,470	60	奥 村 組	500	638
11	リクルートホールディングス	2,069	60,755	61	M o n o t a R O	488	3,416
12	シ チ ズ ン 時 計	1,931	5,696	62	インターネットイニシアティブ	485	1,376
13	ア シ ッ ク ス	1,855	6,637	63	ネ ク ス テ ー ジ	480	1,960
14	ア ド ベ ン チ ャ ー	1,837	3,587	64	エ ス ビ ー 食 品	449	4,450
15	ノ ジ マ	1,774	9,886	65	住 友 商 事	440	2,587
16	上 新 電 機	1,705	12,752	66	T A T E R U	438	840
17	し ま む ら	1,704	15,572	67	ド リ コ ム	429	916
18	イ ズ ミ	1,682	12,353	68	大 京	414	3,582
19	住 友 不 動 産	1,657	19,752	69	ハ ー バ ー 研 究 所	412	2,040
20	M T G	1,613	5,361	70	じ げ ん	402	1,789
21	S U B A R U	1,548	20,903	71	ケ ー ズ ホ ー ル デ ィ ン グ ス	401	5,666
22	江 崎 グ リ コ	1,452	10,568	72	キ ュ ー ピ ー	399	7,597
23	ユ ニ・チ ャ ー ム	1,441	9,828	73	カブドットコム証券	392	1,470
24	L I F U L L	1,424	7,013	74	藤 商 事	391	908
25	デ ィ ッ プ	1,399	8,788	75	沖縄セルラー電話	389	2,140
26	パーソルホールディングス	1,329	2,060	76	アイペット損害保険	388	878
27	日 野 自 動 車	1,221	4,636	77	ヤ ク ル ト 本 社	378	11,138
28	ソフトバンクグループ	1,130	5,732	78	ロ ー ト 製 薬	361	12,101
29	味 の 素	1,104	18,524	78	新 生 銀 行	361	7,202
30	東 京 建 物	1,088	3,564	78	モブキャストホールディングス	361	529
31	ク レ デ ィ セ ゾ ン	1,080	25,404	81	キャリアインデックス	352	1,204
32	ディー・エヌ・エー	1,076	2,729	82	良 品 計 画	349	4,239
33	ダ ス キ ン	1,058	3,917	83	コナミホールディングス	338	649
34	北の達人コーポレーション	1,039	1,648	84	プ リ マ ハ ム	332	3,704
35	L I N E	1,020	5,626	85	日 本 B S 放 送	328	1,330
36	W O W O W	927	5,040	86	パイロットコーポレーション	326	3,212
37	セ ブ ン 銀 行	885	2,079	87	イオンフィナンシャルサービス	306	4,199
38	カ カ ク コ ム	882	4,882	87	ホ ッ ト ラ ン ド	306	807
39	＊興 和	864	8,041	89	久 光 製 薬	303	7,729
40	パ ピ レ ス	761	4,961	90	ネ ク ス グ ル ー プ	302	302
41	カ ゴ メ	759	5,560	91	J V C ケ ン ウ ッ ド	296	3,067
42	オ ー プ ン ド ア	735	1,099	92	ビ ッ ク カ メ ラ	295	3,323
43	ヤ ー マ ン	721	4,603	93	三 栄 建 築 設 計	281	1,043
44	ヨ ネ ッ ク ス	720	6,918	94	日本M&Aセンター	275	722
45	N T T 都 市 開 発	701	4,248	95	マックスバリュ九州	274	2,078
46	リ ブ セ ン ス	694	1,799	96	シ マ ノ	263	5,479
47	K L a b	648	2,040	97	エフ・ジェー・ネクスト	258	1,164
48	ジ ャ ス ト シ ス テ ム	647	3,646	98	ラ ク ス ル	255	1,385
49	エ ボ ラ ブ ル ア ジ ア	625	1,891	99	ウォンテッドリー	252	403
50	バンダイナムコホールディングス	623	1,167	100	ア カ ツ キ	251	754

連結売上高に対する広告宣伝費の比率上位 100 社　　（＊：非上場企業）

'17年度順位	会　社　名	広告宣伝費/売上高×100	広告宣伝費（百万円）	'17年度順位	会　社　名	広告宣伝費/売上高×100	広告宣伝費（百万円）
1	アドベンチャー	68.04	3,585	51 ★	サントリー食品インターナショナ	12.59	155,416
2	メルカリ	64.32	14,196	52	ＭＴＧ	12.55	5,687
3	エイチーム	40.51	14,018	53	ベルーナ	12.50	20,205
4	ファーマフーズ	37.57	1,774	54	ミクシィ	12.48	23,593
5	エボラブルアジア	34.26	1,896	55	総医研ホールディングス	12.23	507
6 ★	ＬＩＦＵＬＬ	33.95	5,414	56	メディア工房	12.22	275
7	パピレス	32.19	5,215	57	ハーバー研究所	11.51	2,059
8	ウォンテッドリー	31.89	411	58	クルーズ	11.39	2,902
9	リブセンス	29.09	1,847	59	ナガセ	11.09	5,095
10	マネーフォワード	28.84	836	60	ガンホー・オンライン・エンター	11.08	10,224
11	オープンドア	27.46	1,101	61	エニグモ	11.04	496
12	ユーグレナ	26.36	3,660	62	大幸薬品	10.99	1,040
13	駅探	25.37	745	63	ラクス	10.91	699
14	イグニス	24.91	1,389	64	夢の街創造委員会	10.86	537
15 ★	じげん	24.42	2,507	65 ★	カカクコム	10.85	5,078
16	ティーライフ	23.58	1,726	66	インヴァスト証券	10.83	451
17	ヤーマン	23.54	4,700	67 ＊	エルアンドイーホールディングス	10.52	464
18	Ａｉｍｉｎｇ	23.50	1,605	68	エスクリ	10.37	3,286
19	Ｇｕｎｏｓｙ	23.48	1,817	69	ｇｕｍｉ	10.35	2,685
20	ディップ	23.09	8,788	70	イマジニア	10.16	464
21	エン・ジャパン	21.22	8,637	71	リネットジャパングループ	10.09	374
22	モバイルファクトリー	18.63	454	71	ピクスタ	10.09	225
23	エムティーアイ	18.58	5,746	73	ＰＲ　ＴＩＭＥＳ	10.02	172
24	ザッパラス	17.79	862	74	京都きもの友禅	10.01	1,056
25	サイボウズ	17.62	1,674	75	オウチーノ	9.95	129
26	スクロール	17.30	10,761	76	一蔵	9.88	1,618
27	ＲＶＨ	17.28	9,159	77	インターワークス	9.80	389
28	日本和装ホールディングス	17.08	896	78	カヤック	9.27	564
29	アートネイチャー	17.00	6,335	79	アルバイトタイムス	9.25	514
30	クラウドワークス	16.57	250	80	コロプラ	9.10	4,754
31	ガーラ	16.32	133	81	スクウェア・エニックス・ホール	9.02	22,585
32 ★	楽天	16.13	152,383	82 ★	ＲＩＺＡＰグループ	8.99	12,241
33	モブキャストホールディングス	16.02	529	83	スタジオアリス	8.91	3,290
34	パートナーエージェント	15.99	656	84	フェイス	8.76	1,859
35	ヨネックス	15.27	9,494	84	アクアライン	8.76	460
36 ★＊	サントリーホールディングス	15.26	369,414	86	アシックス	8.75	35,033
37	ジャストシステム	15.17	3,652	87	進学会ホールディングス	8.65	573
38	インフォコム	15.02	6,877	88	サイバーエージェント	8.62	32,004
39	フォーシーズホールディングス	14.36	383	89	タカラトミー	8.61	15,274
40	小林製薬	14.26	22,361	90 ★	ノーリツ鋼機	8.54	4,878
41	ＮＥＷ　ＡＲＴ	14.13	2,024	91 ★	夢展望	8.53	433
42	ファンケル	13.91	15,164	92	日本ＰＣサービス	8.42	293
43	シーズ・ホールディングス	13.63	5,851	93 ★	大日本住友製薬	8.19	38,212
44	キャリアデザインセンター	13.56	1,341	94 ★	参天製薬	8.08	18,167
45	ロート製薬	13.38	22,982	95	大正製薬ホールディングス	8.06	22,579
46	ヒラキ	13.15	2,339	96 ＊	佐藤製薬	7.95	3,136
47	フェリシモ	13.01	3,810	97	ＢＥＥＮＯＳ	7.94	1,644
48	ヒロセ通商	12.98	996	98	ベクトル	7.75	1,557
49	エス・エム・エス	12.83	3,413	99	テラ	7.73	74
50	アイケイ	12.69	1,938	100	ＫＬａｂ	7.65	2,049

単独売上高に対する広告宣伝費の比率上位 100 社

（＊：非上場企業）

'17年度順位	会　社　名	広告宣伝費÷売上高×100	広告宣伝費（百万円）	'17年度順位	会　社　名	広告宣伝費÷売上高×100	広告宣伝費（百万円）
1	ネクスグループ	321.28	302	51	クラウドワークス	16.79	246
2	アドベンチャー	68.38	3,587	52	ニチリョク	16.50	579
3	キャリアインデックス	50.21	1,204	53	モブキャストホールディングス	16.03	529
4	メルカリ	48.38	10,283	54	パートナーエージェント	15.99	656
5	エボラブルアジア	47.56	1,891	55	エス・エム・エス	15.59	1,315
6	じげん	46.82	1,789	56	サイボウズ	15.58	1,453
7	アトラエ	42.02	769	57	ジャストシステム	15.29	3,646
8	ファーマフーズ	40.14	1,691	58	小 林 製 薬	15.24	20,347
9	ＬＩＦＵＬＬ	33.09	7,013	59	メディア工房	15.14	267
10	セイコーホールディングス	32.62	3,666	60	夢の街創造委員会	15.03	447
11	シェアリングテクノロジー	31.81	558	61	ネオジャパン	14.97	346
12	ウォンテッドリー	31.26	403	62	バイク王＆カンパニー	14.32	2,613
13	リブセンス	31.16	1,799	63	テ ラ	14.29	74
14	北の達人コーポレーション	31.14	1,648	64	ファンケル	14.19	13,159
15	パピレス	31.05	4,961	65	ヨ ネ ッ ク ス	14.01	6,918
16	ティーライフ	30.74	1,677	66	楽 天	13.93	50,094
17	エ イ チ ー ム	30.14	6,470	67	デファクトスタンダード	13.76	1,447
18	マネーフォワード	28.84	836	68	井村屋グループ	13.35	418
19	ケ イ ブ	28.26	797	69	インターワークス	13.26	374
20	オ ー プ ン ド ア	27.92	1,099	70	インヴァスト証券	13.22	415
21	ビ ー グ リ ー	27.44	2,462	71	ナ ガ セ	13.19	3,775
22	エン・ジャパン	27.01	8,490	72	ヒ ラ キ	13.15	2,339
23	ク ッ ク ビ ズ	26.91	556	73	スプリックス	13.12	1,116
24	＊バンク・オブ・イノベーション	26.79	1,072	74	ベ ル ー ナ	13.05	14,098
25	駅 探	26.45	745	75	ソフトバンクグループ	13.01	5,732
26	ア シ ッ ク ス	25.91	6,637	75	フ ェ リ シ モ	13.01	3,809
27	Ｇｕｎｏｓｙ	24.27	1,815	77	ＴＨＥグローバル社	12.81	108
28	ユ ー グ レ ナ	23.61	2,424	78	ＭＳ−Ｊａｐａｎ	12.74	397
29	Ａｉｍｉｎｇ	23.37	1,596	79	ベ ク タ ー	12.63	161
30	ヤ ー マ ン	23.25	4,603	80	ハーバー研究所	12.55	2,040
31	デ ィ ッ プ	23.09	8,788	81	ロ ー ト 製 薬	12.49	12,101
32	ス ク ロ ー ル	21.22	7,248	82	エ ス ク リ	12.42	3,047
33	ザ ッ パ ラ ス	20.96	853	83	Ｍ Ｔ Ｇ	12.35	5,361
34	養 命 酒 製 造	20.31	2,164	83	ｅ ｎ ｉ ｓ ｈ	12.35	541
35	オ ウ チ ー ノ	20.22	129	85	スターツ出版	12.32	536
36	第 一 商 品	20.18	822	86	タ カ ラ ト ミ ー	12.28	10,666
37	エムティーアイ	19.91	5,514	87	ＮＥＷ　ＡＲＴ	12.20	685
38	ＧＭＯペパボ	19.65	1,447	88	ロ コ ン ド	11.96	475
39	ネ ク ソ ン	19.01	1,127	89	ミ ク シ ィ	11.71	20,937
40	モバイルファクトリー	18.98	454	90	東京個別指導学院	11.68	2,239
41	日本和装ホールディングス	18.92	889	91	ヒ ロ セ 通 商	11.59	799
42	ファーストロジック	18.34	329	92	Ｂ−Ｒ３１アイスクリーム	11.51	2,278
43	ラ ク ス ル	18.05	1,385	93	日 本 Ｂ Ｓ 放 送	11.50	1,330
44	キャリアデザインセンター	17.99	1,300	94	ロングライフホールディング	11.49	107
45	ＰＲ　ＴＩＭＥＳ	17.68	300	95	デ サ ン ト	11.37	1,256
46	イオンフィナンシャルサービス	17.49	4,199	96	弁護士ドットコム	11.17	259
47	ビオフェルミン製薬	17.22	1,873	97	ア イ ケ イ	11.12	1,476
48	イ ト ク ロ	17.15	676	98	カ カ ク コ ム	11.10	4,882
49	中央経済社ホールディングス	17.14	97	99	す ら ら ネ ッ ト	11.08	81
50	アートネイチャー	17.08	6,329	100	ラ ク ス	11.03	695

広告宣伝費指数上位 100 社（2012 年度＝100）（連結決算）　（＊：非上場企業）

'17年度順位	会社名	広告宣伝費指数('12年度=100)	広告宣伝費(百万円)	'17年度順位	会社名	広告宣伝費指数('12年度=100)	広告宣伝費(百万円)
1	ミクシィ	11976	23,593	50	マックスバリュ中部	241	2,695
2	フルキャストホールディングス	2029	426	52	象印マホービン	239	3,206
3	Ａiming	1189	1,605	53	理研計器	236	170
4	トランスコスモス	1082	2,154	54	アダストリア	235	7,728
5 ★	トーセイ	767	207	55	不二製油グループ本社	234	737
6	オープンハウス	681	1,771	56	バナーズ	232	58
7	ガンホー・オンライン・エンター	601	10,224	56	アスコット	232	51
8	ネクステージ	518	1,967	58	エフ・ジェー・ネクスト	229	1,165
9	サイバーエージェント	517	32,004	58	藍沢証券	229	126
10	フェイス	514	1,859	60	ウエルシアホールディングス	227	13,856
11	エン・ジャパン	497	8,637	61	リゾートトラスト	224	2,677
12	デジタルガレージ	462	180	62	ＡＮＡホールディングス	218	13,132
13	夢の街創造委員会	455	537	63	インターネットイニシアティブ	217	1,459
14	ラ・アトレ	438	92	64	はごろもフーズ	215	1,632
14	レントラックス	438	70	64	クレスコ	215	28
16	エリアクエスト	433	26	66	ニチバン	214	1,208
17	神戸物産	429	399	66	ホットランド	214	927
18	ユニゾホールディングス	392	94	66	プレサンスコーポレーション	214	436
19	サイボウズ	375	1,674	69	アイビー化粧品	213	66
20	ＢＥＥＮＯＳ	370	1,644	70	岩井コスモホールディングス	212	331
21	日本M&Aセンター	368	722	71	燦ホールディングス	211	40
22	アインホールディングス	367	2,494	72	ＫＧ情報	210	86
23	ジャストシステム	353	3,652	73	レアジョブ	204	210
24	ＭonotaRO	352	3,614	74	リログループ	203	1,556
25	リテールパートナーズ	338	1,605	74	アルバイトタイムス	203	514
26	インタースペース	335	791	76	ＴＨＫ	202	1,514
27	ストリーム	334	1,055	76	ジェイエイシーリクルートメント	202	656
28	フマキラー	327	3,109	78	新興プランテック	200	22
29	いすゞ自動車	309	5,623	78	マークラインズ	200	8
30 ★	楽天	307	152,383	78	＊太平化学製品	200	6
31	日本エスコン	306	1,501	78	ムラキ	200	2
32	アンドール	300	18	82	コーセー	198	20,008
32	ジャストプランニング	300	9	83	マーベラス	196	1,895
34	＊長崎自動車	296	160	84	オーイズミ	195	197
35	ＩＧポート	293	258	85	雪印メグミルク	193	5,105
36	アイチコーポレーション	291	163	86	ロングライフホールディング	192	406
37 ★	ネクソン	287	17,855	86	ジェネレーションパス	192	203
38	ノジマ	286	16,037	88	三菱電機	190	34,279
39	総医研ホールディングス	276	507	88	インフォコム	190	6,877
40	レーサム	275	33	88	日本一ソフトウェア	190	327
41	クボタ	268	18,700	91	ハーバー研究所	189	2,059
42	オンキヨー	267	1,025	92	東洋ゴム工業	187	7,992
43	＊大栄不動産	258	772	92	リンナイ	187	4,100
43	ＴＯＮＥ	258	129	94	昭和ホールディングス	186	173
45	サカイホールディングス	252	156	95	ケア21	184	228
46	ＩＢＪ	251	374	96	スクウェア・エニックス・ホール	183	22,585
47	ゴルフダイジェスト・オンライン	250	195	96	日本ライフライン	183	418
48	サムティ	245	247	98	第一交通産業	182	989
49	ホソカワミクロン	243	843	99	ヨネックス	181	9,494
50	コカ・コーラ ボトラーズジャパ	241	61,533	99	コーセーアールイー	181	297
				100	ＴＯＮＥ	278	139

広告宣伝費指数上位 100 社（2012 年度＝100）（単独決算）　　（＊：非上場企業）

'17年度順位	会　社　名	広告宣伝費指数('12年度=100)	広告宣伝費(百万円)	'17年度順位	会　社　名	広告宣伝費指数('12年度=100)	広告宣伝費(百万円)
1	ラ・アトレ	8900	89	51	森　組	400	12
2	イマジニア	7733	464	52	アトラ	391	86
3	シチズン時計	5374	5,696	53	日本ＢＳ放送	383	1,330
4	M&Aキャピタルパートナーズ	3625	145	53	明豊エンタープライズ	383	23
5	ヒノキヤグループ	2815	563	55	GMOインターネット	379	1,832
6	ユーグレナ	2552	2,424	55	夢の街創造委員会	379	447
7	クラウドワークス	2236	246	55	ロックオン	379	72
8	コロプラ	1701	4,745	58	カヤック	369	480
9	シード平和	1545	170	59	日本M&Aセンター	368	722
10	ナック	1429	1,272	59	大和冷機工業	368	125
11	オービス	1350	27	61	熊谷組	364	273
12	トランスコスモス	1266	1,646	62	＊アルピコホールディングス	362	76
13	Ａｉｍｉｎｇ	1209	1,596	63	カブドットコム証券	360	1,470
14	コクヨ	1165	303	64	ジャストシステム	357	3,646
15	ＴＳＩホールディングス	1150	23	65	＊日本土地建物	356	705
16	リブセンス	1040	1,799	66	東洋証券	354	294
17	じげん	1034	1,789	67	トリドールホールディングス	353	3,307
18	GMOペパボ	861	1,447	68	ヴィレッジヴァンガードコーポレ	350	28
18	セレス	861	284	68	大村紙業	350	7
20	川崎設備工業	800	16	70	ピーエイ	345	69
21	ディップ	787	8,788	71	横浜ゴム	344	9,804
22	奥村組	751	638	72	北陸電気工事	338	27
23	バンダイナムコホールディングス	739	1,167	73	ヤマトホールディングス	333	1,504
24	弁護士ドットコム	719	259	74	ＭｏｎｏｔａＲＯ	332	3,416
25	長谷工コーポレーション	690	1,911	75	サイボウズ	329	1,453
26	エニグモ	678	468	76	南海辰村建設	325	13
27	北の達人コーポレーション	670	1,648	77	伊藤忠商事	324	2,017
28	ガンホー・オンライン・エンター	644	8,255	78	パーク２４	318	416
29	佐藤渡辺	600	12	79	イーブックイニシアティブジャパ	317	384
29	大末建設	600	6	80	テクノ菱和	314	44
29	細谷火工	600	6	81	日本エスコン	312	1,501
32	ソースネクスト	536	557	81	青木あすなろ建設	312	50
33	＊新生テクノス	526	100	81	ケー・エフ・シー	312	25
34	ネクステージ	517	1,960	84	キッコーマン	307	1,816
35	イチケン	500	5	85	ドリコム	306	916
35	ＥＴＳホールディングス	500	5	86	田辺工業	300	51
37	エン・ジャパン	492	8,490	86	日本電技	300	36
38	スターフライヤー	490	583	86	レーサム	300	30
39	インタースペース	489	783	86	Ｎｕｔｓ	300	9
40	エヌアイシ・オートテック	488	39	86	＊武井工業所	300	3
41	日特建設	480	24	86	北陸電話工事	300	3
42	東洋建設	469	75	86	＊宮崎ゴルフ	300	3
43	エフ・ジェー・ネクスト	466	1,164	93	ジェネレーションパス	294	203
44	ロングライフホールディング	465	107	94	スターツコーポレーション	290	560
45	ケイブ	461	797	95	ブロッコリー	289	156
46	ソディック	457	489	96	パピレス	286	4,961
47	三井不動産	446	6,046	96	エスクリ	286	3,047
48	東芝プラントシステム	444	111	98	日立物流	285	254
49	楽天	440	50,094	99	インターワークス	283	374
50	メディカルネット	431	69	100	エイチーム	278	6,470
				100	ＴＯＮＥ	278	139

—71—

連結販売促進費上位 100 社

(＊：非上場企業)

'17年度順位	会 社 名	販売促進費(百万円)	広告宣伝費(百万円)	'17年度順位	会 社 名	販売促進費(百万円)	広告宣伝費(百万円)
1	日 産 自 動 車	251,593	304,328	51	ダイドーグループホールディング	25,917	5,494
2	Ｓ Ｕ Ｂ Ａ Ｒ Ｕ	173,785	82,801	52	大 和 ハ ウ ス 工 業	25,727	34,753
3 ★	キリンホールディングス	158,210	–	53	ブ ル ボ ン	25,620	2,260
4 ★	アサヒグループホールディングス	128,582	60,284	54	日 野 自 動 車	25,461	6,604
5	明治ホールディングス	112,506	–	55 ★	ユ ニ・チ ャ ー ム	23,817	22,830
6 ★	日 本 た ば こ 産 業	112,212	24,413	56	ロ ー ト 製 薬	21,863	22,982
7	ラ イ オ ン	102,737	29,968	57	平 和 堂	20,925	–
8	ＡＮＡホールディングス	96,991	13,132	58	フ ァ ン ケ ル	20,203	15,164
9	日清食品ホールディングス	90,974	14,684	59	亀 田 製 菓	19,474	–
10 ★	リクルートホールディングス	87,327	138,150	60	＊トヨタファイナンス	18,825	–
11	ポーラ・オルビスホールディング	84,041	12,792	61	い す ゞ 自 動 車	18,666	5,623
12	伊 藤 園	79,034	12,937	62	ベネッセホールディングス	18,637	32,341
13	ス ズ キ	77,684	78,508	63	テレビ東京ホールディングス	18,331	–
14	コカ・コーラ ボトラーズジャパ	76,401	61,533	64	帝 人	18,004	–
15	東 洋 水 産	66,288	4,749	65 ★	テ ル モ	17,799	–
16	森 永 乳 業	64,930	–	66	不 二 家	17,177	1,997
17 ★	花 王	58,940	89,935	67	は ご ろ も フ ー ズ	17,170	1,632
18	江 崎 グ リ コ	55,484	13,621	68	ク レ デ ィ セ ゾ ン	16,642	26,354
19	コ ー セ ー	55,374	20,008	69	カ シ オ 計 算 機	16,023	14,406
20	資 生 堂	52,492	62,943	70	＊日 本 経 済 新 聞 社	15,013	–
21	＊東 日 本 高 速 道 路	50,541	–	71	塩 野 義 製 薬	14,809	–
22	ダ イ キ ン 工 業	50,452	–	72	バロックジャパンリミテッド	14,678	2,102
23	マ ツ ダ	50,304	119,684	73	千 趣 会	14,557	–
24	日本テレビホールディングス	48,114	–	74	ア ー ス 製 薬	13,973	10,142
25	＊西 日 本 高 速 道 路	47,957	–	75	ツ ム ラ	13,873	–
26	＊中 日 本 高 速 道 路	45,006	–	76 ★	協 和 発 酵 キ リ ン	13,709	–
27	フジ・メディア・ホールディング	44,229	32,545	77	ＫＮＴ－ＣＴホールディングス	13,623	–
28	テレビ朝日ホールディングス	41,454	–	78 ★	ユニー・ファミリーマートホール	13,346	26,038
29	森 永 製 菓	41,320	8,135	79	エイチ・ツー・オー リテイリン	13,229	14,266
30	日清製粉グループ本社	40,669	–	80	久 光 製 薬	13,227	10,987
31	サッポロホールディングス	39,918	20,239	81	永谷園ホールディングス	13,032	2,527
32	雪 印 メ グ ミ ル ク	38,949	5,105	82	ラ イ フ コ ー ポ レ ー シ ョ ン	11,926	–
33	ロ ー ソ ン	38,647	26,001	83	長 瀬 産 業	11,880	–
34	ヤ マ ダ 電 機	36,790	27,883	84	ア ト ム	11,745	–
35	山 崎 製 パ ン	35,691	13,335	85	ア イ フ ル	11,648	–
36	カ ゴ メ	34,148	5,977	86	大木ヘルスケアホールディングス	11,529	–
37	ヤ ク ル ト 本 社	34,102	18,383	87	丸 井 グ ル ー プ	11,445	12,168
38	ＴＢＳホールディングス	34,091	8,073	88	小 林 製 薬	11,106	22,361
39 ★	セ イ コ ー エ プ ソ ン	33,742	21,886	89	マ ン ダ ム	10,954	5,207
40	ハウス食品グループ本社	33,714	9,879	90	朝日放送グループホールディング	10,695	–
41	宝 ホ ー ル デ ィ ン グ ス	33,688	3,073	91 ★	デ ィ ー・エ ヌ・エ ー	9,859	3,175
42	ヤ マ ハ 発 動 機	32,977	–	92	富 士 通 ゼ ネ ラ ル	9,799	–
43	カ ル ビ ー	32,641	3,144	93	リ ン ナ イ	9,715	4,100
44	エ ス ビ ー 食 品	31,970	4,513	94	ラ オ ッ ク ス	9,177	279
45	日 本 水 産	31,778	3,918	95	ミ ニ ス ト ッ プ	8,870	7,347
46	キ ッ コ ー マ ン	30,301	11,165	96	北 越 コ ー ポ レ ー シ ョ ン	8,021	–
47	大正製薬ホールディングス	28,636	22,579	97	ト レ ン ド マ イ ク ロ	7,943	–
48	積 水 ハ ウ ス	28,359	26,632	98	スカパーＪＳＡＴホールディング	7,891	5,980
49 ★	味 の 素	28,018	35,581	99	ワ タ ミ	7,859	2,760
50	ビ ッ ク カ メ ラ	26,549	–	100	フ ジ ッ コ	7,848	1,819

単独販売促進費上位 100 社

（＊：非上場企業）

'17年度順位	会　社　名	販売促進費（百万円）	広告宣伝費（百万円）	'17年度順位	会　社　名	販売促進費（百万円）	広告宣伝費（百万円）
1	パナソニック	343,299	－	51	いすゞ自動車	12,655	－
2	リクルートホールディングス	205,523	60,755	52	千趣会	12,423	－
3	花王	139,834	47,782	53	六甲バター	12,235	－
4	トヨタ自動車	121,945	－	54	塩野義製薬	12,001	－
5	伊藤園	70,402	－	55	積水ハウス	11,478	17,294
6	日野自動車	65,330	4,636	56	ライフコーポレーション	11,352	－
7	日本航空	62,390	－	57	朝日放送グループホールディング	10,731	－
8	東洋水産	61,543	3,669	58	久光製薬	10,532	7,729
9	日産自動車	61,361	－	59	武田薬品工業	10,027	2,139
10	ライオン	59,495	24,794	60	アース製薬	9,354	7,617
11	ユニ・チャーム	53,817	9,828	61	ラオックス	9,154	－
12	第一三共	51,443	818	62	プレサンスコーポレーション	8,468	407
13	楽天	51,418	50,094	63	味の素	8,435	18,524
14	＊東日本高速道路	50,060	－	64	＊ポケットカード	8,034	1,174
15	＊西日本高速道路	47,857	－	65	カシオ計算機	7,957	5,511
16	スズキ	46,886	－	66	マルハニチロ	7,865	－
17	森永乳業	46,851	6,355	67	フジッコ	7,818	－
18	ヤフー	46,660	－	68	小林製薬	7,731	20,347
19	＊朝日新聞社	45,973	－	69	ＵＳＥＮ－ＮＥＸＴ　ＨＯＬＤＩ	7,644	－
20	＊中日本高速道路	44,762	－	70	中越パルプ工業	7,635	－
21	日本たばこ産業	44,386	－	71	コカ・コーラ　ボトラーズジャパ	7,563	5,557
22	江崎グリコ	44,287	10,568	72	エバラ食品工業	7,478	2,848
23	ＮＥＣ	41,008	－	73	エディオン	7,269	17,909
24	森永製菓	39,615	－	74	日本ハム	7,104	9,088
25	ヤマダ電機	34,308	21,492	75	トレンドマイクロ	6,978	－
26	雪印メグミルク	33,737	4,766	76	ヤクルト本社	6,660	11,138
27	カゴメ	32,838	5,560	77	日立造船	6,510	－
28	エスビー食品	31,965	4,450	78	アルバック	6,397	－
29	住友ゴム工業	30,283	－	79	ＷＯＷＯＷ	6,341	5,040
30	日本水産	29,810	－	80	北越コーポレーション	6,248	－
31	大和ハウス工業	27,677	26,459	81	アイフル	6,243	－
32	ブルボン	25,419	2,259	82	リーガルコーポレーション	6,065	－
33	コーセー	22,687	11,137	83	ジャックス	6,005	3,755
34	カルビー	22,523	1,976	84	ディスコ	5,928	－
35	日医工	22,138	－	85	サトウ食品工業	5,866	－
36	豊田自動織機	20,669	－	86	＊佐藤製薬	5,658	3,115
37	ビックカメラ	19,939	3,323	87	コジマ	5,654	－
38	ローソン	19,769	12,546	88	平和堂	5,379	3,947
39	＊トヨタファイナンス	18,825	－	89	ＭＴＧ	5,362	5,361
40	＊日本経済新聞社	18,768	6,517	90	鳥居薬品	5,091	－
41	亀田製菓	17,634	865	91	ライトオン	4,630	－
42	マツダ	17,336	15,082	92	イオン九州	4,539	5,210
43	ファンケル	17,109	13,159	93	マックスバリュ九州	4,534	2,078
44	不二家	16,887	1,548	94	長瀬産業	4,393	－
45	はごろもフーズ	16,875	－	95	ディー・エヌ・エー	4,306	2,729
46	クレディセゾン	16,642	25,404	96	ダスキン	4,232	3,917
47	横浜ゴム	16,339	9,804	97	デンカ	4,180	－
48	バロックジャパンリミテッド	14,035	－	98	富士通ゼネラル	4,148	－
49	ツムラ	13,876	－	99	エフピコ	4,122	－
50	ロート製薬	13,698	12,101	100	日本ケミファ	3,998	74

企業別広告宣伝費

※企業ごとに上段に連結決算数値、下段に単独決算数値を掲載した。

※金融機関の売上高、営業利益についてそれぞれ次の項目を適用した。

〔銀行〕売上高 ＝「経常収益」、営業利益 ＝「業務純益」

〔証券〕売上高 ＝「営業収益」

〔保険〕売上高 ＝「経常収益」

〔その他金融の一部〕売上高 ＝「営業収益」

上段＝連結決算、下段＝単独決算

日経会社コード / 証券コード	会社名 (決算月)	(A) 売上高 (単位:百万円)	(B) 営業利益 (単位:百万円)	(C) 経常利益 (単位:百万円)	(D) 販売促進費 (単位:百万円)	(E) 広告宣伝費 (単位:百万円)	比率 $\frac{E}{A} \times 100$	対前年度伸び率 A (%)	対前年度伸び率 E (%)

食品（東証一部）

日経会社コード / 証券コード	会社名 (決算月)	(A) 売上高	(B) 営業利益	(C) 経常利益	(D) 販売促進費	(E) 広告宣伝費	比率 $\frac{E}{A}\times100$	A (%)	E (%)
191 / 2001	日本製粉 （3月）	323,495 / 191,505	10,060 / 7,953	11,862 / 9,264	– / –	– / –	– / –	3.38 / -1.07	– / –
192 / 2002	日清製粉グループ本社 （3月）	540,094 / 30,056	27,200 / 16,751	31,800 / 18,911	40,669 / –	– / 2,015	– / 6.70	1.51 / 19.17	– / 5.89
193 / 2003	日東富士製粉 （3月）	49,561 / 36,765	2,898 / 2,036	3,171 / 3,365	840 / 512	– / –	– / –	1.40 / -1.99	– / –
194 / 2004	昭和産業 （3月）	233,166 / 156,614	6,556 / 5,221	7,737 / 6,137	1,238 / 751	897 / 844	0.38 / 0.54	-0.02 / 0.05	-12.57 / -13.17
198 / 2009	鳥越製粉 （12月）	21,922 / 20,136	1,537 / 1,501	1,725 / 1,700	– / –	– / –	– / –	0.27 / -3.43	– / –
201 / 2053	中部飼料 （3月）	178,235 / 138,847	5,805 / 4,812	6,119 / 5,068	– / –	– / –	– / –	4.20 / 3.15	– / –
211 / 2107	東洋精糖 （3月）	13,924 / 10,814	756 / 679	836 / 721	435 / 382	– / –	– / –	-3.10 / -2.67	– / –
212 / 2108	日本甜菜製糖 （3月）	58,895 / 56,187	1,584 / 1,175	1,983 / 1,471	2,527 / 2,483	– / –	– / –	1.31 / 0.87	– / –
213 / 2109	三井製糖 （3月）	105,291 / 63,445	6,354 / 4,493	13,609 / 12,652	1,650 / 3,867	– / –	– / –	2.05 / -3.14	– / –
215 / 2112	塩水港精糖 （3月）	26,874 / 20,084	840 / 699	1,192 / 742	737 / 1,382	– / 84	– / 0.42	-1.79 / -0.56	– / 0.00
219 / 2201	森永製菓 （3月）	205,022 / 180,917	19,751 / 18,187	20,422 / 18,762	41,320 / 39,615	8,135 / –	3.97 / –	2.78 / 4.53	1.94 / –
221 / 2204	中村屋 （3月）	41,357 / 40,328	837 / 765	972 / 901	– / –	1,895 / 1,850	4.58 / 4.59	-1.30 / -1.84	11.47 / 9.86
223 / 2206	江崎グリコ （3月）	353,432 / 266,758	20,377 / 13,798	21,993 / 17,314	55,484 / 44,287	13,621 / 10,568	3.85 / 3.96	0.06 / 0.76	16.32 / 15.93
224 / 2207	名糖産業 （3月）	23,565 / 17,552	927 / 798	1,422 / 1,257	3,377 / 2,910	96 / –	0.41 / –	6.45 / 10.54	20.00 / –
225 / 2209	井村屋グループ （3月）	45,061 / 3,132	1,490 / 747	1,495 / 703	803 / –	438 / 418	0.97 / 13.35	7.30 / 14.10	-2.23 / -1.65
226 / 2211	不二家 （12月）	105,915 / 81,684	1,128 / 166	1,460 / 780	17,177 / 16,887	1,997 / 1,548	1.89 / 1.90	1.45 / 2.28	-3.06 / -4.56
227 / 2212	山崎製パン （12月）	1,053,164 / 744,922	30,087 / 22,925	32,143 / 26,427	35,691 / –	13,335 / –	1.27 / –	1.08 / 1.34	0.89 / –
230 / 2215	第一屋製パン （12月）	26,602 / 25,609	-41 / -549	84 / -68	– / –	340 / –	1.28 / –	-0.34 / -0.39	-0.58 / –
235 / 2264	森永乳業 （3月）	592,087 / 440,554	21,684 / 14,353	22,355 / 18,678	64,930 / 46,851	– / 6,355	– / 1.44	-0.09 / -0.85	– / -28.02
236 / 2266	六甲バター （12月）	– / 49,374	– / 4,871	– / 4,886	– / 12,235	– / –	– / –	– / 4.79	– / –
237 / 2281	プリマハム （3月）	394,534 / 292,799	13,129 / 10,330	13,646 / 11,618	779 / 64	– / 3,704	– / 1.27	8.59 / 8.62	– / 9.85
238 / 2282	日本ハム （3月）	1,269,201 / 802,712	49,218 / 7,880	50,455 / 22,934	– / 7,104	10,515 / 9,088	0.83 / 1.13	5.57 / 2.50	2.76 / -1.31
241 / 2286	林兼産業 （3月）	43,274 / 43,794	1,014 / 771	1,150 / 889	– / –	– / –	– / –	-4.34 / -3.39	– / –
243 / 2288	丸大食品 （3月）	239,586 / 166,570	2,370 / -1,529	2,820 / 417	– / –	– / –	– / –	3.08 / 2.96	– / –
244 / 2501	サッポロホールディングス （12月）	551,548 / 11,739	17,032 / 5,591	16,410 / 6,083	39,918 / –	20,239 / –	3.67 / –	1.79 / -16.89	-0.89 / –
245 / 2502	アサヒグループホールディングス （12月）★	2,084,877 / 136,389	183,192 / 104,706	196,984 / 100,430	128,582 / –	60,284 / –	2.89 / –	22.14 / 139.91	25.35 / –
246 / 2503	キリンホールディングス （12月）★	1,863,730 / 78,715	211,066 / 69,586	233,776 / 62,686	158,210 / –	– / 121	– / 0.15	0.53 / 1.44	– / -16.55
247 / 2531	宝ホールディングス （3月）	268,142 / 4,519	15,612 / 444	16,084 / 623	33,688 / –	3,073 / –	1.15 / –	14.50 / 26.87	-3.91 / –

食　　　品

上段＝連結決算、下段＝単独決算

日経会社コード／証券コード	会　社　名（決算月）	(A)売上高(単位:百万円)	(B)営業利益(単位:百万円)	(C)経常利益(単位:百万円)	(D)販売促進費(単位:百万円)	(E)広告宣伝費(単位:百万円)	比率 $\frac{E}{A}\times100$	対前年度伸び率 A(%)	対前年度伸び率 E(%)
249	オエノンホールディングス	78,739	1,853	1,906	895	339	0.43	-0.60	21.51
2533	（12月）	2,540	242	166	–	–	–	-1.74	–
252	養命酒製造	–	–	–	–	–	–	–	–
2540	（3月）	10,655	520	829	–	2,164	20.31	-13.20	-14.57
256	日清オイリオグループ	337,998	9,102	9,276	–	3,964	1.17	4.03	-3.74
2602	（3月）	203,570	3,245	4,097	2,790	3,938	1.93	2.92	-3.81
260	不二製油グループ本社	307,645	20,481	19,983	2,354	737	0.24	5.16	6.97
2607	（3月）	10,958	6,135	6,118	–	–	–	-3.39	–
263	キッコーマン	430,602	36,502	35,985	30,301	11,165	2.59	7.07	5.92
2801	（3月）	22,457	7,102	8,066	–	1,816	8.09	10.95	13.15
264	味の素	1,150,209	83,320	85,445	28,018	35,581	3.09	5.41	1.23
2802	（3月）★	254,935	-6,100	35,275	8,435	18,524	7.27	3.52	6.34
270	ニチレイ	568,032	29,897	30,650	1,317	4,153	0.73	5.26	-19.95
2871	（3月）	12,655	4,094	4,751	–	764	6.04	3.95	-0.65
271	キユーピー	561,688	31,261	32,511	3,948	9,469	1.69	1.70	8.39
2809	（11月）	204,072	11,497	16,060	1,880	7,597	3.72	-0.50	5.54
276	日清食品ホールディングス	516,400	34,112	40,588	90,974	14,684	2.84	4.17	-4.70
2897	（3月）	45,980	14,583	16,949	–	–	–	-3.43	–
279	東洋水産	388,797	26,652	28,571	66,288	4,749	1.22	1.60	7.78
2875	（3月）	252,992	11,970	17,269	61,543	3,669	1.45	1.52	5.64
282	ハウス食品グループ本社	291,897	16,288	17,207	33,714	9,879	3.38	2.85	0.10
2810	（3月）	19,724	8,767	9,361	–	1,743	8.84	5.88	-2.30
289	モロゾフ	–	–	–	–	–	–	–	–
2217	（1月）	29,600	2,405	2,472	–	770	2.60	1.48	2.26
290	カゴメ	214,210	11,968	12,618	34,148	5,977	2.79	5.76	17.52
2811	（12月）	168,937	10,449	11,641	32,838	5,560	3.29	6.84	15.81
291	永谷園ホールディングス	98,899	3,567	3,184	13,032	2,527	2.56	22.70	-0.12
2899	（3月）	4,525	1,622	1,439	–	85	1.88	51.59	-1.16
296	ヤクルト本社	401,569	43,463	53,054	34,102	18,383	4.58	6.15	6.39
2267	（3月）	177,535	2,215	15,151	6,660	11,138	6.27	2.22	3.51
613	理研ビタミン	89,515	6,264	5,427	2,416	750	0.84	2.68	-18.03
4526	（3月）	63,363	5,637	5,801	2,323	742	1.17	0.94	-17.92
2117	エバラ食品工業	50,397	1,470	1,546	7,219	2,441	4.84	-1.88	3.26
2819	（3月）	42,727	1,065	1,161	7,478	2,848	6.67	-3.74	4.25
3663	なとり	45,481	1,296	1,289	3,533	–	–	4.88	–
2922	（3月）	43,249	596	1,017	3,497	–	–	5.46	–
4120	伊藤園	475,866	21,774	21,524	79,034	12,937	2.72	2.21	17.01
2593	（4月）	371,831	15,646	17,460	70,402	–	–	1.79	–
6535	ダイドーグループホールディング	172,684	4,891	5,382	25,917	5,494	3.18	0.75	-11.24
2590	（1月）	6,486	3,619	3,785	–	–	–	-94.70	–
7654	焼津水産化学工業	15,810	996	998	–	412	2.61	3.69	-14.52
2812	（3月）	11,206	972	979	–	24	0.21	-2.11	-57.14
8126	エスフーズ	316,411	10,959	11,482	–	–	–	12.51	–
2292	（2月）	209,462	6,724	7,126	–	–	–	15.21	–
9488	アリアケジャパン	54,348	11,329	11,570	–	–	–	11.36	–
2815	（3月）	38,985	7,838	8,224	–	–	–	8.20	–
9494	イフジ産業	14,396	693	710	–	–	–	1.04	–
2924	（3月）	13,268	644	691	–	8	0.06	1.83	0.00
9971	ロック・フィールド	50,720	3,020	3,064	–	–	–	1.57	–
2910	（4月）	50,574	3,045	3,084	–	163	0.32	1.59	1.88
10374	一正蒲鉾	34,785	1,331	1,526	914	–	–	-0.74	–
2904	（6月）	34,041	1,578	1,821	913	–	–	-0.74	–
14595	ジャパンフーズ	14,851	893	959	–	–	–	–	–
2599	（3月）	14,741	882	859	–	–	–	-2.49	–
15552	フジッコ	62,917	5,396	5,728	7,848	1,819	2.89	3.38	-3.19
2908	（3月）	62,339	5,308	5,641	7,818	–	–	3.50	–
16108	かどや製油	30,601	5,063	5,138	3,858	–	–	–	–
2612	（3月）	29,824	5,117	5,213	3,739	–	–	4.62	–

—78—

上段＝連結決算、下段＝単独決算

食　　　品

日経会社コード／証券コード	会　社　名（決算月）	(A)売上高（単位:百万円）	(B)営業利益（単位:百万円）	(C)経常利益（単位:百万円）	(D)販売促進費（単位:百万円）	(E)広告宣伝費（単位:百万円）	比率 $\frac{E}{A}\times100$	対前年度伸び率 A（%）	対前年度伸び率 E（%）
16117	キーコーヒー	63,027	319	474	－	1,625	2.58	0.05	2.85
2594	（3月）	55,314	414	514	－	1,411	2.55	0.24	6.01
16180	ケンコーマヨネーズ	72,759	4,173	4,149	－	－	－	2.75	－
2915	（3月）	60,777	3,274	3,400	－	－	－	2.77	－
17494	寿スピリッツ	37,385	5,012	5,049	3,128	265	0.71	14.90	6.00
2222	（3月）	2,426	1,866	1,974	－	41	1.69	27.82	36.67
18798	コカ・コーラ　ボトラーズジャパン	872,623	40,579	39,859	76,401	61,533	7.05	89.51	81.19
2579	（12月）	93,705	2,877	6,086	7,563	5,557	5.93	-75.72	-78.03
22159	亀田製菓	99,522	5,007	6,456	19,474	－	－	1.34	－
2220	（3月）	74,612	4,085	5,067	17,634	865	1.16	1.07	-2.48
28572	日本たばこ産業	2,139,653	561,101	538,532	112,212	24,413	1.14	-0.17	-6.49
2914	（12月）★	681,840	168,443	199,336	44,386	－	－	-6.51	－
28881	わらべや日洋ホールディングス	219,103	3,731	4,023	－	－	－	2.24	－
2918	（2月）	1,840	885	951	－	－	－	-97.83	－
30547	ピックルスコーポレーション	37,616	1,131	1,233	－	－	－	5.07	－
2925	（2月）	27,002	775	885	77	306	1.13	5.57	13.33
30573	J－オイルミルズ	183,361	4,005	5,137	2,638	613	0.33	1.74	-66.48
2613	（3月）	174,219	3,173	4,273	2,479	613	0.35	1.40	-66.47
30576	ピエトロ	9,618	518	510	1,327	483	5.02	-2.11	-13.60
2818	（3月）	9,366	476	499	1,318	482	5.15	-2.07	-13.62
31605	明治ホールディングス	1,240,860	94,673	95,877	112,506	－	－	-0.13	－
2269	（3月）	19,568	17,496	17,999	－	－	－	13.20	－
31614	雪印メグミルク	596,158	19,363	20,996	38,949	5,105	0.86	1.40	-5.41
2270	（3月）	359,466	14,595	16,635	33,737	4,766	1.33	0.55	1.10
31685	イートアンド	28,166	770	743	－	1,147	4.07	7.08	10.93
2882	（3月）	26,479	769	767	－	1,078	4.07	6.20	11.36
31692	日新製糖	48,802	2,065	2,568	813	－	－	-2.28	－
2117	（3月）	44,888	1,780	2,456	782	－	－	-3.30	－
31735	北の達人コーポレーション	－	－	－	－	－	－	－	－
2930	（2月）	5,292	1,403	1,403	108	1,648	31.14	96.29	170.61
31785	ユーグレナ	13,886	950	1,207	－	3,660	26.36	25.07	13.70
2931	（9月）	10,269	475	668	－	2,424	23.61	20.64	7.97
31925	フィード・ワン	207,562	3,706	4,103	－	－	－	-0.17	－
2060	（3月）	183,938	2,738	2,946	－	－	－	-0.18	－
31956	大冷	－	－	－	－	－	－	－	－
2883	（3月）	27,442	846	858	－	－	－	1.25	－
32122	伊藤ハム米久ホールディングス	831,865	21,562	24,423	－	－	－	4.96	－
2296	（3月）	12,065	9,061	8,771	－	－	－	-7.35	－
40409	サントリー食品インターナショナ	1,234,008	117,955	114,442	－	155,416	12.59	2.06	-2.48
2587	（12月）★	387,633	36,744	56,469	－	31,297	8.07	2.40	229.44
40510	カルビー	251,575	26,828	26,179	32,641	3,144	1.25	-0.33	18.11
2229	（3月）	187,126	25,567	25,973	22,523	1,976	1.06	-2.04	11.45
52703	ヨシムラ・フード・ホールディン	20,035	494	554	－	－	－	23.36	－
2884	（2月）	396	-18	-10	－	－	－	-1.74	－
65942	ユニカフェ	－	－	－	－	－	－	－	－
2597	（12月）	10,454	293	306	261	－	－	-7.80	－

食品（東証二部）

日経会社コード／証券コード	会　社　名（決算月）	(A)売上高	(B)営業利益	(C)経常利益	(D)販売促進費	(E)広告宣伝費	比率 $\frac{E}{A}\times100$	A（%）	E（%）
203	日和産業	40,030	761	845	－	－	－	-2.49	－
2055	（3月）	39,862	691	778	－	－	－	-2.13	－
217	フジ日本精糖	19,846	929	1,225	498	－	－	2.58	－
2114	（3月）	13,596	967	1,220	369	－	－	-0.67	－
231	カンロ	21,303	935	999	2,809	237	1.11	8.05	-7.78
2216	（12月）	21,301	947	1,001	3,285	237	1.11	8.05	-7.78
251	ジャパン・フード＆リカー・アラ	26,851	345	56	－	－	－	12.59	－
2538	（9月）	942	-122	-247	－	－	－	-4.46	－
261	ボーソー油脂	13,264	-519	-588	54	58	0.44	-21.77	38.10
2608	（3月）	12,670	-304	-315	－	－	－	-21.84	－

—79—

食　　　　品

上段＝連結決算、下段＝単独決算

日経会社コード 証券コード	会　社　名 （決算月）	(A) 売上高 （単位:百万円）	(B) 営業利益 （単位:百万円）	(C) 経常利益 （単位:百万円）	(D) 販売促進費 （単位:百万円）	(E) 広告宣伝費 （単位:百万円）	比　率 $\frac{E}{A}\times100$	対前年度伸び率 A（%）	E（%）
266 2805	エ ス ビ ー 食 品 （ 3月）	142,396 123,661	6,389 6,517	6,189 6,358	31,970 31,965	4,513 4,450	3.17 3.60	3.26 3.68	11.19 11.22
267 2806	ユ タ カ フ ー ズ （ 3月）	－ 22,191	－ 985	－ 1,089	－ 131	－ －	－ －	－ 8.57	－ －
273 2892	日 本 食 品 化 工 （ 3月）	－ 48,196	－ 1,038	－ 1,124	－ 753	－ －	－ －	－ -4.68	－ －
275 2894	石 井 食 品 （ 3月）	10,387 10,322	194 219	170 191	463 458	108 106	1.04 1.03	-1.43 -1.69	0.00 -1.85
285 2208	ブ ル ボ ン （ 3月）	117,696 113,845	5,177 4,519	5,322 4,594	25,620 25,419	2,260 2,259	1.92 1.98	4.23 3.80	3.48 3.53
286 2872	セ イ ヒ ョ ー （ 2月）	－ 3,645	－ -79	－ -44	－ 42	－ 6	－ 0.16	－ -4.61	－ -14.29
287 2804	ブ ル ド ッ ク ソ ー ス （ 3月）	16,791 11,486	724 604	1,254 1,158	3,838 1,639	349 303	2.08 2.64	0.18 1.49	8.39 7.45
288 2573	北海道コカ・コーラボトリング （12月）	56,061 51,696	2,258 1,268	2,431 1,950	－ －	2,128 2,116	3.80 4.09	-0.99 -1.32	10.43 10.67
9404 2816	ダ イ シ ョ ー （ 3月）	－ 20,461	－ 611	－ 616	－ 636	－ 83	－ 0.41	－ 3.91	－ 15.28
10156 2911	旭 松 食 品 （ 3月）	8,288 7,789	154 119	187 159	－ 103	－ 107	－ 1.37	-4.31 -4.77	－ -18.32
14469 2831	は ご ろ も フ ー ズ （ 3月）	79,856 78,730	1,405 1,326	1,694 1,612	17,170 16,875	1,632 －	2.04 －	0.70 0.92	11.40 －
15493 2291	福 留 ハ ム （ 3月）	26,040 26,040	195 179	222 218	423 －	－ －	－ －	-2.46 -2.46	－ －
23601 2923	サ ト ウ 食 品 工 業 （ 4月）	37,085 31,045	1,247 1,194	1,335 1,265	7,448 5,866	－ －	－ －	2.43 3.52	－ －
30138 2830	ア ヲ ハ タ （11月）	22,011 21,019	879 762	876 803	130 122	458 459	2.08 2.18	-2.09 -3.01	64.16 63.93
30773 2926	篠 崎 屋 （ 9月）	－ 4,219	－ 78	－ 80	－ －	－ －	－ －	－ 4.95	－ －
31240 2929	フ ァ ー マ フ ー ズ （ 7月）	4,722 4,213	89 -34	143 18	－ 17	1,774 1,691	37.57 40.14	36.47 21.59	49.33 42.46
31728 2230	五 洋 食 品 産 業 （ 5月）	－ 1,987	－ 109	－ 83	－ 18	－ 19	－ 0.96	－ 6.26	－ -9.52
31799 2588	プレミアムウォーターホールディ （ 3月）	27,716 635	-1,179 -26	-1,559 -62	6,428 －	－ －	－ －	38.95 -82.70	－ －
32832 2907	あ じ か ん （ 3月）	42,946 42,631	1,200 1,098	1,186 1,058	－ －	－ －	－ －	4.91 4.79	－ －
45059 2903	シ ノ ブ フ ー ズ （ 3月）	47,300 47,177	1,032 1,014	1,034 1,024	－ －	－ －	－ －	2.69 2.95	－ －

食品（マザーズ）

日経会社コード 証券コード	会　社　名 （決算月）	(A) 売上高	(B) 営業利益	(C) 経常利益	(D) 販売促進費	(E) 広告宣伝費	比率	A（%）	E（%）
31955 2586	フルッタフルッタ （ 3月）	－ 1,104	－ -537	－ -568	－ 39	－ －	－ －	－ -31.81	－ －

食品（名証二部）

日経会社コード 証券コード	会　社　名 （決算月）	(A) 売上高	(B) 営業利益	(C) 経常利益	(D) 販売促進費	(E) 広告宣伝費	比率	A（%）	E（%）
4076 2551	マ ル サ ン ア イ （ 9月）	25,345 24,778	710 915	922 1,075	－ 363	－ 271	－ 1.09	4.57 4.70	－ 44.92
13124 2902	太 陽 化 学 （ 3月）	38,689 36,790	3,802 3,242	3,813 3,350	253 －	－ －	－ －	-2.02 -2.03	－ －

食品（福岡）

日経会社コード 証券コード	会　社　名 （決算月）	(A) 売上高	(B) 営業利益	(C) 経常利益	(D) 販売促進費	(E) 広告宣伝費	比率	A（%）	E（%）
9631 2058	ヒ ガ シ マ ル （ 3月）	13,551 8,142	365 91	409 283	－ －	－ －	－ －	1.57 -2.77	－ －
16311 2919	マ ル タ イ （ 3月）	－ 8,178	－ 436	－ 458	－ 1,344	－ 109	－ 1.33	－ 2.57	－ -0.91

食　　　品

上段＝連結決算、下段＝単独決算

日経会社コード / 証券コード	会　社　名（決算月）	(A) 売上高 (単位:百万円)	(B) 営業利益 (単位:百万円)	(C) 経常利益 (単位:百万円)	(D) 販売促進費 (単位:百万円)	(E) 広告宣伝費 (単位:百万円)	比率 $\frac{E}{A}×100$	対前年度伸び率 A (%)	E (%)

食品（札幌）

| 292 / 2218 | 日　糧　製　パ　ン（3月） | – | – | – | – | – | – | – | – |
| | | 17,403 | 187 | 215 | – | 180 | 1.03 | -1.35 | 5.88 |

食品（ジャスダック）

3499 / 2813	和　弘　食　品（3月）	8,989	49	35	–	–	–	11.06	–
		8,420	223	247	–	–	–	7.70	–
7671 / 2905	オーケー食品工業（3月）	9,229	89	123	205	–	–	–	–
		8,767	73	106	205	–	–	-4.44	–
7697 / 2293	滝　沢　ハ　ム（3月）	34,245	444	479	774	–	–	4.51	–
		31,736	407	442	768	–	–	5.17	–
8470 / 2814	佐　藤　食　品　工　業（3月）	–	–	–	–	–	–	–	–
		6,640	1,165	1,248	–	21	0.32	7.93	-4.55
14708 / 2877	日　東　ベ　ス　ト（3月）	52,253	1,370	1,497	–	282	0.54	1.75	6.02
		51,594	1,433	1,531	–	–	–	4.22	–
16065 / 2876	ジェーシー・コムサ（3月）	–	–	–	–	–	–	–	–
		16,893	658	660	–	–	–	2.84	–
16247 / 2917	大　森　屋（9月）	16,672	205	214	3,548	–	–	0.80	–
		16,609	220	229	3,544	20	0.12	0.70	5.26
18197 / 2268	Ｂ－Ｒ３１アイスクリーム（12月）	–	–	–	–	–	–	–	–
		19,790	526	588	1,031	2,278	11.51	0.43	2.11
18473 / 2221	岩　塚　製　菓（3月）	23,792	66	1,563	3,782	–	–	3.33	–
		22,416	-58	1,468	3,757	–	–	3.54	–
20710 / 2901	石　垣　食　品（3月）	1,389	16	10	229	–	–	242.96	–
		386	-36	-40	60	–	–	-4.22	–
22242 / 2294	柿　安　本　店（2月）	43,957	2,603	2,681	–	–	–	1.03	–
		43,751	2,496	2,586	–	–	–	1.06	–
25090 / 2916	仙　波　糖　化　工　業（3月）	18,675	926	865	–	–	–	5.96	–
		17,793	728	785	–	–	–	5.21	–
30110 / 2224	コ　　モ（3月）	5,652	202	206	–	–	–	0.93	–
		5,652	168	181	80	–	–	0.93	–
30879 / 2226	湖　池　屋（6月）	30,291	343	463	3,978	–	–	-6.63	–
		21,224	480	596	2,596	–	–	1470.98	–
31004 / 2927	ＡＦＣ－ＨＤアムスライフサイエ（8月）	15,141	1,069	1,040	–	539	3.56	3.49	10.68
		11,930	803	810	293	11	0.09	4.83	22.22
31076 / 2228	シ　ベ　ー　ル（8月）	–	–	–	–	–	–	–	–
		3,061	-120	-117	244	–	–	-3.19	–
32131 / 2820	や　ま　み（6月）	–	–	–	–	–	–	–	–
		9,793	942	940	668	25	0.26	3.30	-10.71

食品（非上場）

10946 / 9999	オリオンビール（3月）	28,317	3,045	3,713	2,169	908	3.21	1.10	-8.28
		26,293	2,825	3,278	3,300	921	3.50	1.31	-7.81
11565 / 9999	久　米　島　製　糖（6月）	–	–	–	–	–	–	–	–
		1,156	12	15	–	–	–	29.89	–
15394 / 9999	モ　ン　デ　酒　造（3月）	–	–	–	–	–	–	–	–
		1,340	75	73	146	18	1.34	5.43	38.46
15609 / 9999	フジパングループ本社（6月）	271,941	10,171	11,537	–	–	–	-0.46	–
		6,381	2,311	3,274	–	–	–	8.04	–
16908 / 9999	石　垣　島　製　糖（6月）	–	–	–	–	–	–	–	–
		1,486	24	44	–	–	–	31.39	–
17144 / 9999	北　部　製　糖（6月）	2,989	202	265	228	–	–	0.37	–
		2,989	182	196	228	–	–	0.37	–
40389 / 9999	サントリーホールディングス（12月）★	2,420,286	253,639	226,890	–	369,414	15.26	2.62	3.29
		138,000	93,294	94,577	–	–	–	19.09	–

繊　　　　　維

上段＝連結決算、下段＝単独決算

繊維（東証一部）

日経会社コード / 証券コード	会社名 (決算月)	(A) 売上高 (単位:百万円)	(B) 営業利益 (単位:百万円)	(C) 経常利益 (単位:百万円)	(D) 販売促進費 (単位:百万円)	(E) 広告宣伝費 (単位:百万円)	比率 ($\frac{E}{A}×100$)	対前年度伸び率 A（%）	E（%）
301	片倉工業	46,185	1,901	2,660	－	992	2.15	-1.58	-4.71
3001	（12月）	16,960	1,087	1,353	－	674	3.97	0.51	-1.61
302	グンゼ	140,521	6,239	6,446	－	2,816	2.00	2.89	4.96
3002	（3月）	107,660	2,591	4,856	－	2,333	2.17	1.54	9.89
304	神栄	43,383	804	617	－	－	－	-5.00	－
3004	（3月）	30,767	280	926	－	－	－	0.90	－
309	東洋紡	331,148	23,923	20,415	－	－	－	0.50	－
3101	（3月）	202,877	16,382	13,086	－	－	－	3.31	－
311	ユニチカ	128,388	11,658	9,972	－	－	－	1.72	－
3103	（3月）	81,112	9,537	8,362	－	－	－	2.62	－
312	富士紡ホールディングス	35,891	3,989	4,269	－	914	2.55	-12.20	0.11
3104	（3月）	4,823	1,898	2,159	－	480	9.95	-27.15	-16.38
314	クラボウ	161,752	6,875	7,357	－	－	－	-0.03	－
3106	（3月）	87,212	3,034	4,207	－	－	－	-1.80	－
315	ダイワボウホールディングス	669,596	14,305	14,291	－	－	－	8.38	－
3107	（3月）	6,380	4,992	5,082	－	－	－	26.41	－
316	シキボウ	41,357	2,763	2,352	－	－	－	-3.49	－
3109	（3月）	27,601	2,196	1,773	－	－	－	-0.27	－
330	日本毛織	103,498	8,348	9,089	－	700	0.68	2.49	7.03
3201	（11月）	32,650	4,035	6,466	31	126	0.39	2.37	38.46
331	ダイトウボウ	4,427	325	153	－	－	－	-5.83	－
3202	（3月）	3,453	307	128	－	－	－	-6.80	－
334	ダイドーリミテッド	27,272	-318	-384	30	417	1.53	27.39	29.91
3205	（3月）	3,010	1,579	2,725	－	－	－	188.04	－
341	帝国繊維	25,629	3,889	4,233	8	－	－	2.28	－
3302	（12月）	19,251	3,208	3,627	5	93	0.48	4.55	3.33
345	帝人	834,985	69,822	67,820	18,004	－	－	12.64	－
3401	（3月）	116,825	14,720	35,492	－	－	－	-10.60	－
346	東レ	2,204,858	156,464	152,305	－	－	－	8.80	－
3402	（3月）	591,664	26,712	92,186	－	－	－	8.16	－
352	サカイオーベックス	25,816	2,150	3,195	－	－	－	1.75	－
3408	（3月）	19,796	1,609	2,330	－	－	－	4.99	－
355	住江織物	96,038	1,297	1,364	810	313	0.33	-1.53	15.93
3501	（5月）	37,224	-786	950	－	－	－	2.82	－
358	日本フェルト	11,368	759	904	－	－	－	2.60	－
3512	（3月）	10,482	733	916	183	－	－	1.96	－
359	イチカワ	12,417	592	675	－	－	－	6.16	－
3513	（3月）	11,180	213	378	－	－	－	4.03	－
362	日東製網	17,948	816	758	－	－	－	8.75	－
3524	（4月）	14,575	664	634	－	－	－	11.57	－
365	アツギ	23,963	849	832	－	747	3.12	2.93	3.03
3529	（3月）	23,019	359	612	－	741	3.22	2.69	3.06
368	ダイニック	40,020	988	1,131	－	－	－	-0.17	－
3551	（3月）	27,810	878	1,406	－	－	－	-1.04	－
370	共和レザー	49,003	3,247	3,349	－	－	－	4.77	－
3553	（3月）	32,683	2,803	3,133	－	－	－	5.32	－
372	セーレン	114,773	10,773	10,568	－	－	－	6.17	－
3569	（3月）	61,614	1,960	4,577	－	－	－	4.55	－
374	ソトー	10,704	127	430	－	－	－	-11.20	－
3571	（3月）	6,681	384	764	－	－	－	-3.50	－
378	東海染工	14,858	902	939	－	－	－	-6.11	－
3577	（3月）	8,234	234	402	－	－	－	-10.69	－
385	ワコールホールディングス	195,725	12,534	14,286	－	12,719	6.50	-0.08	0.20
3591	（3月）	12,644	8,546	6,308	－	－	－	-3.77	－
397	小松精練	38,679	2,151	2,805	－	－	－	7.83	－
3580	（3月）	31,663	1,978	2,479	－	－	－	8.74	－

繊維／パルプ・紙

上段＝連結決算、下段＝単独決算

日経会社コード 証券コード	会社名 （決算月）	(A) 売上高 (単位:百万円)	(B) 営業利益 (単位:百万円)	(C) 経常利益 (単位:百万円)	(D) 販売促進費 (単位:百万円)	(E) 広告宣伝費 (単位:百万円)	比率 ($\frac{E}{A}\times100$)	対前年度伸び率 A (%)	対前年度伸び率 E (%)
30148	ホギメディカル	36,918	5,273	5,380	624	113	0.31	0.16	10.78
3593	（3月）	36,585	4,338	4,618	617	–	–	0.08	–
30725	トーア紡コーポレーション	19,399	472	416	164	–	–	2.37	–
3204	（12月）	3,861	165	342	17	11	0.28	-1.40	22.22
30870	クラウディアホールディングス	12,514	299	379	198	771	6.16	-3.89	20.09
3607	（8月）	4,518	-1	347	251	147	3.25	-7.68	-5.16
31678	ＴＳＩホールディングス	155,457	2,168	3,788	52	–	–	-2.32	–
3608	（2月）	13,075	7,315	8,756	–	23	0.18	84.65	0.00
32303	マツオカコーポレーション	57,830	3,776	3,525	–	–	–	11.73	–
3611	（3月）	31,118	1,976	2,221	–	–	–	-1.02	–

繊維（東証二部）

日経会社コード 証券コード	会社名 （決算月）	(A) 売上高	(B) 営業利益	(C) 経常利益	(D) 販売促進費	(E) 広告宣伝費	比率	A (%)	E (%)
318	オーミケンシ	9,835	290	105	–	–	–	-29.74	–
3111	（3月）	9,495	373	205	–	–	–	-22.20	–
326	サイボー	8,311	-177	-118	–	–	–	0.13	–
3123	（3月）	7,239	-320	-361	–	–	–	1.86	–
327	新内外綿	4,958	-25	-23	–	–	–	-16.59	–
3125	（3月）	3,812	-47	-9	–	–	–	-13.89	–
337	カネヨウ	–	–	–	–	–	–	–	–
3209	（3月）	11,019	217	195	–	–	–	23.95	–
344	日本製麻	3,888	74	76	–	–	–	-2.61	–
3306	（3月）	2,516	61	45	–	–	–	-9.20	–
379	倉庫精練	3,711	-200	-171	–	–	–	11.98	–
3578	（3月）	2,652	-153	-158	–	–	–	5.32	–
381	オーベクス	5,005	286	273	–	6	0.12	-1.01	100.00
3583	（3月）	4,968	204	201	–	4	0.08	-1.84	33.33
387	北日本紡績	–	–	–	–	–	–	–	–
3409	（3月）	445	4	8	–	–	–	7.75	–
9111	山喜	16,796	92	134	–	–	–	-4.81	–
3598	（3月）	15,012	85	80	–	–	–	-5.21	–
30003	フジックス	6,352	-39	34	70	7	0.11	0.41	-30.00
3600	（3月）	3,513	-128	-26	36	6	0.17	3.29	-25.00
30496	川本産業	23,257	103	132	–	–	–	–	–
3604	（3月）	23,235	136	164	–	–	–	1.07	–
31910	はかた匠工芸	–	–	–	–	–	–	–	–
3610	（12月）	1,241	11	5	539	–	–	41.34	–
45104	自重堂	17,089	3,026	3,871	–	367	2.15	2.94	3.38
3597	（6月）	17,088	2,663	3,358	–	367	2.15	2.95	3.38

繊維（名証二部）

日経会社コード 証券コード	会社名 （決算月）	(A) 売上高	(B) 営業利益	(C) 経常利益	(D) 販売促進費	(E) 広告宣伝費	比率	A (%)	E (%)
32125	丸八ホールディングス	17,751	1,591	1,660	1,032	–	–	-11.85	–
3504	（3月）	931	440	440	–	–	–	-4.61	–

繊維（ジャスダック）

日経会社コード 証券コード	会社名 （決算月）	(A) 売上高	(B) 営業利益	(C) 経常利益	(D) 販売促進費	(E) 広告宣伝費	比率	A (%)	E (%)
29628	フジコー	9,097	340	404	–	–	–	1.92	–
3515	（3月）	8,166	39	116	–	–	–	0.72	–

繊維（非上場）

日経会社コード 証券コード	会社名 （決算月）	(A) 売上高	(B) 営業利益	(C) 経常利益	(D) 販売促進費	(E) 広告宣伝費	比率	A (%)	E (%)
394	岐セン	4,723	366	285	–	–	–	-0.17	–
9999	（3月）	3,146	112	96	–	2	0.06	-1.47	0.00
13127	太陽毛糸紡績	734	35	29	–	–	–	-9.16	–
9999	（10月）	681	41	36	7	–	–	-9.92	–

パルプ・紙（東証一部）

日経会社コード 証券コード	会社名 （決算月）	(A) 売上高	(B) 営業利益	(C) 経常利益	(D) 販売促進費	(E) 広告宣伝費	比率	A (%)	E (%)
417	王子ホールディングス	1,485,895	70,781	65,958	–	–	–	3.20	–
3861	（3月）	27,961	9,943	11,272	–	–	–	0.79	–
419	日本製紙	1,046,499	17,613	18,649	–	–	–	5.45	–
3863	（3月）	611,735	4,223	30,786	–	–	–	0.54	–

パルプ・紙／化学

上段＝連結決算、下段＝単独決算

日経会社コード／証券コード	会 社 名（決算月）	(A) 売上高（単位:百万円）	(B) 営業利益（単位:百万円）	(C) 経常利益（単位:百万円）	(D) 販売促進費（単位:百万円）	(E) 広告宣伝費（単位:百万円）	比 率 $\frac{E}{A}\times100$	対前年度伸び率 A（%）	対前年度伸び率 E（%）
420	三 菱 製 紙	201,492	1,790	652	–	–	–	-0.23	–
3864	（3月）	118,445	1,687	3,543	–	–	–	-1.27	–
421	北越コーポレーション	269,099	11,414	13,907	8,021	–	–	2.55	–
3865	（3月）	176,245	-1,895	1,779	6,248	–	–	-2.09	–
430	中越パルプ工業	94,824	-1,242	-1,293	6,357	–	–	1.00	–
3877	（3月）	88,534	-1,795	-1,806	7,635	–	–	0.93	–
431	巴 川 製 紙 所	34,374	984	1,107	–	–	–	6.16	–
3878	（3月）	24,605	416	572	–	–	–	10.14	–
441	レ ン ゴ ー	605,712	17,082	23,168	–	–	–	11.04	–
3941	（3月）	303,406	4,259	6,654	–	–	–	6.06	–
451	ト ー モ ク	161,514	5,878	5,973	–	–	–	6.15	–
3946	（3月）	72,208	2,293	3,055	–	–	–	0.72	–
10242	阿 波 製 紙	16,083	416	331	–	–	–	-1.33	–
3896	（3月）	12,861	186	295	–	–	–	-0.73	–
12941	大 王 製 紙	531,311	11,062	12,779	–	–	–	11.35	–
3880	（3月）	390,460	5,152	4,202	–	–	–	0.30	–
14837	ザ ・ パ ッ ク	90,313	7,273	7,589	–	–	–	1.28	–
3950	（12月）	81,783	6,661	7,051	–	–	–	1.08	–
31427	特 種 東 海 製 紙	79,086	3,932	3,202	–	–	–	1.76	–
3708	（3月）	23,745	1,986	2,963	28	–	–	-43.34	–

パルプ・紙（東証二部）

日経会社コード／証券コード	会 社 名（決算月）	(A) 売上高	(B) 営業利益	(C) 経常利益	(D) 販売促進費	(E) 広告宣伝費	比 率 $\frac{E}{A}\times100$	A（%）	E（%）
443	古 林 紙 工	16,839	630	639	–	–	–	3.25	–
3944	（3月）	12,850	344	537	–	–	–	2.54	–
444	スーパーバッグ	33,082	320	350	–	–	–	-1.23	–
3945	（3月）	30,652	146	200	–	–	–	-1.71	–
452	ダ イ ナ パ ッ ク	49,752	304	654	20	–	–	6.78	–
3947	（12月）	35,161	-86	276	–	–	–	2.49	–

パルプ・紙（名証二部）

日経会社コード／証券コード	会 社 名（決算月）	(A) 売上高	(B) 営業利益	(C) 経常利益	(D) 販売促進費	(E) 広告宣伝費	比 率 $\frac{E}{A}\times100$	A（%）	E（%）
16111	中 央 紙 器 工 業	12,104	829	811	–	–	–	3.59	–
3952	（3月）	10,068	752	989	–	–	–	1.72	–

パルプ・紙（福岡）

日経会社コード／証券コード	会 社 名（決算月）	(A) 売上高	(B) 営業利益	(C) 経常利益	(D) 販売促進費	(E) 広告宣伝費	比 率 $\frac{E}{A}\times100$	A（%）	E（%）
453	大 石 産 業	18,367	1,079	1,250	–	–	–	6.50	–
3943	（3月）	16,712	864	1,106	–	–	–	5.65	–

パルプ・紙（ジャスダック）

日経会社コード／証券コード	会 社 名（決算月）	(A) 売上高	(B) 営業利益	(C) 経常利益	(D) 販売促進費	(E) 広告宣伝費	比 率 $\frac{E}{A}\times100$	A（%）	E（%）
10859	岡 山 製 紙	–	–	–	–	–	–	–	–
3892	（5月）	8,356	51	94	2	–	–	-0.94	–
12468	昭 和 パ ッ ク ス	20,771	1,393	1,521	–	–	–	3.91	–
3954	（3月）	15,497	730	933	–	–	–	1.68	–
16015	ト ー イ ン	12,161	406	428	–	–	–	10.97	–
7923	（3月）	11,561	430	437	–	–	–	9.82	–
16339	ニッポン高度紙工業	17,128	1,698	1,561	–	–	–	13.51	–
3891	（3月）	13,894	1,763	1,674	–	–	–	14.75	–
19464	大 村 紙 業	–	–	–	–	–	–	–	–
3953	（3月）	5,029	283	286	–	7	0.14	1.21	16.67
30993	ハ ビ ッ ク ス	12,867	1,143	1,151	–	–	–	2.49	–
3895	（3月）	11,963	1,036	1,105	–	–	–	2.00	–
42760	国 際 チ ャ ー ト	–	–	–	–	–	–	–	–
3956	（3月）	4,099	61	61	–	–	–	-1.35	–

化学（東証一部）

日経会社コード／証券コード	会 社 名（決算月）	(A) 売上高	(B) 営業利益	(C) 経常利益	(D) 販売促進費	(E) 広告宣伝費	比 率 $\frac{E}{A}\times100$	A（%）	E（%）
349	ク ラ レ	518,442	75,117	72,998	–	–	–	6.85	–
3405	（12月）	242,657	43,176	45,214	632	780	0.32	11.45	5.12
351	旭 化 成	2,042,216	198,475	212,544	–	–	–	8.46	–
3407	（3月）	621,875	44,192	94,163	–	2,828	0.45	8.60	2.24

化　　　　　　学

上段＝連結決算、下段＝単独決算

日経会社コード 証券コード	会　社　名 （決算月）	(A) 売上高 （単位:百万円）	(B) 営業利益 （単位:百万円）	(C) 経常利益 （単位:百万円）	(D) 販売促進費 （単位:百万円）	(E) 広告宣伝費 （単位:百万円）	比　率 ($\frac{E}{A}\times100$)	対前年度伸び率 A (%)	対前年度伸び率 E (%)
464	昭　和　電　工	780,387	77,818	63,962	–	–	–	16.27	–
4004	（12月）	524,708	51,383	69,417	–	–	–	16.24	–
465	住　友　化　学	2,190,509	250,923	240,811	–	46,707	2.13	12.97	5.51
4005	（ 3月）★	708,362	33,483	75,873	–	–	–	8.84	–
468	住　友　精　化	105,883	9,734	9,935	–	–	–	7.11	–
4008	（ 3月）	70,072	8,410	9,440	–	–	–	3.70	–
470	日　産　化　学	193,389	34,988	36,235	–	–	–	7.27	–
4021	（ 3月）	147,319	30,044	32,922	–	–	–	7.86	–
471	ラ　サ　工　業	27,427	2,842	2,718	–	–	–	17.80	–
4022	（ 3月）	22,061	1,997	1,809	–	–	–	18.11	–
472	ク　レ　ハ	147,329	12,973	12,683	–	–	–	11.36	–
4023	（ 3月）★	79,398	8,121	8,741	–	–	–	9.63	–
474	多　木　化　学	32,189	2,547	2,759	–	–	–	-0.73	–
4025	（12月）	23,204	1,884	2,192	–	–	–	-1.94	–
476	テ　イ　カ	42,521	6,042	6,108	–	–	–	11.19	–
4027	（ 3月）	33,604	5,813	6,120	–	–	–	7.17	–
477	石　原　産　業	108,001	10,022	8,414	3,137	–	–	6.30	–
4028	（ 3月）	81,281	9,453	7,883	2,897	–	–	8.60	–
479	片倉コープアグリ	37,335	1,225	1,281	–	–	–	-3.42	–
4031	（ 3月）	34,318	1,243	1,346	–	–	–	-3.94	–
480	日　本　曹　達	141,230	6,390	9,204	–	–	–	9.78	–
4041	（ 3月）	79,692	1,970	4,780	–	–	–	2.14	–
481	東　ソ　ー	822,857	130,580	132,256	–	–	–	10.74	–
4042	（ 3月）	585,195	107,451	112,736	–	–	–	13.53	–
482	ト　ク　ヤ　マ	308,061	41,268	36,196	–	–	–	2.99	–
4043	（ 3月）	188,501	33,359	29,628	–	–	–	8.93	–
483	セントラル硝子	227,810	6,039	6,327	–	–	–	-0.48	–
4044	（ 3月）	93,551	6,454	8,344	–	–	–	3.48	–
484	東　亜　合　成	144,708	17,453	18,492	–	–	–	6.89	–
4045	（12月）	94,403	12,965	15,910	–	–	–	9.11	–
485	大　阪　ソ　ー　ダ	101,231	7,318	7,485	–	–	–	8.26	–
4046	（ 3月）	66,117	6,606	6,568	–	–	–	8.48	–
486	関　東　電　化　工　業	51,309	9,047	8,996	–	–	–	11.44	–
4047	（ 3月）	46,652	8,455	9,031	–	–	–	14.20	–
487	デ　ン　カ	395,629	33,652	31,499	3,793	–	–	9.09	–
4061	（ 3月）	237,833	21,003	22,703	4,180	–	–	9.59	–
489	信　越　化　学　工　業	1,441,432	336,822	340,308	–	–	–	16.49	–
4063	（ 3月）	733,449	128,709	133,113	–	–	–	14.96	–
490	日本カーバイド工業	50,761	3,232	3,375	–	–	–	2.53	–
4064	（ 3月）	24,703	939	2,279	–	–	–	0.37	–
495	堺　化　学　工　業	87,223	4,690	4,279	–	–	–	3.91	–
4078	（ 3月）	38,802	2,088	2,975	–	–	–	6.65	–
498	エ　ア・ウォーター	753,559	42,398	44,691	–	–	–	12.38	–
4088	（ 3月）	167,782	2,181	15,452	–	–	–	5.21	–
501	大　陽　日　酸	646,218	59,862	55,897	–	–	–	11.11	–
4091	（ 3月）★	213,909	17,700	24,788	–	–	–	3.81	–
502	日　本　化　学　工　業	36,798	4,084	4,009	–	–	–	9.90	–
4092	（ 3月）	31,379	3,512	3,503	–	–	–	9.14	–
503	東邦アセチレン	37,237	1,810	1,926	–	–	–	-1.00	–
4093	（ 3月）	18,251	494	932	–	–	–	5.63	–
505	日本パーカライジング	114,840	17,984	20,750	–	–	–	4.81	–
4095	（ 3月）	46,687	5,692	10,154	–	–	–	7.61	–
507	高　圧　ガ　ス　工　業	79,958	4,818	5,386	–	–	–	5.17	–
4097	（ 3月）	63,813	2,559	3,363	–	–	–	4.90	–
508	チ　タ　ン　工　業	–	–	–	–	–	–	–	–
4098	（ 3月）	6,540	74	66	–	–	–	3.48	–
509	四　国　化　成　工　業	50,791	8,167	8,450	–	623	1.23	2.68	0.97
4099	（ 3月）	45,828	6,884	7,438	–	–	–	3.89	–

—85—

化　　　　　学

上段＝連結決算、下段＝単独決算

日経会社コード / 証券コード	会 社 名（決算月）	(A) 売上高 (単位:百万円)	(B) 営業利益 (単位:百万円)	(C) 経常利益 (単位:百万円)	(D) 販売促進費 (単位:百万円)	(E) 広告宣伝費 (単位:百万円)	比率 ($\frac{E}{A} \times 100$)	対前年度伸び率 A (%)	E (%)
510 / 4100	戸 田 工 業（3月）	32,781 / 24,740	1,370 / 1,720	1,195 / 1,776	– / –	– / –	– / –	17.54 / 27.47	– / –
513 / 4112	保土谷化学工業（3月）	38,693 / 22,047	3,903 / 920	4,169 / 2,007	– / –	– / –	– / –	11.38 / 4.52	– / –
515 / 4114	日 本 触 媒（3月）	322,801 / 226,887	26,727 / 21,540	32,293 / 28,612	– / –	– / –	– / –	9.81 / 15.64	– / –
517 / 4116	大 日 精 化 工 業（3月）	167,446 / 125,960	13,079 / 6,889	13,774 / 8,611	– / –	– / –	– / –	6.53 / 5.34	– / –
519 / 4118	カ ネ カ（3月）	596,142 / 293,016	36,888 / 15,137	32,775 / 17,546	– / –	– / –	– / –	8.74 / 6.60	– / –
524 / 4182	三 菱 瓦 斯 化 学（3月）	635,909 / 364,433	62,741 / 31,287	80,711 / 54,149	– / –	– / –	– / –	14.27 / 21.79	– / –
525 / 4183	三 井 化 学（3月）	1,328,526 / 676,037	103,491 / 34,489	110,205 / 62,278	– / –	– / –	– / –	9.59 / 8.21	– / –
528 / 4202	ダ イ セ ル（3月）	462,956 / 239,638	58,932 / 22,075	61,093 / 37,675	– / –	– / –	– / –	5.20 / 4.40	– / –
529 / 4203	住友ベークライト（3月）★	211,819 / 90,150	18,598 / 6,155	19,495 / 7,057	– / –	– / –	– / –	6.93 / 5.10	– / –
530 / 4204	積 水 化 学 工 業（3月）	1,107,429 / 356,785	99,231 / 24,973	93,929 / 43,192	– / –	– / –	– / –	3.91 / 2.68	– / –
531 / 4205	日 本 ゼ オ ン（3月）	332,682 / 219,002	38,881 / 27,856	40,893 / 32,324	– / –	– / –	– / –	15.67 / 13.23	– / –
532 / 4206	ア イ カ 工 業（3月）	163,726 / 105,513	19,092 / 13,186	19,600 / 14,097	– / –	1,802 / 1,571	1.10 / 1.49	7.98 / 6.00	-0.33 / -3.20
533 / 4208	宇 部 興 産（3月）	695,574 / 315,241	50,250 / 19,983	50,728 / 26,043	– / –	– / –	– / –	12.81 / 13.41	– / –
538 / 4215	タキロンシーアイ（3月）	147,805 / 71,015	8,363 / 3,871	8,204 / 5,101	– / –	– / –	– / –	96.76 / 73.09	– / –
539 / 4216	旭 有 機 材（3月）	50,174 / 30,186	3,362 / 1,906	3,402 / 2,003	– / –	– / –	– / –	19.38 / 16.57	– / –
540 / 4218	ニ チ バ ン（3月）	46,234 / 44,940	4,419 / 3,589	4,626 / 3,918	674 / 674	1,208 / 1,183	2.61 / 2.63	4.73 / 4.91	3.96 / 5.62
542 / 4220	リケンテクノス（3月）	94,601 / 40,843	5,399 / 1,344	5,410 / 3,085	– / –	– / –	– / –	7.14 / 7.59	– / –
543 / 4221	大 倉 工 業（12月）	90,812 / 67,716	5,789 / 3,828	5,891 / 4,587	182 / 64	– / 51	– / 0.08	5.50 / 6.26	– / 2.00
548 / 4228	積水化成品工業（3月）	112,101 / 75,940	5,284 / 3,730	5,154 / 4,256	– / –	– / –	– / –	9.48 / 8.22	– / –
550 / 4272	日 本 化 薬（3月）	167,888 / 102,150	22,606 / 11,135	22,471 / 16,228	– / –	– / –	– / –	5.51 / 2.70	– / –
553 / 4401	A D E K A（3月）	239,612 / 131,319	21,335 / 13,092	22,337 / 15,447	– / –	– / –	– / –	7.24 / 5.06	– / –
554 / 4403	日 油（3月）	179,935 / 125,333	25,816 / 20,018	27,430 / 22,943	– / –	– / –	– / –	3.38 / 5.27	– / –
555 / 4404	ミ ヨ シ 油 脂（12月）	46,289 / 43,862	1,128 / 1,083	1,334 / 1,252	– / 12	– / 98	– / 0.22	0.81 / 0.74	– / 6.52
559 / 4452	花 王（12月）★	1,489,421 / 919,844	204,791 / 145,596	204,290 / 176,203	58,940 / 139,834	89,935 / 47,782	6.04 / 5.19	2.18 / 2.45	-7.70 / -10.78
560 / 4461	第 一 工 業 製 薬（3月）	56,955 / 42,111	5,053 / 2,767	4,725 / 3,178	– / –	– / –	– / –	9.00 / 6.82	– / –
561 / 4471	三 洋 化 成 工 業（3月）	161,692 / 103,902	11,999 / 8,742	13,866 / 11,739	– / –	– / –	– / –	7.68 / 6.50	– / –
562 / 4406	新 日 本 理 化（3月）	27,524 / 24,421	589 / 372	630 / 641	– / –	– / –	– / –	5.75 / 5.45	– / –
565 / 4217	日 立 化 成（3月）★	669,234 / 374,352	46,219 / 23,245	48,941 / 28,450	– / –	– / –	– / –	20.77 / 7.00	– / –
568 / 4229	群 栄 化 学 工 業（3月）	26,393 / 22,033	2,459 / 2,099	2,708 / 2,437	– / –	– / –	– / –	4.06 / 3.93	– / –

化　　　　　　学

上段＝連結決算、下段＝単独決算

日経会社コード 証券コード	会　社　名 （決算月）	(A) 売上高 (単位:百万円)	(B) 営業利益 (単位:百万円)	(C) 経常利益 (単位:百万円)	(D) 販売促進費 (単位:百万円)	(E) 広告宣伝費 (単位:百万円)	比　率 $\frac{E}{A}\times100$	対前年度伸び率 A（％）	対前年度伸び率 E（％）
572	日　本　精　化	27,598	2,749	2,902	231	67	0.24	9.72	4.69
4362	（3月）	12,681	1,561	2,070	–	–	–	14.76	–
618	有機合成薬品工業	–	–	–	–	–	–	–	–
4531	（3月）	10,073	205	226	–	–	–	-3.11	–
624	大　日　本　塗　料	74,119	6,588	6,392	–	–	–	1.83	–
4611	（3月）	43,499	2,252	3,704	–	–	–	1.20	–
625	日本ペイントホールディングス	605,252	74,957	76,820	–	–	–	5.30	–
4612	（12月）	29,263	20,803	19,878	–	–	–	-30.04	–
626	関　西　ペ　イ　ン　ト	401,977	35,802	33,241	–	–	–	21.72	–
4613	（3月）	151,983	16,422	21,419	–	–	–	4.92	–
628	神　東　塗　料	21,991	834	1,090	–	90	0.41	2.65	-33.82
4615	（3月）	16,790	552	821	30	60	0.36	2.99	-36.84
630	中　国　塗　料	82,980	3,761	3,912	1,482	–	–	0.74	–
4617	（3月）	33,519	-745	1,651	502	–	–	-1.16	–
631	日　本　特　殊　塗　料	57,260	3,286	5,881	–	–	–	19.30	–
4619	（3月）	44,591	872	3,475	–	–	–	17.17	–
632	藤　倉　化　成	57,431	2,588	2,808	–	–	–	-8.52	–
4620	（3月）	18,437	895	1,481	–	–	–	0.05	–
634	Ｄ　Ｉ　Ｃ	789,427	56,483	56,960	–	–	–	5.06	–
4631	（12月）	232,045	15,543	30,385	–	–	–	1.38	–
635	サカタインクス	157,302	8,573	11,249	–	–	–	4.04	–
4633	（12月）	67,027	2,740	5,044	–	–	–	1.57	–
636	東洋インキＳＣホールディングス	290,759	20,597	21,020	–	–	–	2.67	–
4634	（12月）	19,670	9,285	10,399	–	–	–	2.44	–
638	富士フイルムホールディングス	2,433,365	130,679	197,807	–	21,601	0.89	4.79	15.87
4901	（3月）	46,321	41,300	69,535	–	*0*	–	56.25	–
641	資　生　堂	1,005,062	80,437	80,327	52,492	62,943	6.26	18.20	18.25
4911	（12月）	220,407	7,883	23,778	–	–	–	8.70	–
642	ラ　イ　オ　ン	410,484	27,206	29,126	102,737	29,968	7.30	3.76	-3.25
4912	（12月）	264,280	15,988	20,473	59,495	24,794	9.38	1.28	-1.56
644	高　砂　香　料　工　業	141,592	6,358	6,720	2,195	–	–	3.53	–
4914	（3月）	62,977	1,919	3,490	–	–	–	2.59	–
646	北　興　化　学　工　業	39,826	2,286	3,541	657	–	–	-0.73	–
4992	（11月）	38,857	2,272	3,549	657	–	–	-0.77	–
649	クミアイ化学工業	77,817	3,764	7,441	797	–	–	24.41	–
4996	（10月）	60,175	2,780	4,000	751	–	–	7.34	–
650	日　本　農　薬	60,033	3,496	3,597	–	–	–	18.55	–
4997	（9月）	37,829	2,225	2,585	2,168	107	0.28	-4.72	-9.32
654	積　水　樹　脂	68,840	10,345	10,786	–	–	–	1.50	–
4212	（3月）	47,640	7,311	8,350	–	–	–	1.85	–
701	ア　キ　レ　ス	87,910	2,343	2,769	–	1,073	1.22	1.12	0.37
5142	（3月）	70,744	1,204	2,397	–	–	–	1.26	–
710	Ｊ　Ｓ　Ｒ	421,930	43,569	46,206	–	–	–	8.62	–
4185	（3月）★	240,576	27,456	42,020	–	–	–	3.11	–
727	有　沢　製　作　所	40,909	3,627	4,044	–	–	–	18.75	–
5208	（3月）	28,503	1,944	2,451	–	–	–	21.76	–
1281	日　東　電　工	856,262	125,722	126,168	–	–	–	11.53	–
6988	（3月）★	519,000	66,893	95,679	–	–	–	8.96	–
1514	東　リ	91,291	3,522	3,681	–	*299*	–	-0.19	–
7971	（3月）	54,902	2,483	2,886	1,492	293	0.53	-0.88	19.11
1526	日本バルカー工業	47,592	5,374	5,466	–	–	–	9.06	–
7995	（3月）	32,419	562	3,114	–	–	–	6.52	–
2032	ハリマ化成グループ	73,310	4,010	4,008	–	–	–	2.70	–
4410	（3月）	3,040	883	1,166	–	–	–	12.51	–
2684	Ｊ　Ｃ　Ｕ	23,120	6,948	6,972	–	–	–	11.37	–
4975	（3月）	14,029	2,757	6,111	–	–	–	3.85	–
5244	Ｊ　Ｓ　Ｐ	114,284	9,105	9,217	–	–	–	4.80	–
7942	（3月）	58,845	2,189	4,821	–	–	–	4.49	–

※ 有価証券報告書の提出義務はあるが、広告宣伝費の記載がなく、その後、日経広告研究所が独自取材、調査をして判明した
　　広告宣伝費は斜体で表記しています（29 ページ参照）。

化　　　　　　　学

上段＝連結決算、下段＝単独決算

日経会社コード／証券コード	会　社　名（決算月）	(A)売上高（単位：百万円）	(B)営業利益（単位：百万円）	(C)経常利益（単位：百万円）	(D)販売促進費（単位：百万円）	(E)広告宣伝費（単位：百万円）	比率 $\frac{E}{A}\times100$	対前年度伸び率 A（％）	対前年度伸び率 E（％）
5261／4187	大阪有機化学工業（11月）	26,562／22,720	3,208／3,039	3,364／3,207	－／－	－／－	－／－	12.62／11.46	－／－
5670／4636	T&K TOKA（3月）	47,942／40,513	1,911／1,230	2,659／1,743	－／－	－／－	－／－	-0.18／0.41	－／－
6200／4465	ニイタカ（5月）	15,625／14,974	1,076／942	1,103／978	－／－	－／－	－／－	5.19／5.10	－／－
7531／7958	天馬（3月）	77,484／22,742	2,070／-377	2,818／1,867	－／－	－／－	－／－	2.23／-2.62	－／－
7682／4626	太陽ホールディングス（3月）	52,241／8,108	11,337／4,835	11,199／4,832	－／－	－／－	－／－	9.14／-20.91	－／－
7707／4369	トリケミカル研究所（1月）	－／6,445	－／1,598	－／1,622	－／－	－／－	－／－	－／17.85	－／－
7932／4082	第一稀元素化学工業（3月）	25,537／25,131	4,632／4,637	4,355／4,591	－／－	－／－	－／－	9.14／9.63	－／－
8226／4971	メック（12月）	10,800／7,068	2,217／1,497	2,258／1,903	－／－	－／－	－／－	18.97／12.03	－／－
8290／7925	前沢化成工業（3月）	21,865／20,293	498／581	757／840	－／－	－／－	－／－	-0.45／-0.02	－／－
9429／4248	竹本容器（12月）	14,201／11,005	1,412／987	1,440／1,015	－／－	－／15	－／0.14	10.95／8.21	－／-40.00
10218／4968	荒川化学工業（3月）	80,782／51,500	4,892／1,822	5,218／3,866	－／－	－／－	－／－	4.40／1.33	－／－
10320／4462	石原ケミカル（3月）	14,963／14,905	1,160／1,221	1,217／1,277	－／－	－／－	－／－	2.70／2.34	－／－
11330／7908	KIMOTO（3月）	14,877／13,762	707／846	732／869	－／－	－／－	－／－	-4.67／-2.78	－／－
11899／4956	コニシ（3月）	128,492／87,291	7,238／4,058	7,331／4,634	－／－	－／－	－／－	5.89／2.30	－／－
12511／7970	信越ポリマー（3月）	79,343／51,120	7,206／2,753	7,274／4,077	－／－	－／－	－／－	7.25／10.04	－／－
13729／4186	東京応化工業（12月）	103,529／63,675	10,942／6,383	11,193／8,315	－／187	－／281	－／0.44	15.07／6.91	－／36.41
14748／7940	ウェーブロックホールディングス（3月）	27,702／722	1,834／109	2,144／337	－／－	－／－	－／－	3.04／4.03	－／－
15197／4109	ステラ ケミファ（3月）	33,622／25,183	2,369／1,828	1,756／1,594	－／－	－／－	－／－	12.64／15.18	－／－
15200／4958	長谷川香料（9月）	48,001／36,572	5,606／3,868	6,101／4,363	－／－	－／－	－／－	0.86／-0.62	－／－
15640／4368	扶桑化学工業（3月）	40,221／33,327	10,537／8,957	10,367／9,809	－／－	－／－	－／－	11.03／11.08	－／－
16088／4917	マンダム（3月）	81,386／51,646	8,457／5,887	9,264／6,696	10,954／3,874	5,207／3,365	6.40／6.52	5.22／4.12	-2.33／-0.21
16281／4033	日東エフシー（9月）	16,386／11,307	1,581／701	2,096／1,480	－／－	－／－	－／－	-3.04／-9.92	－／－
16363／7874	レック（3月）	39,214／36,215	4,006／3,729	4,099／3,797	－／－	－／－	－／－	6.03／5.07	－／－
16401／4249	森六ホールディングス（3月）	182,177／1,544	9,417／413	9,256／889	－／－	－／－	－／－	7.16／10.68	－／－
16892／4985	アース製薬（12月）	179,738／115,685	4,456／4,852	4,987／5,970	13,973／9,354	10,142／7,617	5.64／6.58	6.67／5.61	10.25／7.60
18914／7917	藤森工業（3月）	108,205／70,936	8,577／7,600	8,764／7,053	－／－	－／－	－／－	9.94／3.36	－／－
19874／4921	ファンケル（3月）	109,019／92,764	8,448／6,346	8,650／7,415	20,203／17,109	15,164／13,159	13.91／14.19	13.20／36.35	2.35／67.97
20072／4926	シーボン（3月）	－／12,564	－／572	－／625	－／837	－／688	－／5.48	－／0.57	－／3.61
21106／4951	エステー（3月）	48,626／44,936	3,480／2,756	3,469／2,968	3,494／3,453	2,895／2,821	5.95／6.28	5.81／4.88	10.58／7.80

—88—

化　　　　学

上段＝連結決算、下段＝単独決算

日経会社コード 証券コード	会　社　名 （決算月）	(A) 売上高 (単位:百万円)	(B) 営業利益 (単位:百万円)	(C) 経常利益 (単位:百万円)	(D) 販売促進費 (単位:百万円)	(E) 広告宣伝費 (単位:百万円)	比率 $\frac{E}{A}\times100$	対前年度伸び率 A（%）	対前年度伸び率 E（%）
22094	アグロ　カネショウ	14,587	2,096	2,094	－	－	－	1.91	－
4955	（12月）	12,117	960	1,254	－	－	－	2.28	
23126	コ　ー　セ　ー	303,399	48,408	48,508	55,374	20,008	6.59	13.73	7.09
4922	（3月）	135,893	11,481	20,021	22,687	11,137	8.20	12.76	-5.34
25193	タイガースポリマー	42,766	2,668	2,757	－	－	－	5.54	－
4231	（3月）	22,869	1,628	1,894	－	27	0.12	3.53	28.57
25438	大　成　ラ　ミ　ッ　ク	25,657	1,618	1,658	－	－	－	7.34	－
4994	（3月）	24,139	1,874	1,892	－	－	－	4.67	
27841	新　田　ゼ　ラ　チ　ン	37,777	1,095	1,009	－	－	－	3.29	－
4977	（3月）	23,210	863	1,039	－	－	－	1.34	
27856	ダイキョーニシカワ	171,967	18,052	18,742	－	－	－	10.49	－
4246	（3月）	136,006	11,229	11,897	－	－	－	9.43	
27967	日　華　化　学	48,493	2,116	2,171	－	－	－	9.66	－
4463	（12月）	22,500	-75	523	－	－	－	0.01	
30041	星　光　Ｐ　Ｍ　Ｃ	25,086	2,220	2,464	－	－	－	3.04	－
4963	（12月）	19,267	1,445	1,609	－	－	－	1.98	
30656	日本高純度化学	－	－	－	－	－	－	－	－
4973	（3月）	10,668	1,078	1,179	－	11	0.10	29.64	-8.33
30702	シーズ・ホールディングス	42,916	8,566	8,766	3,630	5,851	13.63	8.78	2.25
4924	（7月）	4,771	4,299	4,365	67	－	－	-53.89	－
31075	ミ　ラ　イ　ア　ル	8,491	1,098	1,424	99	－	－	21.40	－
4238	（1月）	6,849	826	1,151	90	－	－	23.49	
31109	三菱ケミカルホールディングス	3,724,406	355,711	344,077	－	－	－	10.32	－
4188	（3月）★	81,386	72,759	70,717	－	－	－	71.59	
31668	ノエビアホールディングス	54,473	9,986	10,291	4,822	1,609	2.95	6.43	-20.93
4928	（9月）	9,770	7,230	7,671	－	－	－	5.61	
31774	アジュバンコスメジャパン	5,097	500	509	369	－	－	6.83	－
4929	（3月）	4,380	329	438	364	41	0.94	2.43	24.24
31833	カーリットホールディングス	51,785	2,028	2,176	－	－	－	8.41	－
4275	（3月）	3,058	1,012	1,159	－	－	－	2.41	
31870	ダイキアクシス	33,561	1,143	1,342	－	－	－	2.29	－
4245	（12月）	28,015	752	1,174	50	18	0.06	-1.84	20.00
31900	ＯＡＴアグリオ	14,118	1,882	1,890	－	－	－	9.12	－
4979	（12月）	13,646	1,857	1,859	－	－	－	7.32	
40396	ポーラ・オルビスホールディング	244,335	38,881	39,250	84,041	12,792	5.24	11.83	45.46
4927	（12月）	30,647	27,031	27,903	－	－	－	95.70	
40750	Ｋ　Ｈ　ネ　オ　ケ　ム	94,661	11,495	11,906	－	－	－	18.09	－
4189	（12月）	88,011	10,938	11,571	－	－	－	18.12	
40905	デクセリアルズ	70,079	6,178	5,682	－	－	－	11.95	－
4980	（3月）	62,997	4,262	5,390	－	－	－	11.38	
63223	ミ　ル　ボ　ン	33,456	5,345	4,997	3,063	－	－	14.83	－
4919	（12月）	30,850	4,892	4,546	2,850	－	－	11.95	
91165	Ｃ　Ｏ　Ｔ　Ａ	－	－	－	－	－	－	－	－
4923	（3月）	6,732	1,315	1,338	388	－	－	2.75	

化学（東証二部）

日経会社コード 証券コード	会　社　名 （決算月）	(A) 売上高	(B) 営業利益	(C) 経常利益	(D) 販売促進費	(E) 広告宣伝費	比率	A（%）	E（%）
504	日　本　化　学　産　業	22,150	2,678	2,815	－	－	－	11.62	－
4094	（3月）	20,959	2,633	2,793	－	－	－	12.22	
511	丸尾カルシウム	12,036	504	614	－	－	－	1.94	－
4102	（3月）	10,788	381	496	－	－	－	0.91	
514	田　岡　化　学　工　業	21,843	2,075	2,101	－	－	－	4.01	－
4113	（3月）	21,116	2,063	2,094	－	－	－	3.72	
516	本　州　化　学　工　業	20,086	3,207	3,126	－	－	－	15.62	－
4115	（3月）	16,275	1,613	1,884	－	－	－	16.42	
520	日本ピグメント	46,197	938	1,095	－	－	－	8.36	－
4119	（3月）	26,635	474	731	－	－	－	6.15	
521	スガイ化学工業	－	－	－	－	－	－	－	－
4120	（3月）	5,316	93	90	－	－	－	5.88	

化　　　　学

上段＝連結決算、下段＝単独決算

日経会社コード / 証券コード	会　社　名（決算月）	(A) 売上高（単位:百万円）	(B) 営業利益（単位:百万円）	(C) 経常利益（単位:百万円）	(D) 販売促進費（単位:百万円）	(E) 広告宣伝費（単位:百万円）	比　率（E/A×100）	対前年度伸び率 A（%）	対前年度伸び率 E（%）
544	児 玉 化 学 工 業	19,966	117	-276	-	-	-	-6.40	-
4222	（3月）	11,723	-80	-193	-	-	-	4.75	-
546	ロンシール工業	20,686	2,130	2,183	-	-	-	-1.37	-
4224	（3月）	18,334	1,656	1,868	-	-	-	-0.67	-
552	川 口 化 学 工 業	7,003	265	258	-	-	-	8.84	-
4361	（11月）	6,902	245	241	6	4	0.06	8.13	300.00
558	東 邦 化 学 工 業	42,762	2,398	2,437	-	-	-	10.93	-
4409	（3月）	39,938	2,481	2,809	-	-	-	10.48	-
567	昭 和 化 学 工 業	8,113	559	741	-	-	-	-0.01	-
4990	（3月）	7,269	447	562	-	-	-	0.36	-
629	川 上 塗 料	5,854	316	354	-	-	-	-2.82	-
4616	（11月）	5,787	310	349	-	-	-	-2.98	-
633	ロックペイント	24,414	1,711	1,971	-	-	-	0.77	-
4621	（3月）	23,443	1,686	2,141	-	-	-	0.00	-
637	東 京 イ ン キ	44,866	1,464	1,724	-	-	-	2.09	-
4635	（3月）	44,609	1,442	1,649	-	-	-	2.46	-
651	フ マ キ ラ ー	47,740	2,527	2,688	2,090	3,109	6.51	12.70	21.40
4998	（3月）	24,984	981	1,927	-	1,609	6.44	13.71	9.38
652	セ メ ダ イ ン	27,909	1,140	1,048	-	-	-	5.12	-
4999	（3月）	22,538	755	955	-	225	1.00	7.31	-47.67
657	ア サ ヒ ペ ン	13,289	600	685	219	-	-	-1.83	-
4623	（3月）	10,896	422	575	215	-	-	-4.60	-
1230	天 昇 電 気 工 業	15,548	1,261	1,160	-	-	-	1.18	-
6776	（3月）	15,216	1,243	1,162	-	-	-	1.20	-
2035	エス・ディー・エス　バイオテツ	-	-	-	-	-	-	-	-
4952	（3月）	12,928	1,410	1,577	-	-	-	3.50	-
7180	伊 勢 化 学 工 業	14,348	406	416	-	-	-	0.91	-
4107	（12月）	13,283	883	888	-	-	-	-0.36	-
10505	上 村 工 業	48,120	8,322	8,424	-	-	-	14.35	-
4966	（3月）	25,143	3,861	8,953	-	-	-	15.04	-
11709	広 栄 化 学 工 業	-	-	-	-	-	-	-	-
4367	（3月）	18,144	1,527	1,703	-	-	-	5.01	-
12141	三 光 合 成	56,159	2,358	2,252	-	-	-	0.93	-
7888	（5月）	22,564	1,230	1,906	-	-	-	7.70	-
13605	寺 岡 製 作 所	22,815	1,319	1,216	-	-	-	7.30	-
4987	（3月）	21,672	817	845	-	-	-	5.43	-
15498	フクビ化学工業	40,177	1,361	1,581	-	240	0.60	1.23	-4.76
7871	（3月）	36,826	1,169	1,428	-	-	-	-0.51	-
16263	ケ ミ プ ロ 化 成	-	-	-	-	-	-	-	-
4960	（3月）	9,317	367	274	-	-	-	2.95	-
16902	イ サ ム 塗 料	8,026	755	939	-	-	-	0.40	-
4624	（3月）	7,393	580	769	-	-	-	-0.18	-
17018	ダイトーケミックス	12,509	1,142	1,175	-	-	-	5.07	-
4366	（3月）	10,983	854	999	-	-	-	6.52	-
18227	パーカーコーポレーション	49,461	3,604	3,919	-	-	-	3.16	-
9845	（3月）	26,269	1,229	1,530	-	-	-	0.50	-
18462	マ ナ ッ ク	8,574	206	255	-	-	-	-5.90	-
4364	（3月）	6,773	176	241	-	-	-	-3.02	-
22432	菊 水 化 学 工 業	20,718	124	146	-	-	-	1.01	-
7953	（3月）	19,764	163	193	-	-	-	0.74	-
23185	互 応 化 学 工 業	7,603	739	858	-	-	-	2.38	-
4962	（3月）	7,159	691	844	-	-	-	2.87	-
30417	ソフト９９コーポレーション	23,413	2,747	2,895	358	393	1.68	4.67	10.39
4464	（3月）	12,338	1,752	2,008	256	235	1.90	4.92	19.90
31586	ショーエイコーポレーション	16,166	570	540	-	-	-	9.77	-
9385	（3月）	10,090	348	524	-	-	-	15.62	-
65202	ヤスハラケミカル	-	-	-	-	-	-	-	-
4957	（3月）	12,928	993	1,056	-	-	-	5.56	-

化　　　　学

上段＝連結決算、下段＝単独決算

日経会社コード／証券コード	会　社　名（決算月）	(A)売上高(単位:百万円)	(B)営業利益(単位:百万円)	(C)経常利益(単位:百万円)	(D)販売促進費(単位:百万円)	(E)広告宣伝費(単位:百万円)	比率($\frac{E}{A}\times100$)	対前年度伸び率 A(%)	対前年度伸び率 E(%)

化学（名証二部）

日経会社コード／証券コード	会社名（決算月）	(A)	(B)	(C)	(D)	(E)	比率	A(%)	E(%)
7648 / 7950	日本デコラックス（3月）	－ / 6,009	－ / 609	－ / 668	－ / －	－ / 44	－ / 0.73	－ / -2.29	－ / -2.22
31901 / 4247	ポ バ ー ル 興 業（3月）	2,922 / 2,133	234 / 111	257 / 131	－ / －	－ / －	－ / －	22.16 / 7.67	－ / －

化学（福岡）

日経会社コード／証券コード	会社名（決算月）	(A)	(B)	(C)	(D)	(E)	比率	A(%)	E(%)
648 / 4995	サ ン ケ イ 化 学（11月）	6,617 / 5,998	87 / 56	138 / 78	109 / 109	－ / 21	－ / 0.35	5.35 / 5.67	－ / -41.67
5882 / 7894	丸 東 産 業（2月）	16,356 / 15,434	878 / 747	930 / 829	－ / －	－ / －	－ / －	3.59 / 3.09	－ / －

化学（ジャスダック）

日経会社コード／証券コード	会社名（決算月）	(A)	(B)	(C)	(D)	(E)	比率	A(%)	E(%)
4662 / 4629	大 伸 化 学（3月）	－ / 26,623	－ / 1,131	－ / 1,155	－ / －	－ / －	－ / －	－ / 10.64	－ / －
5190 / 4970	東 洋 合 成 工 業（3月）	－ / 20,536	－ / 1,300	－ / 1,089	－ / －	－ / －	－ / －	－ / 12.94	－ / －
7329 / 7891	日 本 ユ ピ カ（3月）	11,602 / 9,927	591 / 623	589 / 630	－ / －	－ / －	－ / －	7.70 / 3.13	－ / －
9439 / 4242	タ カ ギ セ イ コ ー（3月）	51,905 / 26,387	2,540 / 320	2,290 / 829	－ / －	－ / －	－ / －	13.36 / 10.45	－ / －
11871 / 4918	アイビー化粧品（3月）	5,624 / 5,624	144 / 153	141 / 158	928 / 928	66 / 66	1.17 / 1.17	-15.61 / -15.57	15.79 / 20.00
12099 / 4234	サ ン エ ー 化 研（3月）	32,753 / 29,000	1,199 / 1,210	1,134 / 1,395	－ / －	－ / －	－ / －	3.32 / 3.61	－ / －
12856 / 4972	綜 研 化 学（3月）	30,050 / 16,829	2,651 / 1,012	2,600 / 2,013	－ / －	－ / －	－ / －	14.96 / 10.39	－ / －
12893 / 4235	ウルトラファブリックス・ホール（12月）★	7,848 / 7,848	572 / 572	204 / 204	－ / －	194 / 194	2.47 / 2.47	33.61 / －	592.86 / －
12893 / 4235	ウルトラファブリックス・ホール（12月）★	－ / 4,753	－ / 183	－ / 186	－ / －	－ / 6	－ / 0.13	－ / -8.93	－ / 100.00
15779 / 4274	細 谷 火 工（3月）	－ / 1,527	－ / 141	－ / 142	－ / －	－ / 6	－ / 0.39	－ / 4.16	－ / 500.00
16155 / 7899	Ｍ Ｉ Ｃ Ｓ 化 学（4月）	2,549 / 2,482	171 / 167	182 / 179	－ / 47	－ / －	－ / －	-1.20 / -1.15	－ / －
16376 / 4920	日本色材工業研究所（2月）	10,395 / 8,707	646 / 549	634 / 548	－ / －	－ / －	－ / －	3.88 / 3.58	－ / －
18498 / 4365	松 本 油 脂 製 薬（3月）	32,112 / 31,645	5,286 / 5,240	5,825 / 5,687	－ / －	－ / －	－ / －	2.35 / 2.64	－ / －
19598 / 4925	ハーバー研究所（3月）	17,885 / 16,254	2,400 / 1,652	2,390 / 1,736	2,473 / 2,403	2,059 / 2,040	11.51 / 12.55	10.85 / 12.17	25.24 / 25.31
20097 / 4625	ア ト ミ ク ス（3月）	11,178 / 9,592	578 / 464	592 / 498	－ / －	－ / －	－ / －	5.18 / 0.49	－ / －
20399 / 4237	フ ジ プ レ ア ム（3月）	10,282 / 9,781	401 / 378	401 / 379	－ / －	－ / －	－ / －	-19.86 / -4.41	－ / －
20645 / 4243	ニ ッ ク ス（9月）	4,433 / 3,951	347 / 178	392 / 296	－ / －	－ / －	－ / －	12.23 / 6.04	－ / －
26017 / 7895	中 央 化 学（3月）	57,774 / 50,746	-1,721 / -1,508	-1,797 / -1,704	1,564 / 1,558	－ / －	－ / －	-0.80 / -2.39	－ / －
27442 / 4627	ナ ト コ（10月）	15,805 / 11,526	1,461 / 1,071	1,615 / 1,449	－ / －	－ / －	－ / －	6.42 / 4.94	－ / －
30236 / 4080	田中化学研究所（3月）	－ / 21,413	－ / 730	－ / 633	－ / －	－ / －	－ / －	－ / 61.56	－ / －
31197 / 4239	ポ ラ テ ク ノ（3月）	21,201 / 16,474	2,839 / 1,584	2,750 / 2,435	－ / －	－ / －	－ / －	1.60 / 2.51	－ / －
31223 / 4240	クラスターテクノロジー（3月）	－ / 743	－ / 25	－ / 27	－ / －	－ / －	－ / －	－ / 10.24	－ / －

化 学 ／ 医 薬 品

上段＝連結決算、下段＝単独決算

日経会社コード／証券コード	会　社　名（決算月）	(A)売上高(単位:百万円)	(B)営業利益(単位:百万円)	(C)経常利益(単位:百万円)	(D)販売促進費(単位:百万円)	(E)広告宣伝費(単位:百万円)	比率$\frac{E}{A}\times100$	対前年度伸び率 A (%)	E (%)
31517	東洋ドライルーブ	4,912	334	510	–	–	–	7.60	–
4976	（6月）	4,139	298	468	–	–	–	4.26	–
31813	リ プ ロ セ ル	926	-1,025	-935	–	–	–	-26.33	–
4978	（3月）	405	-421	-291	–	–	–	8.29	–
32272	大 阪 油 化 工 業	–	–	–	–	–	–	–	–
4124	（9月）	1,137	220	213	–	–	–	9.01	–
35938	永 大 化 工	8,101	270	235	–	–	–	17.20	–
7877	（3月）	8,002	231	199	–	–	–	18.85	–
38562	ア テ ク ト	2,669	160	109	–	–	–	7.49	–
4241	（3月）	2,736	101	73	64	13	0.48	9.66	–
44983	エ ス ケ ー 化 研	91,332	11,399	11,329	–	–	–	-0.47	–
4628	（3月）	78,194	10,492	10,172	–	–	–	0.19	–

化学（非上場）

日経会社コード／証券コード	会　社　名（決算月）	(A)売上高	(B)営業利益	(C)経常利益	(D)販売促進費	(E)広告宣伝費	比率	A (%)	E (%)
466	チ ッ ソ	159,984	2,898	4,760	–	–	–	3.89	–
9999	（3月）	–	-375	4,906	–	–	–	–	–
541	プ ラ ス ・ テ ク	–	–	–	–	–	–	–	–
9999	（3月）	7,455	212	208	–	–	–	1.75	–
545	太 平 化 学 製 品	5,254	143	122	–	6	0.11	12.60	200.00
9999	（3月）	4,923	74	101	–	6	0.12	10.23	200.00
2354	ナ リ ス 化 粧 品	24,132	661	753	3,221	–	–	8.30	–
9999	（3月）	22,650	574	655	3,198	–	–	6.73	–
10688	大阪印刷インキ製造	–	–	–	–	–	–	–	–
9999	（3月）	5,597	275	295	–	–	–	-3.10	–
14012	東洋クオリティワン	30,358	584	893	–	–	–	-0.10	–
9999	（3月）	22,259	109	434	–	–	–	0.25	–
14509	日 亜 化 学 工 業	347,250	63,193	65,887	935	–	–	11.22	–
9999	（12月）	335,538	56,299	63,808	130	–	–	12.02	–
15796	北 海 道 曹 達	–	–	–	–	–	–	–	–
9999	（12月）	7,400	778	819	–	–	–	0.60	–
32382	フ ロ ン テ ィ ア	1,196	61	54	–	–	–	5.47	–
9999	（11月）	–	–	–	–	–	–	–	–

医薬品（東証一部）

日経会社コード／証券コード	会　社　名（決算月）	(A)売上高	(B)営業利益	(C)経常利益	(D)販売促進費	(E)広告宣伝費	比率	A (%)	E (%)
522	協 和 発 酵 キ リ ン	353,380	57,731	55,849	13,709	–	–	1.56	–
4151	（12月）★	210,616	38,635	49,740	–	–	–	3.04	–
590	日 本 ケ ミ フ ァ	35,331	1,848	1,696	4,047	87	0.25	-1.00	-40.00
4539	（3月）	29,867	400	769	3,998	74	0.25	-1.54	-46.76
592	武 田 薬 品 工 業	1,770,531	241,789	217,205	–	115,708	6.54	2.22	2.54
4502	（3月）★	659,462	67,736	125,944	10,027	2,139	0.32	-10.62	-87.86
593	ア ス テ ラ ス 製 薬	1,300,316	213,258	218,113	–	152,100	11.70	-0.87	5.55
4503	（3月）★	613,657	-13,490	285,690	–	–	–	-2.58	–
596	大 日 本 住 友 製 薬	466,838	88,173	84,866	–	38,212	8.19	14.32	3.23
4506	（3月）★	251,101	74,568	71,320	–	–	–	-2.12	–
597	塩 野 義 製 薬	344,667	115,219	138,692	14,809	–	–	1.70	–
4507	（3月）	315,941	116,907	117,534	12,001	–	–	3.50	–
598	田 辺 三 菱 製 薬	433,855	77,285	78,764	–	–	–	2.33	–
4508	（3月）★	414,957	90,385	90,935	–	–	–	4.70	–
601	わ か も と 製 薬	–	–	–	–	–	–	–	–
4512	（3月）	10,900	-73	-80	1,054	285	2.61	0.65	187.88
602	あ す か 製 薬	48,944	2,824	3,073	963	–	–	0.86	–
4514	（3月）	44,995	2,629	2,877	245	148	0.33	0.04	-29.19
604	日 本 新 薬	101,448	17,079	17,451	3,901	–	–	2.70	–
4516	（3月）	101,221	15,854	16,396	–	–	–	2.71	–
605	ビオフェルミン製薬	–	–	–	–	–	–	–	–
4517	（3月）	10,877	3,192	3,108	605	1,873	17.22	2.44	-6.12
607	中 外 製 薬	534,199	98,934	97,031	–	–	–	8.63	–
4519	（12月）★	526,052	86,583	91,772	–	–	–	8.04	–

医　薬　品

上段＝連結決算、下段＝単独決算

日経会社コード／証券コード	会　社　名（決算月）	(A)売上高(単位:百万円)	(B)営業利益(単位:百万円)	(C)経常利益(単位:百万円)	(D)販売促進費(単位:百万円)	(E)広告宣伝費(単位:百万円)	比率$\frac{E}{A}\times100$	対前年度伸び率A (%)	対前年度伸び率E (%)
609	科 研 製 薬	98,430	27,496	27,854	-	-	-	-3.00	-
4521	（3月）	96,891	27,388	27,747	-	-	-	-3.06	-
611	エ ー ザ イ	600,054	77,212	76,803	-	-	-	11.31	-
4523	（3月）★	334,051	41,794	41,515	-	-	-	17.77	-
614	ロ ー ト 製 薬	171,742	19,087	18,849	21,863	22,982	13.38	11.09	3.27
4527	（3月）	96,880	12,864	14,843	13,698	12,101	12.49	8.17	3.07
615	小 野 薬 品 工 業	261,836	60,684	63,922	3,714	*2,725*	-	6.96	-
4528	（3月）★	260,223	45,542	47,155	3,701	-	-	6.97	-
617	久 光 製 薬	147,870	26,345	28,245	13,227	10,987	7.43	1.33	13.73
4530	（2月）	112,391	20,516	21,369	10,532	7,729	6.88	-0.25	4.08
621	持 田 製 薬	106,761	11,662	12,008	-	4,682	4.39	9.67	5.10
4534	（3月）	100,528	5,103	7,674	-	-	-	10.03	-
623	参 天 製 薬	224,942	38,691	39,261	-	18,167	8.08	12.98	13.90
4536	（3月）★	171,872	31,298	31,689	-	-	-	9.49	-
656	扶 桑 薬 品 工 業	-	-	-	-	-	-	-	-
4538	（3月）	45,900	798	832	-	*120*	-	-1.89	-
659	日 医 工	164,717	10,301	9,067	-	-	-	10.35	-
4541	（3月）★	150,642	7,062	6,751	22,138	-	-	2.86	-
660	ツ ム ラ	117,879	17,050	17,914	13,873	*871*	-	2.54	-
4540	（3月）	116,230	14,931	15,410	13,876	-	-	2.57	-
3732	生 化 学 工 業	30,175	1,421	5,327	1,655	-	-	1.98	-
4548	（3月）	25,371	299	4,188	1,641	-	-	-0.35	-
11908	小 林 製 薬	156,761	22,925	24,191	11,106	22,361	14.26	6.64	18.42
4967	（12月）	133,522	17,300	20,910	7,731	20,347	15.24	6.36	20.33
12088	沢 井 製 薬	168,068	22,209	20,251	-	1,834	1.09	26.95	-11.57
4555	（3月）★	134,178	20,084	19,082	-	1,405	1.05	1.80	-32.13
12818	ゼリア新薬工業	64,568	4,830	5,089	5,820	-	-	-0.43	-
4559	（3月）	46,528	1,740	2,825	3,665	3,386	7.28	-1.86	5.94
14227	鳥 居 薬 品	-	-	-	-	-	-	-	-
4551	（12月）	64,135	6,281	6,403	5,091	-	-	6.53	-
14649	日 水 製 薬	12,329	1,427	1,535	444	-	-	-3.87	-
4550	（3月）	12,145	1,471	1,578	2	-	-	0.21	-
15571	富 士 製 薬 工 業	35,387	4,314	4,628	1,537	-	-	3.38	-
4554	（9月）	32,986	4,138	4,478	1,755	41	0.12	3.10	13.89
15619	ＪＣＲファーマ	20,594	3,784	3,843	-	-	-	13.87	-
4552	（3月）	20,304	3,732	3,794	-	-	-	14.11	-
16918	栄 研 化 学	34,991	3,478	3,549	-	-	-	5.16	-
4549	（3月）	34,981	3,567	3,615	-	-	-	5.20	-
16954	キッセイ薬品工業	74,009	9,887	11,414	189	-	-	3.21	-
4547	（3月）	63,891	9,205	10,743	189	-	-	3.97	-
27227	東 和 薬 品	93,430	11,643	11,717	-	1,016	1.09	9.98	19.39
4553	（3月）	90,991	12,106	8,826	-	-	-	9.99	-
31101	第 一 三 共	960,195	76,282	81,021	-	-	-	0.53	-
4568	（3月）★	630,954	17,177	90,136	51,443	818	0.13	0.29	12.52
31204	キョーリン製薬ホールディングス	110,640	8,822	9,345	4,830	2,653	2.40	-4.10	-20.09
4569	（3月）	7,715	4,624	4,734	-	300	3.89	-2.78	11.11
31602	大 幸 薬 品	9,459	1,857	1,567	768	1,040	10.99	14.05	27.45
4574	（3月）	8,972	1,769	1,512	652	874	9.74	14.78	34.88
31695	大正製薬ホールディングス	280,092	36,977	42,140	28,636	22,579	8.06	0.11	2.23
4581	（3月）	7,240	5,675	5,609	-	-	-	1.53	-
31810	ペプチドリーム	-	-	-	-	-	-	-	-
4587	（6月）	4,895	2,490	2,624	-	-	-	13.13	-
35068	タ カ ラ バ イ オ	32,312	3,555	3,861	729	83	0.26	10.00	-6.74
4974	（3月）	20,976	900	2,660	486	-	-	8.00	-
40329	大塚ホールディングス	1,239,952	104,181	103,712	-	-	-	3.71	-
4578	（12月）★	43,701	35,062	36,921	-	-	-	-52.60	-
48960	ダ イ ト	37,984	3,832	3,878	-	-	-	4.44	-
4577	（5月）	37,787	3,123	3,167	-	20	0.05	4.30	33.33

※ 有価証券報告書の提出義務はあるが、広告宣伝費の記載がなく、その後、日経広告研究所が独自取材、調査をして判明した
　広告宣伝費は斜体で表記しています（29ページ参照）。

医　薬　品

上段＝連結決算、下段＝単独決算

日経会社コード／証券コード	会　社　名（決算月）	(A)売上高（単位：百万円）	(B)営業利益（単位：百万円）	(C)経常利益（単位：百万円）	(D)販売促進費（単位：百万円）	(E)広告宣伝費（単位：百万円）	比　率$\frac{E}{A}\times100$	対前年度伸び率 A（%）	対前年度伸び率 E（%）

医薬品（東証二部）

日経会社コード／証券コード	会　社　名（決算月）	(A)	(B)	(C)	(D)	(E)	比率	A（%）	E（%）
612 / 4524	森下仁丹（3月）	10,800 / 10,694	545 / 501	560 / 527	554 / 796	787 / 787	7.29 / 7.36	-1.52 / -1.94	-16.19 / -16.19

医薬品（マザーズ）

日経会社コード／証券コード	会　社　名（決算月）	(A)	(B)	(C)	(D)	(E)	比率	A（%）	E（%）
30624 / 4563	アンジェス（12月）	365 / 365	-3,288 / -3,328	-3,307 / -3,349	- / 1	- / 28	- / 7.67	-28.99 / -28.99	- / 7.69
30775 / 4564	オンコセラピー・サイエンス（3月）	211 / 205	-2,988 / -2,701	-2,977 / -2,683	- / -	- / -	- / -	-26.22 / -28.32	- / -
31470 / 2160	ジーエヌアイグループ（12月）★	2,648 / 28	154 / -346	137 / -210	- / -	- / -	- / -	102.76 / 47.37	- / -
31522 / 4571	ナノキャリア（3月）	- / 259	- / -5,351	- / -5,304	- / -	- / -	- / -	- / 18.81	- / -
31613 / 4575	キャンバス（6月）	- / 109	- / -406	- / -400	- / -	- / -	- / -	- / 3.81	- / -
31714 / 4583	カイオム・バイオサイエンス（12月）	- / 259	- / -887	- / -883	- / -	- / -	- / -	- / 2.78	- / -
31765 / 4584	ジーンテクノサイエンス（3月）	- / 1,059	- / -913	- / -903	- / -	- / -	- / -	- / -2.75	- / -
31770 / 4585	UMNファーマ（12月）	- / 104	- / -498	- / -158	- / -	- / -	- / -	- / 100.00	- / -
31790 / 4586	メドレックス（12月）	198 / 198	-983 / -990	-988 / -987	- / -	- / -	- / -	800.00 / 800.00	- / -
31850 / 4588	オンコリスバイオファーマ（12月）	- / 229	- / -1,078	- / -1,087	- / -	- / -	- / -	- / 28.65	- / -
31918 / 4591	リボミック（3月）	- / 64	- / -899	- / -751	- / -	- / -	- / -	- / -31.18	- / -
32004 / 4592	サンバイオ（1月）	490 / -	-4,378 / -567	-3,947 / -679	- / -	- / -	- / -	-48.37 / -	- / -
32027 / 4593	ヘリオス（12月）	27 / -	-2,348 / -	-2,414 / -	- / -	- / -	- / -	-64.94 / -	- / -
32071 / 4594	ブライトパス・バイオ（3月）	354 / 354	-1,561 / -1,452	-1,573 / -1,569	- / -	- / -	- / -	-33.08 / -33.08	- / -
32192 / 4596	窪田製薬ホールディングス（12月）★	- / 422	-3,619 / -435	-3,444 / -435	- / -	- / -	- / -	- / -	- / -
32232 / 4597	ソレイジア・ファーマ（12月）★	410 / 410	-1,009 / -1,521	-1,016 / -1,564	- / -	- / -	- / -	-18.16 / -18.16	- / -

医薬品（ジャスダック）

日経会社コード／証券コード	会　社　名（決算月）	(A)	(B)	(C)	(D)	(E)	比率	A（%）	E（%）
5401 / 4557	医学生物学研究所（3月）	7,072 / 6,158	120 / 48	11 / 3	- / -	- / -	- / -	-3.76 / -0.26	- / -
8696 / 4595	ミズホメディー（12月）	- / 5,624	- / 850	- / 851	- / 991	- / -	- / -	- / 13.36	- / -
16323 / 4556	カイノス（3月）	- / 4,386	- / 456	- / 477	- / 32	- / 10	- / 0.23	- / -6.74	- / -28.57
30076 / 4558	中京医薬品（3月）	- / 5,493	- / 54	- / 72	- / 46	- / 8	- / 0.15	- / -6.37	- / -20.00
31401 / 4570	免疫生物研究所（3月）	758 / 643	-48 / -50	-49 / -48	- / -	- / -	- / -	2.29 / -1.53	- / -
31535 / 4572	カルナバイオサイエンス（12月）	657 / 560	-699 / -692	-711 / -703	- / -	- / -	- / -	-18.99 / -23.18	- / -
31618 / 4576	デ・ウエスタン・セラピテクス研（12月）	254 / 245	-633 / -523	-668 / -557	- / -	- / -	- / -	51.19 / 66.67	- / -
31666 / 4579	ラクオリア創薬（12月）	1,419 / 1,362	-150 / -114	-80 / -44	- / -	- / -	- / -	- / 93.19	- / -
40515 / 4582	シンバイオ製薬（12月）	- / 3,444	- / -3,947	- / -3,976	- / -	- / -	- / -	- / 45.44	- / -

医薬品／石油／ゴム

上段＝連結決算、下段＝単独決算

日経会社コード 証券コード	会　社　名 （決算月）	(A) 売上高 (単位:百万円)	(B) 営業利益 (単位:百万円)	(C) 経常利益 (単位:百万円)	(D) 販売促進費 (単位:百万円)	(E) 広告宣伝費 (単位:百万円)	比　率 E/A×100	対前年度伸び率 A (%)	E (%)

医薬品（非上場）

日経会社コード 証券コード	会社名 （決算月）	(A)	(B)	(C)	(D)	(E)	比率	A(%)	E(%)
11718	広　貫　堂	17,472	268	400	–	–	–	12.28	–
9999	（3月）	15,003	-123	277	–	–	–	17.24	–
12069	佐　藤　製　薬	39,467	4	-21	5,792	3,136	7.95	1.46	1.95
9999	（7月）	38,938	-105	-71	5,658	3,115	8.00	1.25	1.63
16390	森　田　薬　品　工　業	2,202	322	332	–	–	–	0.82	–
9999	（3月）	2,239	126	165	14	22	0.98	4.09	29.41
30521	マ　ル　ホ	86,902	14,731	14,577	–	–	–	13.27	–
9999	（9月）	79,955	20,355	20,400	–	–	–	14.10	–
30962	ＬＴＴバイオファーマ	–	–	–	–	–	–	–	–
9999	（3月）	37	-638	1,496	–	–	–	-26.00	–
32449	千　寿　製　薬	37,094	227	3,165	2,347	–	–	-2.16	–
9999	（3月）	37,094	1,446	4,435	2,347	1,300	3.50	-2.16	-12.63

石油（東証一部）

日経会社コード 証券コード	会社名 （決算月）	(A)	(B)	(C)	(D)	(E)	比率	A(%)	E(%)
557	ニ　チ　レ　キ	60,570	5,445	5,628	–	–	–	11.26	–
5011	（3月）	30,458	2,605	4,120	–	–	–	11.99	–
662	昭和シェル石油	2,045,936	78,477	92,973	–	–	–	18.53	–
5002	（12月）	1,908,970	82,255	87,488	–	–	–	21.82	–
10379	出　光　興　産	3,730,690	201,323	226,316	–	–	–	16.94	–
5019	（3月）	2,746,981	103,794	124,505	–	–	–	11.86	–
15930	ＭＯＲＥＳＣＯ	27,922	2,330	2,600	–	–	–	4.68	–
5018	（2月）	17,513	1,141	1,396	–	16	0.09	2.56	-40.74
16603	ユシロ化学工業	31,565	2,502	3,243	–	–	–	6.62	–
5013	（3月）	16,362	609	1,524	–	–	–	6.31	–
30674	富　士　石　油	423,772	11,188	8,633	–	–	–	1.01	–
5017	（3月）	416,857	11,164	8,680	–	–	–	1.58	–
30843	日本コークス工業	110,155	3,496	3,227	–	–	–	23.70	–
3315	（3月）	100,472	2,389	2,269	–	–	–	27.12	–
31630	ＪＸＴＧホールディングス	10,301,072	487,546	467,435	–	–	–	46.63	–
5020	（3月）★	17,101	4,281	9,403	–	–	–	7.56	–
32066	コスモエネルギーホールディング	2,523,106	111,868	116,850	–	–	–	10.07	–
5021	（3月）	15,117	6,514	5,357	–	986	6.52	0.41	14.52

石油（東証二部）

日経会社コード 証券コード	会社名 （決算月）	(A)	(B)	(C)	(D)	(E)	比率	A(%)	E(%)
668	東　亜　石　油	29,979	3,185	3,147	–	–	–	-1.89	–
5008	（12月）	27,309	2,536	2,847	–	–	–	-2.03	–
669	日　本　精　蝋	26,649	1,367	1,152	–	–	–	14.29	–
5010	（12月）	26,743	1,549	1,421	–	–	–	13.59	–

ゴム（東証一部）

日経会社コード 証券コード	会社名 （決算月）	(A)	(B)	(C)	(D)	(E)	比率	A(%)	E(%)
691	横　浜　ゴ　ム	646,272	54,224	54,891	–	20,173	3.12	12.58	8.79
5101	（12月）★	331,560	18,504	19,979	16,339	9,804	2.96	2.31	5.91
695	東　洋　ゴ　ム　工　業	404,999	45,308	40,167	–	7,992	1.97	6.12	12.58
5105	（12月）	218,678	29,008	29,660	–	–	–	5.43	–
697	ブ　リ　ヂ　ス　ト　ン	3,643,427	419,047	400,564	–	119,148	3.27	9.18	-1.72
5108	（12月）	858,081	138,322	249,871	–	–	–	7.55	–
698	藤　倉　ゴ　ム　工　業	33,958	2,259	2,433	–	–	–	7.39	–
5121	（3月）	22,309	1,331	1,524	–	322	1.44	6.88	8.05
699	オ　カ　モ　ト	90,089	10,155	10,926	3,226	–	–	4.02	–
5122	（3月）	70,657	7,371	8,304	–	–	–	0.62	–
704	住　友　理　工	462,885	12,196	11,285	–	–	–	9.52	–
5191	（3月）★	175,064	-3,071	5,084	–	–	–	3.66	–
705	三　ツ　星　ベ　ル　ト	69,594	8,429	8,808	–	–	–	4.82	–
5192	（3月）	41,216	2,047	3,509	–	–	–	4.81	–
708	バ　ン　ド　ー　化　学	91,263	6,336	6,598	–	–	–	3.25	–
5195	（3月）	48,153	2,340	4,051	–	–	–	4.21	–

ゴ ム ／ 窯 業

上段＝連結決算、下段＝単独決算

日経会社コード 証券コード	会　社　名 （決算月）	(A) 売上高 (単位:百万円)	(B) 営業利益 (単位:百万円)	(C) 経常利益 (単位:百万円)	(D) 販売促進費 (単位:百万円)	(E) 広告宣伝費 (単位:百万円)	比　率 $\frac{E}{A}\times100$	対前年度伸び率	
								A (%)	E (%)
714	住 友 ゴ ム 工 業	877,866	67,449	65,733	－	30,105	3.43	16.01	0.46
5110	（12月）★	461,538	13,486	29,032	30,283	*5,379*	－	7.04	－
18882	ニ ッ タ	72,960	4,864	11,507	－	－	－	13.36	－
5186	（3月）	48,369	2,496	6,114	－	－	－	9.51	－
29769	フ コ ク	75,224	2,823	2,760	－	－	－	6.45	－
5185	（3月）	36,564	-1,059	876	－	－	－	2.95	－

ゴム（東証二部）

693	昭和ホールディングス	13,242	1,599	-4,013	－	173	1.31	3.83	40.65
5103	（3月）	396	-138	-375	－	－	－	32.00	－
694	日 東 化 工	－	－	－	－	－	－	－	－
5104	（3月）	7,825	300	294	－	－	－	-1.56	－
703	桜 ゴ ム	10,392	803	808	－	－	－	5.92	－
5189	（3月）	9,454	700	738	－	－	－	5.84	－
707	相 模 ゴ ム 工 業	5,909	1,478	1,771	214	96	1.62	3.49	-2.04
5194	（3月）	7,868	1,325	1,368	211	89	1.13	38.16	-3.26
14471	西 川 ゴ ム 工 業	96,256	8,526	9,548	－	－	－	3.67	－
5161	（3月）	47,642	3,019	6,544	－	－	－	4.22	－
16276	イ ク ヨ	13,058	514	702	－	－	－	－	－
7273	（3月）	12,850	577	657	－	－	－	24.26	－
28882	ニ チ リ ン	59,375	8,516	8,629	－	－	－	16.44	－
5184	（12月）	31,629	2,114	3,712	－	10	0.03	9.97	66.67

ゴム（ジャスダック）

15632	不二ラテックス	7,927	648	563	72	6	0.08	9.64	-33.33
5199	（3月）	7,828	621	545	－	*6*	－	9.53	－
30144	朝 日 ラ バ ー	7,534	561	589	－	－	－	15.71	－
5162	（3月）	7,033	413	445	－	－	－	15.56	－

窯業（東証一部）

317	日 東 紡	84,526	10,837	11,071	－	－	－	1.44	－
3110	（3月）	53,103	3,074	7,454	－	－	－	-1.82	－
721	Ａ Ｇ Ｃ	1,463,532	119,646	114,424	－	－	－	14.11	－
5201	（12月）★	496,067	22,214	41,789	－	－	－	2.69	－
722	日 本 板 硝 子	603,852	35,663	22,177	－	－	－	3.97	－
5202	（3月）★	104,499	-341	4,408	－	－	－	3.14	－
723	石 塚 硝 子	70,957	2,582	1,998	－	－	－	-0.34	－
5204	（3月）	58,403	836	1,366	－	－	－	-0.60	－
729	日 本 山 村 硝 子	70,360	1,284	2,168	－	－	－	2.31	－
5210	（3月）	44,223	1,143	1,803	－	19	0.04	0.17	-29.63
733	住 友 大 阪 セ メ ン ト	244,826	18,990	20,153	－	－	－	4.60	－
5232	（3月）	154,057	14,658	15,590	－	－	－	2.22	－
734	太 平 洋 セ メ ン ト	871,113	65,129	64,366	－	－	－	9.08	－
5233	（3月）	321,162	27,863	32,359	－	－	－	6.91	－
741	日 本 ヒ ュ ー ム	37,445	1,678	2,211	－	－	－	16.75	－
5262	（3月）	34,966	1,503	1,827	－	－	－	14.68	－
747	日本コンクリート工業	42,450	2,031	2,200	－	－	－	24.20	－
5269	（3月）	39,247	834	904	－	－	－	24.22	－
751	三 谷 セ キ サ ン	67,363	6,992	7,113	－	－	－	3.38	－
5273	（3月）	49,760	4,515	4,865	68	23	0.05	6.31	-11.54
752	東 海 カ ー ボ ン	106,252	11,486	13,249	901	－	－	19.95	－
5301	（12月）	51,751	4,346	6,836	249	31	0.06	12.20	63.16
753	日 本 カ ー ボ ン	27,964	2,569	2,997	301	－	－	22.10	－
5302	（12月）	15,738	1,482	1,827	285	－	－	21.94	－
756	ノリタケカンパニーリミテド	117,928	5,097	6,992	－	－	－	8.38	－
5331	（3月）	66,240	504	2,975	－	－	－	8.52	－
757	Ｔ Ｏ Ｔ Ｏ	592,301	52,602	54,376	－	－	－	4.41	－
5332	（3月）	400,218	16,066	39,011	－	－	－	1.89	－

※　有価証券報告書の提出義務はあるが、広告宣伝費の記載がなく、その後、日経広告研究所が独自取材、調査をして判明した
　　広告宣伝費は斜体で表記しています（29ページ参照）。

上段＝連結決算、下段＝単独決算

窯　　　　業

日経会社コード 証券コード	会　社　名 （決算月）	(A) 売上高 (単位:百万円)	(B) 営業利益 (単位:百万円)	(C) 経常利益 (単位:百万円)	(D) 販売促進費 (単位:百万円)	(E) 広告宣伝費 (単位:百万円)	比率 $\frac{E}{A}\times100$	対前年度伸び率 A (%)	対前年度伸び率 E (%)
758	日 本 ガ イ シ	451,125	70,026	70,615	－	－	－	12.43	－
5333	（3月）	240,885	32,393	58,713	－	－	－	12.40	－
759	日 本 特 殊 陶 業	409,912	67,279	69,094	－	5,974	1.46	9.92	6.64
5334	（3月）	297,510	47,031	56,561	－	－	－	10.50	－
762	ダントーホールディングス	5,481	-391	-399	－	94	1.72	-2.46	-10.48
5337	（12月）	400	-1	17	－	－	－	2.30	－
767	品川リフラクトリーズ	102,749	6,049	6,322	－	－	－	-0.94	－
5351	（3月）	65,778	1,888	2,679	－	－	－	-5.46	－
768	黒 崎 播 磨	123,977	8,494	8,991	－	－	－	14.40	－
5352	（3月）	92,574	5,436	7,293	－	－	－	12.35	－
772	ヨ ー タ イ	24,217	3,559	3,663	－	－	－	8.91	－
5357	（3月）	24,217	3,550	3,636	－	－	－	11.21	－
773	イソライト工業	16,765	3,153	3,315	－	－	－	15.10	－
5358	（3月）	8,367	1,017	1,655	－	－	－	8.32	－
777	Ｔ Ｙ Ｋ	22,682	2,631	2,942	－	－	－	15.78	－
5363	（3月）	19,016	709	1,056	79	－	－	18.84	－
778	エーアンドエーマテリアル	39,208	2,400	2,217	－	－	－	-0.17	－
5391	（3月）	17,903	1,369	1,262	－	－	－	-0.86	－
779	ニ チ ア ス	197,495	21,357	21,804	－	－	－	9.50	－
5393	（3月）	153,343	10,905	13,309	－	－	－	5.12	－
787	日 本 電 気 硝 子	282,447	32,201	34,130	－	－	－	17.98	－
5214	（12月）	150,907	2,868	31,424	－	－	－	5.11	－
10931	オ ハ ラ	24,628	1,715	2,242	－	－	－	15.47	－
5218	（10月）	13,931	84	1,230	－	－	－	22.22	－
11541	ク ニ ミ ネ 工 業	13,736	1,789	1,935	－	－	－	6.23	－
5388	（3月）	12,982	1,663	1,704	－	－	－	6.24	－
14795	ニ ッ カ ト ー	－	－	－	－	－	－	－	－
5367	（3月）	9,716	1,031	1,074	－	－	－	8.94	－
15033	ニ チ ハ	116,144	13,232	13,796	－	1,816	1.56	-1.75	-15.06
7943	（3月）	97,357	6,944	7,862	－	－	－	-1.66	－
16223	フジミインコーポレーテッド	35,788	4,872	4,728	－	－	－	8.15	－
5384	（3月）	26,602	2,430	3,434	－	－	－	7.81	－
16277	Ｍ Ａ Ｒ Ｕ Ｗ Ａ	38,513	9,174	8,866	－	－	－	19.65	－
5344	（3月）	23,686	3,507	3,510	440	－	－	32.66	－
31023	アジアパイルホールディングス	77,994	3,223	2,997	－	－	－	4.80	－
5288	（3月）	2,243	1,845	1,890	－	－	－	220.89	－
37815	東 洋 炭 素	35,240	3,708	3,719	－	－	－	8.55	－
5310	（12月）	24,324	2,113	2,533	－	－	－	6.20	－

窯業（東証二部）

日経会社コード 証券コード	会　社　名 （決算月）	(A) 売上高 (単位:百万円)	(B) 営業利益 (単位:百万円)	(C) 経常利益 (単位:百万円)	(D) 販売促進費 (単位:百万円)	(E) 広告宣伝費 (単位:百万円)	比率 $\frac{E}{A}\times100$	対前年度伸び率 A (%)	対前年度伸び率 E (%)
738	ノ ザ ワ	22,213	2,691	2,716	－	－	－	-3.91	－
5237	（3月）	19,046	2,655	2,669	－	－	－	0.29	－
746	旭コンクリート工業	－	－	－	－	－	－	－	－
5268	（3月）	11,019	607	635	－	－	－	-11.11	－
749	トーヨーアサノ	16,138	756	712	－	－	－	10.70	－
5271	（2月）	13,507	653	631	192	－	－	17.06	－
765	ア サ ヒ 衛 陶	3,080	-68	-67	－	－	－	9.88	－
5341	（11月）	2,966	-71	-73	－	－	－	7.35	－
770	日 本 ル ツ ボ	9,097	562	586	－	－	－	16.30	－
5355	（3月）	8,231	418	459	－	－	－	7.04	－
781	理研コランダム	4,556	36	154	－	－	－	0.62	－
5395	（12月）	4,403	3	41	－	－	－	1.01	－
12474	ＳＥＣカーボン	16,252	1,021	1,155	363	－	－	27.70	－
5304	（3月）	15,863	989	1,131	363	－	－	31.24	－
15060	ジ オ ス タ ー	33,640	3,387	3,387	－	－	－	8.36	－
5282	（3月）	32,197	3,220	3,225	－	－	－	8.35	－
17493	鶴 弥	－	－	－	－	－	－	－	－
5386	（3月）	8,062	68	77	－	－	－	-10.17	－

窯 業 ／ 鉄 鋼

上段＝連結決算、下段＝単独決算

日経会社コード 証券コード	会 社 名 （決算月）	(A) 売上高 （単位:百万円）	(B) 営業利益 （単位:百万円）	(C) 経常利益 （単位:百万円）	(D) 販売促進費 （単位:百万円）	(E) 広告宣伝費 （単位:百万円）	比 率 $\frac{E}{A} \times 100$	対前年度伸び率 A （%）	E （%）
30167	イトーヨーギョー	–	–	–	–	–	–	–	–
5287	（ 3月）	2,687	19	26	–	–	–	3.79	–
31673	ゼニス羽田ホールディングス	17,117	2,222	2,361	–	–	–	7.01	–
5289	（ 3月）	685	452	419	–	–	–	20.18	–

窯業（名証二部）

766	ジ ャ ニ ス 工 業	5,498	71	103	–	–	–	-0.49	–
5342	（ 3月）	5,021	67	97	–	–	–	-1.12	–
771	美 濃 窯 業	11,408	1,085	1,185	5	–	–	10.92	–
5356	（ 3月）	9,002	922	1,014	–	–	–	9.70	–
14866	ニ ッ コ ー	13,963	222	216	–	–	–	8.09	–
5343	（ 3月）	13,791	190	190	–	–	–	9.68	–

窯業（ジャスダック）

6946	チ ヨ ダ ウ ー テ	31,616	66	204	–	–	–	2.45	–
5387	（ 3月）	28,376	46	183	–	–	–	1.81	–
11823	ヤ マ ッ ク ス	15,295	487	490	–	–	–	3.23	–
5285	（ 3月）	11,673	210	210	–	–	–	-0.82	–
12697	スパンクリートコーポレーション	–	–	–	–	–	–	–	–
5277	（ 3月）	3,394	239	260	38	–	–	35.43	–
15527	不 二 硝 子	2,507	65	89	–	–	–	-6.94	–
5212	（ 3月）	2,507	36	66	–	–	–	-6.94	–
16195	倉 元 製 作 所	1,999	-137	-228	–	–	–	-24.82	–
5216	（12月）	1,818	-144	-233	–	–	–	-25.95	–
22230	新 東								
5380	（ 6月）	6,293	92	115	–	–	–	-7.98	–
26125	M i p o x	7,826	386	327	–	–	–	22.09	–
5381	（ 3月）	3,824	190	259	–	–	–	13.67	–
28443	日 本 興 業	12,272	226	263	–	–	–	-10.04	–
5279	（ 3月）	10,521	148	239	–	–	–	-10.95	–
30192	テクノクオーツ	7,887	1,131	1,101	–	–	–	18.58	–
5217	（ 3月）	7,517	786	794	81	–	–	17.05	–
64876	ヤ マ ウ	22,635	501	625	–	–	–	4.42	–
5284	（ 3月）	14,349	228	336	–	–	–	1.89	–

窯業（非上場）

735	デ イ ・ シ イ	–	–	–	–	–	–	–	–
9999	（ 3月）	22,907	1,403	353	152	9	0.04	3.21	28.57
760	深 川 製 磁	1,093	3	-29	–	16	1.46	-10.34	-15.79
9999	（ 3月）	1,049	-8	-27	–	13	1.24	-9.65	-18.75
15764	ホ ク コ ン	20,785	381	431	–	–	–	-3.14	–
9999	（ 3月）	16,145	227	296	–	–	–	-0.45	–
16753	琉 球 セ メ ン ト	16,473	2,712	2,724	–	–	–	12.70	–
9999	（ 3月）	13,983	2,274	2,263	–	–	–	8.57	–
30040	武 井 工 業 所	–	–	–	–	–	–	–	–
9999	（ 6月）	4,664	170	168	6	3	0.06	2.42	50.00
31677	A v a n S t r a t e	14,442	702	-1,373	–	–	–	-21.34	–
9999	（ 3月）	–	-1,074	-1,768	–	–	–	–	–

鉄鋼（東証一部）

801	新 日 鉄 住 金	5,668,663	182,382	297,541	–	–	–	22.36	–
5401	（ 3月）	3,266,686	6,408	107,213	–	*1,680*	–	9.83	–
806	神 戸 製 鋼 所	1,881,158	88,913	71,149	–	–	–	10.93	–
5406	（ 3月）	1,041,923	32,121	44,449	–	–	–	12.80	–
808	中 山 製 鋼 所	148,719	6,384	6,329	–	–	–	19.94	–
5408	（ 3月）	108,912	3,406	3,464	–	–	–	26.23	–
809	合 同 製 鉄	129,779	1,766	2,147	–	–	–	30.48	–
5410	（ 3月）	79,477	915	1,403	9	22	0.03	33.76	–

※ 有価証券報告書の提出義務はあるが、広告宣伝費の記載がなく、その後、日経広告研究所が独自取材、調査をして判明した
　広告宣伝費は斜体で表記しています（29ページ参照）。

上段＝連結決算、下段＝単独決算

日経会社コード 証券コード	会社名 （決算月）	(A) 売上高 (単位:百万円)	(B) 営業利益 (単位:百万円)	(C) 経常利益 (単位:百万円)	(D) 販売促進費 (単位:百万円)	(E) 広告宣伝費 (単位:百万円)	比率 ($\frac{E}{A}\times100$)	対前年度伸び率 A (%)	対前年度伸び率 E (%)
815	大和工業	176,073	8,340	17,828	－	－	－	23.88	－
5444	（3月）	12,188	10,437	10,367	－	－	－	36.77	－
817	淀川製鋼所	173,805	10,856	12,284	－	－	－	12.70	－
5451	（3月）	106,357	7,801	10,352	－	－	－	9.60	－
819	東洋鋼鈑	122,499	4,468	3,230	－	－	－	1.07	－
5453	（3月）	99,226	4,616	4,823	－	－	－	3.07	－
826	丸一鋼管	156,266	20,826	22,986	－	－	－	13.83	－
5463	（3月）	95,601	15,523	19,200	－	－	－	9.24	－
827	大同特殊鋼	505,219	36,218	36,130	－	－	－	13.50	－
5471	（3月）	307,746	18,192	21,172	－	－	－	14.93	－
829	日本高周波鋼業	39,445	1,148	1,284	－	－	－	8.55	－
5476	（3月）	24,609	305	573	－	－	－	7.05	－
832	日本冶金工業	119,091	4,168	3,386	－	－	－	5.43	－
5480	（3月）	93,570	1,727	1,508	－	－	－	5.90	－
833	愛知製鋼	236,237	11,813	11,774	1,334	－	－	10.99	－
5482	（3月）	184,595	8,018	8,731	1,461	－	－	11.87	－
835	日立金属	988,303	46,326	46,985	－	－	－	8.55	－
5486	（3月）★	467,963	15,222	26,928	1,346	241	0.05	13.91	-24.45
836	日本金属	48,388	3,388	3,386	－	－	－	9.92	－
5491	（3月）	38,956	2,535	2,633	－	－	－	10.64	－
837	大平洋金属	41,210	-3,239	-203	469	－	－	6.49	－
5541	（3月）	39,791	-3,704	-446	469	－	－	6.21	－
841	新日本電工	71,346	9,639	9,239	253	－	－	21.99	－
5563	（12月）	46,630	6,077	6,108	－	－	－	27.75	－
844	栗本鉄工所	107,122	3,409	3,077	－	－	－	5.39	－
5602	（3月）	72,620	2,295	2,332	－	－	－	3.89	－
845	虹技	22,942	1,335	1,336	－	－	－	16.03	－
5603	（3月）	17,480	498	741	－	－	－	13.20	－
853	日本鋳鉄管	12,983	63	109	－	－	－	-5.75	－
5612	（3月）	9,708	-249	-101	－	－	－	-6.45	－
855	三菱製鋼	118,742	3,219	2,837	－	－	－	14.46	－
5632	（3月）	70,986	2,918	2,847	－	－	－	22.35	－
862	日亜鋼業	28,281	946	1,258	－	－	－	7.40	－
5658	（3月）	15,457	751	1,151	－	－	－	6.39	－
863	日本精線	37,451	4,004	4,026	－	－	－	17.77	－
5659	（3月）	35,207	3,708	3,705	－	－	－	15.76	－
873	東京鉄鋼	53,675	-830	-875	－	－	－	23.24	－
5445	（3月）	51,019	-1,753	-1,240	－	－	－	23.99	－
876	モリ工業	42,214	5,172	5,302	－	－	－	8.12	－
5464	（3月）	40,642	5,009	5,294	－	－	－	8.74	－
877	東京製鉄	－	－	－	－	－	－	－	－
5423	（3月）	164,137	10,475	11,803	－	3	0.00	34.82	200.00
1139	シンニッタン	21,752	1,559	1,868	－	－	－	26.30	－
6319	（3月）	7,570	288	885	－	－	－	4.34	－
1156	山陽特殊製鋼	157,485	10,969	10,659	－	－	－	13.56	－
5481	（3月）	148,544	9,776	9,922	－	－	－	13.87	－
1422	新家工業	39,736	2,154	2,283	－	－	－	9.28	－
7305	（3月）	21,751	1,042	1,175	－	－	－	12.36	－
16930	大阪製鉄	81,100	6,868	6,703	－	－	－	30.52	－
5449	（3月）	58,206	6,532	6,598	－	－	－	28.93	－
30626	ＪＦＥホールディングス	3,678,612	246,669	216,339	－	－	－	11.17	－
5411	（3月）	34,572	18,010	18,010	－	－	－	45.99	－
31373	共英製鋼	191,254	4,259	4,085	－	－	－	31.00	－
5440	（3月）	90,281	1,492	2,164	－	－	－	16.82	－
31750	日新製鋼	614,196	17,801	18,873	－	－	－	16.86	－
5413	（3月）	463,448	7,584	8,269	－	－	－	16.51	－
31828	エンビプロ・ホールディングス	29,122	796	1,000	－	－	－	-0.03	－
5698	（6月）	809	236	237	－	－	－	-1.22	－

鉄鋼／非鉄・金属

上段＝連結決算、下段＝単独決算

日経会社コード／証券コード	会　社　名（決算月）	(A)売上高(単位:百万円)	(B)営業利益(単位:百万円)	(C)経常利益(単位:百万円)	(D)販売促進費(単位:百万円)	(E)広告宣伝費(単位:百万円)	比率 E/A×100	対前年度伸び率 A (%)	対前年度伸び率 E (%)

鉄鋼（東証二部）

822	高 砂 鉄 工	10,539	556	499	–	–	–	16.69	–
5458	（3月）	5,962	425	384	–	–	–	13.35	–
850	日 本 鋳 造	13,330	762	769	–	–	–	38.71	–
5609	（3月）	12,847	762	775	–	–	–	39.34	–
851	大 和 重 工	–	–	–	–	–	–	–	–
5610	（12月）	4,132	–85	24	–	–	–	5.11	–
859	メ タ ル ア ー ト	30,456	1,292	885	–	–	–	14.86	–
5644	（3月）	27,408	490	1,175	–	–	–	15.10	–
864	神 鋼 鋼 線 工 業	28,773	822	703	–	–	–	6.41	–
5660	（3月）	22,266	856	670	–	–	–	7.42	–
874	北 越 メ タ ル	22,197	–28	20	–	–	–	23.10	–
5446	（3月）	22,129	–286	–55	–	5	0.02	23.13	150.00
30045	サ ン ユ ウ	17,220	493	530	–	–	–	11.79	–
5697	（3月）	16,450	468	503	–	–	–	30.27	–
31570	川金ホールディングス	39,124	3,061	3,075	–	–	–	22.34	–
5614	（3月）	1,500	1,176	1,175	–	–	–	155.97	–

鉄鋼（名証一部）

824	中 部 鋼 鈑	45,337	3,016	3,044	–	–	–	24.76	–
5461	（3月）	40,527	2,711	2,705	–	–	–	26.22	–

鉄鋼（名証二部）

848	中 央 可 鍛 工 業	26,630	695	1,335	–	–	–	17.18	–
5607	（3月）	22,996	105	608	–	–	–	9.84	–

鉄鋼（ジャスダック）

834	東 北 特 殊 鋼	20,411	2,547	2,667	–	–	–	9.10	–
5484	（3月）	17,100	1,779	1,964	–	–	–	9.20	–
7676	パウダーテック	10,944	1,815	1,794	–	–	–	5.87	–
5695	（3月）	11,031	1,787	1,791	50	–	–	6.49	–
17001	新 報 国 製 鉄	–	–	–	–	–	–	–	–
5542	（12月）	5,488	809	844	–	–	–	–2.28	–
17468	朝 日 工 業	35,878	–64	–74	–	–	–	10.89	–
5456	（3月）	33,459	–221	–350	–	–	–	10.88	–

鉄鋼（非上場）

803	Ｊ Ｆ Ｅ ス チ ー ル	2,715,474	197,739	198,850	–	–	–	15.59	–
9999	（3月）	1,937,327	118,189	150,819	–	–	–	18.36	–
32380	イ ボ キ ン	5,699	266	277	–	–	–	–	–
9999	（12月）	5,332	204	214	–	–	–	28.70	–

非鉄・金属（東証一部）

43	古 河 機 械 金 属	167,695	7,820	8,105	–	–	–	11.92	–
5715	（3月）	8,567	3,691	3,432	–	–	–	–6.97	–
45	三 井 金 属 鉱 業	519,215	49,529	11,239	–	–	–	19.00	–
5706	（3月）	260,719	15,782	30,770	–	–	–	27.32	–
46	東 邦 亜 鉛	133,625	13,102	13,157	–	–	–	17.26	–
5707	（3月）	118,596	5,770	5,938	–	–	–	16.96	–
47	三 菱 マ テ リ ア ル	1,599,533	72,819	79,621	–	–	–	22.66	–
5711	（3月）	869,677	13,732	31,370	–	–	–	28.93	–
49	住 友 金 属 鉱 山	933,517	110,203	124,853	–	–	–	18.75	–
5713	（3月）	750,436	52,787	51,518	–	–	–	19.84	–
50	ＤＯＷＡホールディングス	454,754	30,948	36,355	546	–	–	10.78	–
5714	（3月）	18,927	11,177	11,525	–	–	–	11.06	–
882	エ ス ・ サ イ エ ン ス	–	–	–	–	–	–	–	–
5721	（3月）	1,045	–309	–267	–	–	–	–19.98	–

非 鉄 ・ 金 属

上段＝連結決算、下段＝単独決算

日経会社コード 証券コード	会 社 名 （決算月）	(A) 売上高 （単位:百万円）	(B) 営業利益 （単位:百万円）	(C) 経常利益 （単位:百万円）	(D) 販売促進費 （単位:百万円）	(E) 広告宣伝費 （単位:百万円）	比 率 $\frac{E}{A}\times100$	対前年度伸び率 A（%）	E（%）
884	東邦チタニウム	37,255	3,930	3,493	－	－	－	19.36	－
5727	（3月）	39,526	4,504	4,199	－	－	－	33.52	－
895	三 協 立 山	320,817	6,713	6,842	－	－	－	-3.42	－
5932	（5月）	243,279	5,734	4,690	－	－	－	-1.65	－
900	古 河 電 気 工 業	967,333	44,804	46,908	2,538	－	－	14.70	－
5801	（3月）	457,730	5,694	21,247	－	－	－	14.78	－
901	住 友 電 気 工 業	3,082,247	173,139	195,010	－	－	－	9.51	－
5802	（3月）	1,084,165	12,714	65,523	－	－	－	20.21	－
902	フ ジ ク ラ	740,052	34,343	34,122	－	－	－	13.19	－
5803	（3月）	373,000	5,504	9,288	－	－	－	18.89	－
904	昭和電線ホールディングス	168,186	6,276	4,892	390	－	－	8.34	－
5805	（3月）	2,654	389	397	－	－	－	-14.50	－
905	東 京 特 殊 電 線	18,924	2,615	2,571	－	－	－	16.29	－
5807	（3月）	8,761	1,883	1,867	－	－	－	13.62	－
907	タ ツ タ 電 線	55,194	5,047	5,219	－	－	－	12.38	－
5809	（3月）	50,355	4,795	5,339	－	－	－	12.85	－
914	リ ョ ー ビ	247,192	13,212	13,030	－	－	－	2.46	－
5851	（3月）	110,672	2,123	3,940	－	－	－	3.28	－
915	ア ー レ ス テ ィ	145,167	4,718	4,436	－	－	－	6.23	－
5852	（3月）	79,166	1,311	1,769	－	－	－	6.94	－
919	東洋製缶グループホールディング	785,278	31,870	29,244	－	－	－	0.75	－
5901	（3月）	20,343	7,293	8,868	－	－	－	11.69	－
920	ホッカンホールディングス	119,274	5,135	6,303	－	－	－	-2.29	－
5902	（3月）	2,134	761	1,103	－	－	－	12.61	－
923	横河ブリッジホールディングス	131,063	13,730	13,864	－	－	－	15.51	－
5911	（3月）	2,995	817	993	－	－	－	10.97	－
927	駒井ハルテック	36,310	1,558	1,632	－	－	－	-0.43	－
5915	（3月）	33,580	1,478	1,562	－	9	0.03	0.84	12.50
935	高 田 機 工	－	－	－	－	－	－	－	－
5923	（3月）	17,150	867	976	－	4	0.02	10.20	－
939	三和ホールディングス	385,673	28,322	27,898	－	－	－	8.97	－
5929	（3月）	4,472	1,254	1,442	－	－	－	-76.89	－
942	日本フイルコン	28,379	1,772	2,027	－	－	－	4.09	－
5942	（11月）	15,109	939	1,513	－	－	－	-1.56	－
948	日 東 精 工	30,074	2,658	2,809	－	－	－	14.35	－
5957	（12月）	16,907	1,582	1,917	－	－	－	3.55	－
959	中 国 工 業	12,028	83	119	－	－	－	-4.57	－
5974	（3月）	9,295	19	49	77	－	－	-4.95	－
960	東 プ レ	191,189	23,738	24,665	－	－	－	17.03	－
5975	（3月）	109,975	11,236	12,149	－	－	－	9.71	－
961	ネ ツ レ ン	48,980	3,656	4,165	－	－	－	12.87	－
5976	（3月）	36,608	1,603	2,262	－	－	－	8.87	－
962	東 京 製 綱	63,537	3,094	3,114	－	－	－	-2.24	－
5981	（3月）	39,648	806	1,659	－	－	－	0.47	－
963	サ ン コ ー ル	42,225	2,415	2,527	－	－	－	11.18	－
5985	（3月）	28,095	947	1,841	－	－	－	6.33	－
965	ニ ッ パ ツ	659,730	35,541	36,421	－	－	－	5.23	－
5991	（3月）	293,996	12,468	20,336	－	－	－	4.39	－
966	中 央 発 条	83,655	3,358	3,350	－	－	－	2.64	－
5992	（3月）	50,600	966	1,968	－	－	－	3.11	－
969	ア ド バ ネ ク ス	20,294	259	237	－	－	－	13.64	－
5998	（3月）	8,769	-76	-39	15	14	0.16	10.71	0.00
975	三 洋 工 業	27,819	817	956	－	－	－	1.74	－
5958	（3月）	22,079	363	687	－	－	－	1.68	－
977	岡 部	60,917	4,844	5,068	－	－	－	-3.60	－
5959	（12月）	45,438	3,679	4,303	－	－	－	5.01	－
978	文化シヤッター	155,515	6,801	7,681	－	－	－	6.62	－
5930	（3月）	114,215	4,477	6,123	－	－	－	1.14	－

非　鉄　・　金　属

上段＝連結決算、下段＝単独決算

日経会社コード／証券コード	会　社　名（決算月）	(A)売上高(単位:百万円)	(B)営業利益(単位:百万円)	(C)経常利益(単位:百万円)	(D)販売促進費(単位:百万円)	(E)広告宣伝費(単位:百万円)	比率($\frac{E}{A}\times100$)	対前年度伸び率 A (%)	E (%)
979	東洋シヤッター	19,043	578	753	–	–	–	6.86	–
5936	（3月）	19,043	583	760	–	–	–	6.86	–
1151	大紀アルミニウム工業所	185,586	6,861	6,598	–	–	–	23.06	–
5702	（3月）	116,651	3,268	4,038	–	9	0.01	22.93	125.00
1152	長府製作所	42,057	1,769	3,610	–	465	1.11	-0.53	-4.91
5946	（12月）	32,953	1,483	3,518	–	–	–	0.05	–
1153	リ　ン　ナ　イ	347,071	32,849	34,286	9,715	4,100	1.18	5.09	0.66
5947	（3月）	201,936	15,378	18,466	–	–	–	1.54	–
4007	三益半導体工業	–	–	–	–	–	–	–	–
8155	（5月）	60,288	3,691	3,640	–	–	–	7.09	–
5638	ア　ル　イ　ン　コ	50,096	2,717	3,089	–	–	–	12.35	–
5933	（3月）	42,729	2,386	2,867	–	–	–	2.83	–
6086	ダ　イ　ニ　チ　工　業	–	–	–	–	–	–	–	–
5951	（3月）	20,108	896	939	–	*109*	–	10.20	–
6490	カ　ナ　レ　電　気	10,456	1,457	1,502	–	–	–	-1.87	–
5819	（12月）	8,948	894	1,620	–	–	–	-2.80	–
11058	パイオラックス	67,876	10,220	10,987	–	–	–	5.60	–
5988	（3月）	32,411	3,405	5,855	–	–	–	-0.30	–
11918	小松ウオール工業	–	–	–	–	–	–	–	–
7949	（3月）	31,713	2,302	2,363	–	–	–	7.25	–
14014	ＬＩＸＩＬグループ	1,664,817	80,949	89,997	–	48,841	2.93	1.93	8.70
5938	（3月）★	2,323	-114	895	–	–	–	-60.06	–
15151	ノ　ー　リ　ツ	214,648	6,708	8,094	6,342	–	–	1.31	–
5943	（12月）	146,580	359	2,238	–	–	–	-1.15	–
16112	Ｃ　Ｋ　サ　ン　エ　ツ	83,421	6,058	5,897	–	–	–	22.44	–
5757	（3月）	1,076	305	435	–	–	–	15.08	–
16385	モリテック　スチール	29,440	950	1,092	–	–	–	10.21	–
5986	（3月）	25,010	579	678	–	–	–	13.36	–
21038	コ　ロ　ナ	82,115	2,635	2,875	–	921	1.12	1.88	-9.53
5909	（3月）	76,307	1,947	2,464	–	917	1.20	3.30	-9.66
21940	稲　葉　製　作　所	31,548	678	889	908	–	–	-0.48	–
3421	（7月）	25,941	471	693	888	–	–	-0.83	–
23446	コンドーテック	52,811	3,537	3,655	–	–	–	4.76	–
7438	（3月）	44,338	3,345	3,384	–	–	–	5.65	–
24719	Ｕ　Ａ　Ｃ　Ｊ	624,270	29,205	19,408	–	–	–	9.85	–
5741	（3月）	272,970	14,001	19,650	–	–	–	5.43	–
24762	大阪チタニウムテクノロジーズ	–	–	–	–	–	–	–	–
5726	（3月）	43,431	3,322	2,809	122	–	–	10.85	–
29508	平河ヒューテック	25,993	2,172	2,174	–	–	–	6.26	–
5821	（3月）	11,456	673	731	–	–	–	3.73	–
30757	宮地エンジニアリンググループ	47,128	3,518	3,612	–	–	–	29.84	–
3431	（3月）	438	307	309	–	–	–	48.47	–
30799	ト　ー　カ　ロ	34,109	7,110	7,363	–	–	–	17.77	–
3433	（3月）	28,507	5,577	6,021	–	–	–	17.32	–
31123	Ｓ　Ｕ　Ｍ　Ｃ　Ｏ	260,627	42,085	36,709	–	–	–	23.31	–
3436	（12月）	205,471	20,528	20,926	2,365	–	–	22.93	–
31592	川田テクノロジーズ	107,250	4,436	4,586	–	–	–	3.65	–
3443	（3月）	4,858	3,919	3,889	–	–	–	212.61	–
31609	アサヒホールディングス	115,797	13,791	13,410	1,581	723	0.62	8.40	-1.36
5857	（3月）★	7,903	6,810	6,930	–	–	–	27.82	–
31756	日本軽金属ホールディングス	481,439	29,893	29,533	–	–	–	7.37	–
5703	（3月）	10,628	9,084	9,161	–	–	–	39.00	–
31991	ＲＳ　Ｔｅｃｈｎｏｌｏｇｉｅｓ	10,988	3,075	3,223	–	–	–	24.17	–
3445	（12月）	8,503	2,139	2,321	77	2	0.02	8.78	100.00
61991	前　沢　給　装　工　業	24,764	2,599	2,716	–	–	–	3.30	–
6485	（3月）	24,240	2,498	2,573	–	–	–	2.44	–

※　有価証券報告書の提出義務はあるが、広告宣伝費の記載がなく、その後、日経広告研究所が独自取材、調査をして判明した広告宣伝費は斜体で表記しています（29ページ参照）。

上段＝連結決算、下段＝単独決算

非　鉄・金属

日経会社コード／証券コード	会 社 名 （決算月）	(A) 売上高 (単位:百万円)	(B) 営業利益 (単位:百万円)	(C) 経常利益 (単位:百万円)	(D) 販売促進費 (単位:百万円)	(E) 広告宣伝費 (単位:百万円)	比 率 $\frac{E}{A}×100$	対前年度伸び率 A (%)	E (%)

非鉄・金属（東証二部）

日経会社コード／証券コード	会 社 名 （決算月）	(A) 売上高	(B) 営業利益	(C) 経常利益	(D) 販売促進費	(E) 広告宣伝費	比率 $\frac{E}{A}×100$	A (%)	E (%)
152 / 1971	中央ビルト工業 （3月）	– / 5,885	– / −107	– / −115	– / –	– / –	– / –	– / −1.54	– / –
886 / 5729	日 本 精 鉱 （3月）	14,528 / 7,308	1,420 / 502	1,372 / 589	– / –	– / –	– / –	26.21 / 32.27	– / –
896 / 5753	日 本 伸 銅 （3月）	– / 19,064	– / 1,333	– / 1,200	– / –	– / –	– / –	– / 20.61	– / –
899 / 5781	東 邦 金 属 （3月）	– / 3,669	– / 45	– / 60	– / –	– / –	– / –	– / 9.92	– / –
922 / 5905	日 本 製 缶 （3月）	10,337 / 5,935	56 / 90	162 / 194	– / –	– / –	– / –	13.57 / −0.15	– / –
930 / 5918	滝 上 工 業 （3月）	15,838 / 12,553	861 / 407	1,105 / 1,097	– / –	– / 8	– / 0.06	−0.06 / −3.85	– / 700.00
933 / 5921	川 岸 工 業 （9月）	– / 19,587	– / 2,848	– / 2,963	– / –	– / 1	– / 0.01	– / 6.68	– / –
934 / 5922	那 須 電 機 鉄 工 （3月）	18,239 / 15,166	632 / 320	705 / 408	– / –	– / –	– / –	7.88 / 7.39	– / –
943 / 5952	ア マ テ イ （3月）	5,143 / 4,071	106 / 81	103 / 81	– / –	– / –	– / –	0.57 / −1.64	– / –
946 / 5955	ヤ マ シ ナ （3月）	8,896 / 3,501	516 / 239	526 / 270	– / –	– / –	– / –	5.57 / −0.96	– / –
952 / 5964	東 洋 刃 物 （3月）	5,293 / 4,695	312 / 234	259 / 189	– / –	– / –	– / –	6.39 / 8.98	– / –
955 / 5967	Ｔ Ｏ Ｎ Ｅ （5月）	5,784 / 5,772	1,399 / 1,410	1,419 / 1,445	140 / 134	129 / 139	2.23 / 2.41	5.28 / 5.17	26.47 / 40.40
957 / 5969	ロ ブ テ ッ ク ス （3月）	6,162 / 4,494	560 / 310	497 / 380	– / –	– / –	– / –	6.94 / 5.17	– / –
967 / 5994	ファインシンター （3月）	38,987 / 26,996	1,796 / 704	1,593 / 1,118	– / –	– / –	– / –	4.03 / 2.51	– / –
1155 / 5966	京 都 機 械 工 具 （3月）	7,523 / 7,195	432 / 416	467 / 439	– / 6	– / 143	– / 1.99	−8.17 / −9.72	– / –
1825 / 5982	マ ル ゼ ン （2月）	49,895 / 47,264	4,287 / 3,070	4,648 / 4,339	– / –	222 / –	0.44 / –	5.43 / 6.90	−1.33 / –
5561 / 5817	Ｊ Ｍ Ａ Ｃ Ｓ （2月）	4,844 / 4,845	56 / 103	106 / 154	– / –	19 / –	0.39 / –	– / 16.58	– / –
9031 / 5941	中 西 製 作 所 （3月）	– / 26,932	– / 1,938	– / 2,032	– / –	– / –	– / –	– / 4.17	– / –
10921 / 5816	オ ー ナ ン バ （12月）	36,432 / 13,378	480 / −236	680 / 739	– / –	– / –	– / –	−1.26 / 4.85	– / –
11087 / 5984	兼 房 （3月）	19,544 / 15,888	1,742 / 910	1,592 / 1,145	– / –	– / –	– / –	6.11 / 10.85	– / –
11197 / 5928	アルメタックス （3月）	– / 11,779	– / 285	– / 381	– / –	– / 1	– / 0.01	– / −2.36	– / −75.00
14044 / 5940	不 二 サ ッ シ （3月）	98,137 / 47,198	1,770 / 562	1,862 / 1,365	– / –	– / –	– / –	4.04 / 2.54	– / –
14892 / 5950	日本パワーファスニング （12月）	7,799 / 7,175	100 / 226	124 / 205	– / –	– / 8	– / 0.11	−3.74 / −4.47	– / 14.29
15589 / 5965	フ ジ マ ッ ク （3月）	38,565 / 35,003	2,714 / 1,440	2,783 / 1,960	– / –	266 / –	0.69 / –	6.85 / 6.80	12.71 / –
16337 / 5956	ト ー ソ ー （3月）	22,471 / 21,374	795 / 577	806 / 599	380 / 360	490 / 494	2.18 / 2.31	−0.04 / 0.46	9.38 / 8.57
17622 / 5973	ト ー ア ミ （3月）	11,808 / 10,346	−163 / −176	−31 / −43	– / –	– / –	– / –	5.50 / 4.58	– / –
22214 / 5907	ＪＦＥコンテイナー （3月）	30,763 / 21,501	2,630 / 2,471	2,723 / 2,753	– / –	– / –	– / –	12.08 / 8.76	– / –
23061 / 7945	コ マ ニ ー （3月）	32,387 / 31,391	1,700 / 1,796	1,732 / 1,849	– / –	– / –	– / –	4.24 / 4.42	– / –

非 鉄 ・ 金 属

上段＝連結決算、下段＝単独決算

日経会社コード 証券コード	会 社 名 （決算月）	(A) 売上高 （単位:百万円）	(B) 営業利益 （単位:百万円）	(C) 経常利益 （単位:百万円）	(D) 販売促進費 （単位:百万円）	(E) 広告宣伝費 （単位:百万円）	比 率 ($\frac{E}{A}\times100$)	対前年度伸び率 A(%)	E(%)
26173	ツインバード工業	13,164	211	105	–	118	0.90	-1.81	-33.33
6897	（ 2月）	13,115	204	101	–	116	0.88	-1.75	-32.95
32330	信　和	16,586	2,306	2,238	–	–	–	9.16	–
3447	（ 3月）★	15,566	1,508	1,461	–	–	–	10.08	–
41570	ケー・エフ・シー	25,716	2,610	2,655	14	–	–	9.44	–
3420	（ 3月）	24,269	2,507	2,568	14	25	0.10	8.92	56.25
44140	サンコーテクノ	16,326	1,159	1,162	–	–	–	5.35	–
3435	（ 3月）	13,828	884	979	–	–	–	6.94	–

非鉄・金属（マザーズ）

日経会社コード 証券コード	会 社 名 （決算月）	(A) 売上高	(B) 営業利益	(C) 経常利益	(D) 販売促進費	(E) 広告宣伝費	比 率	A(%)	E(%)
51774	ジェイテックコーポレーション	–	–	–	–	–	–	–	–
3446	（ 6月）	801	165	199	50	–	–	34.40	–
53659	Ｊ　Ｍ　Ｃ	–	–	–	–	–	–	–	–
5704	（12月）	1,629	22	28	–	–	–	10.29	–

非鉄・金属（名証二部）

日経会社コード 証券コード	会 社 名 （決算月）	(A) 売上高	(B) 営業利益	(C) 経常利益	(D) 販売促進費	(E) 広告宣伝費	比 率	A(%)	E(%)
14427	カ ネ ソ ウ	–	–	–	–	–	–	–	–
5979	（ 3月）	7,419	262	227	–	–	–	2.25	–
17038	知 多 鋼 業	13,953	1,266	1,706	–	–	–	10.79	–
5993	（ 2月）	11,742	753	1,089	–	–	–	11.18	–
31513	ＭＩＥコーポレーション	5,365	266	209	–	–	–	11.01	–
3442	（ 3月）	142	16	17	–	–	–	1.43	–

非鉄・金属（福岡）

日経会社コード 証券コード	会 社 名 （決算月）	(A) 売上高	(B) 営業利益	(C) 経常利益	(D) 販売促進費	(E) 広告宣伝費	比 率	A(%)	E(%)
31465	日創プロニティ	6,372	915	947	–	–	–	49.23	–
3440	（ 8月）	4,563	630	784	6	3	0.07	9.53	–

非鉄・金属（ジャスダック）

日経会社コード 証券コード	会 社 名 （決算月）	(A) 売上高	(B) 営業利益	(C) 経常利益	(D) 販売促進費	(E) 広告宣伝費	比 率	A(%)	E(%)
7695	研　創	–	–	–	–	–	–	–	–
7939	（ 3月）	5,747	377	379	–	–	–	8.23	–
8589	元旦ビューティ工業	–	–	–	–	–	–	–	–
5935	（ 3月）	11,000	123	108	24	65	0.59	-10.72	38.30
10425	イハラサイエンス	16,695	3,289	3,354	–	–	–	23.37	–
5999	（ 3月）	16,555	2,830	2,936	–	–	–	22.21	–
10775	大 谷 工 業	–	–	–	–	–	–	–	–
5939	（ 3月）	5,751	319	321	22	–	–	2.13	–
11453	共 和 工 業 所	7,357	669	715	–	–	–	20.65	–
5971	（ 4月）	7,080	591	629	–	1	0.01	18.02	-75.00
11502	日本アイ・エス・ケイ	5,127	354	388	–	–	–	-5.07	–
7986	（12月）	5,131	345	381	–	–	–	-5.05	–
13646	天 竜 製 鋸	11,296	1,638	1,767	–	24	0.21	13.57	41.18
5945	（ 3月）	9,678	862	1,266	–	–	–	13.93	–
14712	山 王	7,317	8	23	–	–	–	14.22	–
3441	（ 7月）	4,865	-115	-9	–	–	–	21.93	–
15237	ハ マ イ	8,315	536	635	–	–	–	10.32	–
6497	（12月）	8,163	646	714	31	7	0.09	10.03	–
15970	フ ル ヤ 金 属	–	–	–	–	–	–	–	–
7826	（ 6月）	14,742	872	937	–	–	–	-15.19	–
16143	スーパーツール	6,730	753	658	–	–	–	-16.77	–
5990	（ 3月）	5,503	764	671	–	–	–	4.72	–
16231	イ ワ ブ チ	9,973	289	379	–	19	0.19	1.65	5.56
5983	（ 3月）	9,108	370	458	–	–	–	-4.14	–
18726	シ ン ポ	4,908	608	619	–	–	–	6.74	–
5903	（ 6月）	4,872	602	612	–	–	–	6.77	–
19286	三 ツ 知	13,440	604	668	–	–	–	0.45	–
3439	（ 6月）	10,944	135	259	–	–	–	6.88	–
21633	オ ー ネ ッ ク ス	5,476	288	294	–	–	–	6.31	–
5987	（ 6月）	4,701	463	496	–	5	0.11	3.80	0.00

上段＝連結決算、下段＝単独決算

非鉄・金属／機械

日経会社コード／証券コード	会社名（決算月）	(A) 売上高（単位：百万円）	(B) 営業利益（単位：百万円）	(C) 経常利益（単位：百万円）	(D) 販売促進費（単位：百万円）	(E) 広告宣伝費（単位：百万円）	比率 $\frac{E}{A}\times100$	対前年度伸び率 A (%)	E (%)
23942	ミヤコ	－	－	－	－	－	－	－	－
3424	（3月）	5,212	442	462	11	15	0.29	5.14	−50.00
24783	菊池製作所	5,790	−340	−271	－	－	－	−2.18	－
3444	（4月）	5,017	−334	−228	－	15	0.30	−1.70	7.14
26141	特殊電極	9,283	588	599	－	－	－	3.85	－
3437	（3月）	9,094	619	609	－	－	－	2.85	－
30048	ダイケン	－	－	－	－	－	－	－	－
5900	（2月）	10,674	391	400	－	－	－	2.61	－
30175	エスイー	20,197	954	1,051	－	－	－	13.84	－
3423	（3月）	7,733	257	405	－	－	－	6.78	－
30298	アトムリビンテック	－	－	－	－	－	－	－	－
3426	（6月）	10,532	571	592	－	－	－	6.24	－
31049	三ッ星	9,257	341	344	－	－	－	5.65	－
5820	（3月）	8,454	236	261	－	－	－	4.33	－
31256	エヌアイシ・オートテック	9,260	1,028	1,032	－	－	－	14.49	－
5742	（3月）	9,259	1,083	1,088	－	39	0.42	14.58	18.18
31403	ＦＣＭ	－	－	－	－	－	－	－	－
5758	（3月）	23,506	655	650	－	－	－	24.38	－
32607	アサカ理研	8,383	208	208	－	－	－	7.61	－
5724	（9月）	7,262	203	225	－	5	0.07	4.99	−28.57

非鉄・金属（非上場）

日経会社コード／証券コード	会社名（決算月）	(A) 売上高	(B) 営業利益	(C) 経常利益	(D) 販売促進費	(E) 広告宣伝費	比率 $\frac{E}{A}\times100$	A (%)	E (%)
11445	協和	5,864	232	274	－	－	－	15.82	－
9999	（12月）	3,667	96	104	－	－	－	2.26	－
12072	佐藤鉄工	9,061	199	245	－	－	－	10.23	－
9999	（3月）	7,641	−43	127	－	2	0.03	5.09	−50.00

機械（東証一部）

日経会社コード／証券コード	会社名（決算月）	(A) 売上高	(B) 営業利益	(C) 経常利益	(D) 販売促進費	(E) 広告宣伝費	比率 $\frac{E}{A}\times100$	A (%)	E (%)
843	クボタ	1,751,535	198,826	212,901	－	18,700	1.07	9.74	21.74
6326	（12月）	844,115	82,161	127,401	－	－	－	11.84	－
854	日本製鋼所	212,957	21,318	22,117	3,498	－	－	0.23	－
5631	（3月）	162,043	12,089	16,911	2,107	－	－	−2.81	－
949	日工	35,114	2,103	2,239	－	－	－	7.33	－
6306	（3月）	28,124	975	1,297	－	－	－	4.10	－
953	ダイジェット工業	9,889	511	571	281	－	－	4.04	－
6138	（3月）	9,532	445	508	－	－	－	3.80	－
983	タクマ	118,198	10,029	10,669	－	－	－	1.62	－
6013	（3月）	71,479	6,042	7,891	－	－	－	−2.52	－
991	ツガミ	57,576	6,942	6,510	－	－	－	40.26	－
6101	（3月）	33,821	1,450	1,767	－	－	－	18.25	－
993	オークマ	182,130	22,493	22,583	－	－	－	11.96	－
6103	（3月）	144,178	15,232	15,433	1,980	748	0.52	4.53	−6.97
994	東芝機械	116,862	4,640	6,982	2,448	－	－	4.97	－
6104	（3月）	89,678	649	5,090	1,336	－	－	6.88	－
1001	アマダホールディングス	300,655	37,965	40,616	7,160	－	－	7.82	－
6113	（3月）	99,024	9,570	21,100	750	－	－	3.39	－
1005	アイダエンジニアリング	73,856	6,312	5,927	332	114	0.15	9.34	0.88
6118	（3月）	43,114	3,249	4,453	－	－	－	7.03	－
1008	滝沢鉄工所	29,003	2,337	2,208	－	－	－	25.20	－
6121	（3月）	19,545	1,330	1,436	－	－	－	20.73	－
1015	ＦＵＪＩ	120,032	22,827	23,538	－	－	－	38.93	－
6134	（3月）	109,154	20,182	20,594	－	－	－	38.41	－
1016	牧野フライス製作所	181,547	15,023	15,752	－	－	－	18.16	－
6135	（3月）	92,329	3,756	5,808	1,232	－	－	17.38	－
1017	オーエスジー	120,198	19,137	19,144	912	－	－	13.87	－
6136	（11月）	54,403	7,060	8,747	526	536	0.99	6.84	−18.42
1018	豊田自動織機	2,003,973	147,445	209,827	－	－	－	19.63	－
6201	（3月）★	1,309,073	45,114	114,056	20,669	－	－	4.49	－

機　　　械

上段＝連結決算、下段＝単独決算

日経会社コード 証券コード	会 社 名 （決算月）	(A) 売上高 （単位:百万円）	(B) 営業利益 （単位:百万円）	(C) 経常利益 （単位:百万円）	(D) 販売促進費 （単位:百万円）	(E) 広告宣伝費 （単位:百万円）	比　率 $\frac{E}{A}\times100$	対前年度伸び率 A（％）	対前年度伸び率 E（％）
1020 6203	豊 和 工 業 （ 3月）	19,464 16,637	-13 -154	62 -47	－ －	－ －	－ －	5.21 3.45	－ －
1022 6205	Ｏ　Ｋ　Ｋ （ 3月）	26,621 23,276	715 57	493 -93	－ －	－ －	－ －	12.60 9.47	－ －
1024 6208	石 川 製 作 所 （ 3月）	13,840 9,631	361 50	337 56	－ －	－ －	－ －	41.82 3.91	－ －
1025 6210	東 洋 機 械 金 属 （ 3月）	30,878 27,861	2,057 1,110	2,130 1,648	－ 578	－ －	－ －	11.44 8.33	－ －
1031 6217	津 田 駒 工 業 （11月）	39,686 37,363	622 572	356 349	789 826	－ －	－ －	2.10 0.88	－ －
1032 6218	エ ン シ ュ ウ （ 3月）	23,479 20,682	928 345	674 188	－ 155	－ －	－ －	12.63 8.82	－ －
1038 6301	コ　マ　ツ （ 3月）	2,501,107 868,403	271,581 111,809	291,807 136,924	－ －	－ －	－ －	38.72 26.60	－ －
1039 6302	住友重機械工業 （ 3月）	791,025 195,283	69,921 6,352	67,466 15,733	－ －	－ －	－ －	17.31 3.14	－ －
1042 6310	井 関 農 機 （12月）	158,382 92,913	3,953 501	4,250 2,126	－ －	806 185	0.51 0.20	3.45 -3.09	-8.20 -13.55
1047 6316	丸 山 製 作 所 （ 9月）	35,508 32,888	973 402	1,036 711	－ －	－ －	－ －	3.47 2.55	－ －
1048 6317	北 川 鉄 工 所 （ 3月）	56,051 48,892	4,484 3,701	5,152 4,720	－ －	－ －	－ －	1.14 -1.83	－ －
1053 6325	タ カ キ タ （ 3月）	－ 7,367	－ 832	－ 878	－ －	－ －	－ －	－ 6.89	－ －
1054 6331	三 菱 化 工 機 （ 3月）	32,336 25,673	1,018 855	1,300 1,096	158 －	54 －	0.17 －	-10.44 -8.76	20.00 －
1055 6332	月 島 機 械 （ 3月）	85,095 39,119	4,430 583	4,759 3,021	－ －	－ －	－ －	21.80 2.50	－ －
1058 6335	東京機械製作所 （ 3月）	13,185 10,009	186 -215	271 75	－ －	－ －	－ －	0.38 -2.47	－ －
1061 6339	新 東 工 業 （ 3月）	104,231 62,270	4,798 2,757	5,994 4,917	－ －	－ －	－ －	9.66 6.95	－ －
1067 6358	酒 井 重 工 業 （ 3月）	29,504 22,824	3,357 1,748	3,145 1,948	－ －	－ －	－ －	24.49 21.40	－ －
1070 6361	荏 原 （12月）	490,341 215,127	27,491 3,551	25,710 21,219	5,418 －	－ －	－ －	0.84 1.98	－ －
1071 6362	石 井 鉄 工 所 （ 3月）	6,443 6,315	429 423	503 499	－ －	－ －	－ －	-7.90 -4.04	－ －
1072 6363	酉 島 製 作 所 （ 3月）	45,381 37,008	1,257 441	1,549 762	240 589	－ －	－ －	2.18 2.43	－ －
1074 6366	千代田化工建設 （ 3月）	510,873 286,758	-12,330 3,309	-10,100 6,968	－ －	－ －	－ －	-15.38 -18.71	－ －
1075 6367	ダ イ キ ン 工 業 （ 3月）	2,290,560 527,847	253,739 48,969	255,019 135,637	50,452 －	－ －	－ －	12.06 4.41	－ －
1076 6368	オ ル ガ ノ （ 3月）	79,226 57,604	3,821 1,753	3,933 2,853	－ －	－ －	－ －	-2.33 0.41	－ －
1077 6369	トーヨーカネツ （ 3月）	41,758 10,669	2,265 216	2,646 555	－ －	－ －	－ －	-0.41 -13.61	－ －
1078 6370	栗 田 工 業 （ 3月）	236,815 128,695	22,475 11,799	22,104 16,205	－ －	－ －	－ －	10.56 7.64	－ －
1079 6371	椿 本 チ エ イ ン （ 3月）	215,716 96,828	20,694 7,629	21,743 12,500	－ －	－ －	－ －	8.53 17.31	－ －
1081 6373	大 同 工 業 （ 3月）	47,155 23,972	2,912 1,119	3,205 1,717	－ －	－ －	－ －	8.22 10.41	－ －
1086 6378	木 村 化 工 機 （ 3月）	20,360 19,857	1,694 1,615	1,729 1,652	－ －	－ －	－ －	17.48 14.58	－ －
1089 6381	ア ネ ス ト 岩 田 （ 3月）	32,817 16,947	3,824 1,954	4,352 2,832	425 2	－ 88	－ 0.52	11.06 3.47	－ 29.41

—106—

機　　　　　　　械

日経会社コード／証券コード	会　社　名（決算月）	(A) 売上高 (単位:百万円)	(B) 営業利益 (単位:百万円)	(C) 経常利益 (単位:百万円)	(D) 販売促進費 (単位:百万円)	(E) 広告宣伝費 (単位:百万円)	比率 ($\frac{E}{A}\times100$)	対前年度伸び率 A (%)	対前年度伸び率 E (%)
1091 / 6383	ダイフク（3月）	404,925 / 223,267	39,924 / 29,405	41,105 / 33,903	1,707 / －	238 / －	0.06 / －	26.21 / 27.08	0.85 / －
1096 / 6390	加藤製作所（3月）	86,974 / 66,280	2,143 / -248	2,433 / 666	－ / －	－ / －	－ / －	15.29 / -0.69	－ / －
1099 / 6393	油研工業（3月）	29,473 / 16,270	2,188 / 784	2,038 / 1,294	－ / －	78 / －	0.26 / －	13.76 / 5.68	25.81 / －
1101 / 6395	タダノ（3月）	173,703 / 133,942	15,511 / 13,587	14,907 / 14,059	－ / －	439 / －	0.25 / －	-3.32 / 0.47	-8.54 / －
1105 / 6406	フジテック（3月）	168,795 / 67,646	10,665 / 5,728	11,911 / 8,287	－ / －	－ / －	－ / －	0.81 / 3.16	－ / －
1109 / 6436	アマノ（3月）	124,405 / 71,754	14,350 / 9,810	15,060 / 11,629	－ / －	－ / －	－ / －	3.56 / 0.98	－ / －
1112 / 6440	ＪＵＫＩ（12月）	103,659 / 49,487	8,156 / 1,157	7,839 / 2,793	－ / 965	－ / 136	－ / 0.27	6.07 / -8.57	－ / -23.16
1116 / 6444	サンデンホールディングス（3月）	287,609 / 15,583	5,469 / 6,819	4,411 / 2,876	－ / －	－ / －	－ / －	1.97 / 20.23	－ / －
1117 / 6445	蛇の目ミシン工業（3月）	40,778 / 28,366	2,075 / 438	2,110 / 948	2,501 / 817	535 / －	1.31 / －	4.95 / -2.76	-10.83 / －
1121 / 6461	日本ピストンリング（3月）	55,932 / 35,238	3,890 / 1,374	4,189 / 2,788	－ / －	－ / －	－ / －	7.31 / 5.21	－ / －
1122 / 6462	リケン（3月）	87,583 / 60,775	7,441 / 2,678	8,379 / 3,584	130 / 130	－ / －	－ / －	15.39 / 7.39	－ / －
1123 / 6463	ＴＰＲ（3月）	187,398 / 43,458	20,775 / 4,314	24,023 / 9,540	－ / －	－ / －	－ / －	6.84 / 2.42	－ / －
1124 / 6471	日本精工（3月）★	1,020,338 / 500,535	97,875 / 9,198	97,248 / 37,335	3,172 / －	－ / －	－ / －	7.50 / 11.13	－ / －
1125 / 6472	ＮＴＮ（3月）	744,372 / 342,446	39,608 / -2,630	31,250 / 7,965	－ / －	－ / －	－ / －	8.93 / 7.50	－ / －
1126 / 6473	ジェイテクト（3月）	1,441,170 / 647,101	81,391 / 15,856	82,571 / 32,979	－ / －	－ / －	－ / －	9.32 / 5.06	－ / －
1127 / 6474	不二越（11月）	237,461 / 181,747	16,130 / 7,732	14,690 / 7,793	1,786 / 1,161	－ / －	－ / －	12.30 / 13.00	－ / －
1133 / 6480	日本トムソン（3月）	55,228 / 45,874	2,649 / 964	2,397 / 1,227	－ / －	－ / －	－ / －	25.15 / 19.85	－ / －
1140 / 6454	マックス（3月）	68,138 / 61,147	6,139 / 4,961	6,076 / 5,376	1,359 / －	－ / －	－ / －	1.75 / 1.49	－ / －
1143 / 6247	日阪製作所（3月）	26,891 / 25,102	1,607 / 1,583	1,963 / 1,879	－ / －	－ / －	－ / －	7.47 / 7.71	－ / －
1146 / 6140	旭ダイヤモンド工業（3月）	45,458 / 36,400	4,640 / 3,296	5,074 / 3,876	－ / －	－ / －	－ / －	8.17 / 7.22	－ / －
1148 / 6455	モリタホールディングス（3月）	85,502 / 7,499	8,483 / 4,692	9,030 / 4,939	－ / －	－ / －	－ / －	0.52 / 18.32	－ / －
1149 / 6498	キッツ（3月）	124,566 / 64,118	10,117 / 4,665	9,733 / 6,506	591 / 507	－ / 193	－ / 0.30	9.17 / 3.53	－ / -0.52
1154 / 6141	ＤＭＧ森精機（12月）★	429,664 / 121,194	－ / 524	24,803 / 4,787	7,756 / －	－ / －	－ / －	14.08 / 36.03	－ / －
1157 / 6330	東洋エンジニアリング（3月）	335,697 / 178,660	-32,951 / -37,806	-27,821 / -29,699	－ / －	－ / 55	－ / 0.03	-22.28 / -30.48	－ / 22.22
1158 / 6364	北越工業（3月）	35,075 / 33,945	4,561 / 2,750	4,697 / 3,453	－ / －	－ / －	－ / －	4.67 / 6.24	－ / －
1279 / 6407	ＣＫＤ（3月）	115,700 / 95,942	12,472 / 8,527	12,469 / 9,096	－ / －	－ / －	－ / －	23.07 / 15.35	－ / －
1322 / 7004	日立造船（3月）	376,437 / 225,078	5,907 / 9,274	3,365 / 7,825	7,173 / 6,510	－ / －	－ / －	-5.73 / -13.23	－ / －
1325 / 7011	三菱重工業（3月）	4,110,816 / 1,103,954	126,530 / 29,538	114,462 / 64,360	－ / －	－ / －	－ / －	5.03 / -7.84	－ / －
1327 / 7013	ＩＨＩ（3月）	1,590,333 / 721,739	72,267 / 47,858	21,425 / 50,076	－ / －	－ / －	－ / －	7.00 / 0.26	－ / －

上段＝連結決算、下段＝単独決算

機　　　　　　械

上段＝連結決算、下段＝単独決算

日経会社コード 証券コード	会　社　名 （決算月）	(A) 売上高 (単位:百万円)	(B) 営業利益 (単位:百万円)	(C) 経常利益 (単位:百万円)	(D) 販売促進費 (単位:百万円)	(E) 広告宣伝費 (単位:百万円)	比　率 ($\frac{E}{A}\times100$)	対前年度伸び率 A（％）	E（％）
1342 6351	鶴　見　製　作　所 （3月）	40,347 37,131	4,637 3,209	4,703 3,170	－ －	213 159	0.53 0.43	3.28 6.06	-6.58 -4.79
1410 6345	アイチコーポレーション （3月）	61,474 61,129	7,576 7,546	8,328 7,789	10 －	163 －	0.27 －	-1.81 -1.89	89.53 －
1429 6355	住　友　精　密　工　業 （3月）	47,241 35,376	2,034 173	2,048 366	514 514	－ －	－ －	-1.78 -7.32	－ －
2034 6143	ソ　デ　ィ　ッ　ク （12月）	72,809 43,517	7,272 2,618	7,160 3,211	－ 755	－ 489	－ 1.12	11.76 8.67	－ 43.82
2269 6387	サ　ム　コ （7月）	－ 3,124	－ -279	－ -214	－ －	－ －	－ －	－ -41.55	－ －
2709 6277	ホソカワミクロン （9月）	49,519 13,150	5,045 1,399	5,219 2,066	870 116	843 20	1.70 0.15	10.87 5.11	31.31 0.00
3896 6278	ユニオンツール （12月）	23,188 16,404	3,698 2,647	3,718 4,608	－ －	－ －	－ －	11.73 15.49	－ －
4109 6413	理　想　科　学　工　業 （3月）	85,507 68,290	3,870 2,325	3,931 3,952	－ －	－ －	－ －	3.03 0.23	－ －
5197 6489	前　沢　工　業 （5月）	26,161 19,909	285 -789	320 -40	－ 6	－ 75	－ 0.38	-9.27 -10.72	－ －
5382 6482	ユ　ー　シ　ン　精　機 （3月）	20,878 16,724	2,358 1,409	2,432 2,091	357 406	－ －	－ －	7.92 7.58	－ －
6661 6430	ダ　イ　コ　ク　電　機 （3月）	34,093 32,583	1,192 831	1,390 1,082	－ －	－ －	－ －	-16.26 -17.98	－ －
6990 6222	島　精　機　製　作　所 （3月）	71,858 61,038	14,905 10,856	15,525 10,435	－ 1,352	－ －	－ －	15.10 17.02	－ －
7557 6417	Ｓ　Ａ　Ｎ　Ｋ　Ｙ　Ｏ （3月）	86,220 73,671	10,181 4,719	11,319 7,493	4,308 1,184	1,931 1,933	2.24 2.62	5.85 11.02	-4.59 -2.37
7630 6412	平　和 （3月）	132,765 51,437	13,931 3,291	13,105 5,604	1,135 1,135	2,229 1,566	1.68 3.04	-28.70 -52.39	-14.24 -24.38
8050 6428	オ　ー　イ　ズ　ミ （3月）	11,119 8,734	24 -276	-504 -788	197 191	197 146	1.77 1.67	-13.82 -15.25	-15.81 -19.78
8411 6289	技　研　製　作　所 （8月）	25,965 19,140	5,124 3,958	5,198 4,330	－ 114	－ 82	－ 0.43	17.93 15.29	－ 127.78
9959 6298	ワイエイシイホールディングス （3月）	28,871 1,501	1,074 551	955 481	－ －	－ －	－ －	-1.97 -89.58	－ －
10257 6486	イ　ー　グ　ル　工　業 （3月）	150,815 101,993	11,732 1,424	13,883 6,312	－ －	－ －	－ －	7.27 1.11	－ －
10596 6328	荏　原　実　業 （12月）	26,110 24,822	1,717 1,547	1,848 1,700	－ －	－ 30	－ 0.12	-5.98 -5.66	－ -34.78
10634 6282	オ　イ　レ　ス　工　業 （3月）	59,050 35,473	4,834 1,873	5,283 3,756	－ －	173 86	0.29 0.24	3.79 3.79	-7.49 19.44
11303 6409	キ　ト　ー （3月）	55,168 24,886	4,698 2,369	3,791 2,906	－ 9	－ 67	－ 0.27	7.87 3.54	－ -14.10
11621 6457	グ　ロ　ー　リ　ー （3月）	227,361 143,145	19,615 10,327	17,553 12,053	－ 2,763	－ －	－ －	2.15 1.85	－ －
12065 6287	サトーホールディングス （3月）	113,383 11,296	6,249 3,236	5,888 3,156	－ －	－ －	－ －	6.66 -3.49	－ －
12535 6458	新　晃　工　業 （3月）	40,416 20,961	5,480 3,801	5,714 4,912	－ －	－ －	－ －	4.76 6.40	－ －
12687 7718	ス　タ　ー　精　密 （2月）	60,772 38,375	6,210 2,430	7,015 3,846	－ －	－ －	－ －	24.18 22.47	－ －
13886 6315	Ｔ　Ｏ　Ｗ　Ａ （3月）	31,010 28,475	3,682 1,869	3,540 1,741	617 1,355	－ －	－ －	12.22 11.27	－ －
13939 6481	Ｔ　Ｈ　Ｋ （12月）	320,103 146,624	30,818 19,802	31,230 21,141	－ －	1,514 1,087	0.47 0.74	33.11 16.25	15.75 13.82
14656 6293	日　精　樹　脂　工　業 （3月）	42,321 35,596	3,103 2,313	3,354 2,490	1,018 －	－ －	－ －	15.22 10.86	－ －
15043 6490	日本ピラー工業 （3月）	29,461 28,091	5,161 4,747	5,156 4,861	－ －	－ －	－ －	8.21 8.87	－ －

右上: 機　械

上段＝連結決算、下段＝単独決算

日経会社コード／証券コード	会　社　名（決算月）	(A) 売上高（単位:百万円）	(B) 営業利益（単位:百万円）	(C) 経常利益（単位:百万円）	(D) 販売促進費（単位:百万円）	(E) 広告宣伝費（単位:百万円）	比率 $\frac{E}{A} \times 100$	対前年度伸び率 A（％）	E（％）
15555 6258	平　田　機　工（3月）	94,163 69,745	9,371 7,742	9,247 8,066	－ －	－ －	－ －	16.91 11.09	－ －
15579 6167	冨　士　ダ　イ　ス（3月）	17,990 15,962	1,465 1,139	1,473 1,315	－ －	－ －	－ －	8.06 5.43	－ －
15704 6262	ペガサスミシン製造（3月）	16,978 9,022	2,212 813	2,030 1,304	322 －	90 －	0.53 －	-10.46 -6.36	-26.83 －
16106 6419	マースエンジニアリング（3月）	23,427 12,002	3,517 428	3,836 2,232	－ －	－ －	－ －	-6.56 -17.31	－ －
16792 6272	レ　オ　ン　自　動　機（3月）	27,912 17,546	3,596 2,619	3,710 2,881	525 98	261 156	0.94 0.89	9.67 9.54	-8.10 -11.36
17150 6465	ホ　シ　ザ　キ（12月）	282,215 77,833	36,065 14,750	37,086 17,391	－ －	－ －	－ －	6.28 6.62	－ －
18173 6349	小森コーポレーション（3月）	94,168 73,182	3,732 2,263	4,420 3,532	－ 415	－ 294	－ 0.40	8.72 8.89	－ -43.57
18695 6291	日本エアーテック（12月）	－ 10,166	－ 612	－ 747	－ －	－ －	－ －	－ 14.77	－ －
18869 6309	巴　工　業（10月）	41,093 36,307	2,198 1,815	2,219 2,002	－ －	－ －	－ －	4.88 0.88	－ －
22209 6292	カ　ワ　タ（3月）	20,336 9,801	1,124 253	1,029 321	82 －	－ －	－ －	22.11 19.13	－ －
24235 6340	渋　谷　工　業（6月）	91,642 59,666	8,556 5,572	9,079 6,585	－ －	－ －	－ －	9.60 8.68	－ －
24455 6273	Ｓ　Ｍ　Ｃ（3月）	591,035 394,581	192,428 127,500	196,846 126,784	－ －	－ －	－ －	21.21 24.92	－ －
24562 6274	新　川（3月）	15,214 14,122	-620 -1,381	-488 -468	－ －	－ －	－ －	-7.45 -5.80	－ －
25580 6459	大　和　冷　機　工　業（12月）	－ 37,936	－ 5,398	－ 5,466	－ －	－ 125	－ 0.33	－ 1.38	－ 40.45
28147 6284	日精エー・エス・ビー機械（9月）	29,289 20,664	6,104 2,983	6,954 4,808	－ 721	－ －	－ －	14.74 24.87	－ －
28194 6151	日　東　工　器（3月）	28,213 26,460	5,456 4,229	5,493 4,526	919 1,004	－ －	－ －	6.34 8.02	－ －
28663 1909	日本ドライケミカル（3月）	32,622 30,137	1,109 927	1,160 1,038	－ －	－ －	－ －	5.51 7.31	－ －
29300 6305	日　立　建　機（3月）★	959,153 477,221	95,737 23,607	95,612 51,569	－ －	－ －	－ －	27.22 33.65	－ －
30117 6323	ロ　ー　ツ　エ（2月）	52,248 12,437	4,236 1,982	4,404 3,816	－ －	－ －	－ －	111.21 15.56	－ －
30659 6432	竹　内　製　作　所（2月）	94,342 86,048	14,133 11,201	14,033 12,394	－ －	－ －	－ －	13.67 9.00	－ －
30726 6269	三　井　海　洋　開　発（12月）	191,182 79,384	11,448 -675	24,322 5,083	－ －	－ －	－ －	-16.87 -30.27	－ －
30760 6268	ナ　ブ　テ　ス　コ（12月）★	282,422 164,992	29,468 17,490	34,907 21,713	－ 616	－ 553	－ 0.34	15.29 12.82	－ -40.79
30932 6460	セガサミーホールディングス（3月）	323,664 14,051	17,720 4,935	14,578 4,341	2,607 －	15,052 1,439	4.65 10.24	-11.79 4.47	5.05 9.26
30960 6157	日　進　工　具（3月）	9,767 8,448	2,695 2,117	2,733 2,250	－ －	－ －	－ －	10.67 12.76	－ －
30975 6005	三　浦　工　業（3月）★	124,883 90,516	13,868 9,812	14,183 12,045	－ －	－ －	－ －	22.05 6.16	－ －
31581 6250	や　ま　び　こ（12月）	122,796 71,485	7,945 2,085	8,063 2,941	－ 231	－ 204	－ 0.29	8.34 3.05	－ 6.25
31760 6464	ツバキ・ナカシマ（12月）★	53,244 19,396	6,985 1,464	5,992 3,922	－ －	－ －	－ －	44.35 6.67	－ －
31788 6165	パ　ン　チ　工　業（3月）	41,025 18,233	2,843 285	2,731 802	－ －	－ －	－ －	11.94 5.76	－ －
31926 6240	ヤマシンフィルタ（3月）	13,168 11,831	1,910 1,098	1,824 1,415	－ －	－ －	－ －	31.59 27.02	－ －

—109—

機　　　　械

上段＝連結決算、下段＝単独決算

日経会社コード 証券コード	会　社　名 （決算月）	(A) 売上高 (単位:百万円)	(B) 営業利益 (単位:百万円)	(C) 経常利益 (単位:百万円)	(D) 販売促進費 (単位:百万円)	(E) 広告宣伝費 (単位:百万円)	比　率 $\frac{E}{A} \times 100$	対前年度伸び率 A (%)	E (%)
32123	ＮＣホールディングス	13,417	737	887	－	－	－	23.32	－
6236	（3月）	631	481	481	－	－	－	184.23	－
35304	オ プ ト ラ ン	33,385	7,327	7,095	－	－	－	124.02	－
6235	（12月）	34,391	4,516	6,705	476	－	－	163.45	－
36178	オカダアイヨン	15,399	1,195	1,270	－	－	－	17.43	－
6294	（3月）	12,445	533	693	－	－	－	2.56	－
50264	フ リ ュ ー	25,383	2,453	2,474	－	1,635	6.44	1.98	15.63
6238	（3月）	24,975	2,408	2,468	－	1,630	6.53	2.64	15.60
60043	福 島 工 業	86,223	8,654	8,971	－	－	－	7.38	－
6420	（3月）	66,283	6,012	6,583	－	－	－	5.57	－

機械（東証二部）

日経会社コード 証券コード	会　社　名 （決算月）	(A) 売上高	(B) 営業利益	(C) 経常利益	(D) 販売促進費	(E) 広告宣伝費	比率	A (%)	E (%)
21	ニ ッ チ ツ	8,750	341	347	－	－	－	-6.52	－
7021	（3月）	8,055	292	330	－	－	－	-7.60	－
571	小 池 酸 素 工 業	44,393	1,338	1,534	－	－	－	4.11	－
6137	（3月）	27,778	732	1,075	－	－	－	3.97	－
984	ジャパンエンジンコーポレーショ	－	－	－	－	－	－	－	－
6016	（3月）	12,635	175	118	－	－	－	44.42	－
985	阪神内燃機工業	－	－	－	－	－	－	－	－
6018	（3月）	13,640	758	804	669	－	－	9.20	－
988	赤 阪 鉄 工 所	－	－	－	－	－	－	－	－
6022	（3月）	10,310	96	213	－	－	－	23.27	－
1000	小 島 鉄 工 所	－	－	－	－	－	－	－	－
6112	（11月）	1,714	-122	-105	－	－	－	11.30	－
1010	岡本工作機械製作所	28,827	2,017	1,707	－	－	－	21.38	－
6125	（3月）	15,991	1,162	1,151	－	－	－	19.77	－
1013	浜 井 産 業	5,185	218	156	71	－	－	43.87	－
6131	（3月）	5,157	195	132	150	－	－	43.81	－
1036	ヒラノテクシード	20,738	2,924	2,982	219	－	－	5.53	－
6245	（3月）	16,377	2,077	2,459	133	－	－	22.93	－
1037	テクノスマート	－	－	－	－	－	－	－	－
6246	（3月）	14,285	1,262	1,281	－	－	－	31.82	－
1057	明 治 機 械	7,153	179	192	－	－	－	8.66	－
6334	（3月）	7,007	181	193	－	－	－	7.44	－
1063	太 平 製 作 所	7,222	821	833	－	－	－	13.98	－
6342	（3月）	6,226	782	831	－	－	－	16.70	－
1064	フリージア・マクロス	8,127	668	1,082	－	－	－	-7.06	－
6343	（3月）	792	127	117	－	－	－	13.14	－
1065	キクカワエンタープライズ	－	－	－	－	－	－	－	－
6346	（3月）	4,005	387	431	102	－	－	-2.67	－
1066	三精テクノロジーズ	27,277	2,211	2,337	－	－	－	-6.34	－
6357	（3月）	15,978	408	1,006	－	－	－	-17.75	－
1069	東京自働機械製作所	－	－	－	－	－	－	－	－
6360	（3月）	7,600	220	353	－	52	0.68	0.44	30.00
1073	電業社機械製作所	17,336	1,507	1,645	126	－	－	-5.14	－
6365	（3月）	16,698	1,455	1,604	－	－	－	-5.66	－
1088	オリエンタルチエン工業	－	－	－	－	－	－	－	－
6380	（3月）	3,413	100	92	－	－	－	4.95	－
1090	トリニティ工業	41,714	2,449	2,628	－	－	－	26.44	－
6382	（3月）	35,095	1,686	2,130	－	－	－	19.37	－
1097	加 地 テ ッ ク	－	－	－	－	－	－	－	－
6391	（3月）	4,364	218	226	－	－	－	-13.96	－
1098	ヤマダコーポレーション	10,308	1,474	1,568	－	84	0.81	11.82	44.83
6392	（3月）	8,309	1,199	1,396	3	49	0.59	16.62	36.11
1102	宇野沢組鉄工所	－	－	－	－	－	－	－	－
6396	（3月）	5,233	421	420	－	－	－	-0.85	－
1131	ダ イ ベ ア	26,370	1,110	1,170	－	－	－	10.27	－
6478	（3月）	26,370	1,013	1,036	－	－	－	10.27	－

上段＝連結決算、下段＝単独決算

機　　　　械

日経会社コード / 証券コード	会社名 (決算月)	(A) 売上高 (単位:百万円)	(B) 営業利益 (単位:百万円)	(C) 経常利益 (単位:百万円)	(D) 販売促進費 (単位:百万円)	(E) 広告宣伝費 (単位:百万円)	比率 E/A×100	対前年度伸び率 A(%)	E(%)
1135 / 6492	岡野バルブ製造 (11月)	8,304 / 8,237	234 / 245	373 / 393	－ / －	－ / －	－ / －	10.71 / 11.18	－ / －
1137 / 6495	宮入バルブ製作所 (3月)	－ / 4,888	－ / 57	－ / 101	－ / 92	－ / －	－ / －	－ / 8.29	－ / －
1144 / 6496	中北製作所 (5月)	－ / 21,678	－ / 1,613	－ / 1,774	－ / 104	－ / －	－ / －	－ / 10.96	－ / －
1150 / 6023	ダイハツディーゼル (3月)	60,166 / 52,862	3,044 / 1,356	3,104 / 2,379	－ / －	－ / －	－ / －	2.09 / 2.42	－ / －
1366 / 6356	日本ギア工業 (3月)	－ / 7,390	－ / 291	－ / 297	－ / －	－ / －	－ / －	－ / -18.03	－ / －
1465 / 7758	セコニックホールディングス (3月)	7,273 / 264	244 / 8	324 / 43	－ / －	－ / －	－ / －	-7.78 / -16.46	－ / －
1523 / 7991	マミヤ・オーピー (3月)	12,574 / 5,079	186 / -13	133 / -38	－ / －	－ / －	－ / －	-16.02 / -36.89	－ / －
2278 / 6266	タツモ (12月)	17,169 / 10,823	1,672 / 931	1,885 / 1,249	－ / 37	－ / 9	－ / 0.08	51.55 / 24.07	－ / 12.50
6774 / 6279	瑞光 (2月)	22,093 / 15,796	673 / 360	750 / 393	－ / －	－ / －	－ / －	-18.96 / -23.54	－ / －
12037 / 6303	ササクラ (3月)	10,709 / 8,676	-312 / -441	-300 / -329	72 / 72	12 / 11	0.11 / 0.13	4.65 / -8.38	-50.00 / -52.17
12550 / 6299	神鋼環境ソリューション (3月)	78,766 / 65,082	3,814 / 1,988	3,848 / 2,067	－ / －	－ / －	－ / －	0.09 / -1.82	－ / －
13224 / 6338	タカトリ (9月)	7,153 / 7,153	230 / 238	337 / 344	218 / 218	－ / －	－ / －	－ / -9.66	－ / －
14654 / 6271	ニッセイ (3月)	19,579 / 19,227	970 / 800	1,236 / 1,034	－ / －	－ / －	－ / －	8.84 / 8.04	－ / －
17006 / 6144	西部電機 (3月)	22,914 / 21,981	2,141 / 2,042	2,202 / 2,113	656 / 656	－ / －	－ / －	-4.60 / -5.18	－ / －
18996 / 6307	サンセイ (3月)	5,244 / 4,873	554 / 570	548 / 539	－ / －	－ / －	－ / －	3.78 / 5.34	－ / －
20522 / 6237	イワキ (3月)	28,067 / 23,203	2,106 / 1,566	2,733 / 2,023	－ / －	－ / －	－ / －	11.62 / 11.72	－ / －
23078 / 6402	兼松エンジニアリング (3月)	－ / 10,360	－ / 852	－ / 880	－ / －	－ / －	－ / －	－ / 0.28	－ / －
25055 / 6161	エスティック (3月)	4,981 / 4,594	1,253 / 1,029	1,261 / 1,029	－ / －	－ / －	－ / －	20.43 / 14.54	－ / －
30225 / 6336	石井表記 (1月)	12,852 / 8,911	1,271 / 1,064	1,279 / 1,129	66 / 68	－ / 32	－ / 0.36	36.64 / 48.64	－ / 166.67
30247 / 6466	東亜バルブエンジニアリング (9月)	8,102 / 7,276	243 / 108	287 / 148	196 / 196	－ / 4	－ / 0.05	-4.91 / -6.53	－ / 33.33
31786 / 6300	アピックヤマダ (3月)	12,665 / 11,006	292 / 136	248 / 142	－ / 224	－ / －	－ / －	14.12 / 10.66	－ / －
37525 / 6264	マルマエ (8月)	－ / 3,035	－ / 764	－ / 737	－ / －	－ / －	－ / －	－ / 35.37	－ / －
50039 / 6155	高松機械工業 (3月)	19,780 / 18,740	1,599 / 1,418	1,629 / 1,502	－ / －	－ / －	－ / －	16.48 / 14.46	－ / －
68406 / 6322	タクミナ (3月)	7,817 / 7,805	890 / 902	918 / 928	－ / －	－ / －	－ / －	-3.67 / -3.78	－ / －

機械（マザーズ）

日経会社コード / 証券コード	会社名 (決算月)	(A) 売上高	(B) 営業利益	(C) 経常利益	(D) 販売促進費	(E) 広告宣伝費	比率 E/A×100	A(%)	E(%)
31453 / 6255	エヌ・ピー・シー (8月)	4,765 / 4,754	590 / 596	498 / 607	－ / 24	－ / －	－ / －	19.24 / 19.48	－ / －
54451 / 6166	中村超硬 (3月)	12,140 / 9,620	1,570 / 1,326	1,365 / 1,085	－ / －	－ / －	－ / －	143.19 / 177.55	－ / －

機械（名証二部）

日経会社コード / 証券コード	会社名 (決算月)	(A) 売上高	(B) 営業利益	(C) 経常利益	(D) 販売促進費	(E) 広告宣伝費	比率 E/A×100	A(%)	E(%)
999 / 6111	旭精機工業 (3月)	－ / 13,768	－ / 499	－ / 575	－ / －	－ / －	－ / －	－ / 4.24	－ / －

機　　　　　械

上段＝連結決算、下段＝単独決算

日経会社コード 証券コード	会　社　名 （決算月）	(A) 売上高 (単位:百万円)	(B) 営業利益 (単位:百万円)	(C) 経常利益 (単位:百万円)	(D) 販売促進費 (単位:百万円)	(E) 広告宣伝費 (単位:百万円)	比　率 (E/A×100)	対前年度伸び率 A (%)	対前年度伸び率 E (%)
1111	中 日 本 鋳 工	－	－	－	－	－	－	－	－
6439	（ 3月）	4,614	133	258	－	－	－	15.41	－
6683	富 士 変 速 機	－	－	－	－	－	－	－	－
6295	（12月）	6,621	345	376	17	18	0.27	6.91	5.88
69000	富 士 精 工	20,707	635	963	－	－	－	1.56	－
6142	（ 2月）	12,743	238	497	2	9	0.07	1.72	-60.87

機械（福岡）

日経会社コード 証券コード	会　社　名 （決算月）	(A) 売上高 (単位:百万円)	(B) 営業利益 (単位:百万円)	(C) 経常利益 (単位:百万円)	(D) 販売促進費 (単位:百万円)	(E) 広告宣伝費 (単位:百万円)	比　率 (E/A×100)	対前年度伸び率 A (%)	対前年度伸び率 E (%)
24425	昭 和 鉄 工	12,464	447	492	－	－	－	-3.17	－
5953	（ 3月）	10,289	271	276	－	－	－	-4.74	－

機械（ジャスダック）

日経会社コード 証券コード	会　社　名 （決算月）	(A) 売上高 (単位:百万円)	(B) 営業利益 (単位:百万円)	(C) 経常利益 (単位:百万円)	(D) 販売促進費 (単位:百万円)	(E) 広告宣伝費 (単位:百万円)	比　率 (E/A×100)	対前年度伸び率 A (%)	対前年度伸び率 E (%)
2280	テ セ ッ ク	5,869	904	890	136	－	－	43.32	－
6337	（ 3月）	5,663	873	980	250	－	－	44.57	－
3999	日特エンジニアリング	30,691	4,020	4,061	－	－	－	31.82	－
6145	（ 3月）	27,431	2,937	2,977	1,180	－	－	29.01	－
4597	桂 川 電 機	9,338	-620	-543	－	－	－	-12.68	－
6416	（ 3月）	5,062	-441	-305	－	－	－	-25.68	－
6024	妙 徳	2,614	446	460	－	－	－	16.13	－
6265	（12月）	2,165	335	390	－	－	－	16.59	－
7519	ナ ビ タ ス	4,401	84	105	－	－	－	9.18	－
6276	（ 3月）	1,947	-109	-36	－	－	－	13.00	－
7558	ヨ シ タ ケ	6,787	693	847	－	－	－	5.85	－
6488	（ 3月）	5,666	254	475	－	－	－	6.80	－
7677	ヤ マ ザ キ	3,065	89	73	－	－	－	7.81	－
6147	（ 3月）	2,360	4	3	－	－	－	9.77	－
8387	協立エアテック	8,827	678	713	－	－	－	6.45	－
5997	（12月）	8,681	656	690	－	－	－	6.88	－
8430	ミ ク ロ ン 精 密	5,724	785	1,032	29	34	0.59	-14.64	1600.00
6159	（ 8月）	5,455	828	1,056	－	－	－	-14.22	－
8701	タ ケ ダ 機 械	5,167	619	624	－	－	－	6.08	－
6150	（ 5月）	5,025	534	557	－	16	0.32	6.19	0.00
8956	小田原エンジニアリング	12,823	1,280	1,326	－	－	－	17.71	－
6149	（12月）	6,806	1,002	1,080	－	－	－	40.24	－
10900	小 倉 ク ラ ッ チ	40,482	1,422	1,373	－	－	－	6.97	－
6408	（ 3月）	24,315	586	591	－	－	－	5.94	－
11301	Ｋ 　 Ｖ 　 Ｋ	24,550	2,175	2,206	－	－	－	3.46	－
6484	（ 3月）	24,426	2,151	2,262	－	－	－	2.49	－
11725	鉱 研 工 業	7,448	71	69	－	－	－	9.61	－
6297	（ 3月）	6,364	-43	11	－	－	－	2.86	－
12652	水 道 機 工	17,715	1,013	945	－	－	－	9.06	－
6403	（ 3月）	11,981	736	765	－	－	－	7.95	－
12758	静 甲	32,921	781	865	－	－	－	13.42	－
6286	（ 3月）	10,926	286	414	－	－	－	8.87	－
15045	Ｎ Ｆ Ｋ ホールディングス	2,369	-7	2	－	－	－	-8.53	－
6494	（ 3月）	291	110	115	－	－	－	0.00	－
15665	プ ラ コ ー	－	－	－	－	－	－	－	－
6347	（ 3月）	3,428	207	213	－	－	－	-7.23	－
15873	前 田 製 作 所	36,694	1,882	1,932	－	－	－	3.58	－
6281	（ 3月）	34,667	1,727	1,825	－	－	－	3.82	－
16528	和 井 田 製 作 所	5,803	835	852	－	－	－	20.37	－
6158	（ 3月）	5,529	818	840	－	－	－	17.79	－
17324	ミ ュ ー チ ュ ア ル	8,350	369	472	238	－	－	-31.66	－
2773	（ 3月）	7,008	115	178	188	－	－	-35.04	－
18453	川 重 冷 熱 工 業	－	－	－	－	－	－	－	－
6414	（ 3月）	16,938	630	627	－	－	－	-5.06	－
19173	昭 和 真 空	11,824	1,814	1,830	－	－	－	36.85	－
6384	（ 3月）	11,583	1,626	1,777	－	27	0.23	38.04	22.73

機械／電気機器

上段＝連結決算、下段＝単独決算

日経会社コード 証券コード	会　社　名 （決算月）	(A) 売上高 (単位:百万円)	(B) 営業利益 (単位:百万円)	(C) 経常利益 (単位:百万円)	(D) 販売促進費 (単位:百万円)	(E) 広告宣伝費 (単位:百万円)	比　率 $\frac{E}{A}\times100$	対前年度伸び率 A（%）	E（%）
21579 6405	鈴 茂 器 工 （3月）	9,111 8,284	1,238 1,152	1,236 1,174	－ －	－ －	－ －	-3.20 -4.22	－ －
24834 6164	太 陽 工 機 （12月）	－ 7,363	－ 966	－ 956	－ 279	－ 5	－ 0.07	－ 8.17	－ 0.00
25768 6424	高見沢サイバネティックス （3月）	10,484 8,352	153 102	168 135	－ －	－ －	－ －	-5.79 -8.08	－ －
27215 6248	横 田 製 作 所 （3月）	－ 1,746	－ 282	－ 279	－ －	－ －	－ －	－ 2.65	－ －
27558 6411	中 野 冷 機 （12月）	27,836 24,846	2,717 2,478	2,799 2,575	－ －	－ －	－ －	-5.91 -7.43	－ －
28940 6254	野村マイクロ・サイエンス （3月）	21,603 14,016	1,240 651	1,131 939	－ －	－ －	－ －	31.29 28.97	－ －
28958 6324	ハーモニック・ドライブ （3月）	54,339 38,982	12,598 11,016	12,228 11,044	－ －	－ －	－ －	80.71 45.74	－ －
30125 6327	北 川 精 機 （6月）	4,855 3,689	422 359	378 320	－ －	－ 11	－ 0.30	35.80 35.33	－ 57.14
30141 6425	ユニバーサルエンターテインメン （12月）	102,705 96,039	10,744 21,129	8,118 6,070	－ －	－ －	－ －	11.99 4.36	－ －
30199 6469	放電精密加工研究所 （2月）	10,654 10,125	389 321	469 324	－ －	－ －	－ －	5.83 6.83	－ －
30240 6467	ニ チ ダ イ （3月）	15,248 9,290	755 184	778 319	－ －	－ －	－ －	7.78 5.93	－ －
30453 6400	不 二 精 機 （12月）	5,267 2,607	323 107	141 33	－ 27	－ －	－ －	3.11 -2.91	－ －
30683 6156	エ ー ワ ン 精 密 （6月）	－ 1,932	－ 560	－ 578	－ －	－ 3	－ 0.16	－ 0.36	－ 0.00
30807 6267	ゼネラルパッカー （7月）	6,651 5,799	293 393	297 396	－ 35	－ 23	－ 0.40	－ 14.97	－ -17.86
30877 6433	ヒーハイスト精工 （3月）	2,623 2,571	225 204	234 213	－ －	－ －	－ －	19.17 19.58	－ －
31436 6256	ニューフレアテクノロジー （3月）	41,555 41,163	9,303 9,032	9,522 9,226	－ －	－ －	－ －	-12.89 -12.95	－ －
31675 6249	ゲームカード・ジョイコホールデ （3月）	16,928 754	3,596 183	3,594 184	－ －	－ －	－ －	-17.04 62.85	－ －
37237 6257	藤 商 事 （3月）	－ 52,314	－ 4,502	－ 4,234	－ 1,554	－ 908	－ 1.74	－ 58.75	－ 75.63
53808 6239	ナ ガ オ カ （6月）	2,956 2,760	-486 -374	-491 -392	－ －	－ －	－ －	-6.43 -7.97	－ －
59308 6312	フロイント産業 （2月）	19,801 14,282	1,971 1,729	1,994 1,945	－ －	－ －	－ －	-6.44 -9.01	－ －

機械（非上場）

日経会社コード 証券コード	会　社　名 （決算月）	(A) 売上高	(B) 営業利益	(C) 経常利益	(D) 販売促進費	(E) 広告宣伝費	比率	A（%）	E（%）
1129 9999	旭 精 工 （3月）	10,782 7,850	1,023 666	1,246 618	－ 4	－ 20	－ 0.25	3.24 2.65	－ 33.33
10103 9999	旭 サ ナ ッ ク （5月）	15,635 13,266	1,320 935	1,413 1,178	－ －	－ －	－ －	-5.69 -7.35	－ －
16157 9999	三 井 精 機 工 業 （3月）	24,103 20,788	956 430	906 510	－ 487	－ －	－ －	-5.70 -6.71	－ －
17046 9999	ト ー ハ ツ （3月）	28,935 18,674	2,265 2,177	2,121 2,192	－ －	－ －	－ －	4.11 9.51	－ －
30002 6314	石井工作研究所 （12月）	－ 3,655	－ 174	－ 214	－ 1	－ 1	－ 0.03	－ 15.70	－ －

電気機器（東証一部）

日経会社コード 証券コード	会　社　名 （決算月）	(A) 売上高	(B) 営業利益	(C) 経常利益	(D) 販売促進費	(E) 広告宣伝費	比率	A（%）	E（%）
37 6816	ア ル パ イ ン （3月）	275,281 143,189	13,748 33	13,669 5,704	－ －	－ －	－ －	11.11 -1.79	－ －
313 3105	日清紡ホールディングス （3月）	512,047 9,931	15,085 -767	19,700 4,935	－ －	－ 373	－ 3.76	-2.89 -1.34	－ -15.42

電　気　機　器

上段＝連結決算、下段＝単独決算

日経会社コード 証券コード	会　社　名 （決算月）	(A) 売上高 （単位:百万円）	(B) 営業利益 （単位:百万円）	(C) 経常利益 （単位:百万円）	(D) 販売促進費 （単位:百万円）	(E) 広告宣伝費 （単位:百万円）	比　率 $\frac{E}{A} \times 100$	対前年度伸び率 A (%)	対前年度伸び率 E (%)
488 4062	イ ビ デ ン （3月）	300,403 128,869	16,702 8,676	17,603 19,399	－ －	－ －	－ －	12.74 10.94	－ －
1119 6448	ブ ラ ザ ー 工 業 （3月）★	712,997 405,442	68,672 28,269	69,669 42,975	1,955 －	16,618 －	2.33 －	11.20 16.27	0.38 －
1132 6479	ミネベアミツミ （3月）	879,139 472,446	79,162 7,257	78,038 24,802	－ －	－ －	－ －	37.60 4.41	－ －
1138 6952	カ シ オ 計 算 機 （3月）	314,790 237,238	29,568 13,610	28,726 23,817	16,023 7,957	14,406 5,511	4.58 2.32	-2.00 -1.67	5.16 2.43
1161 6501	日 立 製 作 所 （3月）★	9,368,614 1,930,293	714,630 59,005	638,646 131,294	－ －	－ －	－ －	2.25 1.25	－ －
1163 6503	三 菱 電 機 （3月）	4,431,198 2,675,821	318,637 120,364	364,578 214,193	－ －	34,279 －	0.77 －	4.54 3.86	5.33 －
1164 6504	富 士 電 機 （3月）	893,451 571,101	55,962 23,156	56,047 28,342	－ －	－ －	－ －	6.65 10.72	－ －
1165 6505	東 洋 電 機 製 造 （5月）	40,668 33,708	1,571 684	1,663 1,180	－ 70	－ 56	－ 0.17	2.32 1.44	－ －
1166 6506	安 川 電 機 （2月）	440,038 195,812	44,105 10,475	45,529 18,990	1,534 628	－ 1,244	－ 0.64	7.00 6.88	－ 4.80
1167 6507	シンフォニア　テクノロジー （3月）	90,323 69,223	7,109 5,838	7,033 6,358	－ －	－ －	－ －	7.24 10.85	－ －
1168 6508	明 電 舎 （3月）	241,832 164,487	11,381 4,333	9,992 5,875	905 －	－ －	－ －	9.85 10.86	－ －
1170 6513	オ リ ジ ン 電 気 （3月）	33,154 25,087	1,822 -26	1,908 624	－ －	－ －	－ －	5.92 4.54	－ －
1172 6516	山 洋 電 気 （3月）★	89,188 75,257	8,784 5,996	8,540 6,401	－ －	－ －	－ －	19.24 23.98	－ －
1177 6586	マ キ タ （3月）	477,298 309,647	79,762 30,006	79,678 60,762	－ －	8,363 －	1.75 －	15.01 27.81	25.91 －
1179 6588	東 芝 テ ッ ク （3月）	513,289 282,974	24,546 12,239	22,768 15,184	－ －	－ －	－ －	3.15 8.46	－ －
1181 6622	ダ イ ヘ ン （3月）	149,448 107,710	10,054 4,577	10,244 5,885	－ 314	－ －	－ －	10.81 14.86	－ －
1183 6641	日 新 電 機 （3月）	127,003 64,657	16,030 4,833	16,162 10,630	611 461	－ －	－ －	0.07 5.33	－ －
1185 6644	大 崎 電 気 工 業 （3月）	78,780 34,733	5,544 3,052	5,634 3,833	－ －	－ －	－ －	-8.56 -9.04	－ －
1186 6645	オ ム ロ ン （3月）	859,982 320,048	85,910 27,934	83,367 38,275	－ －	10,320 *1,551*	1.20 －	8.28 18.94	24.44 －
1190 6701	Ｎ Ｅ Ｃ （3月）★	2,844,447 1,574,370	63,850 -32,022	86,941 13,329	－ 41,008	－ －	－ －	6.73 -6.26	－ －
1191 6702	富 士 通 （3月）★	4,098,379 1,831,513	182,489 -37,935	242,488 -5,444	－ －	－ －	－ －	-0.84 -9.98	－ －
1192 6703	Ｏ Ｋ Ｉ （3月）	438,026 203,987	7,721 -891	8,515 2,327	－ －	－ －	－ －	-3.01 -3.87	－ －
1193 6704	岩 崎 通 信 機 （3月）	21,586 17,578	112 -168	282 118	－ －	－ －	－ －	-3.44 2.44	－ －
1195 6706	電 気 興 業 （3月）	43,022 33,572	1,518 1,025	1,823 1,414	－ －	－ 51	－ 0.15	7.81 10.52	－ -17.74
1196 6707	サ ン ケ ン 電 気 （3月）	175,209 110,905	12,026 484	11,808 32,656	－ －	－ －	－ －	10.35 7.86	－ －
1202 6741	日 本 信 号 （3月）	83,770 65,922	2,061 -748	2,955 1,940	－ －	－ －	－ －	1.99 1.73	－ －
1203 6742	京 三 製 作 所 （3月）	73,905 67,290	5,071 3,999	5,334 4,553	－ －	－ 110	－ 0.16	23.20 25.63	－ 26.44
1205 6744	能 美 防 災 （3月）	105,032 84,048	12,881 10,688	13,073 11,009	－ －	－ －	－ －	10.18 10.41	－ －
1206 6745	ホ ー チ キ （3月）	75,961 64,130	4,911 3,634	4,819 3,969	－ －	－ －	－ －	3.93 1.95	－ －

※　有価証券報告書の提出義務はあるが、広告宣伝費の記載がなく、その後、日経広告研究所が独自取材、調査をして判明した
　　広告宣伝費は斜体で表記しています（29ページ参照）。

電　気　機　器

上段＝連結決算、下段＝単独決算

日経会社コード／証券コード	会　社　名（決算月）	(A)売上高(単位:百万円)	(B)営業利益(単位:百万円)	(C)経常利益(単位:百万円)	(D)販売促進費(単位:百万円)	(E)広告宣伝費(単位:百万円)	比　率($\frac{E}{A}\times100$)	対前年度伸び率 A (%)	対前年度伸び率 E (%)
1208	パ　ナ　ソ　ニ　ッ　ク	7,982,164	380,539	378,590	－	112,238	1.41	8.69	6.60
6752	（3月）★	4,056,083	196,209	321,023	343,299	－	－	10.97	－
1209	シ　ャ　ー　プ	2,427,271	90,125	89,320	－	－	－	18.37	－
6753	（3月）	1,715,968	58,458	78,019	－	－	－	8.79	－
1210	ア　ン　リ　ツ	85,967	4,912	4,602	－	1,211	1.41	-1.91	-0.57
6754	（3月）★	38,710	3,099	3,773	－	－	－	-4.02	－
1211	富士通ゼネラル	262,340	20,207	18,543	9,799	－	－	0.88	－
6755	（3月）	210,151	5,783	14,170	4,148	－	－	1.18	－
1213	ソ　ニ　ー	8,543,982	734,860	699,049	－	407,106	4.76	12.37	11.90
6758	（3月）	536,686	110,662	117,819	－	－	－	-56.94	－
1216	Ｔ　Ｄ　Ｋ	1,271,747	85,633	89,811	－	4,125	0.32	7.93	-8.19
6762	（3月）	292,146	-37,042	3,454	－	－	－	19.56	－
1217	帝　国　通　信　工　業	14,329	1,013	1,131	－	－	－	11.03	－
6763	（3月）	10,836	471	1,077	－	－	－	7.56	－
1222	タ　ム　ラ　製　作　所	85,558	5,407	5,480	－	－	－	7.48	－
6768	（3月）	44,198	1,608	3,148	－	－	－	10.58	－
1224	ア　ル　プ　ス　電　気	858,317	71,907	66,717	－	－	－	13.95	－
6770	（3月）	462,158	29,680	33,013	－	*499*	－	23.45	－
1225	池　上　通　信　機	26,275	688	588	－	206	0.78	15.37	-22.56
6771	（3月）	23,954	556	567	109	138	0.58	19.46	-27.37
1227	パ　イ　オ　ニ　ア	365,417	1,194	-3,121	－	－	－	-5.50	－
6773	（3月）	209,219	-10,553	-8,832	－	－	－	-5.91	－
1237	フォスター電機	184,800	9,307	9,062	－	－	－	14.86	－
6794	（3月）	132,723	-538	438	245	22	0.02	13.38	-33.33
1240	ク　ラ　リ　オ　ン	183,056	4,792	4,515	－	－	－	-6.05	－
6796	（3月）★	115,634	671	1,649	1,138	－	－	-14.51	－
1241	Ｓ　Ｍ　Ｋ	59,786	485	358	－	－	－	-5.06	－
6798	（3月）	47,672	146	-361	－	－	－	-8.49	－
1243	ヨ　コ　オ	51,919	3,135	2,911	－	－	－	17.79	－
6800	（3月）	43,080	1,511	1,747	－	－	－	19.29	－
1246	ホ　シ　デ　ン	299,440	13,043	10,548	－	－	－	99.52	－
6804	（3月）	239,879	8,753	7,143	－	－	－	138.40	－
1248	横　河　電　機	406,590	32,696	33,333	－	－	－	3.87	－
6841	（3月）	104,385	-1,986	18,521	－	－	－	6.86	－
1250	新　電　元　工　業	92,177	6,853	7,164	－	－	－	1.95	－
6844	（3月）	78,180	2,300	4,274	－	－	－	2.16	－
1251	ア　ズ　ビ　ル	260,384	24,026	24,316	－	－	－	2.19	－
6845	（3月）	184,920	17,970	19,763	－	－	－	3.16	－
1254	東亜ディーケーケー	15,605	1,704	1,765	－	－	－	8.03	－
6848	（3月）	14,641	1,287	1,640	－	－	－	8.56	－
1255	日　本　光　電	174,249	14,517	14,501	－	－	－	4.79	－
6849	（3月）	146,525	12,178	13,175	－	－	－	39.06	－
1256	チ　ノ　ー	20,745	1,303	1,368	－	－	－	11.72	－
6850	（3月）	16,184	979	1,177	－	－	－	13.15	－
1260	沢　藤　電　機	30,868	447	551	－	－	－	12.82	－
6901	（3月）	29,014	451	543	－	－	－	12.86	－
1261	デ　ン　ソ　ー	5,108,291	412,676	449,903	－	－	－	12.84	－
6902	（3月）★	2,671,939	108,179	190,585	－	－	－	8.05	－
1264	スタンレー電気	442,165	53,169	57,657	－	－	－	13.80	－
6923	（3月）	211,387	14,146	25,664	－	－	－	19.89	－
1265	岩　崎　電　気	57,328	131	228	－	－	－	1.27	－
6924	（3月）	47,736	106	720	－	－	－	4.51	－
1270	古　河　電　池	60,536	2,980	2,810	850	－	－	9.43	－
6937	（3月）	40,814	1,912	2,474	373	－	－	7.46	－
1271	日　本　電　子	104,570	3,928	4,363	－	－	－	4.89	－
6951	（3月）	89,736	3,218	4,541	－	－	－	7.34	－
1275	村　田　製　作　所	1,371,842	162,146	167,801	－	4,263	0.31	20.81	11.48
6981	（3月）	948,594	8,385	41,193	－	－	－	14.13	－

※　有価証券報告書の提出義務はあるが、広告宣伝費の記載がなく、その後、日経広告研究所が独自取材、調査をして判明した
　　広告宣伝費は斜体で表記しています（29ページ参照）。

—115—

電 気 機 器

上段＝連結決算、下段＝単独決算

日経会社コード / 証券コード	会 社 名 （決算月）	(A) 売上高 (単位:百万円)	(B) 営業利益 (単位:百万円)	(C) 経常利益 (単位:百万円)	(D) 販売促進費 (単位:百万円)	(E) 広告宣伝費 (単位:百万円)	比 率 ($\frac{E}{A}\times100$)	対前年度伸び率 A (%)	対前年度伸び率 E (%)
1278	ユ ー シ ン	155,660	4,982	3,465	－	－	－	1.15	－
6985	（12月）	60,388	2,069	1,807	－	－	－	4.03	－
1282	北 陸 電 気 工 業	43,805	1,278	933	－	－	－	20.11	－
6989	（3月）	34,004	517	533	－	－	－	15.89	－
1289	ニ チ コ ン	114,767	6,197	7,005	－	290	0.25	14.31	1.05
6996	（3月）	79,141	-974	1,330	－	－	－	12.57	－
1291	Ｋ Ｏ Ａ	52,515	5,750	5,839	－	－	－	15.16	－
6999	（3月）	44,093	4,071	5,104	－	－	－	15.00	－
1292	太 陽 誘 電	244,117	20,221	20,553	－	－	－	5.81	－
6976	（3月）	228,657	5,281	13,238	－	－	－	6.84	－
1293	テ ィ ア ッ ク	17,016	330	324	－	－	－	-1.90	－
6803	（3月）★	10,799	-161	-196	－	－	－	-6.32	－
1295	ウ シ オ 電 機	173,497	10,151	12,050	－	－	－	0.38	－
6925	（3月）	47,917	4,216	8,912	－	－	－	-2.06	－
1299	岡 谷 電 機 産 業	13,648	736	571	－	－	－	11.63	－
6926	（3月）	12,173	213	591	－	－	－	13.29	－
1301	芝浦メカトロニクス	49,256	2,497	2,352	741	12	0.02	15.25	-14.29
6590	（3月）	37,463	1,074	1,867	900	－	－	17.19	－
1303	共 和 電 業	15,350	1,328	1,405	－	－	－	2.82	－
6853	（12月）	14,550	655	1,199	54	91	0.63	-0.30	-24.79
1305	日 本 ケ ミ コ ン	133,362	5,818	4,416	－	－	－	14.66	－
6997	（3月）	118,563	1,154	698	－	－	－	13.51	－
1307	京 セ ラ	1,577,039	95,575	131,866	－	4,636	0.29	10.84	-4.27
6971	（3月）	742,066	-10,705	82,901	－	－	－	11.99	－
1309	ヒ ロ セ 電 機	125,280	28,649	29,234	－	－	－	8.84	－
6806	（3月）	99,223	11,548	15,461	－	－	－	12.26	－
1310	日本航空電子工業	253,947	20,632	17,357	－	－	－	21.21	－
6807	（3月）	223,518	14,544	12,127	－	－	－	21.07	－
1316	ナ カ ヨ	18,865	862	933	－	－	－	0.15	－
6715	（3月）	13,943	429	604	－	－	－	-0.11	－
1318	フ ァ ナ ッ ク	726,596	229,604	249,525	－	－	－	35.32	－
6954	（3月）	572,963	174,880	196,196	－	－	－	43.56	－
1319	Ｔ Ｏ Ａ	44,180	3,510	3,561	2,253	－	－	3.94	－
6809	（3月）	31,297	1,536	1,835	1,166	－	－	1.89	－
1343	マクセルホールディングス	148,198	8,848	8,567	758	357	0.24	9.68	-10.75
6810	（3月）	55,639	3,253	3,589	118	261	0.47	-44.66	33.85
1344	日 東 工 業	108,080	5,751	5,625	－	351	0.32	1.36	-18.56
6651	（3月）	68,551	4,441	4,728	－	－	－	1.70	－
1456	ＳＣＲＥＥＮホールディングス	339,368	42,725	41,329	－	－	－	13.03	－
7735	（3月）	24,902	10,340	9,539	－	－	－	15.91	－
1458	キ ヤ ノ ン	4,080,015	331,479	353,884	－	61,207	1.50	19.95	4.26
7751	（12月）	1,930,064	179,450	261,362	－	－	－	9.41	－
1459	リ コ ー	2,063,363	-115,676	-124,182	－	6,948	0.34	1.70	-10.75
7752	（3月）★	862,291	-853	16,796	－	－	－	0.29	－
1474	堀 場 製 作 所	195,399	26,834	26,608	－	－	－	14.88	－
6856	（12月）	62,869	5,768	10,300	－	－	－	6.40	－
1738	東 京 エ レ ク ト ロ ン	1,130,728	281,172	280,737	－	－	－	41.39	－
8035	（3月）	1,052,741	122,841	128,549	－	－	－	40.16	－
2141	セ イ コ ー エ プ ソ ン	1,102,116	65,003	62,663	33,742	21,886	1.99	7.54	3.96
6724	（3月）★	816,898	15,623	43,272	－	－	－	10.70	－
2291	レ ー ザ ー テ ッ ク	17,369	4,960	4,989	98	58	0.33	13.59	11.54
6920	（6月）	15,806	4,004	4,595	347	50	0.32	9.89	11.11
2296	日 本 マ イ ク ロ ニ ク ス	28,455	1,508	1,573	－	－	－	9.24	－
6871	（9月）	23,991	-100	931	－	－	－	15.81	－
2363	図 研	23,582	2,025	2,114	－	－	－	6.23	－
6947	（3月）	9,977	837	1,562	－	－	－	3.17	－
5340	キ ー エ ン ス	526,847	292,890	298,860	－	－	－	27.66	－
6861	（3月）	430,701	273,502	275,094	－	－	－	33.51	－

上段＝連結決算、下段＝単独決算

電 気 機 器

日経会社コード 証券コード	会 社 名 （決算月）	(A) 売上高 (単位:百万円)	(B) 営業利益 (単位:百万円)	(C) 経常利益 (単位:百万円)	(D) 販売促進費 (単位:百万円)	(E) 広告宣伝費 (単位:百万円)	比 率 ($\frac{E}{A}\times100$)	対前年度伸び率 A (%)	E (%)
7184	ア イ ホ ン	45,113	2,805	2,859	1,283	－	－	2.87	－
6718	（3月）	40,325	1,878	2,112	－	－	－	1.31	－
7699	日本セラミック	19,765	3,301	3,430	40	－	－	1.23	－
6929	（12月）	17,220	2,159	2,281	－	－	－	2.38	－
8383	アイ・オー・データ機器	48,461	2,508	2,361	－	－	－	7.82	－
6916	（6月）	45,543	2,162	2,182	－	640	1.41	6.58	7.74
8639	ヘリオス テクノ ホールディン	23,483	3,039	2,983	－	－	－	37.19	－
6927	（3月）	439	-6	329	－	－	－	10.86	－
8640	ローランド ディー.ジー.	43,573	3,853	3,804	－	1,125	2.58	-1.22	1.44
6789	（12月）	30,402	3,986	4,490	－	－	－	-2.10	－
9106	日 本 金 銭 機 械	29,860	1,372	1,152	－	－	－	-1.22	－
6418	（3月）	9,958	172	928	14	13	0.13	15.44	550.00
9199	オプテックスグループ	37,504	4,885	5,036	－	－	－	20.88	－
6914	（12月）	1,321	528	610	－	－	－	-88.73	－
10339	I D E C	59,783	6,112	6,484	－	－	－	37.67	－
6652	（3月）	30,499	2,685	4,728	－	－	－	16.96	－
12613	新 日 本 無 線	51,665	2,138	2,058	－	－	－	5.73	－
6911	（3月）	44,082	752	3,805	－	－	－	2.92	－
12703	ア イ コ ム	24,880	791	875	－	415	1.67	3.27	12.47
6820	（3月）	21,677	777	1,025	－	－	－	4.67	－
12725	スミダコーポレーション	90,153	6,217	5,697	－	－	－	11.23	－
6817	（12月）★	2,088	1,196	1,103	－	－	－	37.01	－
12790	星 和 電 機	23,596	760	755	－	－	－	12.58	－
6748	（3月）	22,967	580	578	－	73	0.32	11.61	-14.12
12854	双 信 電 機	10,375	508	508	－	－	－	10.13	－
6938	（3月）	9,877	239	312	－	－	－	11.86	－
13347	エ ス ペ ッ ク	44,069	4,602	4,746	－	－	－	11.55	－
6859	（3月）	32,201	3,603	3,921	－	－	－	11.61	－
13350	田 淵 電 機	26,417	-4,361	-4,432	－	－	－	1.00	－
6624	（3月）	13,352	-2,924	-1,986	－	－	－	-18.13	－
13518	千代田インテグレ	38,700	2,642	2,758	－	－	－	-8.56	－
6915	（12月）	12,430	91	1,541	－	－	－	3.68	－
13575	帝国電機製作所	20,792	2,336	2,377	－	54	0.26	7.86	58.82
6333	（3月）	10,273	1,116	1,472	－	－	－	13.94	－
13610	ミマキエンジニアリング	52,471	2,729	2,359	－	－	－	8.57	－
6638	（3月）	42,215	2,631	2,424	－	－	－	7.51	－
13650	シ ス メ ッ ク ス	281,935	59,078	58,117	－	－	－	12.82	－
6869	（3月）★	143,880	32,437	35,037	－	－	－	3.47	－
14929	ア ル バ ッ ク	231,831	29,468	29,716	5,992	－	－	20.47	－
6728	（6月）	137,889	14,575	18,594	6,397	－	－	25.00	－
15009	日 本 電 波 工 業	43,952	-9,618	-9,640	－	72	0.16	0.37	-4.00
6779	（3月）★	37,658	-2,672	-1,213	－	－	－	-6.15	－
15653	船 井 電 機	130,130	-10,885	-11,909	3,408	－	－	-2.77	－
6839	（3月）	119,197	-6,594	-8,414	3,573	－	－	14.63	－
16151	三 井 ハ イ テ ッ ク	78,727	2,142	1,856	－	－	－	20.48	－
6966	（1月）	52,962	1,056	1,967	243	76	0.14	21.72	105.41
16158	不 二 電 機 工 業	－	－	－	－	－	－	－	－
6654	（1月）	3,899	290	311	－	40	1.03	3.45	17.65
16176	イリソ電子工業	42,248	8,426	7,872	－	－	－	12.52	－
6908	（3月）	33,048	4,503	5,586	－	－	－	14.54	－
16188	ミ ツ バ	387,186	19,103	20,055	－	－	－	18.05	－
7280	（3月）	144,778	-2,727	12,588	－	－	－	-1.47	－
16300	MUTOHホールディングス	20,048	160	341	－	－	－	-2.17	－
7999	（3月）	1,133	363	382	－	35	3.09	-17.90	-10.26
16624	ユニデンホールディングス	15,141	1,993	1,970	376	－	－	15.66	－
6815	（3月）	7,389	961	1,392	－	－	－	2.10	－
16731	リ オ ン	20,350	2,572	2,651	－	－	－	6.02	－
6823	（3月）	16,246	2,160	2,542	－	－	－	6.04	－

—117—

電 気 機 器

上段＝連結決算、下段＝単独決算

日経会社コード／証券コード	会 社 名（決算月）	(A)売上高（単位:百万円）	(B)営業利益（単位:百万円）	(C)経常利益（単位:百万円）	(D)販売促進費（単位:百万円）	(E)広告宣伝費（単位:百万円）	比 率（E/A×100）	対前年度伸び率 A (%)	E (%)
16955	キ ヤ ノ ン 電 子	83,769	9,605	9,886	－	106	0.13	0.58	17.78
7739	（12月）	72,146	9,051	9,731	－	99	0.14	-2.69	20.73
17155	マブチモーター	146,925	24,066	25,841	－	－	－	4.43	－
6592	（12月）	102,738	10,052	17,627	－	－	－	2.90	－
17196	デ ン ヨ ー	50,182	3,902	4,187	－	－	－	2.72	－
6517	（ 3月）	34,987	1,411	2,494	－	－	－	-0.37	－
17454	E I Z O	84,057	8,554	9,505	－	－	－	7.37	－
6737	（ 3月）	58,342	5,529	6,769	－	－	－	0.71	－
18060	アドバンテスト	207,223	24,487	24,282	－	－	－	32.91	－
6857	（ 3月）★	181,830	10,058	26,709	－	－	－	26.66	－
18115	新 光 電 気 工 業	147,113	4,899	5,730	－	－	－	5.16	－
6967	（ 3月）	139,464	4,448	5,466	1,783	－	－	5.25	－
18357	日 本 電 産	1,488,090	167,637	164,460	－	－	－	24.08	－
6594	（ 3月）★	225,793	3,813	16,947	－	－	－	3.25	－
18468	ワ コ ム	82,262	3,526	3,584	－	－	－	15.35	－
6727	（ 3月）	67,860	1,041	2,291	－	－	－	11.00	－
18502	本 多 通 信 工 業	19,498	2,007	2,109	－	－	－	13.33	－
6826	（ 3月）	13,930	1,202	1,781	－	－	－	11.25	－
18897	浜松ホトニクス	130,495	22,849	24,037	－	925	0.71	7.09	2.44
6965	（ 9月）	110,200	16,742	20,048	－	240	0.22	8.27	1.27
21250	遠 藤 照 明	40,126	2,526	2,760	－	428	1.07	1.23	-2.28
6932	（ 3月）	24,247	490	440	－	－	－	-8.57	－
21357	小 野 測 器	12,077	182	214	－	－	－	-8.04	－
6858	（12月）	11,513	1	91	－	－	－	-8.89	－
25185	象印マホービン	85,363	7,823	8,493	1,848	3,206	3.76	-4.33	8.09
7965	（11月）	71,874	5,555	8,365	－	1,566	2.18	-4.78	5.45
25567	大 真 空	30,298	300	216	－	－	－	-2.14	－
6962	（ 3月）	23,892	-168	－	－	－	－	-9.14	－
25679	エ ン プ ラ ス	33,288	4,368	3,846	－	－	－	0.90	－
6961	（ 3月）	5,910	-3,050	2,894	－	－	－	1.18	－
26172	メ ガ チ ッ プ ス	89,029	2,709	2,207	－	－	－	32.02	－
6875	（ 3月）	74,665	3,612	3,391	－	－	－	34.13	－
27139	ロ ー ム	397,106	57,004	54,213	－	－	－	12.81	－
6963	（ 3月）	348,737	27,274	42,935	－	－	－	14.99	－
29272	日 置 電 機	20,891	2,503	2,630	－	－	－	15.22	－
6866	（12月）	18,580	2,052	2,445	285	142	0.76	14.83	4.41
30051	双 葉 電 子 工 業	69,353	726	997	－	－	－	8.10	－
6986	（ 3月）	50,944	-1,320	-682	－	－	－	14.28	－
30072	古 野 電 気	79,050	1,992	1,857	－	－	－	0.48	－
6814	（ 2月）	55,120	233	1,456	－	－	－	-6.89	－
30123	O B A R A　G R O U P	46,536	9,017	9,888	－	－	－	-7.19	－
6877	（ 9月）	5,956	5,402	5,677	－	－	－	15.23	－
30143	日 本 電 子 材 料	14,405	514	456	－	－	－	15.34	－
6855	（ 3月）	11,996	139	333	－	－	－	11.86	－
30346	日 本 ト リ ム	14,027	1,606	1,681	712	－	－	-8.03	－
6788	（ 3月）	12,243	1,001	1,120	958	－	－	-10.63	－
30472	エ レ コ ム	93,546	10,193	9,808	1,896	－	－	14.30	－
6750	（ 3月）	73,236	8,373	8,161	1,636	－	－	-1.92	－
30741	テクノメディカ	－	－	－	－	－	－	－	－
6678	（ 3月）	8,654	1,491	1,490	－	－	－	2.33	－
30766	メルコホールディングス	72,319	5,319	6,359	－	417	0.58	-3.00	52.19
6676	（ 3月）	4,842	3,351	4,562	－	－	－	21.02	－
30815	サクサホールディングス	37,684	516	653	－	－	－	-6.76	－
6675	（ 3月）	1,152	366	325	－	－	－	-5.57	－
30855	ジーエス・ユアサ　コーポレーシ	410,951	21,920	21,387	－	－	－	14.28	－
6674	（ 3月）	6,708	5,687	7,359	－	－	－	29.25	－
31571	J V Cケンウッド	300,687	6,942	5,946	－	7,821	2.60	0.94	5.75
6632	（ 3月）★	170,283	586	3,932	－	3,067	1.80	6.39	10.68

電　気　機　器

上段＝連結決算、下段＝単独決算

日経会社コード 証券コード	会社名 （決算月）	(A) 売上高 (単位:百万円)	(B) 営業利益 (単位:百万円)	(C) 経常利益 (単位:百万円)	(D) 販売促進費 (単位:百万円)	(E) 広告宣伝費 (単位:百万円)	比率 ($\frac{E}{A}\times100$)	対前年度伸び率 A (%)	E (%)
31620	ヤ　ー　マ　ン	19,969	3,503	3,533	－	4,700	23.54	22.43	18.75
6630	（4月）	19,795	3,578	3,649	－	4,603	23.25	22.25	18.57
31667	山　一　電　機	30,340	4,307	4,292	－	－	－	14.52	－
6941	（3月）	15,902	1,913	2,647	－	－	－	10.30	－
31693	宮越ホールディングス	1,344	900	1,023	－	－	－	8.83	－
6620	（3月）	372	217	243	－	－	－	20.00	－
31711	ダブル・スコープ	9,517	274	-108	43	－	－	5.18	－
6619	（12月）	1,596	-216	1,124	－	－	－	97.77	－
31752	東　光　高　岳	95,309	2,947	3,189	－	－	－	-11.56	－
6617	（3月）	61,768	1,444	1,806	－	－	－	-1.62	－
31886	トレックス・セミコンダクター	23,996	2,212	1,998	－	－	－	11.30	－
6616	（3月）	9,179	463	501	－	－	－	-1.60	－
35110	ア　ク　セ　ル	－	－	－	－	－	－	－	－
6730	（3月）	8,477	156	164	－	－	－	5.80	－
35398	ルネサスエレクトロニクス	780,261	78,400	75,288	－	－	－	17.27	－
6723	（12月）	683,266	91,108	90,620	－	－	－	10.12	－
35802	コ　ー　セ　ル	22,479	3,490	3,669	－	－	－	4.08	－
6905	（5月）	21,074	3,075	3,322	23	42	0.20	5.16	-22.22
35953	ジャパンディスプレイ	717,522	-61,749	-93,658	－	－	－	-18.87	－
6740	（3月）	698,275	-74,237	-98,572	－	－	－	-18.01	－
37201	第　一　精　工	51,925	2,604	2,509	－	－	－	13.29	－
6640	（12月）	43,394	-132	1,286	1,439	－	－	13.66	－
47082	鈴　　　木	23,723	1,727	1,676	－	－	－	2.73	－
6785	（6月）	15,364	1,183	1,465	－	12	0.08	6.11	-14.29
50945	日　本　Ｃ　Ｍ　Ｋ	86,894	4,266	3,917	－	－	－	15.29	－
6958	（3月）	49,631	1,302	2,483	－	－	－	6.36	－
53904	ユー・エム・シー・エレクトロニ	125,676	2,543	2,075	－	－	－	12.30	－
6615	（3月）	21,852	623	648	－	－	－	-2.66	－

電気機器（東証二部）

日経会社コード 証券コード	会社名 （決算月）	(A) 売上高 (単位:百万円)	(B) 営業利益 (単位:百万円)	(C) 経常利益 (単位:百万円)	(D) 販売促進費 (単位:百万円)	(E) 広告宣伝費 (単位:百万円)	比率 ($\frac{E}{A}\times100$)	対前年度伸び率 A (%)	E (%)
1162	東　芝	3,947,596	64,070	82,378	－	10,154	0.26	-2.38	-13.69
6502	（3月）	526,096	-54,843	-100,294	1,472	4,633	0.88	-79.88	-40.04
1184	戸上電機製作所	22,980	1,955	2,049	－	－	－	-2.51	－
6643	（3月）	17,490	1,375	1,510	－	－	－	-7.29	－
1188	森　尾　電　機	8,499	289	281	－	－	－	21.66	－
6647	（3月）	7,835	203	200	31	1	0.01	17.98	0.00
1198	明　星　電　気	6,527	23	19	－	－	－	-12.48	－
6709	（3月）	6,527	23	19	－	－	－	-12.48	－
1204	大　同　信　号	21,277	1,294	1,637	－	－	－	-1.55	－
6743	（3月）	15,678	863	934	－	－	－	-3.52	－
1226	東京コスモス電機	10,239	373	325	－	－	－	24.85	－
6772	（3月）	9,639	51	33	－	－	－	24.58	－
1229	Ｔ　Ｂ　グ　ル　ー　プ	3,428	-151	-158	19	－	－	-16.02	－
6775	（3月）	1,853	-91	-82	－	－	－	-14.45	－
1272	日本抵抗器製作所	5,863	242	226	－	－	－	14.18	－
6977	（12月）	3,659	87	125	－	－	－	19.46	－
1276	リ　ー　ド	－	－	－	－	－	－	－	－
6982	（3月）	5,178	-189	-157	－	1	0.02	3.19	-50.00
1287	指月電機製作所	20,168	1,219	1,504	676	－	－	-3.65	－
6994	（3月）	18,453	1,438	1,467	303	－	－	-1.93	－
1290	日本タングステン	11,102	755	980	－	－	－	9.66	－
6998	（3月）	10,540	590	808	－	－	－	9.08	－
1304	Ｆ　Ｄ　Ｋ	73,129	666	78	295	－	－	-0.75	－
6955	（3月）	55,803	-463	96	－	－	－	11.19	－
1306	エ　ル　ナ　ー	27,075	350	-645	－	－	－	-5.14	－
6972	（12月）	25,573	83	-259	－	－	－	-3.36	－
1311	西　芝　電　機	19,079	484	535	－	－	－	-10.59	－
6591	（3月）	16,961	213	475	－	－	－	-11.92	－

電 気 機 器

上段＝連結決算、下段＝単独決算

日経会社コード 証券コード	会　社　名 （決算月）	(A) 売上高 (単位:百万円)	(B) 営業利益 (単位:百万円)	(C) 経常利益 (単位:百万円)	(D) 販売促進費 (単位:百万円)	(E) 広告宣伝費 (単位:百万円)	比　率 ($\frac{E}{A}\times100$)	対前年度伸び率 A (%)	E (%)
1315	松 尾 電 機	4,733	143	159	–	–	–	5.55	–
6969	（3月）	4,733	162	148	–	–	–	5.55	–
7927	エ ノ モ ト	22,103	1,674	1,601	–	–	–	14.13	–
6928	（3月）	13,342	815	953	–	–	–	16.37	–
8264	ア オ イ 電 子	45,675	5,649	6,165	–	–	–	1.94	–
6832	（3月）	45,699	4,660	5,185	–	–	–	2.09	–
11701	ＫＩホールディングス	44,819	3,502	3,704	–	–	–	-14.78	–
6747	（9月）	324	-838	1,013	–	–	–	-1.52	–
12159	三社電機製作所	23,717	1,474	1,480	356	–	–	18.18	–
6882	（3月）	16,477	572	719	330	–	–	3.23	–
14739	日本アビオニクス	18,707	-709	-764	–	–	–	-12.76	–
6946	（3月）	18,700	-172	-250	–	–	–	-12.42	–
15050	日本フェンオール	14,307	1,403	1,476	–	–	–	-13.64	–
6870	（12月）	9,635	1,152	1,329	–	–	–	-4.49	–
15591	富士通フロンテック	96,719	3,943	3,814	–	–	–	-13.00	–
6945	（3月）	81,561	2,443	2,675	–	–	–	-15.21	–
16378	パルステック工業	2,132	272	271	–	–	–	-1.43	–
6894	（3月）	2,112	277	276	–	–	–	-2.22	–
18083	正興電機製作所	20,002	835	877	–	–	–	0.27	–
6653	（12月）	15,923	641	783	47	9	0.06	-7.04	-30.77
19164	Ａ　Ｓ　Ｔ　Ｉ	47,643	1,796	1,849	–	–	–	11.69	–
6899	（3月）	33,326	1,029	1,263	153	7	0.02	9.33	75.00
23509	サ ン コ ー	13,275	662	752	–	–	–	-4.98	–
6964	（3月）	11,209	572	633	–	–	–	-10.24	–
26626	アドテック　プラズマ　テクノロ	7,218	1,486	1,512	–	–	–	35.86	–
6668	（8月）	6,103	1,223	1,188	–	–	–	52.27	–
29185	原 田 工 業	42,936	2,253	2,350	–	–	–	5.09	–
6904	（3月）	18,795	1,119	1,778	–	–	–	10.84	–
29873	イ ン ス ペ ッ ク	2,159	136	134	–	–	–	32.62	–
6656	（4月）	1,507	174	171	–	–	–	41.10	–
30085	キ ョ ウ デ ン	56,560	3,040	3,179	–	–	–	5.01	–
6881	（3月）	25,392	999	1,281	–	–	–	11.47	–
30273	ぷらっとホーム	–	–	–	–	–	–	–	–
6836	（3月）	1,299	-121	-118	–	14	1.08	14.65	-62.16
30283	アライドテレシスホールディング	29,206	1,140	848	–	–	–	-0.32	–
6835	（12月）	4,410	-740	171	–	–	–	-10.26	–
30432	アルチザネットワークス	1,991	-155	-138	–	–	–	-11.47	–
6778	（7月）	1,991	-179	-163	–	–	–	-11.47	–
30464	富士通コンポーネント	49,420	628	514	–	–	–	1.55	–
6719	（3月）	38,753	61	354	–	–	–	3.72	–
30658	ピ ク セ ラ	2,423	19	18	–	–	–	27.46	–
6731	（9月）	2,423	14	12	–	–	–	27.46	–
30734	ウ イ ン テ ス ト	–	–	–	–	–	–	–	–
6721	（7月）	229	-186	-183	–	–	–	7.51	–
30869	Ｍ　Ｃ　Ｊ	124,544	8,504	8,743	–	3,587	2.88	14.55	26.13
6670	（3月）	4,721	3,838	3,863	–	–	–	232.23	–
31455	Ｃ＆Ｇシステムズ	4,083	328	373	–	–	–	-8.14	–
6633	（12月）	3,388	261	361	–	–	–	0.83	–
32254	ト リ プ ル ワ ン	–	–	–	–	–	–	–	–
6695	（10月）	1,164	55	46	–	–	–	15.13	–
48238	ダイヤモンド電機	57,996	2,439	2,313	–	–	–	-0.27	–
6895	（3月）	23,805	-367	-286	–	–	–	-0.87	–
91104	コ ン テ ッ ク	25,468	1,266	1,281	43	70	0.27	9.00	-12.50
6639	（3月）	19,921	1,177	1,292	46	48	0.24	17.76	-11.11

電気機器（マザーズ）

日経会社コード 証券コード	会　社　名 （決算月）	(A) 売上高	(B) 営業利益	(C) 経常利益	(D) 販売促進費	(E) 広告宣伝費	比　率	A (%)	E (%)
26185	大 泉 製 作 所	12,392	694	454	26	–	–	1.73	–
6618	（3月）	9,501	549	869	24	–	–	0.71	–

電　気　機　器

上段＝連結決算、下段＝単独決算

日経会社コード 証券コード	会　社　名 （決算月）	(A) 売上高 （単位:百万円）	(B) 営業利益 （単位:百万円）	(C) 経常利益 （単位:百万円）	(D) 販売促進費 （単位:百万円）	(E) 広告宣伝費 （単位:百万円）	比　率 ($\frac{E}{A}\times100$)	対前年度伸び率 A (%)	E (%)
29944	Ａｂａｌａｎｃｅ	6,495	115	48	31	－	－	43.09	－
3856	（6月）	176	-151	55	31	－	－	14.29	－
31656	テ　ラ　プ　ロ　ー　ブ	20,961	2,388	2,474	－	－	－	-7.79	－
6627	（12月）	11,202	-176	115	－	－	－	-35.06	－
32262	ト　ラ　ン　ザ　ス	1,258	251	245	－	－	－	－	－
6696	（1月）	1,206	268	262	1	3	0.25	14.75	－

電気機器（名証一部）

日経会社コード 証券コード	会　社　名 （決算月）	(A) 売上高	(B) 営業利益	(C) 経常利益	(D) 販売促進費	(E) 広告宣伝費	比率	A (%)	E (%)
1182	愛　知　電　機	78,232	5,135	5,073	－	－	－	4.47	－
6623	（3月）	37,453	3,506	3,933	－	－	－	-4.62	－

電気機器（名証二部）

日経会社コード 証券コード	会　社　名 （決算月）	(A) 売上高	(B) 営業利益	(C) 経常利益	(D) 販売促進費	(E) 広告宣伝費	比率	A (%)	E (%)
1252	中　央　製　作　所	4,762	106	127	－	7	0.15	3.30	16.67
6846	（3月）	4,731	117	124	10	7	0.15	8.21	16.67
14038	東　洋　電　機	8,551	276	340	－	－	－	1.17	－
6655	（3月）	7,274	66	196	－	19	0.26	-4.43	11.76
30304	名古屋電機工業	－	－	－	－	－	－	－	－
6797	（3月）	17,529	876	923	－	29	0.17	17.01	61.11
31107	未　来　工　業	35,175	4,198	4,253	－	－	－	4.58	－
7931	（3月）	27,276	3,215	3,297	－	－	－	3.31	－

電気機器（ジャスダック）

日経会社コード 証券コード	会　社　名 （決算月）	(A) 売上高	(B) 営業利益	(C) 経常利益	(D) 販売促進費	(E) 広告宣伝費	比率	A (%)	E (%)
1189	か　わ　で　ん	－	－	－	－	－	－	－	－
6648	（3月）	18,832	1,399	1,613	－	－	－	-1.95	－
2017	シライ電子工業	28,522	438	515	－	－	－	1.71	－
6658	（3月）	12,260	-370	-136	－	－	－	1.66	－
2231	オプトエレクトロニクス	7,032	-325	-358	－	－	－	-1.61	－
6664	（11月）	2,753	-648	-654	－	－	－	-1.82	－
2295	フェローテックホールディングス	90,597	8,437	7,157	－	－	－	22.68	－
6890	（3月）	6,250	3,883	3,438	－	－	－	-59.05	－
2370	ミナトホールディングス	13,886	252	176	－	－	－	73.99	－
6862	（3月）	1,481	44	48	－	－	－	7.09	－
4034	ケ　ル	10,379	1,019	962	－	－	－	7.32	－
6919	（3月）	9,479	828	849	－	－	－	3.93	－
4058	寺　崎　電　気　産　業	36,880	2,052	2,258	－	－	－	12.19	－
6637	（3月）	26,369	-162	751	－	－	－	18.31	－
6410	エイアンドティー	－	－	－	－	－	－	－	－
6722	（12月）	10,371	773	757	－	－	－	1.34	－
7689	アバールデータ	7,579	1,309	1,336	－	20	0.26	-2.80	-20.00
6918	（3月）	7,081	1,299	1,718	－	19	0.27	31.30	5.56
9021	ユ　ビ　テ　ッ　ク	2,204	108	97	－	－	－	-14.17	－
6662	（6月）	1,613	58	48	－	－	－	-18.82	－
9098	リ　ー　ダ　ー　電　子	3,021	81	84	37	15	0.50	29.71	400.00
6867	（3月）	2,860	147	124	－	－	－	45.55	－
9402	京　写	21,253	579	615	－	－	－	9.60	－
6837	（3月）	8,831	76	281	－	－	－	13.39	－
10017	サ　ン　電　子	26,297	-1,074	-1,102	－	－	－	6.47	－
6736	（3月）	9,738	-809	-782	－	－	－	3.27	－
10588	エヌエフ回路設計ブロック	10,098	1,102	1,109	－	－	－	43.36	－
6864	（3月）	7,788	629	711	－	－	－	36.92	－
10666	大　井　電　気	23,830	60	162	229	－	－	-8.62	－
6822	（3月）	12,942	-378	-258	290	－	－	-19.97	－
10937	オ　ー　デ　リ　ッ　ク	37,358	4,861	4,952	－	－	－	-1.56	－
6889	（3月）	36,179	4,316	4,515	－	－	－	-1.81	－
11932	リバーエレテック	4,611	-376	-432	－	－	－	-6.98	－
6666	（3月）	4,187	-184	-381	－	－	－	-5.49	－
11978	日本フォームサービス	2,748	-90	4	－	－	－	-9.69	－
7869	（9月）	2,601	-96	1	－	－	－	-12.31	－

電 気 機 器

上段＝連結決算、下段＝単独決算

日経会社コード／証券コード	会　社　名（決算月）	(A)売上高（単位:百万円）	(B)営業利益（単位:百万円）	(C)経常利益（単位:百万円）	(D)販売促進費（単位:百万円）	(E)広告宣伝費（単位:百万円）	比　率（$\frac{E}{A}\times100$）	対前年度伸び率 A（%）	対前年度伸び率 E（%）
12321	芝 浦 電 子	25,289	3,045	3,071	－	13	0.05	14.58	0.00
6957	（3月）	20,475	881	1,094	－	10	0.05	9.51	-9.09
12536	ニ ュ ー テ ッ ク	2,723	214	211	－	－	－	－	－
6734	（2月）	2,677	186	183	－	13	0.49	6.40	8.33
12665	助 川 電 気 工 業	－	－	－	－	－	－	－	－
7711	（9月）	4,419	349	354	－	－	－	-1.78	－
13239	テクノ・セブン	2,867	371	368	－	－	－	-1.82	－
6852	（3月）	1,570	228	247	－	－	－	9.41	－
14792	ＮＫＫスイッチズ	7,726	254	268	－	－	－	10.42	－
6943	（3月）	6,913	106	144	－	－	－	13.70	－
15108	ニ　レ　コ	7,911	705	784	－	－	－	6.89	－
6863	（3月）	7,286	790	849	－	－	－	3.58	－
16327	ト ミ タ 電 機	1,481	20	28	－	－	－	4.08	－
6898	（1月）	1,070	-44	-45	－	－	－	9.41	－
21808	協 立 電 機	30,940	1,383	1,450	－	－	－	-1.13	－
6874	（6月）	16,783	609	658	－	－	－	-6.44	－
21960	新コスモス電機	27,198	2,466	2,633	－	－	－	13.03	－
6824	（3月）	20,365	876	1,079	43	－	－	2.51	－
22433	菊 水 電 子 工 業	7,950	481	487	－	－	－	2.77	－
6912	（3月）	7,550	384	398	－	－	－	0.11	－
23871	三 相 電 機	15,554	882	924	－	－	－	11.51	－
6518	（3月）	13,585	773	851	－	－	－	19.11	－
28271	日 本 ア ン テ ナ	14,356	144	155	－	73	0.51	2.17	-3.95
6930	（3月）	13,948	122	137	－	73	0.52	1.70	-3.95
29622	フ ク ダ 電 子	128,883	12,334	12,713	－	－	－	5.86	－
6960	（3月）	70,958	7,472	10,613	－	－	－	1.63	－
30154	ＡＫＩＢＡホールディングス	8,914	108	175	－	－	－	36.53	－
6840	（3月）	142	-59	-65	－	－	－	9.23	－
30191	多摩川ホールディングス	3,255	53	-63	－	－	－	-26.74	－
6838	（3月）	203	-67	-71	－	－	－	-37.54	－
30285	精 工 技 研	13,547	930	1,053	－	－	－	7.14	－
6834	（3月）	3,780	-71	623	－	－	－	0.88	－
30358	メ イ コ ー	108,542	7,457	4,795	1,153	－	－	13.17	－
6787	（3月）	38,199	1,021	36	－	－	－	4.25	－
30435	ｓ ａ ｎ ｔ ｅ ｃ	4,609	665	714	－	－	－	2.17	－
6777	（3月）	4,261	589	645	－	－	－	3.10	－
30448	ザインエレクトロニクス	3,165	-490	-524	－	－	－	9.03	－
6769	（12月）	3,121	-460	-479	－	－	－	9.01	－
30458	ＯＳＧコーポレーション	5,611	-279	-263	－	－	－	-13.76	－
6757	（1月）	3,910	-252	-237	85	26	0.66	-17.00	13.04
30618	ジ オ マ テ ッ ク	7,046	96	98	－	－	－	-18.05	－
6907	（3月）	6,058	220	247	－	－	－	-15.25	－
30749	エスケーエレクトロニクス	17,044	1,779	1,659	－	－	－	8.25	－
6677	（9月）	13,274	925	1,313	388	17	0.13	9.90	-29.17
31201	メ デ ィ ア リ ン ク ス	3,932	-390	-401	－	－	－	-12.21	－
6659	（3月）	2,868	-532	-516	－	－	－	-10.40	－
31421	大日光・エンジニアリング	25,494	171	294	－	－	－	0.72	－
6635	（12月）	10,327	141	192	－	－	－	-1.38	－
31449	ネ ク ス グ ル ー プ	12,198	-914	-940	－	－	－	-0.27	－
6634	（11月）	94	-815	-868	－	302	321.28	248.15	－
31633	テクノホライゾン・ホールディン	19,398	1,000	1,110	－	－	－	-3.37	－
6629	（3月）	366	11	-5	－	－	－	-57.44	－
31645	オ ン キ ヨ ー	51,533	-1,023	-1,947	1,397	1,025	1.99	-7.78	32.26
6628	（3月）	7,869	-275	-1,718	－	－	－	9.66	－
32234	ズ ー ム	6,300	327	362	－	－	－	5.55	－
6694	（12月）	6,319	315	341	－	65	1.03	5.83	-15.58
32307	ヴィスコ・テクノロジーズ	3,307	464	417	－	－	－	14.91	－
6698	（3月）	2,953	374	322	－	－	－	19.12	－

電気機器／造船／自動車

上段＝連結決算、下段＝単独決算

日経会社コード／証券コード	会社名（決算月）	(A) 売上高（単位：百万円）	(B) 営業利益（単位：百万円）	(C) 経常利益（単位：百万円）	(D) 販売促進費（単位：百万円）	(E) 広告宣伝費（単位：百万円）	比率 $\frac{E}{A}\times100$	対前年度伸び率 A（％）	E（％）
49479 6663	太洋工業 （12月）	4,238 4,022	-29 -51	21 32	－ －	－ －	－ －	-14.88 -15.68	－ －
68041 6626	ＳＥＭＩＴＥＣ （3月）	14,466 5,655	971 -281	897 54	－ －	－ －	－ －	10.16 8.52	－ －

電気機器（非上場）

日経会社コード／証券コード	会社名（決算月）	(A) 売上高	(B) 営業利益	(C) 経常利益	(D) 販売促進費	(E) 広告宣伝費	比率 $\frac{E}{A}\times100$	A（％）	E（％）
1221 9999	ミツミ電機 （3月）	－ 241,341	－ 14,759	－ 14,194	－ 1,128	－ －	－ －	－ 46.57	－ －
12144 9999	サンコーシヤ （3月）	14,286 10,402	517 243	562 221	－ －	－ －	－ －	8.14 4.87	－ －
15092 9999	イーター電機工業 （3月）	2,767 2,586	20 49	-13 7	－ －	2 1	0.07 0.04	0.65 2.82	－ －
16573 9999	山本製作所 （11月）	18,955 11,369	-790 -807	-550 -382	－ －	－ －	－ －	27.30 25.97	－ －
17079 9999	日電工業 （3月）	－ 2,763	－ 32	－ 38	－ －	－ －	－ －	－ -3.12	－ －
18517 9999	ゼネシス （12月）	－ 163	－ -122	－ -125	－ －	－ －	－ －	－ -3.55	－ －
29343 9999	日立ヘルスケア・マニュファクチ （3月）	－ 6,876	－ 323	－ 417	－ －	－ －	－ －	－ -0.42	－ －
30876 6669	シーシーエス （12月）	9,022 7,933	1,496 1,300	1,441 1,369	－ －	－ －	－ －	21.97 30.22	－ －

造船（東証一部）

日経会社コード／証券コード	会社名（決算月）	(A) 売上高	(B) 営業利益	(C) 経常利益	(D) 販売促進費	(E) 広告宣伝費	比率 $\frac{E}{A}\times100$	A（％）	E（％）
1321 7003	三井Ｅ＆Ｓホールディングス （3月）	703,216 246,798	-5,224 -7,720	3,061 -1,694	－ －	－ －	－ －	-3.86 -7.41	－ －
1326 7012	川崎重工業 （3月）	1,574,242 1,213,607	55,925 13,658	43,225 23,003	－ －	11,953 －	0.76 －	3.65 3.51	6.33 －
1328 7014	名村造船所 （3月）	134,887 102,125	-19,418 -6,968	-20,275 -6,651	－ －	－ －	－ －	-1.69 7.89	－ －
31696 7022	サノヤスホールディングス （3月）	47,455 172	-3,160 -567	-3,145 -690	－ －	－ －	－ －	-10.57 -84.00	－ －

造船（東証二部）

日経会社コード／証券コード	会社名（決算月）	(A) 売上高	(B) 営業利益	(C) 経常利益	(D) 販売促進費	(E) 広告宣伝費	比率 $\frac{E}{A}\times100$	A（％）	E（％）
1338 7018	内海造船 （3月）	29,837 29,278	423 418	349 345	－ －	－ －	－ －	-3.10 -3.21	－ －

自動車（東証一部）

日経会社コード／証券コード	会社名（決算月）	(A) 売上高	(B) 営業利益	(C) 経常利益	(D) 販売促進費	(E) 広告宣伝費	比率 $\frac{E}{A}\times100$	A（％）	E（％）
322 3116	トヨタ紡織 （3月）	1,399,530 721,798	71,198 10,994	72,879 29,600	－ －	－ －	－ －	3.06 5.46	－ －
363 3526	芦森工業 （3月）	56,714 37,306	1,879 132	1,946 912	－ －	－ －	－ －	12.68 8.00	－ －
1175 6584	三桜工業 （3月）	138,724 53,264	4,297 -72	4,140 653	－ －	－ －	－ －	3.68 1.89	－ －
1288 6995	東海理化電機製作所 （3月）	481,945 251,514	30,871 8,422	32,278 20,161	－ －	－ －	－ －	4.98 4.99	－ －
1351 7201	日産自動車 （3月）	11,951,169 3,750,617	574,760 159,648	750,302 197,958	251,593 61,361	304,328 －	2.55 －	1.97 0.57	-2.90 －
1352 7202	いすゞ自動車 （3月）	2,070,359 1,081,384	166,765 46,544	173,616 71,745	18,666 12,655	5,623 －	0.27 －	6.00 1.45	8.24 －
1353 7203	トヨタ自動車 （3月）	29,379,510 12,201,443	2,399,862 1,257,543	2,620,429 2,238,140	－ 121,945	509,653 －	1.73 －	6.46 6.32	13.56 －
1355 7205	日野自動車 （3月）	1,837,982 1,330,573	80,331 32,785	80,422 42,586	25,461 65,330	6,604 4,636	0.36 0.35	9.16 9.44	35.11 35.75
1359 7222	日産車体 （3月）	558,600 548,345	1,330 782	1,756 1,311	-259 -164	－ －	－ －	-1.28 -1.38	－ －
1368 7236	ティラド （3月）	124,490 63,522	5,792 605	6,445 4,025	－ －	－ 22	－ 0.03	15.69 11.77	－ 29.41

自　　動　　車

上段＝連結決算、下段＝単独決算

日経会社コード 証券コード	会　社　名 （決算月）	(A) 売上高 （単位:百万円）	(B) 営業利益 （単位:百万円）	(C) 経常利益 （単位:百万円）	(D) 販売促進費 （単位:百万円）	(E) 広告宣伝費 （単位:百万円）	比　率 （$\frac{E}{A}\times100$）	対前年度伸び率 A（%）	対前年度伸び率 E（%）
1370 7238	曙ブレーキ工業 （3月）	264,921 80,911	8,143 1,806	5,796 4,297	－ －	－ －	－ －	-0.44 0.57	－ －
1372 7240	Ｎ　Ｏ　Ｋ （3月）	729,341 254,010	44,934 19,805	56,291 33,216	－ －	－ －	－ －	2.27 -0.93	－ －
1373 7241	フ　タ　バ　産　業 （3月）	440,446 256,901	11,258 3,989	10,955 8,711	－ －	－ －	－ －	6.81 9.26	－ －
1374 7242	Ｋ　Ｙ　Ｂ （3月）★	392,394 199,377	20,885 -307	20,881 11,186	－ －	－ －	－ －	10.44 6.90	－ －
1375 7244	市　光　工　業 （12月）	118,437 91,597	5,017 3,989	5,653 4,194	－ －	－ －	－ －	15.95 21.69	－ －
1376 7245	大同メタル工業 （3月）	106,648 66,413	6,511 1,851	6,708 3,475	－ －	－ －	－ －	25.36 4.84	－ －
1377 7246	プ　レ　ス　工　業 （3月）	212,119 110,127	11,499 5,537	11,437 6,128	－ －	－ －	－ －	13.66 7.65	－ －
1378 7247	ミ　ク　ニ （3月）	103,772 68,933	4,117 301	4,070 2,002	－ －	－ －	－ －	9.48 4.32	－ －
1379 7277	Ｔ　Ｂ　Ｋ （3月）	51,353 31,407	1,897 196	2,156 1,246	－ －	－ －	－ －	10.11 3.97	－ －
1381 7250	太　平　洋　工　業 （3月）	117,758 71,715	8,063 5,835	9,485 7,210	－ －	－ －	－ －	13.59 8.38	－ －
1382 7251	ケ　ー　ヒ　ン （3月）★	351,494 136,485	28,313 4,235	27,145 12,587	－ －	－ －	－ －	7.97 18.18	－ －
1384 7256	河　西　工　業 （3月）	224,036 74,707	13,966 -1,267	14,420 3,509	－ －	－ －	－ －	0.67 -1.50	－ －
1387 7259	ア　イ　シ　ン　精　機 （3月）★	3,908,937 852,420	253,808 29,794	268,171 78,968	－ －	－ －	－ －	9.72 5.47	－ －
1389 7261	マ　ツ　ダ （3月）	3,474,024 2,635,884	146,421 59,904	172,133 101,029	50,304 17,336	119,684 15,082	3.45 0.57	8.08 6.23	9.63 -5.86
1392 7267	本　田　技　研　工　業 （3月）★	15,361,146 3,787,337	833,558 108,542	1,114,973 484,060	－ －	－ －	－ －	9.73 9.58	－ －
1393 7269	ス　ズ　キ （3月）	3,757,219 1,852,766	374,182 124,705	382,787 137,112	77,684 46,886	78,508 －	2.09 －	18.54 9.77	5.66 －
1394 7270	Ｓ　Ｕ　Ｂ　Ａ　Ｒ　Ｕ （3月）	3,405,221 2,087,834	379,447 256,015	379,934 266,025	173,785 －	82,801 20,903	2.43 1.00	2.38 1.39	2.50 8.00
1395 7272	ヤ　マ　ハ　発　動　機 （12月）	1,670,090 678,090	149,782 44,777	154,826 73,104	32,977 －	－ －	－ －	11.13 10.24	－ －
1396 7274	シ　ョ　ー　ワ （3月）★	291,989 109,129	25,296 7,398	26,042 20,990	－ －	－ －	－ －	12.52 8.92	－ －
1398 7276	小　糸　製　作　所 （3月）	848,868 339,976	103,785 37,599	107,945 55,791	－ －	－ －	－ －	0.88 14.17	－ －
1405 7278	エ　ク　セ　デ　ィ （3月）★	283,319 123,916	23,808 9,831	22,499 14,047	－ －	－ －	－ －	5.64 4.12	－ －
1408 7282	豊　田　合　成 （3月）	806,938 376,845	41,136 10,377	43,200 28,519	－ －	－ －	－ －	6.79 5.13	－ －
1409 7283	愛　三　工　業 （3月）	212,524 90,626	9,421 383	9,770 3,923	－ －	－ －	－ －	4.30 -0.22	－ －
1543 7284	盟　和　産　業 （3月）	20,368 17,124	318 189	309 214	－ －	－ －	－ －	6.82 4.40	－ －
11852 3434	ア　ル　フ　ァ （3月）	59,060 18,160	3,212 500	3,118 1,418	－ －	－ －	－ －	15.65 -3.33	－ －
12206 7213	レシップホールディングス （3月）	15,749 1,153	-235 190	-248 171	－ －	－ －	－ －	-7.28 -15.10	－ －
13098 6470	大　豊　工　業 （3月）	114,665 61,921	6,800 1,285	6,785 3,718	－ 88	－ 30	－ 0.05	5.24 5.93	－ 20.00
13762 7313	テイ・エス　テック （3月）★	479,490 86,178	47,346 4,006	49,681 13,615	－ －	－ －	－ －	12.61 0.84	－ －
15056 7291	日　本　プ　ラ　ス　ト （3月）	114,689 41,247	3,885 1,332	3,678 2,693	－ －	－ －	－ －	-10.85 -3.70	－ －

右上: 自　動　車

上段＝連結決算、下段＝単独決算

日経会社コード／証券コード	会　社　名（決算月）	(A) 売上高（単位:百万円）	(B) 営業利益（単位:百万円）	(C) 経常利益（単位:百万円）	(D) 販売促進費（単位:百万円）	(E) 広告宣伝費（単位:百万円）	比率 $\frac{E}{A}\times100$	対前年度伸び率 A (%)	E (%)
15398	エ　イ　チ　ワ　ン	201,000	8,587	7,676	－	－	－	9.99	－
5989	（3月）★	52,823	1,649	3,850	－	－	－	7.56	－
16358	ジ　ー　テ　ク　ト	219,849	14,272	14,606	－	－	－	6.69	－
5970	（3月）	51,109	1,451	6,284	－	－	－	-3.15	－
16433	安　永	35,072	1,819	1,679	103	－	－	3.10	－
7271	（3月）	25,845	1,198	1,327	134	－	－	6.12	－
16475	ユ　ニ　プ　レ　ス	330,890	26,047	26,447	－	－	－	3.03	－
5949	（3月）	119,495	3,924	7,591	－	－	－	-2.88	－
17224	エ　フ　テ　ッ　ク	226,060	6,856	5,924	－	－	－	14.21	－
7212	（3月）	39,968	1,275	3,121	－	－	－	13.85	－
18004	エフ・シー・シー	173,174	14,052	14,083	－	－	－	10.15	－
7296	（3月）★	39,663	1,977	5,897	－	－	－	7.91	－
18962	三菱自動車工業	2,192,389	98,201	110,127	－	110,047	5.02	14.99	32.56
7211	（3月）	1,721,054	19,793	23,306	－	42,817	2.49	9.80	43.38
25835	タ　チ　エ　ス	295,470	8,663	11,934	－	－	－	4.58	－
7239	（3月）	123,931	991	4,579	－	－	－	-5.48	－
30853	フ　ァ　ル　テ　ッ　ク	87,535	1,759	1,686	－	－	－	4.74	－
7215	（3月）	50,206	322	310	－	－	－	10.53	－
31269	武　蔵　精　密　工　業	237,910	15,767	15,929	－	－	－	31.79	－
7220	（3月）	48,394	1,979	6,577	－	90	0.19	1.14	38.46
32154	ヨ　ロ　ズ	171,536	6,029	5,648	－	－	－	2.27	－
7294	（3月）	58,627	2,118	2,856	－	－	－	5.45	－
32448	日　信　工　業	188,221	13,162	-1,173	－	－	－	12.78	－
7230	（3月）★	50,882	2,373	5,906	－	－	－	6.39	－
91029	Ｇ　Ｍ　Ｂ	65,957	2,783	2,853	－	－	－	0.93	－
7214	（3月）	15,841	630	1,000	－	－	－	8.46	－

自動車（東証二部）

日経会社コード／証券コード	会　社　名（決算月）	(A) 売上高	(B) 営業利益	(C) 経常利益	(D) 販売促進費	(E) 広告宣伝費	比率	対前年度伸び率 A (%)	E (%)
990	ニ　ッ　キ	9,185	895	892	－	－	－	8.84	－
6042	（3月）	8,000	854	862	－	－	－	9.33	－
1136	日　鍛　バ　ル　ブ	45,492	2,484	2,675	－	－	－	5.37	－
6493	（3月）	22,904	-1,003	680	－	－	－	20.87	－
1383	ユ　ニ　バ　ン　ス	58,729	810	518	－	－	－	-2.16	－
7254	（3月）	41,079	253	255	－	－	－	-5.51	－
1399	東京ラヂエーター製造	28,658	1,438	1,548	－	－	－	-4.01	－
7235	（3月）	24,922	581	758	－	－	－	-0.44	－
1406	ハイレックスコーポレーション	257,284	14,508	16,744	－	－	－	9.15	－
7279	（10月）	59,021	2,900	6,588	－	－	－	12.10	－
15608	フ　ジ　オ　ー　ゼ　ッ　ク　ス	20,822	1,618	1,722	－	－	－	14.63	－
7299	（3月）	19,238	1,057	1,214	－	－	－	12.08	－
16305	村　上　開　明　堂	72,229	7,701	8,489	－	－	－	3.32	－
7292	（3月）	46,880	3,204	5,223	－	－	－	10.40	－
28554	日　本　精　機	263,163	14,109	15,854	－	－	－	6.99	－
7287	（3月）★	120,752	2,991	6,530	－	－	－	2.84	－
31172	カ　ネ　ミ　ツ	9,494	1,000	973	－	－	－	4.78	－
7208	（3月）	6,367	408	554	－	－	－	5.10	－
31832	ＩＪＴテクノロジーホールディン	160,620	7,896	8,602	－	－	－	15.26	－
7315	（3月）	1,742	617	551	－	－	－	24.25	－

自動車（名証二部）

日経会社コード／証券コード	会　社　名（決算月）	(A) 売上高	(B) 営業利益	(C) 経常利益	(D) 販売促進費	(E) 広告宣伝費	比率	対前年度伸び率 A (%)	E (%)
1380	尾　張　精　機	16,881	247	362	－	－	－	1.27	－
7249	（3月）	12,001	-117	122	－	－	－	0.80	－
3763	丸　順	50,278	4,092	2,953	－	－	－	-9.38	－
3422	（3月）	13,852	1,538	1,305	－	－	－	7.08	－
22045	ア　ス　カ	22,916	670	740	－	－	－	13.81	－
7227	（11月）	19,469	536	616	－	－	－	10.99	－

自動車／輸送用機器

上段＝連結決算、下段＝単独決算

日経会社コード 証券コード	会　社　名 （決算月）	(A) 売上高 (単位:百万円)	(B) 営業利益 (単位:百万円)	(C) 経常利益 (単位:百万円)	(D) 販売促進費 (単位:百万円)	(E) 広告宣伝費 (単位:百万円)	比率 ($\frac{E}{A}$×100)	対前年度伸び率 A (%)	E (%)

自動車（ジャスダック）

日経会社コード 証券コード	会社名（決算月）	(A)	(B)	(C)	(D)	(E)	比率	A (%)	E (%)
1401 7551	ウェッズ （3月）	28,780 24,026	1,742 1,606	1,854 1,675	- -	- -	- -	6.36 2.31	- -
12025 7255	桜井製作所 （3月）	4,815 4,138	54 45	135 133	- -	- -	- -	8.49 0.85	- -
30095 7228	デイトナ （12月）	6,247 4,316	367 380	382 383	- -	170 104	2.72 2.41	4.01 1.51	41.67 48.57
30177 7219	エッチ・ケー・エス （8月）	7,075 5,851	203 248	264 285	- 62	179 165	2.53 2.82	-3.56 -3.99	55.65 50.00
30580 7217	テイン （3月）	3,949 3,476	282 134	322 267	- -	- -	- -	-1.77 -3.09	- -
31305 7264	ムロコーポレーション （3月）	20,083 16,654	2,276 1,737	2,267 1,870	- -	- -	- -	4.41 6.33	- -
31594 7298	八千代工業 （3月）★	165,562 71,689	9,369 -1,775	9,223 1,349	- -	- -	- -	19.13 7.04	- -
31599 7314	小田原機器 （12月）	3,121 3,121	-591 -576	-570 -541	- -	- -	- -	-11.31 -11.31	- -
35614 7265	エイケン工業 （10月）	- 5,676	- 486	- 511	- 23	- -	- -	- 8.92	- -
48403 7218	田中精密工業 （3月）	38,402 14,956	1,884 156	1,979 692	- -	- -	- -	-3.40 -2.93	- -
59436 7229	ユタカ技研 （3月）★	181,158 65,613	9,644 872	9,687 7,531	- -	- -	- -	15.26 17.20	- -

自動車（非上場）

日経会社コード 証券コード	会社名（決算月）	(A)	(B)	(C)	(D)	(E)	比率	A (%)	E (%)
1400 9999	シロキ工業 （3月）	- 182,068	- 202	- 1,117	- -	- -	- -	- 72.88	- -
10131 9999	旭産業 （3月）	- 2,556	- -41	- -43	- -	- -	- -	- 54.44	- -
18495 9999	山田製作所 （3月）	95,692 42,391	7,252 2,069	7,493 3,010	- -	- -	- -	-0.59 -4.35	- -
22313 9999	キーパー （3月）	19,103 15,824	417 20	544 236	- -	- -	- -	2.74 2.90	- -

輸送用機器（東証一部）

日経会社コード 証券コード	会社名（決算月）	(A)	(B)	(C)	(D)	(E)	比率	A (%)	E (%)
1361 7224	新明和工業 （3月）	207,335 142,629	10,594 4,014	10,752 6,316	- -	- -	- -	3.05 1.89	- -
1363 7231	トピー工業 （3月）	230,462 138,872	7,997 2,771	8,034 4,199	- -	- -	- -	10.67 13.36	- -
1412 7102	日本車両製造 （3月）	95,310 89,426	7,266 6,458	7,315 6,505	- -	- -	- -	-5.72 -1.17	- -
1414 7105	三菱ロジスネクスト （3月）	433,092 127,172	9,280 2,243	8,425 3,535	- 2,666	- -	- -	59.83 62.93	- -
1415 7122	近畿車両 （3月）	61,677 41,549	4,920 4,744	4,453 4,555	- -	- -	- -	35.42 62.57	- -
1433 7309	シマノ （12月）	335,800 191,088	64,351 26,359	55,748 31,483	- -	10,009 5,479	2.98 2.87	3.96 5.45	3.62 5.04
10429 7266	今仙電機製作所 （3月）	117,339 57,998	3,281 1,124	3,400 2,071	- -	- -	- -	6.41 5.88	- -
11463 7226	極東開発工業 （3月）	112,690 56,781	10,245 4,900	10,330 6,138	- -	- -	- -	5.57 1.75	- -
12603 7408	ジャムコ （3月）	77,791 66,183	4,466 2,979	3,504 2,309	- -	- -	- -	-4.94 -3.06	- -

輸送用機器（東証二部）

日経会社コード 証券コード	会社名（決算月）	(A)	(B)	(C)	(D)	(E)	比率	A (%)	E (%)
1426 7404	昭和飛行機工業 （3月）	24,260 20,310	2,167 1,982	1,836 1,966	- -	- -	- -	3.54 3.44	- -

右上: 輸送用機器／精密機器

上段＝連結決算、下段＝単独決算

日経会社コード 証券コード	会　社　名 （決算月）	(A) 売上高 (単位:百万円)	(B) 営業利益 (単位:百万円)	(C) 経常利益 (単位:百万円)	(D) 販売促進費 (単位:百万円)	(E) 広告宣伝費 (単位:百万円)	比　率 $\frac{E}{A}\times100$	対前年度伸び率 A（%）	E（%）

輸送用機器（ジャスダック）

日経会社コード 証券コード	会社名（決算月）	(A)	(B)	(C)	(D)	(E)	比率	A(%)	E(%)
25225	タ　ツ　ミ	7,744	174	260	–	–	–	2.69	–
7268	（3月）	6,198	387	383	–	–	–	-0.86	–
55065	ナ　ン　シ　ン	9,543	628	602	–	–	–	7.79	–
7399	（3月）	8,748	375	741	–	–	–	5.63	–

精密機器（東証一部）

日経会社コード 証券コード	会社名（決算月）	(A)	(B)	(C)	(D)	(E)	比率	A(%)	E(%)
639	コニカミノルタ	1,031,256	53,844	49,124	–	–	–	7.14	–
4902	（3月）★	436,157	82	7,655	–	–	–	-0.16	–
728	Ｈ　Ｏ　Ｙ　Ａ	535,612	–	124,248	–	13,085	2.44	11.84	1.34
7741	（3月）★	182,385	23,947	146,987	–	6,019	3.30	7.36	-4.91
1084	日　機　装	140,912	8,718	8,310	884	–	–	8.36	–
6376	（12月）★	79,926	3,212	4,560	92	–	–	-2.23	–
1441	島　津　製　作　所	376,530	42,822	41,871	–	–	–	9.94	–
7701	（3月）	201,968	22,395	27,600	–	–	–	5.73	–
1444	東　京　計　器	43,803	1,319	1,511	–	–	–	5.82	–
7721	（3月）	39,417	530	1,021	332	–	–	7.49	–
1445	愛　知　時　計　電　機	47,275	3,708	3,867	–	–	–	5.60	–
7723	（3月）	47,320	3,301	3,741	–	–	–	6.11	–
1449	オ　ー　バ　ル	10,948	253	283	–	–	–	-9.36	–
7727	（3月）	9,661	90	561	–	–	–	-8.87	–
1451	東　京　精　密	88,194	17,283	17,316	–	–	–	13.37	–
7729	（3月）	72,635	11,453	12,450	2,492	–	–	13.10	–
1452	ニ　コ　ン	717,078	56,236	56,257	–	42,807	5.97	-4.30	-9.86
7731	（3月）★	482,142	25,802	44,569	–	–	–	-10.89	–
1453	ト　プ　コ　ン	145,558	12,073	10,674	–	–	–	13.37	–
7732	（3月）	44,894	834	3,305	–	–	–	5.83	–
1454	オ　リ　ン　パ　ス	786,497	81,029	76,665	–	26,021	3.31	6.20	-3.65
7733	（3月）★	377,538	12,429	14,090	–	–	–	2.84	–
1455	理　研　計　器	28,089	4,415	4,575	–	170	0.61	20.26	75.26
7734	（3月）	24,706	3,538	3,958	589	91	0.37	8.60	2.25
1466	セイコーホールディングス	268,529	10,836	10,911	–	16,393	6.10	4.44	3.22
8050	（3月）	11,237	2,547	3,308	–	3,666	32.62	8.45	5.19
1467	シ　チ　ズ　ン　時　計	320,047	24,920	26,664	–	19,479	6.09	2.40	-1.42
7762	（3月）	100,965	3,654	9,833	–	5,696	5.64	75.24	51.29
1472	リズム時計工業	31,516	995	1,131	–	462	1.47	-5.45	-16.46
7769	（3月）	11,505	-546	101	–	321	2.79	-14.46	5.94
2156	ノ　ー　リ　ツ　鋼　機	57,089	5,006	5,135	–	4,878	8.54	14.08	6.46
7744	（3月）★	–	-530	59	–	–	–	–	–
2549	シ　ー　ド	27,827	2,106	2,157	–	1,662	5.97	13.75	20.78
7743	（3月）	25,246	2,207	2,228	–	1,580	6.26	9.19	13.51
8629	クリエートメディック	10,393	854	880	–	–	–	3.90	–
5187	（12月）	9,216	129	520	–	–	–	2.80	–
13612	テ　ル　モ	587,775	108,552	106,630	17,799	–	–	14.32	–
4543	（3月）★	292,893	71,108	85,420	–	–	–	5.61	–
14325	長　野　計　器	50,448	3,401	3,599	–	–	–	14.14	–
7715	（3月）	22,179	1,373	1,723	–	–	–	19.54	–
15084	Ｊ　Ｍ　Ｓ	56,520	573	820	–	–	–	1.70	–
7702	（3月）	41,214	42	795	–	–	–	-1.56	–
18540	タ　ム　ロ　ン	60,496	4,246	4,100	753	983	1.62	0.99	-16.27
7740	（12月）	53,370	1,694	5,727	–	–	–	1.05	–
19384	マ　ニ　ー	17,167	4,261	4,624	–	–	–	3.70	–
7730	（8月）	13,557	3,602	4,029	–	51	0.38	5.19	–
20738	大　研　医　器	–	–	–	–	–	–	–	–
7775	（3月）	8,585	1,505	1,504	–	–	–	2.21	–
26305	ディ　ス　コ	167,364	50,995	52,690	–	–	–	24.71	–
6146	（3月）	141,892	38,846	42,340	5,928	–	–	25.24	–

精 密 機 器

上段＝連結決算、下段＝単独決算

日経会社コード 証券コード	会　社　名 （決算月）	(A) 売上高 (単位:百万円)	(B) 営業利益 (単位:百万円)	(C) 経常利益 (単位:百万円)	(D) 販売促進費 (単位:百万円)	(E) 広告宣伝費 (単位:百万円)	比　率 $\frac{E}{A}\times100$	対前年度伸び率 A（％）	対前年度伸び率 E（％）
27745	ニ　プ　ロ	395,397	27,088	22,684	–	–	–	9.92	–
8086	（3月）	270,844	15,426	16,542	–	–	–	8.85	–
30353	ブイ・テクノロジー	66,067	12,545	12,370	697	–	–	45.60	–
7717	（3月）	56,326	10,204	11,172	1,887	–	–	130.91	–
30380	インターアクション	5,369	435	417	60	–	–	5.73	–
7725	（5月）	1,586	71	196	64	13	0.82	-8.48	160.00
30382	ク　ボ　テ　ッ　ク	3,263	195	183	–	17	0.52	19.48	-5.56
7709	（3月）	2,868	110	154	–	5	0.17	28.96	150.00
32036	メ　ニ　コ　ン	76,672	4,394	4,458	86	–	–	6.41	–
7780	（3月）	52,361	3,685	4,022	2,934	–	–	5.41	–
32196	シ　ン　シ　ア	4,343	270	339	113	144	3.32	-11.75	46.94
7782	（12月）	4,051	234	313	114	137	3.38	-12.92	52.22
35637	エー・アンド・デイ	44,120	2,378	2,332	–	–	–	9.75	–
7745	（3月）	30,724	559	938	–	–	–	5.58	–

精密機器（東証二部）

日経会社コード 証券コード	会　社　名 （決算月）	(A) 売上高	(B) 営業利益	(C) 経常利益	(D) 販売促進費	(E) 広告宣伝費	比率 $\frac{E}{A}\times100$	A（％）	E（％）
1442	東　京　衡　機	4,527	-306	-343	–	–	–	-9.24	–
7719	（2月）	325	-5	-14	–	–	–	-58.33	–
1448	黒　田　精　工	16,117	522	496	–	68	0.42	21.55	4.62
7726	（3月）	13,639	554	576	–	–	–	21.60	–
1471	ジ　ェ　コ　ー	24,798	653	737	–	–	–	12.55	–
7768	（3月）	22,193	469	671	–	–	–	14.91	–
19466	朝日インテック	42,709	10,795	10,941	–	–	–	8.09	–
7747	（6月）	33,290	7,759	8,339	–	–	–	6.97	–
22206	川　澄　化　学　工　業	25,437	687	788	–	–	–	2.88	–
7703	（3月）	24,320	496	823	–	–	–	4.43	–
31826	ア　ド　メ　テ　ッ　ク	–	–	–	–	–	–	–	–
7778	（3月）	8	-78	-80	–	–	–	100.00	–
38045	ジーエルサイエンス	22,938	2,418	2,563	–	–	–	11.45	–
7705	（3月）	12,783	1,036	1,255	–	–	–	2.32	–

精密機器（マザーズ）

日経会社コード 証券コード	会　社　名 （決算月）	(A) 売上高	(B) 営業利益	(C) 経常利益	(D) 販売促進費	(E) 広告宣伝費	比率	A（％）	E（％）
30378	プレシジョン・システム・サイエ	3,847	-440	-428	–	–	–	-13.71	–
7707	（6月）	3,374	-493	-485	–	–	–	-15.67	–
31883	ＣＹＢＥＲＤＹＮＥ	1,728	-659	-672	–	–	–	4.10	–
7779	（3月）★	1,543	-998	-625	–	–	–	6.19	–

精密機器（ジャスダック）

日経会社コード 証券コード	会　社　名 （決算月）	(A) 売上高	(B) 営業利益	(C) 経常利益	(D) 販売促進費	(E) 広告宣伝費	比率	A（％）	E（％）
13838	国　際　計　測　器	11,481	1,509	1,400	–	–	–	3.54	–
7722	（3月）	8,639	1,258	1,491	–	–	–	3.59	–
19578	シ　グ　マ　光　機	7,846	912	1,036	307	87	1.11	5.09	6.10
7713	（5月）	6,971	717	802	303	–	–	6.87	–
21707	岡　本　硝　子	5,790	212	106	–	–	–	8.35	–
7746	（3月）	5,690	192	121	–	–	–	8.44	–
30090	日　本　精　密	7,325	37	-126	17	–	–	-9.25	–
7771	（3月）	5,841	-24	-111	–	–	–	-20.06	–
30280	ナ　カ　ニ　シ	34,341	9,467	10,366	–	1,953	5.69	7.89	3.33
7716	（12月）	27,193	8,014	8,901	–	1,010	3.71	5.33	4.88
30994	ホ　ロ　ン	–	–	–	–	–	–	–	–
7748	（3月）	1,315	121	115	65	–	–	37.12	–
31063	メ　ディ　キ　ッ　ト	17,445	3,635	3,695	–	–	–	3.53	–
7749	（3月）	17,445	604	1,541	–	–	–	3.53	–
31629	セ　ル　シ　ー　ド	85	-1,024	-964	–	–	–	-15.00	–
7776	（12月）	85	-1,025	-964	–	–	–	-15.00	–
31700	スリー・ディー・マトリックス	615	-1,240	-1,270	–	–	–	336.17	–
7777	（4月）	752	-401	-434	–	–	–	422.22	–
32039	平山ホールディングス	11,642	39	87	–	182	1.56	19.44	25.52
7781	（6月）	6,015	-28	51	–	99	1.65	-29.20	-25.00

精密機器／その他製造

上段＝連結決算、下段＝単独決算

日経会社コード／証券コード	会　社　名（決算月）	(A)売上高(単位:百万円)	(B)営業利益(単位:百万円)	(C)経常利益(単位:百万円)	(D)販売促進費(単位:百万円)	(E)広告宣伝費(単位:百万円)	比　率$\frac{E}{A}\times100$	対前年度伸び率 A(%)	対前年度伸び率 E(%)
38785 7774	ジャパン・ティッシュ・エンジニ（3月）	－2,271	－211	－213	－ －	－ －	－ －	－6.37	－
91035 7760	Ｉ　Ｍ　Ｖ（9月）	10,898 9,094	1,158 1,073	1,389 1,290	103 －	74 －	0.68 －	5.05 -3.12	-10.84

精密機器（非上場）

日経会社コード／証券コード	会　社　名（決算月）	(A)売上高	(B)営業利益	(C)経常利益	(D)販売促進費	(E)広告宣伝費	比率$\frac{E}{A}\times100$	A(%)	E(%)
16538 9999	大　和　製　衡（3月）	26,376 18,951	2,711 1,407	2,909 1,601	－ －	－ 143	－ 0.75	7.53 14.80	－
17163 9999	ミ　ツ　ト　ヨ（12月）	119,222 73,507	19,305 9,020	19,172 10,363	－ －	－ －	－ －	9.64 4.20	－
18044 9999	ア　ド　バ　ン　ス（9月）	－ 975	－ 11	－ 11	－ 25	－ －	－ －	－ 16.63	－

その他製造（東証一部）

日経会社コード／証券コード	会　社　名（決算月）	(A)売上高	(B)営業利益	(C)経常利益	(D)販売促進費	(E)広告宣伝費	比率$\frac{E}{A}\times100$	A(%)	E(%)
1495 7905	大　建　工　業（3月）	170,581 147,044	7,519 5,439	8,760 6,407	－ －	－ －	－ －	1.03 -0.03	－
1497 7822	永　大　産　業（3月）	66,977 64,666	2,173 1,613	2,407 1,689	－ －	－ －	－ －	0.70 0.46	－
1498 7911	凸　版　印　刷（3月）	1,452,751 831,646	52,290 17,086	54,638 31,482	－ －	－ －	－ －	1.48 -1.63	－
1499 7912	大　日　本　印　刷（3月）	1,412,251 990,750	46,372 -2,914	50,971 26,422	－ －	－ －	－ －	0.15 1.43	－
1500 7913	図　書　印　刷（3月）	53,684 45,348	55 -183	577 379	－ －	－ －	－ －	-0.29 -4.40	－
1501 7914	共　同　印　刷（3月）	95,076 87,080	1,726 775	2,644 2,538	－ －	－ －	－ －	0.55 -1.13	－
1502 7915	Ｎ　Ｉ　Ｓ　Ｓ　Ｈ　Ａ（12月）	157,326 103,156	1,357 1,654	1,522 3,398	－ 1,420	－ －	－ －	31.33 16.65	－
1503 7916	光　村　印　刷（3月）	16,473 14,056	264 144	280 219	－ －	－ －	－ －	-5.20 -3.03	－
1508 7936	ア　シ　ッ　ク　ス（12月）	400,157 25,618	19,571 -4,047	21,738 1,952	－ －	35,033 6,637	8.75 25.91	0.26 -3.65	9.79 38.79
1509 7951	ヤ　マ　ハ（3月）	432,967 231,101	48,833 26,038	49,233 36,715	1,186 －	19,416 －	4.48 －	6.05 7.07	10.58 －
1510 7952	河合楽器製作所（3月）	70,795 50,197	2,749 56	3,068 4,246	－ －	－ －	－ －	6.38 4.37	－
1513 7961	兼松サステック（3月）	13,151 12,221	989 935	1,062 1,034	－ －	－ －	－ －	1.42 1.94	－
1515 7972	イ　ト　ー　キ（12月）	108,684 78,375	2,956 788	3,295 1,726	－ 2,799	－ 140	－ 0.18	6.88 0.38	-2.78
1518 7976	三　菱　鉛　筆（12月）	67,247 52,358	11,849 7,569	12,308 9,235	4,279 3,113	－ －	－ －	3.91 2.32	－
1525 7994	オ　カ　ム　ラ（3月）	241,752 216,575	13,142 10,896	14,000 13,708	3,022 －	－ －	－ －	2.10 1.71	－
1533 7990	グローブライド（3月）	85,785 43,575	3,768 488	3,598 1,337	－ －	3,561 2,357	4.15 5.41	8.39 5.66	6.65 9.37
1534 7984	コ　ク　ヨ（12月）	315,622 167,214	17,591 10,925	19,130 16,217	－ －	－ 303	－ 0.18	2.60 1.38	64.67
1536 7981	タカラスタンダード（3月）	188,403 185,991	12,341 12,192	12,743 12,641	－ －	－ －	－ －	2.89 2.87	－
1540 7987	ナ　カ　バ　ヤ　シ（3月）	59,603 38,310	2,595 1,187	2,961 1,607	－ －	825 475	1.38 1.24	3.06 0.01	-5.17 -10.38
1541 7898	ウ　ッ　ド　ワ　ン（3月）	64,959 54,204	1,833 2,057	1,517 1,421	－ －	901 870	1.39 1.61	-2.16 -4.13	-3.22 -3.33
1542 7988	ニ　フ　コ（3月）	271,302 77,015	30,900 8,578	30,380 15,994	－ －	1,485 －	0.55 －	4.57 5.87	8.87 －
1670 8022	ミ　ズ　ノ（3月）	185,399 128,324	8,043 4,834	8,106 5,943	－ －	10,871 7,877	5.86 6.14	-1.76 -1.05	-3.48 -0.29

—129—

そ の 他 製 造

上段＝連結決算、下段＝単独決算

日経会社コード 証券コード	会 社 名 （決算月）	(A) 売上高 (単位:百万円)	(B) 営業利益 (単位:百万円)	(C) 経常利益 (単位:百万円)	(D) 販売促進費 (単位:百万円)	(E) 広告宣伝費 (単位:百万円)	比 率 $\frac{E}{A}\times100$	対前年度伸び率 A（%）	対前年度伸び率 E（%）
2013 7862	トッパン・フォームズ （ 3月）	237,317 189,107	7,114 -1,321	7,604 5,699	– –	– –	– –	-7.92 -8.97	– –
4012 7966	リ ン テ ッ ク （ 3月）	249,030 170,335	20,095 13,259	18,389 18,733	– –	– –	– –	20.90 3.48	– –
4090 7955	ク リ ナ ッ プ （ 3月）	107,386 100,679	398 -91	418 111	– –	2,151 958	2.00 0.95	-5.52 -5.82	18.58 33.06
5558 7820	ニホンフラッシュ （ 3月）	20,639 9,023	3,163 1,170	3,112 1,263	– –	– –	– –	15.82 0.26	– –
5737 7856	萩 原 工 業 （10月）	23,238 21,573	2,721 2,464	2,753 2,632	– –	– –	– –	3.35 4.64	– –
7203 7937	ツ ツ ミ （ 3月）	– 17,566	– 968	– 1,062	– 904	– –	– –	– -8.38	– –
7659 7921	宝 印 刷 （ 5月）	15,156 14,805	1,476 1,441	1,604 1,553	320 –	– –	– –	3.32 1.80	– –
12432 7979	松 風 （ 3月）	24,031 15,741	1,497 476	1,565 960	– 6	– 288	– 1.83	7.74 4.95	– -4.00
13024 7839	Ｓ Ｈ Ｏ Ｅ Ｉ （ 9月）	15,641 14,344	3,461 2,944	3,497 2,978	65 188	690 519	4.41 3.62	10.63 11.46	15.58 7.23
13292 7838	共 立 印 刷 （ 3月）	48,428 39,162	2,237 1,548	2,124 1,663	– –	– –	– –	-0.29 0.58	– –
14159 7867	タ カ ラ ト ミ ー （ 3月）	177,366 86,824	13,199 6,617	12,420 6,574	– –	15,274 10,666	8.61 12.28	5.79 14.75	13.33 -4.92
15593 7864	フジシールインターナショナル （ 3月）	154,724 10,168	11,505 8,475	10,998 8,572	– –	– –	– –	8.98 40.27	– –
16168 7893	プ ロ ネ ク サ ス （ 3月）	22,454 22,340	2,536 2,079	2,889 2,420	– –	– –	– –	4.17 4.05	– –
16251 7885	タ カ ノ （ 3月）	21,696 19,352	1,111 916	1,209 1,048	– –	– –	– –	-0.92 1.40	– –
18144 7962	キ ン グ ジ ム （ 6月）	34,627 26,176	1,641 1,166	1,828 1,294	– 463	– 71	– 0.27	1.43 3.23	– -5.33
18844 7989	立川ブラインド工業 （12月）	40,105 31,660	3,643 2,562	3,714 2,857	1,303 1,253	– –	– –	1.92 0.19	– –
23220 7868	廣 済 堂 （ 3月）	36,462 24,926	2,181 -41	1,648 111	– –	– –	– –	4.50 2.45	– –
29262 7956	ピ ジ ョ ン （ 1月）	102,563 46,282	19,412 4,743	20,129 12,939	6,342 3,485	– 566	– 1.22	8.37 5.23	– -8.56
30013 7873	ア ー ク （ 3月）	44,742 12,809	1,720 554	1,761 611	– –	– –	– –	3.09 0.57	– –
30015 9475	昭 文 社 （ 3月）	9,158 8,973	-1,060 -1,039	-1,018 -902	86 –	109 –	1.19 –	-11.21 -7.31	-38.07 –
30050 7872	Ａｓ－ｍｅエステール （ 3月）	32,686 27,393	1,545 1,498	1,528 1,528	– –	– –	– –	0.33 -1.05	– –
30552 7846	パイロットコーポレーション （12月）	104,117 72,395	19,974 12,160	20,561 15,708	– –	7,573 3,212	7.27 4.44	5.86 0.93	14.07 11.30
30851 7840	フランスベッドホールディングス （ 3月）	52,410 2,076	2,606 1,252	2,606 1,237	– –	– –	– –	0.54 4.32	– –
31096 7833	アイフィスジャパン （12月）	4,916 3,042	683 506	684 509	– –	– 10	– 0.33	6.96 -0.36	– 150.00
31105 7832	バンダイナムコホールディングス （ 3月）	678,312 21,075	75,024 15,855	75,380 16,230	– –	39,720 1,167	5.86 5.54	9.39 -13.30	0.92 114.52
31463 7821	前 田 工 繊 （ 9月）	31,255 17,952	4,066 2,219	4,197 3,123	– 10	– 75	– 0.42	4.57 1.43	– 56.25
31648 7818	トランザクション （ 8月）	13,485 810	1,439 228	1,402 215	6 –	– –	– –	12.93 10.66	– –
31691 7817	パラマウントベッドホールディン （ 3月）	77,220 6,689	10,661 4,885	12,161 6,253	– –	– –	– –	5.49 15.65	– –
31943 7816	ス ノ ー ピ ー ク （12月）	9,910 9,373	-141 -86	-38 18	38 38	– –	– –	7.46 5.31	– –

その他製造

上段＝連結決算、下段＝単独決算

日経会社コード／証券コード	会　社　名（決算月）	(A) 売上高（単位:百万円）	(B) 営業利益（単位:百万円）	(C) 経常利益（単位:百万円）	(D) 販売促進費（単位:百万円）	(E) 広告宣伝費（単位:百万円）	比率 $\frac{E}{A}\times100$	対前年度伸び率 A (%)	E (%)
32107	中本パックス	32,981	1,331	1,486	－	－	－	4.76	－
7811	（2月）	27,235	1,119	1,308	－	1	0.00	3.52	-50.00
38648	アートネイチャー	37,254	2,579	2,707	－	6,335	17.00	-4.38	-0.78
7823	（3月）	37,047	2,808	2,751	1,216	6,329	17.08	-4.38	-0.75
60194	エフピコ	173,580	12,884	13,548	4,319	－	－	0.42	－
7947	（3月）	139,840	8,121	12,950	4,122	－	－	1.35	－
61284	ホクシン	－	－	－	－	－	－	－	－
7897	（3月）	11,255	618	647	－	－	－	-2.10	－

その他製造（東証二部）

日経会社コード／証券コード	会　社　名（決算月）	(A) 売上高（単位:百万円）	(B) 営業利益（単位:百万円）	(C) 経常利益（単位:百万円）	(D) 販売促進費（単位:百万円）	(E) 広告宣伝費（単位:百万円）	比率 $\frac{E}{A}\times100$	対前年度伸び率 A (%)	E (%)
475	神島化学工業	－	－	－	－	－	－	－	－
4026	（4月）	22,629	1,433	1,348	－	168	0.74	3.71	-0.59
950	浅香工業	－	－	－	－	－	－	－	－
5962	（3月）	8,441	119	123	－	－	－	7.13	－
1504	野崎印刷紙業	15,285	152	159	－	－	－	-5.25	－
7919	（3月）	15,057	52	83	－	－	－	-5.22	－
1517	リヒトラブ	10,034	673	653	－	221	2.20	4.30	5.74
7975	（2月）	9,977	702	702	－	－	－	4.00	－
1522	ミロク	12,549	1,108	1,252	－	－	－	5.01	－
7983	（10月）	765	357	395	－	－	－	9.91	－
1524	セーラー万年筆	5,694	16	16	－	107	1.88	-4.75	10.31
7992	（12月）	5,596	-5	-31	－	107	1.91	0.27	18.89
1528	くろがね工作所	10,224	125	83	19	33	0.32	0.27	-25.00
7997	（11月）	10,215	118	77	18	33	0.32	-0.04	-25.00
1539	ネポン	8,083	229	219	－	－	－	7.14	－
7985	（3月）	8,079	219	210	－	－	－	7.32	－
8581	アルメディオ	3,541	-60	-97	－	－	－	13.46	－
7859	（3月）	2,481	-260	-202	－	－	－	15.23	－
9061	竹田印刷	36,913	767	793	－	－	－	6.22	－
7875	（3月）	17,381	95	256	－	38	0.22	-4.86	-19.15
10433	イムラ封筒	22,624	501	598	－	－	－	0.14	－
3955	（1月）	21,381	426	529	4	9	0.04	0.23	200.00
11804	光陽社	－	－	－	－	－	－	－	－
7946	（3月）	4,299	145	176	－	－	－	-0.37	－
13888	カワセコンピュータサプライ	－	－	－	－	－	－	－	－
7851	（3月）	3,010	-12	22	－	－	－	-4.44	－
14421	南海プライウッド	17,970	1,137	1,440	－	－	－	6.63	－
7887	（3月）	14,027	1,150	1,819	－	149	1.06	4.45	1.36
15136	ノダ	66,897	4,474	4,796	－	－	－	3.04	－
7879	（11月）	46,720	1,494	1,776	－	－	－	-0.22	－
16141	ヨネックス	62,188	2,925	2,858	－	9,494	15.27	1.88	0.07
7906	（3月）	49,392	1,022	1,262	－	6,918	14.01	0.54	11.62
17721	朝日印刷	38,530	2,522	2,829	－	－	－	2.50	－
3951	（3月）	35,833	1,993	2,313	－	－	－	1.10	－
29789	フジコピアン	8,740	358	391	－	－	－	4.43	－
7957	（12月）	8,412	207	274	－	－	－	2.40	－
31117	ウイルコホールディングス	15,449	-48	-36	－	32	0.21	19.69	88.24
7831	（10月）	667	141	300	－	－	－	-1.19	－
31965	東京ボード工業	5,921	-877	-972	－	－	－	-0.49	－
7815	（3月）	4,530	-1,224	-1,245	－	－	－	-1.63	－
62685	セブン工業	－	－	－	－	－	－	－	－
7896	（3月）	14,090	392	372	11	9	0.06	4.23	-10.00

その他製造（マザーズ）

日経会社コード／証券コード	会　社　名（決算月）	(A) 売上高（単位:百万円）	(B) 営業利益（単位:百万円）	(C) 経常利益（単位:百万円）	(D) 販売促進費（単位:百万円）	(E) 広告宣伝費（単位:百万円）	比率 $\frac{E}{A}\times100$	対前年度伸び率 A (%)	E (%)
31150	サマンサタバサジャパンリミテッ	32,158	-1,653	-1,736	1,979	1,576	4.90	-9.28	1.68
7829	（2月）	23,186	-1,432	-1,477	1,368	1,498	6.46	-12.06	2.60
31999	プラッツ	5,071	203	428	－	－	－	19.57	－
7813	（6月）	4,988	208	377	－	66	1.32	18.00	106.25

その 他 製 造

上段＝連結決算、下段＝単独決算

日経会社コード / 証券コード	会 社 名 （決算月）	(A) 売上高 (単位:百万円)	(B) 営業利益 (単位:百万円)	(C) 経常利益 (単位:百万円)	(D) 販売促進費 (単位:百万円)	(E) 広告宣伝費 (単位:百万円)	比 率 ($\frac{E}{A}\times100$)	対前年度伸び率 A (%)	対前年度伸び率 E (%)
32358	M T G	45,325	5,787	6,120	2,862	5,687	12.55	53.75	48.91
7806	（9月）	43,402	5,240	5,546	5,362	5,361	12.35	55.69	43.04

その他製造（名証二部）

日経会社コード / 証券コード	会 社 名 （決算月）	(A)	(B)	(C)	(D)	(E)	比率	A (%)	E (%)
4333	北 川 工 業	11,260	1,026	1,165	–	–	–	6.83	–
6896	（3月）	7,516	161	464	58	–	–	7.60	–
19020	福 島 印 刷	–	–	–	–	–	–	–	–
7870	（8月）	6,888	411	416	–	–	–	4.41	–
59712	オ リ バ ー	24,443	2,027	2,435	–	–	–	-2.19	–
7959	（10月）	21,914	1,568	1,979	–	161	0.73	-2.47	14.18

その他製造（ジャスダック）

日経会社コード / 証券コード	会 社 名 （決算月）	(A)	(B)	(C)	(D)	(E)	比率	A (%)	E (%)
2364	ソ ノ コ ム	–	–	–	–	–	–	–	–
7902	（3月）	2,306	377	440	–	1	0.04	23.45	0.00
3768	ム ト ー 精 工	25,813	1,383	1,129	–	–	–	7.25	–
7927	（3月）	10,831	-275	1,194	–	–	–	-2.55	–
8577	セ キ	11,741	259	454	–	–	–	2.04	–
7857	（3月）	8,397	206	414	189	–	–	3.64	–
11726	興 研	8,459	725	662	–	–	–	6.59	–
7963	（12月）	8,459	665	640	–	–	–	6.59	–
12269	重 松 製 作 所	–	–	–	–	–	–	–	–
7980	（3月）	10,794	91	105	–	–	–	2.71	–
13349	カ ー デ ィ ナ ル	–	–	–	–	–	–	–	–
7855	（3月）	1,166	102	115	–	–	–	-4.11	–
14722	ニ ッ ピ	42,137	2,006	1,854	132	1,158	2.75	8.11	12.87
7932	（3月）	26,899	1,503	1,563	1,301	1,148	4.27	6.54	-24.62
14942	リーガルコーポレーション	34,205	1,326	1,338	-41	798	2.33	-4.11	-28.30
7938	（3月）	30,985	1,027	1,190	6,065	–	–	-4.16	–
16069	旭 化 学 工 業	7,048	72	122	–	–	–	12.12	–
7928	（8月）	3,104	-42	9	–	5	0.16	5.90	–
16077	エ ム ケ ー 精 工	20,480	848	863	324	96	0.47	-0.38	21.52
5906	（3月）	17,860	679	756	319	99	0.55	-2.06	23.75
16144	マ ツ モ ト	–	–	–	–	–	–	–	–
7901	（4月）	2,811	-27	-10	–	2	0.07	2.33	-33.33
16208	桑 山	32,998	869	1,010	–	562	1.70	-11.75	-28.86
7889	（3月）	20,130	249	577	–	197	0.98	-21.35	-7.08
16604	光 ・ 彩	–	–	–	–	–	–	–	–
7878	（1月）	2,148	62	59	–	–	–	8.54	–
21781	カ ー メ イ ト	20,108	1,294	1,289	–	276	1.37	7.39	-8.31
7297	（3月）	15,593	813	1,045	–	–	–	4.10	–
24629	アールシーコア	13,479	445	455	55	611	4.53	4.47	24.44
7837	（3月）	12,304	441	452	25	583	4.74	2.40	23.00
26062	ＳＥホールディングス・アンド・	5,128	408	412	–	103	2.01	-20.83	-67.51
9478	（3月）	507	174	189	–	–	–	43.22	–
26749	ア ビ ッ ク ス	897	19	10	–	–	–	–	–
7836	（3月）	868	41	32	–	6	0.69	-15.89	50.00
28768	シ ー・エ ス・ラ ン バ ー	14,702	598	544	–	–	–	7.83	–
7808	（11月）	11,806	287	329	–	2	0.02	8.98	–
29454	光ビジネスフォーム	–	–	–	–	–	–	–	–
3948	（12月）	7,101	196	207	–	–	–	1.56	–
30098	ピ ー プ ル	4,265	475	462	105	232	5.44	–	–
7865	（1月）	4,263	507	494	96	225	5.28	-9.72	10.84
30109	平 賀	–	–	–	–	–	–	–	–
7863	（3月）	7,486	24	53	27	–	–	-8.37	–
30428	総 合 商 研	16,632	282	352	–	–	–	1.56	–
7850	（7月）	16,396	226	310	–	–	–	1.50	–
30466	ブ ロ ッ コ リ ー	–	–	–	–	–	–	–	–
2706	（2月）	5,410	581	594	154	156	2.88	-4.95	151.61

—132—

その他製造／農林・水産／鉱業

上段＝連結決算、下段＝単独決算

日経会社コード／証券コード	会 社 名（決算月）	(A) 売上高（単位:百万円）	(B) 営業利益（単位:百万円）	(C) 経常利益（単位:百万円）	(D) 販売促進費（単位:百万円）	(E) 広告宣伝費（単位:百万円）	比率 $\frac{E}{A}\times100$	対前年度伸び率 A (%)	E (%)
30542	グラファイトデザイン	–	–	–	–	–	–	–	–
7847	（ 2月）	2,921	414	400	–	188	6.44	-0.85	8.05
31868	ヤマト・インダストリー	14,649	-88	-56	–	–	–	5.00	–
7886	（ 3月）	6,712	-121	-22	–	–	–	1.98	–
31972	日本創発グループ	36,393	1,410	1,298	–	–	–	9.32	–
7814	（12月）	1,825	994	593	–	–	–	58.28	–
32260	ク ロ ス フ ォ ー	4,211	816	793	81	–	–	2.43	–
7810	（ 7月）	4,141	798	776	192	–	–	1.15	–
32266	寿 屋	–	–	–	–	–	–	–	–
7809	（ 6月）	8,008	472	435	38	–	–	-1.25	–
32295	幸 和 製 作 所	5,093	562	453	–	–	–	11.52	–
7807	（ 2月）	4,294	548	474	43	16	0.37	19.44	6.67
35030	マ ル マ ン	6,888	187	130	386	124	1.80	5.87	15.89
7834	（ 9月）	6,742	211	170	379	123	1.82	11.05	19.42
44100	三 光 産 業	12,660	187	245	–	–	–	27.49	–
7922	（ 3月）	8,239	29	106	–	–	–	4.84	–
48378	サ ン メ ッ セ	15,103	39	159	–	–	–	-2.52	–
7883	（ 3月）	14,326	-14	101	–	–	–	-3.12	–
53787	ク レ ス テ ッ ク	14,879	691	714	–	–	–	-4.38	–
7812	（ 6月）	4,264	259	252	–	–	–	-8.12	–
54529	オ ー ビ ス	–	–	–	–	–	–	–	–
7827	（10月）	8,118	207	163	–	27	0.33	-9.37	145.45
91164	遠 藤 製 作 所	11,405	1,016	1,118	–	–	–	-9.39	–
7841	（12月）	4,979	-117	464	–	–	–	0.04	–

その他製造（非上場）

日経会社コード／証券コード	会 社 名（決算月）	(A) 売上高	(B) 営業利益	(C) 経常利益	(D) 販売促進費	(E) 広告宣伝費	比率	A (%)	E (%)
16680	Y K K	747,762	59,347	59,924	–	–	–	4.91	–
9999	（ 3月）	85,510	-10,063	10,485	–	–	–	3.40	–

農林・水産（東証一部）

日経会社コード／証券コード	会 社 名（決算月）	(A) 売上高	(B) 営業利益	(C) 経常利益	(D) 販売促進費	(E) 広告宣伝費	比率	A (%)	E (%)
1	極 洋	254,783	4,066	4,437	–	–	–	7.70	–
1301	（ 3月）	247,950	2,853	2,870	–	–	–	8.71	–
3	日 本 水 産	683,008	23,489	24,840	31,778	3,918	0.57	7.40	47.40
1332	（ 3月）	379,515	2,409	6,557	29,810	–	–	5.03	–
4	マ ル ハ ニ チ ロ	918,820	24,497	27,917	–	–	–	5.21	–
1333	（ 3月）	456,643	8,350	13,540	7,865	–	–	7.65	–
12004	サ カ タ の タ ネ	61,844	7,702	8,250	–	991	1.60	5.23	0.81
1377	（ 5月）	36,426	2,537	3,462	–	–	–	0.72	–
16187	ホ ク ト	66,907	3,181	4,033	3,900	–	–	6.00	–
1379	（ 3月）	47,496	3,006	4,170	3,857	779	1.64	4.84	-7.37
21804	カ ネ コ 種 苗	57,848	2,015	2,116	–	–	–	-0.43	–
1376	（ 5月）	57,302	1,923	2,064	–	–	–	-1.01	–
31978	ホ ク リ ョ ウ	15,853	1,576	1,709	–	75	0.47	1.09	-18.48
1384	（ 3月）	15,853	1,341	1,473	–	75	0.47	1.09	-18.48

農林・水産（ジャスダック）

日経会社コード／証券コード	会 社 名（決算月）	(A) 売上高	(B) 営業利益	(C) 経常利益	(D) 販売促進費	(E) 広告宣伝費	比率	A (%)	E (%)
27650	ホ ー プ	3,722	-183	-177	–	–	–	-17.01	–
1382	（ 6月）	3,444	-208	-200	–	7	0.20	14.95	–
30106	秋 川 牧 園	5,498	91	128	–	–	–	1.83	–
1380	（ 3月）	5,434	77	79	–	–	–	1.36	–
30362	ア ク シ ー ズ	18,802	2,964	3,058	–	–	–	2.31	–
1381	（ 6月）	16,434	2,619	2,797	182	–	–	2.79	–
31704	ベ ル グ ア ー ス	4,623	-59	-71	–	–	–	5.19	–
1383	（10月）	4,604	-17	-22	17	10	0.22	5.26	11.11

鉱業（東証一部）

日経会社コード／証券コード	会 社 名（決算月）	(A) 売上高	(B) 営業利益	(C) 経常利益	(D) 販売促進費	(E) 広告宣伝費	比率	A (%)	E (%)
22	日 鉄 鉱 業	118,709	9,023	9,062	–	–	–	10.61	–
1515	（ 3月）	94,725	5,750	6,814	–	–	–	9.95	–

鉱 業 ／ 建 設

上段＝連結決算、下段＝単独決算

日経会社コード 証券コード	会　社　名 （決算月）	(A) 売上高 （単位:百万円）	(B) 営業利益 （単位:百万円）	(C) 経常利益 （単位:百万円）	(D) 販売促進費 （単位:百万円）	(E) 広告宣伝費 （単位:百万円）	比　率 $\frac{E}{A} \times 100$	対前年度伸び率 A（%）	対前年度伸び率 E（%）
23	三 井 松 島 産 業	66,322	1,531	2,100	－	－	－	24.93	－
1518	（3月）	43,133	-582	644	－	－	－	36.13	－
12803	石 油 資 源 開 発	230,629	8,764	3,828	－	－	－	11.35	－
1662	（3月）	165,134	11,625	20,292	－	－	－	9.99	－
31217	国際石油開発帝石	933,701	357,363	387,269	－	－	－	6.78	－
1605	（3月）	233,574	46,390	30,136	－	－	－	-9.52	－
31567	住石ホールディングス	14,402	131	2,626	－	－	－	14.78	－
1514	（3月）	－	-439	-448	－	－	－	－	－
31872	Ｋ＆Ｏエナジーグループ	59,599	3,051	3,476	－	－	－	5.58	－
1663	（12月）	1,588	617	899	－	－	－	-16.07	－

鉱業（東証二部）

日経会社コード 証券コード	会　社　名 （決算月）	(A) 売上高	(B) 営業利益	(C) 経常利益	(D) 販売促進費	(E) 広告宣伝費	比率	A（%）	E（%）
42	中 外 鉱 業	52,109	-185	-262	－	－	－	-16.63	－
1491	（3月）	51,431	403	371	－	36	0.07	-16.02	-12.20

鉱業（非上場）

日経会社コード 証券コード	会　社　名 （決算月）	(A) 売上高	(B) 営業利益	(C) 経常利益	(D) 販売促進費	(E) 広告宣伝費	比率	A（%）	E（%）
14787	日 本 海 洋 掘 削	20,272	-11,446	-12,055	－	－	－	31.84	－
1606	（3月）	9,146	-4,117	-6,324	－	－	－	43.76	－
30359	ジ パ ン グ	4	-260	-903	－	－	－	－	－
9999	（3月）	4	-210	-227	－	－	－	-66.67	－

建設（東証一部）

日経会社コード 証券コード	会　社　名 （決算月）	(A) 売上高	(B) 営業利益	(C) 経常利益	(D) 販売促進費	(E) 広告宣伝費	比率	A（%）	E（%）
53	東芝プラントシステム	232,570	20,245	20,238	－	－	－	2.51	－
1983	（3月）	196,901	18,972	19,355	－	111	0.06	0.95	14.43
55	ユ ア テ ッ ク	213,251	11,786	12,435	－	－	－	-5.66	－
1934	（3月）	203,714	9,955	10,692	－	212	0.10	-5.92	49.30
56	日比谷総合設備	66,838	3,171	4,094	－	－	－	-14.73	－
1982	（3月）	57,290	2,565	2,922	－	37	0.06	-16.30	-13.95
57	西 部 電 気 工 業	54,180	1,472	1,733	－	－	－	7.42	－
1937	（3月）	46,755	959	1,253	－	－	－	6.83	－
59	植 木 組	45,559	1,758	1,830	－	－	－	1.13	－
1867	（3月）	39,149	1,455	1,609	1	23	0.06	-0.74	21.05
61	大 成 建 設	1,585,497	181,859	185,349	－	－	－	6.61	－
1801	（3月）	1,273,316	157,645	161,134	－	688	0.05	8.21	-4.58
62	大 林 組	1,900,655	137,800	143,951	－	－	－	1.49	－
1802	（3月）	1,294,062	109,727	117,850	－	670	0.05	-0.77	-1.90
63	清 水 建 設	1,519,435	121,373	124,130	－	－	－	-3.06	－
1803	（3月）	1,262,554	108,213	113,116	－	1,670	0.13	-2.25	3.34
65	飛 島 建 設	131,121	8,252	7,797	－	－	－	11.30	－
1805	（3月）	128,216	8,260	7,810	－	56	0.04	10.68	16.67
67	長谷エコーポレーション	813,276	100,805	100,497	－	－	－	5.30	－
1808	（3月）	581,334	84,661	84,307	－	1,911	0.33	8.68	45.99
69	松 井 建 設	92,344	5,079	5,395	－	－	－	3.36	－
1810	（3月）	91,712	5,136	5,450	－	12	0.01	6.96	-29.41
70	銭 高 組	126,005	7,048	7,438	－	－	－	13.60	－
1811	（3月）	125,794	6,998	7,384	－	17	0.01	13.63	-19.05
71	鹿 島	1,830,625	158,373	179,716	－	－	－	0.48	－
1812	（3月）	1,165,175	135,188	146,284	－	782	0.07	-3.21	3.30
72	不 動 テ ト ラ	62,805	3,709	3,710	－	－	－	-6.48	－
1813	（3月）	58,500	3,245	3,334	－	24	0.04	-7.46	-7.69
73	大 末 建 設	52,872	2,601	2,629	－	－	－	-18.08	－
1814	（3月）	50,614	2,530	2,557	－	6	0.01	-19.47	-62.50
74	鉄 建 建 設	168,551	6,614	6,886	－	－	－	2.12	－
1815	（3月）	165,304	6,252	6,586	－	34	0.02	1.88	-24.44
79	西 松 建 設	284,412	22,752	23,548	－	－	－	-9.78	－
1820	（3月）	276,156	22,811	23,576	－	60	0.02	-10.06	1.69
80	三 井 住 友 建 設	417,310	30,584	28,463	－	－	－	3.32	－
1821	（3月）	316,150	25,290	23,657	－	66	0.02	3.40	24.53

—134—

上段＝連結決算、下段＝単独決算

建　　　設

日経会社コード／証券コード	会　社　名（決算月）	(A) 売上高 (単位:百万円)	(B) 営業利益 (単位:百万円)	(C) 経常利益 (単位:百万円)	(D) 販売促進費 (単位:百万円)	(E) 広告宣伝費 (単位:百万円)	比　率 ($\frac{E}{A}\times100$)	対前年度伸び率 A (%)	E (%)
81	大　豊　建　設	149,649	11,227	11,248	－	－	－	4.20	－
1822	（3月）	106,452	7,422	7,673	－	15	0.01	7.21	0.00
83	前　田　建　設　工　業	467,724	35,386	37,018	－	－	－	10.68	－
1824	（3月）	374,232	27,878	29,421	－	103	0.03	10.69	-19.53
85	佐　田　建　設	30,224	1,450	1,463	－	－	－	3.72	－
1826	（3月）	24,118	964	1,061	－	1	0.00	-1.85	0.00
86	ナカノフドー建設	104,456	4,264	4,579	－	－	－	-10.57	－
1827	（3月）	74,927	3,320	3,304	－	24	0.03	-0.83	20.00
90	奥　村　組	223,927	15,853	17,275	－	－	－	10.26	－
1833	（3月）	218,573	15,029	16,676	－	638	0.29	10.23	362.32
92	東　鉄　工　業	131,209	13,002	13,301	－	－	－	0.44	－
1835	（3月）	123,665	11,947	12,198	－	67	0.05	-0.29	42.55
101	イ　チ　ケ　ン	－	－	－	－	－	－	－	－
1847	（3月）	82,027	4,927	4,951	－	5	0.01	0.65	400.00
105	浅　沼　組	143,434	7,953	7,609	－	－	－	8.09	－
1852	（3月）	142,698	7,828	7,523	－	24	0.02	8.00	33.33
112	戸　田　建　設	429,026	30,463	33,037	－	－	－	1.49	－
1860	（3月）	400,325	28,963	31,275	－	167	0.04	0.19	12.84
113	N　I　P　P　O	404,153	38,619	40,345	－	－	－	2.68	－
1881	（3月）	220,640	20,423	22,098	431	907	0.41	-8.74	-8.11
114	東　亜　道　路　工　業	98,218	4,300	4,184	－	－	－	-1.63	－
1882	（3月）	70,247	2,197	1,983	－	26	0.04	-4.27	23.81
115	日　本　道　路	140,690	6,742	7,284	－	－	－	4.71	－
1884	（3月）	113,210	4,303	5,007	－	20	0.02	7.07	66.67
116	東　亜　建　設　工　業	161,045	2,879	2,714	－	－	－	-3.68	－
1885	（3月）	152,320	2,466	2,372	－	103	0.07	-4.31	41.10
119	若　築　建　設	92,467	3,713	3,559	－	－	－	12.41	－
1888	（3月）	89,677	3,312	3,220	－	67	0.07	13.60	-8.22
121	東　洋　建　設	172,635	10,828	10,534	－	－	－	13.14	－
1890	（3月）	158,175	9,661	9,134	－	75	0.05	14.81	11.94
124	五　洋　建　設	526,902	27,617	25,683	－	－	－	5.31	－
1893	（3月）	499,164	24,787	22,932	－	94	0.02	5.88	-28.79
126	大和ハウス工業	3,795,992	347,141	344,593	25,727	34,753	0.92	8.06	0.20
1925	（3月）	1,814,277	237,990	263,039	27,677	26,459	1.46	5.46	-3.19
127	ラ　イ　ト　工　業	100,125	8,950	9,209	－	－	－	-2.14	－
1926	（3月）	84,180	7,965	8,213	－	46	0.05	0.28	48.39
129	中　電　工	148,300	8,535	11,744	－	－	－	0.25	－
1941	（3月）	131,809	7,915	11,099	－	112	0.08	-0.53	16.67
130	関　電　工	507,205	29,261	30,031	－	－	－	7.70	－
1942	（3月）	444,452	24,843	25,828	－	217	0.05	8.35	-27.18
132	き　ん　で　ん	500,700	38,618	40,383	－	－	－	5.95	－
1944	（3月）	439,641	32,525	34,813	－	246	0.06	7.05	4.24
133	東　京　エ　ネ　シ　ス	68,709	4,205	4,356	－	－	－	-6.59	－
1945	（3月）	67,799	3,960	4,148	－	－	－	-6.79	－
134	ト　ー　エ　ネ　ッ　ク	207,198	9,002	8,918	－	－	－	4.73	－
1946	（3月）	188,783	6,975	6,877	－	250	0.13	4.61	-3.85
137	住　友　電　設	146,810	9,868	10,400	－	－	－	6.98	－
1949	（3月）	100,245	7,517	8,641	－	－	－	6.54	－
138	日　本　電　設　工　業	178,938	14,874	16,673	－	－	－	3.93	－
1950	（3月）	140,891	10,880	12,688	－	15	0.01	3.79	-44.44
139	協　和　エ　ク　シ　オ	312,669	25,621	26,448	－	－	－	4.63	－
1951	（3月）	256,864	15,153	19,413	－	－	－	5.47	－
140	日　本　工　営	101,338	5,464	5,958	－	－	－	23.79	－
1954	（6月）	61,734	2,991	3,820	－	49	0.08	2.33	8.89
142	N　D　S	78,013	3,679	4,142	－	－	－	7.22	－
1956	（3月）	54,843	2,142	2,546	－	－	－	8.31	－
145	九　電　工	360,872	34,726	37,342	－	－	－	5.59	－
1959	（3月）	326,138	30,445	33,518	－	252	0.08	5.28	4.13

建　　　　　　設

上段＝連結決算、下段＝単独決算

日経会社コード 証券コード	会社名 (決算月)	(A) 売上高 (単位:百万円)	(B) 営業利益 (単位:百万円)	(C) 経常利益 (単位:百万円)	(D) 販売促進費 (単位:百万円)	(E) 広告宣伝費 (単位:百万円)	比率 $\frac{E}{A}\times100$	対前年度伸び率 A (%)	対前年度伸び率 E (%)
146	三 機 工 業	170,157	6,593	7,434	－	－	－	0.98	－
1961	（3月）	151,584	3,896	5,307	－	278	0.18	0.62	31.75
148	日 揮	722,987	21,495	24,927	－	－	－	4.30	－
1963	（3月）	399,473	7,861	16,968	－	－	－	-7.48	－
149	中 外 炉 工 業	30,830	1,181	1,287	－	－	－	-1.01	－
1964	（3月）	27,561	863	1,103	－	－	－	-0.84	－
150	ヤ　マ　ト	46,065	3,462	3,646	－	－	－	8.58	－
1967	（3月）	40,408	2,963	3,170	－	53	0.13	6.66	8.16
151	太 平 電 業	81,393	3,563	3,422	－	－	－	2.35	－
1968	（3月）	79,078	3,415	3,262	－	－	－	1.78	－
153	三 晃 金 属 工 業	－	－	－	－	－	－	－	－
1972	（3月）	35,019	2,458	2,450	－	－	－	-0.68	－
155	高 砂 熱 学 工 業	289,933	16,362	17,461	－	－	－	11.43	－
1969	（3月）	217,474	13,570	15,023	－	338	0.16	8.23	0.90
157	熊 谷 組	374,019	23,041	22,682	－	－	－	8.50	－
1861	（3月）	294,579	17,945	18,212	－	273	0.09	7.62	127.50
159	積 水 ハ ウ ス	2,159,363	195,540	203,678	28,359	26,632	1.23	6.53	4.78
1928	（1月）	1,169,671	98,195	124,643	11,478	17,294	1.48	-0.95	-4.51
160	朝 日 工 業 社	85,064	3,833	4,017	－	－	－	6.70	－
1975	（3月）	83,085	3,765	3,942	－	62	0.07	5.42	44.19
162	前 田 道 路	234,369	23,402	23,810	－	－	－	0.54	－
1883	（3月）	222,165	22,682	23,041	－	17	0.01	0.51	6.25
167	明 星 工 業	55,146	6,300	6,487	－	－	－	6.63	－
1976	（3月）	42,629	5,579	6,107	－	－	－	7.97	－
168	日成ビルド工業	76,563	4,128	4,397	－	－	－	-4.20	－
1916	（3月）	35,688	2,505	2,786	－	31	0.09	-4.06	-47.46
175	青木あすなろ建設	153,427	7,663	7,652	－	－	－	11.23	－
1865	（3月）	87,292	4,003	5,084	－	50	0.06	7.51	42.86
177	世 紀 東 急 工 業	81,659	6,235	6,239	－	－	－	16.53	－
1898	（3月）	77,770	5,629	5,743	－	45	0.06	17.75	2.27
178	北 野 建 設	83,802	4,885	5,040	－	－	－	17.93	－
1866	（3月）	80,254	4,668	4,810	－	97	0.12	19.01	64.41
179	ヤマダ・エスバイエルホーム	49,185	-961	-948	－	1,540	3.13	12.59	0.59
1919	（2月）	46,734	-1,223	-1,083	－	1,510	3.23	12.60	-0.46
180	四 電 工	77,055	2,674	3,211	－	－	－	9.88	－
1939	（3月）	74,397	2,005	2,674	－	25	0.03	11.13	4.17
185	大 気 社	231,898	12,180	13,082	－	－	－	15.60	－
1979	（3月）	123,584	9,168	12,315	－	120	0.10	17.28	34.83
188	ダ イ ダ ン	143,448	7,385	7,674	－	－	－	14.53	－
1980	（3月）	142,376	7,402	7,686	－	236	0.17	14.93	42.17
189	福 田 組	167,659	7,991	8,190	－	－	－	-2.95	－
1899	（12月）	108,472	5,776	6,184	18	52	0.05	-5.90	36.84
743	ピ ー エ ス 三 菱	114,841	5,440	5,347	－	－	－	18.74	－
1871	（3月）	103,038	4,239	4,412	－	70	0.07	20.07	1.45
924	ＯＳＪＢホールディングス	49,578	3,212	3,317	－	－	－	-3.38	－
5912	（3月）	1,391	1,050	1,027	－	－	－	-32.08	－
940	巴コーポレーション	33,355	3,605	3,975	－	－	－	21.12	－
1921	（3月）	33,355	3,365	3,557	－	7	0.02	21.12	75.00
1087	新興プランテック	89,611	6,375	6,634	－	22	0.02	-12.08	29.41
6379	（3月）	83,319	5,655	5,948	－	20	0.02	-13.19	42.86
1538	住 友 林 業	1,221,998	53,021	57,865	－	－	－	9.76	－
1911	（3月）	701,534	10,301	18,201	－	－	－	-1.75	－
3085	新 日 本 建 設	95,340	13,691	13,531	－	900	0.94	9.77	-5.76
1879	（3月）	81,532	13,564	13,988	－	894	1.10	7.34	-6.09
8448	大 東 建 託	1,557,017	126,369	131,533	－	－	－	4.00	－
1878	（3月）	634,848	64,398	92,553	－	－	－	-1.86	－
8794	高松コンストラクショングループ	245,107	13,630	13,702	－	－	－	14.47	－
1762	（3月）	3,113	1,695	1,713	－	－	－	14.83	－

建　　設

上段＝連結決算、下段＝単独決算

日経会社コード／証券コード	会社名（決算月）	(A) 売上高 (単位:百万円)	(B) 営業利益 (単位:百万円)	(C) 経常利益 (単位:百万円)	(D) 販売促進費 (単位:百万円)	(E) 広告宣伝費 (単位:百万円)	比率 ($\frac{E}{A}\times100$)	対前年度伸び率 A (%)	E (%)
12601	新 日 本 空 調	111,742	4,274	4,644	–	–	–	10.41	–
1952	（3月）	96,099	3,286	4,178	–	74	0.08	10.01	21.31
12872	ソ　ネ　ッ　ク	13,880	797	851	–	–	–	-5.05	–
1768	（3月）	13,667	729	818	–	5	0.04	-5.23	0.00
14716	日 特 建 設	62,943	4,100	4,119	–	–	–	10.09	–
1929	（3月）	62,198	4,074	4,177	–	24	0.04	9.96	60.00
14826	日 本 基 礎 技 術	22,698	424	550	–	–	–	7.79	–
1914	（3月）	21,025	1,014	1,346	–	20	0.10	16.57	25.00
15315	日本ハウスホールディングス	46,482	4,391	4,116	–	945	2.03	1.09	6.42
1873	（10月）	39,552	4,318	4,121	128	758	1.92	1.58	6.01
15610	富士ピー・エス	27,361	760	753	–	–	–	26.38	–
1848	（3月）	26,330	686	689	–	–	–	26.95	–
15769	北 陸 電 気 工 事	42,196	4,383	4,535	–	–	–	-2.01	–
1930	（3月）	42,151	4,293	4,560	–	27	0.06	-2.01	42.11
16286	ヤ　マ　ウ　ラ	24,251	1,899	2,000	–	213	0.88	18.35	-29.70
1780	（3月）	21,646	1,678	1,931	–	90	0.42	27.89	11.11
17176	矢 作 建 設 工 業	91,668	7,689	7,714	1,080	–	–	2.69	–
1870	（3月）	76,652	5,032	6,262	–	66	0.09	3.57	-19.51
18659	第一カッター興業	12,840	1,412	1,473	–	–	–	-0.13	–
1716	（6月）	10,011	1,195	1,233	–	11	0.11	-0.89	57.14
21911	東建コーポレーション	305,312	17,480	18,017	–	4,536	1.49	7.61	-7.90
1766	（4月）	170,840	11,364	14,239	–	4,707	2.76	8.23	-9.88
30628	ビーアールホールディングス	23,669	1,674	1,632	–	–	–	-2.86	–
1726	（3月）	596	86	84	–	–	–	4.20	–
30729	ミ サ ワ ホ ー ム	388,552	7,485	7,672	6,773	8,166	2.10	-2.83	0.34
1722	（3月）	189,678	3,057	5,235	3,357	5,085	2.68	-1.72	2.58
30754	コムシスホールディングス	380,024	30,347	30,706	–	–	–	13.72	–
1721	（3月）	7,867	6,787	6,821	–	–	–	-21.11	–
30763	安 藤 ・ 間	377,020	35,714	34,767	–	–	–	-7.59	–
1719	（3月）	349,944	34,266	33,842	–	229	0.07	-8.52	2.69
30765	東 急 建 設	320,711	21,416	22,128	–	–	–	31.65	–
1720	（3月）	312,487	21,450	21,514	–	124	0.04	32.24	31.91
30961	三 井 ホ ー ム	260,109	5,660	5,614	1,582	3,363	1.29	2.02	-7.07
1868	（3月）	165,811	1,265	3,456	2,866	1,422	0.86	-2.83	-7.36
30970	ダイセキ環境ソリューション	14,926	1,339	1,368	74	–	–	3.85	–
1712	（2月）	13,464	1,047	1,078	135	–	–	2.89	–
31496	ヒノキヤグループ	105,007	6,286	6,278	1,835	–	–	12.74	–
1413	（12月）	6,353	2,992	2,883	19	563	8.86	-26.03	22.13
31512	ショーボンドホールディングス	53,250	10,160	10,516	–	–	–	1.75	–
1414	（6月）	1,908	1,710	1,720	–	9	0.47	-47.65	-25.00
31644	ミライト・ホールディングス	312,967	16,715	17,838	–	–	–	10.50	–
1417	（3月）	4,198	2,571	2,627	–	34	0.81	-0.36	-22.73
31803	タ マ ホ ー ム	157,001	3,901	3,475	–	6,052	3.85	13.46	11.37
1419	（5月）	150,001	4,171	4,353	300	6,186	4.12	14.29	10.72
31857	日 本 ア ク ア	–	–	–	–	–	–	–	–
1429	（12月）	18,052	1,313	1,419	–	–	–	15.66	–
31992	ファーストコーポレーション	–	–	–	–	–	–	–	–
1430	（5月）	20,948	2,075	2,013	–	62	0.30	28.75	-3.12
32054	ベ ス テ ラ	–	–	–	–	–	–	–	–
1433	（1月）	4,496	386	373	–	–	–	7.51	–
32085	Ｔ Ａ Ｔ Ｅ Ｒ Ｕ	67,016	5,898	5,863	–	898	1.34	76.75	123.38
1435	（12月）	66,482	6,084	5,999	–	840	1.26	75.44	108.96
36888	サンヨーホームズ	54,117	1,894	1,911	1,087	1,984	3.67	-2.50	-11.55
1420	（3月）	47,672	1,819	1,793	1,070	1,946	4.08	-7.54	-12.93

建設（東証二部）

日経会社コード／証券コード	会社名（決算月）	(A) 売上高 (単位:百万円)	(B) 営業利益 (単位:百万円)	(C) 経常利益 (単位:百万円)	(D) 販売促進費 (単位:百万円)	(E) 広告宣伝費 (単位:百万円)	比率 ($\frac{E}{A}\times100$)	対前年度伸び率 A (%)	E (%)
60	Ｓ Ｙ Ｓ Ｋ Ｅ Ｎ	28,088	898	1,169	–	–	–	0.68	–
1933	（3月）	24,471	638	867	–	–	–	1.20	–

建　　　　　　　設

上段＝連結決算、下段＝単独決算

日経会社コード 証券コード	会　社　名 （決算月）	(A) 売上高 (単位:百万円)	(B) 営業利益 (単位:百万円)	(C) 経常利益 (単位:百万円)	(D) 販売促進費 (単位:百万円)	(E) 広告宣伝費 (単位:百万円)	比　率 $\frac{E}{A}\times100$	対前年度伸び率 A（％）	E（％）
103 1850	南 海 辰 村 建 設 （3月）	40,551 38,521	2,288 2,248	2,200 2,152	－ －	－ 13	－ 0.03	-7.75 -9.06	－ 30.00
106 1853	森 組 （3月）	－ 34,791	－ 2,833	－ 2,823	－ －	－ 12	－ 0.03	－ 11.73	－ 71.43
136 1948	弘 電 社 （3月）	33,983 33,078	1,693 1,626	1,715 1,716	－ －	－ 11	－ 0.03	-8.88 -9.22	－ 0.00
174 1960	サ ン テ ッ ク （3月）	40,882 27,250	1,102 1,112	1,686 1,678	－ －	－ 2	－ 0.01	-11.89 -15.35	－ -33.33
176 1897	金 下 建 設 （12月）	10,257 9,711	305 265	448 410	－ －	－ －	－ －	-6.89 -8.41	－ －
181 1938	日本リーテック （3月）	52,629 46,453	3,957 3,330	4,654 3,461	－ －	－ 34	－ 0.07	-3.61 -4.95	－ 25.93
187 1935	Ｔ Ｔ Ｋ （3月）	32,479 29,976	1,409 1,148	1,519 1,101	－ －	－ －	－ －	-2.35 -2.03	－ －
3770 1828	田 辺 工 業 （3月）	30,575 28,959	1,363 1,432	1,376 1,563	－ －	－ 51	－ 0.18	-0.06 0.51	－ 24.39
6351 1434	ＪＥＳＣＯホールディングス （8月）	7,859 723	275 121	247 97	－ －	－ 60	－ 8.30	-6.62 22.96	－ 7.14
12423 1757	クレアホールディングス （3月）	1,975 －	-688 -728	-783 -764	－ －	－ －	－ －	226.99 －	－ －
13214 1966	高 田 工 業 所 （3月）	45,350 38,134	1,226 1,041	1,229 1,066	－ －	－ －	－ －	-4.08 -4.45	－ －
15005 1931	日 本 電 通 （3月）	37,890 20,305	1,016 461	1,138 660	－ －	－ －	－ －	1.36 7.68	－ －
15600 1775	富士古河Ｅ＆Ｃ （3月）	80,245 69,754	4,311 3,645	4,305 3,843	－ －	－ 14	－ 0.02	2.26 2.11	－ 40.00
16146 1737	三井金属エンジニアリング （3月）	38,570 37,305	2,228 2,051	2,297 2,096	56 56	30 30	0.08 0.08	13.62 10.26	-3.23 -3.23
16167 1776	三 井 住 建 道 路 （3月）	33,983 32,678	1,498 1,395	1,494 1,405	－ －	－ 12	－ 0.04	4.76 5.51	－ 33.33
16436 1840	土屋ホールディングス （10月）	24,488 1,066	58 204	165 243	－ －	－ －	－ －	-1.64 -1.93	－ －
16778 1965	テ ク ノ 菱 和 （3月）	60,654 55,666	3,242 2,877	3,425 3,063	－ －	－ 44	－ 0.08	-2.54 -2.42	－ 12.82
17791 1844	大 盛 工 業 （7月）	3,785 3,753	199 221	1 64	－ －	－ －	－ －	－ 7.01	－ －
29544 1987	ソ ル コ ム （12月）	42,577 39,268	1,827 1,492	2,190 1,853	－ －	－ －	－ －	9.17 9.62	－ －
30181 1743	コ ー ア ツ 工 業 （9月）	9,159 8,469	315 215	319 218	－ －	－ －	－ －	33.20 33.08	－ －
30387 1989	北 陸 電 話 工 事 （3月）	13,447 11,975	234 167	289 210	－ －	－ 3	－ 0.03	0.40 2.62	－ 200.00
32055 1432	動 力 （3月）	－ 1,858	－ 12	－ 13	－ －	－ －	－ －	－ -28.89	－ －
32149 1437	ピースリビング （6月）	1,991 －	95 －	79 －	－ －	50 －	2.51 －	－ －	－ －
32223 1440	やまぜんホームズ （7月）	－ 5,932	－ -76	－ -112	－ －	－ 169	－ 2.85	－ 30.23	－ 65.69
32319 1443	技研ホールディングス （3月）	11,846 336	428 222	422 222	－ －	－ －	－ －	－ －	－ －
32326 1444	ニ ッ ソ ウ （7月）	－ 1,551	－ 99	－ 85	－ 44	－ 18	－ 1.16	－ 44.28	－ 38.46
32347 1445	ひかりホールディングス （8月）	1,419 －	-32 －	-24 －	－ －	－ －	－ －	52.25 －	－ －
41039 1764	工 藤 建 設 （6月）	－ 17,730	－ 763	－ 686	－ －	－ 99	－ 0.56	－ -6.93	－ 1.02

—138—

上段＝連結決算、下段＝単独決算

建　　　　設

日経会社コード 証券コード	会　社　名 （決算月）	(A) 売上高 (単位:百万円)	(B) 営業利益 (単位:百万円)	(C) 経常利益 (単位:百万円)	(D) 販売促進費 (単位:百万円)	(E) 広告宣伝費 (単位:百万円)	比　率 ($\frac{E}{A}\times100$)	対前年度伸び率 A（％）	E（％）

建設（マザーズ）

日経会社コード 証券コード	会社名 （決算月）	(A)	(B)	(C)	(D)	(E)	比率	A（％）	E（％）
31041	エ　ム　ビ　ー　エ　ス	-	-	-	-	-	-	-	-
1401	（5月）	2,660	250	294	17	6	0.23	25.83	-40.00
32109	フ　ィ　ッ　ト	-	-	-	-	-	-	-	-
1436	（4月）	6,644	1,048	1,038	212	103	1.55	-9.80	10.75
32186	フィル・カンパニー	2,950	296	304	-	26	0.88	76.86	0.00
3267	（11月）	862	-14	112	-	26	3.02	53.11	0.00
32365	キ　ャ　ン　デ　ィ　ル	11,959	334	285	-	-	-	13.99	-
1446	（9月）	789	130	103	-	-	-	28.08	-

建設（名証一部）

日経会社コード 証券コード	会社名 （決算月）	(A)	(B)	(C)	(D)	(E)	比率	A（％）	E（％）
186	シ　ー　キ　ュ　ー　ブ	59,832	3,131	3,483	-	-	-	7.57	-
1936	（3月）	37,593	550	990	-	7	0.02	11.85	-36.36

建設（名証二部）

日経会社コード 証券コード	会社名 （決算月）	(A)	(B)	(C)	(D)	(E)	比率	A（％）	E（％）
123	徳　倉　建　設	47,712	1,049	861	-	-	-	11.00	-
1892	（3月）	27,676	316	320	-	-	-	-7.90	-
3651	岐　阜　造　園	3,808	219	249	-	-	-	-6.07	-
1438	（9月）	2,570	207	236	-	25	0.97	-2.21	25.00
11156	川　崎　設　備　工　業	-	-	-	-	-	-	-	-
1777	（3月）	24,271	1,397	1,401	-	16	0.07	5.00	100.00
16319	名　工　建　設	88,421	5,698	5,911	-	-	-	-0.78	-
1869	（3月）	86,403	5,609	5,824	-	34	0.04	-0.33	0.00
30239	ニ　ッ　ト　ー	8,365	386	418	-	-	-	4.51	-
1738	（3月）	6,601	202	289	-	-	-	4.36	-

建設（福岡）

日経会社コード 証券コード	会社名 （決算月）	(A)	(B)	(C)	(D)	(E)	比率	A（％）	E（％）
16163	サイタホールディングス	4,516	186	239	-	-	-	13.30	-
1999	（6月）	286	85	93	-	-	-	43.00	-
16360	日　本　乾　溜　工　業	12,185	585	620	-	-	-	13.99	-
1771	（9月）	11,816	564	603	-	-	-	12.50	-
32046	Ｌｉｂ　Ｗｏｒｋ	-	-	-	-	-	-	-	-
1431	（6月）	3,765	195	215	-	78	2.07	26.60	-17.02

建設（札幌）

日経会社コード 証券コード	会社名 （決算月）	(A)	(B)	(C)	(D)	(E)	比率	A（％）	E（％）
11278	北　弘　電　社	-	-	-	-	-	-	-	-
1734	（3月）	13,754	546	577	-	6	0.04	-2.38	0.00
15785	北　海　電　気　工　事	52,856	1,470	1,642	-	-	-	9.76	-
1832	（3月）	52,238	1,252	1,429	-	23	0.04	9.59	27.78

建設（ジャスダック）

日経会社コード 証券コード	会社名 （決算月）	(A)	(B)	(C)	(D)	(E)	比率	A（％）	E（％）
5445	藤田エンジニアリング	29,739	2,105	2,205	-	-	-	13.13	-
1770	（3月）	16,866	1,041	1,424	-	5	0.03	18.33	-28.57
6211	エムティジェネックス	2,235	252	264	-	-	-	-6.99	-
9820	（3月）	1,920	197	213	-	-	-	-4.90	-
8961	ＥＴＳホールディングス	5,497	381	432	-	-	-	-15.04	-
1789	（9月）	4,773	398	398	-	5	0.10	-14.09	-28.57
10516	高橋カーテンウォール工業	7,763	1,144	1,259	-	-	-	-0.49	-
1994	（12月）	7,692	1,160	1,143	-	-	-	-0.18	-
10657	オ　ー　テ　ッ　ク	22,507	1,644	1,754	-	-	-	-6.32	-
1736	（3月）	20,123	1,454	1,534	-	-	-	-6.79	-
10812	大　本　組	-	-	-	-	-	-	-	-
1793	（3月）	96,268	5,605	5,726	-	47	0.05	27.00	74.07
11216	神　田　通　信　機	5,850	159	227	-	-	-	-0.03	-
1992	（3月）	4,616	147	182	-	20	0.43	-0.86	17.65
11450	協　和　日　成	-	-	-	-	-	-	-	-
1981	（3月）	34,049	948	1,057	-	7	0.02	-1.00	40.00

建　　　　　　設

上段＝連結決算、下段＝単独決算

日経会社コード 証券コード	会　社　名 （決算月）	(A) 売上高 (単位:百万円)	(B) 営業利益 (単位:百万円)	(C) 経常利益 (単位:百万円)	(D) 販売促進費 (単位:百万円)	(E) 広告宣伝費 (単位:百万円)	比　率 $\frac{E}{A} \times 100$	対前年度伸び率 A (%)	E (%)
12190	サ ン ユ ー 建 設	－	－	－	－	－	－	－	－
1841	（3月）	9,492	512	544	－	－	－	21.38	－
12425	常 磐 開 発	21,555	2,212	2,251	－	－	－	12.41	－
1782	（3月）	12,778	1,329	1,561	－	2	0.02	8.08	0.00
12995	大 成 温 調	51,906	2,530	2,810	－	－	－	-13.25	－
1904	（3月）	39,887	1,993	2,259	－	19	0.05	-13.58	11.76
14271	ナカボーテック	－	－	－	－	－	－	－	－
1787	（3月）	10,918	428	469	－	6	0.05	-0.07	50.00
14430	アジアゲートホールディングス	3,979	71	7	13	－	－	5.91	－
1783	（9月）	1,259	-81	-11	55	－	－	24.53	－
15778	細 田 工 務 店	19,019	288	33	－	358	1.88	-3.24	15.48
1906	（3月）	18,987	290	41	134	357	1.88	-3.29	15.16
16181	マ サ ル	8,789	431	459	－	－	－	-8.43	－
1795	（9月）	8,043	358	387	－	－	－	-10.59	－
16218	三 東 工 業 社	－	－	－	－	－	－	－	－
1788	（6月）	4,792	87	98	－	3	0.06	-9.36	0.00
16396	守 谷 商 会	40,543	1,455	1,497	－	－	－	9.93	－
1798	（3月）	38,230	1,420	1,424	－	35	0.09	11.28	0.00
16681	R　I　S　E	515	-138	-143	－	－	－	109.35	－
8836	（3月）	515	-137	-141	－	－	－	109.35	－
16834	佐 藤 渡 辺	38,546	1,434	1,507	－	－	－	3.32	－
1807	（3月）	36,322	1,247	1,267	－	12	0.03	6.73	33.33
17195	三 信 建 設 工 業	10,894	675	696	－	12	0.11	13.94	-7.69
1984	（3月）	10,625	593	615	－	12	0.11	12.53	-7.69
21059	太 洋 基 礎 工 業	－	－	－	－	－	－	－	－
1758	（1月）	12,182	434	520	－	13	0.11	27.95	30.00
25659	第 一 建 設 工 業	－	－	－	－	－	－	－	－
1799	（3月）	50,616	6,117	6,346	－	96	0.19	4.61	20.00
30226	シ ー ド 平 和	－	－	－	－	－	－	－	－
1739	（6月）	14,501	1,137	1,036	－	170	1.17	42.29	73.47
30400	麻生フオームクリート	－	－	－	－	－	－	－	－
1730	（3月）	3,773	-112	-104	－	1	0.03	-5.30	-66.67
30824	明豊ファシリティワークス	－	－	－	－	－	－	－	－
1717	（3月）	6,068	605	610	－	－	－	4.46	－
31027	ルーデン・ホールディングス	2,355	-51	-42	86	－	－	-4.46	－
1400	（12月）	271	-10	5	－	－	－	-11.73	－
31202	ウエストホールディングス	32,753	2,685	2,323	－	－	－	-11.47	－
1407	（8月）	5,042	3,331	3,256	－	－	－	-22.22	－
31260	サムシングホールディングス	10,599	162	128	－	－	－	5.93	－
1408	（12月）	585	92	85	－	－	－	2.99	－
31649	インターライフホールディングス	20,737	114	63	－	－	－	8.67	－
1418	（2月）	2,424	317	253	－	4	0.17	41.59	-42.86
32213	安 江 工 務 店	3,775	98	82	－	227	6.01	－	－
1439	（12月）	3,755	101	85	－	227	6.05	-3.40	3.18
33078	シ ン ク レ イ ヤ	8,543	452	410	－	－	－	31.35	－
1724	（3月）	7,992	418	396	－	－	－	35.60	－
34364	暁 飯 島 工 業	－	－	－	－	－	－	－	－
1997	（8月）	8,093	915	932	－	1	0.01	3.52	－
51490	テ ノ ッ ク ス	20,441	749	785	28	－	－	12.15	－
1905	（3月）	19,821	705	741	28	3	0.02	11.59	-25.00
56841	日 本 電 技	－	－	－	－	－	－	－	－
1723	（3月）	27,160	2,767	2,831	－	36	0.13	-1.78	12.50
63631	美 樹 工 業	31,948	1,896	1,891	－	－	－	1.63	－
1718	（12月）	18,068	1,602	1,590	－	20	0.11	11.57	-16.67
65434	ミサワホーム中国	27,601	189	208	468	233	0.84	-23.21	-33.62
1728	（3月）	27,555	244	259	660	233	0.85	-23.19	-33.43

上段＝連結決算、下段＝単独決算

建 設 ／ 商 社

日経会社コード 証券コード	会　社　名 （決算月）	(A) 売上高 (単位:百万円)	(B) 営業利益 (単位:百万円)	(C) 経常利益 (単位:百万円)	(D) 販売促進費 (単位:百万円)	(E) 広告宣伝費 (単位:百万円)	比　率 $\frac{E}{A}\times100$	対前年度伸び率 A（％）	E（％）

建設（非上場）

日経会社コード 証券コード	会　社　名 （決算月）	(A) 売上高	(B) 営業利益	(C) 経常利益	(D) 販売促進費	(E) 広告宣伝費	比率 $\frac{E}{A}\times100$	A（％）	E（％）
87 9764	技 研 興 業 （ 3月）	－ 11,290	－ 387	－ 381	－ －	－ 3	－ 0.03	－ -2.44	－ -57.14
118 9999	日 本 国 土 開 発 （ 5月）	109,117 100,108	7,559 6,327	7,323 6,274	－ －	－ 18	－ 0.02	-8.21 -9.44	－ 12.50
823 9999	大 鉄 工 業 （ 3月）	103,958 88,520	6,662 5,324	6,899 5,546	－ －	－ 22	－ 0.02	5.12 7.35	－ 37.50
12570 9999	新 生 テ ク ノ ス （ 3月）	50,016 50,012	772 754	996 981	－ －	－ 100	－ 0.20	5.17 5.17	－ 112.77
13271 9999	竹 中 工 務 店 （12月）	1,295,951 1,006,571	107,988 92,673	115,304 99,307	－ －	－ 752	－ 0.07	6.52 5.35	－ 0.53
13866 9999	東 光 電 気 工 事 （ 3月）	101,560 97,784	7,509 7,146	7,677 7,311	－ －	－ 48	－ 0.05	4.80 5.14	－ 17.07
13943 9999	東 邦 電 気 工 業 （ 3月）	29,763 22,698	1,253 1,045	1,348 1,147	－ －	－ －	－ －	8.91 13.30	－ －
15534 9999	藤 木 工 務 店 （ 3月）	－ 32,018	－ 1,505	－ 1,517	－ －	－ －	－ －	－ -8.98	－ －
15902 9999	松 尾 建 設 （ 3月）	77,728 72,309	4,572 4,122	4,637 4,385	－ －	－ 28	－ 0.04	-5.84 -4.76	－ 7.69
36969 9999	K O N O I K E　C o. （ 9月）	－ 4,626	－ 231	－ 204	－ －	－ 12	－ 0.26	－ 1.49	－ 0.00
51105 9999	サ ー ラ 住 宅 （11月）	－ 18,679	－ 413	－ 482	－ －	－ 312	－ 1.67	－ 7.40	－ -8.24

商社（東証一部）

日経会社コード 証券コード	会　社　名 （決算月）	(A) 売上高	(B) 営業利益	(C) 経常利益	(D) 販売促進費	(E) 広告宣伝費	比率 $\frac{E}{A}\times100$	A（％）	E（％）
6 1352	ホ ウ ス イ （ 3月）	73,928 19,206	837 613	887 618	－ －	－ －	－ －	0.23 1.05	－ －
16 8835	太 平 洋 興 発 （ 3月）	36,135 23,885	989 462	830 439	580 731	－ －	－ －	14.03 19.62	－ －
278 2874	ヨ コ レ イ （ 9月）	159,045 117,521	5,179 4,452	5,433 4,241	－ －	－ －	－ －	7.02 0.18	－ －
361 8013	ナ イ ガ イ （ 1月）	16,952 13,529	369 372	472 489	－ －	589 440	3.47 3.25	0.31 2.29	10.51 16.71
448 7447	ナ ガ イ レ ー ベ ン （ 8月）	17,017 17,013	5,242 4,995	5,340 5,197	－ 4	321 321	1.89 1.89	2.90 2.89	3.22 3.22
671 8131	ミ ツ ウ ロ コ グ ル ー プ ホ ー ル デ ィ ン （ 3月）	211,343 6,303	3,953 2,454	4,864 2,661	－ －	－ 508	－ 8.06	2.75 -1.21	－ 2.83
672 8132	シ ナ ネ ン ホ ー ル デ ィ ン グ ス （ 3月）	244,370 2,725	3,348 383	3,948 1,108	－ －	－ －	－ －	11.97 -73.57	－ －
673 5009	富 士 興 産 （ 3月）	56,834 54,088	699 454	774 617	－ －	－ －	－ －	20.14 20.58	－ －
1118 6973	協 栄 産 業 （ 3月）	54,834 41,821	182 -6	190 116	－ －	－ －	－ －	2.75 3.03	－ －
1349 7433	伯 東 （ 3月）	137,578 109,416	3,710 1,396	3,740 2,808	－ －	－ －	－ －	7.82 20.28	－ －
1551 8001	伊 藤 忠 商 事 （ 3月）★	－ 4,795,741	316,933 7,693	537,858 211,881	－ 299	－ 2,017	－ 0.04	－ 7.28	－ -14.75
1552 8002	丸 紅 （ 3月）★	－ 5,742,601	118,054 -53,306	255,004 54,914	－ －	－ －	－ －	－ 6.19	－ －
1555 8007	高 島 （ 3月）	85,310 63,808	1,638 961	1,847 1,491	－ －	175 －	0.21 －	0.63 -1.20	-3.85 －
1558 8012	長 瀬 産 業 （ 3月）	783,933 445,881	24,118 3,928	25,982 12,488	11,880 4,393	－ －	－ －	8.52 5.20	－ －
1559 8014	蝶 理 （ 3月）	311,705 165,054	7,226 5,026	7,499 5,953	－ －	－ －	－ －	15.06 -12.30	－ －
1560 8015	豊 田 通 商 （ 3月）★	－ 3,818,390	182,696 -8,128	209,749 83,641	－ －	－ －	－ －	－ 9.77	－ －

—141—

商　　　　　社

上段＝連結決算、下段＝単独決算

日経会社コード 証券コード	会　社　名 （決算月）	(A) 売上高 (単位:百万円)	(B) 営業利益 (単位:百万円)	(C) 経常利益 (単位:百万円)	(D) 販売促進費 (単位:百万円)	(E) 広告宣伝費 (単位:百万円)	比　率 ($\frac{E}{A}\times100$)	対前年度伸び率 A (%)	対前年度伸び率 E (%)
1561 8016	オンワードホールディングス （2月）	243,075 7,865	5,167 3,489	5,928 4,409	161 －	6,635 354	2.73 4.50	-0.75 -18.19	11.23 56.64
1563 8018	三共生興 （3月）	28,451 6,599	2,170 702	2,649 1,427	－ －	699 －	2.46 －	-1.79 -3.64	-20.66 －
1565 8020	兼松 （3月）★	－ 443,507	26,160 3,142	26,043 10,560	－ －	－ －	－ －	－ 7.79	－ －
1569 8025	ツカモトコーポレーション （3月）	20,113 1,926	295 520	304 432	－ －	－ －	－ －	-10.14 -14.63	－ －
1574 8031	三井物産 （3月）★	－ 3,858,647	－ -151,583	544,384 354,545	－ －	－ －	－ －	－ 3.11	－ －
1580 8038	東都水産 （3月）	117,195 85,582	1,407 180	1,483 591	78 197	－ －	－ －	-1.71 -1.36	－ －
1582 8041	ＯＵＧホールディングス （3月）	323,913 2,561	2,007 877	1,613 307	－ －	－ －	－ －	1.10 7.02	－ －
1584 8043	スターゼン （3月）	340,119 5,435	5,844 2,075	7,270 2,969	－ －	－ －	－ －	8.34 -76.09	－ －
1586 8051	山善 （3月）	497,963 451,560	15,383 12,065	15,152 13,604	－ 2,869	－ －	－ －	11.23 10.83	－ －
1587 8052	椿本興業 （3月）	98,645 92,705	3,414 2,380	3,693 3,067	－ －	－ －	－ －	10.98 12.28	－ －
1588 8053	住友商事 （3月）★	－ 2,816,180	－ -33,375	412,295 208,211	－ －	20,715 2,587	－ 0.09	－ 11.62	7.78 20.49
1591 8057	内田洋行 （7月）	144,537 88,892	3,041 389	3,378 1,195	838 －	－ －	－ －	4.58 2.05	－ －
1592 8058	三菱商事 （3月）★	－ 5,233,193	－ -110,413	812,722 354,576	－ －	98,283 1,670	－ 0.03	－ 0.32	5.76
1593 8059	第一実業 （3月）	185,686 159,223	6,394 4,193	6,821 4,623	－ －	－ 112	－ 0.07	20.48 18.66	－ -5.88
1595 8061	西華産業 （3月）	165,585 147,830	2,598 2,293	2,877 2,608	－ －	－ －	－ －	9.85 9.52	－ －
1599 8065	佐藤商事 （3月）	208,387 186,008	4,148 3,108	4,439 3,456	－ －	－ －	－ －	15.80 15.59	－ －
1604 8070	東京産業 （3月）	－ 104,586	－ 2,197	－ 2,335	－ －	－ －	－ －	－ 23.08	－ －
1607 8074	ユアサ商事 （3月）	461,749 381,970	11,402 8,061	12,149 10,052	－ －	－ －	－ －	3.45 2.13	－ －
1608 8075	神鋼商事 （3月）	929,467 780,047	8,119 4,681	8,624 4,994	－ －	－ －	－ －	20.79 20.57	－ －
1610 8077	小林産業 （10月）	20,868 15,894	455 162	680 544	－ －	－ 11	－ 0.07	8.41 4.26	－ -15.38
1611 8078	阪和興業 （3月）	1,791,118 1,490,680	26,217 20,780	25,502 22,041	－ －	－ －	－ －	18.30 16.10	－ －
1614 8081	カナデン （3月）	122,058 112,473	4,755 4,102	4,854 4,287	－ －	－ －	－ －	-0.75 -0.87	－ －
1616 8084	菱電商事 （3月）	236,494 210,183	5,078 4,526	5,055 4,682	－ －	－ －	－ －	7.88 10.37	－ －
1618 8088	岩谷産業 （3月）	670,792 480,940	27,193 11,492	29,407 17,108	－ －	－ －	－ －	14.07 17.94	－ －
1619 8089	すてきナイスグループ （3月）	239,536 2,654	675 424	362 627	－ －	2,115 －	0.88 －	-2.79 1.65	-2.22 －
1620 8090	昭光通商 （12月）	124,326 95,403	1,580 622	1,967 618	－ 70	－ －	－ －	1.71 1.15	－ －
1621 8091	ニチモウ （3月）	118,567 76,985	1,374 1,233	1,127 1,402	－ －	－ －	－ －	3.97 1.76	－ －
1622 8095	イワキ （11月）	57,387 46,429	1,571 507	1,778 845	－ －	1,140 －	1.99 －	4.11 3.58	12.98 －
1624 8097	三愛石油 （3月）	692,180 267,065	11,904 5,706	12,814 7,933	－ 208	－ －	－ －	5.57 -4.27	－ －

—142—

商　　　　　社

上段＝連結決算、下段＝単独決算

日経会社コード 証券コード	会　社　名 （決算月）	(A) 売上高 (単位:百万円)	(B) 営業利益 (単位:百万円)	(C) 経常利益 (単位:百万円)	(D) 販売促進費 (単位:百万円)	(E) 広告宣伝費 (単位:百万円)	比　率 $\frac{E}{A}×100$	対前年度伸び率 A (%)	E (%)
1625	稲　畑　産　業	621,137	5,962	6,374	－	－	－	5.88	－
8098	（3月）	302,583	5,400	7,629	－	－	－	7.88	－
1628	日産東京販売ホールディングス	152,023	4,616	4,061	－	－	－	1.67	－
8291	（3月）	8,002	2,127	1,995	－	－	－	12.01	－
1638	三　陽　商　会	62,549	-1,907	-1,941	－	2,121	3.39	-7.49	-31.73
8011	（12月）	61,320	-1,848	-1,822	－	1,988	3.24	-8.24	-32.38
1639	日本紙パルプ商事	521,526	10,125	9,998	－	－	－	6.29	－
8032	（3月）	319,433	2,238	4,268	－	－	－	2.67	－
1640	日立ハイテクノロジーズ	687,670	55,953	55,588	－	－	－	6.69	－
8036	（3月）★	440,019	33,996	41,067	－	－	－	4.88	－
1647	ＧＳＩクレオス	133,727	1,573	1,502	－	－	－	-5.51	－
8101	（3月）	71,112	359	643	－	－	－	-7.90	－
1648	明　和　産　業	141,793	2,003	2,918	－	－	－	5.22	－
8103	（3月）	100,801	785	1,524	－	－	－	1.44	－
1694	サ　ン　ゲ　ツ	156,390	5,033	5,698	3,261	－	－	15.30	－
8130	（3月）	119,530	5,698	6,317	2,733	－	－	2.80	－
1703	キ　ム　ラ　タ　ン	4,325	-387	-424	15	－	－	3.00	－
8107	（3月）	4,291	-399	-432	92	－	－	2.31	－
1708	ユニ・チャーム	641,647	86,838	92,926	23,817	22,830	3.56	6.12	9.16
8113	（12月）★	338,846	35,249	43,056	53,817	9,828	2.90	3.38	17.18
1713	デ　サ　ン　ト	141,124	9,596	9,698	－	8,984	6.37	7.28	0.73
8114	（3月）	11,046	2,299	4,143	－	1,256	11.37	-80.73	-75.55
1718	伊藤忠エネクス	1,156,344	17,153	19,169	－	－	－	12.38	－
8133	（3月）★	861,760	5,096	7,805	－	－	－	16.52	－
1719	キ　ン　グ	11,732	1,433	1,508	1,418	－	－	-2.62	－
8118	（3月）	10,513	1,235	1,702	1,802	－	－	-4.45	－
1735	ワ　キ　タ	63,739	5,813	5,921	－	－	－	2.99	－
8125	（2月）	59,119	5,248	5,710	117	125	0.21	2.13	42.05
1740	ゴールドウイン	70,420	7,102	7,833	－	4,290	6.09	15.63	19.17
8111	（3月）	60,288	5,668	6,719	－	3,647	6.05	17.59	19.30
1965	ヤ　マ　タ　ネ	53,607	4,614	4,330	437	－	－	6.76	－
9305	（3月）	48,961	2,756	2,910	437	－	－	7.81	－
2371	ルネサスイーストン	81,616	1,990	2,105	－	－	－	5.20	－
9995	（3月）	64,369	1,035	1,200	－	－	－	6.01	－
4070	Ｐ　Ａ　Ｌ　Ｔ　Ａ　Ｃ	－	－	－	－	－	－	－	－
8283	（3月）	966,684	23,006	25,498	－	－	－	4.84	－
4302	モ　リ　ト	41,388	1,707	1,703	－	－	－	3.25	－
9837	（11月）	26,041	734	1,308	－	－	－	0.85	－
7002	西本Ｗｉｓｍｅｔｔａｃホールデ	172,078	6,324	5,916	－	－	－	8.68	－
9260	（12月）	1,865	200	93	－	－	－	17.89	－
7415	バイテックホールディングス	185,883	3,130	2,573	－	－	－	33.88	－
9957	（3月）	2,037	488	519	－	－	－	19.96	－
7647	フ　ォ　ー　バ　ル	51,351	2,854	2,960	－	－	－	2.17	－
8275	（3月）	16,774	1,401	1,865	－	－	－	2.42	－
7957	オーハシテクニカ	38,974	4,219	4,306	－	－	－	3.89	－
7628	（3月）	22,239	1,938	2,651	－	－	－	6.56	－
9062	イ　ノ　テ　ッ　ク	28,735	1,244	1,208	－	－	－	-0.44	－
9880	（3月）	15,373	15	184	－	－	－	-9.83	－
9504	ド　ウ　シ　シ　ャ	103,589	7,769	8,001	1,550	－	－	-3.20	－
7483	（3月）	96,181	6,972	7,405	1,537	144	0.15	-3.68	-26.53
10405	因　幡　電　機　産　業	258,107	13,378	13,559	－	－	－	6.91	－
9934	（3月）	245,508	12,804	13,216	－	－	－	7.06	－
10460	エコートレーディング	79,786	221	231	－	－	－	2.70	－
7427	（2月）	78,856	173	205	－	－	－	2.63	－
10927	小　野　建	203,151	6,980	7,190	－	－	－	15.19	－
7414	（3月）	188,606	5,599	5,793	－	12	0.01	15.31	-14.29
11054	加　藤　産　業	973,818	9,298	10,417	－	－	－	2.17	－
9869	（9月）	674,048	8,714	9,754	－	246	0.04	3.31	-7.52

—143—

商　　社

上段＝連結決算、下段＝単独決算

日経会社コード 証券コード	会社名 （決算月）	(A) 売上高 (単位:百万円)	(B) 営業利益 (単位:百万円)	(C) 経常利益 (単位:百万円)	(D) 販売促進費 (単位:百万円)	(E) 広告宣伝費 (単位:百万円)	比率 $\frac{E}{A}\times100$	対前年度伸び率 A（％）	E（％）
11122 8037	カ　メ　イ （3月）	447,774 292,443	9,802 5,753	10,847 6,642	－ －	2,199 －	0.49 －	5.74 3.32	3.73 －
11471 8093	極　東　貿　易 （3月）	62,080 37,873	812 -95	1,537 549	－ －	－ －	－ －	4.12 5.96	－ －
12077 7420	佐　鳥　電　機 （5月）	107,981 60,295	706 189	483 369	－ 22	－ 22	－ 0.04	-4.44 -1.55	－ -12.00
12170 7459	メディパルホールディングス （3月）	3,146,314 24,775	44,260 12,639	57,349 15,239	－ －	－ －	－ －	2.69 51.05	－ －
12212 3176	三　洋　貿　易 （9月）	67,738 48,885	4,938 3,526	5,270 4,208	－ 156	－ 8	－ 0.02	13.07 7.60	－ -38.46
12218 8136	サ　ン　リ　オ （3月）	60,220 42,199	5,734 3,108	6,020 5,844	2,456 -7	－ －	－ －	-3.95 -5.64	－ －
12542 8141	新　光　商　事 （3月）	127,926 78,881	3,435 1,681	3,592 6,623	－ －	－ －	－ －	13.75 15.04	－ －
12636 7607	進　和 （8月）	51,400 45,929	3,654 3,045	3,641 3,309	－ －	－ －	－ －	11.67 9.73	－ －
12661 9932	杉　本　商　事 （3月）	44,315 38,017	2,461 2,135	2,894 2,496	－ －	－ －	－ －	6.53 7.85	－ －
12931 9274	国際紙パルプ商事 （3月）	377,714 310,957	2,362 2,094	3,086 2,707	5,524 －	－ －	－ －	2.98 -0.68	－ －
13035 7466	Ｓ　Ｐ　Ｋ （3月）	42,461 38,204	1,835 1,315	1,874 1,435	－ －	－ 50	－ 0.13	12.03 11.68	－ -21.88
13256 9982	タ　キ　ヒ　ヨ　ー （2月）	72,751 66,469	-1,148 -1,447	-1,099 -1,018	－ 716	478 155	0.66 0.23	-6.67 -7.70	35.03 76.14
13289 8159	立花エレテック （3月）	178,324 130,515	6,395 4,952	6,605 5,024	－ －	－ －	－ －	11.30 12.54	－ －
13734 9960	東　テ　ク （3月）	92,646 76,149	4,479 3,248	4,764 3,620	－ －	－ －	－ －	7.67 8.30	－ －
13947 8129	東邦ホールディングス （3月）	1,213,342 11,398	19,016 5,575	25,045 7,887	－ －	－ －	－ －	-1.44 -36.29	－ －
14034 8151	東　陽　テ　ク　ニ　カ （9月）	21,586 21,317	1,278 1,523	1,036 1,639	－ －	－ －	－ －	-0.43 -0.40	－ －
14354 7442	中　山　福 （3月）	47,398 45,701	209 228	900 926	－ －	－ －	－ －	-1.22 -0.87	－ －
14583 2729	Ｊ　Ａ　Ｌ　Ｕ　Ｘ （3月）	153,404 130,967	4,709 2,563	5,166 3,048	－ －	－ 759	－ 0.58	7.11 6.24	－ -3.80
14686 9810	日　鉄　住　金　物　産 （3月）	2,062,316 1,768,247	32,314 17,949	35,188 20,659	－ －	－ －	－ －	12.00 11.49	－ －
15007 9902	日　伝 （3月）	119,712 116,789	6,051 5,948	6,254 6,145	－ －	－ －	－ －	15.40 15.36	－ －
15177 7637	白　銅 （3月）	43,709 42,587	2,784 2,724	2,845 2,775	－ －	－ －	－ －	26.23 26.60	－ －
15670 3160	大　光 （5月）	56,299 54,646	792 843	816 818	－ －	－ －	－ －	4.60 5.15	－ －
15976 7594	マ　ル　カ　キ　カ　イ （11月）	52,363 35,482	1,894 1,289	2,095 1,621	－ －	－ 24	－ 0.07	9.76 5.11	－ -14.29
16053 7537	丸　文 （3月）	347,508 227,892	3,771 1,065	4,218 1,496	－ －	－ －	－ －	28.37 42.89	－ －
16170 9986	蔵　王　産　業 （3月）	7,200 6,909	1,173 1,125	1,196 1,160	－ －	－ －	－ －	3.69 3.74	－ －
16271 7456	松　田　産　業 （3月）	190,184 183,934	4,877 4,062	5,142 4,393	－ －	－ －	－ －	16.64 19.88	－ －
16320 7476	ア　ズ　ワ　ン （3月）	60,959 58,802	6,596 6,527	6,843 6,811	－ －	－ 767	－ 1.30	8.96 8.48	－ 8.33
16324 7482	シ　モ　ジ　マ （3月）	46,965 43,502	1,534 1,465	1,785 1,697	－ －	－ －	－ －	-0.07 0.13	－ －
16333 3388	明　治　電　機　工　業 （3月）	67,849 63,350	2,815 2,513	3,010 2,755	－ －	－ －	－ －	12.59 13.70	－ －

商　　　　　　社

上段＝連結決算、下段＝単独決算

日経会社コード 証券コード	会　社　名 （決算月）	(A) 売上高 (単位:百万円)	(B) 営業利益 (単位:百万円)	(C) 経常利益 (単位:百万円)	(D) 販売促進費 (単位:百万円)	(E) 広告宣伝費 (単位:百万円)	比率 $\frac{E}{A} \times 100$	対前年度伸び率 A (%)	E (%)
16536	ヤマトインターナショナル	18,704	756	817	-	-	-	-13.27	-
8127	（8月）	18,704	705	778	-	-	-	-13.27	-
16722	ラ　サ　商　事	29,076	1,863	2,057	-	-	-	-2.88	-
3023	（3月）	18,451	1,364	1,423	-	-	-	-1.80	-
16768	リ　ョ　ー　サ　ン	254,077	5,665	6,396	-	-	-	16.55	-
8140	（3月）	173,834	1,574	3,816	-	-	-	21.91	-
16797	ルックホールディングス	43,040	1,459	1,747	2,483	1,937	4.50	0.98	4.31
8029	（12月）	19,932	742	1,207	593	973	4.88	-4.37	10.44
16808	イエローハット	137,865	9,561	10,689	-	5,682	4.12	6.20	-3.25
9882	（3月）	97,297	7,535	8,450	-	2,309	2.37	1.63	-1.54
16956	キヤノンマーケティングジャパン	632,189	30,406	31,491	-	-	-	0.46	-
8060	（12月）	489,105	19,768	24,881	-	-	-	2.01	-
17012	ソ　ー　ダ　ニ　ッ　カ	98,199	1,255	1,500	-	-	-	6.20	-
8158	（3月）	95,800	1,259	1,513	-	-	-	6.40	-
17118	三　菱　食　品	2,513,427	16,703	18,016	-	-	-	4.23	-
7451	（3月）	2,453,570	15,272	17,090	-	-	-	3.78	-
17652	ア　ル　テ　ッ　ク	15,173	634	654	-	-	-	10.15	-
9972	（11月）	10,204	365	368	-	-	-	4.32	-
17920	Ｓ　Ｈ　Ｏ　ー　Ｂ　Ｉ	17,080	340	419	765	208	1.22	-3.89	-2.80
7819	（9月）	15,446	447	534	641	-	-	1.47	-
17984	第　一　興　商	141,370	21,103	21,857	1,355	2,177	1.54	0.52	8.58
7458	（3月）	99,709	15,563	17,229	1,874	-	-	-1.62	-
18011	正　栄　食　品　工　業	103,349	5,417	5,462	-	-	-	1.63	-
8079	（10月）	83,648	2,666	2,764	102	152	0.18	0.18	4.83
18057	た　け　び　し	77,062	3,349	3,387	-	-	-	8.13	-
7510	（3月）	63,974	2,851	2,881	-	-	-	9.96	-
18930	三　谷　産　業	80,819	2,403	2,972	-	-	-	20.86	-
8285	（3月）	30,960	349	934	-	-	-	5.31	-
18941	八　洲　電　機	73,523	2,002	2,171	-	-	-	-2.83	-
3153	（3月）	55,180	1,349	1,610	-	-	-	-12.93	-
18998	ビーピー・カストロール	-	-	-	-	-	-	-	-
5015	（12月）	12,641	2,988	2,994	422	-	-	-1.29	-
19467	シ　ー　ク　ス	233,153	9,705	10,513	-	-	-	9.58	-
7613	（12月）	82,658	815	2,653	-	-	-	7.96	-
19637	高　　速	82,339	2,920	3,081	-	-	-	4.69	-
7504	（3月）	67,695	2,095	2,380	-	-	-	5.09	-
21265	オートバックスセブン	211,630	7,284	8,226	-	-	-	3.72	-
9832	（3月）	156,313	5,588	5,550	1,309	1,830	1.17	2.13	-3.48
21901	加　賀　電　子	235,921	8,119	8,740	-	-	-	3.83	-
8154	（3月）	73,098	-629	3,213	-	-	-	-3.39	-
22957	タ　カ　シ　ョ　ー	17,489	607	571	-	-	-	1.54	-
7590	（1月）	15,048	188	160	370	184	1.22	-0.80	-4.66
23858	三　信　電　気	157,257	1,763	1,787	-	-	-	-6.20	-
8150	（3月）	101,170	560	1,155	-	-	-	-4.11	-
24736	ス　ズ　ケ　ン	2,123,997	19,735	29,019	-	-	-	-0.14	-
9987	（3月）	1,897,393	10,309	18,886	-	-	-	0.25	-
24831	ス　ズ　デ　ン	49,782	1,735	2,005	-	-	-	18.89	-
7480	（3月）	49,032	1,700	1,969	-	-	-	18.38	-
25091	泉　州　電　業	74,956	3,202	3,455	-	-	-	10.77	-
9824	（10月）	70,404	3,137	3,334	-	-	-	11.05	-
25449	ダ　イ　ト　ロ　ン	51,684	2,522	2,583	-	-	-	15.03	-
7609	（12月）	46,737	1,940	2,066	28	69	0.15	20.19	-11.54
25737	高　千　穂　交　易	19,570	663	706	-	-	-	2.80	-
2676	（3月）	14,259	596	650	-	-	-	2.66	-
25993	エスケイジャパン	5,384	328	331	-	-	-	17.43	-
7608	（2月）	5,371	329	332	-	-	-	17.40	-
27029	ト　ー　ホ　ー	207,631	1,838	1,749	1,845	-	-	-1.05	-
8142	（1月）	82,388	168	648	-	-	-	4.09	-

商　　　　社

上段＝連結決算、下段＝単独決算

日経会社コード／証券コード	会社名（決算月）	(A)売上高(単位:百万円)	(B)営業利益(単位:百万円)	(C)経常利益(単位:百万円)	(D)販売促進費(単位:百万円)	(E)広告宣伝費(単位:百万円)	比率($\frac{E}{A}×100$)	対前年度伸び率 A(%)	対前年度伸び率 E(%)
27482	ミタチ産業	33,780	693	756	－	－	－	-0.17	－
3321	（5月）	23,234	450	564	－	－	－	1.57	－
27578	トラスコ中山	－	－	－	－	－	－	－	－
9830	（12月）	195,096	14,276	14,581	3	－	－	10.19	－
29091	橋本総業ホールディングス	128,357	2,223	2,458	－	－	－	4.45	－
7570	（3月）	1,146	408	437	－	14	1.22	48.83	-62.16
29666	フルサト工業	98,881	3,125	3,464	－	－	－	5.07	－
8087	（3月）	30,375	1,377	1,607	－	－	－	4.68	－
30079	ハピネット	197,607	4,806	4,701	880	－	－	13.53	－
7552	（3月）	128,999	1,699	2,582	553	－	－	-2.24	－
30113	日本ライフライン	42,298	10,671	10,730	232	418	0.99	13.76	17.09
7575	（3月）	42,236	9,511	9,528	－	－	－	17.48	－
30149	エクセル	100,425	1,433	1,283	－	－	－	1.74	－
7591	（3月）	24,777	133	312	－	－	－	1.06	－
30150	ＶＴホールディングス	202,133	6,780	7,173	1,565	1,566	0.77	19.21	14.81
7593	（3月）	2,200	1,172	909	－	－	－	-47.13	－
30158	Ｉ　ＤＯＭ	276,157	6,779	5,797	－	9,137	3.31	9.80	-5.09
7599	（2月）	215,777	6,922	6,851	－	8,536	3.96	8.74	-5.83
30159	日本エム・ディ・エム	14,807	2,045	1,964	319	68	0.46	8.64	23.64
7600	（3月）	9,545	959	1,055	254	68	0.71	5.32	25.93
30214	田中商事	27,857	890	899	－	－	－	-3.33	－
7619	（3月）	27,622	901	907	－	－	－	-3.33	－
30577	あらた	732,914	8,857	9,439	－	－	－	4.02	－
2733	（3月）	601,572	6,740	7,322	－	－	－	2.88	－
30607	トーメンデバイス	197,569	2,598	2,428	－	－	－	26.10	－
2737	（3月）	106,750	1,487	1,490	－	－	－	24.85	－
30630	伊藤忠食品	660,899	4,246	5,032	－	－	－	4.74	－
2692	（3月）	648,057	3,845	4,549	－	－	－	4.91	－
30685	東京エレクトロン　デバイス	159,841	2,755	2,637	－	－	－	21.22	－
2760	（3月）	109,092	695	1,399	－	－	－	21.89	－
30703	双日	4,209,077	59,838	80,343	－	－	－	12.38	－
2768	（3月）★	2,626,996	-6,171	36,652	－	－	－	14.34	－
30756	アルフレッサ　ホールディングス	2,602,917	41,756	51,861	－	－	－	2.00	－
2784	（3月）	19,563	17,753	18,010	－	－	－	-2.53	－
30830	ＪＫホールディングス	346,137	5,003	4,839	－	－	－	1.83	－
9896	（3月）	4,971	636	282	－	－	－	3.03	－
30836	レナウン	66,396	215	565	－	4,028	6.07	-1.82	4.16
3606	（2月）	48,940	-893	208	－	－	－	-1.11	－
31001	シップヘルスケアホールディング	425,566	18,259	18,935	－	－	－	4.18	－
3360	（3月）	6,504	5,367	5,319	－	159	2.44	5.55	160.66
31144	デリカフーズホールディングス	37,252	694	762	－	－	－	7.79	－
3392	（3月）	682	175	186	－	－	－	4.12	－
31167	スターティアホールディングス	11,058	358	376	－	－	－	7.55	－
3393	（3月）	8,687	-69	181	－	－	－	6.96	－
31219	ラクーン	2,359	420	414	72	106	4.49	5.83	47.22
3031	（4月）	1,861	217	243	72	88	4.73	6.10	41.94
31229	アルコニックス	247,931	7,323	7,939	－	－	－	22.77	－
3036	（3月）	125,624	939	2,057	－	－	－	17.51	－
31314	ペッパーフードサービス	36,229	2,298	2,322	－	－	－	62.22	－
3053	（12月）	35,926	2,616	2,655	－	－	－	60.84	－
31425	あい　ホールディングス	50,119	8,501	8,900	－	－	－	2.74	－
3076	（6月）	2,863	2,389	2,522	－	－	－	-28.28	－
31606	バイタルケーエスケー・ホールデ	565,589	2,384	6,276	－	－	－	-2.67	－
3151	（3月）	2,316	1,390	1,396	－	－	－	8.68	－
31611	メディアスホールディングス	162,654	1,004	1,520	－	－	－	2.69	－
3154	（6月）	1,586	204	360	－	－	－	-0.13	－
31615	ＵＫＣホールディングス	301,449	4,384	3,908	－	－	－	10.12	－
3156	（3月）	131,006	423	4,210	－	－	－	6.05	－

商　　社

上段＝連結決算、下段＝単独決算

日経会社コード / 証券コード	会社名（決算月）	(A) 売上高（単位:百万円）	(B) 営業利益（単位:百万円）	(C) 経常利益（単位:百万円）	(D) 販売促進費（単位:百万円）	(E) 広告宣伝費（単位:百万円）	比率 E/A×100	対前年度伸び率 A (%)	対前年度伸び率 E (%)
31617	ジューテックホールディングス	156,534	1,230	1,846	–	–	–	1.03	–
3157	（3月）	1,341	326	329	–	–	–	-1.83	–
31646	ＯＣＨＩホールディングス	95,028	1,934	2,065	–	–	–	4.48	–
3166	（3月）	1,042	546	541	–	9	0.86	3.27	-10.00
31671	ＴＯＫＡＩホールディングス	186,069	10,971	11,191	–	–	–	4.16	–
3167	（3月）	13,203	8,252	8,248	–	–	–	99.86	–
31680	黒谷	52,868	2,099	1,678	–	–	–	23.08	–
3168	（8月）	52,632	2,071	1,651	–	–	–	20.88	–
31773	サンワテクノス	146,759	4,135	4,349	–	–	–	25.85	–
8137	（3月）	115,002	2,354	2,587	–	–	–	24.71	–
31776	リックス	38,407	2,287	2,453	–	–	–	13.75	–
7525	（3月）	34,650	1,840	2,033	–	–	–	13.73	–
31793	ビューティガレージ	9,642	555	534	51	270	2.80	14.81	64.63
3180	（4月）	7,632	409	429	51	–	–	12.07	–
31807	ウイン・パートナーズ	62,832	3,144	3,148	–	–	–	8.78	–
3183	（3月）	2,975	2,148	2,150	–	–	–	4.72	–
32003	マクニカ・富士エレホールディン	504,085	15,163	14,937	–	–	–	26.49	–
3132	（3月）	2,943	2,496	2,504	–	–	–	-3.63	–
32048	ラクト・ジャパン	101,334	1,923	2,522	–	–	–	14.27	–
3139	（11月）	85,724	1,556	2,173	–	–	–	10.60	–
32285	菱洋エレクトロ	92,234	251	432	–	–	–	-6.28	–
8068	（1月）	83,744	106	247	–	75	0.09	-5.04	20.97
35339	フィールズ	61,055	-5,738	-5,204	–	2,059	3.37	-20.36	-47.26
2767	（3月）	50,570	-7,045	-6,430	–	1,994	3.94	-21.18	-47.64
36399	小津産業	40,235	668	678	–	–	–	3.82	–
7487	（5月）	10,733	372	421	–	–	–	5.93	–
36496	尾家産業	–	–	–	–	–	–	–	–
7481	（3月）	95,698	821	890	–	–	–	4.58	–
38082	Ｃｏｍｉｎｉｘ	23,595	841	837	–	–	–	12.88	–
3173	（3月）	18,376	690	687	–	–	–	10.88	–
38784	神戸物産	251,503	14,606	15,778	288	399	0.16	5.11	-28.49
3038	（10月）	226,327	11,080	11,653	90	109	0.05	6.37	127.08
39430	ディーブイエックス	–	–	–	–	–	–	–	–
3079	（3月）	38,275	1,320	1,346	–	–	–	8.53	–
49931	エレマテック	196,238	6,480	6,085	–	–	–	-3.33	–
2715	（3月）	153,262	2,747	4,103	–	–	–	-5.89	–
57693	萩原電気ホールディングス	112,249	3,631	3,587	–	–	–	10.31	–
7467	（3月）	103,402	3,390	3,379	–	–	–	10.08	–
63448	ミスミグループ本社	312,969	34,848	34,679	–	–	–	20.83	–
9962	（3月）	23,986	6,254	6,648	–	–	–	42.19	–
68138	ケーユーホールディングス	88,068	5,821	5,927	–	890	1.01	11.27	8.67
9856	（3月）	2,232	771	805	–	–	–	1.27	–

商社（東証二部）

日経会社コード / 証券コード	会社名（決算月）	(A) 売上高（単位:百万円）	(B) 営業利益（単位:百万円）	(C) 経常利益（単位:百万円）	(D) 販売促進費（単位:百万円）	(E) 広告宣伝費（単位:百万円）	比率 E/A×100	対前年度伸び率 A (%)	対前年度伸び率 E (%)
1573	中央魚類	199,915	871	1,111	–	–	–	-0.57	–
8030	（3月）	112,560	-134	454	–	–	–	-0.05	–
1581	築地魚市場	78,801	-235	38	166	–	–	0.63	–
8039	（3月）	70,917	-230	37	–	–	–	-3.19	–
1585	大都魚類	113,187	554	586	200	–	–	0.45	–
8044	（3月）	106,343	494	522	64	–	–	-0.25	–
1600	三谷商事	380,034	16,577	17,561	–	–	–	5.16	–
8066	（3月）	320,215	9,370	10,442	–	–	–	7.34	–
1617	ナラサキ産業	101,596	2,497	2,541	–	–	–	14.19	–
8085	（3月）	83,135	2,125	2,209	–	–	–	16.49	–
1650	丸藤シートパイル	32,950	1,174	1,339	–	–	–	-0.62	–
8046	（3月）	32,637	1,176	1,349	–	–	–	-1.36	–
1696	ゼット	38,833	507	588	–	504	1.30	-3.72	3.70
8135	（3月）	37,029	167	370	–	–	–	-3.42	–

商　社

上段＝連結決算、下段＝単独決算

日経会社コード／証券コード	会　社　名（決算月）	(A) 売上高 (単位:百万円)	(B) 営業利益 (単位:百万円)	(C) 経常利益 (単位:百万円)	(D) 販売促進費 (単位:百万円)	(E) 広告宣伝費 (単位:百万円)	比率 $\frac{E}{A}\times100$	対前年度伸び率 A (%)	E (%)
1701	堀　田　丸　正	7,703	68	56	339	62	0.80	2.87	-1.59
8105	（3月）	6,354	36	38	339	60	0.94	4.61	-25.00
1706	ユアサ・フナショク	107,879	2,022	2,203	–	–	–	2.60	–
8006	（3月）	93,188	1,754	2,088	–	–	–	2.90	–
1712	ム　ー　ン　バ　ッ　ト	12,353	607	655	–	–	–	-1.14	–
8115	（3月）	11,888	298	460	1,095	–	–	-1.24	–
1717	中央自動車工業	20,154	3,423	3,847	–	–	–	8.33	–
8117	（3月）	18,678	3,362	3,543	–	–	–	9.58	–
1727	ク　ワ　ザ　ワ	90,372	905	1,042	–	–	–	1.16	–
8104	（3月）	68,286	29	357	–	–	–	2.28	–
2387	シ　ャ　ル　レ	–	–	–	–	–	–	–	–
9885	（3月）	17,510	537	558	880	–	–	-3.09	–
2865	大丸エナウィン	16,564	805	866	–	–	–	8.64	–
9818	（3月）	15,756	756	815	–	–	–	9.67	–
3115	ハリマ共和物産	46,967	1,801	1,940	–	–	–	4.09	–
7444	（3月）	45,126	1,622	1,832	–	–	–	4.90	–
3912	扶　桑　電　通	–	–	–	–	–	–	–	–
7505	（9月）	35,937	346	474	5	–	–	-1.61	–
10568	英　和	34,367	1,064	1,167	–	–	–	4.50	–
9857	（3月）	32,301	1,030	1,139	–	–	–	4.22	–
11589	クリヤマホールディングス	48,942	2,004	2,354	–	–	–	9.17	–
3355	（12月）	1,132	711	699	–	–	–	19.79	–
11987	堺　商　事	36,761	417	310	–	–	–	7.01	–
9967	（3月）	34,117	283	309	–	–	–	4.10	–
12012	テクノアソシエ	77,126	3,599	3,785	–	–	–	3.70	–
8249	（3月）	51,754	816	1,941	–	3	0.01	2.56	0.00
12030	ク　ロ　ス　プ　ラ　ス	62,780	385	526	–	–	–	-3.61	–
3320	（1月）	60,013	490	531	–	–	–	-3.45	–
12117	三　京　化　成	22,656	230	335	–	–	–	2.29	–
8138	（3月）	21,541	284	302	–	–	–	2.38	–
12962	大　興　電　子　通　信	33,286	565	594	–	–	–	7.16	–
8023	（3月）	32,134	523	543	–	–	–	7.01	–
14639	日　新　商　事	60,038	7	194	–	–	–	9.93	–
7490	（3月）	58,785	377	566	–	–	–	8.37	–
15699	平　和　紙　業	19,050	210	306	–	–	–	-2.69	–
9929	（3月）	17,983	195	296	–	75	0.42	-2.64	-5.06
16011	ソ　マ　ー　ル	22,514	1,027	1,004	–	–	–	7.51	–
8152	（3月）	20,934	688	660	–	–	–	6.62	–
16411	ヤ　ギ	114,561	3,179	3,114	3,012	–	–	1.51	–
7460	（3月）	104,485	2,199	2,240	2,909	–	–	2.02	–
16727	ラ　ピ　ー　ヌ	9,894	112	135	301	–	–	-0.45	–
8143	（2月）	7,809	139	146	–	–	–	-9.66	–
16735	理　経	7,978	-174	-173	–	19	0.24	22.64	11.76
8226	（3月）	6,856	-130	-130	–	–	–	11.46	–
17042	都　築　電　気	111,973	2,538	2,612	–	–	–	6.49	–
8157	（3月）	95,403	1,742	1,952	–	–	–	4.75	–
17683	ア　ゼ　ア　ス	9,174	168	179	–	–	–	-9.47	–
3161	（4月）	7,204	156	174	–	–	–	-8.93	–
18039	東　京　ソ　ワ　ー　ル	–	–	–	–	–	–	–	–
8040	（12月）	16,717	173	299	263	11	0.07	-5.03	-8.33
18065	大　水	130,060	324	448	369	–	–	-0.18	–
7538	（3月）	117,803	155	372	–	–	–	-0.55	–
22485	北　恵	55,704	780	888	200	34	0.06	9.60	-2.86
9872	（11月）	54,753	779	883	–	–	–	9.64	–
26387	電　響　社	44,713	-83	628	1,182	–	–	0.00	–
8144	（3月）	19,513	-268	453	671	–	–	-0.30	–
27648	ナ　ガ　ホ　リ	21,199	73	18	863	–	–	-1.58	–
8139	（3月）	12,394	-119	-106	676	–	–	-6.39	–

商　　　　　社

上段＝連結決算、下段＝単独決算

日経会社コード / 証券コード	会　社　名 （決算月）	(A) 売上高 (単位:百万円)	(B) 営業利益 (単位:百万円)	(C) 経常利益 (単位:百万円)	(D) 販売促進費 (単位:百万円)	(E) 広告宣伝費 (単位:百万円)	比　率 $\frac{E}{A}\times100$	対前年度伸び率 A（%）	E（%）
27713	南　陽	36,178	2,335	2,551	2	22	0.06	13.64	10.00
7417	（3月）	27,647	1,168	1,448	–	–	–	17.85	–
30127	ＰＡＬＴＥＫ	33,075	1,037	1,084	–	–	–	-1.40	–
7587	（12月）	32,358	1,088	1,138	–	–	–	-2.59	–
30166	カーチスホールディングス	24,440	-84	-68	–	814	3.33	-22.63	-29.16
7602	（3月）	591	121	90	–	–	–	-11.13	–
30318	タ　ビ　オ	16,386	470	493	7	–	–	3.26	–
2668	（2月）	16,214	354	460	7	–	–	3.60	–
30375	カワニシホールディングス	105,778	1,044	1,112	–	–	–	4.26	–
2689	（6月）	1,493	324	326	–	–	–	1.56	–
30777	アップルインターナショナル	13,634	325	335	–	36	0.26	-7.93	-2.70
2788	（12月）	7,392	78	134	–	2	0.03	-21.14	-33.33
30845	万　世　電　機	21,939	634	643	–	7	0.03	2.56	-30.00
7565	（3月）	21,398	588	591	–	7	0.03	2.49	-30.00
31066	バイク王＆カンパニー	–	–	–	–	–	–	–	–
3377	（11月）	18,252	-263	-92	220	2,613	14.32	7.39	6.70
31249	ビューティ花壇	5,680	2	-9	–	–	–	-1.42	–
3041	（6月）	2,660	-57	32	–	–	–	-19.95	–
31273	カ　ワ　サ　キ	1,979	194	246	–	–	–	-0.05	–
3045	（8月）	1,845	175	227	–	–	–	0.54	–
31579	オ　ー　ウ　イ　ル	31,033	439	461	–	–	–	10.36	–
3143	（3月）	30,488	433	461	–	–	–	11.60	–
32283	ク　ボ　デ　ラ	–	–	–	–	–	–	–	–
9261	（4月）	501	5	2	–	–	–	–	–
32318	オプティマスグループ	26,132	1,210	1,330	–	–	–	-3.54	–
9268	（3月）	1,251	147	217	–	–	–	-6.43	–
32350	コーア商事ホールディングス	15,133	1,614	1,558	–	–	–	-0.62	–
9273	（6月）	500	128	129	–	–	–	42.05	–

商社（マザーズ）

日経会社コード / 証券コード	会　社　名 （決算月）	(A)	(B)	(C)	(D)	(E)	比率	A（%）	E（%）
31000	タ　イ　セ　イ	6,034	291	330	2	269	4.46	24.34	96.35
3359	（9月）	3,919	139	181	2	156	3.98	8.74	20.00
32133	農業総合研究所	1,659	131	130	–	–	–	–	–
3541	（8月）	1,603	160	160	–	–	–	34.14	–
32219	ピーバンドットコム	–	–	–	–	–	–	–	–
3559	（3月）	1,995	286	290	–	22	1.10	9.02	10.00
32242	ア　セ　ン　テ　ック	–	–	–	–	–	–	–	–
3565	（1月）	4,326	253	268	–	–	–	32.09	–
32331	Ｓ　Ｏ　Ｕ	22,685	1,030	1,139	–	611	2.69	3.21	11.50
9270	（8月）	21,849	856	976	–	580	2.65	1.86	12.40

商社（名証一部）

日経会社コード / 証券コード	会　社　名 （決算月）	(A)	(B)	(C)	(D)	(E)	比率	A（%）	E（%）
10849	岡　谷　鋼　機	851,425	18,016	22,411	–	–	–	13.02	–
7485	（2月）	574,341	8,240	15,772	–	–	–	11.96	–

商社（名証二部）

日経会社コード / 証券コード	会　社　名 （決算月）	(A)	(B)	(C)	(D)	(E)	比率	A（%）	E（%）
1493	名　古　屋　木　材	5,162	60	80	–	–	–	3.36	–
7903	（3月）	5,136	55	74	–	–	–	3.05	–
1609	カ　ノ　ー　ク　ス	119,513	1,787	1,887	–	–	–	12.40	–
8076	（3月）	119,511	1,826	1,917	–	–	–	12.40	–
1630	Ａ　Ｔ　グ　ル　ー　プ	424,388	9,937	12,605	–	–	–	-0.82	–
8293	（3月）	4,309	1,675	3,191	–	–	–	-18.03	–
4153	ト　ー　カ　ン	147,448	424	991	–	–	–	-13.22	–
7648	（9月）	146,365	320	950	–	–	–	-13.33	–
11614	ヤ　ガ　ミ	7,895	1,092	1,109	–	42	0.53	-5.07	-10.64
7488	（4月）	5,637	806	837	14	32	0.57	-7.07	3.23
14330	マ　ル　イ　チ　産　商	219,045	2,109	2,689	–	–	–	15.97	–
8228	（3月）	178,170	1,543	1,994	–	37	0.02	0.42	32.14

商　　　　　　社

上段＝連結決算、下段＝単独決算

日経会社コード／証券コード	会　社　名（決算月）	(A)売上高(単位:百万円)	(B)営業利益(単位:百万円)	(C)経常利益(単位:百万円)	(D)販売促進費(単位:百万円)	(E)広告宣伝費(単位:百万円)	比　率 $\frac{E}{A}\times100$	対前年度伸び率 A (%)	対前年度伸び率 E (%)
17039 8145	中　部　水　産（3月）	－41,387	－122	－236	－137	－－	－－	－0.22	－－
26643 8071	東海エレクトロニクス（3月）	41,803 32,152	1,156 879	1,209 1,233	－－	－－	－－	1.20 9.26	－－
31094 3384	ア　ー　ク　コ　ア（2月）	2,967 1,848	-64 -105	-74 -106	76 68	134 120	4.52 6.49	-1.69 -1.65	-11.26 0.00
32095 3419	アートグリーン（10月）	－1,734	－62	－60	－－	－－	－－	－1.11	－－

商社（福岡）

日経会社コード／証券コード	会　社　名（決算月）	(A)売上高	(B)営業利益	(C)経常利益	(D)販売促進費	(E)広告宣伝費	比率	A (%)	E (%)
1723 8108	ヤ　マ　エ　久　野（3月）	428,350 357,339	3,154 1,915	3,555 2,592	－－	－－	－－	12.85 5.50	－－
11361 7533	グリーンクロス（4月）	13,398 11,986	1,165 1,124	1,175 1,157	－－	－19	－0.16	17.42 11.97	－-13.64
31032 7441	M　i　s　u　m　i（3月）	57,463 55,390	942 830	1,319 1,212	652 －	392 －	0.68 －	10.96 11.16	-1.01 －
31278 3047	T R U C K－O N E（12月）	4,398 3,788	50 24	69 39	－－	－－	－－	15.65 21.18	－－

商社（札幌）

日経会社コード／証券コード	会　社　名（決算月）	(A)売上高	(B)営業利益	(C)経常利益	(D)販売促進費	(E)広告宣伝費	比率	A (%)	E (%)
31322 3055	ほくやく・竹山ホールディングス（3月）	227,788 1,982	2,498 914	3,502 908	－6	－－	－－	-0.40 31.35	－－

商社（ジャスダック）

日経会社コード／証券コード	会　社　名（決算月）	(A)売上高	(B)営業利益	(C)経常利益	(D)販売促進費	(E)広告宣伝費	比率	A (%)	E (%)
1606 8072	日　本　出　版　貿　易（3月）	8,542 8,117	86 88	80 87	－－	22 －	0.26 －	1.81 1.08	-18.52 －
1822 7521	ム　サ　シ（3月）	37,298 31,104	960 405	1,059 583	－－	－－	－－	5.76 -5.58	－－
2181 2693	Y　K　T（12月）	8,579 7,249	173 116	230 218	－－	－37	－0.51	-13.08 -21.41	－-49.32
3464 7426	山　大（3月）	－6,029	－190	－244	－－	－－	－－	－12.42	－－
3864 9908	日　本　電　計（3月）	94,990 83,785	2,940 2,205	2,971 2,225	－－	－－	－－	13.36 11.40	－－
3918 9941	太　洋　物　産（9月）	－23,819	－401	－337	－－	－－	－－	－17.39	－－
4341 3374	内　外　テ　ッ　ク（3月）	28,426 25,922	1,202 806	1,184 824	－－	－－	－－	35.89 35.14	－－
6151 9909	愛　光　電　気（3月）	－10,936	－265	－273	－－	－－	－－	－4.86	－－
7107 9849	共同紙販ホールディングス（3月）	15,399 15,389	84 65	107 80	－－	－－	－－	-3.24 -3.19	－－
7646 8256	プロルート丸光（3月）	10,187 10,064	73 79	37 44	－－	－－	－－	-7.73 -7.76	－－
7664 9836	リーバイ・ストラウス　ジャパン（11月）	－13,018	－381	－405	－－	－540	－4.15	－5.50	－9.53
7703 7624	N　a　I　T　O（2月）	46,587 46,464	728 720	960 944	－－	－－	－－	7.16 7.23	－－
8083 9895	コ　ン　セ　ッ　ク（3月）	9,885 7,826	70 44	118 78	－－	－－	－－	-2.05 -3.44	－－
8811 2777	カッシーナ・イクスシー（12月）	11,642 7,697	571 652	583 683	－－	－－	－－	15.19 2.53	－－
9068 9827	リ　リ　カ　ラ（12月）	－33,074	－104	－41	－－	－1,139	－3.44	－0.26	－-7.85
9126 7446	東　北　化　学　薬　品（9月）	30,862 23,260	202 249	242 286	－－	－4	－0.02	2.54 4.72	－33.33
10325 2750	石　光　商　事（3月）	38,545 38,057	567 443	630 499	－－	－－	－－	1.18 1.12	－－

—150—

商　　社

上段＝連結決算、下段＝単独決算

日経会社コード / 証券コード	会社名（決算月）	(A) 売上高 (単位:百万円)	(B) 営業利益 (単位:百万円)	(C) 経常利益 (単位:百万円)	(D) 販売促進費 (単位:百万円)	(E) 広告宣伝費 (単位:百万円)	比率 E/A×100	対前年度伸び率 A (%)	E (%)
10501	Ｕ　Ｅ　Ｘ	47,361	1,539	1,552	－	－	－	17.42	－
9888	（3月）	45,208	1,142	1,264	－	－	－	17.62	－
12102	三栄コーポレーション	44,692	1,683	1,832	－	－	－	-10.23	－
8119	（3月）	22,166	438	1,221	120	－	－	-9.15	－
12225	サ　ン　リ　ン	27,414	648	845	－	－	－	7.15	－
7486	（3月）	24,998	520	807	－	－	－	13.08	－
13136	栄　電　子	6,195	177	191	－	－	－	19.27	－
7567	（3月）	5,598	146	162	－	－	－	22.52	－
13936	東　邦　レ　マ　ッ　ク	－	－	－	－	－	－	－	－
7422	（12月）	11,446	-35	102	55	62	0.54	-11.42	21.57
14147	鳥　羽　洋　行	28,500	1,774	1,873	－	－	－	28.47	－
7472	（3月）	25,013	1,542	1,650	－	－	－	22.09	－
14160	ト　ミ　タ	23,862	932	1,106	53	－	－	8.87	－
8147	（3月）	19,089	526	809	46	－	－	10.40	－
14236	ジ　ー　エ　フ　シ　ー	25,191	827	874	－	－	－	0.99	－
7559	（3月）	25,154	747	815	－	－	－	1.08	－
14375	ナ　・　デ　ッ　ク　ス	31,133	1,767	1,782	－	－	－	2.83	－
7435	（4月）	22,901	296	1,025	－	30	0.13	0.91	-26.83
14729	日　邦　産　業	43,791	497	496	－	－	－	13.95	－
9913	（3月）	25,420	-76	140	－	－	－	13.93	－
15222	初　穂　商　事	－	－	－	－	－	－	－	－
7425	（12月）	18,349	385	455	－	－	－	7.93	－
15515	藤　井　産　業	71,850	2,659	3,155	－	－	－	-0.03	－
9906	（3月）	58,738	1,991	2,476	－	－	－	-1.13	－
16213	オ　ー　タ　ケ	－	－	－	－	－	－	－	－
7434	（5月）	24,054	402	502	－	3	0.01	-3.41	0.00
16289	キ　ム　ラ	31,720	953	1,000	－	－	－	11.97	－
7461	（3月）	12,402	680	718	－	－	－	-5.12	－
16301	セ　フ　テ　ッ　ク	9,474	588	571	－	－	－	9.88	－
7464	（3月）	9,467	556	549	－	－	－	9.92	－
16364	ティ　ム　コ	－	－	－	－	－	－	－	－
7501	（11月）	2,880	-19	-16	－	－	－	1.84	－
16539	ヨ　ン　キ　ュ　ウ	38,590	1,757	2,011	344	－	－	-4.34	－
9955	（3月）	29,302	930	1,275	－	－	－	-1.65	－
16654	横　浜　魚　類	－	－	－	－	－	－	－	－
7443	（3月）	38,230	29	19	60	－	－	-6.04	－
16665	横　浜　丸　魚	50,814	200	426	80	－	－	-2.24	－
8045	（3月）	44,306	113	338	81	－	－	-0.28	－
16951	川　辺	16,281	380	489	－	567	3.48	-5.13	-4.87
8123	（3月）	15,302	222	344	－	525	3.43	-5.07	-5.58
17421	東京日産コンピュータシステム	－	－	－	－	－	－	－	－
3316	（3月）	9,313	513	517	－	－	－	-3.28	－
18885	プ　ラ　マ　テ　ル　ズ	60,077	1,200	1,137	－	－	－	16.09	－
2714	（3月）	38,430	495	589	－	－	－	9.82	－
19158	ク　リ　エ　イ　ト	31,050	345	430	－	－	－	3.65	－
3024	（3月）	30,220	284	378	－	－	－	3.00	－
19641	ム　ラ　キ	7,763	27	45	－	2	0.03	-5.54	100.00
7477	（3月）	6,992	32	68	6	2	0.03	-5.12	100.00
20077	ケ　イ　テ　ィ　ケ　イ	16,860	211	252	－	－	－	-1.89	－
3035	（8月）	7,728	115	158	－	－	－	-0.28	－
20900	日　本　ラ　イ　ト　ン	13,775	229	245	－	－	－	2.27	－
2703	（12月）	5,115	142	341	－	－	－	29.46	－
22184	東　京　貴　宝	－	－	－	－	－	－	－	－
7597	（3月）	5,025	79	82	463	－	－	-2.67	－
22383	木　徳　神　糧	105,411	649	715	－	－	－	2.54	－
2700	（12月）	99,930	613	706	－	－	－	4.89	－
24267	ア　イ　・　テ　ッ　ク	72,826	4,036	4,156	－	－	－	8.02	－
9964	（3月）	71,226	3,544	3,676	－	－	－	8.09	－

商　　　　　　社

上段＝連結決算、下段＝単独決算

日経会社コード／証券コード	会社名（決算月）	(A) 売上高 (単位:百万円)	(B) 営業利益 (単位:百万円)	(C) 経常利益 (単位:百万円)	(D) 販売促進費 (単位:百万円)	(E) 広告宣伝費 (単位:百万円)	比率 E/A×100	対前年度伸び率 A(%)	対前年度伸び率 E(%)
24360 / 7635	杉田エース（3月）	57,062	880	999	–	–	–	2.00	–
		53,941	831	935	–	–	–	1.79	–
24491 / 2776	新都ホールディングス（1月）	632	–29	–26	–	–	–	–	–
		614	–9	–6	–	2	0.33	13.08	–75.00
26063 / 9852	ＣＢグループマネジメント（3月）	148,952	1,797	1,869	–	–	–	–0.75	–
		2,605	1,245	1,336	–	–	–	–95.91	–
26285 / 9812	テーオーホールディングス（5月）	40,187	113	221	59	–	–	0.41	–
		27,622	–167	–7	61	241	0.87	–2.57	–11.07
27858 / 7500	西川計測（6月）	–	–	–	–	–	–	–	–
		28,661	1,476	1,503	318	–	–	9.26	–
28480 / 8205	シャクリー・グローバル・グルー（3月）	28,725	826	357	–	–	–	–6.38	–
		600	205	130	–	–	–	7.14	–
29452 / 8191	光製作所（3月）	–	–	–	–	–	–	–	–
		9,518	2,963	3,027	–	–	–	2.33	–
29662 / 3537	昭栄薬品（3月）	20,198	334	451	–	–	–	7.28	–
		19,516	279	420	–	–	–	6.74	–
30020 / 7519	五洋インテックス（3月）	1,748	–180	–213	–	–	–	–19.22	–
		1,338	–88	–112	22	53	3.96	–1.18	82.76
30081 / 7555	大田花き（3月）	25,375	80	118	–	–	–	–6.00	–
		24,577	40	113	30	–	–	–5.86	–
30197 / 7612	Nuts（3月）	147	–795	–819	–	9	6.12	–	–
		146	–798	–826	–	9	6.16	–83.63	800.00
30233 / 7634	星医療酸器（3月）	10,434	1,249	1,269	38	–	–	2.97	–
		9,043	1,004	1,166	–	–	–	2.68	–
30316 / 2667	イメージ ワン（9月）	1,385	–154	–175	–	–	–	–	–
		1,385	–85	–106	–	–	–	–6.55	–
30471 / 2708	久世（3月）	62,865	429	545	–	–	–	2.10	–
		56,348	62	252	–	–	–	1.56	–
30519 / 2721	ジェイホールディングス（12月）	3,864	109	109	–	–	–	194.51	–
		171	22	22	–	–	–	111.11	–
30616 / 2743	ピクセルカンパニーズ（12月）	11,325	–1,244	–1,432	–	–	–	–35.94	–
		233	–213	–336	–	23	9.87	–27.86	91.67
30660 / 2751	テンポスホールディングス（4月）	27,469	2,154	2,231	–	–	–	1.32	–
		11,996	826	888	–	–	–	3.69	–
30666 / 2754	東葛ホールディングス（3月）	7,767	453	464	–	120	1.54	7.59	1.69
		210	40	110	–	–	–	0.00	–
30687 / 2761	トシン・グループ（5月）	43,407	1,949	2,736	–	–	–	–1.37	–
		38,980	1,875	2,778	409	–	–	–1.05	–
30689 / 2763	エフティグループ（3月）	41,218	4,806	4,808	3,027	–	–	3.79	–
		9,892	2,191	2,188	1,989	–	–	–14.20	–
30823 / 2795	日本プリメックス（3月）	5,445	482	406	–	–	–	5.01	–
		5,435	419	357	–	9	0.17	5.00	–25.00
30865 / 3322	アルファグループ（3月）	21,289	243	243	509	–	–	–10.32	–
		6,177	–82	–79	–	–	–	–3.05	–
30871 / 3323	レカム（9月）	5,139	292	258	–	–	–	16.24	–
		1,542	52	48	–	–	–	–60.52	–
30986 / 3356	テリロジー（3月）	3,221	166	173	–	–	–	–	–
		2,982	118	146	–	–	–	22.51	–
31120 / 3390	ＩＮＥＳＴ（3月）	3,063	–325	–348	–	–	–	6.24	–
		352	–43	–42	–	–	–	–9.51	–
31315 / 3054	ハイパー（12月）	22,268	338	341	531	–	–	15.68	–
		21,776	357	351	525	–	–	15.19	–
31386 / 3070	アマガサ（1月）	5,902	44	23	–	–	–	–10.15	–
		5,901	43	25	–	–	–	–10.10	–
31483 / 3089	テクノアルファ（11月）	2,819	34	74	–	14	0.50	5.90	–12.50
		2,137	11	37	–	10	0.47	10.50	–16.67
31554 / 3140	イデアインターナショナル（6月）	–	–	–	–	–	–	–	–
		7,205	401	334	175	–	–	16.96	–

商　　　　　社

上段＝連結決算、下段＝単独決算

日経会社コード／証券コード	会　社　名（決算月）	(A) 売上高（単位:百万円）	(B) 営業利益（単位:百万円）	(C) 経常利益（単位:百万円）	(D) 販売促進費（単位:百万円）	(E) 広告宣伝費（単位:百万円）	比率 $\frac{E}{A}\times100$	対前年度伸び率 A (%)	対前年度伸び率 E (%)
31598 3150	グ　リ　ム　ス（3月）	8,980 677	1,018 225	1,100 229	－ －	－ －	－ －	26.32 -0.88	－ －
31641 3165	フーマイスターエレクトロニクス（9月）	55,751 55,744	-44 -35	79 89	－ 60	－ －	－ －	－ -29.20	－ －
32065 3417	大木ヘルスケアホールディングス（3月）	239,531 512	2,344 280	3,295 284	11,529 －	－ －	－ －	7.73 5.57	－ －
32140 3540	歯愛メディカル（12月）	22,830 22,508	2,077 1,969	2,161 2,105	－ －	－ －	－ －	12.28 12.18	－ －
32235 3562	Ｎ　ｏ．　1（2月）	7,715 7,638	278 244	268 234	－ －	－ －	－ －	9.32 8.85	－ －
33981 9992	理　研　グ　リ　ー　ン（10月）	11,945 9,768	525 243	540 263	114 －	23 －	0.19 －	3.29 2.58	-8.00 －
35456 9914	植　松　商　会（3月）	－ 7,125	－ 92	－ 146	－ －	－ －	－ －	－ 14.61	－ －
36007 3386	コスモ・バイオ（12月）	7,068 5,235	193 111	397 318	－ －	－ －	－ －	-4.83 -7.02	－ －
36048 3350	レッド・プラネット・ジャパン（12月）	1,215 419	25 55	99 201	103 －	－ －	－ －	-70.95 -16.53	－ －
41852 9973	小　僧　寿　し（12月）	5,411 3,068	-352 102	-358 -422	－ －	－ －	－ －	-0.92 -0.78	－ －
41943 9867	ソ　レ　キ　ア（3月）	20,885 20,799	445 457	452 460	－ －	－ －	－ －	5.06 5.42	－ －
42997 9996	サ　ト　ー　商　会（3月）	49,853 47,190	1,450 1,271	1,664 1,570	－ －	－ －	－ －	2.78 2.90	－ －
47590 7531	清和中央ホールディングス（12月）	45,404 581	1,363 234	1,431 236	－ －	－ －	－ －	8.66 13.04	－ －
47956 7413	創　健　社（3月）	4,499 4,406	-14 -13	-9 -7	－ －	－ －	－ －	-1.14 -1.08	－ －
48068 8225	タ　カ　チ　ホ（3月）	10,510 9,705	166 158	142 141	194 349	40 －	0.38 －	-1.22 -0.84	8.11 －
50058 5283	高　見　沢（6月）	53,818 22,274	846 346	859 516	－ －	－ －	－ －	10.52 11.84	－ －
54145 3131	シンデン・ハイテックス（3月）	54,406 53,711	1,207 1,131	874 812	－ －	－ －	－ －	22.43 21.99	－ －
55391 9264	ポ　エ　ック（8月）	4,942 3,387	129 104	183 173	－ －	－ －	－ －	-8.60 -0.99	－ －
68446 8298	ファ　ミ　リ　ー（3月）	－ 13,862	－ 748	－ 754	－ 2	－ 127	－ 0.92	－ -1.57	－ -0.78
91018 7539	アイナボホールディングス（9月）	62,480 1,537	1,914 431	2,101 439	－ －	－ 1	－ 0.07	2.89 1.12	－ －

商社（非上場）

日経会社コード／証券コード	会　社　名（決算月）	(A) 売上高	(B) 営業利益	(C) 経常利益	(D) 販売促進費	(E) 広告宣伝費	比率 $\frac{E}{A}\times100$	A (%)	E (%)
1596 9999	三　国　商　事（3月）	20,125 18,220	73 124	83 121	－ －	－ －	－ －	2.28 6.43	－ －
10570 9999	サハダイヤモンド（3月）	459 20	-90 -74	-89 -67	－ －	－ －	－ －	-66.25 25.00	－ －
10681 9999	新生紙パルプ商事（3月）	264,022 255,226	4,421 4,373	4,775 4,706	－ －	－ －	－ －	-0.96 -0.24	－ －
11257 9999	Ｋ　Ｉ　Ｓ　Ｃ　Ｏ（3月）	102,698 67,211	2,066 541	1,995 2,025	－ －	－ －	－ －	14.35 8.29	－ －
11698 9999	小　泉　産　業（3月）	53,802 2,583	1,206 459	1,631 492	－ －	－ －	－ －	-0.51 6.12	－ －
11723 9999	東　エ　コ　ー　セ　ン（3月）	47,857 33,021	911 563	1,117 835	－ －	－ －	－ －	11.34 6.14	－ －
11810 9999	興　和（3月）	434,329 172,861	6,331 -1,933	4,715 -2,571	－ －	9,077 8,041	2.09 4.65	22.85 10.43	5.68 12.04
11954 9999	小　泉（2月）	46,960 529	1,329 249	1,512 281	－ －	－ －	－ －	-0.58 0.00	－ －

商 社 ／ 小 売 業

上段＝連結決算、下段＝単独決算

日経会社コード 証券コード	会 社 名 （決算月）	(A) 売上高 （単位:百万円）	(B) 営業利益 （単位:百万円）	(C) 経常利益 （単位:百万円）	(D) 販売促進費 （単位:百万円）	(E) 広告宣伝費 （単位:百万円）	比 率 $\frac{E}{A}×100$	対前年度伸び率 A (%)	E (%)
12698	山 下 医 科 器 械	52,517	186	258	–	–	–	1.75	–
3022	（5月）	52,209	140	222	–	–	–	1.70	–
13508	千 代 田 工 販	48,488	657	675	–	–	–	4.52	–
9999	（3月）	48,163	564	599	–	–	–	4.38	–
13779	東 京 青 果	242,790	2,290	3,011	4,215	–	–	0.69	–
9999	（3月）	208,036	1,944	2,571	3,818	–	–	1.08	–
13835	東京貿易ホールディングス	44,900	3,970	4,162	–	–	–	5.77	–
9999	（3月）	2,874	1,743	1,451	–	–	–	48.83	–
14555	日 教 販	27,366	402	218	–	–	–	-0.78	–
9999	（9月）	27,327	398	236	–	–	–	-0.11	–
14908	日 本 酒 類 販 売	553,631	4,249	4,821	–	–	–	0.40	–
9999	（3月）	518,998	3,855	4,268	–	–	–	0.54	–
14909	日 本 出 版 販 売	579,094	2,366	2,550	–	–	–	-7.26	–
9999	（3月）	462,354	501	1,016	–	–	–	-7.95	–
15450	ライオン事務器	32,062	610	715	–	–	–	12.42	–
9999	（9月）	31,510	463	571	–	–	–	14.22	–
16446	ヤ ナ セ	437,717	6,542	6,641	–	–	–	5.16	–
9999	（3月）	358,961	3,337	4,902	–	–	–	5.65	–
16493	山 崎 金 属 産 業	30,832	436	478	–	–	–	-6.80	–
9999	（3月）	23,234	379	445	–	–	–	-13.34	–
16752	り ゅ う せ き	82,067	3,131	3,198	–	–	–	13.16	–
9999	（3月）	59,810	2,255	2,239	–	–	–	14.61	–
17053	ト ー ハ ン	443,751	4,452	2,413	–	–	–	-6.76	–
9999	（3月）	427,464	5,032	3,010	–	–	–	-7.34	–
17078	新 潟 ケ ン ベ イ	–	–	–	–	–	–	–	–
9999	（3月）	39,334	177	271	–	–	–	6.59	–
28267	日本アルコール販売	47,414	5,472	5,650	–	–	–	1.76	–
9999	（3月）	41,209	3,607	3,743	–	–	–	1.39	–
31253	モ ジ ュ レ	–	–	–	–	–	–	–	–
9999	（5月）	1,642	173	172	–	–	–	-3.58	–
36052	野 村 貿 易	100,086	1,445	1,542	–	–	–	15.51	–
9999	（3月）	95,157	1,364	1,456	–	–	–	14.05	–
38885	ワ ー ル ド	245,829	13,225	11,144	6,538	–	–	-1.66	–
9999	（3月）★	24,833	6,070	6,090	1,833	640	2.58	-88.78	-65.52
40426	フォレストホールディングス	456,826	3,729	6,155	–	–	–	1.50	–
9999	（3月）	1,460	430	649	–	–	–	7.35	–

小売業（東証一部）

1644	ス ク ロ ー ル	62,207	1,303	1,458	–	10,761	17.30	5.68	2.72
8005	（3月）	34,161	1,480	1,843	–	7,248	21.22	-8.71	-13.58
1645	上 新 電 機	391,726	9,680	9,662	–	12,209	3.12	4.63	5.97
8173	（3月）	387,567	8,560	8,558	–	12,752	3.29	5.37	15.43
1646	日 本 瓦 斯	114,725	10,689	11,093	–	–	–	4.74	–
8174	（3月）	82,831	6,061	6,318	–	–	–	25.65	–
1653	高 島 屋	949,572	35,318	38,606	2,561	25,858	2.72	2.81	4.18
8233	（2月）	724,604	12,920	15,235	2,499	22,355	3.09	3.06	0.04
1657	松 屋	90,568	2,122	2,044	–	1,101	1.22	4.90	-4.26
8237	（2月）	80,333	2,055	1,946	–	–	–	5.44	–
1661	エイチ・ツー・オー リテイリン	921,871	22,765	24,272	13,229	14,266	1.55	2.29	-7.42
8242	（3月）	12,262	4,371	5,786	–	–	–	11.18	–
1663	近 鉄 百 貨 店	282,211	4,887	4,420	–	5,997	2.13	5.90	1.49
8244	（2月）	259,319	4,012	3,488	–	5,539	2.14	6.10	1.22
1667	丸 井 グ ル ー プ	238,999	35,243	35,145	11,445	12,168	5.09	0.83	-2.07
8252	（3月）	18,797	12,660	13,789	–	–	–	37.36	–
1673	井 筒 屋	78,304	1,147	561	1,524	1,080	1.38	-1.69	-3.23
8260	（2月）	58,226	1,132	498	168	–	–	-1.38	–
1683	イ オ ン	8,390,012	210,273	213,772	–	184,715	2.20	2.19	-4.66
8267	（2月）	58,766	38,995	18,701	–	1,617	2.75	-6.18	-67.41

小　売　業

上段＝連結決算、下段＝単独決算

日経会社コード 証券コード	会社名 (決算月)	(A) 売上高 (単位:百万円)	(B) 営業利益 (単位:百万円)	(C) 経常利益 (単位:百万円)	(D) 販売促進費 (単位:百万円)	(E) 広告宣伝費 (単位:百万円)	比率 $\frac{E}{A}\times100$	対前年度伸び率 A(%)	対前年度伸び率 E(%)
1689 8273	イ　ズ　ミ （2月）	729,857 683,850	38,487 32,017	38,208 31,918	- -	14,494 12,353	1.99 1.81	3.95 5.53	14.66 15.76
1690 8182	い　な　げ　や （3月）	254,874 202,605	3,597 2,127	3,844 2,380	3,575 2,952	- -	- -	-1.26 -1.62	- -
1691 8274	東　武　ス　ト　ア （2月）	83,661 81,094	1,065 1,041	1,126 1,076	- -	1,125 -	1.34 -	-0.29 0.22	-7.10 -
1725 8008	ヨンドシーホールディングス （2月）	48,060 2,517	6,102 2,068	7,562 2,070	- -	1,726 23	3.59 0.91	-3.49 10.78	-16.13 -58.93
2386 8201	さが美グループホールディングス （2月）	15,955 8,792	-65 -384	-42 -351	- 140	892 567	5.59 6.45	-9.48 -30.43	-3.15 -18.65
3949 7455	三城ホールディングス （3月）	50,406 1,609	270 -17	463 -76	2,323 -	566 -	1.12 -	1.05 -12.08	-12.65 -
4003 8203	MrMaxHD （2月）	118,324 66,543	2,530 2,488	2,959 2,825	- -	- 709	- 1.07	- -43.77	- -49.47
5241 8214	AOKIホールディングス （3月）	198,417 3,509	14,864 -63	14,003 5,315	- -	13,079 -	6.59 -	2.25 -2.69	0.63 -
5591 4775	総合メディカル （3月）	135,431 94,199	7,189 4,441	7,228 4,832	- -	- -	- -	10.81 2.37	- -
5640 8218	コ　メ　リ （3月）	341,956 328,491	16,964 11,111	17,087 12,254	1,310 656	4,342 -	1.27 -	3.75 3.81	-1.54 -
5652 8028	ユニー・ファミリーマートホール （2月）★	1,275,300 6,154	27,974 3,774	28,639 5,700	13,346 -	26,038 51	2.04 0.83	51.14 -96.49	19.60 -99.53
6807 9990	サックスバー　ホールディングス （3月）	55,756 1,211	3,800 431	3,860 559	- -	- -	- -	-1.75 2.89	- -
6850 2651	ロ　ー　ソ　ン （2月）	657,324 372,891	65,820 51,021	65,141 50,508	38,647 19,769	26,001 12,546	3.96 3.36	4.12 4.69	-15.01 -9.14
7140 9627	アインホールディングス （4月）	248,110 6,755	14,563 3,590	15,080 3,662	1,821 -	2,494 323	1.01 4.78	5.65 -90.15	28.96 -57.67
7162 8281	ゼビオホールディングス （3月）	234,595 8,208	10,921 3,474	11,389 3,550	- -	5,181 778	2.21 9.48	5.03 -26.34	-18.63 -30.84
7637 8289	Olympicグループ （2月）	106,832 11,840	243 470	119 308	- -	- -	- -	-1.30 10.47	- -
7669 9842	アークランドサカモト （2月）	105,232 76,896	9,393 5,647	10,037 6,450	- -	- -	- -	2.14 -1.64	- -
7984 9854	愛　眼 （3月）	16,344 15,988	239 226	317 310	- -	733 724	4.48 4.53	2.43 2.57	-10.17 -10.29
8219 7513	コ　ジ　マ （8月）	- 232,700	- 2,746	- 3,214	- 5,654	- -	- -	- 2.83	- -
8680 9831	ヤ　マ　ダ　電　機 （3月）	1,573,873 1,351,349	38,763 25,365	47,335 32,224	36,790 34,308	27,883 21,492	1.77 1.59	0.69 -1.05	-2.90 -1.37
11521 7506	ハウス　オブ　ローゼ （3月）	- 13,978	- 555	- 531	- -	- 469	- 3.36	- 2.51	- 6.11
14487 9946	ミ　ニ　ス　ト　ッ　プ （2月）	206,964 73,966	10 958	1,192 1,711	8,870 3,920	7,347 1,967	3.55 2.66	5.08 0.84	-3.97 -10.43
15263 8255	アクシアル　リテイリング （3月）	232,810 2,490	9,068 1,635	9,205 1,648	88 -	- -	- -	1.71 7.47	- -
15703 8276	平　和　堂 （2月）	438,132 374,624	13,919 10,989	14,800 12,259	20,925 5,379	- 3,947	- 1.05	0.12 0.32	- -3.35
16093 9948	ア　ー　ク　ス （2月）	513,955 5,500	14,440 2,737	16,366 3,135	6,593 -	5,012 -	0.98 -	0.26 17.42	-4.90 -
16166 9983	ファーストリテイリング （8月）★	1,861,917 139,871	176,414 93,934	193,398 115,488	- -	70,937 -	3.81 -	4.22 40.87	-0.94 -
16173 9989	サ　ン　ド　ラ　ッ　グ （3月）	564,215 387,542	36,080 26,756	36,792 27,313	258 137	- -	- -	6.78 5.01	- -
16178 9994	や　ま　や （3月）	168,960 91,600	7,411 3,077	7,500 3,498	- -	- 432	- 0.47	0.97 2.43	- -1.37
16190 7419	ノ　ジ　マ （3月）	501,890 218,969	17,044 11,193	17,935 13,512	- -	16,037 9,886	3.20 4.51	16.16 6.43	55.05 21.87

小　　売　　業

上段＝連結決算、下段＝単独決算

日経会社コード 証券コード	会　社　名 （決算月）	(A) 売上高 (単位:百万円)	(B) 営業利益 (単位:百万円)	(C) 経常利益 (単位:百万円)	(D) 販売促進費 (単位:百万円)	(E) 広告宣伝費 (単位:百万円)	比　率 $\frac{E}{A}×100$	対前年度伸び率 A (%)	E (%)
16232	ラ　イ　ト　オ　ン	–	–	–	–	–	–	–	–
7445	（ 8月）	80,028	-2,849	-2,888	4,630	–	–	-7.44	–
16254	良　品　計　画	379,550	45,286	45,985	-3	5,933	1.56	13.88	14.43
7453	（ 2月）	284,954	31,351	33,919	-3	4,239	1.49	11.39	8.97
16299	ア　ド　ヴ　ァ　ン	20,523	5,591	4,953	–	397	1.93	4.79	1.28
7463	（ 3月）	20,157	4,106	4,997	–	–	–	3.81	–
16318	ア　ル　ビ　ス	82,312	2,817	3,238	2,150	983	1.19	5.68	5.25
7475	（ 3月）	82,305	2,650	3,061	-14	–	–	5.71	–
16484	はるやまホールディングス	57,071	2,413	2,744	–	4,222	7.40	2.02	1.25
7416	（ 3月）	4,340	1,812	2,637	–	16	0.37	-88.49	-99.35
16497	ヤ　マ　ザ　ワ	114,303	1,159	1,231	712	2,317	2.03	0.17	-0.90
9993	（ 2月）	90,816	816	865	613	1,858	2.05	-0.23	-2.26
16842	綿半ホールディングス	102,364	2,346	2,501	–	–	–	10.33	–
3199	（ 3月）	2,825	856	857	–	–	–	5.69	–
16991	島　忠	–	–	–	–	–	–	–	–
8184	（ 8月）	141,167	7,595	10,766	–	–	–	-5.88	–
17019	北　沢　産　業	17,735	478	518	–	–	–	3.82	–
9930	（ 3月）	17,687	426	477	–	57	0.32	4.00	16.33
17034	チ　ヨ　ダ	127,634	6,132	6,595	139	5,125	4.02	-6.85	-10.34
8185	（ 2月）	95,509	5,448	6,384	2,426	3,368	3.53	-5.02	-11.48
17104	パ　ル　コ	91,621	11,713	11,455	–	665	0.73	-2.30	14.66
8251	（ 2月）★	57,699	9,382	11,576	–	291	0.50	-3.51	46.97
17326	カ　ワ　チ　薬　品	268,205	4,573	6,060	–	–	–	0.67	–
2664	（ 3月）	248,872	4,771	6,176	–	–	–	1.00	–
17603	藤　久	–	–	–	–	–	–	–	–
9966	（ 6月）	21,387	-4	5	1,805	877	4.10	-1.89	-7.88
17693	ベ　ル　ー　ナ	161,673	13,008	13,248	4,370	20,205	12.50	10.67	6.82
9997	（ 3月）	108,020	7,629	8,714	552	14,098	13.05	8.45	0.48
17910	コ　ナ　カ	68,130	1,734	2,448	–	3,426	5.03	-2.16	4.45
7494	（ 9月）	40,488	578	883	–	2,463	6.08	1.24	7.37
18224	は　せ　が　わ	–	–	–	–	–	–	–	–
8230	（ 3月）	19,412	928	931	875	–	–	0.18	–
18387	フ　ジ	316,638	7,238	8,938	–	4,136	1.31	-0.23	-1.71
8278	（ 2月）	307,007	5,439	6,315	–	3,241	1.06	-0.42	-2.29
18901	バローホールディングス	544,020	13,470	14,937	2,573	7,055	1.30	4.51	12.54
9956	（ 3月）	34,814	3,504	3,424	304	–	–	3.86	–
19513	ジーンズメイト	–	–	–	–	–	–	–	–
7448	（ 3月）	8,979	-562	-546	–	165	1.84	-2.35	48.65
20619	魚　力	27,517	928	119	–	–	–	2.77	–
7596	（ 3月）	26,904	942	1,065	–	–	–	2.39	–
20902	フジ・コーポレーション	–	–	–	–	–	–	–	–
7605	（10月）	30,744	2,225	2,342	–	1,236	4.02	5.88	-4.26
21736	スギホールディングス	457,047	24,760	25,900	–	–	–	6.09	–
7649	（ 2月）	45,074	18,847	19,404	–	–	–	2.49	–
22098	ヒ　マ　ラ　ヤ	72,907	1,130	1,293	–	–	–	1.18	–
7514	（ 8月）	65,662	1,463	1,629	–	–	–	1.71	–
22257	関西スーパーマーケット	122,713	2,052	2,374	3,440	–	–	1.69	–
9919	（ 3月）	118,672	1,385	2,187	–	–	–	1.60	–
22475	京都きもの友禅	10,545	48	151	788	1,056	10.01	-13.07	-12.73
7615	（ 3月）	10,605	1	122	787	1,056	9.96	-13.03	-12.73
22480	ブックオフコーポレーション	80,049	613	1,092	–	–	–	-1.59	–
3313	（ 3月）	65,619	963	1,349	–	–	–	-4.37	–
22951	ケ　ー　ヨ　ー	–	–	–	–	–	–	–	–
8168	（ 2月）	132,191	1,530	2,450	–	2,533	1.92	-10.01	-25.83
24006	コ　ス　モ　ス　薬　品	502,732	22,237	24,591	–	1,815	0.36	12.40	7.52
3349	（ 5月）	502,730	22,202	24,559	–	1,815	0.36	12.40	7.52
24129	し　ま　む　ら	566,103	42,896	43,920	–	15,760	2.78	-0.07	12.61
8227	（ 2月）	559,506	43,417	44,412	–	15,572	2.78	-0.15	12.29

小 売 業

上段＝連結決算、下段＝単独決算

日経会社コード 証券コード	会 社 名 （決算月）	(A) 売上高 (単位:百万円)	(B) 営業利益 (単位:百万円)	(C) 経常利益 (単位:百万円)	(D) 販売促進費 (単位:百万円)	(E) 広告宣伝費 (単位:百万円)	比 率 $\frac{E}{A}\times100$	対前年度伸び率 A (%)	対前年度伸び率 E (%)
25065	千 趣 会	125,999	-4,287	-4,206	14,557	–	–	-2.38	–
8165	（12月）	89,145	-5,952	-5,565	12,423	–	–	-12.43	–
25357	シー・ヴイ・エス・ベイエリア	29,394	13	90	–	–	–	-0.20	–
2687	（ 2月）	22,562	-62	39	–	21	0.09	-1.11	0.00
25463	あ さ ひ	–	–	–	–	–	–	–	–
3333	（ 2月）	53,620	3,425	3,507	–	667	1.24	4.96	8.81
25475	薬 王 堂	–	–	–	–	–	–	–	–
3385	（ 2月）	83,100	3,527	4,071	1,646	213	0.26	10.93	-3.18
25720	タ カ キ ュ ー	–	–	–	–	–	–	–	–
8166	（ 2月）	26,134	65	304	383	844	3.23	8.87	9.33
25891	オ ー ク ワ	268,650	2,144	2,353	1,956	2,372	0.88	-0.07	0.68
8217	（ 2月）	265,524	2,046	2,316	–	–	–	-0.03	–
29236	ト ー エ ル	21,906	1,964	2,119	–	–	–	-3.52	–
3361	（ 4月）	21,964	1,608	1,855	–	–	–	-3.50	–
30006	G－7ホールディングス	119,816	4,324	4,568	–	–	–	8.55	–
7508	（ 3月）	4,807	1,485	1,220	–	–	–	4.55	–
30014	イ オ ン 北 海 道	–	–	–	–	–	–	–	–
7512	（ 2月）	205,299	8,596	8,597	1,402	4,001	1.95	1.05	0.48
30021	エ コ ス	117,330	3,655	3,815	131	2,413	2.06	2.24	-1.91
7520	（ 2月）	70,307	1,783	2,847	–	1,494	2.12	0.93	-3.68
30039	ドンキホーテホールディングス	828,798	46,185	45,523	2,940	–	–	9.11	–
7532	（ 6月）	12,995	9,012	6,734	–	–	–	7.06	–
30071	西松屋チェーン	–	–	–	–	–	–	–	–
7545	（ 2月）	137,309	6,857	7,131	–	3,168	2.31	0.76	-6.16
30088	ハ ー ク ス レ イ	46,375	627	1,127	–	–	–	-3.44	–
7561	（ 3月）	18,832	161	21	–	392	2.08	-2.28	-10.50
30164	ポ プ ラ	28,766	-336	-82	469	18	0.06	-13.54	-30.77
7601	（ 2月）	27,866	-326	-124	466	18	0.06	-13.04	-30.77
30184	ユナイテッドアローズ	154,409	10,518	10,775	–	2,891	1.87	6.10	9.18
7606	（ 3月）	128,356	7,095	9,665	376	2,398	1.87	1.81	1.65
30212	ピーシーデポコーポレーション	43,590	2,981	3,079	679	1,030	2.36	-6.09	22.33
7618	（ 3月）	35,701	2,062	2,411	–	819	2.29	-6.22	20.62
30249	トップカルチャー	31,257	307	257	–	–	–	-1.54	–
7640	（10月）	30,397	224	249	–	465	1.53	-1.74	44.86
30263	Ｐ Ｌ Ａ Ｎ Ｔ	–	–	–	–	–	–	–	–
7646	（ 9月）	86,979	1,315	1,421	–	–	–	-1.18	–
30328	エービーシー・マート	254,283	43,386	44,501	–	6,898	2.71	6.42	1.37
2670	（ 2月）	186,243	38,686	40,719	32	4,452	2.39	4.09	-3.80
30335	ハードオフコーポレーション	18,520	1,249	1,375	–	–	–	1.41	–
2674	（ 3月）	15,170	1,225	1,356	–	–	–	1.69	–
30343	ア ス ク ル	335,914	8,865	8,866	484	–	–	6.63	–
2678	（ 5月）	306,099	8,582	8,954	484	–	–	6.15	–
30349	ゲオホールディングス	299,262	14,668	15,248	630	2,968	0.99	11.63	4.95
2681	（ 3月）	8,096	1,150	881	–	–	–	17.23	–
30365	ジ ー フ ッ ト	–	–	–	–	–	–	–	–
2686	（ 2月）	97,282	2,238	2,279	2,351	1,324	1.36	-4.83	-4.34
30422	キ ャ ン ド ゥ	68,829	2,073	2,273	–	–	–	1.16	–
2698	（11月）	68,812	1,888	2,051	–	–	–	1.15	–
30541	パルグループホールディングス	123,241	7,042	6,967	–	2,665	2.16	5.83	7.24
2726	（ 2月）	4,528	2,951	3,085	–	–	–	-90.94	–
30567	メディカルシステムネットワーク	93,977	3,163	3,250	–	–	–	5.75	–
4350	（ 3月）	4,543	126	783	–	–	–	108.78	–
30571	エ デ ィ オ ン	686,284	15,378	16,167	7,680	19,800	2.89	1.76	-2.63
2730	（ 3月）	617,354	14,344	15,411	7,269	17,909	2.90	1.91	-1.11
30584	サーラコーポレーション	199,675	4,696	4,491	17	–	–	34.05	–
2734	（11月）	2,882	1,332	1,258	–	211	7.32	87.39	263.79
30589	ワ ッ ツ	47,494	1,209	1,272	–	–	–	2.85	–
2735	（ 8月）	30,627	768	1,480	–	–	–	-0.72	–

—157—

小　　売　　業

上段＝連結決算、下段＝単独決算

日経会社コード 証券コード	会社名 （決算月）	(A) 売上高 （単位:百万円）	(B) 営業利益 （単位:百万円）	(C) 経常利益 （単位:百万円）	(D) 販売促進費 （単位:百万円）	(E) 広告宣伝費 （単位:百万円）	比率 $\frac{E}{A}\times100$	対前年度伸び率 A（%）	対前年度伸び率 E（%）
30613 2742	ハローズ （2月）	– 121,359	– 4,914	– 4,897	– –	– 1,101	– 0.91	– 5.75	– 7.94
30793 2791	大黒天物産 （5月）	155,379 147,193	5,853 5,715	5,921 5,829	– –	– –	– –	7.07 7.29	– –
30795 2792	ハニーズホールディングス （5月）	54,530 40,881	2,336 1,472	1,894 1,175	– –	– –	– –	-6.35 -9.48	– –
30825 2796	ファーマライズホールディングス （5月）	52,949 602	442 316	324 466	– –	– –	– –	9.15 -6.52	– –
30857 3319	ゴルフダイジェスト・オンライン （12月）	21,574 20,848	1,214 1,321	1,225 1,344	1,326 1,315	195 186	0.90 0.89	11.73 10.72	30.87 32.86
30884 3328	ＢＥＥＮＯＳ （9月）	20,711 624	1,507 -78	1,552 -1	399 –	1,644 –	7.94 –	7.72 -1.58	3.85 –
30920 3341	日本調剤 （3月）	241,274 198,442	10,587 7,322	10,138 7,436	– –	– –	– –	7.97 6.74	– –
31069 3376	オンリー （8月）	6,874 5,835	567 369	760 630	– 177	– –	– –	0.73 0.26	– –
31087 3382	セブン＆アイ・ホールディングス （2月）	6,037,815 114,665	391,657 89,842	390,746 89,414	– –	136,473 –	2.26 –	3.46 -47.37	-14.89 –
31124 3391	ツルハホールディングス （5月）	577,088 16,104	37,071 12,644	38,628 12,885	380 –	– –	– –	9.40 -13.79	– –
31178 3395	サンマルクホールディングス （3月）	69,084 8,713	6,737 4,493	6,867 4,618	– –	1,375 –	1.99 –	2.33 7.85	5.36 –
31179 3396	フェリシモ （2月）	29,285 29,283	859 862	915 922	128 128	3,810 3,809	13.01 13.01	-5.24 -5.25	-7.99 -8.06
31211 3028	アルペン （6月）	220,039 216,431	4,134 3,410	6,207 5,179	– 2,480	– 4,685	– 2.16	-1.61 -1.53	– -10.06
31225 3034	クオール （3月）	145,516 105,212	9,091 6,106	9,333 6,343	– –	– –	– –	10.66 12.31	– –
31275 3046	ジンズ （8月）	50,451 42,295	5,402 5,681	5,227 5,723	– –	1,850 1,668	3.67 3.94	9.23 3.48	-23.55 -27.42
31283 3048	ビックカメラ （8月）	790,639 442,607	21,854 13,789	24,364 16,425	26,549 19,939	– 3,323	– 0.75	1.48 3.74	– 9.74
31293 3050	ＤＣＭホールディングス （2月）	443,578 55,904	19,507 8,235	18,610 8,489	– –	– 1,322	– 2.36	0.05 9.99	– -0.83
31473 3086	Ｊ．フロント　リテイリング （2月）★	469,915 14,776	49,546 10,622	48,271 9,892	– –	10,534 –	2.24 –	3.85 8.28	-10.45 –
31480 3088	マツモトキヨシホールディングス （3月）	558,879 382,103	33,565 -239	36,123 13,456	– –	1,725 –	0.31 –	4.44 4.48	-4.96 –
31501 3092	スタートトゥデイ （3月）	98,432 84,070	32,669 30,829	32,740 31,003	2,794 2,791	1,552 1,554	1.58 1.85	28.85 29.96	-48.25 -47.61
31509 3093	トレジャー・ファクトリー （2月）	16,431 13,744	621 598	668 620	– –	– –	– –	23.31 8.89	– –
31520 8279	ヤオコー （3月）	414,991 363,892	16,969 15,217	16,528 15,019	– –	2,829 –	0.68 –	– 6.07	– –
31542 3098	ココカラファイン （3月）	390,963 7,367	13,712 3,797	16,019 3,804	– –	2,612 –	0.67 –	3.65 2.96	-0.87 –
31543 3099	三越伊勢丹ホールディングス （3月）	1,268,865 15,572	24,413 8,345	27,325 7,054	723 –	20,365 –	1.60 –	1.23 -56.71	-5.97 –
31562 3141	ウエルシアホールディングス （2月）	695,268 6,334	28,826 4,820	30,923 4,893	– –	13,856 59	1.99 0.93	11.57 15.58	10.33 31.11
31593 3148	クリエイトＳＤホールディングス （5月）	247,341 5,833	14,441 5,349	14,768 5,261	2,740 –	– –	– –	6.66 24.29	– –
31623 3159	丸善ＣＨＩホールディングス （1月）	178,349 440	2,301 -43	2,255 -17	400 –	975 –	0.55 –	-0.03 2.33	2.52 –
31716 3169	ミサワ （1月）	9,195 9,195	-83 -87	-92 -32	30 30	– –	– –	12.86 12.86	– –
31719 3172	ティーライフ （7月）	7,320 5,455	481 486	546 485	– –	1,726 1,677	23.58 30.74	1.67 5.47	15.84 16.30

小　売　業

上段＝連結決算、下段＝単独決算

日経会社コード 証券コード	会　社　名 （決算月）	(A) 売上高 (単位:百万円)	(B) 営業利益 (単位:百万円)	(C) 経常利益 (単位:百万円)	(D) 販売促進費 (単位:百万円)	(E) 広告宣伝費 (単位:百万円)	比率 $\frac{E}{A}\times100$	対前年度伸び率 A (%)	対前年度伸び率 E (%)
31781	シュッピン	–	–	–	–	–	–	–	–
3179	（3月）	30,921	1,536	1,521	611	53	0.17	23.70	-15.87
31818	ネクステージ	118,971	3,474	3,304	–	1,967	1.65	36.43	32.46
3186	（11月）	118,943	3,344	3,274	–	1,960	1.65	36.43	32.43
31889	ジョイフル本田	159,544	7,395	8,021	–	–	–	-2.34	–
3191	（6月）	136,310	6,842	7,417	–	–	–	-2.74	–
31911	キリン堂ホールディングス	126,666	1,937	2,604	–	–	–	8.77	–
3194	（2月）	891	444	527	–	7	0.79	-11.25	-12.50
31984	ユナイテッド・スーパーマーケッ	692,248	14,068	14,188	–	–	–	1.09	–
3222	（2月）	2,903	2,204	2,189	–	15	0.52	10.93	66.67
32007	Ｈａｍｅｅ	8,502	1,106	1,048	–	–	–	30.78	–
3134	（4月）	8,057	606	574	339	133	1.65	28.58	56.47
32052	ＴＯＫＹＯ　ＢＡＳＥ	–	–	–	–	–	–	–	–
3415	（2月）	12,781	1,574	1,577	1,174	–	–	36.61	–
32117	ウイルプラスホールディングス	23,567	1,209	1,197	–	–	–	11.73	–
3538	（6月）	590	148	155	–	–	–	-4.68	–
32127	ジャパンミート	103,770	3,952	4,086	–	–	–	6.79	–
3539	（7月）	61,427	2,265	2,531	–	–	–	7.83	–
32156	サツドラホールディングス	87,844	1,318	1,333	1,371	511	0.58	–	–
3544	（5月）	732	535	530	–	–	–	–	–
32160	ダイユー・リックホールディング	81,388	1,702	1,935	–	2,209	2.71	23.51	24.66
3546	（2月）	1,104	772	784	–	–	–	19.48	–
32163	ライフコーポレーション	677,746	12,094	12,550	11,926	–	–	3.79	–
8194	（2月）	677,306	12,222	12,684	11,352	–	–	3.76	–
32185	バロックジャパンリミテッド	67,952	2,556	2,556	14,678	2,102	3.09	-2.22	20.39
3548	（1月）	59,318	1,784	1,960	14,035	–	–	-5.80	–
32187	クスリのアオキホールディングス	188,744	10,676	11,110	2,597	–	–	–	–
3549	（5月）	2,259	1,898	2,076	–	–	–	–	–
33191	青山商事	254,846	20,591	21,311	2,796	14,266	5.60	0.82	-4.52
8219	（3月）	188,853	18,260	18,578	2,796	14,298	7.57	-0.42	-3.24
35698	ＭｏｎｏｔａＲＯ	88,347	11,837	11,858	–	3,614	4.09	26.85	17.15
3064	（12月）	84,656	12,168	12,177	–	3,416	4.04	26.15	16.67
37371	ＬＩＸＩＬビバ	184,810	10,717	10,033	–	–	–	1.02	–
3564	（3月）	184,967	8,264	7,673	-56	–	–	1.02	–
43053	サンエー	185,905	15,050	15,438	–	–	–	3.14	–
2659	（2月）	178,834	13,555	14,347	–	–	–	2.93	–
45534	ベルク	211,394	9,521	9,963	34	–	–	9.21	–
9974	（2月）	211,918	8,918	9,420	34	1,396	0.66	9.21	5.44
68089	ケーズホールディングス	679,132	30,764	36,661	–	15,241	2.24	3.19	8.43
8282	（3月）	565,005	15,095	20,346	–	5,666	1.00	2.33	7.62
68358	ニトリホールディングス	572,060	93,378	94,860	–	16,726	2.92	11.52	12.98
9843	（2月）	89,556	61,335	67,643	–	–	–	26.17	–
91020	コーナン商事	316,081	17,372	16,170	–	–	–	–	–
7516	（2月）	311,119	17,482	16,235	–	–	–	2.08	–
91517	アダストリア	222,787	5,005	5,428	–	7,728	3.47	9.38	22.51
2685	（2月）	200,206	6,432	6,176	–	–	–	2.87	–

小売業（東証二部）

日経会社コード 証券コード	会　社　名 （決算月）	(A) 売上高	(B) 営業利益	(C) 経常利益	(D) 販売促進費	(E) 広告宣伝費	比率 $\frac{E}{A}\times100$	A (%)	E (%)
308	バナーズ	3,884	105	86	–	58	1.49	-7.92	23.40
3011	（3月）	408	70	66	–	–	–	0.25	–
1286	大黒屋ホールディングス	20,452	699	10	6	–	–	-0.51	–
6993	（3月）	360	-388	-618	–	–	–	-4.00	–
1666	大和	45,509	124	127	616	–	–	-1.83	–
8247	（2月）	43,016	160	72	1,116	682	1.59	-1.97	1.19
1669	さいか屋	19,855	-13	-124	358	407	2.05	-5.72	-9.56
8254	（2月）	19,835	-33	-147	256	322	1.62	-5.66	-12.50
2020	リテールパートナーズ	228,982	5,581	6,181	808	1,605	0.70	60.18	67.54
8167	（2月）	910	631	637	–	4	0.44	8.72	–

小　　　売　　　業

上段＝連結決算、下段＝単独決算

日経会社コード／証券コード	会　社　名（決算月）	(A) 売上高（単位:百万円）	(B) 営業利益（単位:百万円）	(C) 経常利益（単位:百万円）	(D) 販売促進費（単位:百万円）	(E) 広告宣伝費（単位:百万円）	比率（E/A×100）	対前年度伸び率 A (%)	対前年度伸び率 E (%)
2978	マルヨシセンター	40,528	386	304	818	－	－	-2.84	－
7515	（2月）	39,778	296	212	－	－	－	-2.76	－
3256	ベ リ テ	－	－	－	－	－	－	－	－
9904	（3月）	8,449	560	587	－	230	2.72	-1.03	-5.74
3550	天 満 屋 ス ト ア	75,363	2,524	2,502	1,168	625	0.83	-0.11	-2.50
9846	（2月）	68,965	2,129	2,187	507	611	0.89	0.31	-3.17
7635	マックスバリュ西日本	276,313	4,702	4,978	3,808	3,566	1.29	-0.71	4.27
8287	（2月）	275,838	5,003	5,275	3,800	3,558	1.29	-0.75	4.28
7662	ジュンテンドー	－	－	－	－	－	－	－	－
9835	（2月）	43,924	411	349	269	609	1.39	-0.35	-4.09
11418	セ キ ド	－	－	－	－	－	－	－	－
9878	（3月）	8,386	87	39	－	190	2.27	-6.51	0.53
16110	アシードホールディングス	27,430	556	621	4,532	－	－	1.24	－
9959	（3月）	594	215	342	－	－	－	-2.62	－
18008	J　E　U　G　I　A	7,504	54	57	－	－	－	-1.83	－
9826	（3月）	4,809	-30	28	－	－	－	-10.60	－
19229	マ ル コ	14,916	900	771	276	－	－	11.31	－
9980	（3月）	14,622	877	748	273	－	－	9.26	－
19608	ス リ ー エ フ	12,575	-3,000	-2,884	705	327	2.60	-23.31	14.34
7544	（2月）	6,080	-2,232	-2,082	167	200	3.29	-60.44	-9.09
21787	マックスバリュ東北	－	－	－	－	－	－	－	－
2655	（2月）	105,303	1,217	1,245	－	1,270	1.21	-1.03	16.94
22321	キ タ ム ラ	126,850	2,794	2,938	－	－	－	-10.24	－
2719	（3月）	112,476	2,241	2,738	－	－	－	-9.23	－
30089	安 楽 亭	16,947	348	320	－	－	－	2.47	－
7562	（3月）	15,683	246	256	－	－	－	2.69	－
30265	音 通	16,816	318	272	－	－	－	-4.87	－
7647	（3月）	982	-30	224	－	－	－	-3.91	－
30282	ま ん だ ら け	－	－	－	－	－	－	－	－
2652	（9月）	9,583	740	690	－	－	－	4.48	－
30352	魚 喜	13,148	-56	-57	－	－	－	-2.64	－
2683	（2月）	12,707	-101	-26	－	－	－	-2.80	－
30524	ア イ ケ イ	15,273	557	554	－	1,938	12.69	9.81	-4.95
2722	（5月）	13,271	324	499	498	1,476	11.12	11.55	-2.57
30738	コ メ 兵	45,497	1,625	1,610	16	984	2.16	13.36	16.31
2780	（3月）	39,682	1,153	1,256	16	－	－	13.73	－
30782	フォーシーズホールディングス	2,668	111	161	－	383	14.36	-38.11	14.33
3726	（9月）	368	138	143	－	－	－	125.77	－
30937	東理ホールディングス	15,730	266	251	－	－	－	-8.39	－
5856	（3月）	673	256	268	－	－	－	-11.56	－
31196	パシフィックネット	4,643	16	29	－	－	－	1.75	－
3021	（5月）	4,612	29	42	－	－	－	1.45	－
31396	ス ト リ ー ム	22,430	95	60	972	1,055	4.70	1.84	43.93
3071	（1月）	12,333	129	94	479	390	3.16	-5.78	26.62
31577	マックスバリュ東海	225,600	5,254	5,246	－	－	－	0.41	－
8198	（2月）	221,748	5,813	5,806	－	－	－	0.10	－
31812	ＩＣＤＡホールディングス	26,001	896	888	－	416	1.60	8.14	5.05
3184	（3月）	503	123	158	－	－	－	-0.79	－
32168	ラ オ ッ ク ス	64,291	138	48	9,177	279	0.43	2.43	13.41
8202	（12月）	52,344	69	273	9,154	－	－	-4.84	－
35510	ヒ ラ キ	17,788	1,053	1,069	24	2,339	13.15	-2.17	1.04
3059	（3月）	17,788	1,077	1,077	24	2,339	13.15	-2.17	1.04
37024	ト ラ ス ト	18,403	1,318	1,257	－	－	－	7.73	－
3347	（3月）	5,523	146	178	－	45	0.81	-9.65	-6.25

小売業（マザーズ）

日経会社コード／証券コード	会社名（決算月）	(A)	(B)	(C)	(D)	(E)	比率	A (%)	E (%)
31798	オイシックス・ラ・大地	39,987	891	937	2,327	－	－	73.74	－
3182	（3月）	33,469	859	907	2,066	－	－	45.68	－

小 売 業

上段＝連結決算、下段＝単独決算

日経会社コード 証券コード	会　社　名 （決算月）	(A) 売上高 (単位:百万円)	(B) 営業利益 (単位:百万円)	(C) 経常利益 (単位:百万円)	(D) 販売促進費 (単位:百万円)	(E) 広告宣伝費 (単位:百万円)	比率 $\frac{E}{A}\times100$	対前年度伸び率 A (%)	E (%)
31815	夢 展 望	5,075	583	541	251	433	8.53	63.92	101.40
3185	（3月）★	3,258	45	156	232	283	8.69	36.95	31.63
31825	サンワカンパニー	–	–	–	–	–	–	–	–
3187	（9月）	8,737	190	185	11	402	4.60	6.54	-1.95
31917	ジェネレーションパス	7,632	17	42	203	203	2.66	17.40	48.18
3195	（10月）	7,614	3	40	203	203	2.67	17.88	48.18
32032	マーケットエンタープライズ	5,630	-7	4	–	376	6.68	–	–
3135	（6月）	5,607	-1	10	244	374	6.67	15.30	18.35
32035	ファンデリー	–	–	–	–	–	–	–	–
3137	（3月）	3,306	649	651	–	144	4.36	2.45	-20.88
32038	富士山マガジンサービス	–	–	–	–	–	–	–	–
3138	（12月）	2,919	331	331	73	297	10.17	13.67	25.85
32058	ピ ク ス タ	2,231	17	23	–	225	10.09	26.91	71.76
3416	（12月）	2,054	91	94	–	220	10.71	16.90	69.23
32143	ベガコーポレーション	–	–	–	–	–	–	–	–
3542	（3月）	12,977	561	589	577	–	–	18.40	–
32157	デファクトスタンダード	–	–	–	–	–	–	–	–
3545	（9月）	10,514	439	441	–	1,447	13.76	9.21	5.31
32188	スタジオアタオ	3,441	552	553	524	–	–	19.94	–
3550	（2月）	3,441	551	552	524	–	–	19.94	–
32204	リネットジャパングループ	3,708	49	47	–	374	10.09	-0.56	-24.44
3556	（9月）	3,641	49	39	–	358	9.83	1.42	-16.94
32218	ロ コ ン ド	–	–	–	–	–	–	–	–
3558	（2月）	3,972	326	312	4	475	11.96	37.30	61.56
32257	ユニフォームネクスト	–	–	–	–	–	–	–	–
3566	（12月）	3,467	334	324	2	305	8.80	18.17	54.82
32274	シルバーライフ	–	–	–	–	–	–	–	–
9262	（7月）	5,245	475	539	–	150	2.86	26.36	47.06
32334	和　心	–	–	–	–	–	–	–	–
9271	（12月）	2,488	241	246	–	–	–	43.65	–
32337	ブ テ ィ ッ ク ス	–	–	–	–	–	–	–	–
9272	（3月）	1,333	122	105	–	83	6.23	19.87	15.28

小売業（名証二部）

日経会社コード 証券コード	会　社　名 （決算月）	(A) 売上高	(B) 営業利益	(C) 経常利益	(D) 販売促進費	(E) 広告宣伝費	比率	A (%)	E (%)
1741	ヤ マ ナ カ	100,106	112	223	–	1,771	1.77	0.24	7.86
8190	（3月）	99,200	-76	32	–	1,753	1.77	0.22	8.41
5601	マックスバリュ中部	178,347	3,433	3,128	2,429	2,695	1.51	0.54	9.24
8171	（2月）	176,909	3,498	3,152	–	–	–	0.64	–
30945	２１ＬＡＤＹ	2,557	8	-2	293	–	–	-6.54	–
3346	（3月）	13	-45	-37	–	–	–	62.50	–
31220	ゴ ル フ ・ ド ゥ	5,478	51	49	–	–	–	10.24	–
3032	（3月）	3,832	26	56	105	–	–	0.52	–

小売業（札幌）

日経会社コード 証券コード	会　社　名 （決算月）	(A) 売上高	(B) 営業利益	(C) 経常利益	(D) 販売促進費	(E) 広告宣伝費	比率	A (%)	E (%)
32034	エ コ ノ ス	3,828	-12	-51	–	–	–	-2.30	–
3136	（3月）	3,700	29	-17	–	–	–	-2.22	–

小売業（ジャスダック）

日経会社コード 証券コード	会　社　名 （決算月）	(A) 売上高	(B) 営業利益	(C) 経常利益	(D) 販売促進費	(E) 広告宣伝費	比率	A (%)	E (%)
2483	コ ッ ク ス	20,055	-414	-261	–	–	–	-4.48	–
9876	（2月）	20,036	-410	-260	–	–	–	-4.21	–
4397	北 雄 ラ ッ キ ー	–	–	–	–	–	–	–	–
2747	（2月）	42,907	407	430	608	481	1.12	-3.04	-4.56
4883	マックスバリュ北海道	–	–	–	–	–	–	–	–
7465	（2月）	125,950	1,223	1,222	–	1,525	1.21	2.23	11.23
4919	ダ イ ヤ 通 商	–	–	–	–	–	–	–	–
7462	（3月）	3,129	21	17	59	9	0.29	6.79	0.00
5165	パ ス ポ ー ト	–	–	–	–	–	–	–	–
7577	（3月）	8,778	151	127	–	–	–	-6.90	–

小　　売　　業

上段＝連結決算、下段＝単独決算

日経会社コード／証券コード	会　社　名（決算月）	(A)売上高(単位:百万円)	(B)営業利益(単位:百万円)	(C)経常利益(単位:百万円)	(D)販売促進費(単位:百万円)	(E)広告宣伝費(単位:百万円)	比率($\frac{E}{A}×100$)	対前年度伸び率 A (%)	対前年度伸び率 E (%)
5785	セキチュー	–	–	–	–	–	–	–	–
9976	（2月）	31,976	306	393	21	–	–	-4.81	–
6815	パレモ・ホールディングス	23,262	741	768	–	–	–	–	–
2778	（2月）	14,587	1,127	1,155	–	177	1.21	-40.93	-48.25
7688	マ　キ　ヤ	62,876	417	821	–	617	0.98	2.83	-0.16
9890	（3月）	62,777	311	713	–	616	0.98	2.79	-0.32
8657	ハ　ン　ズ　マ　ン	–	–	–	–	–	–	–	–
7636	（6月）	32,222	2,282	2,505	–	626	1.94	3.52	-0.95
8738	マ　ミ　ー　マ　ー　ト	104,377	2,938	3,280	–	–	–	1.99	–
9823	（9月）	103,618	1,937	2,314	–	*2,244*	–	2.17	–
8754	サ　ン　オ　ー　タ　ス	29,702	-156	-110	–	–	–	-7.99	–
7623	（4月）	13,549	-265	-35	–	–	–	-16.14	–
12211	山　陽　百　貨　店	19,161	41	137	–	–	–	-0.45	–
8257	（2月）	19,129	23	115	–	226	1.18	-0.44	-10.32
14333	ながの東急百貨店	19,017	274	249	509	361	1.90	-4.80	-15.65
9829	（1月）	16,393	264	244	454	326	1.99	-4.15	-15.76
14978	ワ　ッ　ト　マ　ン	–	–	–	–	–	–	–	–
9927	（3月）	3,550	184	189	–	–	–	7.06	–
15604	サ　ン　デ　ー	–	–	–	–	–	–	–	–
7450	（2月）	47,818	575	613	208	858	1.79	0.82	-5.19
17199	大　塚　家　具	–	–	–	–	–	–	–	–
8186	（12月）	41,079	-5,136	-5,144	309	1,953	4.75	-11.29	-28.75
17994	文教堂グループホールディングス	29,919	89	128	–	–	–	-6.95	–
9978	（8月）	200	8	92	–	–	–	-8.68	–
19227	アオキスーパー	–	–	–	–	–	–	–	–
9977	（2月）	106,190	1,845	1,926	248	1,243	1.17	0.22	3.07
19685	シ　ー　ズ　メ　ン	–	–	–	–	–	–	–	–
3083	（2月）	4,229	-256	-272	–	117	2.77	-19.66	-17.61
21160	エ　ン　チ　ョ　ー	39,078	562	379	–	–	–	-1.53	–
8208	（3月）	36,527	406	229	–	–	–	2.24	–
21216	オ　ー　ト　ウ　ェ　ー　ブ	7,354	131	175	-4	–	–	1.27	–
2666	（3月）	7,330	108	151	-4	57	0.78	1.38	-45.19
21863	カ　ン　セ　キ	33,195	959	776	19	–	–	2.92	–
9903	（2月）	33,191	945	762	19	362	1.09	2.92	-6.70
22366	銀　座　山　形　屋	5,398	153	214	134	177	3.28	3.63	3.51
8215	（3月）	292	-53	142	–	–	–	6.18	–
22903	メディカル一光	30,914	1,405	1,384	–	–	–	4.83	–
3353	（2月）	22,477	1,005	1,166	–	–	–	2.87	–
25081	三洋堂ホールディングス	21,327	246	277	51	–	–	-3.60	–
3058	（3月）	2,495	117	114	–	–	–	-5.67	–
25676	ダ　イ　イ　チ	–	–	–	–	–	–	–	–
7643	（9月）	39,590	1,368	1,373	–	950	2.40	7.95	7.10
29932	イ　オ　ン　九　州	–	–	–	–	–	–	–	–
2653	（2月）	232,076	874	1,377	4,539	5,210	2.24	-1.83	-3.05
30007	アイエーグループ	32,822	891	1,013	–	–	–	-3.37	–
7509	（3月）	1,548	2	125	–	–	–	-10.42	–
30022	ア　ー　ル　ビ　バ　ン	7,180	973	916	–	396	5.52	8.67	-9.17
7523	（3月）	4,474	554	525	204	393	8.78	5.17	-5.53
30091	ワ　ー　ク　マ　ン	–	–	–	–	–	–	–	–
7564	（3月）	56,083	10,603	11,856	251	342	0.61	7.69	1.79
30105	ヤマノホールディングス	14,947	219	265	483	–	–	-43.23	–
7571	（3月）	9,739	68	173	351	–	–	-21.58	–
30114	ニ　チ　リ　ョ　ク	–	–	–	–	–	–	–	–
7578	（3月）	3,509	37	-37	–	579	16.50	-10.46	-4.77
30165	マ　ッ　ク　ハ　ウ　ス	–	–	–	–	–	–	–	–
7603	（2月）	30,852	216	264	–	1,737	5.63	-8.52	-7.06
30194	テ　イ　ツ　ー	–	–	–	–	–	–	–	–
7610	（2月）	28,130	-173	-171	–	–	–	-0.68	–

※　有価証券報告書の提出義務はあるが、広告宣伝費の記載がなく、その後、日経広告研究所が独自取材、調査をして判明した広告宣伝費は斜体で表記しています（29ページ参照）。

小　売　業

上段＝連結決算、下段＝単独決算

日経会社コード 証券コード	会　社　名 （決算月）	(A) 売上高 (単位:百万円)	(B) 営業利益 (単位:百万円)	(C) 経常利益 (単位:百万円)	(D) 販売促進費 (単位:百万円)	(E) 広告宣伝費 (単位:百万円)	比率 $\frac{E}{A}\times100$	対前年度伸び率 A (%)	E (%)
30200	オーエムツーネットワーク	31,075	1,397	1,736	–	–	–	-1.82	–
7614	（1月）	845	584	593	–	–	–	-0.59	–
30242	ＮＥＷ　ＡＲＴ	14,320	814	725	–	2,024	14.13	5.64	13.14
7638	（3月）	5,617	739	581	–	685	12.20	-44.90	-41.25
30289	ベ　ク　タ　ー	–	–	–	–	–	–	–	–
2656	（3月）	1,275	-233	-223	–	161	12.63	-13.56	120.55
30334	夢 み つ け 隊	459	39	71	27	–	–	-46.75	–
2673	（3月）	412	51	29	27	–	–	-49.26	–
30594	フェスタリアホールディングス	9,578	311	316	–	601	6.27	3.02	-21.64
2736	（8月）	9,382	231	178	–	595	6.34	3.37	-21.81
30706	ヴィレッジヴァンガードコーポレ	35,680	215	95	–	–	–	-23.69	–
2769	（5月）	34,689	271	119	19	28	0.08	-4.60	12.00
30750	セ リ ア	–	–	–	–	–	–	–	–
2782	（3月）	159,114	16,479	16,500	426	721	0.45	9.49	16.29
30784	ナ フ コ	–	–	–	–	–	–	–	–
2790	（3月）	225,511	7,654	8,093	-4	4,239	1.88	-2.39	-16.24
30928	ワンダーコーポレーション	72,954	296	475	–	894	1.23	-1.67	-16.91
3344	（2月）	57,655	154	304	–	–	–	-2.19	–
30963	バ ッ フ ァ ロ ー	–	–	–	–	–	–	–	–
3352	（3月）	8,717	360	402	–	–	–	1.88	–
31058	Ｚ　Ｏ　Ａ	–	–	–	–	–	–	–	–
3375	（3月）	7,657	197	203	–	102	1.33	1.52	-7.27
31191	ア プ ラ イ ド	30,797	1,169	1,165	322	620	2.01	1.85	-7.46
3020	（3月）	28,992	1,210	1,218	299	593	2.05	2.78	-7.20
31518	スーパーバリュー	–	–	–	–	–	–	–	–
3094	（2月）	74,297	55	156	–	538	0.72	0.58	7.60
31534	オーシャンシステム	51,967	910	988	–	–	–	4.03	–
3096	（3月）	50,511	901	987	–	–	–	2.28	–
31718	マックスバリュ九州	–	–	–	–	–	–	–	–
3171	（2月）	177,306	2,146	2,170	4,534	2,078	1.17	2.84	15.19
31739	ハピネス・アンド・ディ	–	–	–	–	–	–	–	–
3174	（8月）	19,144	525	497	316	149	0.78	12.43	17.32
31763	ありがとうサービス	–	–	–	–	–	–	–	–
3177	（2月）	8,812	360	359	173	154	1.75	3.38	-3.14
31795	買 取 王 国	–	–	–	–	–	–	–	–
3181	（2月）	4,678	127	138	-2	–	–	-4.73	–
31842	Ａ　Ｎ　Ａ　Ｐ	–	–	–	–	–	–	–	–
3189	（8月）	6,845	202	201	–	–	–	-3.29	–
31882	ホ ッ ト マ ン	–	–	–	–	–	–	–	–
3190	（3月）	21,087	607	681	8	–	–	5.11	–
31894	白 鳩	–	–	–	–	–	–	–	–
3192	（8月）	5,083	202	164	393	116	2.28	10.62	3.57
32108	アクサスホールディングス	14,359	262	151	–	319	2.22	1.46	14.34
3536	（8月）	398	145	144	–	–	–	116.30	–
32227	ほ ぼ 日	–	–	–	–	–	–	–	–
3560	（8月）	4,016	500	482	–	–	–	6.61	–
37428	ジ ェ ー ソ ン	23,219	562	603	–	–	–	-0.45	–
3080	（2月）	23,225	555	599	–	–	–	-0.45	–
37994	カ ネ 美 食 品	–	–	–	–	–	–	–	–
2669	（3月）	90,233	-1,167	-1,062	–	4	0.00	2.24	-66.67

小売業（非上場）

日経会社コード 証券コード	会　社　名 （決算月）	(A) 売上高	(B) 営業利益	(C) 経常利益	(D) 販売促進費	(E) 広告宣伝費	比率	A (%)	E (%)
7917	マ ル キ ョ ウ	83,667	1,930	2,161	–	629	0.75	-0.29	12.32
9999	（2月）	–	–	–	–	–	–	–	–
9588	ド ミ ー	35,195	147	247	–	473	1.34	-0.36	6.77
9924	（5月）	32,161	106	286	84	375	1.17	-0.21	5.63
16149	一 や	789	-20	118	–	7	0.89	-6.18	-61.11
9999	（7月）	789	-16	122	4	7	0.89	-5.05	-46.15

小 売 業 ／ 銀 行

上段＝連結決算、下段＝単独決算

日経会社コード 証券コード	会 社 名 （決算月）	(A) 売上高 （単位:百万円）	(B) 営業利益 （単位:百万円）	(C) 経常利益 （単位:百万円）	(D) 販売促進費 （単位:百万円）	(E) 広告宣伝費 （単位:百万円）	比 率 $\frac{E}{A}\times100$	対前年度伸び率 A (%)	E (%)
18448	オ ー ケ ー	357,834	14,523	13,896	399	–	–	8.00	–
9999	（3月）	357,733	14,366	14,814	–	–	–	8.00	–
30115	オ リ ジ ン 東 秀	–	–	–	–	–	–	–	–
9999	（2月）	46,866	2,058	2,179	–	–	–	-1.77	–
30724	ゲ ン キ ー	83,399	3,849	4,089	1,322	–	–	13.48	–
2772	（6月）	82,540	3,827	4,137	1,672	–	–	13.68	–
30848	メ ガ ネ ス ー パ ー	17,892	422	336	–	–	–	–	–
3318	（4月）	17,687	450	363	–	358	2.02	12.61	26.50

銀行（東証一部）

日経会社コード 証券コード	会 社 名 （決算月）	(A) 売上高 （単位:百万円）	(B) 営業利益 （単位:百万円）	(C) 経常利益 （単位:百万円）	(D) 販売促進費 （単位:百万円）	(E) 広告宣伝費 （単位:百万円）	比 率 $\frac{E}{A}\times100$	対前年度伸び率 A (%)	E (%)
70002	新 生 銀 行	383,869	44,772	56,811	–	–	–	0.90	–
8303	（3月）	169,324	27,562	36,586	–	7,202	4.25	2.02	5.28
70003	あ お ぞ ら 銀 行	148,819	46,876	57,984	–	–	–	10.48	–
8304	（3月）	143,932	39,696	56,948	–	–	–	10.49	–
70018	青 森 銀 行	44,580	–	6,080	–	–	–	-7.09	–
8342	（3月）	35,213	4,164	5,686	–	–	–	-8.69	–
70019	み ち の く 銀 行	44,856	–	4,063	–	–	–	-6.41	–
8350	（3月）	35,404	1,622	3,962	–	–	–	-9.07	–
70020	秋 田 銀 行	47,489	6,852	7,104	–	–	–	0.08	–
8343	（3月）	41,068	5,032	5,283	–	–	–	-2.60	–
70023	山 形 銀 行	42,488	6,203	7,138	–	–	–	-7.41	–
8344	（3月）	36,146	5,432	6,367	–	–	–	-8.88	–
70024	岩 手 銀 行	47,168	6,635	8,283	–	–	–	2.84	–
8345	（3月）	41,954	5,996	8,017	–	–	–	1.13	–
70025	東 北 銀 行	15,566	755	963	–	–	–	0.10	–
8349	（3月）	14,445	1,110	1,365	–	–	–	4.14	–
70026	七 十 七 銀 行	113,180	17,330	25,749	–	–	–	6.08	–
8341	（3月）	101,581	14,933	23,352	–	–	–	6.28	–
70027	東 邦 銀 行	70,605	10,779	11,019	–	–	–	0.43	–
8346	（3月）	64,491	9,519	10,162	–	–	–	-0.55	–
70028	群 馬 銀 行	150,386	–	42,409	–	–	–	4.34	–
8334	（3月）	122,161	30,078	38,502	–	–	–	2.54	–
70031	筑 波 銀 行	40,606	–	4,933	–	–	–	-1.41	–
8338	（3月）	40,092	4,052	4,443	–	–	–	-1.46	–
70032	武 蔵 野 銀 行	72,263	–	15,732	–	–	–	1.92	–
8336	（3月）	59,800	14,253	14,373	–	–	–	2.06	–
70033	千 葉 銀 行	234,096	76,887	78,484	–	–	–	2.76	–
8331	（3月）	205,169	66,520	70,607	–	–	–	1.96	–
70034	千 葉 興 業 銀 行	50,525	–	9,489	–	–	–	-3.31	–
8337	（3月）	41,761	6,720	8,424	–	–	–	-4.47	–
70037	第 四 銀 行	99,441	15,964	20,651	–	–	–	4.87	–
8324	（3月）	78,538	13,971	18,658	–	–	–	5.80	–
70038	北 越 銀 行	48,693	7,526	9,789	–	–	–	1.01	–
8325	（3月）	43,319	7,552	9,836	–	–	–	1.78	–
70039	山 梨 中 央 銀 行	54,120	–	7,570	–	–	–	-2.90	–
8360	（3月）	49,314	7,805	6,650	–	–	–	-3.27	–
70040	八 十 二 銀 行	181,250	–	41,507	–	–	–	-13.34	–
8359	（3月）	140,720	30,252	34,898	–	–	–	-17.01	–
70042	富 山 銀 行	9,494	963	1,801	–	–	–	0.51	–
8365	（3月）	7,639	869	1,698	–	–	–	1.10	–
70043	北 国 銀 行	68,633	17,053	16,367	–	–	–	1.81	–
8363	（3月）	57,693	16,034	14,741	–	–	–	1.70	–
70044	福 井 銀 行	43,982	4,209	6,327	–	–	–	-1.57	–
8362	（3月）	36,483	2,802	5,792	–	–	–	0.93	–
70045	静 岡 銀 行	224,091	54,794	65,839	–	–	–	-10.29	–
8355	（3月）	180,473	45,120	56,164	–	–	–	-14.33	–
70046	ス ル ガ 銀 行	156,278	27,825	10,525	–	–	–	7.22	–
8358	（3月）	141,533	21,930	8,670	–	–	–	5.40	–

銀　　　　　行

上段＝連結決算、下段＝単独決算

日経会社コード 証券コード	会　社　名 （決算月）	(A) 売上高 (単位:百万円)	(B) 営業利益 (単位:百万円)	(C) 経常利益 (単位:百万円)	(D) 販売促進費 (単位:百万円)	(E) 広告宣伝費 (単位:百万円)	比　率 $\frac{E}{A}×100$	対前年度伸び率 A（％）	対前年度伸び率 E（％）
70047 8364	清　水　銀　行 （3月）	27,637 22,473	3,139 3,098	3,345 3,394	－ －	－ －	－ －	-3.90 -4.90	－ －
70048 8361	大　垣　共　立　銀　行 （3月）	114,668 77,300	11,819 10,080	10,983 9,243	－ －	－ －	－ －	-6.22 -9.15	－ －
70049 8356	十　六　銀　行 （3月）	104,744 78,566	8,035 6,119	13,934 12,226	－ －	－ －	－ －	-16.74 -21.41	－ －
70051 8368	百　五　銀　行 （3月）	91,423 79,130	11,356 9,725	16,775 15,531	－ －	－ －	－ －	9.63 11.97	－ －
70052 8366	滋　賀　銀　行 （3月）	89,733 72,991	15,973 13,594	19,640 17,633	－ －	－ －	－ －	-0.46 -1.79	－ －
70053 8369	京　都　銀　行 （3月）	110,232 101,053	23,687 20,864	26,931 24,338	－ －	－ －	－ －	-0.16 -0.98	－ －
70057 8367	南　都　銀　行 （3月）	79,899 72,596	11,593 10,629	18,139 17,175	－ －	－ －	－ －	-1.55 -2.17	－ －
70058 8370	紀　陽　銀　行 （3月）	74,257 66,087	－ 12,246	17,561 15,656	－ －	－ －	－ －	-1.63 -1.93	－ －
70060 8383	鳥　取　銀　行 （3月）	15,401 15,046	－ 2,112	1,848 1,832	－ －	－ －	－ －	-4.89 -4.98	－ －
70061 8381	山　陰　合　同　銀　行 （3月）	95,806 79,039	－ 18,433	19,867 19,262	－ －	－ －	－ －	2.20 1.46	－ －
70062 8382	中　国　銀　行 （3月）	132,445 116,499	－ 21,451	30,922 27,931	－ －	－ －	－ －	-7.29 -6.83	－ －
70063 8379	広　島　銀　行 （3月）	124,908 122,437	－ 29,974	35,098 37,994	－ －	－ －	－ －	-9.66 -9.16	－ －
70065 8388	阿　波　銀　行 （3月）	68,051 52,753	19,124 17,366	19,675 18,062	－ －	－ －	－ －	-1.56 -3.03	－ －
70066 8386	百　十　四　銀　行 （3月）	80,813 72,416	－ 10,269	15,279 13,016	－ －	－ －	－ －	-10.71 -11.85	－ －
70067 8385	伊　予　銀　行 （3月）	120,985 102,209	－ 29,421	36,099 32,923	－ －	－ －	－ －	3.16 2.94	－ －
70068 8387	四　国　銀　行 （3月）	47,206 46,990	－ 8,314	12,187 11,556	－ －	－ －	－ －	-5.59 -2.06	－ －
70071 8395	佐　賀　銀　行 （3月）	39,622 43,760	2,489 10,296	3,471 11,278	－ －	－ －	－ －	-10.17 0.58	－ －
70072 8396	十　八　銀　行 （3月）	47,664 38,702	－ 7,705	7,872 6,943	－ －	－ －	－ －	-7.79 -10.09	－ －
70075 8392	大　分　銀　行 （3月）	60,966 50,693	－ 5,559	9,304 8,317	－ －	－ －	－ －	3.37 3.43	－ －
70076 8393	宮　崎　銀　行 （3月）	54,222 48,416	11,331 11,786	12,894 13,349	－ －	－ －	－ －	3.76 5.51	－ －
70078 8399	琉　球　銀　行 （3月）	63,027 42,470	8,782 7,153	12,395 10,759	－ －	－ －	－ －	3.80 3.29	－ －
70079 8397	沖　縄　銀　行 （3月）	52,820 38,486	8,370 6,589	10,166 8,852	－ －	－ －	－ －	3.14 0.44	－ －
70087 8524	北　洋　銀　行 （3月）	143,611 114,906	11,058 10,185	15,143 16,082	－ －	－ －	－ －	-2.95 -4.00	－ －
70092 8551	北　日　本　銀　行 （3月）	25,663 23,304	－ -1,548	2,472 2,142	－ －	－ －	－ －	7.14 8.84	－ －
70095 8562	福　島　銀　行 （3月）	13,618 11,716	－ -726	-1,355 -1,602	－ －	－ －	－ －	-6.06 -7.90	－ －
70096 8563	大　東　銀　行 （3月）	13,576 12,331	－ 627	1,710 1,663	－ －	－ －	－ －	-2.67 -2.80	－ －
70097 8558	東　和　銀　行 （3月）	48,305 44,704	－ 14,431	15,513 15,197	－ －	－ －	－ －	10.91 11.46	－ －
70098 8550	栃　木　銀　行 （3月）	45,450 41,687	－ 6,152	6,854 6,152	－ －	－ －	－ －	-9.74 -12.94	－ －
70101 8544	京　葉　銀　行 （3月）	65,139 64,350	－ 18,022	17,787 17,364	－ －	－ －	－ －	-2.15 -2.16	－ －

銀　　　　　行

上段＝連結決算、下段＝単独決算

日経会社コード 証券コード	会　社　名 （決算月）	(A) 売上高 (単位:百万円)	(B) 営業利益 (単位:百万円)	(C) 経常利益 (単位:百万円)	(D) 販売促進費 (単位:百万円)	(E) 広告宣伝費 (単位:百万円)	比　率 ($\frac{E}{A}$×100)	対前年度伸び率 A (%)	E (%)
70109	大　光　銀　行	21,289	4,085	4,819	–	–	–	-4.44	–
8537	（3月）	20,944	4,038	4,740	–	–	–	-4.64	–
70110	長　野　銀　行	23,547	–	2,796	–	–	–	2.86	–
8521	（3月）	18,481	457	2,645	–	–	–	4.36	–
70111	富　山　第　一　銀　行	32,706	–	7,853	–	–	–	-3.29	–
7184	（3月）	28,231	5,833	7,430	–	–	–	-4.95	–
70117	愛　知　銀　行	50,233	–	6,363	–	–	–	0.40	–
8527	（3月）	42,920	2,879	6,117	–	–	–	-1.22	–
70118	名　古　屋　銀　行	63,076	8,832	7,480	–	–	–	-0.08	–
8522	（3月）	45,193	7,026	6,055	–	–	–	-2.91	–
70119	中　京　銀　行	29,734	–	4,574	–	–	–	-3.16	–
8530	（3月）	28,816	3,680	4,117	–	–	–	-3.29	–
70135	島　根　銀　行	10,536	–	1,755	–	–	–	3.32	–
7150	（3月）	8,059	496	1,723	–	–	–	4.50	–
70136	ト　マ　ト　銀　行	19,006	–	2,310	–	–	–	-2.92	–
8542	（3月）	18,781	2,278	2,287	–	–	–	-2.91	–
70142	愛　媛　銀　行	44,965	–	9,373	–	–	–	6.90	–
8541	（3月）	40,008	8,527	8,734	–	–	–	5.04	–
70144	高　知　銀　行	23,551	–	2,980	–	–	–	-2.50	–
8416	（3月）	18,123	2,146	2,695	–	–	–	-0.85	–
70182	三菱ＵＦＪフィナンシャル・グル	6,068,061	1,232,800	1,462,418	–	–	–	1.48	–
8306	（3月）	684,365	–	538,734	–	–	–	-0.18	–
70190	りそなホールディングス	742,927	–	217,777	–	–	–	-1.98	–
8308	（3月）	77,656	–	70,168	–	–	–	-47.08	–
70191	三井住友トラスト・ホールディン	1,350,946	270,558	232,661	–	–	–	7.11	–
8309	（3月）	64,086	–	49,337	–	–	–	1.11	–
70196	セ　ブ　ン　銀　行	127,656	–	38,305	–	–	–	4.97	–
8410	（3月）	116,650	41,802	42,262	–	2,079	1.78	3.13	74.12
70217	山口フィナンシャルグループ	161,280	40,945	47,824	–	–	–	-1.41	–
8418	（3月）	4,857	–	-4,999	–	–	–	-51.82	–
70218	ふくおかフィナンシャルグループ	237,572	73,587	71,636	–	–	–	0.77	–
8354	（3月）	20,034	–	12,609	–	–	–	3.13	–
70219	ゆ　う　ち　ょ　銀　行	2,044,940	–	499,654	–	–	–	–	–
7182	（3月）	2,044,845	417,309	499,669	–	–	–	7.78	–
70222	めぶきフィナンシャルグループ	262,373	66,738	63,521	–	–	–	23.02	–
7167	（3月）	20,080	–	16,460	–	–	–	50.98	–
70223	フィデアホールディングス	51,026	6,119	6,589	–	–	–	-2.22	–
8713	（3月）	3,224	–	1,285	–	–	–	1.42	–
70225	池田泉州ホールディングス	111,612	–	14,206	–	–	–	8.29	–
8714	（3月）	6,420	–	5,628	–	–	–	0.39	–
70228	トモニホールディングス	72,641	–	16,386	–	–	–	1.60	–
8600	（3月）	2,252	–	1,679	–	–	–	20.88	–
70232	じもとホールディングス	42,666	–	3,717	–	–	–	-3.32	–
7161	（3月）	1,764	–	1,279	–	15	0.85	-2.49	-65.91
70233	東京きらぼしフィナンシャルグル	82,616	–	4,727	–	–	–	-0.57	–
7173	（3月）	3,301	–	2,235	–	71	2.15	0.18	26.79
70235	九州フィナンシャルグループ	164,696	31,522	29,381	–	–	–	-4.37	–
7180	（3月）	9,837	–	8,304	–	–	–	44.58	–
70236	コンコルディア・フィナンシャル	327,600	102,567	98,022	–	–	–	-0.57	–
7186	（3月）	34,538	–	32,848	–	–	–	-40.53	–
70237	西日本フィナンシャルホールディ	142,613	34,809	33,937	–	–	–	-2.23	–
7189	（3月）	5,913	–	5,123	–	36	0.61	-12.86	-33.33
71004	三井住友フィナンシャルグループ	5,764,172	1,203,845	1,164,113	–	–	–	12.29	–
8316	（3月）	366,544	–	221,008	–	–	–	-27.09	–
71006	みずほフィナンシャルグループ	3,561,125	457,820	782,447	–	–	–	8.15	–
8411	（3月）	377,966	–	258,893	–	–	–	-10.33	–
71009	ほくほくフィナンシャルグループ	180,916	–	31,792	–	–	–	-3.47	–
8377	（3月）	5,380	–	4,577	–	–	–	-67.83	–

銀　　　行

上段＝連結決算、下段＝単独決算

日経会社コード／証券コード	会　社　名（決算月）	(A)売上高（単位:百万円）	(B)営業利益（単位:百万円）	(C)経常利益（単位:百万円）	(D)販売促進費（単位:百万円）	(E)広告宣伝費（単位:百万円）	比率 $\frac{E}{A}\times100$	対前年度伸び率 A（%）	対前年度伸び率 E（%）

銀行（福岡）

日経会社コード／証券コード	会社名（決算月）	(A)	(B)	(C)	(D)	(E)	比率	A（%）	E（%）
70070	筑 邦 銀 行	19,115	-930	1,974	-	-	-	6.59	-
8398	（3月）	13,834	-1,148	1,709	-	-	-	7.22	-
70147	福 岡 中 央 銀 行	-	-	-	-	-	-	-	-
8540	（3月）	9,609	1,435	1,311	-	-	-	-0.92	-
70153	豊 和 銀 行	-	-	-	-	-	-	-	-
8559	（3月）	9,836	1,625	992	-	-	-	-3.07	-
70154	宮 崎 太 陽 銀 行	15,444	1,431	1,820	-	-	-	1.31	-
8560	（3月）	13,137	1,295	1,654	-	-	-	1.41	-
70156	南 日 本 銀 行	17,865	2,121	2,242	-	-	-	-7.35	-
8554	（3月）	16,990	2,084	2,252	-	-	-	-7.79	-

銀行（非上場）

日経会社コード／証券コード	会社名（決算月）	(A)	(B)	(C)	(D)	(E)	比率	A（%）	E（%）
31597	き ら ぼ し 銀 行	35,082	-	2,920	-	-	-	-2.06	-
9999	（3月）	34,817	5,556	3,262	-	-	-	-2.20	-
70006	み ず ほ 銀 行	2,862,291	-	647,076	-	-	-	10.93	-
9999	（3月）	2,466,936	296,411	559,137	-	-	-	10.47	-
70007	三菱ＵＦＪ銀行	4,277,820	847,322	901,550	-	-	-	0.95	-
9999	（3月）	3,067,560	554,364	637,091	-	-	-	-0.17	-
70011	り そ な 銀 行	506,956	-	128,722	-	-	-	-1.89	-
9999	（3月）	533,986	133,501	188,149	-	-	-	6.14	-
70017	北 海 道 銀 行	-	-	-	-	-	-	-	-
9999	（3月）	78,222	6,678	8,995	-	665	0.85	-0.95	-1.92
70021	北 都 銀 行	-	-	-	-	-	-	-	-
9999	（3月）	23,001	1,805	2,655	-	-	-	-3.79	-
70022	荘 内 銀 行	-	-	-	-	-	-	-	-
9999	（3月）	26,053	3,036	2,816	-	-	-	-1.97	-
70029	足 利 銀 行	-	-	-	-	-	-	-	-
9999	（3月）	99,062	34,184	31,284	-	-	-	1.32	-
70030	常 陽 銀 行	144,154	-	39,824	-	-	-	-14.04	-
9999	（3月）	138,201	34,413	36,939	-	-	-	-2.02	-
70036	横 浜 銀 行	-	-	-	-	-	-	-	-
9999	（3月）	240,798	85,773	84,187	-	-	-	-2.11	-
70041	北 陸 銀 行	-	-	-	-	-	-	-	-
9999	（3月）	91,139	20,394	24,161	-	495	0.54	-2.00	-22.78
70050	三 重 銀 行	33,985	4,933	5,385	-	-	-	3.86	-
8374	（3月）	26,613	4,313	4,765	-	-	-	-0.97	-
70054	近 畿 大 阪 銀 行	56,963	-	9,437	-	-	-	-3.44	-
9999	（3月）	60,727	10,306	11,958	-	-	-	3.78	-
70056	池 田 泉 州 銀 行	109,043	-	13,502	-	-	-	7.77	-
9999	（3月）	95,444	-8,399	12,197	-	-	-	8.53	-
70059	但 馬 銀 行	16,136	-	1,701	-	-	-	-1.59	-
9999	（3月）	14,257	-	1,590	-	-	-	-3.34	-
70064	山 口 銀 行	-	-	-	-	-	-	-	-
9999	（3月）	82,598	26,235	32,778	-	-	-	4.34	-
70069	福 岡 銀 行	183,677	-	62,302	-	-	-	-0.28	-
9999	（3月）	172,045	60,439	57,009	-	-	-	-0.42	-
70073	親 和 銀 行	-	-	-	-	-	-	-	-
9999	（3月）	37,778	7,492	11,209	-	-	-	4.15	-
70074	肥 後 銀 行	-	-	-	-	-	-	-	-
9999	（3月）	70,428	16,173	17,971	-	-	-	-8.44	-
70077	鹿 児 島 銀 行	-	-	-	-	-	-	-	-
9999	（3月）	66,742	16,793	15,711	-	-	-	-8.47	-
70081	三菱ＵＦＪ信託銀行	840,206	175,138	220,620	-	-	-	10.80	-
9999	（3月）	704,515	162,193	206,093	-	-	-	13.13	-
70082	みずほ信託銀行	249,051	-	65,366	-	-	-	4.92	-
9999	（3月）	205,671	32,161	57,366	-	-	-	3.86	-

銀 行 ／ 証 券

上段＝連結決算、下段＝単独決算

日経会社コード 証券コード	会 社 名 （決算月）	(A) 売上高 （単位:百万円）	(B) 営業利益 （単位:百万円）	(C) 経常利益 （単位:百万円）	(D) 販売促進費 （単位:百万円）	(E) 広告宣伝費 （単位:百万円）	比 率 （$\frac{E}{A}×100$）	対前年度伸び率 A（%）	E（%）
70086 三井住友信託銀行		1,333,477	－	226,345	－	－	－	7.14	－
9999	（3月）	889,145	189,752	172,967	－	－	－	9.83	－
70091 きらやか銀行		－	－	－	－	－	－	－	－
9999	（3月）	21,652	2,311	2,469	－	－	－	-4.20	－
70094 仙台銀行		－	－	－	－	－	－	－	－
9999	（3月）	15,766	1,488	1,845	－	－	－	0.36	－
70103 東日本銀行		－	－	－	－	－	－	－	－
9999	（3月）	38,678	8,870	6,516	－	－	－	1.16	－
70107 神奈川銀行		8,391	－	1,058	－	－	－	3.66	－
9999	（3月）	8,392	－	1,057	－	－	－	3.67	－
70113 福邦銀行		9,367	－	526	－	－	－	3.65	－
9999	（3月）	9,285	－	534	－	－	－	3.91	－
70114 静岡中央銀行		13,670	－	3,864	－	－	－	0.76	－
9999	（3月）	13,615	－	3,670	－	－	－	0.60	－
70120 第三銀行		37,141	4,748	5,449	－	－	－	-1.12	－
8529	（3月）	31,360	4,908	5,415	－	－	－	-1.63	－
70127 関西アーバン銀行		90,268	－	17,799	－	－	－	1.31	－
8545	（3月）	75,688	20,019	16,124	－	－	－	-2.23	－
70128 大正銀行		9,317	－	1,093	－	－	－	1.58	－
9999	（3月）	9,316	1,439	1,093	－	－	－	1.60	－
70133 みなと銀行		61,590	7,548	10,317	－	－	－	1.39	－
8543	（3月）	52,805	6,203	8,862	－	－	－	-0.31	－
70138 もみじ銀行		－	－	－	－	－	－	－	－
9999	（3月）	44,610	12,959	12,054	－	－	－	-18.34	－
70139 西京銀行		29,009	－	6,692	－	－	－	-1.35	－
9999	（3月）	27,628	－	6,318	－	－	－	-2.22	－
70140 徳島銀行		28,594	－	8,298	－	－	－	5.57	－
9999	（3月）	27,672	6,950	8,055	－	－	－	5.68	－
70141 香川銀行		34,491	－	6,311	－	－	－	-2.52	－
9999	（3月）	28,326	6,335	6,520	－	－	－	-2.40	－
70145 西日本シティ銀行		－	－	－	－	－	－	－	－
9999	（3月）	139,957	29,049	41,110	－	－	－	2.54	－
70148 佐賀共栄銀行		－	－	－	－	－	－	－	－
9999	（3月）	5,760	－	802	－	－	－	4.44	－
70149 長崎銀行		－	－	－	－	－	－	－	－
9999	（3月）	5,432	306	691	－	－	－	1.72	－
70151 熊本銀行		－	－	－	－	－	－	－	－
9999	（3月）	25,602	5,581	6,457	－	－	－	7.71	－
70157 沖縄海邦銀行		12,956	－	1,882	－	－	－	0.34	－
9999	（3月）	12,882	－	1,861	－	－	－	0.81	－
70174 三井住友銀行		3,117,087	791,500	932,733	－	－	－	3.40	－
9999	（3月）	2,540,450	617,171	755,266	－	－	－	-0.45	－
70186 東京スター銀行		70,388	－	17,863	－	－	－	-1.01	－
9999	（3月）	70,315	－	17,286	－	－	－	-0.87	－
70224 住信SBIネット銀行		61,158	－	15,474	－	－	－	5.68	－
9999	（3月）	60,613	－	15,383	－	2,092	3.45	6.17	-23.00

証券（東証一部）

日経会社コード 証券コード	会 社 名 （決算月）	(A) 売上高	(B) 営業利益	(C) 経常利益	(D) 販売促進費	(E) 広告宣伝費	比 率	A（%）	E（%）
20228 藍沢証券		18,046	1,855	2,850	－	126	0.70	72.51	48.24
8708	（3月）	11,720	434	2,291	－	－	－	12.88	－
20811 いちよし証券		26,502	7,141	7,229	－	－	－	27.94	－
8624	（3月）	23,440	6,042	6,128	－	478	2.04	26.72	22.56
20881 岩井コスモホールディングス		21,089	5,202	5,465	－	331	1.57	30.61	41.45
8707	（3月）	1,680	1,562	1,742	－	－	－	-51.72	－
22684 極東証券		8,289	3,097	3,567	－	－	－	-19.84	－
8706	（3月）	7,430	2,303	2,803	－	30	0.40	-21.04	11.11
23232 光世証券		－	－	－	－	－	－	－	－
8617	（3月）	1,245	273	357	－	2	0.16	64.46	100.00

上段＝連結決算、下段＝単独決算

日経会社コード / 証券コード	会社名 (決算月)	(A) 売上高 (単位:百万円)	(B) 営業利益 (単位:百万円)	(C) 経常利益 (単位:百万円)	(D) 販売促進費 (単位:百万円)	(E) 広告宣伝費 (単位:百万円)	比 率 $\frac{E}{A}\times100$	対前年度伸び率 A (%)	E (%)
24161	カブドットコム証券	–	–	–	–	–	–	–	–
8703	（3月）	24,476	7,934	7,971	–	1,470	6.01	2.72	36.36
26752	東海東京フィナンシャル・ホール	85,261	17,446	20,939	–	–	–	30.34	–
8616	（3月）	14,014	6,239	7,380	–	–	–	3.65	–
27117	東 洋 証 券	15,767	2,251	3,025	–	–	–	23.41	–
8614	（3月）	15,530	2,273	3,022	–	294	1.89	22.26	-30.50
30586	松 井 証 券	–	–	–	–	–	–	–	–
8628	（3月）	32,210	18,532	18,632	–	536	1.66	16.17	0.94
30719	丸 三 証 券	18,985	3,039	3,411	–	–	–	20.95	–
8613	（3月）	18,985	2,994	3,371	–	147	0.77	20.95	-11.98
30897	マネックスグループ	53,635	9,302	8,631	–	3,159	5.89	17.03	23.06
8698	（3月）★	6,772	3,987	4,084	–	–	–	2.67	–
31140	水 戸 証 券	–	–	–	–	–	–	–	–
8622	（3月）	16,152	2,955	3,347	–	249	1.54	20.64	5.51
70201	大和証券グループ本社	712,601	135,058	155,676	–	12,000	1.68	15.59	8.11
8601	（3月）	135,568	104,555	109,040	–	–	–	291.27	–
70204	野村ホールディングス	1,972,158	328,158	328,158	–	–	–	14.96	–
8604	（3月）	484,396	253,798	231,730	–	–	–	10.80	–
70209	岡三証券グループ	81,921	11,720	12,771	–	–	–	1.59	–
8609	（3月）	11,836	8,103	8,669	–	–	–	21.35	–

証券（ジャスダック）

日経会社コード / 証券コード	会社名 (決算月)	(A) 売上高	(B) 営業利益	(C) 経常利益	(D) 販売促進費	(E) 広告宣伝費	比 率 $\frac{E}{A}\times100$	A (%)	E (%)
19150	今 村 証 券	–	–	–	–	–	–	–	–
7175	（3月）	3,887	1,032	1,049	–	91	2.34	34.17	7.06
22649	沢田ホールディングス	52,080	7,192	7,141	–	–	–	12.30	–
8699	（3月）	533	267	357	–	–	–	-10.72	–
30699	インヴァスト証券	4,166	601	575	–	451	10.83	17.42	-23.17
8709	（3月）	3,140	365	345	–	415	13.22	13.19	-26.29
30789	丸 八 証 券	–	–	–	–	–	–	–	–
8700	（3月）	2,815	433	444	–	13	0.46	15.32	-7.14

証券（非上場）

日経会社コード / 証券コード	会社名 (決算月)	(A) 売上高	(B) 営業利益	(C) 経常利益	(D) 販売促進費	(E) 広告宣伝費	比 率 $\frac{E}{A}\times100$	A (%)	E (%)
2149	エ ー ス 証 券	11,513	1,534	1,897	–	–	–	11.66	–
9999	（3月）	8,697	1,101	1,487	–	103	1.18	10.52	25.61
18386	み ら い 証 券	259	40	42	–	–	–	24.52	–
9999	（3月）	99	-18	-16	–	–	–	80.00	–
21558	Ｓ Ｂ Ｉ 証 券	116,716	53,570	53,798	–	–	–	29.02	–
9999	（3月）	102,843	45,134	46,249	–	–	–	28.89	–
21693	ア ー ク 証 券	3,389	384	399	–	–	–	37.15	–
9999	（3月）	3,272	373	395	–	10	0.31	37.94	42.86
25964	む さ し 証 券	–	–	–	–	–	–	–	–
9999	（3月）	5,528	135	315	–	139	2.51	24.48	13.01
29762	大 和 証 券	–	–	–	–	–	–	–	–
9999	（3月）	358,835	85,554	86,664	–	–	–	7.14	–
31596	三菱ＵＦＪ証券ホールディングス	376,901	63,222	84,206	–	–	–	-6.82	–
9999	（3月）	54,235	38,809	39,205	–	–	–	64.73	–
72017	モルガン・スタンレーＭＵＦＧ証	–	–	–	–	–	–	–	–
9999	（3月）	117,038	28,709	28,508	–	–	–	-7.36	–
91353	リーディング証券	1,643	238	223	–	–	–	45.91	–
9999	（3月）	1,623	238	223	–	3	0.18	46.35	-25.00

保険（東証一部）

日経会社コード / 証券コード	会社名 (決算月)	(A) 売上高	(B) 営業利益	(C) 経常利益	(D) 販売促進費	(E) 広告宣伝費	比 率 $\frac{E}{A}\times100$	A (%)	E (%)
25678	第一生命ホールディングス	7,037,827	–	471,994	–	–	–	9.00	–
8750	（3月）	60,439	–	48,840	–	–	–	-97.05	–
30856	Ｔ＆Ｄホールディングス	1,928,359	–	156,475	–	–	–	-2.40	–
8795	（3月）	49,662	–	46,466	–	–	–	-5.89	–
31484	ソニーフィナンシャルホールディ	1,503,630	–	66,843	–	–	–	8.83	–
8729	（3月）	28,747	–	26,602	–	–	–	9.48	–

保険／その他金融

上段＝連結決算、下段＝単独決算

日経会社コード 証券コード	会　社　名 （決算月）	(A) 売上高 (単位:百万円)	(B) 営業利益 (単位:百万円)	(C) 経常利益 (単位:百万円)	(D) 販売促進費 (単位:百万円)	(E) 広告宣伝費 (単位:百万円)	比　率 $\frac{E}{A}\times100$	対前年度伸び率 A (%)	E (%)
31547	ＭＳ＆ＡＤインシュアランスグル	5,217,835	－	211,548	－	－	－	-2.20	－
8725	（3月）	141,259	－	129,051	－	－	－	24.06	－
31624	アニコム　ホールディングス	32,339	－	1,853	－	－	－	11.60	－
8715	（3月）	1,388	－	263	－	－	－	-20.59	－
31631	ＳＯＭＰＯホールディングス	3,770,052	－	141,890	－	－	－	10.25	－
8630	（3月）	117,830	－	107,807	－	－	－	64.41	－
39748	かんぽ生命保険	7,952,951	－	309,233	－	－	－	-8.16	－
7181	（3月）	7,952,949	－	308,845	－	－	－	-8.16	－
70517	東京海上ホールディングス	5,399,115	－	344,939	－	－	－	3.18	－
8766	（3月）	227,622	－	215,378	－	－	－	168.41	－

保険（マザーズ）

日経会社コード 証券コード	会社名（決算月）	(A)	(B)	(C)	(D)	(E)	比率	A (%)	E (%)
31723	ライフネット生命保険	－	－	－	－	－	－	－	－
7157	（3月）	10,962	－	-197	－	－	－	8.58	－
41224	アイペット損害保険	－	－	－	－	－	－	－	－
7323	（3月）	12,268	－	561	－	878	7.16	21.82	79.18

保険（非上場）

日経会社コード 証券コード	会社名（決算月）	(A)	(B)	(C)	(D)	(E)	比率	A (%)	E (%)
18199	アクサ生命保険	846,606	－	58,458	－	－	－	-3.45	－
9999	（3月）	789,737	－	56,028	－	－	－	-4.04	－
22550	共栄火災海上保険	－	－	－	－	－	－	－	－
9999	（3月）	189,416	－	5,338	－	324	0.17	-1.48	-4.71
25479	大　同　生　命　保　険	991,205	－	89,901	－	－	－	4.62	－
9999	（3月）	988,070	－	89,397	－	－	－	4.62	－
25631	太　陽　生　命　保　険	755,465	－	63,409	－	－	－	-17.50	－
9999	（3月）	738,716	－	62,790	－	－	－	-17.73	－
26565	ト　ー　ア　再　保　険	254,934	－	9,857	－	－	－	1.38	－
9999	（3月）	197,638	－	5,115	－	31	0.02	-1.93	24.00
41850	ＳＢＩインシュアランスグループ	62,186	－	1,059	－	－	－	－	－
9999	（3月）	353	－	16	－	－	－	－	－
70501	東京海上日動火災保険	4,353,379	－	301,450	－	－	－	2.26	－
9999	（3月）	2,588,685	－	325,847	－	7,573	0.29	2.61	-3.60
70502	三井住友海上火災保険	2,531,482	－	129,034	－	－	－	2.92	－
9999	（3月）	1,859,915	－	262,552	－	3,764	0.20	4.91	3.12
70505	損害保険ジャパン日本興亜	3,332,883	－	139,088	－	－	－	11.76	－
9999	（3月）	2,590,740	－	175,220	－	2,463	0.10	0.18	-1.36
70507	日新火災海上保険	－	－	－	－	－	－	－	－
9999	（3月）	149,452	－	7,574	－	－	－	0.19	－
70511	あいおいニッセイ同和損害保険	1,413,739	－	47,709	－	－	－	2.45	－
9999	（3月）	1,335,258	－	5,616	－	1,045	0.08	2.32	-17.59

その他金融（東証一部）

日経会社コード 証券コード	会社名（決算月）	(A)	(B)	(C)	(D)	(E)	比率	A (%)	E (%)
1637	オ　リ　ッ　ク　ス	2,862,771	336,195	435,501	－	－	－	6.87	－
8591	（3月）	576,563	163,327	192,862	－	－	－	13.33	－
1668	クレディセゾン	356,466	40,771	56,717	16,642	26,354	7.39	1.53	4.45
8253	（3月）	249,865	32,900	38,871	16,642	25,404	10.17	4.71	4.44
1709	オリエントコーポレーション	224,398	30,088	30,088	3,348	－	－	5.01	－
8585	（3月）	207,473	26,680	26,680	3,348	－	－	2.95	－
1710	ジ　ャ　ッ　ク　ス	134,051	12,679	12,733	6,005	3,995	2.98	12.03	2.02
8584	（3月）	119,612	11,318	11,365	6,005	3,755	3.14	3.86	-4.11
1711	日立キャピタル	404,124	－	44,295	－	－	－	8.97	－
8586	（3月）★	40,793	9,329	9,297	－	－	－	-10.81	－
3634	日本アジア投資	8,303	1,237	1,047	－	－	－	77.38	－
8518	（3月）	5,172	1,006	987	－	－	－	42.83	－
8771	小　林　洋　行	3,255	-344	-272	－	83	2.55	0.87	48.21
8742	（3月）	331	-85	-46	－	－	－	0.00	－
9408	ア　イ　フ　ル	115,389	2,492	2,823	11,648	－	－	26.18	－
8515	（3月）	64,663	366	979	6,243	－	－	10.84	－

その 他 金 融

上段＝連結決算、下段＝単独決算

日経会社コード／証券コード	会　社　名（決算月）	(A)売上高(単位:百万円)	(B)営業利益(単位:百万円)	(C)経常利益(単位:百万円)	(D)販売促進費(単位:百万円)	(E)広告宣伝費(単位:百万円)	比　率(E/A×100)	対前年度伸び率 A (%)	対前年度伸び率 E (%)
10722	アプラスフィナンシャル	74,338	6,035	6,118	6,320	－	－	3.44	－
8589	（3月）	1,595	1,064	1,071	－	－	－	-66.73	－
12836	東京センチュリー	1,012,200	73,744	79,031	－	－	－	3.70	－
8439	（3月）	482,859	39,992	45,067	－	－	－	0.56	－
13121	三菱ＵＦＪリース	869,948	79,285	86,177	－	－	－	3.70	－
8593	（3月）	469,586	27,193	38,431	－	－	－	-3.19	－
15195	興　銀　リ　ー　ス	399,738	19,162	19,964	－	－	－	-6.91	－
8425	（3月）	268,867	10,429	12,426	－	－	－	-7.89	－
15559	イオンフィナンシャルサービス	407,970	－	65,746	－	－	－	8.74	－
8570	（3月）	24,008		13,658	－	4,199	17.49	-4.45	7.86
17191	ア　コ　ム	263,453	80,942	81,694	－	11,734	4.45	7.47	-0.25
8572	（3月）	195,310	61,767	65,471	－	11,299	5.79	6.15	-1.12
17710	リ　コ　ー　リ　ー　ス	304,341	16,552	16,415	－	－	－	4.54	－
8566	（3月）	295,050	15,976	15,856	－	－	－	4.32	－
18380	芙蓉総合リース	590,201	32,609	35,200	－	－	－	16.41	－
8424	（3月）	424,123	20,273	22,504	－	－	－	18.25	－
19650	ＮＥＣキャピタルソリューション	231,432	12,674	13,455	－	－	－	7.28	－
8793	（3月）	184,922	5,899	6,739	－	－	－	0.33	－
21475	だいこう証券ビジネス	23,904	1,962	2,023	－	－	－	0.24	－
8692	（3月）	14,483	1,651	1,870	－	－	－	4.08	－
28448	ジ　ャ　フ　コ	29,470	14,252	15,554	－	－	－	5.79	－
8595	（3月）	27,063	13,191	17,383	－	－	－	4.66	－
30367	ＳＢＩホールディングス	337,017	－	71,810	－	－	－	28.66	－
8473	（3月）★	30,408	10,859	7,481	－	－	－	-23.06	－
30478	日本ビルファンド投資法人	－	－	－	－	－	－	－	－
8951	（12月）	78,534	31,665	27,792	－	－	－	9.81	－
30479	ジャパンリアルエステイト投資法	－	－	－	－	－	－	－	－
8952	（3月）	63,673	26,774	24,283	－	－	－	3.38	－
30569	日本リテールファンド投資法人	－	－	－	－	－	－	－	－
8953	（2月）	62,978	28,215	23,658	－	－	－	-8.28	－
30593	オリックス不動産投資法人	－	－	－	－	－	－	－	－
8954	（2月）	45,471	20,802	17,803	－	－	－	6.82	－
30597	日本プライムリアルティ投資法人	－	－	－	－	－	－	－	－
8955	（12月）	30,259	15,316	13,534	－	－	－	3.09	－
30631	プレミア投資法人	－	－	－	－	－	－	－	－
8956	（10月）	17,087	7,608	6,662	－	－	－	3.45	－
30737	東急リアル・エステート投資法人	－	－	－	－	－	－	－	－
8957	（1月）	13,951	6,008	4,849	－	－	－	-18.00	－
30753	グローバル・ワン不動産投資法人	－	－	－	－	－	－	－	－
8958	（3月）	10,250	4,556	3,569	－	－	－	15.70	－
30809	ユナイテッド・アーバン投資法人	－	－	－	－	－	－	－	－
8960	（11月）	48,908	23,979	21,606	－	－	－	10.38	－
30818	森トラスト総合リート投資法人	－	－	－	－	－	－	－	－
8961	（3月）	20,292	13,042	12,051	－	－	－	15.78	－
30867	インヴィンシブル投資法人	－	－	－	－	－	－	－	－
8963	（12月）	21,907	13,567	12,005	－	－	－	23.99	－
30907	フロンティア不動産投資法人	－	－	－	－	－	－	－	－
8964	（12月）	20,146	10,631	10,004	－	－	－	0.36	－
30984	アクリーティブ	3,020	1,352	1,358	470	－	－	-12.46	－
8423	（3月）	2,838	1,292	1,305	466	－	－	2.53	－
31018	平和不動産リート投資法人	－	－	－	－	－	－	－	－
8966	（11月）	11,708	5,078	4,055	－	－	－	3.34	－
31045	日本ロジスティクスファンド投資	－	－	－	－	－	－	－	－
8967	（1月）	16,852	8,610	7,727	－	－	－	9.91	－
31062	福岡リート投資法人	－	－	－	－	－	－	－	－
8968	（2月）	16,316	5,885	5,186	－	－	－	-9.17	－
31074	ケネディクス・オフィス投資法人	－	－	－	－	－	－	－	－
8972	（10月）	28,940	11,558	9,341	－	－	－	3.90	－

—171—

その 他 金 融

上段＝連結決算、下段＝単独決算

日経会社コード／証券コード	会　社　名（決算月）	(A)売上高(単位:百万円)	(B)営業利益(単位:百万円)	(C)経常利益(単位:百万円)	(D)販売促進費(単位:百万円)	(E)広告宣伝費(単位:百万円)	比率($\frac{E}{A}\times100$)	対前年度伸び率 A (%)	対前年度伸び率 E (%)
31114	いちごオフィスリート投資法人	－	－	－	－	－	－	－	－
8975	（10月）	14,882	6,899	5,412	－	－	－	8.06	－
31116	大和証券オフィス投資法人	－	－	－	－	－	－	－	－
8976	（11月）	25,282	12,310	10,816	－	－	－	0.26	－
31119	阪急リート投資法人	－	－	－	－	－	－	－	－
8977	（11月）	9,642	4,129	3,418	－	－	－	-5.91	－
31136	スターツプロシード投資法人	－	－	－	－	－	－	－	－
8979	（10月）	6,153	2,780	2,418	－	－	－	37.22	－
31209	大和ハウスリート投資法人	－	－	－	－	－	－	－	－
8984	（2月）	40,715	17,404	15,120	－	－	－	49.57	－
31245	ジャパン・ホテル・リート投資法	－	－	－	－	－	－	－	－
8985	（12月）	25,475	15,757	14,006	－	－	－	15.23	－
31258	日本賃貸住宅投資法人	－	－	－	－	－	－	－	－
8986	（3月）	16,959	7,943	6,550	－	－	－	3.09	－
31259	ジャパンエクセレント投資法人	－	－	－	－	－	－	－	－
8987	（12月）	21,727	8,673	7,161	－	－	－	4.08	－
31274	日本アコモデーションファンド投	－	－	－	－	－	－	－	－
3226	（2月）	21,645	9,630	8,566	－	－	－	1.76	－
31289	ＭＣＵＢＳ　ＭｉｄＣｉｔｙ投資	－	－	－	－	－	－	－	－
3227	（12月）	15,635	6,133	4,927	－	－	－	13.06	－
31359	森ヒルズリート投資法人	－	－	－	－	－	－	－	－
3234	（1月）	16,986	10,682	9,413	－	－	－	6.11	－
31395	ア　サ　ッ　ク　ス	－	－	－	－	127	2.09	－	0.79
8772	（3月）	6,066	4,265	4,262	－	127	2.09	-3.11	0.79
31410	イー・ギャランティ	5,105	2,276	2,302	－	－	－	11.54	－
8771	（3月）	5,429	1,931	2,160	－	－	－	12.59	－
31447	マネーパートナーズグループ	6,029	1,046	1,064	－	－	－	-0.18	－
8732	（3月）	663	217	229	－	－	－	-17.95	－
31486	産業ファンド投資法人	－	－	－	－	－	－	－	－
3249	（1月）	17,566	10,023	8,046	－	－	－	10.10	－
31628	アドバンス・レジデンス投資法人	－	－	－	－	－	－	－	－
3269	（1月）	31,821	15,987	13,440	－	－	－	2.82	－
31640	Ｆ　Ｐ　Ｇ	21,071	13,417	13,711	－	－	－	11.52	－
7148	（9月）	19,872	13,621	13,649	－	29	0.15	12.46	123.08
31732	ケネディクス・レジデンシャル・	－	－	－	－	－	－	－	－
3278	（1月）	11,255	5,722	4,669	－	－	－	4.20	－
31737	アクティビア・プロパティーズ投	－	－	－	－	－	－	－	－
3279	（11月）	24,827	14,054	12,370	－	－	－	17.71	－
31780	ＧＬＰ投資法人	－	－	－	－	－	－	－	－
3281	（2月）	28,686	15,157	12,779	－	－	－	8.89	－
31791	コンフォリア・レジデンシャル投	－	－	－	－	－	－	－	－
3282	（1月）	14,633	6,266	5,293	－	－	－	10.81	－
31794	日本プロロジスリート投資法人	－	－	－	－	－	－	－	－
3283	（11月）	40,540	23,251	20,816	－	－	－	32.90	－
31817	星野リゾート・リート投資法人	－	－	－	－	－	－	－	－
3287	（10月）	9,106	4,642	3,966	－	－	－	20.77	－
31838	Ｏｎｅリート投資法人	－	－	－	－	－	－	－	－
3290	（2月）	7,351	3,485	2,808	－	－	－	16.39	－
31844	イオンリート投資法人	－	－	－	－	－	－	－	－
3292	（1月）	30,422	11,900	10,162	－	－	－	32.85	－
31875	ヒューリックリート投資法人	－	－	－	－	－	－	－	－
3295	（2月）	15,281	8,754	7,745	－	－	－	22.15	－
31892	日本リート投資法人	－	－	－	－	－	－	－	－
3296	（12月）	14,500	7,811	6,826	－	－	－	7.86	－
31896	インベスコ・オフィス・ジェイリ	－	－	－	－	－	－	－	－
3298	（10月）	12,714	6,096	5,361	－	－	－	28.85	－
31931	日本ヘルスケア投資法人	－	－	－	－	－	－	－	－
3308	（4月）	1,376	551	497	－	－	－	12.60	－

その　他　金　融

上段＝連結決算、下段＝単独決算

日経会社コード 証券コード	会　社　名 （決算月）	(A) 売上高 (単位:百万円)	(B) 営業利益 (単位:百万円)	(C) 経常利益 (単位:百万円)	(D) 販売促進費 (単位:百万円)	(E) 広告宣伝費 (単位:百万円)	比　率 （E/A×100）	対前年度伸び率 A（％）	E（％）
31938	トーセイ・リート投資法人	－	－	－	－	－	－	－	－
3451	（10月）	3,249	1,545	1,278	－	－	－	25.83	－
31939	積水ハウス・リート投資法人	－	－	－	－	－	－	－	－
3309	（4月）	8,203	5,368	4,702	－	－	－	19.82	－
31976	ケネディクス商業リート投資法人	－	－	－	－	－	－	－	－
3453	（3月）	15,929	7,434	6,287	－	－	－	24.41	－
31990	ヘルスケア＆メディカル投資法人	－	－	－	－	－	－	－	－
3455	（1月）	2,381	1,251	1,034	－	－	－	53.12	－
32037	サムティ・レジデンシャル投資法	－	－	－	－	－	－	－	－
3459	（1月）	3,674	1,548	1,234	－	－	－	25.99	－
32068	野村不動産マスターファンド投資	－	－	－	－	－	－	－	－
3462	（2月）	72,357	28,947	23,905	－	－	－	10.15	－
32082	いちごホテルリート投資法人	－	－	－	－	－	－	－	－
3463	（1月）	3,469	2,007	1,641	－	－	－	48.63	－
32102	ラサールロジポート投資法人	－	－	－	－	－	－	－	－
3466	（2月）	10,485	5,545	4,974	－	－	－	40.04	－
32129	スターアジア不動産投資法人	－	－	－	－	－	－	－	－
3468	（1月）	6,405	4,149	3,709	－	－	－	92.81	－
32130	タカラレーベン・インフラ投資法	－	－	－	－	－	－	－	－
9281	（11月）	1,471	590	518	－	－	－	380.72	－
32135	ジ　ェ　イ　リ　ー　ス	5,022	407	351	－	－	－	21.86	－
7187	（3月）	4,887	374	318	－	－	－	21.48	－
32151	マリモ地方創生リート投資法人	－	－	－	－	－	－	－	－
3470	（12月）	1,499	631	531	－	－	－	105.34	－
32155	三井不動産ロジスティクスパーク	－	－	－	－	－	－	－	－
3471	（1月）	5,177	2,420	2,337	－	－	－	81.01	－
32159	大江戸温泉リート投資法人	－	－	－	－	－	－	－	－
3472	（11月）	2,053	1,066	867	－	－	－	169.78	－
32166	さくら総合リート投資法人	－	－	－	－	－	－	－	－
3473	（2月）	5,092	2,393	2,107	－	－	－	107.16	－
32183	マーキュリアインベストメント	4,224	2,229	2,207	－	－	－	67.62	－
7190	（12月）	3,121	1,502	1,710	－	－	－	172.58	－
32191	いちごグリーンインフラ投資法人	－	－	－	－	－	－	－	－
9282	（6月）	566	155	91	－	－	－	－	－
32194	イ　ン　ト　ラ　ス　ト	－	－	－	－	－	－	－	－
7191	（3月）	2,951	772	752	－	－	－	8.77	－
32197	投資法人みらい	－	－	－	－	－	－	－	－
3476	（10月）	5,770	2,941	2,557	－	－	－	－	－
32212	森トラスト・ホテルリート投資法	－	－	－	－	－	－	－	－
3478	（2月）	4,608	3,249	3,069	－	－	－	103.53	－
32236	日本再生可能エネルギーインフラ	－	－	－	－	－	－	－	－
9283	（1月）	514	177	95	－	－	－	－	－
32264	三菱地所物流リート投資法人	－	－	－	－	－	－	－	－
3481	（2月）	2,233	1,334	1,144	－	－	－	703.24	－
32279	カナディアン・ソーラー・インフ	－	－	－	－	－	－	－	－
9284	（9月）	－	-15	-147	－	－	－	－	－
32320	ＣＲＥロジスティクスファンド投	－	－	－	－	－	－	－	－
3487	（12月）	924	455	356	－	－	－	37.50	－
37438	全　国　保　証	－	－	－	－	－	－	－	－
7164	（3月）	39,599	31,179	31,974	－	－	－	10.25	－
41675	ア　ル　ヒ	20,433	－	5,199	－	460	2.25	-4.84	-5.15
7198	（3月）★	14,764	3,529	2,770	－	－	－	－	－
65938	九州リースサービス	23,270	3,104	3,461	－	－	－	10.51	－
8596	（3月）	22,742	2,911	3,313	－	－	－	10.09	－
70514	日　本　証　券　金　融	26,333	3,881	4,685	－	－	－	14.16	－
8511	（3月）	22,490	2,905	3,625	－	－	－	15.82	－
75107	日本取引所グループ	120,711	71,791	72,990	－	－	－	11.89	－
8697	（3月）★	41,119	35,118	36,441	－	－	－	-14.13	－

—173—

その他金融

上段＝連結決算、下段＝単独決算

日経会社コード／証券コード	会社名（決算月）	(A) 売上高 (単位:百万円)	(B) 営業利益 (単位:百万円)	(C) 経常利益 (単位:百万円)	(D) 販売促進費 (単位:百万円)	(E) 広告宣伝費 (単位:百万円)	比率 E/A×100	対前年度伸び率 A (%)	対前年度伸び率 E (%)
75332	信 金 中 央 金 庫	304,692	51,422	60,850	－	－	－	-4.58	－
8421	（3月）	273,648	50,535	60,678	－	－	－	-3.65	－

その他金融（東証二部）

日経会社コード／証券コード	会社名（決算月）	(A) 売上高	(B) 営業利益	(C) 経常利益	(D) 販売促進費	(E) 広告宣伝費	比率 E/A×100	A (%)	E (%)
319	Ｏａｋ　キャピタル	5,654	1,549	1,154	－	－	－	-36.88	－
3113	（3月）	5,654	1,550	1,380	－	－	－	-36.88	－
325	マーチャント・バンカーズ	1,794	-29	-156	－	－	－	-29.78	－
3121	（3月）	1,185	-41	-156	－	－	－	-29.30	－
1976	アジア開発キャピタル	682	-484	-713	－	－	－	-74.61	－
9318	（3月）	166	-447	-624	－	－	－	4.40	－
17222	あ か つ き 本 社	22,650	1,616	1,786	653	－	－	425.28	－
8737	（3月）	1,101	311	563	－	－	－	91.15	－
30145	Ｊ ト ラ ス ト	76,266	2,355	416	－	1,492	1.96	14.77	-25.06
8508	（3月）★	3,052	875	732	－	－	－	-52.14	－
31977	シンプレクス・ファイナンシャル	10,088	5,117	5,094	－	－	－	59.70	－
7176	（3月）	－	－	－	－	－	－	－	－
32198	日本モーゲージサービス	6,293	823	826	659	－	－	7.32	－
7192	（3月）	1,813	404	553	418	－	－	-3.46	－
32280	Ｃ ａ ｓ ａ	－	－	－	－	－	－	－	－
7196	（1月）	8,293	1,166	1,212	－	－	－	3.38	－
32313	プレミアグループ	3,117	－	1,978	－	－	－	13.97	－
7199	（3月）★	878	-64	-158	－	－	－	66.60	－

その他金融（マザーズ）

日経会社コード／証券コード	会社名（決算月）	(A) 売上高	(B) 営業利益	(C) 経常利益	(D) 販売促進費	(E) 広告宣伝費	比率 E/A×100	A (%)	E (%)
31053	フィンテック　グローバル	7,182	-1,319	-1,341	－	－	－	-4.05	－
8789	（9月）	1,066	-1,152	-1,054	－	4	0.38	-53.00	－
31912	ジャパンインベストメントアドバ	8,568	4,707	4,176	－	－	－	44.90	－
7172	（12月）	2,376	1,270	2,035	－	－	－	77.18	－
32079	あ ん し ん 保 証	－	－	－	－	－	－	－	－
7183	（3月）	2,741	89	160	－	－	－	17.99	－
32336	日本リビング保証	1,031	67	76	1	－	－	18.64	－
7320	（6月）	958	65	74	－	－	－	19.75	－

その他金融（札幌）

日経会社コード／証券コード	会社名（決算月）	(A) 売上高	(B) 営業利益	(C) 経常利益	(D) 販売促進費	(E) 広告宣伝費	比率 E/A×100	A (%)	E (%)
14311	中 道 リ ー ス	－	－	－	－	－	－	－	－
8594	（12月）	38,277	816	825	－	－	－	5.30	－

その他金融（ジャスダック）

日経会社コード／証券コード	会社名（決算月）	(A) 売上高	(B) 営業利益	(C) 経常利益	(D) 販売促進費	(E) 広告宣伝費	比率 E/A×100	A (%)	E (%)
16607	豊 商 事	4,978	293	334	－	108	2.17	40.78	-3.57
8747	（3月）	4,909	292	367	－	108	2.20	40.38	-3.57
17477	第 一 商 品	－	－	－	－	－	－	－	－
8746	（3月）	4,074	-145	-13	－	822	20.18	1.27	5.38
21841	山田債権回収管理総合事務所	2,088	61	81	－	－	－	-21.42	－
4351	（12月）	1,846	52	67	－	－	－	-5.72	－
29878	フューチャーベンチャーキャピタ	756	-62	-67	－	－	－	107.12	－
8462	（3月）	533	-82	-75	－	－	－	91.73	－
30319	フ ジ ト ミ	1,783	-291	-261	－	65	3.65	－	－
8740	（3月）	1,735	-281	-250	－	65	3.75	-2.03	75.68
30520	スパークス・グループ	13,227	6,569	6,668	－	148	1.12	48.50	-18.68
8739	（3月）	1,974	-99	1,916	－	－	－	35.21	－
30811	ウェッジホールディングス	10,046	3,233	-2,446	－	－	－	8.09	－
2388	（9月）	473	-174	-201	－	5	1.06	-10.08	-83.33
31034	岡藤ホールディングス	2,737	-189	-153	－	62	2.27	-3.63	-30.34
8705	（3月）	354	104	102	－	－	－	-21.85	－
31183	Ｇ Ｆ Ａ	1,593	117	86	－	－	－	－	－
8783	（3月）	1,581	115	96	－	－	－	106.67	－
31610	ファンドクリエーショングループ	1,628	191	175	－	－	－	-51.16	－
3266	（11月）	148	20	12	－	6	4.05	1.37	-14.29

その　他　金　融

上段＝連結決算、下段＝単独決算

日経会社コード 証券コード	会　社　名 （決算月）	(A) 売上高 (単位:百万円)	(B) 営業利益 (単位:百万円)	(C) 経常利益 (単位:百万円)	(D) 販売促進費 (単位:百万円)	(E) 広告宣伝費 (単位:百万円)	比率 E/A×100	対前年度伸び率 A(%)	E(%)
31759 7162	アストマックス （3月）	6,186 320	166 -2	-1 273	- -	- -	- -	75.64 -3.32	- -
52628 7185	ヒ　ロ　セ　通　商 （3月）	7,671 6,892	2,610 2,515	2,552 2,468	- -	996 799	12.98 11.59	14.13 19.80	-17.69 -10.53

その他金融（非上場）

日経会社コード 証券コード	会　社　名 （決算月）	(A) 売上高 (単位:百万円)	(B) 営業利益 (単位:百万円)	(C) 経常利益 (単位:百万円)	(D) 販売促進費 (単位:百万円)	(E) 広告宣伝費 (単位:百万円)	比率 E/A×100	対前年度伸び率 A(%)	E(%)
570 9999	北海道建設業信用保証 （3月）	- 2,375	- 413	- 829	- -	- -	- -	- 9.50	- -
1739 9999	日　貿　信 （3月）	300 103	-125 -111	-125 -110	- -	- -	- -	0.00 90.74	- -
1748 9999	互　助　会　保　証 （5月）	2,256 2,142	1,078 -32	2,295 1,178	- -	- -	- -	5.67 0.33	- -
12488 9999	昭　和　リ　ー　ス （3月）	96,305 87,957	1,954 1,841	1,980 1,878	- -	- -	- -	-5.00 -7.57	- -
12721 9999	三井住友ファイナンス＆リース （3月）	1,622,823 965,258	96,451 54,821	97,636 55,621	- -	- -	- -	14.25 19.53	- -
16726 9999	リゾート＆メディカル （3月）	- -	-154 -149	-26 -112	- -	- -	- -	- -	- -
17010 9999	全国不動産信用保証 （3月）	- 191	- 33	- 51	- -	- -	- -	- -8.61	- -
17044 9999	ＴＫＣ金融保証 （9月）	- 477	- 90	- 101	- -	- -	- -	- -30.16	- -
18142 9999	トヨタファイナンス （3月）	167,497 165,973	28,695 28,154	31,260 31,007	18,825 18,825	- -	- -	4.69 4.46	- -
18196 9999	東日本建設業保証 （3月）	19,870 19,582	4,786 4,581	6,822 6,623	- -	- -	- -	-3.91 -3.83	- -
18297 9999	西日本建設業保証 （3月）	10,528 10,068	2,399 2,261	3,705 3,549	- -	- -	- -	2.50 2.54	- -
18482 9999	エム・オー・エー基金 （9月）	- 273	- 26	- 26	- -	- -	- -	- -2.15	- -
18530 9999	ホンダファイナンス （3月）	- 55,427	- 14,335	- 14,361	- 313	- -	- -	- 1.83	- -
19577 9999	財　形　住　宅　金　融 （3月）	- 4,995	- 206	- 212	- -	- -	- -	- -16.99	- -
24449 9999	商工組合中央金庫 （3月）	204,707 170,187	- -	58,499 56,947	- -	- -	- -	4.78 6.21	- -
28018 9999	日産フィナンシャルサービス （3月）	- 50,694	- 30,893	- 31,009	- -	- -	- -	- 10.56	- -
35065 9999	三井住友トラスト・パナソニック （3月）	234,046 217,422	10,320 9,038	9,324 9,733	- -	- -	- -	1.11 -1.04	- -
37775 9999	全宅住宅ローン （3月）	1,460 1,297	186 107	187 117	- -	- -	- -	-10.15 -15.94	- -
38865 9999	住宅あんしん保証 （3月）	- 5,176	- 263	- 291	- -	- -	- -	- 0.02	- -
40314 9999	ＪＡ三井リース （3月）	450,308 327,475	21,791 10,360	24,410 14,774	- -	- -	- -	2.55 -1.15	- -
40365 9999	日本政策金融公庫 （3月）	- 606,865	- 161,500	- 118,002	- -	- -	- -	- -0.63	- -
40431 9999	東京商品取引所 （3月）	3,095 2,632	-792 -830	-718 -812	- -	- -	- -	4.88 -0.38	- -
41847 9999	マネックスファイナンス （3月）	- 209	- 11	- -14	- -	- -	- -	- -	- -
51134 9999	日本住宅ローン （3月）	- 6,016	- 1,561	- 1,563	- -	- -	- -	- -4.31	- -
70221 9999	日本政策投資銀行 （3月）	291,792 267,057	52,300 -	127,156 120,341	- -	- -	- -	2.21 -0.99	- -
70231 9999	国　際　協　力　銀　行 （3月）	390,060 389,589	- -	62,063 62,094	- -	- -	- -	- 32.22	- -

—175—

その他金融／不動産

上段＝連結決算、下段＝単独決算

日経会社コード／証券コード	会社名（決算月）	(A) 売上高（単位:百万円）	(B) 営業利益（単位:百万円）	(C) 経常利益（単位:百万円）	(D) 販売促進費（単位:百万円）	(E) 広告宣伝費（単位:百万円）	比率 E/A×100	対前年度伸び率 A(%)	E(%)
91581	ポケットカード	–	–	–	–	–	–	–	–
8519	（2月）	38,600	5,374	5,374	8,034	1,174	3.04	2.61	1.65

不動産（東証一部）

日経会社コード／証券コード	会社名（決算月）	(A) 売上高	(B) 営業利益	(C) 経常利益	(D) 販売促進費	(E) 広告宣伝費	比率 E/A×100	A(%)	E(%)
303	ヒューリック	289,618	64,249	61,870	–	–	–	34.22	–
3003	（12月）	253,639	59,715	58,103	–	–	–	42.49	–
1801	三井不動産	1,751,114	245,902	240,341	–	21,452	1.23	2.74	-7.81
8801	（3月）	751,959	140,007	169,625	–	6,046	0.80	21.67	-2.03
1802	三菱地所	1,194,049	213,047	190,506	–	10,089	0.84	6.10	11.33
8802	（3月）	472,486	109,715	127,288	–	–	–	13.41	–
1803	平和不動産	32,698	9,432	8,395	80	–	–	-21.68	–
8803	（3月）	27,762	8,094	7,590	80	–	–	-22.11	–
1804	東京建物	266,983	44,757	39,416	–	3,510	1.31	4.91	37.76
8804	（12月）	151,331	33,902	33,044	–	3,564	2.36	7.25	43.94
1805	ダイビル	40,400	11,055	10,640	–	–	–	2.41	–
8806	（3月）	28,848	9,861	9,551	–	–	–	1.87	–
1810	京阪神ビルディング	14,799	5,298	5,044	–	–	–	2.91	–
8818	（3月）	14,427	5,143	5,000	–	–	–	2.78	–
1815	住友不動産	948,402	205,637	186,870	–	20,993	2.21	2.51	9.26
8830	（3月）	814,192	170,705	157,851	–	19,752	2.43	3.56	9.16
2069	東京楽天地	10,530	1,617	1,770	–	–	–	-2.13	–
8842	（1月）	6,730	1,402	1,462	–	–	–	-1.10	–
3103	空港施設	22,791	4,103	3,726	–	–	–	5.21	–
8864	（3月）	19,630	2,781	2,908	–	7	0.04	5.90	16.67
4209	フジ住宅	103,880	6,438	6,139	1,702	2,325	2.24	4.55	11.19
8860	（3月）	90,925	5,729	5,420	1,210	2,315	2.55	5.41	11.41
5345	レオパレス21	530,840	22,930	22,354	2,289	4,235	0.80	1.99	10.98
8848	（3月）	505,849	21,347	21,879	–	–	–	1.33	–
7663	スターツコーポレーション	168,870	20,949	20,731	–	3,191	1.89	-6.60	13.96
8850	（3月）	13,802	9,000	8,791	–	560	4.06	40.59	-0.88
8244	日神不動産	81,502	6,760	6,530	–	204	0.25	-7.04	-19.69
8881	（3月）	29,227	1,341	1,473	–	193	0.66	-20.47	-11.06
9561	明和地所	48,105	2,991	2,503	–	1,303	2.71	-9.48	-4.96
8869	（3月）	41,835	2,265	2,123	–	1,268	3.03	-9.37	-2.98
12947	大京	335,184	20,174	19,789	–	6,044	1.80	3.02	14.49
8840	（3月）	63,950	1,598	11,733	–	3,582	5.60	-5.94	13.07
14117	穴吹興産	81,518	4,391	4,096	1,651	1,372	1.68	4.70	1.55
8928	（6月）	44,446	2,650	2,627	1,888	1,238	2.79	11.68	14.63
14824	日本空港ビルデング	225,953	13,429	16,696	–	–	–	10.25	–
9706	（3月）	176,160	7,811	8,769	–	–	–	9.73	–
18874	イオンモール	288,111	49,211	49,022	2,197	–	–	6.79	–
8905	（2月）	231,440	49,749	49,851	2,149	–	–	5.73	–
21612	日本エスリード	48,340	6,752	6,703	–	971	2.01	23.00	29.99
8877	（3月）	43,389	5,845	5,975	–	953	2.20	22.19	27.58
23753	グランディハウス	44,726	2,695	2,796	–	602	1.35	1.74	8.66
8999	（3月）	21,175	1,343	2,360	–	298	1.41	8.80	1.36
24201	ＮＴＴ都市開発	166,800	29,635	27,432	–	4,247	2.55	-11.57	20.41
8933	（3月）	138,380	24,489	21,705	–	4,248	3.07	-14.56	19.76
25502	カチタス	69,202	7,374	6,789	–	773	1.12	11.92	-22.16
8919	（3月）	50,043	6,129	5,622	–	736	1.47	10.70	-16.27
26693	テーオーシー	18,678	5,330	4,616	–	213	1.14	-14.44	-34.86
8841	（3月）	13,148	4,372	3,664	–	68	0.52	-20.24	-15.00
30055	パーク24	232,956	20,505	20,281	–	2,068	0.89	19.83	12.51
4666	（10月）	25,645	11,626	11,740	–	416	1.62	22.80	19.20
30131	ゴールドクレスト	42,857	13,324	12,948	372	1,329	3.10	19.63	23.28
8871	（3月）	37,073	12,292	11,952	349	1,290	3.48	23.28	23.44
30459	日本エスコン	44,724	7,042	5,988	515	1,501	3.36	30.21	9.64
8892	（12月）	44,108	6,947	5,940	557	1,501	3.40	31.45	9.72

—176—

不　動　産

上段＝連結決算、下段＝単独決算

日経会社コード 証券コード	会　社　名 （決算月）	(A) 売上高 (単位:百万円)	(B) 営業利益 (単位:百万円)	(C) 経常利益 (単位:百万円)	(D) 販売促進費 (単位:百万円)	(E) 広告宣伝費 (単位:百万円)	比　率 $\frac{E}{A}\times100$	対前年度伸び率 A (%)	対前年度伸び率 E (%)
30514 8897	タカラレーベン （3月）	110,851 85,038	12,597 10,838	11,792 10,214	2,098 2,398	2,982 2,495	2.69 2.93	7.00 0.02	10.73 5.81
30604 8904	サンヨーハウジング名古屋 （8月）	37,191 28,073	1,707 1,335	1,913 1,539	－ 89	444 389	1.19 1.39	7.23 3.52	7.77 -0.51
30650 2337	い　ち　ご （2月）	57,846 20,609	20,858 16,779	19,185 16,492	－ －	－ －	－ －	-47.05 4.53	－ －
30678 2353	日本駐車場開発 （7月）	21,987 10,230	3,067 1,655	3,212 1,724	－ －	－ －	－ －	21.21 -5.11	－ －
30751 8917	ファースト住建 （10月）	－ 41,404	－ 4,325	－ 4,253	－ 1,019	－ 24	－ 0.06	－ -0.97	－ -20.00
30801 8918	ラ　ン　ド （2月）	4,372 4,372	1,352 1,352	1,341 1,404	－ －	－ －	－ －	0.95 0.95	－ －
30832 8923	ト　ー　セ　イ （11月）★	57,754 45,491	9,833 6,434	9,049 7,218	1,457 1,401	207 －	0.36 －	15.93 8.40	36.18 －
30973 8935	エフ・ジェー・ネクスト （3月）	67,008 59,607	7,238 5,900	7,226 6,317	－ －	1,165 1,164	1.74 1.95	9.11 11.54	28.02 28.48
31036 8940	インテリックス （5月）	41,400 40,302	1,756 1,717	1,343 1,309	1,022 1,104	－ －	－ －	6.22 6.48	－ －
31078 8944	ランドビジネス （9月）	－ 4,691	－ 1,126	－ 559	－ －	－ －	－ －	－ 1.91	－ －
31298 3228	三　栄　建　築　設　計 （8月）	100,572 76,424	9,496 7,327	9,120 7,091	－ －	1,307 1,043	1.30 1.36	38.48 37.50	42.37 36.88
31320 3231	野村不動産ホールディングス （3月）	623,762 32,093	76,660 15,765	68,033 15,578	－ －	22,335 －	3.58 －	9.49 6.88	4.00 －
31325 3232	三重交通グループホールディング （3月）	104,436 2,805	6,244 1,918	6,431 1,911	－ －	1,219 76	1.17 2.71	1.65 13.29	-11.09 31.03
31457 3244	サ　ム　テ　ィ （11月）	60,479 55,946	10,131 8,522	8,461 7,018	159 622	247 158	0.41 0.28	15.40 29.72	33.51 105.19
31459 3245	ディア・ライフ （9月）	16,476 14,130	2,071 1,852	1,996 1,785	－ －	－ 9	－ 0.06	54.02 47.02	－ 12.50
31460 3246	コーセーアールイー （1月）	12,889 11,215	1,784 1,561	1,750 1,560	372 246	297 294	2.30 2.62	25.81 34.76	2.41 3.16
31487 3250	エー・ディー・ワークス （3月）	22,299 17,131	1,212 592	926 480	436 346	－ －	－ －	17.55 8.85	－ －
31493 3252	日　本　商　業　開　発 （3月）	31,260 29,301	3,684 3,552	3,044 3,257	－ －	－ －	－ －	17.46 22.63	－ －
31508 3254	プレサンスコーポレーション （3月）	134,059 123,994	20,362 16,900	19,858 16,875	5,857 8,468	436 407	0.33 0.33	32.62 31.31	-7.43 -7.08
31526 3258	ユニゾホールディングス （3月）	52,462 4,777	17,570 1,928	11,500 2,093	7 －	94 －	0.18 －	32.53 -38.18	-35.62 －
31637 3271	ＴＨＥグローバル社 （6月）	31,404 843	1,837 251	1,463 261	1,231 －	－ 108	－ 12.81	21.72 -5.70	－ 11.34
31698 3276	日本管理センター （12月）	40,510 39,840	2,454 2,034	2,453 2,040	－ －	－ －	－ －	3.48 3.02	－ －
31708 3277	サンセイランディック （12月）	13,098 11,968	1,762 1,810	1,668 1,610	259 259	－ 20	－ 0.17	6.49 9.21	－ 25.00
31764 3280	エ　ス　ト　ラ　ス　ト （2月）	13,923 13,252	1,160 1,005	1,043 883	134 234	283 280	2.03 2.11	1.16 -0.95	14.11 13.82
31804 3284	フージャースホールディングス （3月）	63,364 6,190	7,289 4,912	6,936 4,896	2,513 －	－ －	－ －	20.18 47.49	－ －
31827 3288	オープンハウス （9月）	304,651 10,281	37,617 2,691	36,131 8,099	3,237 －	1,771 350	0.58 3.40	23.24 20.56	30.12 56.25
31831 3289	東急不動産ホールディングス （3月）	866,126 23,897	77,519 15,372	68,691 14,980	－ －	11,130 289	1.29 1.21	7.13 54.90	0.04 16.06
31840 3291	飯田グループホールディングス （3月）★	1,335,386 50,096	103,755 46,889	100,316 46,170	－ －	13,327 944	1.00 1.88	8.35 146.99	9.99 -1.15
31866 3294	イ　ー　グ　ラ　ン　ド （3月）	－ 20,544	－ 1,412	－ 1,192	－ －	－ －	－ －	－ 11.13	－ －

—177—

不　　　動　　　産

上段＝連結決算、下段＝単独決算

日経会社コード 証券コード	会　社　名 （決算月）	(A) 売上高 （単位:百万円）	(B) 営業利益 （単位:百万円）	(C) 経常利益 （単位:百万円）	(D) 販売促進費 （単位:百万円）	(E) 広告宣伝費 （単位:百万円）	比　率 ($\frac{E}{A} \times 100$)	対前年度伸び率 A (%)	E (%)
31898	ムゲンエステート	63,568	7,122	6,478	1,313	－	－	10.58	－
3299	（12月）	63,396	6,846	6,223	1,337	－	－	10.37	－
31942	ビ ー ロ ッ ト	13,097	2,365	1,998	－	－	－	12.65	－
3452	（12月）	11,690	2,381	2,026	－	－	－	6.94	－
31979	ファーストブラザーズ	18,766	3,373	3,060	－	－	－	28.48	－
3454	（11月）	1,425	700	706	－	－	－	-59.67	－
31996	ハ ウ ス ド ゥ	16,848	1,249	1,103	－	1,120	6.65	-2.47	8.42
3457	（ 6月）	15,099	927	817	－	713	4.72	-4.62	9.86
32010	シーアールイー	40,475	5,188	4,956	－	－	－	19.60	－
3458	（ 7月）	22,436	5,081	4,916	－	－	－	15.93	－
32193	グッドコムアセット	9,834	907	820	2	－	－	33.02	－
3475	（10月）	9,579	892	799	109	39	0.41	32.82	18.18
32258	ジェイ・エス・ビー	36,428	2,769	2,638	－	－	－	6.94	－
3480	（10月）	31,635	1,692	1,840	－	－	－	6.92	－
35170	パ ラ カ	－	－	－	－	－	－	－	－
4809	（ 9月）	12,689	2,403	2,192	－	－	－	5.60	－
37026	サンフロンティア不動産	47,463	11,239	10,755	508	－	－	17.50	－
8934	（ 3月）	44,254	11,222	10,761	508	－	－	14.93	－
39036	ケイアイスター不動産	64,107	5,298	5,283	－	547	0.85	25.07	-17.37
3465	（ 3月）	53,910	4,849	4,923	－	352	0.65	18.20	-32.31

不動産（東証二部）

日経会社コード 証券コード	会　社　名 （決算月）	(A) 売上高	(B) 営業利益	(C) 経常利益	(D) 販売促進費	(E) 広告宣伝費	比　率	対前年度伸び率 A (%)	E (%)
364	プ ロ ス ペ ク ト	11,927	-1,354	-909	－	334	2.80	-15.67	7.74
3528	（ 3月）	5,103	-1,123	-299	－	303	5.94	-22.27	10.18
4650	セントラル総合開発	26,951	1,114	753	375	922	3.42	7.53	-3.76
3238	（ 3月）	24,300	869	605	375	921	3.79	7.81	-3.76
14906	日 住 サ ー ビ ス	8,594	490	481	－	472	5.49	18.92	0.00
8854	（12月）	8,567	450	447	－	477	5.57	18.97	0.00
20017	アーバンライフ	3,164	470	404	－	94	2.97	-4.38	-7.84
8851	（ 3月）	1,700	328	258	－	－	－	-0.82	－
24577	エリアクエスト	2,341	420	401	－	26	1.11	25.79	0.00
8912	（ 6月）	536	133	128	－	－	－	3.28	－
30438	エムジーホーム	8,965	675	660	－	156	1.74	28.72	-9.30
8891	（ 3月）	5,910	540	529	102	147	2.49	26.26	-8.70
30468	原 弘 産	－	－	－	－	－	－	－	－
8894	（10月）	830	-64	-86	－	－	－	-66.27	－
30649	毎日コムネット	14,809	1,631	1,550	－	339	2.29	9.08	11.51
8908	（ 5月）	11,822	973	963	－	330	2.79	8.47	14.58
30846	ア ル デ プ ロ	7,733	820	-939	190	－	－	-71.85	－
8925	（ 7月）	7,733	891	133	190	－	－	-71.85	－
31088	日本社宅サービス	7,348	812	842	－	－	－	4.70	－
8945	（ 6月）	4,013	732	756	－	－	－	7.56	－
31195	誠 建 設 工 業	3,508	294	310	33	26	0.74	25.69	-25.71
8995	（ 3月）	3,427	245	257	61	18	0.53	26.22	-28.00
31393	ウ ィ ル	5,222	630	623	－	－	－	6.99	－
3241	（12月）	1,233	54	197	－	14	1.14	-9.47	-30.00
31485	ア ー ル エ イ ジ	3,940	520	474	－	－	－	-4.83	－
3248	（10月）	3,634	467	451	－	－	－	-4.79	－
32005	Ｔ Ｓ Ｏ Ｎ	－	－	－	－	－	－	－	－
3456	（ 6月）	1,668	135	134	－	－	－	24.48	－
32096	プロパティエージェント	－	－	－	－	－	－	－	－
3464	（ 3月）	19,219	1,391	1,128	－	299	1.56	57.97	43.75
32113	アグレ都市デザイン	－	－	－	－	－	－	－	－
3467	（ 3月）	14,421	818	686	92	218	1.51	29.52	26.74
32147	デュアルタップ	9,697	453	345	－	99	1.02	38.61	-7.48
3469	（ 6月）	9,581	470	361	－	78	0.81	39.24	-11.36
32292	翔 栄	－	－	－	－	－	－	－	－
3483	（ 7月）	770	87	20	－	－	－	-51.23	－

—178—

上段＝連結決算、下段＝単独決算

不　動　産

日経会社コード 証券コード	会　社　名 （決算月）	(A) 売上高 (単位:百万円)	(B) 営業利益 (単位:百万円)	(C) 経常利益 (単位:百万円)	(D) 販売促進費 (単位:百万円)	(E) 広告宣伝費 (単位:百万円)	比率 $\frac{E}{A}×100$	対前年度伸び率 A (%)	E (%)

不動産（マザーズ）

日経会社コード 証券コード	会社名（決算月）	(A)	(B)	(C)	(D)	(E)	比率	A (%)	E (%)
30730 8914	エ リ ア リ ン ク （12月）	– 21,489	– 2,379	– 2,441	– –	– 405	– 1.88	– 27.09	– 8.58
30831 8922	日本アセットマーケティング （3月）	19,199 19,155	7,536 7,759	7,220 7,170	– –	– –	– –	7.28 7.12	– –
31372 3237	イ ン ト ラ ン ス （3月）	2,623 2,279	7 -92	-27 -147	– –	– –	– –	-4.37 -5.44	– –
31814 3286	トラストホールディングス （6月）	17,584 796	623 467	353 477	12 –	500 –	2.84 –	25.35 107.83	-50.40 –
31916 3300	ＡＭＢＩＴＩＯＮ （6月）	14,578 13,474	291 272	268 250	– –	193 –	1.32 –	48.14 52.96	12.21 –
32047 3461	パ ル マ （9月）	– 2,346	– 215	– 211	– –	– –	– –	– 115.82	– –
32179 3474	Ｇ－ＦＡＣＴＯＲＹ （12月）	2,909 2,877	355 350	351 352	– –	– –	– –	12.80 12.03	– –
32205 3477	フ ォ ー ラ イ フ （3月）	– 8,659	– 381	– 372	– 267	– –	– –	– 23.28	– –
32267 3482	ロードスターキャピタル （12月）	8,794 8,729	1,364 1,295	1,189 1,081	– –	– 46	– 0.53	88.75 87.64	– 17.95
32278 3484	テンポイノベーション （3月）	– 6,689	– 396	– 401	– –	– –	– –	– 24.19	– –
32302 3486	グローバル・リンク・マネジメン （12月）	17,167 15,064	1,108 1,040	1,092 1,023	290 300	178 177	1.04 1.17	47.93 54.46	36.92 36.15
32329 3489	フェイスネットワーク （3月）	– 13,945	– 1,237	– 1,046	– –	– 149	– 1.07	– 37.46	– 104.11
40534 3261	グランディーズ （12月）	2,220 2,170	336 329	338 333	– –	– –	– –	– 11.68	– –
52802 3479	ティーケーピー （2月）	28,689 26,792	3,449 3,567	3,200 3,411	– –	– –	– –	30.54 28.77	– –

不動産（名証二部）

日経会社コード 証券コード	会社名（決算月）	(A)	(B)	(C)	(D)	(E)	比率	A (%)	E (%)
31538 3260	エ ス ポ ア （2月）	– 1,552	– 175	– 97	– –	– –	– –	– -3.00	– –

不動産（福岡）

日経会社コード 証券コード	会社名（決算月）	(A)	(B)	(C)	(D)	(E)	比率	A (%)	E (%)
31184 8996	ハウスフリーダム （12月）	7,552 4,804	239 281	199 258	– –	334 188	4.42 3.91	3.84 -14.58	38.02 -8.74
35173 4827	ビジネス・ワンホールディングス （3月）	6,802 5,536	628 576	503 446	– –	– –	– –	3.66 4.49	– –

不動産（ジャスダック）

日経会社コード 証券コード	会社名（決算月）	(A)	(B)	(C)	(D)	(E)	比率	A (%)	E (%)
4196 8844	コスモスイニシア （3月）	100,829 86,779	4,869 4,505	4,367 4,150	2,332 2,134	– –	– –	9.16 10.71	– –
6756 9816	ストライダーズ （3月）	7,971 155	208 -33	179 150	– –	– –	– –	25.21 21.09	– –
22925 8887	リ ベ レ ス テ （5月）	– 8,289	– 1,070	– 1,054	– 96	– 41	– 0.49	– 6.72	– -2.38
26599 8886	ウッドフレンズ （5月）	29,615 25,974	1,048 721	809 564	401 660	451 469	1.52 1.81	5.26 9.59	6.62 7.32
28111 8927	明豊エンタープライズ （7月）	7,496 5,138	675 534	536 421	– –	– 23	– 0.45	29.82 54.06	– 27.78
30391 8889	Ａ　Ｐ　Ａ　Ｍ　Ａ　Ｎ （9月）	40,262 4,127	2,556 1,115	2,017 529	– –	– –	– –	7.70 6.50	– –
30398 8890	レ ー サ ム （3月）	44,274 22,907	11,309 5,080	10,953 4,933	168 154	33 30	0.07 0.13	31.09 -25.61	50.00 76.47
30469 8893	新 日 本 建 物 （3月）	– 14,994	– 1,171	– 1,043	– 152	– 134	– 0.89	– 32.68	– 8.06

不　　動　　産

上段＝連結決算、下段＝単独決算

日経会社コード 証券コード	会　社　名 （決算月）	(A) 売上高 (単位:百万円)	(B) 営業利益 (単位:百万円)	(C) 経常利益 (単位:百万円)	(D) 販売促進費 (単位:百万円)	(E) 広告宣伝費 (単位:百万円)	比率 $\frac{E}{A}×100$	対前年度伸び率 A (%)	対前年度伸び率 E (%)
30515 8898	センチュリー２１・ジャパン （3月）	– 4,077	– 1,206	– 1,275	– –	– –	– –	– -1.95	– –
30600 8903	サ　ン　ウ　ッ　ド （3月）	– 11,391	– 557	– 424	– 109	– 202	– 1.77	– 68.53	– -31.76
30663 8909	シノケングループ （12月）	105,936 2,759	12,920 2,158	12,201 1,974	– –	1,569 –	1.48 –	30.31 218.96	12.80 –
30922 8931	和　田　興　産 （2月）	– 35,149	– 3,304	– 2,424	– 602	– 887	– 2.52	– 12.03	– -1.99
31006 8938	ＬＣホールディングス （3月）	13,774 1,155	1,504 189	1,049 201	– –	– –	– –	98.30 -61.78	– –
31091 8946	ＡＳＩＡＮ　ＳＴＡＲ （12月）	1,731 1,358	52 3	32 –	16 4	17 16	0.98 1.18	22.77 28.60	-15.00 -5.88
31369 3236	プ　ロ　パ　ス　ト （5月）	– 14,874	– 1,162	– 801	– 347	– 209	– 1.41	– 18.69	– 106.93
31424 3242	アーバネットコーポレーション （6月）	17,788 17,427	2,419 2,360	2,158 2,102	62 67	24 25	0.13 0.14	0.47 0.55	-35.14 -32.43
31555 3264	ア　ス　コ　ッ　ト （9月）	7,520 7,484	425 420	408 403	– –	51 48	0.68 0.64	28.28 27.71	-20.31 -23.81
31683 3275	ハ　ウ　ス　コ　ム （3月）	– 10,822	– 1,076	– 1,328	– 202	– 428	– 3.95	– 7.05	– 18.23
31697 6625	ＪＡＬＣＯホールディングス （3月）	552 93	165 -135	35 -92	– –	– –	– –	32.06 10.71	– –
31859 3293	ア　ズ　マ　ハ　ウ　ス （3月）	12,242 12,200	1,425 1,443	1,375 1,392	– –	231 –	1.89 –	– -1.21	– –
31895 3297	東　武　住　販 （5月）	– 6,108	– 542	– 537	– 68	– 175	– 2.87	– 13.64	– 7.36
32335 3490	ア　ズ　企　画　設　計 （2月）	– 6,376	– 400	– 352	– –	– –	– –	– 34.46	– –
35309 8885	ラ　・　ア　ト　レ （12月）	8,271 8,106	849 749	612 621	122 122	92 89	1.11 1.10	74.49 77.26	-20.69 -22.61
66338 5280	ヨ　シ　コ　ン （3月）	21,823 21,024	3,166 3,028	3,174 3,032	– –	292 293	1.34 1.39	13.59 13.45	-35.96 -35.75

不動産（非上場）

日経会社コード 証券コード	会　社　名 （決算月）	(A) 売上高 (単位:百万円)	(B) 営業利益 (単位:百万円)	(C) 経常利益 (単位:百万円)	(D) 販売促進費 (単位:百万円)	(E) 広告宣伝費 (単位:百万円)	比率 $\frac{E}{A}×100$	対前年度伸び率 A (%)	対前年度伸び率 E (%)
1425 7308	ツ　ノ　ダ （6月）	– 442	– 157	– 178	– –	– –	– –	– -6.75	– –
2076 9999	新　橋　演　舞　場 （5月）	– 600	– 266	– 275	– –	– 1	– 0.17	– 0.33	– 0.00
10772 9999	関西国際空港土地保有 （3月）	– 28,671	– 22,469	– 16,815	– –	– –	– –	– -3.98	– –
10986 9999	岳　南　鉄　道 （3月）	568 99	-31 20	-25 18	– –	– –	– –	0.18 0.00	– –
12795 9999	世界貿易センタービルディング （2月）	19,236 17,442	5,365 5,161	5,448 5,256	– –	116 119	0.60 0.68	-0.46 -1.92	1.75 1.71
12823 9999	全　国　旅　館　会　館 （12月）	– 97	– 34	– 38	– –	– –	– –	– -1.02	– –
12937 9999	大　栄　不　動　産 （3月）	28,858 28,615	4,724 4,619	3,938 3,826	– –	772 772	2.68 2.70	5.61 6.23	33.10 33.10
13459 9999	三好ゴルフ倶楽部 （10月）	– 308	– 60	– 66	– –	– –	– –	– 0.33	– –
13491 9999	新　中　糖　産　業 （6月）	– 588	– 308	– 298	– –	– –	– –	– 0.00	– –
13679 9999	東海カントリークラブ （3月）	– 77	– 5	– 6	– –	– –	– –	– 0.00	– –
13689 9999	東　海　自　動　車 （3月）	7,943 2,278	437 185	461 234	– –	– 32	– 1.40	3.76 4.50	– -8.57
13747 9999	東　京　建　設　会　館 （3月）	– 346	– 69	– 69	– –	– –	– –	– -5.46	– –

不動産／鉄道・バス

上段＝連結決算、下段＝単独決算

日経会社コード 証券コード	会 社 名 （決算月）	(A) 売上高 (単位:百万円)	(B) 営業利益 (単位:百万円)	(C) 経常利益 (単位:百万円)	(D) 販売促進費 (単位:百万円)	(E) 広告宣伝費 (単位:百万円)	比　率 $\frac{E}{A}\times100$	対前年度伸び率 A（%）	E（%）
14361	名 古 屋 競 馬	–	–	–	–	–	–	–	–
9999	（3月）	4,355	1,749	1,975	–	–	–	0.88	–
15022	日 本 土 地 建 物	65,674	13,500	15,308	–	707	1.08	-12.02	13.30
9999	（10月）	46,426	8,547	12,070	–	705	1.52	-20.69	13.71
15203	各 務 原 開 発	–	–	–	–	–	–	–	–
9999	（6月）	82	22	–	–	–	–	0.00	–
15221	鹿児島県プロパンガス会館	–	–	–	–	–	–	–	–
9999	（3月）	88	31	31	–	–	–	-1.12	–
15229	鷹 之 台 ゴ ル フ	–	–	–	–	–	–	–	–
9999	（3月）	156	53	57	–	–	–	-0.64	–
16468	ヤ マ コ ー	11,184	455	420	–	–	–	-0.22	–
9999	（3月）	2,501	291	264	–	–	–	-2.23	–
16931	大 阪 木 材 会 館	–	–	–	–	–	–	–	–
9999	（3月）	2	-12	-12	–	–	–	-95.00	–
16969	群 馬 建 設 会 館	–	–	–	–	–	–	–	–
9999	（3月）	36	-17	-17	–	–	–	-33.33	–
17035	千葉県建設業センター	–	–	–	–	–	–	–	–
9999	（3月）	58	13	13	–	–	–	0.00	–
17136	福岡カンツリー倶楽部	–	–	–	–	–	–	–	–
9999	（1月）	132	2	2	–	–	–	0.00	–
17186	り ゅ う と う	–	–	–	–	–	–	–	–
9999	（6月）	345	86	75	–	–	–	25.91	–
18064	古 賀 ゴ ル フ 土 地	–	–	–	–	–	–	–	–
9999	（12月）	159	36	28	–	–	–	14.39	–
18066	宮城県建設会館	–	–	–	–	–	–	–	–
9999	（3月）	101	30	31	–	–	–	-2.88	–
18937	森 ビ ル	249,793	63,104	57,097	–	–	–	-3.44	–
9999	（3月）	192,911	50,845	51,758	–	–	–	-4.79	–
32371	ＧＡ ｔｅｃｈｎｏｌｏｇｉｅｓ	–	–	–	–	–	–	–	–
9999	（10月）	9,557	356	336	41	233	2.44	77.87	174.12
38858	南 部 富 士	–	–	–	–	–	–	–	–
9999	（12月）	72	24	22	–	–	–	0.00	–
40586	岐阜中濃土地建物	–	–	–	–	–	–	–	–
9999	（3月）	29	-12	-10	–	–	–	-3.33	–

鉄道・バス（東証一部）

1831	東 武 鉄 道	569,519	66,645	62,286	–	–	–	0.11	–
9001	（3月）	222,356	50,167	44,089	–	–	–	-0.63	–
1833	相鉄ホールディングス	260,562	31,266	29,118	–	–	–	2.84	–
9003	（3月）	18,494	12,724	13,033	–	–	–	6.18	–
1835	東 京 急 行 電 鉄	1,138,612	82,918	83,746	–	–	–	1.90	–
9005	（3月）	269,324	55,981	57,790	–	–	–	2.59	–
1836	京 浜 急 行 電 鉄	315,685	29,474	27,289	–	–	–	1.89	–
9006	（3月）	132,002	17,529	15,289	–	–	–	3.81	–
1837	小 田 急 電 鉄	524,660	51,464	47,891	–	–	–	0.31	–
9007	（3月）	169,554	40,359	36,788	–	–	–	1.87	–
1838	京 王 電 鉄	434,697	38,537	35,728	–	–	–	3.75	–
9008	（3月）	126,498	23,273	19,888	–	–	–	2.31	–
1839	京 成 電 鉄	255,028	30,085	47,145	–	–	–	3.74	–
9009	（3月）	81,712	17,472	21,178	–	–	–	6.33	–
1840	富 士 急 行	52,612	5,293	4,904	–	*31*	–	3.40	–
9010	（3月）	29,037	3,517	3,371	–	–	–	5.40	–
1843	新 京 成 電 鉄	21,826	3,481	3,806	–	–	–	2.30	–
9014	（3月）	16,073	3,027	3,201	–	–	–	3.36	–
1844	西 日 本 鉄 道	375,153	20,430	20,704	–	–	–	4.71	–
9031	（3月）	152,683	10,851	13,396	–	1,539	1.01	9.21	10.56
1846	近鉄グループホールディングス	1,222,779	64,643	61,323	–	–	–	1.49	–
9041	（3月）	21,129	13,304	14,427	–	–	–	-0.40	–

※ 有価証券報告書の提出義務はあるが、広告宣伝費の記載がなく、その後、日経広告研究所が独自取材、調査をして判明した
　　広告宣伝費は斜体で表記しています（29ページ参照）。

鉄 道 ・ バ ス

上段＝連結決算、下段＝単独決算

日経会社コード 証券コード	会　社　名 （決算月）	(A) 売上高 （単位:百万円）	(B) 営業利益 （単位:百万円）	(C) 経常利益 （単位:百万円）	(D) 販売促進費 （単位:百万円）	(E) 広告宣伝費 （単位:百万円）	比　率 $\frac{E}{A}\times100$	対前年度伸び率 A（%）	E（%）
1847	阪急阪神ホールディングス	760,252	105,211	103,774	–	–	–	3.19	–
9042	（3月）	42,817	38,602	41,427	–	–	–	-8.19	–
1849	南 海 電 気 鉄 道	227,874	33,971	29,733	–	–	–	2.79	–
9044	（3月）	99,312	20,369	17,388	–	–	–	3.59	–
1850	京阪ホールディングス	322,276	31,458	29,630	–	–	–	6.39	–
9045	（3月）	29,692	15,206	15,637	–	–	–	30.00	–
1851	神 戸 電 鉄	23,001	2,275	1,550	–	–	–	-0.63	–
9046	（3月）	12,631	1,893	1,269	–	–	–	-0.02	–
1852	名 古 屋 鉄 道	604,804	46,976	48,566	–	3,115	0.52	0.87	3.39
9048	（3月）	107,842	21,710	26,520	–	*753*	–	1.99	–
1872	山 陽 電 気 鉄 道	47,276	3,367	3,424	–	–	–	-1.38	–
9052	（3月）	18,026	3,144	3,261	–	–	–	-3.98	–
1882	神奈川中央交通	113,763	6,481	6,476	–	–	–	-1.53	–
9081	（3月）	53,583	4,003	4,142	–	–	–	-0.18	–
5301	東日本旅客鉄道	2,950,156	481,295	439,969	–	–	–	2.41	–
9020	（3月）	2,093,263	395,131	358,943	–	–	–	1.18	–
5302	東 海 旅 客 鉄 道	1,822,039	662,023	583,569	–	–	–	3.70	–
9022	（3月）	1,427,444	625,293	547,645	–	–	–	3.38	–
5303	西日本旅客鉄道	1,500,445	191,365	177,780	–	–	–	4.10	–
9021	（3月）	976,276	144,374	128,654	–	–	–	2.11	–
5305	九 州 旅 客 鉄 道	413,371	63,963	67,045	–	–	–	7.95	–
9142	（3月）	219,724	46,746	52,270	–	–	–	3.54	–
38618	西武ホールディングス	530,631	64,259	55,490	–	–	–	3.64	–
9024	（3月）	14,021	5,700	6,376	–	–	–	-3.88	–

鉄道・バス（東証二部）

1845	広 島 電 鉄	40,252	-225	-222	–	–	–	-4.69	–
9033	（3月）	21,842	141	34	–	–	–	-2.28	–
1853	京 福 電 気 鉄 道	11,446	682	651	–	–	–	-1.88	–
9049	（3月）	2,728	343	335	–	–	–	2.06	–
1883	大和自動車交通	16,729	561	506	–	–	–	1.68	–
9082	（3月）	2,357	322	254	–	–	–	1.20	–
1884	神 姫 バ ス	44,562	2,604	2,821	–	–	–	0.09	–
9083	（3月）	20,917	1,777	1,841	–	–	–	0.78	–
1888	新 潟 交 通	19,915	2,162	1,641	–	–	–	-1.44	–
9017	（3月）	10,897	1,712	1,552	–	241	2.21	-0.24	8.56

鉄道・バス（札幌）

1889	北海道中央バス	39,298	1,415	1,580	–	–	–	0.77	–
9085	（3月）	22,513	697	1,208	–	–	–	-0.53	–

鉄道・バス（ジャスダック）

13401	秩 父 鉄 道	5,391	256	233	–	–	–	1.66	–
9012	（3月）	4,198	220	242	–	–	–	4.53	–

鉄道・バス（非上場）

1841	江 ノ 島 電 鉄	12,128	1,005	968	–	–	–	-0.27	–
9999	（3月）	7,017	938	817	–	–	–	-0.59	–
1842	伊 豆 箱 根 鉄 道	11,924	89	10	–	–	–	1.26	–
9999	（3月）	6,757	162	90	–	–	–	4.18	–
1848	阪 神 電 気 鉄 道	210,591	29,237	27,702	–	–	–	1.33	–
9999	（3月）	86,469	19,283	18,679	–	–	–	-2.92	–
9228	会 津 鉄 道	–	–	–	–	–	–		
9999	（3月）	472	-312	-244	–	–	–	15.12	–
10362	一 畑 電 気 鉄 道	20,644	-76	-383	–	–	–	-5.02	–
9999	（3月）	1,924	357	34	–	–	–	-3.07	–
10435	伊 予 鉄 道	57,245	1,800	2,218	–	–	–	2.16	–
9999	（3月）	10,262	814	1,173	–	–	–	0.16	–

※　有価証券報告書の提出義務はあるが、広告宣伝費の記載がなく、その後、日経広告研究所が独自取材、調査をして判明した
　　広告宣伝費は斜体で表記しています（29ページ参照）。

鉄 道 ・ バ ス

上段＝連結決算、下段＝単独決算

日経会社コード 証券コード	会　社　名 （決算月）	(A) 売上高 (単位:百万円)	(B) 営業利益 (単位:百万円)	(C) 経常利益 (単位:百万円)	(D) 販売促進費 (単位:百万円)	(E) 広告宣伝費 (単位:百万円)	比　率 $\frac{E}{A}\times100$	対前年度伸び率 A (%)	E (%)
10580	越 後 交 通	23,070	646	684	–	–	–	1.61	–
9999	（3月）	7,625	87	146	–	–	–	-2.34	–
10621	遠 州 鉄 道	178,489	4,196	4,729	–	–	–	0.07	–
9999	（3月）	42,816	1,911	2,678	–	–	–	3.69	–
10660	大 分 交 通	7,523	370	380	–	27	0.36	2.61	-25.00
9999	（3月）	5,639	452	479	–	26	0.46	3.49	-25.71
10739	の と 鉄 道	–	–	–	–	–	–	–	–
9999	（3月）	252	-254	-78	–	–	–	-3.82	–
11236	関 東 鉄 道	16,335	1,234	1,164	–	–	–	0.91	–
9999	（3月）	10,608	908	871	–	–	–	2.47	–
11345	九州産業交通ホールディングス	22,282	655	803	–	141	0.63	10.05	-3.42
9999	（9月）	804	186	495	–	–	–	-2.66	–
12176	サ ン デ ン 交 通	9,189	-483	-487	–	30	0.33	-0.76	3.45
9999	（3月）	3,373	-368	-371	42	6	0.18	0.00	20.00
12294	静 岡 鉄 道	172,430	2,645	2,760	5,749	–	–	3.49	–
9999	（3月）	17,492	577	664	–	–	–	4.26	–
12340	島 原 鉄 道	2,340	-92	-121	–	–	–	-4.18	–
9999	（3月）	1,987	-89	-124	–	–	–	-3.87	–
12413	じ ょ う て つ	16,388	1,053	1,018	–	53	0.32	-6.74	-48.54
9999	（3月）	6,405	584	2,701	47	43	0.67	-8.19	-54.74
12809	瀬 戸 内 運 輸	4,156	117	71	–	–	–	-0.84	–
9999	（3月）	2,698	23	22	–	–	–	-3.05	–
13310	立 山 黒 部 貫 光	7,001	41	65	–	–	–	1.20	–
9999	（3月）	4,435	14	35	–	–	–	1.26	–
14182	富 山 地 方 鉄 道	12,200	83	5	–	–	–	1.09	–
9999	（3月）	6,687	133	87	–	–	–	1.15	–
14220	豊 橋 鉄 道	6,884	598	611	–	–	–	-0.85	–
9999	（3月）	2,318	171	234	–	–	–	-0.39	–
14284	長 崎 自 動 車	17,337	968	943	–	160	0.92	-1.29	5.26
9999	（12月）	9,669	474	473	–	51	0.53	-1.67	-7.27
14332	長 野 電 鉄	16,999	977	805	–	–	–	-3.87	–
9999	（3月）	4,871	608	446	–	–	–	-8.09	–
14404	奈 良 交 通	24,702	865	832	–	–	–	-1.71	–
9999	（3月）	17,663	674	690	–	85	0.48	-0.46	16.44
14424	南 国 交 通	7,827	506	523	–	–	–	1.22	–
9999	（9月）	6,643	415	467	–	–	–	1.27	–
15375	日 ノ 丸 自 動 車	3,244	146	157	–	–	–	1.47	–
9999	（3月）	3,181	143	178	–	–	–	1.40	–
15453	福 井 鉄 道	4,080	-371	-393	–	–	–	-3.64	–
9999	（3月）	1,169	-430	-422	–	–	–	-8.17	–
15768	北 陸 鉄 道	14,264	375	404	–	–	–	-2.63	–
9999	（3月）	5,820	575	606	–	–	–	-2.28	–
17121	広 島 観 光 開 発	–	–	–	–	–	–	–	–
9999	（3月）	691	179	183	–	–	–	2.67	–
17474	関 西 高 速 鉄 道	–	–	–	–	–	–	–	–
9999	（3月）	15,310	7,829	6,727	–	–	–	-0.01	–
18187	横 浜 高 速 鉄 道	–	–	–	–	–	–	–	–
9999	（3月）	11,988	1,940	589	–	–	–	2.74	–
18234	首都圏新都市鉄道	–	–	–	–	–	–	–	–
9999	（3月）	44,763	7,955	6,148	–	–	–	3.44	–
40427	相 模 鉄 道	–	–	–	–	–	–	–	–
9999	（3月）	33,270	7,477	7,074	–	–	–	0.68	–
40429	アルピコホールディングス	98,433	1,093	740	–	–	–	0.30	–
9999	（3月）	1,147	408	403	–	76	6.63	4.75	35.71
75046	東 京 地 下 鉄	425,821	97,187	87,719	–	–	–	2.51	–
9999	（3月）	391,600	89,101	81,444	–	–	–	2.25	–

—183—

陸　　　運

上段＝連結決算、下段＝単独決算

日経会社コード 証券コード	会　社　名 （決算月）	(A) 売上高 (単位:百万円)	(B) 営業利益 (単位:百万円)	(C) 経常利益 (単位:百万円)	(D) 販売促進費 (単位:百万円)	(E) 広告宣伝費 (単位:百万円)	比　率 ($\frac{E}{A}\times100$)	対前年度伸び率 A (%)	対前年度伸び率 E (%)

陸運（東証一部）

日経会社コード 証券コード	会社名（決算月）	(A)	(B)	(C)	(D)	(E)	比率	A(%)	E(%)
1873	日 本 通 運	1,995,317	70,269	74,395	–	3,671	0.18	7.03	-12.68
9062	（3月）	1,094,549	37,672	46,795	–	3,096	0.28	4.87	-15.02
1874	ヤマトホールディングス	1,538,813	35,685	36,085	–	–	–	4.91	–
9064	（3月）	27,384	17,340	18,266	–	1,504	5.49	-37.71	-7.84
1875	山 九	531,956	31,581	31,125	–	–	–	4.30	–
9065	（3月）	375,385	20,496	21,485	–	–	–	1.17	–
1877	丸 運	49,842	1,184	1,312	–	–	–	5.78	–
9067	（3月）	44,674	734	907	–	–	–	6.15	–
1878	丸 全 昭 和 運 輸	110,685	6,091	6,786	–	–	–	5.59	–
9068	（3月）	87,096	5,182	6,126	–	–	–	4.79	–
1879	センコーグループホールディング	492,127	17,087	17,316	–	–	–	8.06	–
9069	（3月）	6,121	1,169	1,024	–	–	–	-97.02	–
1880	トナミホールディングス	130,886	5,631	6,110	–	–	–	4.28	–
9070	（3月）	3,386	2,521	2,699	–	–	–	93.38	–
1881	日 本 石 油 輸 送	32,951	1,224	1,467	–	–	–	6.43	–
9074	（3月）	27,866	774	1,211	–	–	–	7.16	–
1885	ニッコンホールディングス	187,819	19,009	20,715	–	–	–	4.74	–
9072	（3月）	4,018	12	9,547	–	–	–	-16.60	–
1887	福 山 通 運	267,799	14,726	16,119	–	–	–	4.74	–
9075	（3月）	230,829	10,441	11,376	–	–	–	4.58	–
1891	セイノーホールディングス	596,130	27,879	29,120	–	1,394	0.23	5.04	-3.33
9076	（3月）	9,447	8,075	8,642	–	–	–	7.77	–
1893	エ ス ラ イ ン	46,858	1,455	1,525	–	–	–	5.35	–
9078	（3月）	626	328	378	–	–	–	8.12	–
11766	鴻 池 運 輸	276,761	11,067	11,536	–	–	–	7.13	–
9025	（3月）	196,982	6,054	6,503	–	–	–	5.13	–
15347	日 立 物 流	700,391	29,266	32,262	–	–	–	5.26	–
9086	（3月）★	125,820	-2,117	4,542	–	254	0.20	-18.56	82.73
19033	キムラユニティー	48,855	1,548	1,723	–	–	–	3.98	–
9368	（3月）	39,016	1,050	1,449	–	–	–	6.34	–
22161	ハマキョウレックス	103,476	9,029	9,516	–	–	–	4.32	–
9037	（3月）	39,599	4,848	5,394	–	–	–	0.48	–
30028	サカイ引越センター	88,386	10,431	10,687	2,602	2,378	2.69	10.53	-4.04
9039	（3月）	80,708	9,791	10,012	2,568	2,367	2.93	9.40	-4.05
30790	ＳＢＳホールディングス	152,870	6,229	6,475	–	–	–	2.56	–
2384	（12月）	5,626	3,076	2,770	–	–	–	12.63	–
31888	丸 和 運 輸 機 関	74,359	4,506	4,752	–	–	–	10.69	–
9090	（3月）	49,996	2,097	3,463	–	–	–	13.88	–
32067	Ｃ＆Ｆロジホールディングス	104,167	3,845	3,981	–	–	–	0.35	–
9099	（3月）	3,328	1,803	1,841	–	–	–	10.53	–
38860	ＳＧホールディングス	1,045,032	62,709	64,870	–	–	–	12.33	–
9143	（3月）	18,878	10,280	11,130	–	–	–	-1.31	–

陸運（東証二部）

日経会社コード 証券コード	会社名（決算月）	(A)	(B)	(C)	(D)	(E)	比率	A(%)	E(%)
5635	ゼ ロ	79,134	5,630	5,568	–	–	–	1.68	–
9028	（6月）★	52,829	3,955	4,543	–	–	–	-4.93	–
10748	ヒ ガ シ ２ １	20,892	811	813	–	–	–	7.45	–
9029	（3月）	19,970	792	822	–	–	–	5.25	–
10854	岡山県貨物運送	41,657	1,505	1,668	–	–	–	3.50	–
9063	（3月）	36,595	944	1,311	–	–	–	3.39	–
11212	カンダホールディングス	40,926	1,831	1,813	–	–	–	4.48	–
9059	（3月）	3,340	692	666	–	–	–	4.15	–
16278	ア ル プ ス 物 流	104,972	4,932	4,702	–	–	–	5.77	–
9055	（3月）	51,188	2,722	3,122	–	–	–	7.06	–

陸 運 ／ 海 運

上段＝連結決算、下段＝単独決算

日経会社コード 証券コード	会 社 名 （決算月）	(A) 売上高 （単位:百万円）	(B) 営業利益 （単位:百万円）	(C) 経常利益 （単位:百万円）	(D) 販売促進費 （単位:百万円）	(E) 広告宣伝費 （単位:百万円）	比 率 $\frac{E}{A}\times100$	対前年度伸び率 A (%)	E (%)

陸運（名証二部）

日経会社コード 証券コード	会 社 名 （決算月）	(A)	(B)	(C)	(D)	(E)	比率	A (%)	E (%)
1892 9077	名 鉄 運 輸 （3月）	112,165 56,839	4,485 1,614	4,593 2,403	– –	– –	– –	1.27 3.53	– –
49145 9040	大 宝 運 輸 （3月）	– 8,401	– 204	– 232	– –	– 1	– 0.01	– -4.66	– 0.00

陸運（福岡）

日経会社コード 証券コード	会 社 名 （決算月）	(A)	(B)	(C)	(D)	(E)	比率	A (%)	E (%)
3837 9035	第 一 交 通 産 業 （3月）	100,730 26,021	6,629 2,571	6,721 2,808	– –	989 669	0.98 2.57	-0.57 8.60	-9.27 -14.34

陸運（札幌）

日経会社コード 証券コード	会 社 名 （決算月）	(A)	(B)	(C)	(D)	(E)	比率	A (%)	E (%)
31111 9027	ロジネットジャパン （3月）	56,360 1,954	2,625 451	2,641 465	– –	– –	– –	6.41 20.84	– –

陸運（ジャスダック）

日経会社コード 証券コード	会 社 名 （決算月）	(A)	(B)	(C)	(D)	(E)	比率	A (%)	E (%)
10760 9060	日 本 ロ ジ テ ム （3月）	45,609 28,383	180 53	166 32	– –	13 –	0.03 –	5.12 7.56	0.00 –
11381 9073	京 極 運 輸 商 事 （3月）	8,909 5,887	137 58	177 86	– –	– –	– –	6.59 3.64	– –
11407 9034	南 総 通 運 （3月）	13,493 10,635	1,481 1,144	1,480 1,200	– –	– –	– –	7.93 4.88	– –
16388 9051	セ ン コ ン 物 流 （3月）	15,872 7,181	249 171	284 319	– –	– –	– –	8.11 -0.83	– –
16661 9036	東 部 ネ ッ ト ワ ー ク （3月）	– 11,912	– 609	– 699	– –	– –	– –	– -14.67	– –
21244 9057	遠 州 ト ラ ッ ク （3月）	25,226 22,223	1,422 1,251	1,388 1,204	– –	– –	– –	9.37 10.57	– –

陸運（非上場）

日経会社コード 証券コード	会 社 名 （決算月）	(A)	(B)	(C)	(D)	(E)	比率	A (%)	E (%)
12804 9999	ニヤクコーポレーション （6月）	50,813 42,643	1,472 889	1,662 1,045	– –	– –	– –	0.67 0.66	– –
14443 9999	新 潟 運 輸 （4月）	56,050 52,691	1,215 1,045	1,434 1,205	– –	– 9	– 0.02	1.21 1.45	– 0.00
16962 9999	近 物 レ ッ ク ス （3月）	39,058 36,913	1,974 1,743	2,001 1,768	– –	– 1	– 0.00	3.94 3.82	– 0.00
40823 9999	ディー・ティー・ホールディング （3月）	108,608 783	1,608 683	1,615 677	– –	– –	– –	-0.63 204.67	– –

海運（東証一部）

日経会社コード 証券コード	会 社 名 （決算月）	(A)	(B)	(C)	(D)	(E)	比率	A (%)	E (%)
1901 9101	日 本 郵 船 （3月）	2,183,201 1,087,925	27,824 -19,707	28,016 41,700	– –	– –	– –	13.48 14.79	– –
1903 9104	商 船 三 井 （3月）	1,652,393 1,222,574	22,684 2,828	31,473 17,744	– –	– –	– –	9.84 16.19	– –
1905 9107	川 崎 汽 船 （3月）	1,162,025 920,535	7,219 -9,170	1,962 28,996	– –	– –	– –	12.80 15.16	– –
1907 9110	ＮＳユナイテッド海運 （3月）	139,000 116,545	7,361 4,890	5,555 5,103	– –	– –	– –	10.96 14.10	– –
1912 9115	明 治 海 運 （3月）	41,768 10,136	5,591 646	4,491 639	– –	– –	– –	11.67 24.64	– –
1913 9119	飯 野 海 運 （3月）	81,334 68,516	5,651 2,290	4,631 3,010	– –	– –	– –	-2.38 -2.18	– –
1919 9130	共 栄 タ ン カ ー （3月）	12,501 12,587	1,456 910	649 1,995	– –	– –	– –	-4.57 -4.94	– –
1968 9308	乾 汽 船 （3月）	20,574 19,096	826 595	755 400	– –	– –	– –	15.01 28.40	– –

—185—

海運／空運／倉庫・運輸

上段＝連結決算、下段＝単独決算

日経会社コード 証券コード	会　社　名 （決算月）	(A) 売上高 （単位:百万円）	(B) 営業利益 （単位:百万円）	(C) 経常利益 （単位:百万円）	(D) 販売促進費 （単位:百万円）	(E) 広告宣伝費 （単位:百万円）	比　率 $\frac{E}{A}\times100$	対前年度伸び率	
								A（%）	E（%）

海運（東証二部）

1917 9127	玉 井 商 船 （3月）	5,011 4,868	-151 -164	-265 -137	- -	- -	- -	9.96 10.01	- -
1923 9171	栗 林 商 船 （3月）	45,969 16,735	1,888 433	2,006 608	214 -	32 -	0.07 -	3.63 0.91	18.52 -
1924 9173	東 海 汽 船 （12月）	11,442 9,273	523 410	554 461	- -	146 115	1.28 1.24	2.40 2.93	33.94 4.55
11146 9179	川 崎 近 海 汽 船 （3月）	41,262 39,373	2,536 2,355	2,604 2,428	- -	- -	- -	10.06 5.75	- -

海運（ジャスダック）

| 12064 9176 | 佐 渡 汽 船 （12月） | 11,391 8,083 | 86 5 | -32 -42 | - - | - - | - - | 3.94 5.94 | - - |

海運（非上場）

| 17000 9999 | 新日本海フェリー （3月） | 45,446 35,834 | 1,004 1,184 | 344 532 | - - | - - | - - | 3.56 4.54 | - - |

空運（東証一部）

1941 9201	日 本 航 空 （3月）	1,383,257 1,149,739	174,565 127,728	163,180 126,883	- 62,390	- -	- -	7.32 8.87	- -
1942 9202	ＡＮＡホールディングス （3月）	1,971,799 267,763	164,516 112,101	160,636 108,406	96,991 -	13,132 -	0.67 -	11.70 9.94	15.57 -
1944 9232	パ ス コ （3月）	51,067 42,540	2,050 1,502	1,890 545	- -	- -	- -	-1.35 -1.65	- -

空運（東証二部）

| 1945 9233 | ア ジ ア 航 測 （9月） | 23,955 22,615 | 1,345 1,095 | 1,741 1,238 | - - | - - | - - | 1.59 2.58 | - - |
| 31715 9206 | スターフライヤー （3月） | - 38,095 | - 2,870 | - 2,733 | - 1,423 | - 583 | - 1.53 | - 9.20 | - 53.02 |

空運（非上場）

| 18143 9999 | Ａ　Ｉ　Ｒ　Ｄ　Ｏ （3月） | - 47,483 | - 2,566 | - 1,913 | - 1,096 | - 282 | - 0.59 | - -3.27 | - -11.04 |
| 18335 9999 | ソ ラ シ ド エ ア （3月） | - 39,369 | - 3,805 | - 3,625 | - 703 | - 541 | - 1.37 | - 3.19 | - -24.76 |

倉庫・運輸（東証一部）

1876 9066	日 新 （3月）	216,924 96,400	6,389 2,540	6,869 3,525	- -	69 -	0.03 -	7.81 7.19	15.00 -
1961 9301	三 菱 倉 庫 （3月）	215,407 148,610	12,421 9,665	16,160 15,382	- -	- -	- -	3.20 1.17	- -
1962 9302	三井倉庫ホールディングス （3月）	233,243 15,911	6,996 1,678	6,521 1,301	- -	- -	- -	3.43 -4.47	- -
1963 9303	住 友 倉 庫 （3月）	175,756 87,242	10,302 6,652	12,684 10,578	- -	- -	- -	6.35 4.10	- -
1964 9304	渋 沢 倉 庫 （3月）	63,286 55,137	3,353 3,084	2,498 3,155	- -	- -	- -	8.96 8.98	- -
1966 9306	東 陽 倉 庫 （3月）	27,144 21,065	1,013 629	1,269 1,388	- -	- -	- -	5.03 5.30	- -
1970 9310	日本トランスシティ （3月）	95,609 83,457	2,345 1,524	3,121 2,211	- -	- -	- -	4.68 5.54	- -
1972 9312	ケ イ ヒ ン （3月）	45,465 38,699	1,430 615	1,369 594	- -	- -	- -	7.35 5.15	- -
1977 9351	東 洋 埠 頭 （3月）	33,461 28,366	1,772 1,475	1,896 1,652	- -	- -	- -	5.93 4.36	- -

—186—

倉 庫 ・ 運 輸

上段＝連結決算、下段＝単独決算

日経会社コード 証券コード	会 社 名 （決算月）	(A) 売上高 (単位:百万円)	(B) 営業利益 (単位:百万円)	(C) 経常利益 (単位:百万円)	(D) 販売促進費 (単位:百万円)	(E) 広告宣伝費 (単位:百万円)	比 率 ($\frac{E}{A} \times 100$)	対前年度伸び率 A (%)	E (%)
1982	宇 徳	55,870	3,215	3,426	–	–	–	9.46	–
9358	（3月）	39,368	1,901	2,355	–	–	–	5.97	–
1988	上 組	261,420	22,980	24,630	–	–	–	6.18	–
9364	（3月）	242,567	22,250	24,076	–	–	–	6.21	–
1990	中 央 倉 庫	26,043	1,616	1,791	–	–	–	5.41	–
9319	（3月）	26,072	1,461	1,648	–	–	–	5.40	–
5413	川 西 倉 庫	22,343	586	657	–	–	–	0.66	–
9322	（3月）	20,544	503	562	–	–	–	0.14	–
10168	東 海 運	40,938	772	792	–	–	–	7.53	–
9380	（3月）	34,618	717	791	–	–	–	8.15	–
11517	近鉄エクスプレス	553,197	17,551	17,345	–	–	–	16.63	–
9375	（3月）	101,145	3,643	8,829	–	–	–	18.54	–
16428	安 田 倉 庫	42,969	2,294	2,950	–	–	–	5.61	–
9324	（3月）	33,394	1,961	2,833	–	–	–	6.65	–
19501	トランコム	141,728	5,944	5,909	–	–	–	6.31	–
9058	（3月）	117,467	5,115	5,149	–	–	–	4.82	–
22344	キユーソー流通システム	159,722	4,892	4,993	–	–	–	4.37	–
9369	（11月）	85,997	1,573	2,000	–	–	–	-0.41	–
23927	サ ン リ ツ	16,623	817	711	–	–	–	13.65	–
9366	（3月）	15,106	729	650	–	–	–	15.65	–
31417	エーアイテイー	25,114	1,497	1,587	–	–	–	18.11	–
9381	（2月）	20,359	938	1,429	–	–	–	18.85	–
31578	内外トランスライン	21,709	1,500	1,588	–	–	–	8.66	–
9384	（12月）	10,336	706	1,003	–	–	–	4.02	–
31749	日本コンセプト	11,705	1,865	1,772	–	–	–	11.54	–
9386	（12月）	11,591	1,549	1,488	–	–	–	11.66	–

倉庫・運輸（東証二部）

日経会社コード 証券コード	会 社 名 （決算月）	(A) 売上高	(B) 営業利益	(C) 経常利益	(D) 販売促進費	(E) 広告宣伝費	比 率	A (%)	E (%)
1927	東 京 汽 船	12,280	641	1,012	–	–	–	-1.01	–
9193	（3月）	7,840	487	742	–	–	–	-0.75	–
1967	杉 村 倉 庫	10,067	1,046	974	–	–	–	-1.21	–
9307	（3月）	6,365	721	1,087	–	–	–	-1.64	–
1971	ア サ ガ ミ	46,696	1,937	1,911	618	–	–	2.74	–
9311	（3月）	23,014	863	1,172	–	–	–	3.62	–
1973	丸 八 倉 庫	4,675	476	484	–	–	–	-4.73	–
9313	（11月）	3,876	412	429	–	2	0.05	-4.93	0.00
1979	桜 島 埠 頭	4,284	63	123	–	–	–	3.75	–
9353	（3月）	4,095	49	109	–	–	–	3.57	–
1980	リンコーコーポレーション	16,151	455	450	–	–	–	1.22	–
9355	（3月）	11,754	272	255	–	–	–	1.22	–
1985	伏 木 海 陸 運 送	13,419	769	688	–	–	–	1.72	–
9361	（6月）	7,547	366	318	–	3	0.04	2.68	50.00
1986	兵 機 海 運	13,387	341	367	–	–	–	7.35	–
9362	（3月）	13,326	314	340	–	–	–	7.04	–
1987	大 運	–	–	–	–	–	–	–	–
9363	（3月）	6,862	38	174	–	–	–	5.02	–
1991	ト レ ー デ ィ ア	13,997	121	214	–	–	–	4.41	–
9365	（3月）	13,990	109	168	–	–	–	4.42	–
32293	パ パ ネ ッ ツ	–	–	–	–	–	–	–	–
9388	（2月）	2,296	77	56	–	–	–	11.62	–

倉庫・運輸（マザーズ）

日経会社コード 証券コード	会 社 名 （決算月）	(A) 売上高	(B) 営業利益	(C) 経常利益	(D) 販売促進費	(E) 広告宣伝費	比 率	A (%)	E (%)
32221	フ ァ イ ズ	–	–	–	–	–	–	–	–
9325	（3月）	7,428	469	468	–	–	–	42.44	–

倉庫・運輸（名証二部）

日経会社コード 証券コード	会 社 名 （決算月）	(A) 売上高	(B) 営業利益	(C) 経常利益	(D) 販売促進費	(E) 広告宣伝費	比 率	A (%)	E (%)
1981	名 港 海 運	64,626	4,403	5,098	–	–	–	7.21	–
9357	（3月）	52,509	3,030	3,788	–	–	–	7.30	–

倉庫・運輸／通信

上段＝連結決算、下段＝単独決算

日経会社コード 証券コード	会　社　名 （決算月）	(A) 売上高 （単位:百万円）	(B) 営業利益 （単位:百万円）	(C) 経常利益 （単位:百万円）	(D) 販売促進費 （単位:百万円）	(E) 広告宣伝費 （単位:百万円）	比　率 ($\frac{E}{A}$×100)	対前年度伸び率 A（%）	対前年度伸び率 E（%）
1983 9359	伊　勢　湾　海　運 （3月）	46,870 41,277	2,233 1,970	2,769 2,482	– –	– –	– –	9.10 8.44	– –

倉庫・運輸（ジャスダック）

日経会社コード 証券コード	会　社　名 （決算月）	(A)	(B)	(C)	(D)	(E)	比率	A（%）	E（%）
3454 9087	タ　カ　セ （3月）	8,020 6,624	99 60	101 89	– –	– –	– –	-9.17 -12.25	– –
13033 9367	大　東　港　運 （3月）	21,216 20,369	655 623	680 648	– –	– –	– –	8.48 6.59	– –
18544 9377	エ　ー　ジ　ー　ピ　ー （3月）	13,196 12,585	1,403 1,253	1,389 1,246	– –	– –	– –	7.36 6.99	– –

倉庫・運輸（非上場）

日経会社コード 証券コード	会　社　名 （決算月）	(A)	(B)	(C)	(D)	(E)	比率	A（%）	E（%）
12666 9999	鈴江コーポレーション （3月）	25,694 22,965	291 268	266 207	– –	– –	– –	6.49 8.52	– –
14903 9999	日本自動車ターミナル （3月）	9,190 8,668	1,903 1,810	1,859 1,769	– –	– –	– –	3.91 -0.40	– –
37954 9999	首　都　高　速　道　路 （3月）	446,046 442,218	271 -2,166	481 -1,162	– –	– –	– –	-32.53 -32.74	– –
37955 9999	東日本高速道路 （3月）	1,056,448 1,022,811	-169 -5,913	3,304 1,328	50,541 50,060	– –	– –	2.12 2.16	– –
37957 9999	阪　神　高　速　道　路 （3月）	214,273 210,406	1,722 334	1,999 831	29 –	– –	– –	-14.18 -13.98	– –
37958 9999	西日本高速道路 （3月）	1,621,315 1,589,993	4,873 -1,938	7,390 3,370	47,957 47,857	– –	– –	73.35 76.59	– –
37959 9999	中日本高速道路 （3月）	972,076 948,733	7,181 2,384	8,593 7,056	45,006 44,762	– –	– –	7.10 7.33	– –

通信（東証一部）

日経会社コード 証券コード	会　社　名 （決算月）	(A)	(B)	(C)	(D)	(E)	比率	A（%）	E（%）
2001 9401	ＴＢＳホールディングス （3月）	361,954 17,534	18,800 3,267	26,923 16,929	34,091 –	8,073 –	2.23 –	1.85 -2.10	8.74 –
2003 9404	日本テレビホールディングス （3月）	423,663 7,074	50,964 3,234	61,239 3,961	48,114 –	– –	– –	1.67 -4.24	– –
2004 9405	朝日放送グループホールディング （3月）	80,991 62,545	4,250 2,649	4,539 3,022	10,695 10,731	– –	– –	-1.59 -3.97	– –
4111 9433	Ｋ　Ｄ　Ｄ　Ｉ （3月）★	5,041,978 4,028,524	962,793 685,046	955,147 740,023	– –	– 32,200	– 0.80	6.19 4.26	– -5.49
8954 9613	エヌ・ティ・ティ・データ （3月）	2,117,167 886,115	123,522 84,401	121,563 92,257	– –	– –	– –	22.20 2.93	– –
10773 4839	Ｗ　Ｏ　Ｗ　Ｏ　Ｗ （3月）	81,574 72,202	9,875 9,588	10,698 10,205	5,158 6,341	4,556 5,040	5.59 6.98	4.24 -0.93	12.86 22.54
15006 9432	日　本　電　信　電　話 （3月）	11,799,587 663,118	1,642,843 530,552	1,755,624 528,143	– –	94,745 1,637	0.80 0.25	3.59 39.79	-0.56 14.48
15599 4676	フジ・メディア・ホールディング （3月）	646,536 13,333	25,258 5,532	35,120 9,636	44,229 –	32,545 –	5.03 –	-1.14 -8.80	-1.36 –
15926 9984	ソフトバンクグループ （3月）★	9,158,765 44,051	1,303,801 -11,865	384,630 -150,510	– –	– 5,732	– 13.01	2.90 -4.88	– 24.55
16340 9435	光　通　信 （3月）★	427,540 13,237	49,483 4,037	52,187 19,178	– –	– –	– –	-0.32 -23.39	– –
17009 9409	テレビ朝日ホールディングス （3月）	302,511 6,406	18,634 4,458	22,053 5,987	41,454 –	– –	– –	2.24 1.76	– –
17488 9437	Ｎ　Ｔ　Ｔ　ド　コ　モ （3月）	4,769,409 4,807,128	973,264 918,678	1,096,625 969,361	– -3,040	58,955 27,612	1.24 0.57	4.03 4.76	-5.72 -10.00
18354 9424	日　本　通　信 （3月）	3,034 2,796	-1,093 -919	-1,115 -941	– 13	– –	– –	14.10 17.88	– –
29837 3934	ベネフィットジャパン （3月）	5,172 4,735	761 657	739 641	646 628	– –	– –	23.47 28.67	– –
30190 9449	ＧＭＯインターネット （12月）	154,256 37,732	17,642 1,052	17,315 5,743	– 2,215	4,348 1,832	2.82 4.86	14.24 17.26	6.13 39.21

—188—

上段＝連結決算、下段＝単独決算

日経会社コード 証券コード	会社名（決算月）	(A) 売上高 (単位:百万円)	(B) 営業利益 (単位:百万円)	(C) 経常利益 (単位:百万円)	(D) 販売促進費 (単位:百万円)	(E) 広告宣伝費 (単位:百万円)	比率 $\frac{E}{A}\times100$	対前年度伸び率 A（％）	E（％）
30201	エムティーアイ	30,933	4,053	3,972	185	5,746	18.58	-5.82	-24.46
9438	（9月）	27,698	4,463	4,512	107	5,514	19.91	-10.41	-27.54
30657	クロップス	37,311	1,059	1,094	-	-	-	7.52	-
9428	（3月）	16,851	305	405	428	-	-	9.92	-
31428	スカパーＪＳＡＴホールディング	145,501	15,652	16,712	7,891	5,980	4.11	-24.56	-7.64
9412	（3月）	5,971	5,124	5,139	-	-	-	6.49	-
31643	テレビ東京ホールディングス	147,103	7,430	8,001	18,331	-	-	3.10	-
9413	（3月）	12,774	2,957	2,858	-	91	0.71	43.92	85.71
31742	ワイヤレスゲート	11,830	922	782	591	-	-	-3.34	-
9419	（12月）	11,828	994	993	590	-	-	-3.36	-
31877	日本ＢＳ放送	-	-	-	-	-	-	-	-
9414	（8月）	11,569	2,227	2,231	1,459	1,330	11.50	13.29	32.73
35873	ティーガイア	552,771	14,457	15,335	3,856	-	-	0.21	-
3738	（3月）	549,900	14,379	14,595	3,735	-	-	-0.05	-
50242	ビジョン	17,554	1,788	1,795	1,130	-	-	18.26	-
9416	（12月）	16,635	1,477	1,522	895	-	-	20.49	-

通信（東証二部）

日経会社コード 証券コード	会社名（決算月）	(A) 売上高	(B) 営業利益	(C) 経常利益	(D) 販売促進費	(E) 広告宣伝費	比率 $\frac{E}{A}\times100$	A（％）	E（％）
30354	フォーバルテレコム	15,683	699	720	-	15	0.10	4.21	-28.57
9445	（3月）	10,757	511	825	-	-	-	5.80	-

通信（マザーズ）

日経会社コード 証券コード	会社名（決算月）	(A) 売上高	(B) 営業利益	(C) 経常利益	(D) 販売促進費	(E) 広告宣伝費	比率 $\frac{E}{A}\times100$	A（％）	E（％）
32332	ファイバーゲート	2,787	360	334	198	-	-	36.22	-
9450	（6月）	2,688	295	269	198	-	-	33.73	-
32354	アイ・ピー・エス	5,327	902	819	-	-	-	28.05	-
4390	（3月）	4,681	785	708	-	-	-	24.26	-

通信（名証一部）

日経会社コード 証券コード	会社名（決算月）	(A) 売上高	(B) 営業利益	(C) 経常利益	(D) 販売促進費	(E) 広告宣伝費	比率 $\frac{E}{A}\times100$	A（％）	E（％）
2002	中部日本放送	33,937	2,779	3,187	5,276	-	-	0.26	-
9402	（3月）	4,657	1,749	2,072	-	-	-	9.68	-

通信（福岡）

日経会社コード 証券コード	会社名（決算月）	(A) 売上高	(B) 営業利益	(C) 経常利益	(D) 販売促進費	(E) 広告宣伝費	比率 $\frac{E}{A}\times100$	A（％）	E（％）
2005	ＲＫＢ毎日ホールディングス	26,558	2,204	2,355	3,230	-	-	-0.56	-
9407	（3月）	1,943	188	1,087	-	-	-	0.62	-

通信（ジャスダック）

日経会社コード 証券コード	会社名（決算月）	(A) 売上高	(B) 営業利益	(C) 経常利益	(D) 販売促進費	(E) 広告宣伝費	比率 $\frac{E}{A}\times100$	A（％）	E（％）
14458	新潟放送	20,629	800	870	1,053	-	-	-6.35	-
9408	（3月）	6,751	226	316	1,065	-	-	-3.35	-
30056	沖縄セルラー電話	65,176	12,449	12,511	-	-	-	3.43	-
9436	（3月）	62,547	12,365	12,461	772	2,140	3.42	3.27	22.22
30258	ベルパーク	88,894	3,151	3,184	1,430	99	0.11	-0.82	-60.08
9441	（12月）	84,857	2,865	2,927	1,290	92	0.11	-0.71	-61.98
30329	トーシン	26,224	436	388	-	-	-	0.37	-
9444	（4月）	24,997	274	251	-	82	0.33	0.39	18.84
30403	サカイホールディングス	17,765	725	729	-	156	0.88	-1.26	-31.28
9446	（9月）	15,731	436	461	-	-	-	0.03	-
31030	日本テレホン	-	-	-	-	-	-	-	-
9425	（4月）	5,707	-58	-62	181	10	0.18	-11.06	-44.44
35599	エヌジェイホールディングス	11,328	664	667	-	-	-	20.17	-
9421	（3月）	252	-111	-85	-	-	-	32.63	-

通信（非上場）

日経会社コード 証券コード	会社名（決算月）	(A) 売上高	(B) 営業利益	(C) 経常利益	(D) 販売促進費	(E) 広告宣伝費	比率 $\frac{E}{A}\times100$	A（％）	E（％）
5346	ソフトバンク	3,566,106	574,496	518,099	-	-	-	11.33	-
9999	（3月）	3,199,362	570,296	539,958	-	29,621	0.93	0.14	-2.85
10043	青森放送	-	-	-	-	-	-	-	-
9999	（3月）	5,986	523	543	1,084	499	8.34	-1.47	-6.73
10074	秋田放送	-	-	-	-	-	-	-	-
9999	（3月）	4,708	324	358	833	233	4.95	0.17	1.30

通 信 ／ 電 力

上段＝連結決算、下段＝単独決算

日経会社コード 証券コード	会 社 名 （決算月）	(A) 売上高 (単位:百万円)	(B) 営業利益 (単位:百万円)	(C) 経常利益 (単位:百万円)	(D) 販売促進費 (単位:百万円)	(E) 広告宣伝費 (単位:百万円)	比 率 $\frac{E}{A}×100$	対前年度伸び率 A (%)	E (%)
10471	アイビーシー岩手放送	4,415	207	217	719	–	–	0.09	–
9999	（3月）	4,244	203	206	756	–	–	0.40	–
11291	北 日 本 放 送	6,011	452	686	1,003	–	–	0.92	–
9999	（3月）	5,876	485	576	1,003	–	–	1.05	–
11338	九 州 朝 日 放 送	19,485	1,331	1,560	3,490	–	–	-1.55	–
9999	（3月）	18,741	1,223	1,470	3,785	–	–	-1.62	–
12057	札幌テレビ放送	18,948	1,534	1,724	2,626	–	–	-0.88	–
9999	（3月）	15,689	1,131	1,414	2,420	–	–	1.18	–
12213	山 陽 放 送	9,081	1,028	1,094	1,444	–	–	3.74	–
9999	（3月）	7,799	1,002	1,066	1,455	–	–	2.56	–
12281	四 国 放 送	–	–	–	–	–	–	–	–
9999	（3月）	5,901	707	829	1,011	73	1.24	-0.24	-6.41
12510	信 越 放 送	7,788	307	790	1,133	–	–	-2.15	–
9999	（3月）	6,762	173	400	1,144	–	–	-0.78	–
13620	テ レ ビ 西 日 本	19,152	1,825	2,007	2,741	–	–	5.36	–
9999	（3月）	14,494	1,017	1,181	2,753	–	–	2.34	–
13966	東 北 放 送	8,608	447	540	1,474	–	–	-5.51	–
9999	（3月）	8,400	468	528	1,484	339	4.04	-5.56	-2.59
14291	長 崎 放 送	8,487	290	403	761	186	2.19	5.74	12.73
9999	（3月）	4,819	190	240	824	59	1.22	0.58	-21.33
14422	南 海 放 送	6,695	429	502	950	–	–	0.84	–
9999	（3月）	5,557	447	522	950	–	–	0.31	–
15771	北 陸 放 送	4,507	154	195	698	–	–	1.08	–
9999	（3月）	4,108	155	194	721	–	–	1.31	–
16487	山 口 放 送	–	–	–	–	–	–	–	–
9999	（3月）	5,994	252	299	1,104	–	–	-2.90	–
18190	ジェイ・インターナショナル	–	–	–	–	–	–	–	–
9999	（3月）	40	-202	-205	–	–	–	-77.14	–
18665	東京メトロポリタンテレビジョン	–	–	–	–	–	–	–	–
9999	（3月）	18,156	1,554	1,392	1,989	135	0.74	-0.11	5.47

電力（東証一部）

日経会社コード 証券コード	会 社 名 （決算月）	(A) 売上高 (単位:百万円)	(B) 営業利益 (単位:百万円)	(C) 経常利益 (単位:百万円)	(D) 販売促進費 (単位:百万円)	(E) 広告宣伝費 (単位:百万円)	比 率 $\frac{E}{A}×100$	対前年度伸び率 A (%)	E (%)
2021	東京電力ホールディングス	5,850,939	288,470	254,860	–	–	–	9.21	–
9501	（3月）	840,235	4,408	119,176	–	1,349	0.16	5.21	-6.25
2022	中 部 電 力	2,853,309	136,505	128,532	–	–	–	9.59	–
9502	（3月）	2,597,164	114,708	91,899	5,213	7,664	0.30	8.68	-5.37
2023	関 西 電 力	3,133,632	227,551	217,104	–	–	–	4.06	–
9503	（3月）	2,683,945	165,421	145,506	–	8,707	0.32	2.66	-5.37
2024	中 国 電 力	1,314,967	39,626	30,701	–	–	–	9.55	–
9504	（3月）	1,227,470	32,475	24,086	642	3,547	0.29	9.42	5.69
2025	北 陸 電 力	596,283	14,826	2,671	–	–	–	9.90	–
9505	（3月）	549,148	5,375	-5,630	348	2,359	0.43	10.36	-27.66
2026	東 北 電 力	2,071,380	107,665	88,433	–	–	–	6.25	–
9506	（3月）	1,869,361	82,399	67,551	1,069	6,476	0.35	7.52	-3.21
2027	四 国 電 力	731,775	29,265	28,000	–	–	–	6.90	–
9507	（3月）	654,368	19,497	19,602	515	2,446	0.37	6.71	15.87
2028	九 州 電 力	1,960,359	103,123	73,678	–	–	–	7.27	–
9508	（3月）	1,823,543	81,203	48,203	3,223	4,156	0.23	7.47	35.02
2029	北 海 道 電 力	733,050	33,726	19,421	–	–	–	4.31	–
9509	（3月）	703,189	27,349	13,202	–	1,753	0.25	3.85	52.97
10889	沖 縄 電 力	196,134	9,333	8,381	–	–	–	8.97	–
9511	（3月）	188,075	7,160	6,322	94	498	0.26	9.13	11.66
13629	電 源 開 発	856,252	104,336	102,476	–	–	–	15.03	–
9513	（3月）	614,591	43,071	52,460	–	1,443	0.23	17.63	22.50
31962	イ ー レ ッ ク ス	46,948	4,813	4,540	574	–	–	50.63	–
9517	（3月）	40,284	998	1,012	682	–	–	38.31	–
32216	レ ノ バ	8,265	2,794	1,845	–	–	–	-3.40	–
9519	（5月）	2,429	685	1,167	–	–	–	12.77	–

電力／ガス／サービス

上段＝連結決算、下段＝単独決算

日経会社コード／証券コード	会　社　名（決算月）	(A)売上高(単位:百万円)	(B)営業利益(単位:百万円)	(C)経常利益(単位:百万円)	(D)販売促進費(単位:百万円)	(E)広告宣伝費(単位:百万円)	比率 E/A×100	対前年度伸び率 A（%）	対前年度伸び率 E（%）

電力（非上場）

14844	日本原子力発電	114,700	9,371	7,681	–	–	–	4.28	–
9999	（3月）	113,515	9,087	7,331	–	220	0.19	4.60	13.99
41229	東京電力パワーグリッド	1,742,068	115,098	79,022	–	–	–	2.96	–
9999	（3月）	1,710,815	109,635	69,447	3,174	21	0.00	2.76	-91.10

ガス（東証一部）

2041	東　京　ガ　ス	1,777,344	116,302	111,546	61	–	–	11.99	–
9531	（3月）	1,598,859	82,485	95,890	–	17,356	1.09	13.52	-5.00
2042	大　阪　ガ　ス	1,296,238	78,118	77,087	–	–	–	9.49	–
9532	（3月）	1,039,628	47,722	58,200	2	13,606	1.31	14.64	-16.88
2043	東　邦　瓦　斯	428,868	23,984	25,208	–	–	–	9.84	–
9533	（3月）	355,116	18,278	20,749	–	4,857	1.37	9.40	-9.72
2044	北　海　道　ガ　ス	103,580	2,874	2,911	–	–	–	19.00	–
9534	（3月）	87,872	2,024	1,897	–	962	1.09	22.22	5.25
2045	広　島　ガ　ス	73,717	2,920	3,506	–	–	–	5.31	–
9535	（3月）	55,438	736	2,404	–	1,970	3.55	5.59	2.44
2046	西　部　ガ　ス	196,621	10,700	10,815	–	–	–	16.98	–
9536	（3月）	121,347	4,983	6,652	–	3,989	3.29	7.77	10.47
16988	静　岡　ガ　ス	122,027	7,711	8,341	–	–	–	12.41	–
9543	（12月）	104,577	3,148	5,978	–	867	0.83	10.63	5.22

ガス（東証二部）

2047	京　葉　瓦　斯	83,897	5,687	6,199	–	–	–	3.60	–
9539	（12月）	80,585	4,698	5,202	–	785	0.97	3.71	-41.24
2049	北　陸　瓦　斯	45,695	2,902	3,137	–	–	–	8.31	–
9537	（3月）	37,398	2,114	2,360	–	396	1.06	9.15	-15.02

ガス（非上場）

2048	中　部　ガ　ス	–	–	–	–	–	–	–	–
9999	（11月）	33,142	935	1,347	–	564	1.70	-9.06	-10.19
12272	四　国　ガ　ス	43,216	2,111	2,364	–	–	–	6.80	–
9999	（3月）	31,278	1,247	1,459	–	663	2.12	6.06	5.41
14799	日　本　瓦　斯	23,230	1,895	1,956	–	–	–	7.36	–
9999	（3月）	19,636	1,482	1,607	–	415	2.11	6.45	16.25
16266	宮　崎　瓦　斯	13,796	-1,149	-948	–	–	–	39.83	–
9999	（3月）	7,836	816	1,044	–	295	3.76	3.46	3.87

サービス（東証一部）

15	常　磐　興　産	29,057	1,252	1,096	800	638	2.20	-19.68	2.57
9675	（3月）	25,813	1,096	932	800	720	2.79	-22.24	2.86
169	オ　オ　バ	15,542	1,045	1,097	–	–	–	0.41	–
9765	（5月）	15,014	1,060	988	–	–	–	0.49	–
360	エコナックホールディングス	1,889	174	142	–	–	–	5.59	–
3521	（3月）	676	38	6	–	–	–	51.57	–
740	リソルホールディングス	23,643	2,103	2,056	–	–	–	6.13	–
5261	（3月）	5,108	1,100	578	106	–	–	41.26	–
1516	任　天　堂	1,055,682	177,557	199,356	–	72,616	6.88	115.84	49.03
7974	（3月）	978,496	128,104	133,429	–	20,257	2.07	169.27	72.17
1636	日　本　ユ　ニ　シ　ス	286,977	16,332	16,092	5,134	–	–	1.68	–
8056	（3月）	167,808	8,826	11,290	2,249	–	–	-1.45	–
1720	東　天　紅	–	–	–	–	–	–	–	–
8181	（2月）	6,823	48	50	–	270	3.96	1.62	-6.90
1722	丸紅建材リース	21,779	757	1,231	–	–	–	0.70	–
9763	（3月）	19,882	678	1,059	–	–	–	0.56	–
1724	ロイヤルホールディングス	135,562	5,952	6,056	2,348	–	–	1.91	–
8179	（12月）	5,110	800	1,028	–	–	–	2.84	–

サ　ー　ビ　ス

上段＝連結決算、下段＝単独決算

日経会社コード 証券コード	会　社　名 （決算月）	(A) 売上高 (単位:百万円)	(B) 営業利益 (単位:百万円)	(C) 経常利益 (単位:百万円)	(D) 販売促進費 (単位:百万円)	(E) 広告宣伝費 (単位:百万円)	比　率 $\frac{E}{A}\times100$	対前年度伸び率 A（％）	対前年度伸び率 E（％）
1756 9991	ジ　コ　ス （3月）	104,825 92,990	5,847 4,273	6,312 5,244	－ －	－ －	－ －	6.17 6.84	－ －
1764 4658	日本空調サービス （3月）	45,467 30,613	2,481 1,608	2,579 2,017	－ －	－ －	－ －	5.39 5.77	－ －
1766 6197	ソ　ラ　ス　ト （3月）	74,329 70,172	4,188 4,071	4,164 4,100	－ －	－ －	－ －	13.63 7.88	－ －
2031 9766	コナミホールディングス （3月）★	239,497 16,443	45,181 13,469	44,709 13,590	－ －	－ 649	－ 3.95	4.16 -3.33	－ 108.68
2061 9601	松　竹 （2月）	92,878 55,032	6,463 3,030	5,774 4,136	－ 793	4,158 4,081	4.48 7.42	-3.43 -5.28	-20.38 -18.46
2062 9602	東　宝 （2月）	242,668 117,069	47,586 29,691	48,645 33,328	－ 741	10,678 11,389	4.40 9.73	3.90 1.63	33.81 -1.13
2064 9605	東　映 （3月）	124,317 44,605	17,469 3,877	21,379 5,460	－ 82	1,888 1,897	1.52 4.25	-3.19 -13.42	-9.32 -18.86
2067 9632	ス　バ　ル　興　業 （1月）	23,339 15,907	3,151 2,392	3,187 2,441	－ －	－ －	－ －	15.23 14.11	－ －
2068 9633	東　京　テ　ア　ト　ル （3月）	18,237 11,293	25 32	120 79	－ －	56 －	0.31 －	-5.24 -6.21	-3.45 －
2080 9671	よ　み　う　り　ラ　ン　ド （3月）	20,921 19,953	2,315 2,032	2,568 2,299	－ －	－ －	－ －	-0.62 -1.05	－ －
2081 9672	東　京　都　競　馬 （12月）	21,302 18,158	6,033 5,742	5,999 5,717	－ －	－ －	－ －	7.40 7.83	－ －
2084 9681	東　京　ド　ー　ム （1月）	83,686 61,369	11,389 10,962	10,057 9,757	－ －	－ －	－ －	-4.64 -0.79	－ －
2091 9704	アゴーラ・ホスピタリティー・グ （12月）	7,603 312	-31 -86	70 12	－ －	－ －	－ －	-4.50 -73.31	－ －
2098 9722	藤　田　観　光 （12月）	70,624 51,222	1,995 579	2,048 933	－ －	144 141	0.20 0.28	2.67 2.49	-25.00 -25.00
2099 9731	白　洋　舎 （12月）	50,738 36,674	1,336 605	1,475 776	－ －	－ 103	－ 0.28	3.60 2.57	－ -1.90
2104 9735	セ　コ　ム （3月）	970,624 387,881	135,448 78,168	144,318 91,083	－ －	4,896 －	0.50 －	4.58 1.41	-1.23 －
2105 9726	ＫＮＴ－ＣＴホールディングス （3月）	405,172 8,181	3,177 1,678	3,342 1,698	13,623 －	－ 434	－ 5.30	2.32 -7.86	－ 12.14
2310 4739	伊藤忠テクノソリューションズ （3月）★	429,625 384,618	32,622 20,467	33,729 24,894	－ －	－ －	－ －	5.34 7.00	－ －
2388 8153	モスフードサービス （3月）	71,387 51,898	3,736 3,476	3,913 3,907	3,118 37	－ 3,279	－ 6.32	0.65 -0.86	－ -0.15
2389 9768	い　で　あ （12月）	17,515 16,880	1,151 1,132	1,214 1,185	－ －	－ 20	－ 0.12	6.32 7.79	－ -20.00
2397 2331	綜　合　警　備　保　障 （3月）	435,982 232,697	30,111 16,258	31,913 23,720	－ －	2,556 2,057	0.59 0.88	5.48 1.39	-4.88 -4.86
2496 9717	ジ　ャ　ス　テ　ッ　ク （11月）	16,841 16,799	2,089 2,114	2,223 2,249	－ －	－ 35	－ 0.21	3.79 3.93	－ -25.53
2641 8207	テ　ン　ア　ラ　イ　ド （3月）	15,434 15,434	344 336	348 347	－ －	－ －	－ －	-0.80 -0.80	－ －
3006 9600	ア　イ　ネ　ッ　ト （3月）	25,615 19,563	2,081 1,774	2,051 1,752	－ －	－ －	－ －	4.05 4.43	－ －
3255 3837	ア　ド　ソ　ル　日　進 （3月）	－ 10,997	－ 832	－ 857	－ －	－ －	－ －	－ -5.48	－ －
3443 4694	ビ　ー・エム・エル （3月）	113,502 89,129	9,337 5,416	9,811 6,676	－ －	－ －	－ －	2.03 1.92	－ －
3556 9612	ラ　ッ　ク　ラ　ン　ド （12月）	31,110 27,198	857 839	960 974	－ 39	－ 41	－ 0.15	-11.00 -15.09	－ 57.69
3740 4709	インフォメーション・ディベロプ （3月）	23,207 21,537	1,254 1,124	1,274 1,144	－ －	－ －	－ －	7.67 3.62	－ －
4000 9769	学　究　社 （3月）	10,304 9,319	1,579 1,547	1,588 1,560	－ －	366 367	3.55 3.94	3.83 3.91	-33.33 -33.39

サービス

上段＝連結決算、下段＝単独決算

日経会社コード 証券コード	会 社 名 （決算月）	(A) 売上高 （単位：百万円）	(B) 営業利益 （単位：百万円）	(C) 経常利益 （単位：百万円）	(D) 販売促進費 （単位：百万円）	(E) 広告宣伝費 （単位：百万円）	比 率 $\frac{E}{A}\times100$	対前年度伸び率 A（％）	E（％）
4110	野村総合研究所	471,488	65,138	66,161	-	-	-	11.06	-
4307	（3月）	370,048	55,602	58,494	-	-	-	4.73	-
4459	Ｓ Ｃ Ｓ Ｋ	336,654	34,602	36,291	-	-	-	2.23	-
9719	（3月）	263,069	27,195	29,043	-	-	-	1.83	-
5262	Ｔ Ｋ Ｃ	59,705	8,567	8,792	-	-	-	3.39	-
9746	（9月）	55,175	8,254	8,473	-	-	-	3.40	-
5290	富 士 ソ フ ト	180,773	9,707	10,260	-	439	0.24	10.08	3.54
9749	（12月）	112,371	5,802	6,533	-	-	-	11.39	-
5590	電通国際情報サービス	83,423	5,489	5,642	2,617	-	-	4.56	-
4812	（12月）	69,115	3,707	5,090	2,149	-	-	2.85	-
5754	トランスコスモス	266,645	6,092	1,802	-	2,154	0.81	10.04	3.81
9715	（3月）	203,097	5,834	6,257	-	1,646	0.81	4.94	2.24
5755	ビジネスブレイン太田昭和	23,508	1,159	1,135	-	-	-	2.14	-
9658	（3月）	11,575	542	619	-	-	-	10.32	-
6550	スクウェア・エニックス・ホール	250,394	38,176	36,124	86	22,585	9.02	-2.50	-11.57
9684	（3月）	9,636	7,658	5,262	-	-	-	-15.43	-
6742	ア ル ト ナ ー	-	-	-	-	-	-	-	-
2163	（1月）	5,765	681	690	-	-	-	11.88	-
7220	グ ル メ 杵 屋	40,472	556	680	-	-	-	2.70	-
9850	（3月）	1,676	47	260	-	30	1.79	0.72	-44.44
7571	ソ ル ク シ ー ズ	14,001	501	683	-	-	-	5.37	-
4284	（12月）	10,500	128	372	-	-	-	3.70	-
7633	船井総研ホールディングス	18,685	4,631	4,681	-	-	-	13.70	-
9757	（12月）	4,291	2,051	2,069	-	-	-	21.45	-
7649	Ｎ Ｓ Ｄ	58,080	7,918	8,119	-	-	-	5.15	-
9759	（3月）	50,811	7,000	7,421	-	-	-	5.15	-
7652	進学会ホールディングス	6,624	-192	-89	-	573	8.65	8.20	-6.53
9760	（3月）	2,674	-84	-314	-	224	8.38	-47.10	-62.54
7675	吉野家ホールディングス	198,503	4,019	4,604	-	4,609	2.32	5.24	8.52
9861	（2月）	56,234	-415	-182	-	-	-	-0.59	-
7685	カ プ コ ン	94,515	16,037	15,254	2,176	3,481	3.68	8.43	28.64
9697	（3月）	73,237	15,258	15,237	223	1,672	2.28	13.68	1.58
7687	松 屋 フ ー ズ	93,006	4,119	4,375	-	-	-	4.46	-
9887	（3月）	92,289	4,033	4,429	-	-	-	4.27	-
7790	ス ペ ー ス	-	-	-	-	-	-	-	-
9622	（12月）	50,746	3,672	3,677	-	-	-	3.05	-
8159	日本システムウエア	33,502	2,940	2,975	-	-	-	9.24	-
9739	（3月）	31,704	2,872	2,942	-	-	-	8.99	-
8252	アイ・エス・ビー	16,668	596	627	-	-	-	24.43	-
9702	（12月）	10,373	338	421	-	-	-	3.15	-
8746	明光ネットワークジャパン	19,383	2,615	2,806	1,047	495	2.55	3.81	-12.39
4668	（8月）	13,660	2,295	2,470	815	452	3.31	-1.59	-11.37
9329	元 気 寿 司	39,999	1,726	1,745	-	-	-	14.49	-
9828	（3月）	35,614	1,517	1,556	-	354	0.99	12.02	22.07
9343	サ イ ネ ッ ク ス	12,956	513	501	-	-	-	-2.57	-
2376	（3月）	8,198	491	480	-	-	-	-5.66	-
9793	ゼ ン リ ン	61,332	5,441	5,863	-	-	-	6.08	-
9474	（3月）	41,235	4,058	4,891	-	-	-	4.80	-
10056	ヴィア・ホールディングス	28,340	94	18	-	-	-	-4.21	-
7918	（3月）	1,631	357	506	-	32	1.96	2.45	-13.51
10712	サガミチェーン	26,184	883	960	-	-	-	0.95	-
9900	（3月）	18,120	598	747	-	-	-	2.38	-
10782	大 塚 商 会	691,166	44,386	45,460	-	-	-	7.42	-
4768	（12月）	624,694	39,776	41,162	-	-	-	6.94	-
10942	オリエンタルランド	479,280	110,285	111,660	-	-	-	0.32	-
4661	（3月）	408,150	94,703	104,098	-	-	-	0.40	-
11350	新日鉄住金ソリューションズ	244,215	22,671	23,106	-	-	-	5.05	-
2327	（3月）	212,067	15,730	17,705	-	-	-	3.67	-

サ　ー　ビ　ス

上段＝連結決算、下段＝単独決算

日経会社コード 証券コード	会　社　名 （決算月）	(A) 売上高 (単位:百万円)	(B) 営業利益 (単位:百万円)	(C) 経常利益 (単位:百万円)	(D) 販売促進費 (単位:百万円)	(E) 広告宣伝費 (単位:百万円)	比　率 $\frac{E}{A}\times100$	対前年度伸び率 A (%)	対前年度伸び率 E (%)
11693 9621	建設技術研究所 （12月）	49,301 35,440	2,420 2,511	2,500 2,643	－ －	－ －	－ －	17.29 3.46	－ －
11958 3648	Ａ　Ｇ　Ｓ （3月）	19,471 15,526	819 524	864 707	－ －	－ －	－ －	4.18 2.46	－ －
11973 2325	Ｎ　Ｊ　Ｓ （12月）	16,587 10,182	1,239 967	1,244 1,003	－ －	－ 20	－ 0.20	1.13 -9.39	－ 100.00
12063 8163	ＳＲＳホールディングス （3月）	44,155 25,899	741 194	592 189	－ －	－ －	－ －	1.85 -24.15	－ －
12224 9793	ダ　イ　セ　キ （2月）	49,185 28,778	8,777 7,170	8,914 7,337	－ －	－ －	－ －	11.20 11.78	－ －
12621 4651	サ　ニ　ッ　ク　ス （3月）	49,993 44,888	1,246 100	1,019 425	309 －	285 －	0.57 －	-1.89 -1.59	66.67 －
13284 4665	ダ　ス　キ　ン （3月）	161,031 132,537	7,557 4,915	8,978 7,476	1,780 4,232	－ 3,917	－ 2.96	-0.52 -1.27	－ 37.01
13332 9644	タ　ナ　ベ　経　営 （3月）	－ 8,797	－ 936	－ 965	－ －	－ 230	－ 2.61	－ 4.86	－ -2.13
13372 9743	丹　青　社 （1月）	75,156 71,394	4,587 4,145	4,741 4,399	－ －	－ 21	－ 0.03	6.18 6.24	－ 5.00
13632 3640	電　算 （3月）	－ 13,597	－ 1,048	－ 1,044	－ －	－ －	－ －	－ -8.12	－ －
13633 4324	電　通 （12月）★	5,187,300 1,561,528	137,392 54,289	149,662 76,837	－ －	－ －	－ －	5.33 -2.42	－ －
13676 9729	ト　ー　カ　イ （3月）	109,385 44,343	7,638 2,480	7,854 3,977	－ －	－ －	－ －	4.60 3.19	－ －
14091 9682	Ｄ　Ｔ　Ｓ （3月）	83,163 56,696	8,523 6,978	8,574 7,302	－ －	－ －	－ －	4.14 0.88	－ －
14276 4719	アルファシステムズ （3月）	－ 27,754	－ 2,837	－ 2,903	－ －	－ －	－ －	－ 3.54	－ －
14933 2359	コ　ア （3月）	20,609 16,091	1,304 984	1,359 1,180	－ －	54 －	0.26 －	6.35 6.37	8.00 －
15367 4826	Ｃ　Ｉ　Ｊ （6月）	19,064 8,639	1,201 416	1,226 720	－ －	－ －	－ －	1.92 7.00	－ －
15575 4544	みらかホールディングス （3月）	195,400 13,133	17,648 6,341	16,567 6,465	－ －	－ －	－ －	-4.33 33.47	－ －
16001 9663	ナ　ガ　ワ （3月）	27,442 27,026	4,281 4,333	4,459 4,448	－ －	172 －	0.63 －	1.42 1.65	-22.87 －
16046 9928	ミロク情報サービス （3月）	27,582 25,035	4,485 4,324	4,426 4,504	1,410 －	－ －	－ －	5.17 4.84	－ －
16083 9945	プ　レ　ナ　ス （2月）	145,709 136,584	4,979 4,959	5,261 5,269	－ －	－ －	－ －	3.36 -1.23	－ －
16135 9629	ピー・シー・エー （3月）	9,785 8,960	807 714	834 800	198 －	126 125	1.29 1.40	4.54 3.85	0.00 1.63
16142 9628	燦ホールディングス （3月）	20,070 4,774	2,658 1,701	2,650 1,678	－ －	40 －	0.20 －	7.46 -2.91	37.93 －
16154 9624	長　大 （9月）	26,661 13,811	1,531 495	1,689 724	－ －	－ －	－ －	7.29 6.85	－ －
16191 7421	カッパ・クリエイト （3月）	78,728 65,132	378 260	516 540	－ －	－ －	－ －	-0.87 -1.70	－ －
16203 3636	三菱総合研究所 （9月）	89,466 31,998	5,731 1,611	6,258 2,274	－ －	－ －	－ －	2.95 -1.59	－ －
16236 9795	ス　テ　ッ　プ （9月）	－ 10,564	－ 2,584	－ 2,633	－ －	－ 191	－ 1.81	－ 3.81	－ -5.91
16248 9792	ニ　チ　イ　学　館 （3月）	283,767 243,588	7,630 6,241	3,628 4,939	－ －	3,424 3,027	1.21 1.24	2.57 1.59	-22.74 -6.28
16284 9788	ナ　ッ　ク （3月）	89,818 30,521	1,637 2,126	1,574 2,260	1,564 2,605	5,352 1,272	5.96 4.17	4.56 0.90	-13.51 -14.52
16438 4337	ぴ　あ （3月）	163,509 162,937	1,225 1,086	1,173 1,043	2,156 2,112	859 833	0.53 0.51	7.00 7.01	20.48 23.96

—194—

サ　ー　ビ　ス

上段＝連結決算、下段＝単独決算

日経会社コード／証券コード	会　社　名（決算月）	(A)売上高（単位:百万円）	(B)営業利益（単位:百万円）	(C)経常利益（単位:百万円）	(D)販売促進費（単位:百万円）	(E)広告宣伝費（単位:百万円）	比　率 $\frac{E}{A}×100$	対前年度伸び率 A (%)	対前年度伸び率 E (%)
17608	共立メンテナンス	152,021	13,087	12,928	1,880	－	－	11.92	－
9616	（3月）	124,588	12,077	12,365	1,827	－	－	11.16	－
18100	シ　ー　イ　ー　シー	45,994	3,748	3,819	－	－	－	4.59	－
9692	（1月）	34,533	2,766	2,841	－	－	－	6.38	－
18262	豆蔵ホールディングス	23,028	2,290	2,292	－	－	－	4.24	－
3756	（3月）	2,697	1,688	1,677	－	－	－	32.79	－
18283	日本ビューホテル	20,179	1,362	1,304	－	－	－	2.32	－
6097	（4月）	16,789	1,370	1,277	－	－	－	3.10	－
18289	バリューコマース	16,889	2,223	2,257	－	－	－	-3.52	－
2491	（12月）	16,889	2,294	2,321	－	40	0.24	-2.18	-23.08
18332	王将フードサービス	78,117	5,503	5,780	3,479	1,059	1.36	－	－
9936	（3月）	77,934	5,508	5,786	3,469	1,052	1.35	3.80	4.57
18359	ＪＢＣＣホールディングス	63,107	2,060	2,034	129	－	－	-24.22	－
9889	（3月）	1,914	704	714	－	138	7.21	18.15	-2.13
18371	メ　ン　バ　ー　ズ	7,403	667	664	－	12	0.16	14.26	50.00
2130	（3月）★	8,062	520	565	－	－	－	5.59	－
18454	オ　ー　ビ　ッ　ク	66,814	32,325	35,570	－	1,098	1.64	8.72	-2.49
4684	（3月）	58,719	31,167	32,619	－	1,061	1.81	8.92	-2.39
18993	ア　ル　プ　ス　技　研	30,260	3,238	3,275	－	－	－	13.15	－
4641	（12月）	25,049	2,894	3,137	－	－	－	10.84	－
19072	ワ　タ　ミ	96,458	656	1,636	7,859	2,760	2.86	-3.84	11.61
7522	（3月）	85,978	691	1,448	－	－	－	3.16	－
19228	大　庄	63,957	448	382	－	94	0.15	-6.68	-17.54
9979	（8月）	55,710	199	663	－	－	－	-4.75	－
19456	インテージホールディングス	50,499	4,023	4,311	－	－	－	5.23	－
4326	（3月）	4,294	2,279	2,354	－	－	－	15.96	－
19524	キューブシステム	13,559	855	892	－	－	－	5.12	－
2335	（3月）	12,408	809	845	－	－	－	5.03	－
19580	福井コンピュータホールディング	10,902	3,687	3,731	－	－	－	9.35	－
9790	（3月）	3,184	2,186	2,228	－	－	－	33.33	－
19677	セ　ッ　ク	－	－	－	－	－	－	－	－
3741	（3月）	5,175	620	685	－	－	－	16.98	－
19717	りらいあコミュニケーションズ	109,800	5,290	5,343	－	－	－	14.15	－
4708	（3月）	79,198	4,943	4,980	－	－	－	5.42	－
19727	エイチ・アイ・エス	606,024	15,915	19,647	－	12,371	2.04	15.72	-2.18
9603	（10月）	428,734	2,582	4,642	－	6,375	1.49	8.46	-11.97
19755	ソリトンシステムズ	16,467	1,525	1,621	－	－	－	2.93	－
3040	（12月）	15,717	1,981	1,655	183	61	0.39	6.12	-51.20
20364	ハ　イ　デ　イ　日　高	－	－	－	－	－	－	－	－
7611	（2月）	40,643	4,679	4,599	－	－	－	5.53	－
21226	幸楽苑ホールディングス	38,576	-72	-114	－	－	－	2.04	－
7554	（3月）	13,989	84	162	28	－	－	-3.01	－
21426	ジャストシステム	24,075	6,079	6,225	659	3,652	15.17	18.42	21.41
4686	（3月）	23,840	5,976	6,127	－	3,646	15.29	18.94	21.57
21606	ユー・エス・エス	75,153	36,071	36,676	830	434	0.58	11.87	2.84
4732	（3月）	54,087	33,213	34,264	695	－	－	3.95	－
21656	応　用　地　質	45,957	855	1,220	－	－	－	-10.46	－
9755	（12月）	26,803	345	809	2	76	0.28	-12.62	40.74
21934	マ　ル　シ　ェ	－	－	－	－	－	－	－	－
7524	（3月）	8,540	87	125	－	－	－	-3.10	－
21989	ネットワンシステムズ	161,107	8,241	8,418	－	－	－	2.46	－
7518	（3月）	130,753	5,222	6,682	－	－	－	-2.45	－
22005	学研ホールディングス	102,177	3,382	3,525	2,798	2,833	2.77	3.16	-0.91
9470	（9月）	4,540	1,009	905	－	－	－	1.98	－
22031	ラ　ウ　ン　ド　ワ　ン	95,910	10,537	10,267	－	－	－	9.27	－
4680	（3月）	84,331	9,381	9,335	－	－	－	4.73	－
22046	新　日　本　科　学	16,600	-697	-813	－	－	－	-3.73	－
2395	（3月）	10,708	403	-216	－	－	－	7.95	－

サ　ー　ビ　ス

上段＝連結決算、下段＝単独決算

日経会社コード／証券コード	会　社　名（決算月）	(A) 売上高（単位:百万円）	(B) 営業利益（単位:百万円）	(C) 経常利益（単位:百万円）	(D) 販売促進費（単位:百万円）	(E) 広告宣伝費（単位:百万円）	比　率 $\frac{E}{A}\times100$	対前年度伸び率 A (%)	E (%)
22095 / 8096	兼松エレクトロニクス（3月）	62,251	9,536	9,636	–	–	–	-2.98	–
		53,970	5,874	6,992	–	–	–	-1.07	–
22211 / 7581	サ　イ　ゼ　リ　ヤ（8月）	148,306	11,216	11,885	–	–	–	2.31	–
		117,259	7,731	8,619	–	–	–	3.89	–
22380 / 8160	木　曽　路（3月）	–	–	–	–	–	–	–	–
		44,438	2,229	2,279	874	1,160	2.61	0.21	4.41
22750 / 4678	秀　英　予　備　校（3月）	11,010	119	46	–	631	5.73	0.76	6.77
		10,346	95	48	–	597	5.77	0.88	7.18
22976 / 4343	イオンファンタジー（2月）	72,174	5,970	5,598	–	–	–	10.94	–
		58,819	5,628	5,500	–	–	–	7.78	–
23149 / 3091	ブロンコビリー（12月）	–	–	–	–	–	–	–	–
		19,765	2,446	2,516	1,685	–	–	9.74	–
23364 / 6539	ＭＳ－Ｊａｐａｎ（3月）	–	–	–	–	–	–	–	–
		3,117	1,170	1,304	–	397	12.74	26.40	93.66
23420 / 7860	エ　イ　ベ　ッ　ク　ス（3月）	163,375	6,939	6,582	2,274	7,573	4.64	1.10	-7.64
		15,706	1,525	529	–	–	–	4.51	–
23793 / 3774	インターネットイニシアティブ（3月）	176,050	6,762	7,840	–	1,459	0.83	11.57	53.10
		139,436	2,638	3,573	2,170	1,376	0.99	12.73	54.43
24109 / 9787	イオンディライト（2月）	295,839	16,812	17,284	–	–	–	0.38	–
		245,351	12,736	13,553	–	–	–	-0.11	–
24286 / 2326	デジタルアーツ（3月）	5,116	1,902	1,909	–	287	5.61	1.15	-7.12
		5,046	2,087	2,097	–	215	4.26	-1.14	-12.60
24545 / 2378	ル　ネ　サ　ン　ス（3月）	46,229	4,062	3,801	–	–	–	4.00	–
		46,023	4,122	3,805	–	–	–	3.92	–
24790 / 3762	テクマトリックス（3月）	23,512	1,902	2,054	–	–	–	6.89	–
		18,216	1,517	1,508	–	–	–	6.11	–
24921 / 9740	Ｃ　Ｓ　Ｐ（2月）	53,714	1,733	2,034	–	461	0.86	8.91	15.25
		43,081	1,119	1,469	–	432	1.00	6.36	11.63
25424 / 2305	スタジオアリス（2月）	36,905	3,300	3,297	–	3,290	8.91	-4.69	20.29
		35,749	2,056	2,049	–	3,509	9.82	-5.60	0.09
25790 / 4681	リゾートトラスト（3月）	165,413	17,742	19,422	709	2,677	1.62	15.24	10.89
		123,677	11,350	13,605	–	–	–	16.17	–
25965 / 4743	アイティフォー（3月）	11,831	1,535	1,605	–	–	–	6.48	–
		10,749	1,416	1,468	–	–	–	4.91	–
26278 / 4687	Ｔ　Ｄ　Ｃ　ソ　フ　ト（3月）	23,946	1,851	1,906	–	–	–	4.15	–
		23,007	1,755	1,811	–	–	–	4.13	–
27852 / 9699	西尾レントオール（9月）	123,538	11,121	11,017	–	–	–	6.56	–
		80,511	7,226	8,338	–	–	–	4.84	–
28635 / 1973	ＮＥＣネッツエスアイ（3月）	267,939	11,057	10,957	–	–	–	3.89	–
		216,634	9,417	9,735	–	–	–	6.08	–
28841 / 6098	リクルートホールディングス（3月）★	2,173,385	191,794	199,228	87,327	138,150	6.36	11.92	27.08
		576,243	85,309	429,431	205,523	60,755	10.54	1.16	3.53
28914 / 9716	乃　村　工　芸　社（2月）	115,841	8,171	8,373	–	–	–	0.24	–
		85,332	6,676	7,144	–	–	–	-2.56	–
29133 / 8200	リンガーハット（2月）	45,682	2,825	2,782	–	–	–	4.19	–
		21,171	1,491	2,574	–	289	1.37	5.31	86.45
29271 / 3822	Ｍｉｎｏｒｉソリューションズ（3月）	–	–	–	–	–	–	–	–
		16,428	1,515	1,526	–	–	–	5.71	–
29841 / 2410	キャリアデザインセンター（9月）	9,893	1,153	1,158	–	1,341	13.56	15.45	8.15
		7,225	1,011	1,016	–	1,300	17.99	13.03	7.62
29850 / 7844	マ　ー　ベ　ラ　ス（3月）	25,291	5,147	5,105	–	1,895	7.49	-13.94	-2.87
		22,008	4,014	3,986	–	1,764	8.02	-14.74	-2.81
29858 / 3853	インフォテリア（3月）★	3,109	577	443	–	–	–	91.80	–
		1,811	-146	-143	62	43	2.37	12.98	115.00
29869 / 3843	フ　リ　ー　ビ　ッ　ト（4月）	35,222	1,321	807	72	–	–	24.07	–
		14,043	25	808	170	–	–	33.76	–
29981 / 4299	ハ　イ　マ　ッ　ク　ス（3月）	13,493	981	982	–	–	–	8.07	–
		12,647	923	924	–	–	–	8.83	–

サービス

上段＝連結決算、下段＝単独決算

日経会社コード 証券コード	会 社 名 （決算月）	(A) 売上高 (単位:百万円)	(B) 営業利益 (単位:百万円)	(C) 経常利益 (単位:百万円)	(D) 販売促進費 (単位:百万円)	(E) 広告宣伝費 (単位:百万円)	比 率 $\frac{E}{A}\times100$	対前年度伸び率 A（％）	対前年度伸び率 E（％）
29982 9783	ベネッセホールディングス （3月）	434,497 14,641	12,626 6,405	9,253 6,756	18,637 －	32,341 －	7.44 －	1.03 6.41	6.57 －
30025 4653	ダ イ オ ー ズ （3月）	29,869 763	1,609 252	1,587 250	－ －	－ －	－ －	14.63 2.42	－ －
30032 7527	システムソフト （9月）	－ 3,371	－ 130	－ 81	－ －	－ －	－ －	－ -4.45	－ －
30058 4671	ファルコホールディングス （3月）	45,962 2,003	2,211 665	2,385 742	－ －	－ －	－ －	-0.02 8.09	－ －
30070 4674	ク レ ス コ （3月）	33,328 21,198	3,091 2,153	3,492 2,645	－ －	28 －	0.08 －	7.88 4.96	-6.67 －
30077 7550	ゼンショーホールディングス （3月）	579,108 249,115	17,611 2,959	17,656 9,177	－ －	－ －	－ －	6.45 2.37	－ －
30084 4679	田 谷 （3月）	－ 10,545	－ -46	－ -57	－ －	123	1.17	－ -7.51	-8.21
30092 6879	イマジカ・ロボット　ホールディ （3月）	91,351 2,754	2,424 1,070	2,424 1,121	－ －	－ －	－ －	4.30 -2.82	－ －
30102 4689	ヤ フ ー （3月）★	897,185 421,495	185,810 161,880	193,177 171,140	－ 46,660	－ －	－ －	5.09 3.61	－ －
30116 4696	ワタベウェディング （3月）	45,135 16,011	768 -432	677 136	－ －	－ 1,027	－ 6.41	2.79 1.30	－ 25.86
30139 4704	トレンドマイクロ （12月）	148,811 59,307	36,441 17,642	37,035 18,639	7,943 6,978	－ －	－ －	12.79 5.46	－ －
30157 7595	アルゴグラフィックス （3月）	40,176 31,359	3,752 2,558	4,037 3,148	－ －	－ －	－ －	15.29 16.68	－ －
30160 4714	リ ソ ー 教 育 （2月）	22,584 11,247	2,158 989	2,139 1,226	－ 10	1,094 549	4.84 4.88	8.70 9.71	20.62 16.31
30163 4716	日 本 オ ラ ク ル （5月）	－ 173,190	－ 52,524	－ 52,502	－ －	－ 1,006	－ 0.58	－ 1.75	－ 1.11
30168 4718	早稲田アカデミー （3月）	22,143 21,321	1,112 1,125	1,107 1,143	639 635	1,676 1,573	7.57 7.38	7.05 6.75	-0.36 -0.44
30179 4722	フ ュ ー チ ャ ー （12月）	36,265 2,986	4,458 2,010	4,756 2,015	－ －	－ －	－ －	7.76 -48.88	－ －
30183 4726	ソフトバンク・テクノロジー （3月）	49,140 44,157	2,176 1,655	2,399 1,936	－ －	－ －	－ －	-2.16 -2.97	－ －
30188 4728	ト ー セ （8月）	4,705 4,378	307 337	406 382	－ －	－ 22	－ 0.50	-3.47 -0.52	－ -12.00
30196 8876	リ ロ グ ル ー プ （3月）	225,437 8,496	15,359 6,436	16,943 6,814	－ －	1,556 －	0.69 －	9.91 -22.23	36.61 －
30203 4733	オービックビジネスコンサルタン （3月）	－ 23,513	－ 9,737	－ 11,198	－ －	－ 737	－ 3.13	－ 0.96	－ -8.90
30204 7616	コ ロ ワ イ ド （3月）★	245,911 3,363	4,242 433	2,767 455	－ 747	－ 60	－ 1.78	4.89 6.73	－ -57.75
30232 7630	壱 番 屋 （2月）	49,472 44,243	4,712 4,724	4,864 4,899	－ －	－ 255	－ 0.58	10.26 1.99	－ 7.59
30241 4745	東京個別指導学院 （2月）	－ 19,175	－ 2,634	－ 2,636	－ －	－ 2,239	－ 11.68	－ 7.07	－ 2.52
30248 4751	サイバーエージェント （9月）	371,362 192,274	30,700 12,580	28,741 17,532	－ －	32,004 1,026	8.62 0.53	19.54 12.71	26.25 -55.20
30254 4755	楽 天 （12月）★	944,474 359,693	149,344 39,838	138,082 49,603	－ 51,418	152,383 50,094	16.13 13.93	20.79 17.76	25.64 18.56
30256 4346	ネクシィーズグループ （9月）	16,048 8,391	2,054 499	2,269 693	－ －	－ －	－ －	14.12 17.23	－ －
30268 4762	エックスネット （3月）	－ 4,204	－ 678	－ 692	－ －	－ －	－ －	－ 4.03	－ －
30269 4763	クリーク・アンド・リバー社 （2月）	26,708 19,101	1,806 1,155	1,824 1,170	－ 31	－ 194	－ 1.02	0.48 11.77	－ 35.66
30276 4767	テー・オー・ダブリュー （6月）	16,251 14,309	1,811 1,164	1,823 1,505	－ －	－ 16	－ 0.11	6.70 5.32	－ 0.00

サ　ー　ビ　ス

上段＝連結決算、下段＝単独決算

日経会社コード証券コード	会　社　名（決算月）	(A)売上高(単位:百万円)	(B)営業利益(単位:百万円)	(C)経常利益(単位:百万円)	(D)販売促進費(単位:百万円)	(E)広告宣伝費(単位:百万円)	比　率($\frac{E}{A}\times100$)	対前年度伸び率A（%）	対前年度伸び率E（%）
30290 4776	サ　イ　ボ　ウ　ズ（12月）	9,502 9,326	802 1,305	821 1,169	－ －	1,674 1,453	17.62 15.58	18.20 20.24	9.91 0.97
30294 4779	ソフトブレーン（12月）	8,091 3,706	949 580	952 584	－ －	－ －	－ －	4.82 16.50	－ －
30320 9479	インプレスホールディングス（3月）	11,897 465	76 −30	171 −32	－ －	－ －	－ －	5.47 16.83	－ －
30363 4819	デジタルガレージ（3月）	60,168 33,528	2,310 −503	5,017 2,087	－ －	180 －	0.30 －	31.27 48.74	−1.64 －
30377 4825	ウェザーニューズ（5月）	14,542 14,303	2,824 2,936	2,825 2,962	270 260	－ 110	－ 0.77	0.21 0.51	－ 59.42
30381 4828	東洋ビジネスエンジニアリング（3月）	13,479 13,219	757 812	722 778	－ －	－ －	－ －	1.43 1.76	－ －
30385 4829	日本エンタープライズ（5月）	4,838 2,216	192 18	229 142	－ －	237 117	4.90 5.28	−12.51 −27.13	−56.19 −42.65
30412 2695	くらコーポレーション（10月）	122,766 115,954	6,341 6,068	7,285 7,010	－ －	－ －	－ －	8.04 4.51	－ －
30414 4845	ス　カ　ラ（6月）★	10,663 920	3,736 66	3,728 105	－ －	－ －	－ －	295.95 6.48	－ －
30418 4848	フルキャストホールディングス（12月）	32,066 4,745	4,424 2,703	4,406 2,708	－ －	426 54	1.33 1.14	26.54 11.28	526.47 285.71
30419 4849	エン・ジャパン（3月）	40,710 31,437	9,631 9,029	9,736 8,978	－ －	8,637 8,490	21.22 27.01	28.35 33.66	47.87 48.50
30429 4282	ＥＰＳホールディングス（9月）	60,482 3,949	7,591 2,757	7,809 2,813	－ －	－ －	－ －	14.76 18.23	－ －
30433 4286	レ　ッ　グ　ス（12月）	13,321 13,013	846 846	925 919	－ －	－ －	－ －	4.49 4.30	－ －
30452 4290	プレステージ・インターナショナ（3月）	33,119 21,982	4,230 1,900	4,638 5,144	－ －	－ －	－ －	12.36 16.81	－ －
30462 4295	フ　ェ　イ　ス（3月）	21,210 2,338	1,130 −97	1,029 −111	－ －	1,859 43	8.76 1.84	2.00 −17.00	1.42 −27.12
30475 4301	ア　ミ　ュ　ー　ズ（3月）	47,283 39,384	3,342 3,002	3,237 3,311	206 －	347 －	0.73 －	−6.64 0.09	−19.49 －
30488 4310	ドリームインキュベータ（3月）	18,418 5,852	1,854 1,628	1,915 1,628	1,146 －	891 －	4.84 －	26.79 48.68	－ －
30492 4312	サイバネットシステム（12月）	17,987 14,332	1,504 1,385	1,639 1,476	－ 514	255 －	1.42 －	12.20 10.63	0.39 －
30502 4318	ク　イ　ッ　ク（3月）	16,775 10,989	2,198 1,802	2,300 2,077	－ －	－ －	－ －	15.07 11.76	－ －
30504 4319	Ｔ　Ａ　Ｃ（3月）	20,951 20,054	833 640	735 540	181 181	1,054 1,043	5.03 5.20	2.50 2.43	0.00 −0.86
30508 4320	ＣＥホールディングス（9月）	7,764 334	163 53	222 52	－ －	5 －	0.06 －	−4.44 0.30	0.00 －
30510 4321	ケ　ネ　ディ　ク　ス（12月）	26,349 12,550	12,285 3,795	11,455 6,389	－ －	－ －	－ －	15.85 −30.25	－ －
30512 4323	日本システム技術（3月）	15,630 12,709	741 653	785 698	－ －	－ －	－ －	9.89 5.16	－ －
30537 4331	テイクアンドギヴ・ニーズ（3月）	64,590 39,976	2,785 2,125	2,489 1,947	－ －	4,334 2,927	6.71 7.32	7.32 −2.20	7.95 −2.66
30543 4333	東邦システムサイエンス（3月）	－ 11,988	－ 896	－ 903	－ －	－ －	－ －	－ −1.92	－ －
30563 4344	ソースネクスト（3月）	9,494 9,359	1,237 1,152	1,258 1,172	498 497	580 557	6.11 5.95	1.65 0.42	4.88 2.39
30565 4345	シーティーエス（3月）	8,578 7,879	1,508 1,351	1,465 1,307	－ －	－ －	－ －	－ 8.17	－ －
30578 8798	アドバンスクリエイト（9月）	8,137 7,280	1,043 745	1,024 737	－ －	2 －	0.02 －	11.54 13.29	−89.47 －
30590 2301	学　情（10月）	－ 5,620	－ 1,401	－ 1,522	－ 189	－ －	－ －	－ 10.09	－ －

—198—

サ　ー　ビ　ス

上段＝連結決算、下段＝単独決算

日経会社コード 証券コード	会　社　名 （決算月）	(A) 売上高 (単位:百万円)	(B) 営業利益 (単位:百万円)	(C) 経常利益 (単位:百万円)	(D) 販売促進費 (単位:百万円)	(E) 広告宣伝費 (単位:百万円)	比　率 $\frac{E}{A}\times100$	対前年度伸び率 A (%)	対前年度伸び率 E (%)
30599	シミックホールディングス	65,282	3,897	3,732	–	–	–	5.23	–
2309	（9月）	4,139	461	623	–	–	–	-5.72	–
30611	シ　ス　テ　ナ	54,320	5,170	5,147	–	–	–	17.44	–
2317	（3月）	49,521	4,960	4,998	–	230	0.46	17.67	15.58
30642	ＪＰホールディングス	26,779	1,303	1,582	–	–	–	17.46	–
2749	（3月）	1,778	411	604	–	–	–	16.21	–
30665	あ　み　や　き　亭	31,638	3,028	3,105	–	–	–	3.51	–
2753	（3月）	23,394	2,236	2,384	–	118	0.50	2.62	-7.81
30691	ひ　ら　ま　つ	11,642	1,519	1,521	–	–	–	1.17	–
2764	（3月）	11,624	1,510	1,522	–	–	–	1.50	–
30767	カ　カ　ク　コ　ム	46,782	22,876	22,820	3,432	5,078	10.85	7.63	21.69
2371	（3月）★	43,992	21,948	21,906	3,391	4,882	11.10	6.20	22.05
30768	アイロムグループ	8,621	1,044	1,092	–	–	–	76.30	–
2372	（3月）	1,958	1,191	1,256	–	–	–	167.85	–
30774	ベ　リ　サ　ー　ブ	–	–	–	–	–	–	–	–
3724	（3月）	11,366	1,547	1,554	–	–	–	7.56	–
30814	東　祥	24,138	6,561	6,602	663	–	–	13.06	–
8920	（3月）	19,735	5,386	5,499	544	–	–	10.58	–
30822	オプトホールディング	82,602	2,224	1,921	–	–	–	18.32	–
2389	（12月）	1,463	-341	-12	–	17	1.16	65.87	13.33
30859	ツ　ク　イ	81,772	5,154	4,861	–	–	–	11.57	–
2398	（3月）	74,178	4,734	4,467	–	–	–	11.31	–
30916	エ　ム　ス　リ　ー	94,471	29,713	29,700	1,734	1,560	1.65	20.90	22.83
2413	（3月）★	22,226	12,749	16,562	1,612	37	0.17	3.66	-24.49
30938	日本アジアグループ	73,318	3,153	1,426	–	609	0.83	7.28	7.79
3751	（3月）	4,750	2,077	1,842	–	66	1.39	0.44	-8.33
30943	ツカダ・グローバルホールディン	57,253	4,268	4,398	–	4,124	7.20	3.41	4.14
2418	（12月）	9,536	3,401	3,389	–	–	–	-1.31	–
30971	アウトソーシング	230,172	11,360	10,395	–	–	–	71.41	–
2427	（12月）★	34,891	1,177	2,089	–	84	0.24	26.07	21.74
30978	ウ　ェ　ル　ネ　ッ　ト	–	–	–	–	–	–	–	–
2428	（6月）	10,260	1,099	1,239	–	158	1.54	-2.55	887.50
30991	ワールドホールディングス	127,147	7,064	7,007	–	–	–	34.78	–
2429	（12月）	1,347	54	4,676	–	–	–	30.52	–
30998	ディー・エヌ・エー	139,390	27,503	30,390	9,859	3,175	2.28	-3.07	14.37
2432	（3月）★	90,542	12,830	15,716	4,306	2,729	3.01	-4.75	65.09
31003	プ　ロ　シ　ッ　プ	4,347	1,441	1,471	–	–	–	5.71	–
3763	（3月）	4,235	1,417	1,456	–	–	–	5.85	–
31005	エ　フ　オ　ン	9,920	2,572	2,305	–	–	–	61.30	–
9514	（6月）	2,850	4	1,381	–	–	–	-61.72	–
31007	ガンホー・オンライン・エンター	92,306	34,384	34,351	–	10,224	11.08	-17.92	-31.72
3765	（12月）	76,575	33,991	33,987	–	8,255	10.78	-27.37	-40.80
31021	ＧＭＯペイメントゲートウェイ	21,794	5,015	4,739	–	–	–	79.92	–
3769	（9月）	11,613	3,468	4,087	–	–	–	27.00	–
31033	一　六　堂	8,435	367	468	–	–	–	-7.64	–
3366	（2月）	6,065	157	235	–	–	–	-8.13	–
31039	ソフトクリエイトホールディング	15,596	1,707	1,793	–	–	–	13.64	–
3371	（3月）	1,549	632	647	–	–	–	22.64	–
31043	ぐ　る　な　び	36,226	4,742	4,809	210	2,697	7.44	-2.04	-2.74
2440	（3月）	36,197	4,731	4,782	210	–	–	-1.94	–
31047	ザ　ッ　パ　ラ　ス	4,846	294	298	–	862	17.79	-12.81	4.61
3770	（4月）	4,070	282	299	–	853	20.96	-9.11	5.83
31055	システムリサーチ	12,716	983	988	–	–	–	10.20	–
3771	（3月）	12,708	984	987	–	–	–	10.21	–
31085	ジャパンベストレスキューシステ	12,396	889	952	–	346	2.79	7.31	-15.61
2453	（9月）	8,932	420	491	–	328	3.67	9.86	-15.03
31099	クリエイト・レストランツ・ホー	116,567	6,413	6,894	–	–	–	2.68	–
3387	（2月）	5,470	1,822	2,415	–	–	–	-0.82	–

—199—

サ　ー　ビ　ス

上段＝連結決算、下段＝単独決算

日経会社コード / 証券コード	会　社　名 （決算月）	(A) 売上高 (単位:百万円)	(B) 営業利益 (単位:百万円)	(C) 経常利益 (単位:百万円)	(D) 販売促進費 (単位:百万円)	(E) 広告宣伝費 (単位:百万円)	比　率 ($\frac{E}{A}$×100)	対前年度伸び率 A (%)	E (%)
31112	さくらインターネット	17,033	745	574	–	–	–	22.00	–
3778	（3月）	14,841	783	612	–	–	–	12.85	–
31134	ファンコミュニケーションズ	39,102	5,749	5,793	1,659	–	–	4.23	–
2461	（12月）	37,960	5,704	5,801	1,731	52	0.14	8.57	-41.57
31142	ヴィンクス	25,439	1,261	1,266	–	–	–	-7.26	–
3784	（3月）	22,461	827	840	–	–	–	-11.46	–
31145	ライク	40,051	1,524	2,493	–	–	–	25.77	–
2462	（5月）	993	408	265	–	–	–	17.10	–
31151	ビジネス・ブレークスルー	5,090	431	438	45	202	3.97	3.43	-29.62
2464	（3月）	3,159	226	236	43	166	5.25	-2.77	-35.91
31165	GMOクラウド	12,206	1,061	1,087	–	–	–	2.97	–
3788	（12月）	5,967	152	208	–	–	–	2.93	–
31187	トリドールホールディングス	116,504	7,635	7,175	–	–	–	14.47	–
3397	（3月）★	72,310	8,010	8,382	–	3,307	4.57	-9.72	6.10
31213	ハ　ブ	–	–	–	–	–	–	–	–
3030	（2月）	11,050	777	780	304	–	–	7.55	–
31238	テ　ィ　ア	11,352	1,190	1,185	–	752	6.62	–	–
2485	（9月）	11,352	1,187	1,179	–	752	6.62	7.15	14.98
31247	C　D　G	10,823	636	657	–	–	–	-3.80	–
2487	（3月）	10,235	568	601	–	–	–	-4.18	–
31276	インフォマート	6,709	1,765	1,751	–	–	–	9.02	–
2492	（12月）	6,674	1,822	1,811	117	–	–	9.43	–
31310	ジェイエイシーリクルートメント	16,044	5,309	5,322	–	656	4.09	15.94	19.06
2124	（12月）	15,269	5,191	5,203	–	594	3.89	16.74	18.33
31318	スター・マイカ	23,075	3,575	2,982	–	–	–	10.02	–
3230	（11月）	22,685	3,288	2,936	–	–	–	10.41	–
31330	日本M&Aセンター	24,625	11,605	11,670	–	722	2.93	29.14	61.16
2127	（3月）	24,627	11,588	11,669	–	722	2.93	29.35	61.52
31345	L　I　F　U　L　L	15,948	1,016	957	–	5,414	33.95	-46.70	-35.55
2120	（9月）★	21,192	2,443	3,101	–	7,013	33.09	15.72	25.48
31363	システムインテグレータ	–	–	–	–	–	–	–	–
3826	（2月）	3,767	494	496	–	–	–	18.61	–
31370	アドバンテッジリスクマネジメン	4,482	819	827	–	–	–	13.07	–
8769	（3月）	4,492	815	823	–	–	–	12.89	–
31379	東京一番フーズ	4,087	103	122	13	18	0.44	6.10	-40.00
3067	（9月）	3,431	62	94	–	–	–	0.70	–
31383	朝　日　ネ　ッ　ト	–	–	–	–	–	–	–	–
3834	（3月）	9,338	843	851	–	–	–	6.13	–
31384	e　B　A　S　E	3,828	958	977	–	–	–	6.93	–
3835	（3月）	1,625	611	691	–	–	–	13.24	–
31387	ア　バ　ン　ト	10,532	1,306	1,308	–	–	–	9.57	–
3836	（6月）	1,743	557	561	–	–	–	-5.78	–
31407	DDホールディングス	45,077	2,204	2,223	23	–	–	47.75	–
3073	（2月）	8,751	721	820	11	–	–	-39.80	–
31418	コ　ム　チ　ュ　ア	16,383	1,968	2,010	–	–	–	17.89	–
3844	（3月）	10,170	1,257	1,272	–	–	–	18.23	–
31437	タ　ケ　エ　イ	31,084	2,402	2,292	–	–	–	11.12	–
2151	（3月）	14,704	780	1,000	–	–	–	3.79	–
31440	E・Jホールディングス	22,978	1,274	1,260	–	–	–	2.26	–
2153	（5月）	783	541	550	–	5	0.64	1.03	-16.67
31441	トラスト・テック	43,035	3,220	3,185	–	–	–	42.77	–
2154	（6月）	21,160	2,497	2,678	–	12	0.06	24.46	33.33
31446	サ　イ　バ　ー　コ　ム	–	–	–	–	–	–	–	–
3852	（12月）	10,214	559	581	–	–	–	15.07	–
31450	コシダカホールディングス	55,283	6,146	6,354	–	–	–	8.04	–
2157	（8月）	2,360	573	720	–	–	–	-39.53	–
31454	き　ち　り	–	–	–	–	–	–	–	–
3082	（6月）	8,845	318	317	–	–	–	10.14	–

サービス

上段＝連結決算、下段＝単独決算

日経会社コード／証券コード	会社名（決算月）	(A) 売上高（単位：百万円）	(B) 営業利益（単位：百万円）	(C) 経常利益（単位：百万円）	(D) 販売促進費（単位：百万円）	(E) 広告宣伝費（単位：百万円）	比率 $\frac{E}{A}\times100$	対前年度伸び率 A（％）	E（％）
31469	アークランドサービスホールディ	26,541	3,762	3,817	－	－	－	13.98	－
3085	（12月）	15,844	1,479	1,568	－	－	－	-9.17	－
31477	ドトール・日レスホールディング	131,182	10,336	10,369	－	－	－	3.35	－
3087	（2月）	3,214	2,435	2,607	－	－	－	34.53	－
31500	パソナグループ	280,395	4,488	4,319	－	－	－	6.32	－
2168	（5月）	7,806	602	-52	－	－	－	5.73	－
31503	Ｃ　Ｄ　Ｓ	8,502	1,052	1,059	－	－	－	2.10	－
2169	（12月）	2,871	239	645	－	6	0.21	2.90	0.00
31504	リンクアンドモチベーション	36,894	3,365	3,265	－	925	2.51	10.72	3.24
2170	（12月）★	7,939	1,676	1,521	－	69	0.87	20.18	109.09
31524	Ｇ　Ｃ　Ａ	19,754	723	769	－	－	－	6.44	－
2174	（12月）	5,899	887	834	－	－	－	-24.17	－
31525	エス・エム・エス	26,611	4,021	5,007	－	3,413	12.83	15.43	22.46
2175	（3月）	8,435	836	3,455	－	1,315	15.59	6.72	18.04
31536	物語コーポレーション	44,596	2,579	3,056	－	－	－	14.99	－
3097	（6月）	43,094	2,458	2,912	712	－	－	14.47	－
31545	Ｔ　Ｉ　Ｓ	405,648	32,743	32,795	－	－	－	3.11	－
3626	（3月）	168,654	14,049	19,115	－	－	－	32.37	－
31549	ネ　オ　ス	4,946	-323	-431	－	－	－	-6.45	－
3627	（2月）	4,936	-316	-319	－	－	－	-6.20	－
31568	パーソルホールディングス	722,183	36,068	35,108	－	－	－	21.99	－
2181	（3月）	30,499	22,214	20,661	－	2,060	6.75	135.59	181.81
31574	リ　ニ　カ　ル	9,113	1,846	1,826	－	－	－	9.07	－
2183	（3月）	7,099	1,724	1,718	－	－	－	4.61	－
31587	グ　リ　ー	65,369	7,997	10,035	－	4,335	6.63	-6.45	-15.41
3632	（6月）	57,415	16,414	7,706	－	－	－	7.67	－
31608	コーエーテクモホールディングス	38,926	11,711	18,293	－	1,013	2.60	5.11	0.90
3635	（3月）	8,803	7,305	7,321	－	－	－	4.67	－
31612	ク　ッ　ク　パ　ッ　ド	13,408	5,391	5,637	886	38	0.28	-20.40	-52.50
2193	（12月）★	13,466	7,701	7,712	800	－	－	-6.81	－
31625	エ　ス　ク　リ	31,700	1,950	1,830	－	3,286	10.37	7.54	4.42
2196	（3月）	24,535	1,783	1,678	－	3,047	12.42	6.96	5.43
31634	ボ　ル　テ　ー　ジ	8,820	141	158	2,722	555	6.29	-21.38	-56.54
3639	（6月）	8,537	393	419	2,610	508	5.95	-23.33	-59.29
31639	アイ・ケイ・ケイ	18,172	1,821	1,825	6	－	－	1.46	－
2198	（10月）	17,383	1,742	1,768	166	701	4.03	0.99	22.55
31653	イー・ガーディアン	5,067	811	840	－	－	－	32.89	－
6050	（9月）	3,650	577	702	－	－	－	20.74	－
31662	ファインデックス	3,311	546	547	－	－	－	－	－
3649	（12月）	3,284	595	596	－	48	1.46	-0.12	14.29
31688	ヒト・コミュニケーションズ	34,779	2,601	2,537	－	326	0.94	20.66	-39.63
3654	（8月）	27,174	2,557	2,507	－	300	1.10	4.32	-44.44
31690	ブレインパッド	3,528	148	143	－	－	－	21.70	－
3655	（6月）	3,515	150	162	－	－	－	21.54	－
31701	ポールトゥウィン・ピットクルー	22,266	2,250	2,351	－	－	－	13.41	－
3657	（1月）	1,880	1,348	935	－	－	－	110.29	－
31702	イーブックイニシアティブジャパ	11,882	254	261	733	384	3.23	15.70	11.30
3658	（3月）	11,882	280	287	733	384	3.23	43.87	13.95
31706	リ　ブ　セ　ン　ス	6,350	222	457	－	1,847	29.09	18.34	63.16
6054	（12月）	5,773	219	432	－	1,799	31.16	17.17	62.81
31709	ネ　ク　ソ　ン	234,929	90,504	69,995	－	17,855	7.60	28.29	28.86
3659	（12月）★	5,927	-4,452	-1,372	659	1,127	19.01	13.81	1.62
31710	ジャパンマテリアル	27,831	5,879	5,941	－	－	－	24.66	－
6055	（3月）	18,707	4,026	5,115	－	－	－	24.01	－
31721	ア　イ　ス　タ　イ　ル	18,888	1,465	1,299	－	－	－	32.25	－
3660	（6月）	5,188	722	794	－	－	－	13.35	－
31722	エ　ム　ア　ッ　プ	3,683	309	434	285	47	1.28	-0.75	-41.25
3661	（3月）	3,167	384	444	282	－	－	-11.34	－

サ　ー　ビ　ス

上段＝連結決算、下段＝単独決算

日経会社コード 証券コード	会　社　名 （決算月）	(A) 売上高 (単位:百万円)	(B) 営業利益 (単位:百万円)	(C) 経常利益 (単位:百万円)	(D) 販売促進費 (単位:百万円)	(E) 広告宣伝費 (単位:百万円)	比　率 $\frac{E}{A}\times100$	対前年度伸び率 A（％）	対前年度伸び率 E（％）
31724 6058	ベ　ク　ト　ル （ 2月）	20,090 3,936	3,026 442	2,950 495	－ －	1,557 －	7.75 －	51.22 -56.83	235.56 －
31725 3662	エ　イ　チ　ー　ム （ 7月）	34,603 21,467	4,077 2,287	4,118 3,196	－ －	14,018 6,470	40.51 30.14	50.66 53.03	50.17 52.38
31729 6059	ウチヤマホールディングス （ 3月）	26,402 989	1,191 464	1,352 536	－ －	－ －	－ －	4.28 12.26	－
31744 6065	ライクキッズネクスト （ 4月）	14,724 1,900	64 623	1,018 656	－ －	－ －	－ －	21.09 18.82	－
31745 3175	エー・ピーカンパニー （ 3月）	25,723 20,719	330 533	550 740	－ －	－ 674	－ 3.25	-0.94 -3.91	－ -9.41
31766 6071	Ｉ　Ｂ　Ｊ （12月）	9,461 5,850	1,493 1,523	1,493 1,518	－ －	374 345	3.95 5.90	79.59 14.93	-7.43 -14.18
31767 3666	テクノスジャパン （ 3月）	5,423 4,724	742 720	781 737	115 79	－ －	－ －	-8.95 -5.52	－
31771 3667	ｅ　ｎ　ｉ　ｓ　ｈ （12月）	－ 4,382	－ -914	－ -911	－ －	－ 541	－ 12.35	－ -11.83	3.64
31779 3668	コ　ロ　プ　ラ （ 9月）	52,246 50,692	12,932 14,766	12,901 14,629	－ －	4,754 4,745	9.10 9.36	-38.34 -39.66	-52.60 -52.65
31797 3672	オ　ル　ト　プ　ラ　ス （ 9月）	3,300 3,306	-415 -426	-380 -404	－ －	40 39	1.21 1.18	24.72 25.61	-28.57 -25.00
31801 6073	ア　サ　ン　テ （ 3月）	－ 13,990	－ 2,131	－ 2,155	－ －	－ －	－ －	－ 1.00	－
31802 3673	ブ　ロ　ー　ド　リ　ー　フ （12月）★	18,194 17,219	3,010 2,748	2,989 2,745	－ －	－ －	－ －	8.56 2.18	－
31809 3675	クロス・マーケティンググループ （12月）	16,758 2,380	726 844	597 840	－ －	－ －	－ －	4.94 12.05	－
31824 6077	Ｎ・フィールド （12月）	－ 8,024	－ 563	－ 561	－ －	－ 19	－ 0.24	－ 31.78	35.71
31829 6078	バ　リ　ュ　ー　Ｈ　Ｒ （12月）	2,994 2,894	436 322	448 335	－ －	－ －	－ －	16.45 17.55	－
31830 3676	デジタルハーツホールディングス （ 3月）	17,353 1,199	1,735 51	1,782 -19	－ －	－ －	－ －	12.36 -45.84	－
31843 3678	メディアドゥホールディングス （ 2月）	37,213 8,860	930 324	831 243	－ －	－ 152	－ 1.72	－ -42.96	-56.07
31845 6080	Ｍ＆Ａキャピタルパートナーズ （ 9月）	8,337 6,334	3,656 3,427	3,612 3,402	－ －	155 145	1.86 2.29	－ 68.68	－ 15.08
31846 3679	じ　げ　ん （ 3月）★	10,266 3,821	3,322 782	3,317 773	275 100	2,507 1,789	24.42 46.82	36.26 11.79	33.92 28.98
31849 6082	ライドオンエクスプレスホールデ （ 3月）	19,140 9,161	1,003 297	964 274	－ －	－ －	－ －	6.40 -49.07	－
31851 6083	ＥＲＩホールディングス （ 5月）	11,357 650	289 104	367 102	－ －	－ －	－ －	-0.99 12.26	－
31853 3681	ブ　イ　キ　ュ　ー　ブ （12月）	6,638 3,483	-550 23	-567 25	－ －	－ －	－ －	-8.30 -12.31	－
31864 6087	ア　ビ　ス　ト （ 9月）	8,169 7,972	1,494 1,518	1,492 1,519	－ －	－ －	－ －	10.59 12.93	－
31865 6088	シ　グ　マ　ク　シ　ス （ 3月）	11,368 11,186	1,021 950	1,046 996	－ －	－ －	－ －	6.01 6.03	－
31867 6089	ウ　ィ　ル　グ　ル　ー　プ （ 3月）	79,197 2,492	2,417 886	2,437 842	－ －	－ －	－ －	30.69 19.41	－
31876 3683	サ　イ　バ　ー　リ　ン　ク　ス （12月）	－ 9,615	－ 577	－ 609	－ 26	－ －	－ －	－ 3.28	－
31884 3686	ディー・エル・イー （ 6月）	4,427 2,179	-895 -775	-916 -792	－ －	－ －	－ －	－ -29.23	－
31885 6093	エスクロー・エージェント・ジャ （ 2月）	2,955 2,192	708 513	725 511	－ －	－ －	－ －	10.26 -11.08	－
31891 3687	フ　ィ　ッ　ク　ス　タ　ー　ズ （ 9月）	4,450 4,375	835 784	813 766	－ －	－ 11	－ 0.25	9.52 9.08	－ -35.29

サービス

上段＝連結決算、下段＝単独決算

日経会社コード 証券コード	会社名 (決算月)	(A) 売上高 (単位:百万円)	(B) 営業利益 (単位:百万円)	(C) 経常利益 (単位:百万円)	(D) 販売促進費 (単位:百万円)	(E) 広告宣伝費 (単位:百万円)	比率 $\frac{E}{A}\times100$	対前年度伸び率 A (%)	対前年度伸び率 E (%)
31905	鳥 貴 族	－	－	－	－	－	－	－	－
3193	（7月）	29,336	1,457	1,426	－	－	－	19.69	－
31921	ホ ッ ト ラ ン ド	32,407	1,104	1,075	－	927	2.86	2.77	41.74
3196	（12月）	27,043	1,317	2,089	－	807	2.98	1.91	61.08
31922	すかいらーくホールディングス	359,445	28,103	25,515	－	－	－	1.39	－
3197	（12月）★	185,651	11,953	15,269	－	45	0.02	-0.37	-23.73
31924	カ ド カ ワ	206,785	3,144	3,716	-10	6,883	3.33	0.52	-2.97
9468	（3月）	6,854	1,670	1,635	－	－	－	-22.25	－
31927	セ レ ス	－	－	－	－	－	－	－	－
3696	（12月）	5,400	955	960	－	284	5.26	44.93	138.66
31930	オ プ テ ィ ム	－	－	－	－	－	－	－	－
3694	（3月）	4,210	401	404	－	－	－	27.04	－
31932	エ ラ ン	15,466	912	923	－	－	－	22.48	－
6099	（12月）	13,971	735	798	－	19	0.14	22.48	－
31945	テクノプロ・ホールディングス	100,095	9,647	9,559	－	－	－	10.82	－
6028	（6月）★	16,386	12,190	12,066	－	－	－	26.23	－
31947	ア ト ラ	－	－	－	－	－	－	－	－
6029	（12月）	3,759	435	455	14	86	2.29	15.63	-39.86
31950	USEN-NEXT HOLDI	114,291	5,867	3,303	5,300	－	－	149.29	－
9418	（12月）	46,219	958	816	7,644	－	－	5.37	－
31951	メディカル・データ・ビジョン	3,225	569	565	－	－	－	22.53	－
3902	（12月）	3,154	731	729	－	－	－	19.79	－
31952	マークラインズ	1,680	607	636	14	8	0.48	17.32	14.29
3901	（12月）	1,561	530	581	12	6	0.38	16.41	20.00
31960	g u m i	25,933	1,650	1,734	－	2,685	10.35	20.97	-24.39
3903	（4月）	25,896	1,127	1,259	－	2,674	10.33	21.00	-24.48
31961	インターワークス	3,968	643	645	－	389	9.80	-0.80	13.41
6032	（3月）	2,821	531	597	－	374	13.26	-0.07	9.04
31964	ヨ シ ッ ク ス	－	－	－	－	－	－	－	－
3221	（3月）	15,683	1,646	1,958	－	－	－	23.35	－
31975	KeePer技研	－	－	－	－	－	－	－	－
6036	（6月）	6,999	1,015	1,017	66	381	5.44	6.27	-13.61
31980	ファーストロジック	－	－	－	－	－	－	－	－
6037	（7月）	1,794	838	840	－	329	18.34	40.49	165.32
31997	モバイルファクトリー	2,437	736	722	－	454	18.63	17.62	40.12
3912	（12月）	2,392	729	716	－	454	18.98	16.74	40.12
32014	三 機 サ ー ビ ス	8,777	538	533	－	－	－	32.64	－
6044	（5月）	8,559	533	526	12	－	－	34.41	－
32022	G u n o s y	7,739	1,517	1,516	－	1,817	23.48	68.28	3.89
6047	（5月）	7,478	1,613	1,619	－	1,815	24.27	64.46	3.77
32025	デザインワン・ジャパン	－	－	－	－	－	－	－	－
6048	（8月）	2,111	631	644	1	174	8.24	41.58	234.62
32033	デジタル・インフォメーション・	10,273	653	641	－	－	－	9.98	－
3916	（6月）	9,671	633	622	－	37	0.38	11.79	12.12
32045	PCIホールディングス	11,397	717	726	－	－	－	34.02	－
3918	（9月）	635	174	175	－	－	－	14.21	－
32057	パ イ プ ド H D	5,143	750	749	－	－	－	7.10	－
3919	（2月）	796	270	276	－	－	－	7.28	－
32059	ア イ ビ ー シ ー	－	－	－	－	－	－	－	－
3920	（9月）	1,216	186	169	－	－	－	6.57	－
32080	ベルシステム24ホールディング	115,618	9,319	8,502	－	－	－	6.15	－
6183	（2月）★	17,135	4,959	3,852	－	－	－	-2.66	－
32081	ネ オ ジ ャ パ ン	－	－	－	－	－	－	－	－
3921	（1月）	2,312	432	451	－	346	14.97	9.26	12.34
32086	鎌 倉 新 書	－	－	－	－	－	－	－	－
6184	（1月）	1,709	405	360	－	177	10.36	28.30	37.21
32087	ランドコンピュータ	－	－	－	－	－	－	－	－
3924	（3月）	7,267	432	443	－	－	－	0.82	－

サ　ー　ビ　ス

上段＝連結決算、下段＝単独決算

日経会社コード 証券コード	会　社　名 （決算月）	(A) 売上高 (単位:百万円)	(B) 営業利益 (単位:百万円)	(C) 経常利益 (単位:百万円)	(D) 販売促進費 (単位:百万円)	(E) 広告宣伝費 (単位:百万円)	比　率 $\frac{E}{A}\times100$	対前年度伸び率 A (%)	E (%)
32093	マ　イ　ネ　ッ　ト	11,957	611	550	–	–	–	75.81	–
3928	（12月）	1,892	8	-43	–	–	–	-54.43	–
32097	一　蔵	16,382	805	830	–	1,618	9.88	5.73	14.51
6186	（3月）	15,474	854	866	–	1,607	10.39	4.72	15.03
32110	Ｌ　Ｉ　Ｔ　Ａ　Ｌ　Ｉ　Ｃ　Ｏ	–	–	–	–	–	–	–	–
6187	（3月）	10,386	747	777	–	197	1.90	18.98	7.65
32112	ア　カ　ツ　キ	21,926	10,534	10,475	–	797	3.63	89.88	55.06
3932	（3月）	21,832	11,044	10,981	–	754	3.45	90.01	49.90
32114	グローバルグループ	13,155	407	1,477	–	–	–	30.08	–
6189	（9月）	465	175	165	–	–	–	24.33	–
32115	アイドママーケティングコミュニ	–	–	–	–	–	–	–	–
9466	（3月）	8,615	918	921	–	–	–	13.74	–
32120	エボラブルアジア	5,534	730	695	235	1,896	34.26	38.35	49.41
6191	（9月）	3,976	561	518	234	1,891	47.56	32.45	49.37
32134	Ｕｂｉｃｏｍホールディングス	3,208	322	355	–	–	–	7.22	–
3937	（3月）	1,046	-139	6	–	–	–	5.44	–
32137	ス　ト　ラ　イ　ク	–	–	–	–	–	–	–	–
6196	（8月）	3,092	1,150	1,144	–	122	3.95	54.14	40.23
32144	コメダホールディングス	25,984	7,206	7,083	–	152	0.58	8.04	0.66
3543	（2月）★	3,104	2,555	2,529	–	–	–	1.47	–
32146	セ　ラ　ク	–	–	–	–	–	–	–	–
6199	（8月）	7,500	532	543	–	–	–	18.73	–
32148	イ　ン　ソ　ー　ス	3,585	592	608	–	–	–	22.98	–
6200	（9月）	3,442	554	571	–	–	–	22.36	–
32167	カナミックネットワーク	–	–	–	–	–	–	–	–
3939	（9月）	1,291	330	330	–	–	–	14.35	–
32172	ノムラシステムコーポレーション	–	–	–	–	–	–	–	–
3940	（12月）	2,533	407	404	–	–	–	3.77	–
32177	シンクロ・フード	1,377	595	570	–	82	5.95	–	–
3963	（3月）	1,377	599	574	–	82	5.95	30.89	18.84
32195	キャリアインデックス	–	–	–	–	–	–	–	–
6538	（3月）	2,398	754	732	–	1,204	50.21	40.81	41.31
32209	ＡＯＩ　ＴＹＯ　Ｈｏｌｄｉｎｇ	70,473	4,619	4,394	–	–	–	–	–
3975	（12月）	2,148	1,582	1,541	–	60	2.79	–	–
32220	マ　ク　ロ　ミ　ル	35,514	6,825	5,882	–	–	–	9.26	–
3978	（6月）★	20,045	2,230	1,497	–	–	–	9400.00	–
32225	ビ　ー　グ　リ　ー	–	–	–	–	–	–	–	–
3981	（12月）	8,972	1,125	1,086	–	2,462	27.44	7.62	-6.71
32229	力の源ホールディングス	24,451	905	872	–	–	–	9.01	–
3561	（3月）	2,172	213	227	–	–	–	9.53	–
32230	フ　ル　テ　ッ　ク	10,867	591	719	–	–	–	4.29	–
6546	（3月）	10,849	416	569	–	57	0.53	4.28	-18.57
32233	スシローグローバルホールディン	156,402	9,204	8,995	–	–	–	5.89	–
3563	（9月）★	375	-506	-685	–	–	–	-25.89	–
32250	ツナグ・ソリューションズ	6,976	302	280	–	373	5.35	37.13	26.87
6551	（9月）	4,580	149	239	–	23	0.50	44.16	228.57
32327	日　総　工　産	59,208	1,800	1,781	–	–	–	10.60	–
6569	（3月）	53,184	1,796	1,759	–	–	–	13.33	–
32355	ス　プ　リ　ッ　ク　ス	–	–	–	–	–	–	–	–
7030	（9月）	8,504	1,164	1,165	–	1,116	13.12	20.88	3.33
33960	イチネンホールディングス	81,379	5,918	5,953	–	–	–	2.10	–
9619	（3月）	3,893	2,135	2,241	–	271	6.96	-0.10	-23.23
35013	デ　ィ　ッ　プ	38,062	10,799	10,794	–	8,788	23.09	–	–
2379	（2月）	38,060	10,826	10,847	–	8,788	23.09	14.71	18.93
35211	セントケア・ホールディング	39,456	1,919	1,751	–	–	–	6.38	–
2374	（3月）	2,765	1,073	1,106	–	–	–	8.90	–
35905	エ　イ　ジ　ア	1,523	348	361	–	–	–	14.51	–
2352	（3月）	1,322	352	358	–	–	–	9.53	–

サ　ー　ビ　ス

上段＝連結決算、下段＝単独決算

日経会社コード 証券コード	会　社　名 （決算月）	(A) 売上高 (単位:百万円)	(B) 営業利益 (単位:百万円)	(C) 経常利益 (単位:百万円)	(D) 販売促進費 (単位:百万円)	(E) 広告宣伝費 (単位:百万円)	比　率 ($\frac{E}{A}\times100$)	対前年度伸び率 A (%)	対前年度伸び率 E (%)
36015	博報堂ＤＹホールディングス	1,335,030	52,187	54,364	－	－	－	6.34	－
2433	（3月）	31,589	17,374	18,219	－	－	－	1.86	－
36396	ＷＤＢホールディングス	37,999	4,191	4,229	－	－	－	16.23	－
2475	（3月）	2,241	1,619	1,674	－	－	－	15.22	－
36704	キャリアリンク	16,774	551	608	－	－	－	－	－
6070	（2月）	14,759	551	544	－	－	－	-20.04	－
36921	コ　ネ　ク　シ　オ	－	－	－	－	－	－	－	－
9422	（3月）	264,897	10,207	10,293	2,919	－	－	1.88	－
37112	ブ　ラ　ス	－	－	－	－	－	－	－	－
2424	（7月）	8,966	818	792	－	631	7.04	26.16	24.46
37892	カ　ナ　モ　ト	158,428	16,665	17,193	－	－	－	9.36	－
9678	（10月）	107,277	11,963	12,521	－	201	0.19	3.37	1.52
38239	中　広	－	－	－	－	－	－	－	－
2139	（3月）	7,400	216	217	－	－	－	-0.34	－
38443	ＶＯＹＡＧＥ　ＧＲＯＵＰ	25,895	1,806	1,861	－	803	3.10	24.25	31.00
3688	（9月）	3,054	404	497	－	260	8.51	-12.57	18.18
38689	Ｋ　Ｌ　ａ　ｂ	26,777	4,891	4,853	－	2,049	7.65	36.62	46.15
3656	（12月）	26,627	4,947	4,850	－	2,040	7.66	37.68	46.55
38793	日　本　郵　政	12,920,375	－	916,144	－	－	－	-3.05	－
6178	（3月）	280,850	218,727	219,729	－	2,150	0.77	-7.56	-11.60
38852	ＳＲＡホールディングス	39,410	4,175	4,762	－	－	－	0.68	－
3817	（3月）	1,995	1,720	1,700	－	－	－	592.71	－
39683	電　算　シ　ス　テ　ム	33,545	1,297	1,336	－	－	－	10.46	－
3630	（12月）	30,926	1,072	1,094	－	－	－	8.53	－
40455	ア　イ　ネ　ス	36,119	1,608	1,657	－	－	－	-6.16	－
9742	（3月）	32,422	860	1,065	－	117	0.36	-7.60	－
40726	チ　ム　ニ　ー	46,761	3,074	3,165	－	－	－	-0.58	－
3178	（3月）	45,002	3,013	3,118	－	－	－	-0.51	－
40847	メタウォーター	110,895	6,745	6,465	－	－	－	-0.71	－
9551	（3月）	87,439	4,633	4,687	－	－	－	-3.03	－
40877	オ　ー　ク　ネ　ッ　ト	19,409	3,245	3,321	-47	－	－	-2.87	－
3964	（12月）	9,401	-842	832	－	－	－	0.17	－
41270	ア　イ　モ　バ　イ　ル	15,688	2,359	2,355	－	332	2.12	6.37	309.88
6535	（7月）	12,677	2,271	2,260	－	264	2.08	1.76	1100.00
46286	エスアールジータカミヤ	36,114	1,690	1,610	－	－	－	-1.77	－
2445	（3月）	28,723	706	1,014	－	－	－	-4.09	－
47342	セントラルスポーツ	53,576	4,341	3,985	－	－	－	1.64	－
4801	（3月）	48,193	3,794	3,483	－	－	－	1.63	－
47808	船　場	29,539	1,422	1,471	－	－	－	6.97	－
6540	（12月）	26,785	1,156	1,253	－	－	－	10.83	－
50537	ショーケース・ティービー	1,859	191	163	－	－	－	－	－
3909	（12月）	1,497	319	223	－	－	－	8.87	－
50568	土木管理総合試験所	－	－	－	－	－	－	－	－
6171	（12月）	4,800	313	308	－	7	0.15	11.47	-12.50
50577	オ　ロ	3,910	858	840	－	－	－	15.85	－
3983	（12月）	3,703	773	749	－	－	－	13.59	－
50579	ア　ト　ラ　エ	－	－	－	－	－	－	－	－
6194	（9月）	1,830	560	555	－	769	42.02	39.48	36.59
52771	東　計　電　算	13,378	2,579	2,945	－	－	－	6.17	－
4746	（12月）	13,073	2,549	2,925	80	28	0.21	5.99	21.74
53146	キュービーネットホールディング	17,971	1,502	1,417	－	267	1.49	7.77	1.52
6571	（6月）★	318	30	29	－	－	－	-97.74	－
54134	メ　イ　テ　ッ　ク	93,618	11,458	11,465	－	－	－	4.04	－
9744	（3月）	72,252	9,342	10,105	－	－	－	3.09	－
54251	グ　リ　ー　ン　ズ	26,014	2,287	2,237	2,035	－	－	4.03	－
6547	（6月）	26,033	2,281	2,229	2,386	－	－	10.12	－
54396	オ　ー　プ　ン　ド　ア	4,009	1,155	1,163	－	1,101	27.46	33.81	200.00
3926	（3月）	3,936	1,154	1,156	－	1,099	27.92	34.61	201.92

サ　ー　ビ　ス

上段＝連結決算、下段＝単独決算

日経会社コード 証券コード	会　社　名 （決算月）	(A) 売上高 （単位:百万円）	(B) 営業利益 （単位:百万円）	(C) 経常利益 （単位:百万円）	(D) 販売促進費 （単位:百万円）	(E) 広告宣伝費 （単位:百万円）	比　率 $\frac{E}{A}\times100$	対前年度伸び率 A (%)	対前年度伸び率 E (%)
55383 3938	Ｌ　Ｉ　Ｎ　Ｅ （12月）★	167,147 125,929	25,078 13,848	18,145 14,157	－ 529	－ 5,626	－ 4.47	18.79 17.66	－ 22.15
56484 9728	日　本　管　財 （3月）	96,478 58,471	5,772 3,235	6,379 4,942	304 10	－ 269	－ 0.46	4.31 -2.12	－ 5.91
68141 4725	ＣＡＣ　Ｈｏｌｄｉｎｇｓ （12月）	53,268 1,368	698 172	717 487	－ －	－ 22	－ 1.61	1.42 -2.22	－ 100.00
91061 4662	フォーカスシステムズ （3月）	－ 19,327	－ 1,025	－ 1,019	－ －	－ －	－ －	－ 8.30	－ －
91098 4820	ＥＭシステムズ （3月）	13,953 12,294	3,063 2,872	3,618 3,430	33 －	52 －	0.37 －	2.03 4.67	1.96 －

サービス（東証二部）

日経会社コード 証券コード	会　社　名 （決算月）	(A) 売上高	(B) 営業利益	(C) 経常利益	(D) 販売促進費	(E) 広告宣伝費	比率 $\frac{E}{A}\times100$	A (%)	E (%)
386 3010	価　値　開　発 （3月）	4,660 1,413	-321 702	-466 657	－ －	－ －	－ －	-17.70 12.14	－ －
1984 9360	鈴与シンワート （3月）	14,040 10,916	202 8	222 86	－ －	－ －	－ －	6.50 8.19	－ －
2066 9631	東急レクリエーション （12月）	32,923 31,755	1,663 1,628	1,593 1,669	－ －	－ －	－ －	-2.57 -3.61	－ －
2070 9635	武　蔵　野　興　業 （3月）	1,576 1,162	34 40	97 91	－ －	－ －	－ －	10.06 16.55	－ －
2071 9636	き　ん　え　い （1月）	－ 3,544	－ 205	－ 207	－ －	－ －	－ －	－ 0.06	－ －
2072 9637	オ　ー　エ　ス （1月）	8,657 7,910	644 564	587 519	－ －	－ －	－ －	17.29 19.96	－ －
2075 9661	歌　舞　伎　座 （2月）	3,999 2,030	493 422	519 457	－ －	－ －	－ －	-2.68 -0.15	－ －
2083 9674	花　月　園　観　光 （3月）	－ 844	－ 24	－ 13	－ －	－ －	－ －	－ -5.27	－ －
2088 9701	東　京　会　館 （3月）	－ 5,341	－ -1,505	－ -1,493	－ －	－ 29	－ 0.54	－ -9.23	－ 107.14
2094 9708	帝　国　ホ　テ　ル （3月）	57,236 56,678	4,698 4,570	4,961 4,793	－ －	－ －	－ －	2.15 2.17	－ －
2096 9713	ロイヤルホテル （3月）	41,076 23,560	2,442 2,465	2,220 2,353	－ －	－ －	－ －	-0.12 -0.21	－ －
2102 9723	京　都　ホ　テ　ル （3月）	－ 10,172	－ 453	－ 258	－ －	－ －	－ －	－ -5.00	－ －
2111 9899	ジョリーパスタ （3月）	－ 18,377	－ 960	－ 1,001	－ －	－ 1,229	－ 6.69	－ 2.18	－ -2.61
3128 4342	セ　コ　ム　上　信　越 （3月）	24,094 21,504	4,573 4,090	4,645 4,302	－ 33	79 73	0.33 0.34	1.91 1.62	9.72 10.61
3504 3799	キーウェアソリューションズ （3月）	16,752 11,651	409 236	465 259	－ －	－ －	－ －	8.97 11.96	－ －
4802 2307	クロスキャット （3月）	9,713 8,402	704 581	739 614	－ －	－ －	－ －	-4.33 -4.77	－ －
4820 4832	ＪＦＥシステムズ （3月）	40,281 36,483	2,805 2,525	2,817 2,566	－ －	－ －	－ －	3.04 3.67	－ －
5161 9791	ビ　ケ　ン　テ　ク　ノ （3月）	30,947 22,816	1,248 118	1,360 706	144 144	96 －	0.31 －	-3.93 -16.59	-9.43 －
5757 9799	旭情報サービス （3月）	－ 10,634	－ 925	－ 933	－ －	－ －	－ －	－ 4.00	－ －
5799 4847	インテリジェント　ウェイブ （6月）	－ 8,469	－ 702	－ 766	－ －	－ －	－ －	－ 17.54	－ －
6763 4291	Ｊ　Ｉ　Ｅ　Ｃ （3月）	－ 14,919	－ 1,345	－ 1,355	－ －	－ －	－ －	－ 2.84	－ －
8935 4695	マイスターエンジニアリング （3月）	18,684 10,960	763 269	791 511	－ －	－ －	－ －	3.19 0.32	－ －
11780 4761	さくらケーシーエス （3月）	21,517 20,049	232 218	311 314	－ －	－ －	－ －	-6.72 -6.97	－ －

サ　ー　ビ　ス

上段＝連結決算、下段＝単独決算

日経会社コード 証券コード	会　社　名 （決算月）	(A) 売上高 (単位:百万円)	(B) 営業利益 (単位:百万円)	(C) 経常利益 (単位:百万円)	(D) 販売促進費 (単位:百万円)	(E) 広告宣伝費 (単位:百万円)	比　率 $\frac{E}{A}×100$	対前年度伸び率 A (%)	対前年度伸び率 E (%)
13066	大日本コンサルタント	14,692	679	718	-	-	-	11.85	-
9797	（6月）	14,590	627	677	-	-	-	11.51	-
14000	東　洋　テ　ッ　ク	22,184	959	1,062	-	-	-	4.28	-
9686	（3月）	15,917	457	702	-	-	-	5.99	-
14563	日　建　工　学	8,758	-337	-326	-	-	-	-7.71	-
9767	（3月）	6,292	-368	-280	-	9	0.14	-21.74	-18.18
14848	日本ＫＦＣホールディングス	73,457	477	627	28	3,128	4.26	-16.56	-15.02
9873	（3月）	4,228	829	1,209	-	39	0.92	-11.60	18.18
16032	グリーンランドリゾート	7,664	444	422	-	-	-	8.54	-
9656	（12月）	4,674	302	323	-	-	-	11.71	-
16365	オリジナル設計	-	-	-	-	-	-	-	-
4642	（12月）	6,256	1,012	1,017	-	10	0.16	11.95	42.86
17116	ダイナックホールディングス	-	-	-	-	-	-	-	-
2675	（12月）	35,913	737	752	536	-	-	-0.26	-
18308	Ｎ　Ｃ　Ｓ　＆　Ａ	18,792	81	185	-	-	-	1.04	-
9709	（3月）	16,490	8	124	-	-	-	0.96	-
18395	安川情報システム	13,516	689	689	-	-	-	10.11	-
2354	（2月）	12,847	575	662	-	-	-	31.94	-
18398	ウェルス・マネジメント	4,601	1,647	1,549	-	-	-	160.38	-
3772	（3月）	2,767	1,252	1,195	-	-	-	718.64	-
19335	京　　進	13,513	380	419	-	611	4.52	13.90	7.57
4735	（5月）	11,172	302	348	-	587	5.25	8.57	8.30
19533	図研エルミック	-	-	-	-	-	-	-	-
4770	（3月）	834	22	22	46	11	1.32	-5.66	0.00
20263	ダ　イ　サ　ン	-	-	-	-	-	-	-	-
4750	（4月）	8,259	722	736	-	8	0.10	4.12	60.00
26636	梅　の　花	31,394	313	267	-	245	0.78	6.79	-38.44
7604	（9月）	11,982	21	90	-	8	0.07	3.07	14.29
26648	東　海　リ　ー　ス	14,958	447	463	-	-	-	5.18	-
9761	（3月）	14,709	378	355	-	-	-	5.10	-
27456	ピ　ー　エ　イ	2,453	-38	55	-	-	-	8.30	-
4766	（12月）	1,286	-58	-27	-	69	5.37	-13.34	-
28736	フ　レ　ン　ド　リ　ー	-	-	-	-	-	-	-	-
8209	（3月）	7,250	-109	-96	-	273	3.77	-8.11	-23.74
29871	スリープログループ	13,454	381	401	-	-	-	17.53	-
2375	（10月）	801	174	160	-	-	-	46.44	-
29874	い　い　生　活	1,909	49	49	-	-	-	-3.88	-
3796	（3月）	1,909	46	46	-	-	-	-3.88	-
30222	グローバルダイニング	9,815	-49	-32	-	-	-	0.62	-
7625	（12月）	9,344	48	77	-	-	-	-1.07	-
30287	ア　ス　モ	19,418	1,072	1,059	-	-	-	6.09	-
2654	（3月）	514	348	311	-	-	-	45.20	-
30372	Ｒ　Ｖ　Ｈ	53,006	737	912	-	9,159	17.28	27.62	35.77
6786	（3月）	442	222	276	-	-	-	229.85	-
30560	西　菱　電　機	20,722	313	341	-	-	-	0.45	-
4341	（3月）	16,762	150	227	-	-	-	-0.47	-
30651	ファステップス	1,034	-187	-198	-	-	-	-79.13	-
2338	（2月）	240	-100	-116	11	-	-	-23.32	-
30688	三光マーケティングフーズ	-	-	-	-	-	-	-	-
2762	（6月）	13,436	23	42	-	-	-	-2.25	-
30722	情　報　企　画	-	-	-	-	-	-	-	-
3712	（9月）	2,414	836	837	-	5	0.21	-3.98	-28.57
30828	ワイズテーブルコーポレーション	13,972	-93	-9	-	436	3.12	-6.30	9.27
2798	（2月）	13,979	-79	11	-	436	3.12	-5.82	9.55
30833	日本ケアサプライ	16,331	1,876	1,885	-	-	-	8.73	-
2393	（3月）	15,886	1,859	1,864	-	-	-	8.87	-
30886	鉄　人　化　計　画	7,830	-221	-167	-	-	-	-2.43	-
2404	（8月）	7,700	-225	-198	-	-	-	-2.64	-

サ　ー　ビ　ス

上段＝連結決算、下段＝単独決算

日経会社コード／証券コード	会　社　名（決算月）	(A)売上高（単位：百万円）	(B)営業利益（単位：百万円）	(C)経常利益（単位：百万円）	(D)販売促進費（単位：百万円）	(E)広告宣伝費（単位：百万円）	比率（E／A×100）	対前年度伸び率 A（％）	対前年度伸び率 E（％）
30892	FUJIKOH	3,363	228	180	－	－	－	18.37	－
2405	（6月）	1,861	-19	-26	－	－	－	-27.36	－
30909	インタートレード	2,017	-458	-459	－	－	－	-14.46	－
3747	（9月）	1,777	-339	-337	－	－	－	-16.06	－
30912	ベネフィット・ワン	32,089	6,212	6,263	－	－	－	8.86	－
2412	（3月）	24,366	6,024	6,215	－	－	－	2.24	－
30933	セブンシーズホールディングス	522	130	127	15	－	－	-80.61	－
3750	（3月）	23	-100	-23	－	－	－	-39.47	－
30944	フライトホールディングス	2,105	68	48	－	－	－	-33.24	－
3753	（3月）	221	24	24	－	－	－	-3.07	－
31014	リスクモンスター	2,811	404	408	－	－	－	4.65	－
3768	（3月）	1,967	221	252	27	35	1.78	5.92	2.94
31048	関　門　海	4,725	197	125	－	－	－	－	－
3372	（3月）	3,240	179	111	－	－	－	-31.21	－
31121	アウンコンサルティング	1,915	34	30	－	－	－	2.90	－
2459	（5月）	1,630	18	20	－	－	－	2.45	－
31154	テクノマセマティカル	－	－	－	－	－	－	－	－
3787	（3月）	651	-66	-63	－	－	－	3.50	－
31174	フュートレック	3,318	-276	-283	－	－	－	-16.15	－
2468	（3月）	1,356	-192	-179	－	－	－	-28.78	－
31182	エヌ・デーソフトウェア	15,428	1,825	1,837	－	－	－	5.15	－
3794	（3月）	8,028	1,511	1,544	－	－	－	4.06	－
31264	サイバーステップ	3,093	372	365	1,361	－	－	76.24	－
3810	（5月）	2,590	263	216	1,193	－	－	101.24	－
31296	日本和装ホールディングス	5,246	498	443	－	896	17.08	8.37	-3.76
2499	（12月）	4,698	290	306	－	889	18.92	8.35	-3.79
31335	アクロディア	2,662	-363	-401	390	－	－	16.75	－
3823	（8月）	2,175	-300	-403	390	－	－	-2.95	－
31358	リミックスポイント	14,163	3,411	3,358	－	－	－	154.68	－
3825	（3月）	9,536	-301	-98	－	－	－	71.45	－
31411	パ　ス	3,412	19	49	313	98	2.87	0.44	-56.44
3840	（3月）	－	-154	-147	－	14	－	－	－
31452	ア　イ　ル	8,621	432	455	－	－	－	9.18	－
3854	（7月）	8,235	345	391	－	－	－	9.17	－
31659	ジー・スリーホールディングス	3,730	806	750	40	－	－	35.14	－
3647	（8月）	1,359	684	645	－	－	－	690.12	－
31726	アートスパークホールディングス	3,636	423	410	－	255	7.01	-5.19	32.12
3663	（12月）	444	60	59	－	2	0.45	23.68	-33.33
31733	チャーム・ケア・コーポレーショ	－	－	－	－	－	－	－	－
6062	（6月）	10,930	891	843	－	－	－	19.45	－
31761	新東京グループ	4,134	390	296	－	－	－	10.24	－
6066	（5月）	－	－	－	－	－	－	－	－
31874	ウエスコホールディングス	11,229	607	675	－	－	－	8.78	－
6091	（7月）	562	204	270	－	－	－	11.51	－
31909	中央インターナショナルグループ	694	－	4	－	－	－	3.27	－
7170	（12月）	－	－	－	－	－	－	－	－
31933	イー・カムトゥルー	335	17	17	－	2	0.60	1.21	0.00
3693	（12月）	－	－	－	－	－	－	－	－
31953	ＳＦＰホールディングス	36,841	3,529	3,828	－	－	－	2.46	－
3198	（2月）	5,886	2,715	3,382	－	－	－	-71.15	－
31974	アイ・アールジャパンホールディ	4,133	1,156	1,157	－	－	－	7.74	－
6035	（3月）	918	768	767	－	－	－	41.01	－
32030	スマートバリュー	－	－	－	－	－	－	－	－
9417	（6月）	6,539	274	275	43	－	－	-3.38	－
32060	ネットマーケティング	9,868	441	423	1,084	－	－	11.84	－
6175	（6月）	9,868	443	426	1,084	－	－	11.84	－
32063	デ　ン　タ　ス	675	-135	-131	－	－	－	-26.63	－
6174	（3月）	－	－	－	－	－	－	－	－

サ　ー　ビ　ス

上段＝連結決算、下段＝単独決算

日経会社コード 証券コード	会　社　名 （決算月）	(A) 売上高 (単位:百万円)	(B) 営業利益 (単位:百万円)	(C) 経常利益 (単位:百万円)	(D) 販売促進費 (単位:百万円)	(E) 広告宣伝費 (単位:百万円)	比　率 ($\frac{E}{A}\times100$)	対前年度伸び率 A (%)	E (%)
32075	ＷＢＦリゾート沖縄	－	－	－	－	－	－	－	－
6179	（3月）	3,772	404	337	243	－	－	50.10	－
32182	Ｄ．Ａ．コンソーシアムホールデ	208,342	8,805	8,799	－	－	－	12.75	－
6534	（3月）	2,439	1,444	1,462	－	－	－	-37.27	－
32286	global bridge H	2,595	-281	34	－	－	－	62.80	－
6557	（12月）	－	－	－	－	－	－	－	－
32345	揚　工　舎	1,611	80	64	－	－	－	7.33	－
6576	（3月）	－	－	－	－	－	－	－	－
32346	ビズライト・テクノロジー	－	－	－	－	－	－	－	－
4383	（6月）	284	35	36	－	－	－	41.29	－
35056	ア　イ　ス　タ　デ　ィ	－	－	－	－	－	－	－	－
2345	（12月）	755	47	38	15	2	0.26	47.46	-60.00
35150	富士テクノソリューションズ	1,715	27	－	－	－	－	5.28	－
2336	（3月）	－	－	－	－	－	－	－	－
35940	サ　イ　オ　ス	12,470	320	326	126	－	－	3.23	－
3744	（12月）	6,896	328	321	－	－	－	-13.83	－
35966	ＤＮＡチップ研究所	－	－	－	－	－	－	－	－
2397	（3月）	362	-125	-126	－	－	－	11.73	－
36870	青山財産ネットワークス	14,562	1,094	943	－	－	－	0.98	－
8929	（12月）	10,572	754	740	－	26	0.25	0.62	-29.73
37309	トライアンフコーポレーション	2,398	163	149	－	－	－	50.53	－
3651	（9月）	－	－	－	－	－	－	－	－
37633	要　興　業	10,811	1,142	1,116	－	－	－	7.66	－
6566	（3月）	9,063	1,079	1,056	－	－	－	8.18	－
38831	コンピュータマインド	497	7	2	－	－	－	9.71	－
2452	（3月）	463	7	7	－	－	－	3.35	－
40523	碧	－	－	－	－	－	－	－	－
3039	（9月）	1,097	144	142	－	－	－	2.24	－
51415	共和コーポレーション	13,285	541	556	－	－	－	10.91	－
6570	（3月）	10,429	452	462	－	－	－	7.62	－
55559	ニ　ー　ズ　ウ　ェ　ル	－	－	－	－	－	－	－	－
3992	（9月）	5,063	443	426	－	－	－	10.40	－
56913	日本ハウズイング	105,552	5,466	5,395	－	－	－	7.09	－
4781	（3月）	81,570	4,013	4,402	－	－	－	2.58	－
91021	ショクブン	7,970	-44	-109	155	－	－	-9.34	－
9969	（3月）	7,959	-110	-144	－	－	－	-9.33	－
91024	ア　ト　ム	53,209	2,338	2,368	11,745	－	－	1.04	－
7412	（3月）	48,146	2,210	2,282	945	573	1.19	1.52	18.14
91590	ツ　ヴ　ァ　イ	－	－	－	－	－	－	－	－
2417	（2月）	3,652	-193	-167	－	－	－	-2.95	－

サービス（マザーズ）

日経会社コード 証券コード	会　社　名 （決算月）	(A) 売上高	(B) 営業利益	(C) 経常利益	(D) 販売促進費	(E) 広告宣伝費	比率	A (%)	E (%)
24144	アドバンスト・メディア	3,683	647	610	－	－	－	42.70	－
3773	（3月）	3,047	695	678	－	－	－	33.29	－
24617	メ　デ　ィ　ア　工　房	2,251	-31	-45	－	275	12.22	16.03	4.56
3815	（8月）	1,763	-45	-58	－	267	15.14	-3.87	2.69
24627	そーせいグループ	6,955	-2,291	-3,702	－	－	－	-63.20	－
4565	（3月）★	1,168	-1,069	-2,174	－	－	－	-22.08	－
24635	アルファポリス	－	－	－	－	－	－	－	－
9467	（3月）	4,213	757	757	1,214	65	1.54	32.28	12.07
24821	メ　デ　ィ　ネ　ッ　ト	1,704	-1,801	-1,745	－	－	－	-10.74	－
2370	（9月）	1,655	-1,576	-1,592	－	－	－	-10.64	－
29900	エンバイオ・ホールディングス	8,388	787	668	－	－	－	56.87	－
6092	（3月）	402	63	39	－	－	－	53.44	－
29959	神戸天然物化学	－	－	－	－	－	－	－	－
6568	（3月）	6,312	1,222	1,208	－	－	－	32.38	－
30376	メディアシーク	1,527	-14	100	－	－	－	12.03	－
4824	（7月）	951	-40	81	－	－	－	13.21	－

サ　ー　ビ　ス

上段＝連結決算、下段＝単独決算

日経会社コード／証券コード	会　社　名（決算月）	(A)売上高(単位:百万円)	(B)営業利益(単位:百万円)	(C)経常利益(単位:百万円)	(D)販売促進費(単位:百万円)	(E)広告宣伝費(単位:百万円)	比　率 E/A×100	対前年度伸び率 A（％）	対前年度伸び率 E（％）
30386	Ａ　Ｃ　Ｃ　Ｅ　Ｓ　Ｓ	7,930	413	316	－	－	－	19.66	－
4813	（1月）	4,353	282	270	－	－	－	14.73	－
30487	Ｊ　ス　ト　リ　ー　ム	6,101	357	368	245	－	－	10.51	－
4308	（3月）	5,059	314	351	226	－	－	9.60	－
30673	Ａ　Ｓ　Ｊ	2,267	32	34	－	68	3.00	-1.22	58.14
2351	（3月）★	737	－	20	－	－	－	-1.34	－
30796	総医研ホールディングス	4,147	264	271	372	507	12.23	29.07	37.77
2385	（6月）	239	38	110	－	－	－	512.82	－
30797	ア　プ　リ　ッ　ク　ス	557	-405	-421	－	－	－	-63.50	－
3727	（12月）	246	-474	-477	－	－	－	-50.10	－
30880	ア　マ　ナ	21,752	774	578	58	－	－	1.18	－
2402	（12月）	17,212	324	782	－	－	－	1.19	－
30881	Ｉ　Ｔ　ｂ　ｏ　ｏ　ｋ	5,119	243	227	－	－	－	12.11	－
3742	（3月）	1,242	74	60	－	－	－	5.61	－
31035	ア　ス　カ　ネ　ッ　ト	－	－	－	－	－	－	－	－
2438	（4月）	5,438	800	804	－	193	3.55	5.12	34.97
31130	ディー・ディー・エス	790	-233	-203	－	－	－	-33.95	－
3782	（12月）	790	-214	-246	－	－	－	-33.61	－
31180	ド　リ　コ　ム	13,192	190	-29	－	918	6.96	57.27	75.19
3793	（3月）	13,177	144	87	－	916	6.95	60.60	88.09
31207	手　間　い　ら　ず	－	－	－	－	－	－	－	－
2477	（6月）	919	477	478	－	－	－	14.45	－
31252	ア　ド　ウ　ェ　イ　ズ	41,501	299	575	－	－	－	-1.96	－
2489	（3月）	35,648	549	853	－	－	－	-1.92	－
31291	ユ　ナ　イ　テ　ッ　ド	14,444	1,648	1,626	－	－	－	-1.03	－
2497	（3月）	10,901	1,365	1,351	－	－	－	-4.32	－
31302	ミ　ク　シ　ィ	189,094	72,359	72,717	－	23,593	12.48	-8.72	13.08
2121	（3月）	178,813	71,418	71,873	－	20,937	11.71	-8.66	17.80
31306	イ　ン　タ　ー　ス　ペ　ー　ス	27,754	1,073	1,291	－	791	2.85	19.15	26.16
2122	（9月）	27,645	1,133	1,325	－	783	2.83	18.98	26.90
31355	ジェイグループホールディングス	14,963	109	154	－	481	3.21	4.22	4.57
3063	（2月）	3,381	150	121	－	92	2.72	14.11	2.22
31432	ア　イ　ティ　メ　ディ　ア	4,608	746	744	－	－	－	3.53	－
2148	（3月）★	4,241	714	716	－	－	－	1.51	－
31435	ケ　ア　ネ　ッ　ト	2,854	407	408	2	－	－	29.96	－
2150	（12月）	2,854	409	404	2	－	－	30.08	－
31442	エヌ・ティ・ティ・データ・イン	5,322	626	622	－	－	－	2.17	－
3850	（3月）	4,782	659	668	－	－	－	6.13	－
31451	Ｆ　Ｒ　Ｏ　Ｎ　Ｔ　Ｅ　Ｏ	12,217	177	-16	－	－	－	9.01	－
2158	（3月）	4,664	713	653	－	－	－	5.64	－
31458	フ　ル　ス　ピ　ー　ド	18,065	850	736	－	－	－	19.95	－
2159	（4月）	9,202	-648	138	－	－	－	7.97	－
31523	ネットイヤーグループ	6,189	-51	-53	－	－	－	4.79	－
3622	（3月）	4,111	-158	-159	－	－	－	4.08	－
31527	ビ　リ　ン　グ　シ　ス　テ　ム	2,233	246	247	－	－	－	19.73	－
3623	（12月）	1,948	222	222	－	－	－	23.60	－
31528	ア　ク　セ　ル　マ　ー　ク	3,308	-254	-272	－	193	5.83	3.38	-59.20
3624	（9月）	3,093	-66	-88	－	－	－	-6.24	－
31560	ト　ラ　イ　ス　テ　ー　ジ	55,775	1,032	908	1	－	－	17.91	－
2178	（2月）	33,215	972	962	－	－	－	-2.17	－
31565	デ　ー　タ　ホ　ラ　イ　ゾ　ン	1,828	105	110	－	－	－	－	－
3628	（6月）	1,828	105	110	17	6	0.33	19.17	100.00
31604	ソ　ケ　ッ　ツ	－	－	－	－	－	－	－	－
3634	（3月）	1,604	68	67	－	2	0.12	-6.14	-77.78
31657	メ　ディ　カ　ル　ネ　ッ　ト	1,480	123	124	－	73	4.93	-0.13	62.22
3645	（5月）	1,352	104	132	－	69	5.10	6.21	102.94
31658	駅　探	2,936	503	502	－	745	25.37	－	－
3646	（3月）	2,817	503	502	－	745	26.45	-3.23	7.97

サービス

上段＝連結決算、下段＝単独決算

日経会社コード／証券コード	会社名（決算月）	(A) 売上高（単位:百万円）	(B) 営業利益（単位:百万円）	(C) 経常利益（単位:百万円）	(D) 販売促進費（単位:百万円）	(E) 広告宣伝費（単位:百万円）	比率 E/A×100	対前年度伸び率 A(%)	対前年度伸び率 E(%)
31682 3652	ディジタルメディアプロフェッシ （3月）	－ 973	－ 69	－ 66	－ －	－ －	－ －	－ 40.20	－ －
31686 3653	モ ル フ ォ （10月）	2,357 2,357	809 802	839 832	－ 18	－ 9	－ 0.38	9.99 9.99	－ 50.00
31740 3664	モブキャストホールディングス （12月）	3,302 3,300	-1,218 -1,213	-1,242 -1,216	－ －	529 529	16.02 16.03	6.62 6.55	214.88 214.88
31741 6064	ア ク ト コ ー ル （11月）	4,308 3,333	367 381	312 376	－ 33	－ 5	－ 0.15	6.08 7.48	－ 25.00
31743 3665	エ ニ グ モ （1月）	4,492 4,263	1,574 1,709	1,556 1,715	248 247	496 468	11.04 10.98	8.32 10.78	33.69 35.65
31748 6067	メディアフラッグ （12月）	6,049 2,964	277 82	254 74	－ －	－ －	－ －	-13.46 -11.73	－ －
31762 6069	ト レ ン ダ ー ズ （3月）	－ 2,165	－ 346	－ 370	－ －	－ －	－ －	－ 16.40	－ －
31796 3671	ソフトマックス （12月）	－ 3,292	－ 161	－ 186	－ －	－ －	－ －	－ -14.36	－ －
31808 3674	オ ー ク フ ァ ン （9月）	3,656 1,699	205 123	302 190	－ －	86 44	2.35 2.59	34.17 19.73	-56.35 -70.47
31837 6079	エ ナ リ ス （12月）	53,402 13,922	1,079 721	834 579	－ －	－ －	－ －	-14.01 -72.72	－ －
31848 6081	アライドアーキテクツ （12月）	5,606 3,053	-57 143	-150 119	－ －	64 22	1.14 0.72	-6.63 6.79	52.38 -21.43
31852 3680	ホ ッ ト リ ン ク （12月）★	2,583 979	125 55	94 40	－ －	－ 12	－ 1.23	18.11 -10.35	－ -29.41
31854 6084	オ ウ チ ー ノ （12月）	1,296 638	-315 -261	-312 -247	－ －	129 129	9.95 20.22	16.97 -35.56	-37.38 -37.38
31855 3682	エンカレッジ・テクノロジ （3月）	1,897 1,732	408 379	418 385	－ －	－ －	－ －	1.39 4.59	－ －
31861 6085	アーキテクツ・スタジオ・ジャパ （3月）	－ 1,286	－ -96	－ -78	－ 103	－ －	－ －	－ -6.68	－ －
31863 6086	シンメンテホールディングス （2月）	9,844 3,586	331 96	335 95	－ －	－ －	－ －	－ -36.51	－ －
31871 6090	ヒューマン・メタボローム・テク （3月）	938 838	-140 29	-149 -189	－ －	－ －	－ －	2.63 -4.66	－ －
31880 3685	みんなのウェディング （9月）	－ 1,568	－ 50	－ 51	－ 3	－ 32	－ 2.04	－ -7.93	－ -48.39
31899 6094	フリークアウト・ホールディング （9月）	12,019 2,697	601 -15	1,208 -12	－ －	－ －	－ －	107.51 -42.33	－ －
31902 6095	メ ド ピ ア （9月）	1,559 1,272	82 221	65 226	115 115	47 38	3.01 2.99	60.23 30.73	261.54 192.31
31904 6096	レ ア ジ ョ ブ （3月）	2,968 2,816	130 123	90 116	－ －	210 203	7.08 7.21	14.73 10.39	18.64 16.00
31908 3689	イ グ ニ ス （9月）	5,577 1,114	83 151	71 144	－ －	1,389 －	24.91 －	-0.14 6.30	46.52 －
31913 3690	ロ ッ ク オ ン （9月）	1,719 1,719	92 83	106 106	122 122	－ 72	－ 4.19	6.64 6.64	－ 30.91
31914 3691	リアルワールド （9月）	4,335 2,302	-103 -208	-79 -185	－ －	－ 40	－ 1.74	-5.78 -9.16	－ -63.64
31920 3692	Ｆ Ｆ Ｒ Ｉ （3月）	1,673 1,671	309 392	309 392	348 348	－ －	－ －	－ 13.60	－ －
31928 3695	ＧＭＯリサーチ （12月）	3,185 3,037	325 300	321 297	－ －	－ 49	－ 1.61	3.04 1.95	－ -14.04
31934 3697	Ｓ Ｈ Ｉ Ｆ Ｔ （8月）	8,174 5,497	391 189	440 192	－ －	－ －	－ －	48.32 11.28	－ －
31937 3698	ＣＲＩ・ミドルウェア （9月）	1,258 1,258	118 119	120 120	－ －	－ －	－ －	-5.70 -5.70	－ －
31940 3900	クラウドワークス （9月）	1,509 1,465	-335 -343	-331 -339	－ －	250 246	16.57 16.79	22.88 20.87	27.55 25.51

サ　ー　ビ　ス

上段＝連結決算、下段＝単独決算

日経会社コード 証券コード	会　社　名 （決算月）	(A) 売上高 （単位：百万円）	(B) 営業利益 （単位：百万円）	(C) 経常利益 （単位：百万円）	(D) 販売促進費 （単位：百万円）	(E) 広告宣伝費 （単位：百万円）	比　率 $\frac{E}{A}\times100$	対前年度伸び率 A（％）	E（％）
31941	GMO　TECH	－	－	－	－	－	－	－	－
6026	（12月）	2,818	104	103	－	6	0.21	-1.71	0.00
31944	弁護士ドットコム	－	－	－	－	－	－	－	－
6027	（3月）	2,318	503	505	18	259	11.17	39.89	60.87
31957	アドベンチャー	5,269	414	409	－	3,585	68.04	96.38	103.69
6030	（6月）	5,246	442	441	－	3,587	68.38	98.11	104.97
31959	サ　イ　ジ　ニ　ア	－	－	－	－	－	－	－	－
6031	（6月）	606	-157	-158	－	－	－	-20.89	－
31967	データセクション	721	45	45	－	－	－	21.59	－
3905	（3月）	436	－	3	－	－	－	1.40	－
31968	カ　ヤ　ッ　ク	6,087	675	737	－	564	9.27	10.73	-20.68
3904	（12月）	5,570	712	765	－	480	8.62	10.01	-27.38
31969	エクストリーム	3,261	295	298	－	－	－	-0.85	－
6033	（3月）	2,726	293	303	－	－	－	3.06	－
31971	M　R　T	1,501	64	59	－	95	6.33	30.07	-1.04
6034	（3月）★	1,158	80	81	15	－	－	10.08	－
31981	シリコンスタジオ	6,115	-1,251	-1,202	－	195	3.19	-12.66	-17.72
3907	（11月）	5,353	-1,257	-1,245	－	193	3.61	-15.35	-17.52
31986	コ　ラ　ボ　ス	－	－	－	－	－	－	－	－
3908	（3月）	1,942	306	305	－	11	0.57	7.06	120.00
31988	ゼネラル・オイスター	3,854	-160	-173	18	－	－	-0.36	－
3224	（3月）	260	-115	-124	－	－	－	-24.20	－
31993	イ　ー　ド	4,399	87	90	－	232	5.27	-2.96	-35.91
6038	（6月）	2,860	46	49	－	194	6.78	-11.21	-43.93
32000	日本動物高度医療センター	2,258	279	263	－	－	－	3.06	－
6039	（3月）	1,792	205	181	－	－	－	4.19	－
32002	ｓＭｅｄｉｏ	1,056	-60	-61	－	－	－	-17.63	－
3913	（12月）	716	-81	-84	－	－	－	-29.60	－
32006	海　帆	5,840	-6	-9	－	－	－	-7.89	－
3133	（3月）	5,768	4	1	－	－	－	-7.87	－
32008	日本スキー場開発	6,151	442	440	474	－	－	10.15	－
6040	（7月）	416	13	19	－	－	－	-40.83	－
32016	レントラックス	8,333	418	418	－	70	0.84	9.85	－
6045	（3月）	7,739	455	455	－	－	－	8.74	－
32018	リ　ン　ク　バ　ル	－	－	－	－	－	－	－	－
6046	（9月）	2,652	464	494	－	－	－	23.69	－
32020	JIG-SAW	1,296	325	330	－	－	－	16.76	－
3914	（12月）	1,235	342	353	19	38	3.08	20.37	111.11
32024	テ　ラ　ス　カ　イ	4,864	268	305	－	－	－	37.63	－
3915	（2月）	3,997	213	263	57	66	1.65	32.35	1.54
32040	ア　イ　リ　ッ　ジ	－	－	－	－	－	－	－	－
3917	（7月）	1,493	210	211	－	－	－	21.38	－
32044	イ　ト　ク　ロ	－	－	－	－	－	－	－	－
6049	（10月）	3,942	1,724	1,726	－	676	17.15	13.93	0.30
32049	ア　ク　ア　ラ　イ　ン	5,254	385	386	600	460	8.76	－	－
6173	（2月）	5,250	407	407	600	459	8.74	21.92	11.41
32062	ブ　ラ　ン　ジ　ス　タ	3,160	301	302	－	－	－	11.94	－
6176	（9月）	2,977	563	567	－	－	－	8.81	－
32070	AppBank	1,829	-269	-275	－	50	2.73	-21.57	0.00
6177	（12月）	709	-262	-241	－	－	－	-7.56	－
32072	GMOメディア	－	－	－	－	－	－	－	－
6180	（12月）	4,377	371	368	273	－	－	-17.48	－
32073	パートナーエージェント	4,102	195	325	－	656	15.99	7.61	-8.51
6181	（3月）	4,102	192	323	－	656	15.99	7.64	-8.51
32074	バ　ル　ニ　バ　ー　ビ	9,824	605	623	－	－	－	16.01	－
3418	（7月）	8,919	514	501	－	－	－	17.40	－
32078	ロ　ゼ　ッ　タ	2,006	-12	-14	－	100	4.99	5.14	40.85
6182	（2月）	858	-71	-75	－	54	6.29	6.06	58.82

サービス

上段＝連結決算、下段＝単独決算

日経会社コード 証券コード	会社名（決算月）	(A) 売上高（単位:百万円）	(B) 営業利益（単位:百万円）	(C) 経常利益（単位:百万円）	(D) 販売促進費（単位:百万円）	(E) 広告宣伝費（単位:百万円）	比率 $\frac{E}{A}\times100$	対前年度伸び率 A(%)	E(%)
32090	ダブルスタンダード	1,997	551	559	–	–	–	46.41	–
3925	（3月）	1,429	229	379	–	–	–	77.52	
32092	アークン	–	–	–	–	–	–	–	–
3927	（3月）	678	-15	-10	–	–	–	11.33	
32094	ソネット・メディア・ネットワー	9,021	543	537	–	–	–	29.59	
6185	（3月）	5,700	386	382	–	–	–	26.50	
32098	ソーシャルワイヤー	2,808	353	344	–	100	3.56	17.15	14.94
3929	（3月）	2,164	305	296	–	95	4.39	18.58	10.47
32103	は　て　な	–	–	–	–	–	–	–	
3930	（7月）	1,890	352	351	–	–	–	21.23	
32105	バリューゴルフ	3,110	165	154	–	–	–	96.09	
3931	（1月）	923	48	45	–	13	1.41	6.46	-18.75
32118	ＰＲ　ＴＩＭＥＳ	1,717	375	370	–	172	10.02	26.72	38.71
3922	（2月）	1,697	331	326	–	300	17.68	26.64	20.00
32124	ハイアス・アンド・カンパニー	3,971	301	303	–	278	7.00	24.44	101.45
6192	（4月）	3,838	276	283	–	254	6.62	23.57	120.87
32126	グローバルウェイ	–	–	–	–	–	–	–	
3936	（3月）	1,251	-145	-153	–	–	–	22.41	
32132	ホ　ー　プ	–	–	–	–	–	–	–	
6195	（6月）	1,774	23	34	–	–	–	11.43	
32138	キ　ャ　リ　ア	–	–	–	–	–	–	–	
6198	（9月）	9,097	536	547	–	172	1.89	22.68	4.24
32150	リファインバース	2,294	280	264	–	–	–	8.21	
6531	（6月）	823	-87	69	–	–	–	10.92	
32158	ベイカレント・コンサルティング	–	–	–	–	–	–	–	
6532	（2月）	20,423	3,264	3,183	–	–	–	18.90	
32169	串カツ田中ホールディングス	–	–	–	–	–	–	–	
3547	（11月）	5,529	387	520	–	–	–	39.20	
32171	Ｏｒｃｈｅｓｔｒａ　Ｈｏｌｄｉ	5,897	364	363	–	–	–	19.86	
6533	（12月）	3,050	182	181	–	–	–	-38.06	
32174	バリューデザイン	1,738	-12	-44	147	–	–	6.56	
3960	（6月）	1,718	47	-1	147	–	–	6.05	
32175	チ　ェ　ン　ジ	–	–	–	–	–	–	–	
3962	（9月）	1,980	331	325	–	–	–	27.74	
32176	シルバーエッグ・テクノロジー	–	–	–	–	–	–	–	
3961	（12月）	855	149	149	–	–	–	15.85	
32189	エ　ル　テ　ス	1,608	71	71	–	28	1.74	–	–
3967	（2月）	1,606	107	107	26	22	1.37	16.46	-40.54
32203	グレイステクノロジー	–	–	–	–	–	–	–	
6541	（3月）	1,314	418	413	–	–	–	30.10	
32206	エ　イ　ト　レ　ッ　ド	–	–	–	–	–	–	–	
3969	（3月）	1,107	324	324	–	–	–	15.19	
32207	イノベーション	–	–	–	–	–	–	–	
3970	（3月）	1,345	29	33	–	–	–	7.00	
32210	シ　ャ　ノ　ン	1,586	-48	-62	–	–	–	3.39	–
3976	（10月）	1,586	-50	-64	–	70	4.41	3.39	42.86
32224	う　る　る	1,906	390	389	–	–	–	10.69	–
3979	（3月）	1,268	336	335	–	63	4.97	18.39	-13.70
32228	ジャパンエレベーターサービスホ	15,326	1,351	1,339	–	–	–	13.16	–
6544	（3月）	2,713	458	450	–	–	–	-2.20	–
32239	ユーザーローカル	–	–	–	–	–	–	–	
3984	（6月）	966	384	377	–	95	9.83	23.37	-9.52
32240	テ　モ　ナ	–	–	–	–	–	–	–	
3985	（9月）	1,093	264	259	–	–	–	39.06	
32241	旅　工　房	24,257	81	69	–	398	1.64	7.68	41.64
6548	（3月）	24,221	69	57	–	398	1.64	7.60	41.64
32244	ビーブレイクシステムズ	–	–	–	–	–	–	–	
3986	（6月）	1,103	169	155	15	–	–	7.61	–

サ　ー　ビ　ス

上段＝連結決算、下段＝単独決算

日経会社コード 証券コード	会　社　名 （決算月）	(A) 売上高 (単位:百万円)	(B) 営業利益 (単位:百万円)	(C) 経常利益 (単位:百万円)	(D) 販売促進費 (単位:百万円)	(E) 広告宣伝費 (単位:百万円)	比　率 ($\frac{E}{A}\times100$)	対前年度伸び率 A (%)	E (%)
32247	エ　コ　モ　ッ　ト	–	–	–	–	–	–	–	–
3987	（3月）	1,625	117	115	–	–	–	18.53	–
32249	Ｆｒｉｎｇｅ81	6,340	335	327	–	–	–	–	–
6550	（3月）	6,228	320	313	–	–	–	31.92	–
32252	ＧａｍｅＷｉｔｈ	–	–	–	–	–	–	–	–
6552	（5月）	1,581	657	654	–	–	–	59.05	–
32261	シェアリングテクノロジー	–	–	–	–	–	–	–	–
3989	（9月）	1,754	400	389	–	558	31.81	53.72	62.21
32263	Ｕ　Ｕ　Ｕ　Ｍ	6,983	358	350	–	–	–	–	–
3990	（5月）	6,983	358	351	–	–	–	111.67	–
32265	ＰＫＳＨＡ　Ｔｅｃｈｎｏｌｏｇ	934	395	384	–	–	–	–	–
3993	（9月）	880	276	275	–	–	–	91.72	–
32268	ＭＳ＆Ｃｏｎｓｕｌｔｉｎｇ	2,810	553	551	–	13	0.46	6.40	-27.78
6555	（3月）★	2,798	451	440	–	–	–	6.15	–
32271	ウ　ェ　ル　ビ　ー	–	–	–	–	–	–	–	–
6556	（3月）	4,364	1,012	1,042	–	80	1.83	52.69	-4.76
32275	ＳＫＩＹＡＫＩ	2,487	242	216	–	–	–	44.51	–
3995	（1月）	2,472	249	223	–	–	–	44.56	–
32294	サ　イ　ン　ポ　ス　ト	–	–	–	–	–	–	–	–
3996	（2月）	3,024	370	357	–	–	–	75.51	–
32296	ク　ッ　ク　ビ　ズ	–	–	–	–	–	–	–	–
6558	（11月）	2,066	266	266	–	556	26.91	67.69	60.23
32301	一家ダイニングプロジェクト	–	–	–	–	–	–	–	–
9266	（3月）	6,149	244	243	–	–	–	13.49	–
32308	ＨＡＮＡＴＯＵＲ　ＪＡＰＡＮ	7,926	1,756	1,886	1,237	–	–	55.08	–
6561	（12月）	2,128	914	1,069	–	–	–	43.40	–
32310	す　ら　ら　ネ　ッ　ト	–	–	–	–	–	–	–	–
3998	（12月）	731	120	108	–	81	11.08	24.96	32.79
32311	ナレッジスイート	–	–	–	–	–	–	–	–
3999	（9月）	790	155	150	–	45	5.70	34.35	55.17
32312	みらいワークス	–	–	–	–	–	–	–	–
6563	（9月）	2,273	124	125	–	22	0.97	33.31	-24.14
32323	Ｍ　マ　ー　ト	–	–	–	–	–	–	–	–
4380	（1月）	606	124	119	4	–	–	13.91	–
32324	ＳＥＲＩＯホールディングス	4,065	39	43	–	–	–	–	–
6567	（5月）	243	17	18	–	–	–	–	–
32333	ＲＰＡホールディングス	4,188	465	450	–	–	–	58.40	–
6572	（2月）	552	87	76	–	–	–	31.74	–
32339	ビ　ー　プ　ラ　ッ　ツ	–	–	–	–	–	–	–	–
4381	（3月）	561	46	51	–	–	–	11.09	–
32340	コ　ン　ヴ　ァ　ノ	2,009	144	138	15	79	3.93	12.42	-8.14
6574	（3月）★	2,011	16	10	–	79	3.93	12.28	-8.14
32341	ヒューマン・アソシエイツ・ホー	1,948	255	257	–	–	–	16.30	–
6575	（3月）	319	111	111	–	–	–	-5.90	–
32342	ベストワンドットコム	1,196	48	51	–	30	2.51	27.64	-38.78
6577	（7月）	1,179	46	51	–	30	2.54	25.83	-38.78
32348	ロ　グ　リ　ー	–	–	–	–	–	–	–	–
6579	（3月）	1,605	125	123	–	–	–	76.18	–
32351	Ｚ　Ｕ　Ｕ	944	71	70	–	–	–	29.49	–
4387	（3月）	921	86	85	–	–	–	27.74	–
32352	ラ　イ　ト　ア　ッ　プ	–	–	–	–	–	–	–	–
6580	（3月）	1,606	426	423	–	–	–	17.40	–
32353	エ　ー　ア　イ	–	–	–	–	–	–	–	–
4388	（3月）	591	146	147	–	–	–	31.04	–
32359	ロ　ジ　ザ　ー　ド	1,073	89	87	–	–	–	6.24	–
4391	（6月）	1,069	99	97	–	–	–	5.84	–
32368	マネジメントソリューションズ	2,527	196	189	–	–	–	68.58	–
7033	（10月）	2,174	179	184	–	–	–	45.32	–

上段＝連結決算、下段＝単独決算

サービス

日経会社コード／証券コード	会社名（決算月）	(A)売上高(単位:百万円)	(B)営業利益(単位:百万円)	(C)経常利益(単位:百万円)	(D)販売促進費(単位:百万円)	(E)広告宣伝費(単位:百万円)	比率 $\frac{E}{A}\times100$	対前年度伸び率 A(%)	E(%)
35015 / 2342	トランスジェニック（3月）	3,601	60	14	–	–	–	56.43	–
		416	-90	-44	–	–	–	-19.38	–
35143 / 2334	イオレ（3月）	–	–	–	–	–	–	–	–
		1,550	169	155	–	71	4.58	33.97	10.94
35967 / 3723	日本ファルコム（9月）	–	–	–	–	–	–	–	–
		2,056	970	968	29	53	2.58	40.44	-41.76
36283 / 3923	ラクス（3月）	6,408	1,241	1,247	–	699	10.91	29.93	35.73
		6,303	1,247	1,254	–	695	11.03	27.80	34.95
38059 / 6554	エスユーエス（9月）	6,014	411	400	–	119	1.98	9.39	20.20
		6,014	436	413	–	119	1.98	13.34	22.68
41308 / 6562	ジーニー（3月）	14,380	527	467	–	–	–	22.59	–
		13,711	606	548	–	–	–	20.78	–
41355 / 6573	アジャイルメディア・ネットワー（12月）	–	–	–	–	–	–	–	–
		734	66	67	–	–	–	32.49	–
41638 / 4382	ＨＥＲＯＺ（4月）	–	–	–	–	–	–	–	–
		877	88	94	–	9	1.03	-24.07	-80.43
41655 / 3994	マネーフォワード（11月）	2,899	-797	-834	–	836	28.84	–	–
		2,899	-740	-776	–	836	28.84	88.00	42.18
41815 / 4385	メルカリ（6月）	22,071	-2,775	-2,779	–	14,196	64.32	80.08	106.43
		21,254	4,471	4,469	–	10,283	48.38	73.42	89.76
50018 / 6537	ＷＡＳＨハウス（12月）	–	–	–	–	–	–	–	–
		3,375	243	247	–	104	3.08	8.24	2.97
50070 / 3935	エディア（2月）	–	–	–	–	–	–	–	–
		771	-403	-411	–	47	6.10	-43.48	-32.86
50913 / 6560	エル・ティー・エス（12月）	2,408	184	174	–	–	–	21.86	–
		2,260	152	185	–	–	–	20.66	–
50915 / 6553	ソウルドアウト（12月）	11,933	790	790	–	–	–	39.53	–
		11,195	526	525	–	–	–	41.17	–
51041 / 3906	ＡＬＢＥＲＴ（12月）	–	–	–	–	–	–	–	–
		872	-161	-158	–	–	–	7.39	–
51487 / 3911	Ａ　ｉ　ｍ　ｉ　ｎ　ｇ（12月）	6,829	-2,949	-2,947	–	1,605	23.50	-29.52	-13.57
		6,830	-2,912	-2,922	–	1,596	23.37	-29.68	-7.59
51810 / 6190	フェニックスバイオ（3月）	902	-268	-267	–	–	–	-26.55	–
		902	-263	-261	–	–	–	-26.55	–
52069 / 6172	メタップス（8月）★	13,572	251	278	–	–	–	53.93	–
		1,185	-189	-177	–	–	–	-60.31	–
52620 / 6193	バーチャレクス・ホールディング（3月）	5,509	47	42	–	–	–	23.85	–
		1,965	68	62	–	–	–	-44.27	–
52737 / 3557	ユナイテッド＆コレクティブ（2月）	–	–	–	–	–	–	–	–
		6,348	201	166	–	–	–	15.88	–
53640 / 3991	ウォンテッドリー（8月）	1,289	64	59	–	411	31.89	–	–
		1,289	104	99	–	403	31.26	53.45	166.89
53835 / 4384	ラクスル（7月）	–	–	–	–	–	–	–	–
		7,675	-1,145	-1,163	–	1,385	18.05	51.02	22.57
54076 / 6545	インターネットインフィニティー（3月）	–	–	–	–	–	–	–	–
		3,289	241	278	–	58	1.76	15.93	28.89
54116 / 4389	プロパティデータバンク（3月）	–	–	–	–	–	–	–	–
		1,239	236	235	–	–	–	14.62	–
55174 / 3966	ユーザベース（12月）	4,565	545	518	–	210	4.60	48.17	16.67
		2,825	299	399	131	–	–	31.82	–

サービス（名証二部）

日経会社コード／証券コード	会社名（決算月）	(A)売上高	(B)営業利益	(C)経常利益	(D)販売促進費	(E)広告宣伝費	比率 $\frac{E}{A}\times100$	A(%)	E(%)
2074 / 9643	中日本興業（3月）	–	–	–	–	–	–	–	–
		3,716	111	114	–	59	1.59	-8.04	9.26
2077 / 9664	御園座（3月）	–	–	–	–	–	–	–	–
		502	-134	-159	–	39	7.77	-2.52	3800.00
6330 / 4349	テスク（3月）	–	–	–	–	–	–	–	–
		1,417	80	88	–	–	–	20.49	–

サ　ー　ビ　ス

上段＝連結決算、下段＝単独決算

日経会社コード 証券コード	会　社　名 （決算月）	(A) 売上高 (単位:百万円)	(B) 営業利益 (単位:百万円)	(C) 経常利益 (単位:百万円)	(D) 販売促進費 (単位:百万円)	(E) 広告宣伝費 (単位:百万円)	比　率 ($\frac{E}{A}$×100)	対前年度伸び率 A (%)	対前年度伸び率 E (%)
7632	文　渓　堂	11,731	752	777	－	572	4.88	0.55	1.24
9471	（3月）	10,398	713	725	－	421	4.05	0.85	-0.47
24569	ガ　イ　ア　ッ　ク　ス	5,981	-939	-976	－	－	－	4.42	－
3775	（12月）	1,735	-1,007	-1,017	－	91	5.24	29.57	-20.18
30866	コ　ム　シ　ー　ド	－	－	－	－	－	－	－	－
3739	（3月）	1,514	27	23	－	47	3.10	-2.13	235.71
31159	バルクホールディングス	1,008	15	19	－	－	－	-41.12	－
2467	（3月）	92	-54	-49	－	－	－	15.00	－
31257	オウケイウェイヴ	2,411	167	182	－	86	3.57	0.04	-2.27
3808	（6月）	1,706	125	201	21	78	4.57	5.18	-1.27
31336	ゼ　ッ　ト　ン	9,230	428	442	－	－	－	-6.84	－
3057	（2月）	8,272	395	406	49	219	2.65	-8.36	-2.23
31378	Ｊ　Ｂ　イ　レ　ブ　ン	7,016	103	106	－	－	－	5.71	－
3066	（3月）	1,727	147	144	－	－	－	5.37	－
31935	日本ＰＣサービス	3,478	-44	-42	－	293	8.42	-11.39	-20.60
6025	（8月）	3,196	-4	-1	－	291	9.11	-12.05	-20.71
36236	ギ　ガ　プ　ラ　イ　ズ	6,354	559	540	－	－	－	69.30	－
3830	（3月）	5,881	892	871	－	－	－	59.55	－
40943	ミ　ダ　ッ　ク	4,244	883	839	－	－	－	10.72	－
6564	（3月）	3,163	231	406	－	－	－	0.44	－
48847	大　成	23,852	292	375	－	－	－	8.77	－
4649	（3月）	21,888	248	347	－	－	－	5.67	－

サービス（福岡）

日経会社コード 証券コード	会　社　名 （決算月）	(A) 売上高	(B) 営業利益	(C) 経常利益	(D) 販売促進費	(E) 広告宣伝費	比率	A (%)	E (%)
16070	ジ　ョ　イ　フ　ル	65,642	2,158	2,220	－	－	－	1.67	－
9942	（12月）	34,901	1,501	1,448	－	－	－	1.54	－
31341	メディアファイブ	1,360	44	33	－	18	1.32	6.42	-25.00
3824	（5月）	1,291	39	29	－	18	1.39	6.52	-25.00
37867	ア　メ　イ　ズ	－	－	－	－	－	－	－	－
6076	（11月）	14,098	3,251	2,814	－	－	－	12.90	－

サービス（札幌）

日経会社コード 証券コード	会　社　名 （決算月）	(A) 売上高	(B) 営業利益	(C) 経常利益	(D) 販売促進費	(E) 広告宣伝費	比率	A (%)	E (%)
24801	日本テクノ・ラボ	－	－	－	－	－	－	－	－
3849	（3月）	557	2	10	39	－	－	-4.62	－
30394	キャリアバンク	5,817	98	101	－	－	－	3.89	－
4834	（5月）	4,231	11	17	－	－	－	2.12	－
31221	エ　コ　ミ　ッ　ク	970	67	72	－	－	－	0.10	－
3802	（3月）	970	34	38	－	－	－	0.10	－
31234	ＲＩＺＡＰグループ	136,201	13,590	12,047	－	12,241	8.99	42.92	24.10
2928	（3月）★	3,393	310	-158	－	137	4.04	-7.12	-84.38
31389	光ハイツ・ヴェラス	－	－	－	－	－	－	－	－
2137	（3月）	3,255	297	351	－	18	0.55	1.91	-10.00
31519	イ　ン　サ　イ　ト	2,007	18	21	－	－	－	-0.94	－
2172	（6月）	1,702	31	36	－	－	－	-1.50	－
32217	フ　ュ　ー　ジ　ョ　ン	－	－	－	－	－	－	－	－
3977	（2月）	1,203	62	62	－	－	－	5.62	－

サービス（ジャスダック）

日経会社コード 証券コード	会　社　名 （決算月）	(A) 売上高	(B) 営業利益	(C) 経常利益	(D) 販売促進費	(E) 広告宣伝費	比率	A (%)	E (%)
2119	ソフィアホールディングス	3,810	237	221	－	－	－	-4.51	－
6942	（3月）	104	-170	-229	－	－	－	-76.20	－
2448	パシフィックシステム	9,624	670	668	－	－	－	8.42	－
3847	（3月）	7,079	472	519	－	－	－	3.66	－
3447	エ　ヌ　ア　イ　デ　イ	17,913	1,826	2,015	－	－	－	1.30	－
2349	（3月）	14,230	1,396	1,538	－	－	－	-1.57	－
3923	シ　イ　エ　ム・シ　イ	16,889	1,372	1,534	－	－	－	2.36	－
2185	（9月）	10,245	1,136	1,416	－	－	－	-3.10	－
4046	日本コンピュータ・ダイナミクス	16,237	783	807	－	－	－	5.40	－
4783	（3月）	13,929	681	694	－	－	－	5.71	－

サ　ー　ビ　ス

上段＝連結決算、下段＝単独決算

日経会社コード 証券コード	会　社　名 （決算月）	(A) 売上高 (単位:百万円)	(B) 営業利益 (単位:百万円)	(C) 経常利益 (単位:百万円)	(D) 販売促進費 (単位:百万円)	(E) 広告宣伝費 (単位:百万円)	比率 $\frac{E}{A}\times100$	対前年度伸び率 A (%)	対前年度伸び率 E (%)
4195	ジャパンシステム	9,993	448	462	294	–	–	-5.71	–
9758	（12月）	9,170	339	354	285	–	–	-8.01	–
5422	イ　ン　フ　ォ　コ　ム	45,774	5,829	5,982	–	6,877	15.02	9.59	11.12
4348	（3月）	22,256	2,086	3,148	–	–	–	10.89	–
5962	Ｋ　Ｓ　Ｋ	15,351	1,355	1,389	–	–	–	5.58	–
9687	（3月）	11,969	874	1,029	–	–	–	6.71	–
6049	ア　ン　ド　ー　ル	2,556	267	272	–	18	0.70	0.39	5.88
4640	（3月）	2,081	208	220	–	–	–	43.62	–
6762	ハリマビステム	21,408	277	344	–	–	–	10.78	–
9780	（3月）	18,375	227	280	–	–	–	2.95	–
7088	セゾン情報システムズ	30,393	4,362	4,341	–	–	–	-2.03	–
9640	（3月）	28,238	3,886	4,527	–	–	–	1.04	–
7089	ク　レ　オ	12,268	410	457	4	79	0.64	6.13	33.90
9698	（3月）	5,914	77	165	–	–	–	1839.02	–
7533	三協フロンテア	39,065	5,330	5,318	–	–	–	5.03	–
9639	（3月）	38,516	5,185	5,170	–	–	–	4.95	–
7636	ア　イ　レ　ッ　ク　ス	3,320	122	128	–	–	–	0.03	–
6944	（3月）	2,635	69	78	–	–	–	21.21	–
7660	ナ　ガ　セ	45,949	5,156	4,697	–	5,095	11.09	0.84	1.98
9733	（3月）	28,619	3,468	3,418	–	3,775	13.19	1.16	4.40
7670	銀座ルノアール	7,753	327	365	–	–	–	1.40	–
9853	（3月）	7,599	307	346	–	112	1.47	1.58	0.00
7674	ユニマット　リタイアメント・コ	49,154	2,779	2,015	–	–	–	11.10	–
9707	（3月）	45,434	2,746	1,995	–	–	–	2.71	–
7678	伊豆シャボテンリゾート	3,117	432	466	–	–	–	5.16	–
6819	（3月）	169	6	-20	–	–	–	1.81	–
7686	ウ　ィ　ザ　ス	16,241	826	838	–	911	5.61	13.47	0.77
9696	（3月）	11,755	530	585	–	948	8.06	2.44	2.60
7694	鴨川グランドホテル	–	–	–	–	–	–	–	–
9695	（3月）	4,053	137	96	–	39	0.96	-1.12	-22.00
7871	ク　エ　ス　ト	–	–	–	–	–	–	–	–
2332	（3月）	8,724	76	107	–	–	–	8.33	–
8531	日　本　ラ　ッ　ド	–	–	–	–	–	–	–	–
4736	（3月）	3,110	167	177	–	–	–	-3.39	–
9278	ヒ　ビ　ノ	29,732	1,073	1,713	–	–	–	2.06	–
2469	（3月）	15,595	218	1,242	–	–	–	-8.82	–
9851	菱友システムズ	30,078	1,642	1,651	–	–	–	-7.03	–
4685	（3月）	21,440	1,188	1,255	–	–	–	-10.57	–
11091	ジェイエスエス	–	–	–	–	–	–	–	–
6074	（3月）	8,722	551	558	–	–	–	2.44	–
13557	ココスジャパン	–	–	–	–	–	–	–	–
9943	（3月）	58,274	1,458	1,543	–	2,534	4.35	-0.44	4.67
14888	応　用　技　術	–	–	–	–	–	–	–	–
4356	（12月）	2,845	164	170	–	–	–	-0.77	–
15036	日本パレットプール	–	–	–	–	–	–	–	–
4690	（3月）	6,244	-7	96	–	2	0.03	-1.44	-77.78
15077	日本マクドナルドホールディング	253,640	18,912	19,718	–	5,378	2.12	11.91	10.20
2702	（12月）	44,538	-1,965	24,377	–	–	–	0.29	–
15813	ホテル、ニューグランド	–	–	–	–	–	–	–	–
9720	（11月）	5,048	-363	-367	278	–	–	12.58	–
16040	日　本　プ　ロ　セ　ス	5,567	407	464	–	–	–	-0.91	–
9651	（5月）	5,567	407	464	–	5	0.09	-0.91	150.00
16071	協和コンサルタンツ	5,778	234	207	–	–	–	4.88	–
9647	（11月）	4,546	184	164	–	–	–	9.44	–
16095	ハ　チ　バ　ン	7,650	297	399	–	–	–	4.62	–
9950	（3月）	7,372	285	395	187	–	–	4.66	–
16210	ウィルソン・ラーニング　ワール	3,505	245	246	–	–	–	1.39	–
9610	（3月）	1,534	15	111	–	–	–	11.40	–

サ　ー　ビ　ス

上段＝連結決算、下段＝単独決算

日経会社コード／証券コード	会　社　名（決算月）	(A)売上高（単位:百万円）	(B)営業利益（単位:百万円）	(C)経常利益（単位:百万円）	(D)販売促進費（単位:百万円）	(E)広告宣伝費（単位:百万円）	比　率（$\frac{E}{A} \times 100$）	対前年度伸び率 A（%）	対前年度伸び率 E（%）
16315／9782	ディーエムエス（3月）	24,004	1,098	1,107	–	–	–	5.95	–
		24,000	1,094	1,102	–	–	–	5.96	–
16332／9778	昴（2月）	–	–	–	–	–	–	–	–
		3,461	268	295	–	222	6.41	0.44	-3.48
16344／9776	札幌臨床検査センター（3月）	17,459	1,016	1,053	–	–	–	2.37	–
		16,392	963	998	–	–	–	3.32	–
16369／7502	プラザクリエイト本社（3月）	22,172	61	93	–	834	3.76	0.82	0.85
		945	87	69	3	13	1.38	-29.90	-61.76
16416／4699	ウ　チ　ダ　エ　ス　コ（7月）	13,036	694	704	–	–	–	12.48	–
		12,745	690	726	29	4	0.03	12.63	0.00
17007／9734	精　養　軒（1月）	–	–	–	–	–	–	–	–
		3,250	-7	10	–	–	–	8.55	–
17656／4752	昭和システムエンジニアリング（3月）	–	–	–	–	–	–	–	–
		6,077	457	465	–	–	–	-1.06	–
17842／2694	ジー・テイスト（3月）	25,361	418	537	–	–	–	-5.15	–
		3,346	1,045	1,266	–	–	–	-2.11	–
17993／9625	セ　レ　ス　ポ（3月）	–	–	–	–	–	–	–	–
		12,607	593	608	–	120	0.95	2.73	14.29
17995／4644	イ　マ　ジ　ニ　ア（3月）	4,569	635	857	–	464	10.16	6.11	-7.39
		4,565	715	927	–	464	10.16	6.66	-7.39
18585／3807	フ　ィ　ス　コ（12月）	14,620	7	-59	–	–	–	4.40	–
		607	-85	-107	–	–	–	0.00	–
19558／4712	ＫｅｙＨｏｌｄｅｒ（3月）	19,523	228	142	–	–	–	-12.67	–
		7,431	178	187	–	–	–	-39.02	–
19626／4769	インフォメーションクリエーティ（9月）	7,398	343	383	–	–	–	–	–
		7,398	479	521	–	–	–	1.59	–
21169／4667	アイサンテクノロジー（3月）	4,332	352	348	90	–	–	33.87	–
		4,343	307	303	90	–	–	33.96	–
21512／3839	ＯＤＫソリューションズ（3月）	4,898	365	387	–	16	0.33	13.62	77.78
		4,748	358	380	–	16	0.34	14.46	77.78
22658／4298	プロトコーポレーション（3月）	62,111	3,674	3,735	3	4,295	6.92	9.51	3.07
		28,312	3,292	3,434	–	3,058	10.80	10.05	-2.49
22967／2789	カ　ル　ラ（2月）	7,899	151	180	8	–	–	-0.75	–
		7,886	150	174	8	–	–	-0.74	–
23201／3317	フライングガーデン（3月）	–	–	–	–	–	–	–	–
		7,555	445	463	27	14	0.19	5.74	-12.50
23320／4748	構造計画研究所（6月）	–	–	–	–	–	–	–	–
		11,852	990	905	–	–	–	8.27	–
23965／3065	ラ　イ　フ　フ　ー　ズ（2月）	–	–	–	–	–	–	–	–
		12,901	200	252	–	200	1.55	-0.45	1.52
24138／2391	プ　ラ　ネ　ッ　ト（7月）	–	–	–	–	–	–	–	–
		2,974	686	705	–	60	2.02	2.48	-4.76
24244／2483	翻　訳　セ　ン　タ　ー（3月）	10,618	802	812	–	–	–	3.91	–
		7,150	642	666	–	–	–	2.89	–
24287／2329	東　北　新　社（3月）	63,812	2,794	3,263	–	–	–	-0.33	–
		40,167	1,513	3,813	–	–	–	-2.96	–
24314／3326	ラ　ン　シ　ス　テ　ム（6月）	8,466	94	101	–	–	–	3.88	–
		8,222	171	187	–	–	–	0.92	–
24786／4650	ＳＤエンターテイメント（3月）	7,940	68	-73	–	–	–	2.70	–
		7,032	10	-115	–	–	–	0.14	–
24797／2303	ド　ー　ン（5月）	–	–	–	–	–	–	–	–
		788	125	131	–	–	–	4.65	–
24895／2156	セ　ー　ラ　ー　広　告（3月）	8,817	79	97	–	–	–	-5.21	–
		7,222	73	111	–	–	–	-4.32	–
25248／3399	丸　千　代　山　岡　家（1月）	–	–	–	–	–	–	–	–
		12,134	285	301	56	162	1.34	9.22	16.55
26252／2488	日本サード・パーティ（3月）	4,748	251	258	–	–	–	2.46	–
		4,748	250	257	–	–	–	2.46	–

サービス

上段＝連結決算、下段＝単独決算

日経会社コード 証券コード	会　社　名 （決算月）	(A) 売上高 (単位:百万円)	(B) 営業利益 (単位:百万円)	(C) 経常利益 (単位:百万円)	(D) 販売促進費 (単位:百万円)	(E) 広告宣伝費 (単位:百万円)	比　率 E/A×100	対前年度伸び率 A (%)	対前年度伸び率 E (%)
27233	ワイエスフード	1,713	−103	−190	51	−	−	−4.46	−
3358	（3月）	1,690	−32	−186	−	−	−	−5.59	−
28356	セプテーニ・ホールディングス	72,375	2,247	2,447	1,270	−	−	−1.13	−
4293	（9月）★	3,800	2,014	2,248	−	−	−	44.54	−
28678	アイエックス・ナレッジ	−	−	−	−	−	−	−	−
9753	（3月）	16,666	650	692	−	−	−	−3.72	−
29558	富士ソフトサービスビューロ	−	−	−	−	−	−	−	−
6188	（3月）	10,038	436	442	−	−	−	17.46	−
29838	Ｅ　ス　ト　ア　ー	−	−	−	−	−	−	−	−
4304	（3月）	5,044	554	582	−	144	2.85	5.63	−33.64
29847	Ｓｈｉｎｗａ　Ｗｉｓｅ　Ｈｏｌ	5,348	364	303	−	−	−	37.20	−
2437	（5月）	1,631	−	35	−	−	−	46.02	−
30031	サ　ン　・　ラ　イ　フ	11,864	1,025	1,091	−	97	0.82	4.79	24.36
4656	（3月）	10,612	732	819	−	37	0.35	0.93	0.00
30034	環境管理センター	−	−	−	−	−	−	−	−
4657	（6月）	3,799	182	171	−	−	−	4.54	−
30038	エ　イ　ジ　ス	26,870	3,258	3,309	−	−	−	4.03	−
4659	（3月）	17,615	2,456	2,606	−	−	−	−2.01	−
30044	ア　ク　モ　ス	4,062	146	158	−	−	−	4.21	−
6888	（6月）	2,485	50	73	−	3	0.12	0.12	200.00
30047	アール・エス・シー	5,590	91	94	−	5	0.09	0.52	−16.67
4664	（3月）	5,237	77	81	−	−	−	0.56	−
30057	ニッパンレンタル	−	−	−	−	−	−	−	−
4669	（12月）	6,994	349	244	−	10	0.14	4.89	−9.09
30059	中央経済社ホールディングス	3,211	131	143	−	108	3.36	0.69	0.93
9476	（9月）	566	15	28	−	97	17.14	−52.20	−1.02
30122	か　ん　な　ん　丸	4,905	35	40	58	−	−	−9.49	−
7585	（6月）	4,873	27	36	111	24	0.49	−9.51	9.09
30147	クリップコーポレーション	3,305	198	204	−	121	3.66	−4.29	9.01
4705	（3月）	2,080	35	138	−	−	−	−7.39	−
30153	キ　タ　ッ　ク	−	−	−	−	−	−	−	−
4707	（10月）	2,472	207	213	−	4	0.16	1.73	−20.00
30174	城南進学研究社	7,024	304	352	−	418	5.95	1.41	−8.73
4720	（3月）	6,059	178	245	−	405	6.68	−3.20	−8.37
30210	ビ　ー　イ　ン　グ	5,077	319	326	−	61	1.20	2.86	24.49
4734	（3月）	3,751	318	355	−	−	−	7.60	−
30215	う　か　い	−	−	−	−	−	−	−	−
7621	（3月）	13,238	354	343	382	−	−	5.30	−
30223	エム・エイチ・グループ	1,862	−39	−67	−	−	−	6.89	−
9439	（6月）	675	−20	−19	11	25	3.70	−9.03	25.00
30255	ト　ス　ネ　ッ　ト	9,971	815	881	−	26	0.26	4.15	−10.34
4754	（9月）	1,245	−347	251	−	17	1.37	−6.32	−26.09
30266	ア　ル　フ　ァ	7,599	254	257	−	−	−	2.00	−
4760	（8月）	7,062	243	251	61	−	−	3.26	−
30270	ＳＡＭＵＲＡＩ＆Ｊ　ＰＡＲＴＮ	382	−182	−195	−	−	−	158.11	−
4764	（1月）	375	−124	−51	19	1	0.27	171.74	−
30271	モーニングスター	5,967	1,638	1,757	−	−	−	24.57	−
4765	（3月）	2,923	1,162	1,203	−	−	−	−1.55	−
30281	エフアンドエム	6,394	1,148	1,163	−	−	−	2.86	−
4771	（3月）	6,284	1,167	1,182	−	−	−	2.93	−
30284	デジタルアドベンチャー	−	−	−	−	−	−	−	−
4772	（12月）	7,769	301	308	−	−	−	71.43	−
30291	ガ　ー　ラ	815	−260	−270	−	133	16.32	12.57	−52.33
4777	（3月）	150	−129	72	−	−	−	−41.86	−
30299	ＧＭＯアドパートナーズ	31,961	542	558	374	−	−	4.81	−
4784	（12月）	862	166	171	−	2	0.23	20.39	−
30317	山田コンサルティンググループ	13,110	2,917	2,880	−	−	−	21.46	−
4792	（3月）	1,050	855	849	−	−	−	−7.08	−

サ　ー　ビ　ス

上段＝連結決算、下段＝単独決算

日経会社コード 証券コード	会　社　名 （決算月）	(A) 売上高 （単位:百万円）	(B) 営業利益 （単位:百万円）	(C) 経常利益 （単位:百万円）	(D) 販売促進費 （単位:百万円）	(E) 広告宣伝費 （単位:百万円）	比　率 $\frac{E}{A} \times 100$	対前年度伸び率 A (%)	対前年度伸び率 E (%)
30336	オ　リ　コ　ン	3,739	629	609	–	–	–	-1.11	–
4800	（3月）	799	175	155	–	–	–	-19.05	–
30351	ネクストウェア	2,592	39	32	–	–	–	-3.68	–
4814	（3月）	1,606	-54	37	–	–	–	-6.90	–
30392	ぱ　ど	7,198	234	236	–	–	–	2.87	–
4833	（3月）	6,368	163	168	–	–	–	3.31	–
30399	シ　ダ　ッ　ク　ス	142,890	1,169	-1,387	-19	–	–	-3.73	–
4837	（3月）	8,627	-2,658	-3,164	–	–	–	-9.44	–
30404	スペースシャワーネットワーク	15,086	589	636	–	193	1.28	1.94	-3.02
4838	（3月）	11,478	323	388	–	136	1.18	-1.15	-2.86
30407	ト　ラ　イ　ア　イ　ズ	1,777	-109	-53	–	–	–	12.61	–
4840	（12月）	1,007	614	678	–	9	0.89	148.64	350.00
30411	ユーラシア旅行社	5,209	63	151	–	108	2.07	4.43	-6.09
9376	（9月）	5,209	57	146	–	108	2.07	4.43	-6.09
30439	ジャストプランニング	2,390	394	393	–	9	0.38	-2.45	28.57
4287	（1月）	1,041	363	361	–	8	0.77	-1.98	60.00
30443	ア　ズ　ジ　ェ　ン　ト	–	–	–	–	–	–	–	–
4288	（3月）	3,513	-72	-76	–	12	0.34	-27.43	0.00
30449	ス　タ　ー　ツ　出　版	–	–	–	–	–	–	–	–
7849	（12月）	4,350	355	436	–	536	12.32	8.45	25.53
30460	大戸屋ホールディングス	26,265	634	662	–	–	–	2.54	–
2705	（3月）	1,678	355	375	–	–	–	3.90	–
30498	ビ　ー　マ　ッ　プ	1,267	25	25	–	–	–	27.34	–
4316	（3月）	1,266	24	24	–	–	–	27.62	–
30499	レ　イ	11,959	576	533	–	–	–	5.70	–
4317	（2月）	9,779	386	353	1	30	0.31	0.60	-3.23
30531	日本エス・エイチ・エル	–	–	–	–	–	–	–	–
4327	（9月）	2,575	1,105	1,104	–	–	–	6.40	–
30548	アイ・ピー・エス	–	–	–	–	–	–	–	–
4335	（6月）	1,635	112	116	–	27	1.65	-16.79	-25.00
30550	ユ　ー　ク　ス	3,351	57	-29	–	43	1.28	-8.02	-15.69
4334	（1月）	3,067	14	-71	–	44	1.43	-5.54	-4.35
30551	クリエアナブキ	6,638	142	146	–	–	–	-2.24	–
4336	（3月）	4,613	77	97	–	–	–	1.83	–
30572	ブロードメディア	10,800	88	81	–	–	–	3.72	–
4347	（3月）	1,221	-333	-303	–	–	–	5.81	–
30575	ロングライフホールディング	12,300	504	464	–	406	3.30	6.30	6.28
4355	（10月）	931	319	325	–	107	11.49	8.13	84.48
30583	き　ょ　く　と　う	–	–	–	–	–	–	–	–
2300	（2月）	6,636	199	289	280	128	1.93	-2.45	-11.72
30595	ＣＳＳホールディングス	16,895	262	291	–	–	–	-6.81	–
2304	（9月）	731	308	298	–	–	–	30.77	–
30602	エ　プ　コ	3,438	555	511	–	–	–	5.14	–
2311	（12月）	3,434	583	583	–	13	0.38	5.53	30.00
30608	カ　イ　カ	5,300	296	728	–	–	–	-0.69	–
2315	（10月）	4,661	234	392	–	–	–	-12.67	–
30620	ソフトフロントホールディングス	1,233	-851	-797	–	–	–	-29.02	–
2321	（3月）	208	-530	-518	–	–	–	-29.01	–
30625	ｆ　ｏ　ｎ　ｆ　ｕ　ｎ	559	-19	-19	3	38	6.80	-5.57	5.56
2323	（3月）	291	2	2	–	20	6.87	-19.17	5.26
30643	フ　ォ　ー　サ　イ　ド	3,090	92	115	–	98	3.17	230.48	-8.41
2330	（12月）	195	-9	-101	–	–	–	-29.09	–
30654	極楽湯ホールディングス	13,961	486	473	–	7	0.05	1.48	-50.00
2340	（3月）	750	205	220	–	2	0.27	-90.90	-84.62
30655	アルバイトタイムス	5,556	527	543	–	514	9.25	2.38	25.67
2341	（2月）	4,378	454	458	–	479	10.94	4.89	21.27
30661	平安レイサービス	10,016	1,863	1,968	–	357	3.56	-1.85	-4.29
2344	（3月）	8,888	1,646	1,866	44	310	3.49	-3.12	-6.91

サービス

上段＝連結決算、下段＝単独決算

日経会社コード 証券コード	会　社　名 （決算月）	(A) 売上高 (単位:百万円)	(B) 営業利益 (単位:百万円)	(C) 経常利益 (単位:百万円)	(D) 販売促進費 (単位:百万円)	(E) 広告宣伝費 (単位:百万円)	比　率 $\frac{E}{A} \times 100$	対前年度伸び率 A (%)	対前年度伸び率 E (%)
30662	フジオフードシステム	35,938	2,605	2,513	－	－	－	2.97	－
2752	（12月）	34,026	2,569	2,555	－	102	0.30	3.70	385.71
30704	夢真ホールディングス	30,510	2,361	2,423	－	－	－	31.11	－
2362	（9月）	22,607	2,877	3,196	－	－	－	29.93	－
30710	ジョルダン	4,288	458	481	－	189	4.41	-2.21	-3.57
3710	（9月）	3,477	428	457	－	154	4.43	1.91	-3.14
30718	創　通	19,565	3,025	2,968	－	－	－	-15.61	－
3711	（8月）	17,903	2,475	2,481	－	－	－	-16.31	－
30748	ジェクシード	－	－	－	－	－	－	－	－
3719	（12月）	593	-70	-71	－	－	－	-16.71	－
30769	ケア２１	25,225	879	660	－	228	0.90	11.77	0.44
2373	（10月）	22,904	724	486	－	－	－	14.13	－
30887	東和フードサービス	－	－	－	－	－	－	－	－
3329	（4月）	10,787	533	553	－	163	1.51	1.79	15.60
30893	アルテ　サロン　ホールディング	7,567	522	511	－	－	－	3.32	－
2406	（12月）	2,270	147	154	－	－	－	-2.11	－
30899	ＫＧ情報	3,500	177	196	－	86	2.46	-10.99	126.32
2408	（12月）	3,481	183	194	－	86	2.47	-11.11	126.32
30911	ゲンダイエージェンシー	13,244	743	716	－	－	－	-16.45	－
2411	（3月）	11,554	754	828	－	－	－	-18.57	－
30926	ヒューマンホールディングス	78,763	1,895	1,999	－	2,664	3.38	5.84	3.34
2415	（3月）	3,292	699	701	－	282	8.57	1.70	2.55
30946	エキサイト	6,303	-241	-253	－	－	－	-5.39	－
3754	（3月）	5,907	-129	-131	123	－	－	-3.87	－
30966	ケアサービス	8,611	235	232	－	－	－	2.09	－
2425	（3月）	8,601	309	303	－	－	－	2.03	－
30980	ケイブ	－	－	－	－	－	－	－	－
3760	（5月）	2,820	-220	-229	－	797	28.26	20.31	195.19
31008	システムズ・デザイン	8,295	216	239	－	－	－	6.58	－
3766	（3月）	5,864	75	117	－	－	－	2.97	－
31013	シダー	13,861	535	250	－	－	－	8.86	－
2435	（3月）	13,245	496	210	－	－	－	9.16	－
31015	共同ピーアール	4,379	264	258	－	－	－	6.83	－
2436	（12月）	3,883	192	186	－	－	－	7.98	－
31037	フジタコーポレーション	－	－	－	－	－	－	－	－
3370	（3月）	4,537	10	-22	－	147	3.24	-4.12	-3.92
31067	プラップジャパン	6,591	819	810	－	－	－	21.65	－
2449	（8月）	3,986	385	525	－	－	－	12.31	－
31080	ブロードバンドタワー	38,987	846	767	－	－	－	12.07	－
3776	（6月）	7,388	62	94	－	－	－	2.67	－
31092	ジオネクスト	1,297	57	17	8	－	－	118.72	－
3777	（12月）	231	37	9	－	－	－	-3.75	－
31095	オールアバウト	13,941	668	659	584	－	－	34.41	－
2454	（3月）	2,971	348	351	139	－	－	10.73	－
31113	ジェイ・エスコムホールディング	1,511	73	72	－	－	－	228.48	－
3779	（3月）	104	25	25	－	－	－	14.29	－
31118	夢テクノロジー	－	－	－	－	－	－	－	－
2458	（9月）	7,385	174	169	－	－	－	27.22	－
31132	フォーバル・リアルストレート	1,281	56	56	－	－	－	11.78	－
9423	（3月）	683	51	56	26	－	－	20.25	－
31168	ＩＧポート	7,589	520	541	－	258	3.40	-5.26	4.03
3791	（5月）	99	-1	3	－	－	－	-1.00	－
31188	エスプール	11,696	674	687	－	－	－	26.63	－
2471	（11月）	1,061	-65	161	－	－	－	21.95	－
31194	ＵＬＳグループ	5,085	888	889	－	－	－	8.72	－
3798	（3月）	971	499	502	－	－	－	8.86	－
31214	ジェイテック	3,054	77	76	－	－	－	-8.29	－
2479	（3月）	1,955	18	51	－	－	－	-9.32	－

—221—

サ　ー　ビ　ス

上段＝連結決算、下段＝単独決算

日経会社コード／証券コード	会　社　名（決算月）	(A) 売上高（単位:百万円）	(B) 営業利益（単位:百万円）	(C) 経常利益（単位:百万円）	(D) 販売促進費（単位:百万円）	(E) 広告宣伝費（単位:百万円）	比率 $\frac{E}{A}\times100$	対前年度伸び率 A（%）	対前年度伸び率 E（%）
31226 3803	イメージ情報開発 （3月）	815 489	4 -15	5 -4	– –	– –	– –	1.37 -33.38	– –
31227 2481	タウンニュース社 （6月）	– 3,125	– 181	– 250	– –	– –	– –	– -3.58	– –
31232 3804	システム　ディ （10月）	3,807 3,734	350 346	346 341	– –	– 34	– 0.91	22.49 27.48	– -2.86
31236 2484	夢の街創造委員会 （8月）	4,943 2,975	800 673	797 776	– –	537 447	10.86 15.03	18.99 25.00	15.98 24.17
31254 3042	セキュアヴェイル （3月）	830 830	11 22	4 19	– –	– –	– –	– 4.80	– –
31281 2493	イーサポートリンク （11月）	4,595 4,392	186 212	197 224	– –	– 21	– 0.48	3.10 2.69	– 16.67
31295 2498	ＡＣＫグループ （9月）	47,074 515	1,434 133	1,385 119	– –	– –	– –	9.78 5.10	– –
31303 3814	アルファクス・フード・システム （9月）	– 2,087	– 136	– 125	– 30	– –	– –	– -7.45	– –
31317 3816	大和コンピューター （7月）	2,268 2,146	300 273	315 293	– –	– 16	– 0.75	1.43 1.08	– 33.33
31364 2134	燦キャピタルマネージメント （3月）	652 244	189 47	187 44	– –	– –	– –	125.61 229.73	– –
31375 2136	ヒ　ッ　プ （3月）	– 5,119	– 411	– 409	– –	– –	– –	– 4.75	– –
31380 3068	Ｗ　Ｄ　Ｉ （3月）	28,737 518	1,339 150	1,234 149	– –	– –	– –	5.81 -17.52	– –
31385 3069	アスラポート・ダイニング （3月）	42,996 4,478	1,080 302	887 61	– –	– –	– –	18.63 -30.97	– –
31390 2138	ク　ル　ー　ズ （3月）	25,486 21,657	725 760	702 723	1,127 1,127	2,902 2,349	11.39 10.85	-10.58 -17.54	-17.23 -23.44
31409 3075	銚　子　丸 （5月）	– 19,540	– 923	– 958	– –	– –	– –	– -0.96	– –
31413 3841	ジ　ー　ダ　ッ　ト （3月）	– 1,864	– 118	– 127	– 5	– –	– –	– 10.04	– –
31414 3842	ネクストジェン （3月）	2,868 2,845	131 106	128 118	400 398	– –	– –	– 14.07	– –
31416 2144	やまねメディカル （3月）	6,245 5,914	-199 -243	-272 -300	– –	– 1	– 0.02	7.65 5.33	– -50.00
31423 3845	アイフリークモバイル （3月）	– 904	– -28	– -31	– –	– 79	– 8.74	– 27.86	– -12.22
31430 2146	Ｕ　Ｔ　グ　ル　ー　プ （3月）	81,751 5,773	5,197 1,933	5,222 1,911	– –	– –	– –	41.96 50.34	– –
31433 3077	ホリイフードサービス （3月）	– 6,815	– 188	– 93	– –	– –	– –	– -6.54	– –
31434 3848	データ・アプリケーション （3月）	2,224 2,224	622 612	627 617	– –	– 38	– 1.71	-8.33 -3.43	– -15.56
31439 2152	幼児活動研究会 （3月）	– 6,592	– 1,093	– 1,121	– –	– 89	– 1.35	– 2.03	– 3.49
31445 3851	日本一ソフトウェア （3月）	4,737 1,752	658 269	720 302	– –	327 90	6.90 5.14	38.96 16.72	56.46 30.43
31475 3857	ラ　ッ　ク （3月）	38,432 35,338	2,224 1,986	2,349 2,303	– –	– –	– –	3.57 4.98	– –
31489 2162	ｎｍｓ　ホールディングス （3月）	54,172 605	1,292 121	1,506 113	– –	– –	– –	-0.75 -95.43	– –
31494 3858	ユビキタスＡＩコーポレーション （3月）	2,349 745	4 29	42 31	– –	14 6	0.60 0.81	108.99 3.47	-22.22 -62.50
31521 2173	博　展 （3月）	11,777 10,960	455 552	452 496	– –	– –	– –	27.07 27.43	– –
31541 3625	テックファームホールディングス （6月）	4,668 542	165 98	161 99	– –	– –	– –	0.30 -10.26	– –

サ　ー　ビ　ス

上段＝連結決算、下段＝単独決算

日経会社コード 証券コード	会　社　名 （決算月）	(A) 売上高 (単位:百万円)	(B) 営業利益 (単位:百万円)	(C) 経常利益 (単位:百万円)	(D) 販売促進費 (単位:百万円)	(E) 広告宣伝費 (単位:百万円)	比　率 $\frac{E}{A}\times100$	対前年度伸び率	
								A (%)	E (%)
31551	イ　ナ　リ　サ　ー　チ	2,425	196	156	－	－	－	5.66	－
2176	（3月）	2,425	201	166	－	－	－	5.66	
31561	成　学　社	11,243	20	317	－	564	5.02	3.26	11.90
2179	（3月）	10,876	19	332	－	659	6.06	4.60	4.94
31563	サニーサイドアップ	13,891	387	494	－	－	－	3.72	
2180	（6月）	4,824	213	249	－	－	－	6.75	
31585	ソ　ー　バ　ル	8,223	586	588	－	－	－	3.90	
2186	（2月）	6,944	515	522	－	－	－	2.40	
31589	Ｇ　Ｍ　Ｏ　ペ　パ　ボ	－	－	－	－	－	－	－	
3633	（12月）	7,365	143	172	－	1,447	19.65	8.13	4.18
31603	テ　ラ	957	-245	-261	－	74	7.73	-46.86	-52.87
2191	（12月）	518	-550	-544	－	74	14.29	-35.81	-50.99
31622	アミタホールディングス	4,803	80	114	－	－	－	1.56	
2195	（12月）	561	42	-68	－	－	－	-7.73	
31635	パ　ピ　レ　ス	16,202	1,278	1,252	－	5,215	32.19	14.57	21.73
3641	（3月）	15,975	1,439	1,412	650	4,961	31.05	13.22	18.12
31731	こ　こ　ろ　ネ　ッ　ト	10,933	796	839	34	217	1.98	-6.32	2.36
6060	（3月）	1,497	726	784	－	－	－	8.09	－
31738	日本エマージェンシーアシスタン	2,567	62	38	－	－	－	2.31	
6063	（12月）	2,530	19	-5	－	－	－	1.81	
31839	シ　ス　テ　ム　情　報	8,147	772	780	－	－	－	24.27	
3677	（9月）	7,030	717	725	－	－	－	17.87	
31897	ニュートン・フィナンシャル・コ	27,504	5,060	5,053	－	－	－	-1.96	
7169	（3月）★	11,209	1,973	2,177	－	－	－	-9.45	
31987	エムケイシステム	1,887	314	317	－	－	－	17.94	
3910	（3月）	1,309	315	317	－	－	－	9.45	
31989	エスエルディー	－	－	－	－	－	－	－	
3223	（3月）	5,076	-114	-118	－	－	－	-7.79	
32116	チ　エ　ル	2,005	201	253	－	－	－	2.98	
3933	（3月）	1,548	128	147	－	－	－	-11.95	
32181	キャピタル・アセット・プランニ	－	－	－	－	－	－	－	
3965	（9月）	6,011	340	327	－	－	－	41.70	
32201	セグエグループ	7,792	382	437	－	－	－	13.24	
3968	（12月）	451	138	142	－	－	－	37.92	
32208	ＦＣホールディングス	6,857	715	714	－	－	－	－	
6542	（6月）	1,594	1,202	1,202	－	－	－	－	
32214	日　宣	4,711	342	380	－	－	－	0.45	
6543	（2月）	4,486	316	359	－	－	－	0.36	
32251	ＳＹＳホールディングス	3,899	217	215	－	－	－	3.83	
3988	（7月）	265	21	37	－	－	－	-26.39	
32298	トレードワークス	－	－	－	－	－	－	－	
3997	（12月）	1,385	219	196	－	－	－	21.17	
32314	Ａ　Ｂ　ホ　テ　ル	－	－	－	－	－	－	－	
6565	（3月）	4,420	1,192	1,145	120	－	－	25.93	
32343	エ　ヌ　リ　ン　ク　ス	－	－	－	－	－	－	－	
6578	（2月）	3,958	315	316	－	－	－	29.60	
32349	Ｓ　Ｉ　Ｇ	－	－	－	－	－	－	－	
4386	（3月）	3,804	306	300	－	－	－	7.25	
35525	ユ　ニ　リ　タ	7,056	1,347	1,454	－	－	－	1.66	
3800	（3月）	5,502	1,154	1,282	－	－	－	-3.86	
36131	ソフトウェア・サービス	－	－	－	－	－	－	－	
3733	（10月）	14,617	2,605	2,654	－	－	－	-17.53	
37030	ア　エ　リ　ア	15,871	2,691	2,760	－	937	5.90	168.73	277.82
3758	（12月）	137	-226	-272	－	－	－	-41.20	
37946	地　域　新　聞　社	3,955	-152	-152	1,164	－	－	3.91	
2164	（8月）	3,234	-49	-122	943	－	－	4.52	
38469	ユニバーサル園芸社	7,118	829	931	－	－	－	21.76	
6061	（6月）	4,352	753	897	7	9	0.21	5.91	-40.00

—223—

サ　ー　ビ　ス

上段＝連結決算、下段＝単独決算

日経会社コード / 証券コード	会　社　名 （決算月）	(A) 売上高 (単位:百万円)	(B) 営業利益 (単位:百万円)	(C) 経常利益 (単位:百万円)	(D) 販売促進費 (単位:百万円)	(E) 広告宣伝費 (単位:百万円)	比　率 $\frac{E}{A} \times 100$	対前年度伸び率 A (％)	対前年度伸び率 E (％)
38779 2480	システム・ロケーション （3月）	867 864	290 311	305 319	－ －	－ －	－ －	-10.06 -10.09	－ －
38969 4673	川　崎　地　質 （11月）	－ 6,842	－ 152	－ 225	－ －	－ －	－ －	－ 1.56	－ －
40238 9685	ＫＹＣＯＭホールディングス （3月）	4,834 157	120 -18	146 -20	－ －	－ －	－ －	0.42 5.37	－ －
44097 9641	サ　コ　ス （9月）	15,557 14,756	1,422 1,356	1,442 1,382	－ －	－ 22	－ 0.15	5.69 5.35	－ 57.14
51513 6549	ディーエムソリューションズ （3月）	－ 10,438	－ 171	－ 167	－ －	－ 220	－ 2.11	－ 14.34	－ -29.03
54227 3974	ティビィシィ・スキヤツト （10月）	2,572 1,851	151 86	145 78	－ －	－ －	－ －	-10.26 -14.11	－ －
61586 9679	ホ　ウ　ラ　イ （9月）	－ 5,319	－ 271	－ 479	－ －	－ －	－ －	－ 0.42	－ －
68520 9691	両毛システムズ （3月）	13,933 12,997	653 565	690 633	－ －	－ －	－ －	3.55 4.28	－ －
91056 4816	東映アニメーション （3月）	45,992 43,151	11,272 7,586	11,561 8,892	－ －	－ －	－ －	12.87 13.97	－ －
91058 4645	市進ホールディングス （2月）	15,672 2,209	347 90	271 26	－ －	618 54	3.94 2.44	-1.78 -1.47	0.98 8.00
91106 3670	協　立　情　報　通　信 （2月）	6,189 6,115	273 258	282 269	－ 92	－ 43	－ 0.70	6.69 5.41	－ 79.17

サービス（非上場）

日経会社コード / 証券コード	会　社　名 （決算月）	(A) 売上高	(B) 営業利益	(C) 経常利益	(D) 販売促進費	(E) 広告宣伝費	比率 $\frac{E}{A} \times 100$	A (％)	E (％)
2645 9999	宇都宮ゴルフクラブ （12月）	－ 348	－ -7	－ -4	－ 9	－ －	－ －	－ -1.42	－ －
3653 9999	藤ケ谷カントリー倶楽部 （7月）	－ 739	－ 44	－ 43	－ －	－ －	－ －	－ 1.37	－ －
3990 9999	名古屋スポーツセンター （12月）	－ 219	－ 37	－ 37	－ －	－ 1	－ 0.46	－ 4.29	－ 0.00
3993 9999	広島ゴルフ観光 （12月）	－ 403	－ -13	－ -13	－ －	－ －	－ －	－ -6.28	－ －
4240 9999	東松山カントリークラブ （3月）	－ 801	－ -86	－ 34	－ －	－ －	－ －	－ 1.01	－ －
6401 9999	東　京　博　善 （3月）	－ 8,658	－ 2,523	－ 2,606	－ 440	－ －	－ －	－ 5.32	－ －
6545 9999	小　樽　ゴ　ル　フ　場 （12月）	－ 712	－ 96	－ 96	－ －	－ －	－ －	－ 3.64	－ －
10111 9999	旭川国際ゴルフ場 （12月）	－ 166	－ -43	－ -30	－ 6	－ －	－ －	－ -1.19	－ －
10119 9999	朝　日　観　光 （3月）	－ 1,886	－ 65	－ 98	－ －	－ －	－ －	－ -0.32	－ －
10191 9999	麻　生 （3月）	156,027 39,738	11,005 297	12,547 2,934	98 －	－ －	－ －	3.75 5.78	－ －
10267 9999	伊香保カントリー倶楽部 （12月）	－ 193	－ -106	－ -106	－ －	－ －	－ －	－ -19.92	－ －
10337 9999	出水ゴルフクラブ （3月）	－ 260	－ 3	－ 5	－ －	－ －	－ －	－ 4.84	－ －
10628 9999	遠　州　開　発 （3月）	－ 532	－ 3	－ 9	－ －	－ －	－ －	－ -0.37	－ －
10736 9999	東京湾横断道路 （3月）	－ 5,064	－ 247	－ 249	－ －	－ －	－ －	－ 4.65	－ －
10793 9999	大利根カントリー倶楽部 （3月）	－ 1,164	－ 23	－ 26	－ －	－ －	－ －	－ 0.95	－ －
11555 9999	熊本ホテルキャッスル （3月）	－ 3,582	－ 121	－ 105	－ 79	－ －	－ －	－ 25.24	－ －
11600 9999	呉　羽　観　光 （9月）	－ 754	－ 8	－ 11	－ 17	－ 10	－ 1.33	－ 0.53	－ 0.00

サ ー ビ ス

上段＝連結決算、下段＝単独決算

日経会社コード 証券コード	会　社　名 （決算月）	(A) 売上高 (単位:百万円)	(B) 営業利益 (単位:百万円)	(C) 経常利益 (単位:百万円)	(D) 販売促進費 (単位:百万円)	(E) 広告宣伝費 (単位:百万円)	比　率 $\frac{E}{A}×100$	対前年度伸び率 A (%)	E (%)
11863 小倉カンツリー倶楽部		－	－	－	－	－	－	－	－
9999	（3月）	449	14	16	－	－	－	3.46	－
12016 相模原ゴルフクラブ		－	－	－	－	－	－	－	－
9999	（12月）	1,227	-262	60	－	－	－	0.08	－
12740 ＡＯＩ　Ｐｒｏ．		－	－	－	－	－	－	－	－
9999	（12月）	25,513	1,064	1,076	－	47	0.18	19.41	-54.81
12829 仙台カントリークラブ		－	－	－	－	－	－	－	－
9999	（3月）	501	9	10	－	－	－	1.21	－
13000 ホテルオークラ		76,400	3,717	3,939	－	－	－	0.06	－
9999	（3月）	3,830	1,764	1,695	－	－	－	0.10	－
13408 千葉カントリー倶楽部		－	－	－	－	－	－	－	－
9999	（3月）	2,125	-299	12	－	－	－	-0.89	－
13999 東洋経済新報社		－	－	－	－	－	－	－	－
9999	（9月）	11,494	1,117	1,120	744	323	2.81	8.75	7.67
14405 奈　良　ゴ　ル　フ　場		－	－	－	－	－	－	－	－
9999	（12月）	860	41	46	－	－	－	6.17	－
14411 鳴　門　ゴ　ル　フ		－	－	－	－	－	－	－	－
9999	（8月）	355	8	16	－	2	0.56	2.60	0.00
14526 ＪＭＡホールディングス		19,809	328	732	－	－	－	-2.58	－
9999	（3月）	651	-745	-728	－	－	－	-7.00	－
14638 ＮＴＴファイナンス		404,476	18,781	18,599	－	－	－	3.21	－
9999	（3月）	399,044	17,837	17,711	－	－	－	2.82	－
15205 農　協　観　光		10,874	187	253	－	－	－	-2.81	－
9999	（3月）	10,606	187	254	－	3	0.03	-2.56	-62.50
15241 浜名湖観光開発		－	－	－	－	－	－	－	－
9999	（12月）	618	-39	6	13	1	0.16	3.34	－
15371 備　南　観　光　開　発		－	－	－	－	－	－	－	－
9999	（9月）	357	2	10	－	－	－	7.85	－
15448 福井県観光開発		－	－	－	－	－	－	－	－
9999	（3月）	536	－	10	－	－	－	-1.83	－
15946 松山観光ゴルフ		－	－	－	－	－	－	－	－
9999	（12月）	274	4	21	2	2	0.73	-2.49	0.00
16044 丸　ノ　内　ホ　テ　ル		－	－	－	－	－	－	－	－
9999	（3月）	2,151	164	101	－	21	0.98	9.58	250.00
16118 芦の湖カントリークラブ		－	－	－	－	－	－	－	－
9999	（2月）	315	-22	-11	－	－	－	-6.80	－
16215 福山コンサルタント		－	－	－	－	－	－	－	－
9999	（6月）	6,103	569	584	－	－	－	6.12	－
16224 水戸カンツリー倶楽部		－	－	－	－	－	－	－	－
9999	（3月）	622	-90	-4	－	－	－	-3.57	－
16270 宮　崎　ゴ　ル　フ		－	－	－	－	－	－	－	－
9999	（12月）	545	18	24	－	3	0.55	6.86	0.00
16291 武蔵カントリー倶楽部		－	－	－	－	－	－	－	－
9999	（12月）	1,421	-81	186	－	－	－	1.86	－
16329 明　治　座		12,349	339	88	－	－	－	-8.90	－
9999	（8月）	6,435	100	-149	－	－	－	-5.24	－
16855 岩　手　日　報　社		12,332	57	77	2,194	－	－	-2.03	－
9999	（3月）	9,166	-12	10	2,545	27	0.29	-1.42	-15.62
16862 神　戸　新　聞　社		45,888	2,880	2,765	1,190	－	－	-2.45	－
9999	（11月）	25,105	1,003	1,247	1,185	－	－	-1.76	－
16880 西　日　本　新　聞　社		53,526	1,604	1,937	1,969	－	－	-2.14	－
9999	（3月）	22,533	93	497	2,051	－	－	-8.90	－
16896 秋田椿台ゴルフクラブ		－	－	－	－	－	－	－	－
9999	（12月）	329	-11	-4	1	2	0.61	-7.32	-33.33
16910 犬山カンツリー倶楽部		－	－	－	－	－	－	－	－
9999	（12月）	548	9	10	－	－	－	3.59	－
16914 魚　津　観　光　開　発		－	－	－	－	－	－	－	－
9999	（12月）	307	-6	-12	－	－	－	-2.23	－

サービス

上段＝連結決算、下段＝単独決算

日経会社コード／証券コード	会社名（決算月）	(A) 売上高（単位:百万円）	(B) 営業利益（単位:百万円）	(C) 経常利益（単位:百万円）	(D) 販売促進費（単位:百万円）	(E) 広告宣伝費（単位:百万円）	比率 $\frac{E}{A} \times 100$	対前年度伸び率 A (%)	対前年度伸び率 E (%)
16917	エムケー	-	-	-	-	-	-	-	-
9999	（12月）	389	-6	2	-	-	-	8.06	-
16924	小山カントリー倶楽部	-	-	-	-	-	-	-	-
9999	（12月）	365	4	8	-	-	-	4.58	-
16937	大室温泉	-	-	-	-	-	-	-	-
9999	（3月）	302	16	16	-	-	-	-0.98	-
16940	表蔵王国際ゴルフクラブ	-	-	-	-	-	-	-	-
9999	（12月）	439	27	28	-	-	-	-1.35	-
16945	笠間ゴルフクラブ	-	-	-	-	-	-	-	-
9999	（9月）	685	56	57	-	18	2.63	-2.70	-28.00
16958	菊陽緑化興産	-	-	-	-	-	-	-	-
9999	（8月）	431	29	57	2	1	0.23	23.14	0.00
16967	桑名カントリー倶楽部六石コース	-	-	-	-	-	-	-	-
9999	（3月）	515	41	41	-	-	-	0.00	-
16986	宍戸国際ゴルフ倶楽部	-	-	-	-	-	-	-	-
9999	（12月）	2,154	2	31	-	80	3.71	1.08	17.65
17005	瀬戸内開発	-	-	-	-	-	-	-	-
9999	（6月）	263	18	18	-	-	-	4.78	-
17041	筑波ゴルフコース	-	-	-	-	-	-	-	-
9999	（3月）	733	-46	61	-	-	-	0.96	-
17049	富山ゴルフ	-	-	-	-	-	-	-	-
9999	（1月）	355	-31	-19	-	-	-	-8.97	-
17070	内海観光開発	-	-	-	-	-	-	-	-
9999	（9月）	208	-13	-7	-	-	-	-3.70	-
17071	中山カントリークラブ	-	-	-	-	-	-	-	-
9999	（4月）	771	68	127	-	-	-	4.05	-
17076	南国産業開発	-	-	-	-	-	-	-	-
9999	（3月）	280	7	3	-	-	-	7.69	-
17091	日本観光ゴルフ	-	-	-	-	-	-	-	-
9999	（3月）	611	-120	40	-	-	-	3.04	-
17105	パレスホテル	31,230	5,278	1,900	-	-	-	2.72	-
9999	（12月）	25,434	5,209	1,821	-	-	-	3.39	-
17111	花屋敷ゴルフ倶楽部	-	-	-	-	-	-	-	-
9999	（9月）	993	12	14	-	-	-	1.22	-
17114	飯能ゴルフ倶楽部	-	-	-	-	-	-	-	-
9999	（3月）	674	-135	23	-	-	-	5.15	-
17117	日高カントリー倶楽部	-	-	-	-	-	-	-	-
9999	（12月）	832	-158	2	-	-	-	1.09	-
17122	備後観光開発	-	-	-	-	-	-	-	-
9999	（1月）	254	16	18	13	-	-	-9.29	-
17129	明智ゴルフ倶楽部	-	-	-	-	-	-	-	-
9999	（9月）	3,134	166	218	-	83	2.65	-1.69	-7.78
17130	可児ゴルフ倶楽部	-	-	-	-	-	-	-	-
9999	（1月）	2,072	82	159	-	38	1.83	0.53	8.57
17134	府中カントリークラブ	-	-	-	-	-	-	-	-
9999	（12月）	797	-167	41	-	-	-	3.10	-
17139	福山観光開発	-	-	-	-	-	-	-	-
9999	（3月）	320	-10	12	22	1	0.31	-0.31	0.00
17143	ホテルニューアカオ	-	-	-	-	-	-	-	-
9999	（12月）	4,764	522	263	-	38	0.80	8.94	-13.64
17145	北陸観光開発	1,398	64	72	-	-	-	-5.41	-
9999	（9月）	1,253	56	64	-	-	-	-5.29	-
17151	房総カントリークラブ	-	-	-	-	-	-	-	-
9999	（2月）	1,618	1	26	-	75	4.64	-1.94	-5.06
17167	三原京覧開発	-	-	-	-	-	-	-	-
9999	（1月）	265	21	4	-	-	-	-9.25	-
17168	美々津観光開発	-	-	-	-	-	-	-	-
9999	（3月）	370	25	26	43	-	-	4.23	-

サ　ー　ビ　ス

上段＝連結決算、下段＝単独決算

日経会社コード / 証券コード	会社名（決算月）	(A) 売上高 (単位:百万円)	(B) 営業利益 (単位:百万円)	(C) 経常利益 (単位:百万円)	(D) 販売促進費 (単位:百万円)	(E) 広告宣伝費 (単位:百万円)	比率 $\frac{E}{A}\times100$	対前年度伸び率 A (%)	E (%)
17169	御調観光開発	–	–	–	–	–	–	–	–
9999	（8月）	246	6	13	–	–	–	-6.82	–
17183	横浜スタジアム	4,723	414	561	–	–	–	9.35	–
9999	（1月）	4,717	412	559	–	–	–	9.70	–
17188	道後観光ゴルフ	–	–	–	–	–	–	–	–
9999	（9月）	362	2	6	–	–	–	2.55	–
18051	山陽開発	–	–	–	–	–	–	–	–
9999	（12月）	423	-75	17	–	–	–	-1.63	–
18053	四日市カンツリー倶楽部	–	–	–	–	–	–	–	–
9999	（12月）	454	-1	1	–	–	–	-0.66	–
18163	中部国際空港	58,967	8,913	8,025	1,305	–	–	7.57	–
9999	（3月）	58,410	8,766	8,061	1,281	–	–	7.87	–
18188	岡崎クラシック	–	–	–	–	–	–	–	–
9999	（3月）	594	2	51	–	–	–	5.69	–
18253	高滝リンクス倶楽部	–	–	–	–	–	–	–	–
9999	（8月）	357	-6	2	5	–	–	-3.77	–
18322	オークモントゴルフクラブ	–	–	–	–	–	–	–	–
9999	（3月）	622	25	–	–	–	–	14.76	–
18360	福岡サンレイクゴルフ倶楽部	–	–	–	–	–	–	–	–
9999	（3月）	341	-32	-22	–	4	1.17	6.23	0.00
18409	紫雲ゴルフ倶楽部	–	–	–	–	–	–	–	–
9999	（12月）	683	36	45	–	–	–	-0.29	–
18445	セントクリークゴルフクラブ	–	–	–	–	–	–	–	–
9999	（3月）	813	14	66	–	–	–	2.14	–
18447	多治見クラシック	–	–	–	–	–	–	–	–
9999	（3月）	488	16	25	–	–	–	5.17	–
18489	小金井ゴルフ	–	–	–	–	–	–	–	–
9999	（12月）	682	-289	55	–	–	–	-2.15	–
18500	涼仙	–	–	–	–	–	–	–	–
9999	（4月）	235	137	170	–	–	–	-25.40	–
18529	ジャパンメディアシステム	–	–	–	–	–	–	–	–
9999	（7月）	1,217	129	127	–	–	–	19.20	–
18531	小原カントリークラブ	–	–	–	–	–	–	–	–
9999	（9月）	256	-38	-26	–	8	3.12	-13.51	-11.11
18532	大松産業	–	–	–	–	–	–	–	–
9999	（11月）	691	65	49	–	–	–	-6.37	–
18533	山田クラブ２１	3,214	20	-24	–	–	–	-1.38	–
9999	（12月）	3,205	34	-41	–	–	–	-0.80	–
18546	サイプレスクラブ	–	–	–	–	–	–	–	–
9999	（12月）	474	-36	-35	–	3	0.63	0.42	0.00
18752	日本経済新聞社	358,224	10,522	13,050	15,013	–	–	-0.21	–
9999	（12月）	187,219	9,386	10,619	18,768	6,517	3.48	-0.83	-4.40
19585	日本能率協会マネジメントセンタ	14,597	570	614	–	–	–	-7.67	–
9999	（6月）	12,527	403	514	–	–	–	-5.54	–
20330	朝日新聞社	389,489	7,874	15,922	–	–	–	-2.87	–
9999	（3月）	255,272	3,553	6,952	45,973	–	–	-2.71	–
23849	土佐観光施設	–	–	–	–	–	–	–	–
9999	（12月）	297	27	27	–	5	1.68	2.06	0.00
24385	コープビル	–	–	–	–	–	–	–	–
9999	（2月）	2,035	16	37	–	27	1.33	5.99	3.85
26071	東横イン	–	–	–	–	–	–	–	–
9999	（3月）	84,859	15,448	15,668	–	–	–	3.52	–
29976	京ヶ野ゴルフ倶楽部	–	–	–	–	–	–	–	–
9999	（3月）	400	-1	2	–	–	–	4.71	–
30426	デジタル・アドバタイジング・コ	–	–	–	–	–	–	–	–
9999	（3月）	131,349	4,148	4,520	–	–	–	23.98	–
30493	ＤＡホールディングス	1,724	-224	-398	–	–	–	-77.61	–
9999	（12月）	99	1	39	–	–	–	-70.45	–

サ ー ビ ス

上段＝連結決算、下段＝単独決算

日経会社コード／証券コード	会　社　名（決算月）	(A)売上高(単位:百万円)	(B)営業利益(単位:百万円)	(C)経常利益(単位:百万円)	(D)販売促進費(単位:百万円)	(E)広告宣伝費(単位:百万円)	比率 $\frac{E}{A}\times100$	対前年度伸び率 A (%)	対前年度伸び率 E (%)
30535	セラーテムテクノロジー	4,905	299	327	–	–	–	-26.17	–
9999	（6月）	100	-19	-11	1	–	–	-2.91	–
30581	ティー・ワイ・オー	–	–	–	–	–	–	–	–
9999	（12月）	23,630	1,858	1,730	–	145	0.61	3.88	–
30948	ゴ　ン　ゾ	817	-47	-145	–	–	–	-18.71	–
9999	（12月）	813	-34	-137	–	–	–	-19.35	–
31285	ア　キ　ナ　ジ　ス　タ	–	–	–	–	–	–	–	–
9999	（3月）	2,217	29	27	–	–	–	4.18	–
31348	ア　イ　レ　ッ　プ	–	–	–	–	–	–	–	–
9999	（3月）	59,042	1,706	1,738	–	–	–	-32.82	–
31382	Ｔ＆Ｃメディカルサイエンス	377	-424	-555	–	–	–	2.72	–
9999	（11月）	107	-393	-512	–	–	–	-23.57	–
31784	モバイルクリエイト	8,108	359	412	–	–	–	21.83	–
3669	（12月）	3,838	303	326	–	–	–	-5.84	–
32369	バンク・オブ・イノベーション	–	–	–	–	–	–	–	–
9999	（9月）	4,001	171	159	–	1,072	26.79	74.03	98.89
32372	エクスモーション	–	–	–	–	–	–	–	–
9999	（11月）	694	125	125	–	–	–	11.58	–
32375	プロレド・パートナーズ	–	–	–	–	–	–	–	–
9999	（10月）	1,013	274	279	–	–	–	96.70	–
32377	ア　ク　リ　ー　ト	–	–	–	–	–	–	–	–
9999	（12月）	949	171	171	–	–	–	170.37	–
32381	システムサポート	8,865	277	254	–	–	–	9.28	–
9999	（6月）	6,509	217	181	–	–	–	10.47	–
32383	チームスピリット	–	–	–	–	–	–	–	–
9999	（8月）	772	-102	-96	–	57	7.38	42.96	7.55
36489	尾道ゴルフ観光	–	–	–	–	–	–	–	–
9999	（4月）	202	17	7	–	1	0.50	-12.17	0.00
37769	グレイスヒルズカントリー倶楽部	–	–	–	–	–	–	–	–
9999	（3月）	106	14	18	–	–	–	2.91	–
37772	イーグルポイントゴルフクラブ	–	–	–	–	–	–	–	–
9999	（3月）	841	116	119	–	–	–	12.89	–
38490	明世カントリークラブ	–	–	–	–	–	–	–	–
9999	（9月）	388	9	10	–	–	–	-3.00	–
38853	有　馬　冨　士　開　発	–	–	–	–	–	–	–	–
9999	（3月）	415	29	24	–	–	–	4.53	–
38855	ゴールドウイン開発	–	–	–	–	–	–	–	–
9999	（3月）	304	6	3	5	–	–	-1.94	–
38877	ニュー・オータニ	70,219	6,234	11,885	–	–	–	3.44	–
9999	（3月）	49,754	4,563	5,123	–	–	–	2.35	–
38884	リオフジワラカントリー	–	–	–	–	–	–	–	–
9999	（6月）	504	-69	27	–	7	1.39	-14.58	-12.50
39698	メイプルポイントゴルフクラブ	–	–	–	–	–	–	–	–
9999	（3月）	678	-11	-15	–	–	–	2.42	–
39730	小　野　観　光　開　発	–	–	–	–	–	–	–	–
9999	（3月）	582	15	23	–	–	–	-2.18	–
40386	秋　津　原	–	–	–	–	–	–	–	–
9999	（9月）	323	-41	-41	–	–	–	-7.71	–
40604	アカウンティング・サース・ジャ	–	–	–	–	–	–	–	–
9999	（1月）	372	-194	-201	9	–	–	13.07	–
40631	新　南　愛　知	–	–	–	–	–	–	–	–
9999	（3月）	726	13	8	–	–	–	-5.96	–
40681	関西ゴルフ倶楽部	–	–	–	–	–	–	–	–
9999	（3月）	666	25	39	–	–	–	-2.06	–
40780	金　太　郎　温　泉	–	–	–	–	–	–	–	–
9999	（5月）	1,558	52	50	–	21	1.35	-0.76	5.00
40790	新関西国際空港	62,588	22,322	13,764	–	–	–	0.80	–
9999	（3月）	62,588	777	-3,051	–	–	–	0.81	–

サ　ー　ビ　ス

上段＝連結決算、下段＝単独決算

日経会社コード 証券コード	会　社　名 （決算月）	(A) 売上高 (単位:百万円)	(B) 営業利益 (単位:百万円)	(C) 経常利益 (単位:百万円)	(D) 販売促進費 (単位:百万円)	(E) 広告宣伝費 (単位:百万円)	比　率 ($\frac{E}{A}\times100$)	対前年度伸び率	
								A (%)	E (%)
40818	安芸ゴルフ倶楽部	-	-	-	-	-	-	-	-
9999	（2月）	432	77	66	-	-	-	1.17	-
40822	ダイナムジャパンホールディング	152,092	17,349	16,804	-	-	-	-3.05	-
9999	（3月）★	10,038	8,620	8,572	-	-	-	-16.65	-
40826	ＳＢＩ　ＦｉｎＴｅｃｈ　Ｓｏｌ	13,016	1,143	1,076	-	-	-	61.17	-
9999	（3月）★	2,369	432	333	-	-	-	17.39	-
40884	桑名カントリー倶楽部	-	-	-	-	-	-	-	-
9999	（3月）	132	23	23	-	-	-	0.00	-
41222	輸出入・港湾関連情報処理センタ	-	-	-	-	-	-	-	-
9999	（3月）	8,844	767	668	-	-	-	-6.09	-
41240	東京クラシック	-	-	-	-	-	-	-	-
9999	（4月）	1,477	142	27	28	16	1.08	-	6.67
41647	エルアンドイーホールディングス	4,409	828	830	-	464	10.52	7.83	21.47
9999	（3月）	636	321	358	-	-	-	685.19	-
50114	桃　太　郎　源	-	-	-	-	-	-	-	-
9999	（3月）	-	-335	-335	-	-	-	-	-
50534	リ　ヴ　ァ　ン　プ	-	-	-	-	-	-	-	-
9999	（3月）	3,052	546	549	-	-	-	68.06	-
75041	成　田　国　際　空　港	231,288	46,620	43,247	-	-	-	6.37	-
9999	（3月）	163,212	37,219	33,869	2,575	-	-	2.83	-

「企業別広告宣伝費」索引
（50音順）

【 あ 】

アイ・テック	151
アイ・アールジャパンホールディングス	208
ＩＨＩ	107
アイエーグループ	162
アイ・エス・ビー	193
アイエックス・ナレッジ	219
ＩＭＶ	129
あいおいニッセイ同和損害保険	170
アイ・オー・データ機器	117
アイカ工業	86
愛眼	155
アイケイ	160
アイ・ケイ・ケイ	201
愛光電気	150
アイコム	117
藍沢証券	168
愛三工業	124
アイサンテクノロジー	218
ＩＪＴテクノロジーホールディングス	125
ＩＣＤＡホールディングス	160
ＩＧポート	221
★ アイシン精機	124
アイスタイル	201
アイスタディ	209
アイダエンジニアリング	105
愛知銀行	166
アイチコーポレーション	108
愛知製鋼	99
愛知電機	121
愛知時計電機	127
会津鉄道	182
アイティフォー	196

ＩＴｂｏｏｋ	210
★ アイティメディア	210
ＩＤＥＣ	117
アイドママーケティングコミュニケーション	204
アイナボホールディングス	153
アイネス	205
ＩＮＥＳＴ	152
アイネット	192
アイ・ピー・エス	220
アイ・ピー・エス	189
アイビー化粧品	91
アイビーシー	203
アイビーシー岩手放送	190
ＩＢＪ	202
アイフィスジャパン	130
アイフリークモバイル	222
アイフル	170
アイペット損害保険	170
あい　ホールディングス	146
アイホン	117
アイモバイル	205
アイリッジ	212
アイル	208
アイレックス	217
アイレップ	228
アイロムグループ	199
アインホールディングス	155
ＡｖａｎＳｔｒａｔｅ	98
★ アウトソーシング	199
アウンコンサルティング	208
アエリア	223
ＡＯＩ　ＴＹＯ　Ｈｏｌｄｉｎｇｓ	204
アオイ電子	120
ＡＯＩ　Ｐｒｏ．	225
青木あすなろ建設	136

—233—

アオキスーパー	162	アークランドサカモト	155
ＡＯＫＩホールディングス	155	アークランドサービスホールディングス	201
あおぞら銀行	164	アクリーティブ	171
アヲハタ	80	アクリート	228
青森銀行	164	アグレ都市デザイン	178
青森放送	189	アグロ　カネショウ	89
青山財産ネットワークス	209	アクロディア	208
青山商事	159	アークン	213
アカウンティング・サース・ジャパン	228	明智ゴルフ倶楽部	226
赤阪鉄工所	110	曙ブレーキ工業	124
アカツキ	204	明世カントリークラブ	228
暁飯島工業	140	アコム	171
あかつき本社	174	アゴーラ・ホスピタリティー・グループ	192
秋川牧園	133	浅香工業	131
安芸ゴルフ倶楽部	229	アサガミ	187
秋田銀行	164	アサカ理研	105
秋田椿台ゴルフクラブ	225	アサックス	172
秋田放送	189	浅沼組	135
秋津原	228	あさひ	157
アーキテクツ・スタジオ・ジャパン	211	朝日印刷	131
アキナジスタ	228	朝日インテック	128
ＡＫＩＢＡホールディングス	122	アサヒ衛陶	97
アキレス	87	旭化学工業	132
アーク	130	旭化成	84
アクアライン	212	旭川国際ゴルフ場	224
アークコア	150	朝日観光	224
アクサスホールディングス	163	★ アサヒグループホールディングス	77
アクサ生命保険	170	朝日工業	100
アクシアル　リテイリング	155	朝日工業社	136
アクシーズ	133	旭コンクリート工業	97
アーク証券	169	旭サナック	113
アークス	155	旭産業	126
ＡＣＣＥＳＳ	210	旭情報サービス	206
アクセル	119	朝日新聞社	227
アクセルマーク	210	旭精機工業	111
アクティビア・プロパティーズ投資法人	172	旭精工	113
アクトコール	211	旭ダイヤモンド工業	107
アクモス	219	朝日ネット	200

—234—

アサヒペン	90
朝日放送グループホールディングス	188
★ アサヒホールディングス	102
旭松食品	80
旭有機材	86
朝日ラバー	96
アサンテ	202
アジア開発キャピタル	174
アジアゲートホールディングス	140
アジア航測	186
アジアパイルホールディングス	97
足利銀行	167
あじかん	80
アシックス	129
アシードホールディングス	160
芦の湖カントリークラブ	225
★ 味の素	78
芦森工業	123
アジャイルメディア・ネットワーク	215
アジュバンコスメジャパン	89
アスカ	125
あすか製薬	92
アスカネット	210
アズ企画設計	180
アスクル	157
アスコット	180
アズジェント	220
アース製薬	88
ＡＳＴＩ	120
★ アステラス製薬	92
アストマックス	175
アズビル	115
アズマハウス	180
Ａｓ－ｍｅエステール	130
アスモ	207
アスラポート・ダイニング	222
アズワン	144
アゼアス	148

アセンテック	149
麻生	224
麻生フオームクリート	140
アダストリア	159
アツギ	82
ＡＣＫグループ	222
ＡｐｐＢａｎｋ	212
アップルインターナショナル	149
東海運	187
ＡＤＥＫＡ	86
アテクト	92
アドヴァン	156
アドウェイズ	210
アートグリーン	150
アートスパークホールディングス	208
アドソル日進	192
アドテック　プラズマ　テクノロジー	120
アートネイチャー	131
アドバネクス	101
アドバンス	129
アドバンスクリエイト	198
アドバンスト・メディア	209
アドバンス・レジデンス投資法人	172
★ アドバンテスト	118
アドバンテッジリスクマネジメント	200
アドベンチャー	212
アトミクス	91
アトム	209
アトムリビンテック	105
アドメテック	128
アトラ	203
アトラエ	205
穴吹興産	176
アニコム　ホールディングス	170
アネスト岩田	106
アーバネットコーポレーション	180
ＡＰＡＭＡＮ	179
アバールデータ	121

アバント	200
アーバンライフ	178
アビスト	202
アビックス	132
アピックヤマダ	111
アプライド	163
アプラスフィナンシャル	171
アプリックス	210
アマガサ	152
アマダホールディングス	105
アマテイ	103
アマナ	210
アマノ	107
アミタホールディングス	223
あみやき亭	199
アミューズ	198
アメイズ	216
アライドアーキテクツ	211
アライドテレシスホールディングス	120
荒川化学工業	88
あらた	146
新家工業	99
アリアケジャパン	78
ありがとうサービス	163
有沢製作所	87
有馬冨士開発	228
アルインコ	102
アールエイジ	178
アール・エス・シー	219
RS Technologies	102
RKB毎日ホールディングス	189
アルゴグラフィックス	197
アルコニックス	146
アールシーコア	132
アルチザネットワークス	120
アルテ　サロン　ホールディングス	221
アルテック	145
アルデプロ	178

アルトナー	193
アルバイトタイムス	220
アルパイン	113
アルバック	117
★ アルヒ	173
RPAホールディングス	214
アルピコホールディングス	183
アルビス	156
アールビバン	162
アルファ	124
アルファ	219
アルファクス・フード・システム	222
アルファグループ	152
アルファシステムズ	194
アルファポリス	209
RVH	207
アルプス技研	195
アルプス電気	115
アルプス物流	184
アルフレッサ　ホールディングス	146
ＡＬＢＥＲＴ	215
アルペン	158
アルメタックス	103
アルメディオ	131
アーレスティ	101
阿波銀行	165
阿波製紙	84
アンジェス	94
あんしん保証	174
安藤・間	137
アンドール	217
ＡＭＢＩＴＩＯＮ	179
安楽亭	160
★ アンリツ	115

【　い　】

ＥＲＩホールディングス	202

いい生活		207
★ 飯田グループホールディングス		177
飯野海運		185
EMシステムズ		206
イエローハット		145
イオレ		215
イオン		154
イオン九州		162
イオンディライト		196
イオンファンタジー		196
イオンフィナンシャルサービス		171
イオン北海道		157
イオンモール		176
イオンリート投資法人		172
医学生物学研究所		94
イー・ガーディアン		201
伊香保カントリー倶楽部		224
イー・カムトゥルー		208
イー・ギャランティ		172
イグニス		211
イクヨ		96
イーグランド		177
イーグル工業		108
イーグルポイントゴルフクラブ		228
池上通信機		115
池田泉州銀行		167
池田泉州ホールディングス		166
イーサポートリンク		222
イサム塗料		90
石井工作研究所		113
石井食品		80
石井鉄工所		106
石井表記		111
E・Jホールディングス		200
石垣島製糖		81
石垣食品		81
石川製作所		106
石塚硝子		96

石原ケミカル		88
石原産業		85
石光商事		150
伊豆シャボテンリゾート		217
いすゞ自動車		123
Eストアー		219
伊豆箱根鉄道		182
イズミ		155
出水ゴルフクラブ		224
伊勢化学工業		90
井関農機		106
伊勢湾海運		188
イソライト工業		97
イーター電機工業		123
イチカワ		82
一蔵		204
イチケン		135
いちご		177
◎ 市光工業		124
いちごオフィスリート投資法人		172
いちごグリーンインフラ投資法人		173
いちごホテルリート投資法人		173
市進ホールディングス		224
イチネンホールディングス		204
一畑電気鉄道		182
壱番屋		197
一正蒲鉾		78
一や		163
いちよし証券		168
一六堂		199
一家ダイニングプロジェクト		214
井筒屋		154
いであ		192
イデアインターナショナル		152
ETSホールディングス		139
出光興産		95
イード		212
イートアンド		79

	伊藤園	78
★	伊藤忠エネクス	143
★	伊藤忠商事	141
	伊藤忠食品	146
★	伊藤忠テクノソリューションズ	192
	伊藤ハム米久ホールディングス	79
	イトーキ	129
	イトクロ	212
	ＩＤＯＭ	146
	イトーヨーギョー	98
	いなげや	155
	稲葉製作所	102
	稲畑産業	143
	因幡電機産業	143
	イナリサーチ	223
	乾汽船	185
	犬山カンツリー倶楽部	225
	イノテック	143
	イノベーション	213
	イハラサイエンス	104
	ＥＰＳホールディングス	198
	イビデン	114
	イフジ産業	78
	イーブックイニシアティブジャパン	201
	ｅＢＡＳＥ	200
	イボキン	100
	イマジカ・ロボット　ホールディングス	197
	イマジニア	218
	今仙電機製作所	126
	今村証券	169
	イムラ封筒	131
	井村屋グループ	77
	イメージ　ワン	152
	イメージ情報開発	222
	伊予銀行	165
	伊予鉄道	182
	イリソ電子工業	117
	イーレックス	190

	岩井コスモホールディングス	168
	イワキ	142
	イワキ	111
	岩崎通信機	114
	岩崎電気	115
	岩谷産業	142
	岩塚製菓	81
	岩手銀行	164
	岩手日報社	225
	イワブチ	104
	インヴァスト証券	169
	インヴィンシブル投資法人	171
	インサイト	216
	インスペック	120
	インソース	204
	インターアクション	128
	インタースペース	210
	インタートレード	208
	インターネットイニシアティブ	196
	インターネットインフィニティー	215
	インターライフホールディングス	140
	インターワークス	203
	インテージホールディングス	195
	インテリジェント　ウェイブ	206
	インテリックス	177
	イントラスト	173
	イントランス	179
	インフォコム	217
★	インフォテリア	196
	インフォマート	200
	インフォメーションクリエーティブ	218
	インフォメーション・ディベロプメント	192
	インプレスホールディングス	198
	インベスコ・オフィス・ジェイリート	172

【　う　】

	ヴィア・ホールディングス	193

ウィザス		217
ウィル		178
ウィルグループ		202
ウイルコホールディングス		131
ウィルソン・ラーニング　ワール		217
ウイルプラスホールディングス		159
ヴィレッジヴァンガードコーポレ		163
ヴィンクス		200
ウインテスト		120
ウイン・パートナーズ		147
植木組		134
ウェザーニューズ		198
ウエスコホールディングス		208
ウエストホールディングス		140
UEX		151
ウェッジホールディングス		174
ウェッズ		126
ウェーブロックホールディングス		88
植松商会		153
上村工業		90
ウエルシアホールディングス		158
ウェルス・マネジメント		207
ウェルネット		199
ウェルビー		214
魚喜		160
魚津観光開発		225
WASHハウス		215
魚力		156
ウォンテッドリー		215
うかい		219
ウシオ電機		116
ウチダエスコ		218
内田洋行		142
ウチヤマホールディングス		202
ウッドフレンズ		179
ウッドワン		129
宇都宮ゴルフクラブ		224
宇徳		187

宇野沢組鉄工所		110
宇部興産		86
UUUM		214
梅の花		207
◎★ ウルトラファブリックス・ホールディングス		91
うるる		213

【　え　】

エーアイ		214
エーアイティー		187
エア・ウォーター		85
AIRDO		186
エーアンドエーマテリアル		97
エー・アンド・デイ		128
エイアンドティー		121
ANAP		163
栄研化学		93
エイケン工業		126
エイジア		204
ASIAN STAR		180
エイジス		219
EIZO		118
永大化工		92
永大産業		129
エイチ・アイ・エス		195
エイチ・ツー・オー　リテイリング		154
エイチーム		202
★ エイチワン		125
ATグループ		149
エイトレッド		213
エイベックス		196
Aiming		215
英和		148
★ ASJ		210
ANAホールディングス		186
AFC-HDアムスライフサイエンス		81
エキサイト		221

	駅探	210
	エクストリーム	212
	エクスモーション	228
★	エクセディ	124
	エクセル	146
	エコス	157
	エコートレーディング	143
	エコナックホールディングス	191
	エコノス	161
	エコミック	216
	エコモット	214
★	エーザイ	93
	江崎グリコ	77
	AGS	194
★	AGC	96
	エージーピー	188
	SIG	223
	SRSホールディングス	194
	SRAホールディングス	205
	エスアールジータカミヤ	205
	エスイー	105
	SECカーボン	97
	SEホールディングス・アンド・インキュベーションズ	132
	SFPホールディングス	208
	エス・エム・エス	201
	SMK	115
	SMC	109
	エスエルディー	223
	エスクリ	201
	エスクロー・エージェント・ジャパン	202
	エスケイジャパン	145
	エスケーエレクトロニクス	122
	エスケー化研	92
	エス・サイエンス	100
	SCSK	193
	SGホールディングス	184
	エース証券	169
	エステー	88

	エス・ディー・エス　バイオテック	90
	SDエンターテイメント	218
	エスティック	111
	エストラスト	177
	SBIインシュアランスグループ	170
	SBI証券	169
★	SBI　FinTech　Solutions	229
★	SBIホールディングス	171
	SBSホールディングス	184
	SPK	144
	エスビー食品	80
	エスフーズ	78
	エスプール	221
	エスペック	117
	エスポア	179
	sMedio	212
	エスユーエス	215
	エスライン	184
	SYSホールディングス	223
	越後交通	183
	エックスネット	197
	エッチ・ケー・エス	126
	エディア	215
	エディオン	157
	エー・ディー・ワークス	177
	エナリス	211
	エニグモ	211
	enish	202
	エヌアイシ・オートテック	105
	エヌアイデイ	216
	NECキャピタルソリューション	171
	NECネッツエスアイ	196
	NSD	193
	NSユナイテッド海運	185
	エヌエフ回路設計ブロック	121
	NFKホールディングス	112
	nms　ホールディングス	222
	NOK	124

ＮＫＫスイッチズ		122
エヌジェイホールディングス		189
ＮＪＳ		194
ＮＣＳ＆Ａ		207
ＮＣホールディングス		110
ＮＤＳ		135
ＮＴＮ		107
エヌ・ティ・ティ・データ		188
エヌ・ティ・ティ・データ・イントラマート		210
ＮＴＴドコモ		188
ＮＴＴ都市開発		176
ＮＴＴファイナンス		225
エヌ・デーソフトウェア		208
エヌ・ピー・シー		111
Ｎ・フィールド		202
エヌリンクス		223
江ノ島電鉄		182
エノモト		120
荏原実業		108
エバラ食品工業		78
◎ 荏原		106
Ａｂａｌａｎｃｅ		121
エー・ピーカンパニー		202
エービーシー・マート		157
ＡＢホテル		223
愛媛銀行		166
エフアンドエム		219
ＦＦＲＩ		211
エフオン		199
エプコ		220
エフ・ジェー・ネクスト		177
ＦＣＭ		105
★ エフ・シー・シー		125
◎ ＦＣホールディングス		223
エフティグループ		152
ＦＤＫ		119
エフテック		125
エフピコ		131

ＦＰＧ		172
エボラブルアジア		204
ＭＩＥコーポレーション		104
エムアップ		201
★ ＭＲＴ		212
Ｍ＆Ａキャピタルパートナーズ		202
エム・エイチ・グループ		219
ＭＳ＆ＡＤインシュアランスグループ		170
★ ＭＳ＆Ｃｏｎｓｕｌｔｉｎｇ		214
ＭＳ－Ｊａｐａｎ		196
エム・オー・エー基金		175
エムケー		226
エムケイシステム		223
エムケー精工		132
ＭＣＪ		120
エムジーホーム		178
ＭＣＵＢＳ　ＭｉｄＣｉｔｙ投資法人		172
★ エムスリー		199
エムティーアイ		189
ＭＴＧ		132
エムティジェネックス		139
エムビーエス		139
Ｍマート		214
エラン		203
エリアクエスト		178
エリアリンク		179
エルアンドイーホールディングス		229
ＬＣホールディングス		180
エル・ティー・エス		215
ＬＴＴバイオファーマ		95
エルテス		213
エルナー		119
エレコム		118
エレマテック		147
エーワン精密		113
エンカレッジ・テクノロジ		211
エン・ジャパン		198
エンシュウ		106

遠州開発	224	
遠州鉄道	183	
遠州トラック	185	
塩水港精糖	77	
エンチョー	162	
遠藤照明	118	
遠藤製作所	133	
エンバイオ・ホールディングス	209	
エンビプロ・ホールディングス	99	
エンプラス	118	

【　お　】

尾家産業	147
オイシックス・ラ・大地	160
オーイズミ	108
オイレス工業	108
オーウイル	149
ＯＡＴアグリオ	89
オウケイウェイヴ	216
王子ホールディングス	83
王将フードサービス	195
オウチーノ	211
応用技術	217
応用地質	195
オーエス	206
オーエスジー	105
ＯＳＪＢホールディングス	136
ＯＳＧコーポレーション	122
オエノンホールディングス	78
オーエムツーネットワーク	163
大石産業	84
大泉製作所	120
大分銀行	165
大分交通	183
大井電気	121
大江戸温泉リート投資法人	173
大垣共立銀行	165

	大木ヘルスケアホールディングス	153
	大倉工業	86
	大阪印刷インキ製造	92
	大阪ガス	191
	大阪製鉄	99
	大阪ソーダ	85
	大阪チタニウムテクノロジーズ	102
	大阪木材会館	181
	大阪有機化学工業	88
	大阪油化工業	92
	大崎電気工業	114
	大田花き	152
	大谷工業	104
	大塚家具	162
	大塚商会	193
★	大塚ホールディングス	93
	大利根カントリー倶楽部	224
	大戸屋ホールディングス	220
	オオバ	191
	大林組	134
	大光	144
	大村紙業	84
	大室温泉	226
	大本組	139
	大盛工業	138
	大森屋	81
	岡崎クラシック	227
	岡三証券グループ	169
	オカダアイヨン	110
	岡藤ホールディングス	174
	岡野バルブ製造	111
	岡部	101
	オカムラ	129
	オカモト	95
	岡本硝子	128
	岡本工作機械製作所	110
	岡谷鋼機	149
	岡谷電機産業	116

岡山県貨物運送	184	
岡山製紙	84	
ＯＫＩ	114	
沖縄海邦銀行	168	
沖縄銀行	165	
沖縄セルラー電話	189	
沖縄電力	190	
Ｏａｋ キャピタル	174	
オークネット	205	
オークファン	211	
オークマ	105	
奥村組	135	
オークモントゴルフクラブ	227	
小倉クラッチ	112	
オークワ	157	
オーケー	164	
ＯＫＫ	106	
オーケー食品工業	81	
Ｏｒｃｈｅｓｔｒａ Ｈｏｌｄｉｎｇｓ	213	
オーシャンシステム	163	
小田急電鉄	181	
オータケ	151	
小樽ゴルフ場	224	
小田原エンジニアリング	112	
小田原機器	126	
ＯＣＨＩホールディングス	147	
小津産業	147	
ＯＤＫソリューションズ	218	
オーテック	139	
オーデリック	121	
オートウェーブ	162	
オートバックスセブン	145	
オーナンバ	103	
オーネックス	104	
小野観光開発	228	
小野建	143	
小野測器	118	
尾道ゴルフ観光	228	

★	小野薬品工業	93
	オーハシテクニカ	143
	オハラ	97
	小原カントリークラブ	227
	ＯＢＡＲＡ ＧＲＯＵＰ	118
	オーバル	127
	オービス	133
	オービック	195
	オービックビジネスコンサルタント	197
	オプティマスグループ	149
	オプティム	203
	オプテックスグループ	117
	オプトエレクトロニクス	121
	オプトホールディング	199
	オプトラン	110
	オープンドア	205
	オープンハウス	177
	オーベクス	83
	オーミケンシ	83
	オムロン	114
	表蔵王国際ゴルフクラブ	226
	小山カントリー倶楽部	226
	ＯＵＧホールディングス	142
	オリエンタルチエン工業	110
	オリエンタルランド	193
	オリエントコーポレーション	170
	オリオンビール	81
	オリコン	220
	オリジナル設計	207
	オリジン電気	114
	オリジン東秀	164
	オリックス	170
	オリックス不動産投資法人	171
	オリバー	132
★	オリンパス	127
	Ｏｌｙｍｐｉｃグループ	155
	オールアバウト	221
	オルガノ	106

オルトプラス	202	
オロ	205	
尾張精機	125	
オンキヨー	122	
オンコセラピー・サイエンス	94	
オンコリスバイオファーマ	94	
音通	160	
オンリー	158	
オンワードホールディングス	142	

【　か　】

ガイアックス	216
カイオム・バイオサイエンス	94
カイカ	220
KYCOMホールディングス	224
買取王国	163
カイノス	94
海帆	212
★ 花王	86
★ カカクコム	199
加賀電子	145
各務原開発	181
香川銀行	168
柿安本店	81
学情	198
岳南鉄道	180
花月園観光	206
科研製薬	93
鹿児島銀行	167
鹿児島県プロパンガス会館	181
カゴメ	78
Casa	174
河西工業	124
笠間ゴルフクラブ	226
カシオ計算機	114
加地テック	110
鹿島	134

片倉工業	82
片倉コープアグリ	85
価値開発	206
カーチスホールディングス	149
カチタス	176
学究社	192
学研ホールディングス	195
カッシーナ・イクスシー	150
カッパ・クリエイト	194
桂川電機	112
カーディナル	132
加藤産業	143
加藤製作所	107
カドカワ	203
かどや製油	78
神奈川銀行	168
神奈川中央交通	182
カナディアン・ソーラー・インフラ投資法人	173
カナデン	142
カナミックネットワーク	204
要興業	209
カナモト	205
カナレ電気	102
可児ゴルフ倶楽部	226
カネカ	86
カネコ種苗	133
金下建設	138
カネソウ	104
兼房	103
★ 兼松	142
兼松エレクトロニクス	196
兼松エンジニアリング	111
兼松サステック	129
カネ美食品	163
カネミツ	125
カネヨウ	83
カノークス	149
歌舞伎座	206

カプコン	193
カブドットコム証券	169
鎌倉新書	203
上組	187
カメイ	144
カーメイト	132
亀田製菓	79
鴨川グランドホテル	217
カヤック	212
ガーラ	219
カーリットホールディングス	89
カルナバイオサイエンス	94
カルビー	79
カルラ	218
河合楽器製作所	129
川上塗料	90
川岸工業	103
川金ホールディングス	100
川口化学工業	90
カワサキ	149
川崎汽船	185
川崎近海汽船	186
川崎重工業	123
川崎設備工業	139
川崎地質	224
川重冷熱工業	112
川澄化学工業	128
カワセコンピュータサプライ	131
カワタ	109
川田テクノロジーズ	102
カワチ薬品	156
かわでん	121
川西倉庫	187
カワニシホールディングス	149
川辺	151
川本産業	83
環境管理センター	219
関西アーバン銀行	168

関西高速鉄道	183
関西国際空港土地保有	180
関西ゴルフ倶楽部	228
関西スーパーマーケット	156
関西電力	190
関西ペイント	87
カンセキ	162
神田通信機	139
カンダホールディングス	184
元旦ビューティ工業	104
関電工	135
関東鉄道	183
関東電化工業	85
かんなん丸	219
ガンホー・オンライン・エンターテイメント	199
かんぽ生命保険	170
関門海	208
カンロ	79

【 き 】

キーウェアソリューションズ	206
キーエンス	116
ギガプライズ	216
キクカワエンタープライズ	110
菊水化学工業	90
菊水電子工業	122
菊池製作所	105
菊陽緑化興産	226
技研興業	141
技研製作所	108
◎ 技研ホールディングス	138
キーコーヒー	79
ＫＩＳＣＯ	153
岐セン	83
木曽路	196
北川工業	132
北川精機	113

北川鉄工所	106
北恵	148
北弘電社	139
北沢産業	156
キタック	219
北日本銀行	165
北日本紡績	83
北日本放送	190
北野建設	136
北の達人コーポレーション	79
キタムラ	160
きちり	200
キッコーマン	78
キッセイ薬品工業	93
キッツ	107
キトー	108
木徳神糧	151
キーパー	126
ＫｅｅＰｅｒ技研	203
岐阜造園	139
岐阜中濃土地建物	181
ＫｅｙＨｏｌｄｅｒ	218
キムラ	151
木村化工機	106
キムラタン	143
キムラユニティー	184
ＫＩＭＯＴＯ	88
キヤノン	116
キヤノン電子	118
キヤノンマーケティングジャパン	145
キャピタル・アセット・プランニング	223
キャリア	213
キャリアインデックス	204
キャリアデザインセンター	196
キャリアバンク	216
キャリアリンク	205
キャンディル	139
キャンドゥ	157

	キャンバス	94
	九州朝日放送	190
	九州産業交通ホールディングス	183
	九州電力	190
	九州フィナンシャルグループ	166
	九州リースサービス	173
	九州旅客鉄道	182
	九電工	135
	キユーソー流通システム	187
	キユーピー	78
★	キュービーネットホールディングス	205
	キューブシステム	195
	共栄火災海上保険	170
	協栄産業	141
	共英製鋼	99
	共栄タンカー	185
	京ヶ野ゴルフ倶楽部	227
	紀陽銀行	165
	京極運輸商事	185
	京三製作所	114
	京写	121
	京進	207
	京セラ	116
	キョウデン	120
	共同印刷	129
	共同紙販ホールディングス	150
	共同ピーアール	221
	京都機械工具	103
	京都きもの友禅	156
	京都銀行	165
◎	京都ホテル	206
	共立印刷	130
	協立エアテック	112
	協立情報通信	224
	協立電機	122
	共立メンテナンス	195
	協和	105
	協和エクシオ	135

共和工業所		104
共和コーポレーション		209
協和コンサルタンツ		217
共和電業		116
協和日成		139
★ 協和発酵キリン		92
共和レザー		82
きょくとう		220
極東開発工業		126
極東証券		168
極東貿易		144
極洋		133
キョーリン製薬ホールディングス		93
きらぼし銀行		167
きらやか銀行		168
キリン堂ホールディングス		159
★ キリンホールディングス		77
きんえい		206
近畿大阪銀行		167
近畿車両		126
キング		143
キングジム		130
銀座山形屋		162
銀座ルノアール		217
金太郎温泉		228
近鉄エクスプレス		187
近鉄グループホールディングス		181
近鉄百貨店		154
きんでん		135
近物レックス		185

【 く 】

クイック		198
空港施設		176
クエスト		217
クオール		158
串カツ田中ホールディングス		213

クスリのアオキホールディングス		159
久世		152
★ クックパッド		201
クックビズ		214
グッドコムアセット		178
工藤建設		138
クニミネ工業		97
Gunosy		203
クボタ		105
★ 窪田製薬ホールディングス		94
クボテック		128
◎ クボデラ		149
熊谷組		136
熊本銀行		168
熊本ホテルキャッスル		224
gumi		203
クミアイ化学工業		87
久米島製糖		81
クラウディアホールディングス		83
クラウドワークス		211
くらコーポレーション		198
クラボウ		82
クラスターテクノロジー		91
KLab		205
グラファイトデザイン		133
倉元製作所		98
★ クラリオン		115
クラレ		84
グランディーズ		179
グランディハウス		176
グリー		201
クリエアナブキ		220
クリエイト		151
クリエイトSDホールディングス		158
クリエイト・レストランツ・ホールディングス		199
クリエートメディック		127
クリーク・アンド・リバー社		197
栗田工業		106

	クリップコーポレーション	219
	クリナップ	130
	栗林商船	186
	グリムス	153
	栗本鉄工所	99
	クリヤマホールディングス	148
	グリーンクロス	150
	グリーンズ	205
	グリーンランドリゾート	207
	クルーズ	222
	ぐるなび	199
	グルメ杵屋	193
	クレアホールディングス	138
	グレイステクノロジー	213
	グレイスヒルズカントリー倶楽部	228
	クレオ	217
	クレスコ	197
	クレステック	133
	クレディセゾン	170
★	クレハ	85
	呉羽観光	224
	くろがね工作所	131
	黒崎播磨	97
	クロスキャット	206
	クロスフォー	133
	クロスプラス	148
	クロス・マーケティンググループ	202
	黒田精工	128
	黒谷	147
	クロップス	189
	グローバルウェイ	213
	グローバルグループ	204
	グローバルダイニング	207
	global bridge Holdings	209
	グローバル・リンク・マネジメント	179
	グローバル・ワン不動産投資法人	171
	グローブライド	129
	グローリー	108

	クワザワ	148
	桑名カントリー倶楽部	229
	桑名カントリー倶楽部六石コース	226
	桑山	132
	群栄化学工業	86
	グンゼ	82
	群馬銀行	164
	群馬建設会館	181

【 け 】

	ケアサービス	221
	ケア21	221
	ケアネット	210
	K&Oエナジーグループ	134
	ケイアイスター不動産	178
	KIホールディングス	120
	KHネオケム	89
	KSK	217
	KNT-CTホールディングス	192
	京王電鉄	181
	京成電鉄	181
	ケイティケイ	151
★	KDDI	188
	京阪神ビルディング	176
	京阪ホールディングス	182
	ケイヒン	186
	京浜急行電鉄	181
	ケイブ	221
	京福電気鉄道	182
	京葉瓦斯	191
	京葉銀行	165
★	KYB	124
	ケー・エフ・シー	104
	ゲオホールディングス	157
	KG情報	221
	ケーズホールディングス	159
	ケネディクス	198

ケネディクス・オフィス投資法人	171	
ケネディクス商業リート投資法人	173	
ケネディクス・レジデンシャル・ネクスト投資法人	172	
★ ケーヒン	124	
KVK	112	
ケミプロ化成	90	
GameWith	214	
ゲームカード・ジョイコホールディングス	113	
ケーユーホールディングス	147	
ケーヨー	156	
ケル	121	
ゲンキー	164	
元気寿司	193	
ケンコーマヨネーズ	79	
建設技術研究所	194	
研創	104	
ゲンダイエージェンシー	221	

【 こ 】

コア	194
KOA	116
コーア商事ホールディングス	149
コーアツ工業	138
小池酸素工業	110
湖池屋	81
小泉	153
小泉産業	153
小糸製作所	124
高圧ガス工業	85
広栄化学工業	90
広貫堂	95
虹技	99
興銀リース	171
興研	132
鉱研工業	112
光・彩	132
廣済堂	130

ネツレン	101
光世証券	168
構造計画研究所	218
高速	145
高知銀行	166
弘電社	138
合同製鉄	98
鴻池運輸	184
KONOIKE Co.	141
神島化学工業	131
神戸新聞社	225
神戸製鋼所	98
神戸電鉄	182
神戸天然物化学	209
神戸物産	147
光陽社	131
幸楽苑ホールディングス	195
興和	153
幸和製作所	133
コーエーテクモホールディングス	201
互応化学工業	90
コカ・コーラ ボトラーズジャパン	79
古賀ゴルフ土地	181
小金井ゴルフ	227
国際紙パルプ商事	144
国際協力銀行	175
国際計測器	128
国際石油開発帝石	134
国際チャート	84
コクヨ	129
小倉カンツリー倶楽部	225
極楽湯ホールディングス	220
ココカラファイン	158
ココスジャパン	217
こころネット	223
コシダカホールディングス	200
コジマ	155
小島鉄工所	110

互助会保証	175	
コスモエネルギーホールディングス	95	
コスモスイニシア	179	
コスモス薬品	156	
コスモ・バイオ	153	
コーセー	89	
コーセーアールイー	177	
コーセル	119	
小僧寿し	153	
COTA	89	
児玉化学工業	90	
コックス	161	
寿スピリッツ	79	
寿屋	133	
コナカ	156	
★ コナミホールディングス	192	
コーナン商事	159	
★ コニカミノルタ	127	
コニシ	88	
コネクシオ	205	
小林産業	142	
小林製薬	93	
小林洋行	170	
コープビル	227	
駒井ハルテック	101	
小松ウオール工業	102	
コマツ	106	
小松精練	82	
コマニー	103	
Cominix	147	
コムシスホールディングス	137	
コムシード	216	
コムチュア	200	
★ コメダホールディングス	204	
コメ兵	160	
コメリ	155	
コモ	81	
小森コーポレーション	109	

五洋インテックス	152	
五洋建設	135	
五洋食品産業	80	
コラボス	212	
ゴールドウイン	143	
ゴールドウイン開発	228	
ゴールドクレスト	176	
ゴルフダイジェスト・オンライン	158	
ゴルフ・ドゥ	161	
コロナ	102	
コロプラ	202	
★ コロワイド	197	
コンコルディア・フィナンシャルグループ	166	
コンセック	150	
◎ ゴンゾ	228	
コンテック	120	
コンドーテック	102	
★ コンヴァノ	214	
コンピュータマインド	209	
コンフォリア・レジデンシャル投資法人	172	

【 さ 】

サイオス	209	
さいか屋	159	
西京銀行	168	
財形住宅金融	175	
サイジニア	212	
サイゼリヤ	196	
サイタホールディングス	139	
サイネックス	193	
サイバーエージェント	197	
◎ サイバーコム	200	
サイバーステップ	208	
★ CYBERDYNE	128	
サイバネットシステム	198	
サイバーリンクス	202	
西部ガス	191	

サイプレスクラブ		227
サイボー		83
サイボウズ		198
ザインエレクトロニクス		122
サインポスト		214
蔵王産業		144
サカイオーベックス		82
堺化学工業		85
酒井重工業		106
堺商事		148
サカイ引越センター		184
サカイホールディングス		189
栄電子		151
佐賀共栄銀行		168
佐賀銀行		165
サカタインクス		87
サカタのタネ		133
さが美グループホールディングス		155
相模ゴム工業		96
サガミチェーン		193
相模鉄道		183
相模原ゴルフクラブ		225
サクサホールディングス		118
桜井製作所		126
さくらインターネット		200
さくらケーシーエス		206
桜ゴム		96
桜島埠頭		187
さくら総合リート投資法人		173
ＴＨＥグローバル社		177
サコス		224
ササクラ		111
佐田建設		135
サックスバー　ホールディングス		155
サツドラホールディングス		159
ザッパラス		199
札幌テレビ放送		190
サッポロホールディングス		77

札幌臨床検査センター		218
佐藤商事		142
佐藤食品工業		81
サトウ食品工業		80
佐藤製薬		95
佐藤鉄工		105
佐藤渡辺		140
佐渡汽船		186
サトー商会		153
サトーホールディングス		108
佐鳥電機		144
サニーサイドアップ		223
サニックス		194
サノヤスホールディングス		123
サハダイヤモンド		153
ザ・パック		84
サマンサタバサジャパンリミテッド		131
サムコ		108
ＳＵＭＣＯ		102
サムシングホールディングス		140
サムティ		177
サムティ・レジデンシャル投資法人		173
ＳＡＭＵＲＡＩ＆Ｊ　ＰＡＲＴＮＥＲＳ		219
サーラコーポレーション		157
サーラ住宅		141
★ 沢井製薬		93
沢田ホールディングス		169
沢藤電機		115
サン・ライフ		219
三愛石油		142
山陰合同銀行		165
サンウッド		180
サンエー		159
三栄建築設計		177
三栄コーポレーション		151
サンエー化研		91
三桜工業		123
サンオータス		162

三機工業		136
三機サービス		203
燦キャピタルマネージメント		222
山九		184
ＳＡＮＫＹＯ		108
三京化成		148
三共生興		142
三協立山		101
産業ファンド投資法人		172
三協フロンテア		217
サンケイ化学		91
サンゲツ		143
サンケン電気		114
サンコー		120
三晃金属工業		136
三光合成		90
三光産業		133
三光マーケティングフーズ		207
サンコーシヤ		123
サンコーテクノ		104
サンコール		101
三社電機製作所		120
三信建設工業		140
三信電気		145
サンセイ		111
三精テクノロジーズ		110
サンセイランディック		177
三相電機		122
サンデー		162
サンテック		138
ｓａｎｔｅｃ		122
サンデン交通		183
サン電子		121
★ 参天製薬		93
サンデンホールディングス		107
三東工業社		140
サンドラッグ		155
★ サントリー食品インターナショナル		79

★ サントリーホールディングス		81
山王		104
サンバイオ		94
サンフロンティア不動産		178
燦ホールディングス		194
サンマルクホールディングス		158
サンメッセ		133
サンユウ		100
サンユー建設		140
山陽開発		227
三洋化成工業		86
三洋工業		101
三陽商会		143
★ 山洋電気		114
山陽電気鉄道		182
三洋堂ホールディングス		162
山陽特殊製鋼		99
山陽百貨店		162
三洋貿易		144
山陽放送		190
サンヨーハウジング名古屋		177
サンヨーホームズ		137
サンリオ		144
サンリツ		187
サンリン		151
サンワカンパニー		161
サンワテクノス		147
三和ホールディングス		101

【 し 】

ＣＩＪ		194
ＣＲＩ・ミドルウェア		211
シーアールイー		178
ＣＲＥロジスティクスファンド投資法人		173
Ｃ＆Ｆロジホールディングス		184
Ｃ＆Ｇシステムズ		120
歯愛メディカル		153

シイエム・シイ	216
シーイーシー	195
CEホールディングス	198
シー・ヴイ・エス・ベイエリア	157
紫雲ゴルフ倶楽部	227
シェアリングテクノロジー	214
JIEC	206
ジェイ・インターナショナル	190
ジェイエイシーリクルートメント	200
JA三井リース	175
★ JSR	87
ジェイエスエス	217
ジェイ・エスコムホールディングス	221
ジェイ・エス・ビー	178
JSP	87
★ JXTGホールディングス	95
JFEコンテイナー	103
JFEシステムズ	206
JFEスチール	100
JFEホールディングス	99
JMS	127
JMAホールディングス	225
JMC	104
J−オイルミルズ	79
ジェイグループホールディングス	210
JKホールディングス	146
JCU	87
Jストリーム	210
ジェイテクト	107
ジェイテック	221
ジェイテックコーポレーション	104
★ Jトラスト	174
JBイレブン	216
JBCCホールディングス	195
JPホールディングス	199
★ JVCケンウッド	118
★ J.フロント　リテイリング	158
ジェイホールディングス	152

JMACS	103
ジェイリース	173
ジェクシード	221
ジェコー	128
ジェコス	192
JCRファーマ	93
ジェーシー・コムサ	81
CAC　Holdings	206
GSIクレオス	143
CSSホールディングス	220
JESCOホールディングス	138
ジーエス・ユアサ　コーポレーション	118
シー・エス・ランバー	132
ジェーソン	163
GA　technologies	181
★ ジーエヌアイグループ	94
ジェネレーションパス	161
GFA	174
ジーエフシー	151
GMOアドパートナーズ	219
GMOインターネット	188
GMOクラウド	200
GMO　TECH	212
GMOペイメントゲートウェイ	199
GMOペパボ	223
GMOメディア	212
GMOリサーチ	211
GMB	125
ジーエルサイエンス	128
GLP投資法人	172
ジオスター	97
ジオネクスト	221
塩野義製薬	92
ジオマテック	122
滋賀銀行	165
シキボウ	82
シーキューブ	139
シークス	145

	ＪＩＧ－ＳＡＷ	212
	シグマクシス	202
	シグマ光機	128
	ＣＫサンエツ	102
	ＣＫＤ	107
	重松製作所	132
★	じげん	202
	四国ガス	191
	四国化成工業	85
	四国銀行	165
	四国電力	190
	四国放送	190
	ＧＣＡ	201
	シーシーエス	123
	宍戸国際ゴルフ倶楽部	226
	静岡ガス	191
	静岡銀行	164
	静岡中央銀行	168
	静岡鉄道	183
	ＳＹＳＫＥＮ	137
	システナ	199
	システムインテグレータ	200
	システムサポート	228
	システム情報	223
	システムズ・デザイン	221
	システムソフト	197
	システム　ディ	222
	システムリサーチ	199
	システム・ロケーション	224
	シーズ・ホールディングス	89
★	シスメックス	117
	シーズメン	162
	ジー・スリーホールディングス	208
	資生堂	87
	Ｇ－７ホールディングス	157
	シダー	221
	シダックス	220
	ジーダット	222

七十七銀行	164
シチズン時計	127
自重堂	83
指月電機製作所	119
シップヘルスケアホールディングス	146
シーティーエス	198
ＣＤＳ	201
ＣＤＧ	200
ジー・テイスト	218
ジーテクト	125
シード	127
シード平和	140
品川リフラクトリーズ	97
シナネンホールディングス	141
ジーニー	215
シノケングループ	180
篠崎屋	80
シノブフーズ	80
芝浦電子	122
芝浦メカトロニクス	116
ジパング	134
ＣＢグループマネジメント	152
Ｇ－ＦＡＣＴＯＲＹ	179
渋沢倉庫	186
ジーフット	157
ＳＨＩＦＴ	211
渋谷工業	109
シベール	81
シーボン	88
島精機製作所	108
島忠	156
島津製作所	127
島根銀行	166
シマノ	126
島原鉄道	183
しまむら	156
清水銀行	165
清水建設	134

シミックホールディングス	199	シュッピン	159
シモジマ	144	ジューテックホールディングス	147
じもとホールディングス	166	首都圏新都市鉄道	183
シャクリー・グローバル・グループ	152	首都高速道路	188
ジャステック	192	ジュンテンドー	160
ジャストシステム	195	ジョイフル	216
ジャストプランニング	220	ジョイフル本田	159
ジャックス	170	ＳＨＯＥＩ	130
ジャニス工業	98	翔栄	178
蛇の目ミシン工業	107	正栄食品工業	145
シャノン	213	昭栄薬品	152
ジャパンインベストメントアドバイザー	174	商工組合中央金庫	175
ジャパンエクセレント投資法人	172	昭光通商	142
ジャパンエレベーターサービスホールディングス	213	上新電機	154
ジャパンエンジンコーポレーション	110	商船三井	185
ジャパンシステム	217	松竹	192
ジャパンディスプレイ	119	じょうてつ	183
ジャパン・ティッシュ・エンジニアリング	129	荘内銀行	167
ジャパンフーズ	78	城南進学研究社	219
ジャパン・フード＆リカー・アスラポート	79	常磐開発	140
ジャパンベストレスキューシステム	199	常磐興産	191
ジャパン・ホテル・リート投資法人	172	松風	130
ジャパンマテリアル	201	昭文社	130
ジャパンミート	159	情報企画	207
ジャパンメディアシステム	227	常陽銀行	167
ジャパンリアルエステイト投資法人	171	昭和化学工業	90
シャープ	115	昭和産業	77
ジャフコ	171	昭和シェル石油	95
ジャムコ	126	昭和システムエンジニアリング	218
ＪＡＬＣＯホールディングス	180	昭和真空	112
ＪＡＬＵＸ	144	昭和鉄工	112
シャルレ	148	昭和電工	85
秀英予備校	196	昭和電線ホールディングス	101
住宅あんしん保証	175	昭和パックス	84
十八銀行	165	昭和飛行機工業	126
十六銀行	165	昭和ホールディングス	96
ＪＵＫＩ	107	昭和リース	175
ＪＥＵＧＩＡ	160	ショーエイコーポレーション	90

	ショクブン	209
	ショーケース・ティービー	205
	ＳＨＯ－ＢＩ	145
	ショーボンドホールディングス	137
	ジョリーパスタ	206
	ジョルダン	221
★	ショーワ	124
	シライ電子工業	121
	シリコンスタジオ	212
	シルバーエッグ・テクノロジー	213
	シルバーライフ	161
	シロキ工業	126
	白鳩	163
	神栄	82
	信越化学工業	85
	信越放送	190
	信越ポリマー	88
	進学会ホールディングス	193
	新川	109
	新関西国際空港	228
	神姫バス	182
	信金中央金庫	174
	シンクレイヤ	140
	シンクロ・フード	204
	新京成電鉄	181
	神鋼環境ソリューション	111
	新晃工業	108
	神鋼鋼線工業	100
	神鋼商事	142
	新光商事	144
	新光電気工業	118
	新興プランテック	136
	新コスモス電機	122
	シンシア	128
	ジンズ	158
◎	ジーンズメイト	156
	新生紙パルプ商事	153
	新生銀行	164

	新生テクノス	141
	新中糖産業	180
	ジーンテクノサイエンス	94
	新電元工業	115
	シンデン・ハイテックス	153
	新東	98
	新東京グループ	208
	新東工業	106
	神東塗料	87
	新都ホールディングス	152
	新内外綿	83
	シンニッタン	99
	新日鉄住金	98
	新日鉄住金ソリューションズ	193
	新日本空調	137
	新日本電工	99
	新日本海フェリー	186
	新日本科学	195
	新日本建設	136
	新日本建物	179
	新日本無線	117
	新日本理化	86
	シンバイオ製薬	94
	新橋演舞場	180
	シンフォニア　テクノロジー	114
	シンプレクス・ファイナンシャルホールディングス	174
	シンポ	104
	新報国製鉄	100
	新南愛知	228
	新明和工業	126
	シンメンテホールディングス	211
	進和	144
★	信和	104
	親和銀行	167
	Ｓｈｉｎｗａ　Ｗｉｓｅ　Ｈｏｌｄｉｎｇｓ	219

【　す　】

	ＺＵＵ	214
	瑞光	111
	水道機工	112
	スガイ化学工業	89
★	すかいらーくホールディングス	203
	スカパーＪＳＡＴホールディングス	189
★	スカラ	198
	杉田エース	152
	スギホールディングス	156
	杉村倉庫	187
	杉本商事	144
	ＳＫＩＹＡＫＩ	214
	スクウェア・エニックス・ホールディングス	193
	ＳＣＲＥＥＮホールディングス	116
	スクロール	154
	助川電気工業	122
	図研	116
	図研エルミック	207
★	スシローグローバルホールディングス	204
	鈴江コーポレーション	188
	スズキ	124
	鈴木	119
	スズケン	145
	スズデン	145
	鈴茂器工	113
	鈴与シンワート	206
	スターアジア不動産投資法人	173
	スタジオアタオ	161
◎	スタジオアリス	196
	スター精密	108
	スターゼン	142
	スターツコーポレーション	176
	スターツ出版	220
	スターツプロシード投資法人	172
	スターティアホールディングス	146
	スタートゥデイ	158
	スターフライヤー	186
	スター・マイカ	200

	スタンレー電気	115
	すてきナイスグループ	142
	ステップ	194
	ステラ　ケミファ	88
	ストライク	204
	ストライダーズ	179
	ストリーム	160
	スノーピーク	130
	スパークス・グループ	174
	スーパーツール	104
	スーパーバッグ	84
	スーパーバリュー	163
	ＳＵＢＡＲＵ	124
	昴	218
	スバル興業	192
	スパンクリートコーポレーション	98
	スプリックス	204
	スペース	193
	スペースシャワーネットワーク	220
	スマートバリュー	208
	住信ＳＢＩネット銀行	168
	住石ホールディングス	134
★	スミダコーポレーション	117
	住友大阪セメント	96
★	住友化学	85
	住友金属鉱山	100
★	住友ゴム工業	96
	住友重機械工業	106
★	住友商事	142
	住友精化	85
	住友精密工業	108
	住友倉庫	186
	住友電気工業	101
	住友電設	135
	住友不動産	176
★	住友ベークライト	86
★	住友理工	95
	住友林業	136

住江織物	82	
ズーム	122	
すららネット	214	
スリーエフ	160	
スリー・ディー・マトリックス	128	
スリープログループ	207	
スルガ銀行	164	

【 せ 】

生化学工業	93
成学社	223
西華産業	142
世紀東急工業	136
静甲	112
精工技研	122
正興電機製作所	120
星光PMC	89
★ セイコーエプソン	116
セイコーホールディングス	127
セイノーホールディングス	184
セイヒョー	80
西部電機	111
西部電気工業	134
西武ホールディングス	182
精養軒	218
西菱電機	207
清和中央ホールディングス	153
星和電機	117
世界貿易センタービルディング	180
セガサミーホールディングス	109
セキ	132
積水化学工業	86
積水化成品工業	86
積水樹脂	87
積水ハウス	136
積水ハウス・リート投資法人	173
セキチュー	162

セキド	160
セキュアヴェイル	222
石油資源開発	134
セグエグループ	223
セコニックホールディングス	111
セコム	192
セコム上信越	206
セゾン情報システムズ	217
セック	195
ゼット	147
ゼットン	216
瀬戸内運輸	183
瀬戸内開発	226
ゼニス羽田ホールディングス	98
銭高組	134
ゼネシス	123
ゼネラル・オイスター	212
ゼネラルパッカー	113
ゼビオホールディングス	155
セフテック	151
★ セプテーニ・ホールディングス	219
セブン&アイ・ホールディングス	158
セブン銀行	166
セブン工業	131
セブンシーズホールディングス	208
SEMITEC	123
セメダイン	90
セラク	204
セーラー広告	218
セラーテムテクノロジー	228
セーラー万年筆	131
セリア	163
ゼリア新薬工業	93
SERIOホールディングス	214
セルシード	128
セレス	203
セレスポ	218
セーレン	82

★ ゼロ	184	
全国不動産信用保証	175	
全国保証	173	
全国旅館会館	180	
センコーグループホールディングス	184	
センコン物流	185	
泉州電業	145	
千趣会	157	
千寿製薬	95	
ゼンショーホールディングス	197	
仙台カントリークラブ	225	
仙台銀行	168	
全宅住宅ローン	175	
センチュリー２１・ジャパン	180	
セントクリークゴルフクラブ	227	
セントケア・ホールディングス	204	
セントラル硝子	85	
ＣＳＰ	196	
セントラルスポーツ	205	
セントラル総合開発	178	
船場	205	
仙波糖化工業	81	
ゼンリン	193	

【　そ　】

ＺＯＡ	163
ＳＯＵ	149
総医研ホールディングス	210
綜研化学	91
創健社	153
綜合警備保障	192
総合商研	132
総合メディカル	155
倉庫精練	83
★ 双日	146
象印マホービン	118
双信電機	117

創通	221	
相鉄ホールディングス	181	
ソウルドアウト	215	
ソケッツ	210	
ソーシャルワイヤー	213	
ソースネクスト	198	
★ そーせいグループ	209	
ソーダニッカ	145	
◎ ソディック	108	
ソトー	82	
ソニー	115	
ソニーフィナンシャルホールディングス	169	
ソネック	137	
ソネット・メディア・ネットワークス	213	
ソノコム	132	
ソーバル	223	
ソフィアホールディングス	216	
ソフトウェア・サービス	223	
ソフト９９コーポレーション	90	
ソフトクリエイトホールディングス	199	
ソフトバンク	189	
★ ソフトバンクグループ	188	
ソフトバンク・テクノロジー	197	
ソフトブレーン	198	
ソフトフロントホールディングス	220	
ソフトマックス	211	
ソマール	148	
ソラシドエア	186	
ソラスト	192	
ソリトンシステムズ	195	
ソルクシーズ	193	
ソルコム	138	
★ ソレイジア・ファーマ	94	
ソレキア	153	
損害保険ジャパン日本興亜	170	
ＳＯＭＰＯホールディングス	170	

【　た　】

	ダイイチ	162
	第一カッター興業	137
	第一稀元素化学工業	88
	第一建設工業	140
	第一工業製薬	86
	第一興商	145
	第一交通産業	185
★	第一三共	93
	第一実業	142
	第一商品	174
	第一精工	119
	第一生命ホールディングス	169
	第一屋製パン	77
	大運	187
	大栄不動産	180
	大王製紙	84
	ダイオーズ	197
	タイガースポリマー	89
	ダイキアクシス	89
	大紀アルミニウム工業所	102
	大気社	136
	大京	176
	ダイキョーニシカワ	89
	ダイキン工業	106
	ダイケン	105
	大研医器	127
	大建工業	129
	大光銀行	166
	だいこう証券ビジネス	171
	大興電子通信	148
	大幸薬品	93
	ダイコク電機	108
	大黒天物産	158
	大黒屋ホールディングス	159
	ダイサン	207

第三銀行	168
ダイジェット工業	105
第四銀行	164
ダイショー	80
大庄	195
大正銀行	168
大正製薬ホールディングス	93
大伸化学	91
大真空	118
大水	148
大末建設	134
タイセイ	149
大成	216
大成温調	140
大成建設	134
大成ラミック	89
ダイセキ	194
ダイセキ環境ソリューション	137
ダイセル	86
ダイダン	136
大鉄工業	141
ダイト	93
大東銀行	165
大東建託	136
大東港運	188
大同工業	106
大同信号	119
大同生命保険	170
大同特殊鋼	99
ダイトウボウ	82
大同メタル工業	124
大都魚類	147
ダイドーグループホールディングス	78
ダイトーケミックス	90
ダイドーリミテッド	82
ダイトロン	145
ダイナックホールディングス	207
ダイナパック	84

★	ダイナムジャパンホールディングス	229
	ダイニチ工業	102
	大日精化工業	86
	ダイニック	82
	大日光・エンジニアリング	122
	大日本印刷	129
	大日本コンサルタント	207
★	大日本住友製薬	92
	大日本塗料	87
	ダイハツディーゼル	111
	ダイビル	176
	ダイフク	107
	ダイベア	110
	太平化学製品	92
	太平製作所	110
	太平電業	136
	大平洋金属	99
	太平洋工業	124
	太平洋興発	141
	太平洋セメント	96
	ダイヘン	114
	大宝運輸	185
	大豊建設	135
	大豊工業	124
	大松産業	227
	大丸エナウィン	148
	ダイヤ通商	161
	ダイヤモンド電機	120
	ダイユー・リックホールディングス	159
	太陽化学	80
	太洋基礎工業	140
	太陽毛糸紡績	83
	太陽工機	113
	太洋工業	123
	太陽生命保険	170
★	大陽日酸	85
	太洋物産	150
	太陽ホールディングス	88

太陽誘電	116
大冷	79
大和	159
大和コンピューター	222
大和自動車交通	182
大和重工	100
大和証券	169
大和証券オフィス投資法人	172
大和証券グループ本社	169
大和ハウス工業	135
大和ハウスリート投資法人	172
ダイワボウホールディングス	82
大和冷機工業	109
タウンニュース社	222
田岡化学工業	89
タカギセイコー	91
タカキタ	106
タカキュー	157
高砂香料工業	87
高砂鉄工	100
高砂熱学工業	136
高島	141
高島屋	154
タカショー	145
タカセ	188
高田機工	101
高滝リンクス倶楽部	227
高田工業所	138
タカチホ	153
高千穂交易	145
タカトリ	111
タカノ	130
鷹之台ゴルフ	181
高橋カーテンウォール工業	139
高松機械工業	111
高松コンストラクショングループ	136
高見沢	153
高見沢サイバネティックス	113

宝印刷		130
タカラスタンダード		129
タカラトミー		130
タカラバイオ		93
宝ホールディングス		77
タカラレーベン		177
タカラレーベン・インフラ投資法人		173
多木化学		85
滝上工業		103
滝沢鉄工所		105
滝沢ハム		81
タキヒヨー		144
タキロンシーアイ		86
タクマ		105
タクミナ		111
武井工業所		98
竹内製作所		109
タケエイ		200
竹田印刷		131
タケダ機械		112
★ 武田薬品工業		92
竹中工務店		141
たけびし		145
竹本容器		88
但馬銀行		167
多治見クラシック		227
ダスキン		194
タダノ		107
タチエス		125
立川ブラインド工業		130
立花エレテック		144
ＴＡＣ		198
タツタ電線		101
タツミ		127
タツモ		111
立山黒部貫光		183
ＴＡＴＥＲＵ		137
田中化学研究所		91

田中商事		146
田中精密工業		126
タナベ経営		194
田辺工業		138
★ 田辺三菱製薬		92
タビオ		149
旅工房		213
田淵電機		117
ＷＤＩ		222
ＷＤＢホールディングス		205
ＷＢＦリゾート沖縄		209
ダブル・スコープ		119
ダブルスタンダード		213
玉井商船		186
多摩川ホールディングス		122
タマホーム		137
タムラ製作所		115
タムロン		127
田谷		197
丹青社		194
ダントーホールディングス		97

【 ち 】

地域新聞社		223
チエル		223
チェンジ		213
力の源ホールディングス		204
筑邦銀行		167
知多鋼業		104
チタン工業		85
秩父鉄道		182
チッソ		92
チノー		115
千葉カントリー倶楽部		225
千葉銀行		164
千葉県建設業センター		181
千葉興業銀行		164

チームスピリット		228
チムニー		205
チャーム・ケア・コーポレーション		208
中越パルプ工業		84
中央インターナショナルグループ		208
中央化学		91
中央可鍛工業		100
中央魚類		147
中央経済社ホールディングス		219
中央紙器工業		84
中央自動車工業		148
中央製作所		121
中央倉庫		187
中央発条		101
中央ビルト工業		103
中外鉱業		134
★ 中外製薬		92
中外炉工業		136
中京医薬品		94
中京銀行		166
中広		205
中国銀行		165
中国工業		101
中国電力		190
中国塗料		87
中電工		135
中部ガス		191
中部鋼鈑		100
中部国際空港		227
中部飼料		77
中部水産		150
中部電力		190
中部日本放送		189
銚子丸		222
長大		194
長府製作所		102
蝶理		141
チヨダ		156

千代田インテグレ		117
チヨダウーテ		98
千代田化工建設		106
千代田工販		154

【 つ 】

ツインバード工業		104
ツヴァイ		209
ツカダ・グローバルホールディングス		199
ツガミ		105
ツカモトコーポレーション		142
築地魚市場		147
月島機械		106
ツクイ		199
筑波銀行		164
筑波ゴルフコース		226
津田駒工業		106
土屋ホールディングス		138
都築電気		148
ツツミ		130
ツナグ・ソリューションズ		204
ツノダ		180
★ ツバキ・ナカシマ		109
椿本興業		142
椿本チエイン		106
ツムラ		93
ツルハホールディングス		158
鶴見製作所		108
鶴弥		97

【 て 】

ティア		200
TIS		201
DIC		87
★ ティアック		116
ディア・ライフ		177

	Ｔ＆Ｋ　ＴＯＫＡ	88
	Ｔ＆Ｃメディカルサイエンス	228
	Ｔ＆Ｄホールディングス	169
	Ｄ．Ａ．コンソーシアムホールディングス	209
	ＴＳＩホールディングス	83
★	テイ・エス　テック	124
◎	ＴＨＫ	108
★	ディー・エヌ・エー	199
	ＤＮＡチップ研究所	209
	ＤＡホールディングス	227
	ディーエムエス	218
★	ＤＭＧ森精機	107
	ディーエムソリューションズ	224
	ディー・エル・イー	202
	ＴＯＡ	116
	テイカ	85
	ティーガイア	189
	テイクアンドギヴ・ニーズ	198
	ＴＫＣ	193
	ＴＫＣ金融保証	175
	ティーケーピー	179
	帝国繊維	82
	帝国通信工業	115
	帝国電機製作所	117
	帝国ホテル	206
	デイ・シイ	98
	ＤＣＭホールディングス	158
	ディジタルメディアプロフェッショナル	211
	帝人	82
	ディスコ	127
	ＴＳＯＮ	178
	テイツー	162
	ディップ	204
	ＤＴＳ	194
	ディー・ディー・エス	210
	ＴＴＫ	138
	ＴＤＫ	115
	ＴＤＣソフト	196

	ディー・ティー・ホールディングス	185
	ＤＤホールディングス	200
	デイトナ	126
	ＴＰＲ	107
	ティビィシィ・スキヤツト	224
	ＴＢグループ	119
	ＴＢＫ	124
	ディーブイエックス	147
	ティムコ	151
	ティーライフ	158
	ティラド	123
	ティー・ワイ・オー	228
	テイン	126
	デ・ウエスタン・セラピテクス研究所	94
	テーオーシー	176
	テー・オー・ダブリュー	197
	テーオーホールディングス	152
	デクセリアルズ	89
	テクノアソシエ	148
	テクノアルファ	152
	テクノクオーツ	98
	テクノスジャパン	202
	テクノスマート	110
	テクノ・セブン	122
★	テクノプロ・ホールディングス	203
	テクノホライゾン・ホールディングス	122
	テクノマセマティカル	208
	テクノメディカ	118
	テクノ菱和	138
	テクマトリックス	196
	デザインワン・ジャパン	203
	デサント	143
	デジタルアーツ	196
	デジタル・アドバタイジング・コンソーシアム	227
	デジタルアドベンチャー	219
	デジタル・インフォメーション・テクノロジー	203
	デジタルガレージ	198
	デジタルハーツホールディングス	202

テスク		215
テセック		112
データ・アプリケーション		222
データセクション		212
データホライゾン		210
テックファームホールディングス		222
鉄建建設		134
鉄人化計画		207
テノックス		140
デファクトスタンダード		161
手間いらず		210
テモナ		213
デュアルタップ		178
テラ		223
寺岡製作所		90
寺崎電気産業		121
テラスカイ		212
◎ テラプローブ		121
デリカフーズホールディングス		146
テリロジー		152
★ テルモ		127
テレビ朝日ホールディングス		188
テレビ東京ホールディングス		189
テレビ西日本		190
テンアライド		192
デンカ		85
電気興業		114
電響社		148
電業社機械製作所		110
電源開発		190
電算		194
電算システム		205
天昇電気工業		90
★ デンソー		115
デンタス		208
★ 電通		194
電通国際情報サービス		193
テンポイノベーション		179

テンポスホールディングス		152
天馬		88
天満屋ストア		160
デンヨー		118
天竜製鋸		104

【 と 】

トーア再保険		170
トーア紡コーポレーション		83
トーアミ		103
トーイン		84
東亜建設工業		135
東亜合成		85
東亜石油		95
東亜ディーケーケー		115
東亜道路工業		135
東亜バルブエンジニアリング		111
東映		192
東映アニメーション		224
21LADY		161
東海エレクトロニクス		150
東海カーボン		96
東海カントリークラブ		180
東海汽船		186
東海自動車		180
東海染工		82
東海東京フィナンシャル・ホールディングス		169
東海理化電機製作所		123
東海リース		207
東海旅客鉄道		182
東葛ホールディングス		152
東急建設		137
東急不動産ホールディングス		177
東急リアル・エステート投資法人		171
東急レクリエーション		206
東京一番フーズ		200
東京インキ		90

東京エネシス	135	
東京エレクトロン	116	
東京エレクトロン　デバイス	146	
◎ 東京応化工業	88	
東京会館	206	
東京海上日動火災保険	170	
東京海上ホールディングス	170	
東京ガス	191	
東京機械製作所	106	
東京汽船	187	
東京貴宝	151	
東京急行電鉄	181	
東京きらぼしフィナンシャルグループ	166	
東京クラシック	229	
東京計器	127	
東京建設会館	180	
東京衡機	128	
東京コスモス電機	119	
東京個別指導学院	197	
東京産業	142	
東京自働機械製作所	110	
東京商品取引所	175	
東京スター銀行	168	
東京青果	154	
東京製綱	101	
東京製鉄	99	
東京精密	127	
東京センチュリー	171	
東京ソワール	148	
東京建物	176	
東京地下鉄	183	
東京テアトル	192	
東京鉄鋼	99	
東京電力パワーグリッド	191	
東京電力ホールディングス	190	
東京特殊電線	101	
東京都競馬	192	
東京ドーム	192	

東京日産コンピュータシステム	151	
東京博善	224	
ＴＯＫＹＯ　ＢＡＳＥ	159	
東京貿易ホールディングス	154	
ＴＢＳホールディングス	188	
東京ボード工業	131	
東京メトロポリタンテレビジョン	190	
ＴＹＫ	97	
東京楽天地	176	
東京ラヂエーター製造	125	
東京湾横断道路	224	
東計電算	205	
東建コーポレーション	137	
東工コーセン	153	
東光高岳	119	
東光電気工事	141	
道後観光ゴルフ	227	
ドウシシャ	143	
東芝	119	
東芝機械	105	
東芝テック	114	
東芝プラントシステム	134	
投資法人みらい	173	
東祥	199	
東ソー	85	
東テク	144	
東鉄工業	135	
東天紅	191	
東都水産	142	
東武住販	180	
東武ストア	155	
東武鉄道	181	
東部ネットワーク	185	
東プレ	101	
東宝	192	
東邦亜鉛	100	
東邦アセチレン	85	
東邦化学工業	90	

東邦瓦斯		191
東邦銀行		164
東邦金属		103
東邦システムサイエンス		198
東邦チタニウム		101
東邦電気工業		141
東邦ホールディングス		144
東邦レマック		151
東北化学薬品		150
東北銀行		164
東北新社		218
東北電力		190
東北特殊鋼		100
東北放送		190
◎ 東洋インキSCホールディングス		87
東洋エンジニアリング		107
東洋機械金属		106
東洋クオリティワン		92
東洋経済新報社		225
東洋建設		135
東洋合成工業		91
東洋鋼鈑		99
東洋ゴム工業		95
東洋シヤッター		102
東洋証券		169
東洋水産		78
東洋製缶グループホールディングス		101
東洋精糖		77
東陽倉庫		186
東洋炭素		97
東陽テクニカ		144
東洋テック		207
東洋電機		121
東洋電機製造		114
東洋ドライルーブ		92
東洋刄物		103
東洋ビジネスエンジニアリング		198
東洋埠頭		186

東洋紡		82
東横イン		227
東リ		87
東理ホールディングス		160
動力		138
東レ		82
東和銀行		165
東和フードサービス		221
東和薬品		93
トーエネック		135
トーエル		157
トーカイ		194
TOKAIホールディングス		147
戸上電機製作所		119
トーカロ		102
トーカン		149
徳島銀行		168
特殊電極		105
特種東海製紙		84
トクヤマ		85
徳倉建設		139
土佐観光施設		227
図書印刷		129
トーシン		189
トシン・グループ		152
トスネット		219
トーセ		197
★ トーセイ		177
トーセイ・リート投資法人		173
トーソー		103
戸田建設		135
戸田工業		86
栃木銀行		165
鳥取銀行		165
凸版印刷		129
トッパン・フォームズ		130
トップカルチャー		157
TOTO		96

ドトール・日レスホールディングス	201	
トナミホールディングス	184	
ＴＯＮＥ	103	
トーハツ	113	
鳥羽洋行	151	
トーハン	154	
トピー工業	126	
飛島建設	134	
トプコン	127	
トーホー	145	
土木管理総合試験所	205	
トマト銀行	166	
ドミー	163	
トミタ	151	
トミタ電機	122	
トーメンデバイス	146	
巴川製紙所	84	
巴工業	109	
巴コーポレーション	136	
トーモク	84	
トモニホールディングス	166	
富山銀行	164	
富山ゴルフ	226	
富山第一銀行	166	
富山地方鉄道	183	
トーヨーアサノ	97	
トーヨーカネツ	106	
豊田合成	124	
トヨタ自動車	123	
★ 豊田自動織機	105	
★ 豊田通商	141	
トヨタファイナンス	175	
トヨタ紡織	123	
豊橋鉄道	183	
トライアイズ	220	
トライアンフコーポレーション	209	
トライステージ	210	
トラスコ中山	146	

トラスト	160	
トラスト・テック	200	
トラストホールディングス	179	
ＴＲＵＣＫ－ＯＮＥ	150	
トランコム	187	
トランザクション	130	
トランザス	121	
トランスコスモス	193	
トランスジェニック	215	
鳥居薬品	93	
鳥貴族	203	
トリケミカル研究所	88	
鳥越製粉	77	
ドリコム	210	
酉島製作所	106	
★ トリドールホールディングス	200	
トリニティ工業	110	
トリプルワン	120	
ドリームインキュベータ	198	
トレジャー・ファクトリー	158	
トレックス・セミコンダクター	119	
トレーディア	187	
トレードワークス	223	
トレンダーズ	211	
トレンドマイクロ	197	
ＴＯＷＡ	108	
ＤＯＷＡホールディングス	100	
ドーン	218	
ドンキホーテホールディングス	157	

【　な　】

ナ・デックス	151	
ナイガイ	141	
内海観光開発	226	
内海造船	123	
内外テック	150	
内外トランスライン	187	

ＮａＩＴＯ	150	名古屋木材	149
ナガイレーベン	141	那須電機鉄工	103
ナガオカ	113	ナック	194
中北製作所	111	Ｎｕｔｓ	152
長崎銀行	168	ナトコ	91
長崎自動車	183	なとり	78
長崎放送	190	ナノキャリア	94
ナガセ	217	ナビタス	112
長瀬産業	141	ナフコ	163
永谷園ホールディングス	78	★ ナブテスコ	109
ナカニシ	128	名村造船所	123
中西製作所	103	奈良交通	183
中日本鋳工	112	奈良ゴルフ場	225
中日本興業	215	ナラサキ産業	147
中日本高速道路	188	ナリス化粧品	92
長野銀行	166	成田国際空港	229
長野計器	127	鳴門ゴルフ	225
長野電鉄	183	ナレッジスイート	214
ながの東急百貨店	162	南海辰村建設	138
ナカノフドー建設	135	南海電気鉄道	182
中野冷機	113	南海プライウッド	131
ナカバヤシ	129	南海放送	190
ナカボーテック	140	南国交通	183
ナガホリ	148	南国産業開発	226
中道リース	174	ナンシン	127
中村超硬	111	南総通運	185
中村屋	77	南都銀行	165
中本パックス	131	Ｎｏ．１	153
中山カントリークラブ	226	南部富士	181
中山製鋼所	98	南陽	149
中山福	144		
ナカヨ	116		
ナガワ	194	【 に 】	
名古屋銀行	166		
名古屋競馬	181	新潟運輸	185
名古屋スポーツセンター	224	新潟ケンベイ	154
名古屋鉄道	182	新潟交通	182
名古屋電機工業	121	新潟放送	189
		ニイタカ	88

★ ニコン	127	
西尾レントオール	196	
西川計測	152	
西川ゴム工業	96	
西芝電機	119	
西日本シティ銀行	168	
西日本新聞社	225	
西日本鉄道	181	
西日本フィナンシャルホールディングス	166	
西日本建設業保証	175	
西日本高速道路	188	
西日本旅客鉄道	182	
西松建設	134	
西松屋チェーン	157	
西本Ｗｉｓｍｅｔｔａｃホールディングス	143	
ニーズウェル	209	
日亜化学工業	92	
日亜鋼業	99	
ニチアス	97	
ニチイ学館	194	
★ 日医工	93	
ニチコン	116	
日住サービス	178	
ニチダイ	113	
日伝	144	
日電工業	123	
ニチハ	97	
ニチバン	86	
日貿信	175	
ニチモウ	142	
日油	86	
日糧製パン	81	
ニチリョク	162	
ニチリン	96	
ニチレイ	78	
ニチレキ	95	
日和産業	79	
日華化学	89	

ニッカトー	97	
日揮	136	
ニッキ	125	
★ 日機装	127	
日教販	154	
ニックス	91	
日建工学	207	
ニッコー	98	
日工	105	
ニッコンホールディングス	184	
日産化学	85	
日産自動車	123	
日産車体	123	
日産東京販売ホールディングス	143	
日産フィナンシャルサービス	175	
◎ ＮＩＳＳＨＡ	129	
日新	186	
日清オイリオグループ	78	
日新火災海上保険	170	
★ 日信工業	125	
日進工具	109	
日新商事	148	
日清食品ホールディングス	78	
日新製鋼	99	
日新製糖	79	
日清製粉グループ本社	77	
日新電機	114	
日神不動産	176	
日清紡ホールディングス	113	
日水製薬	93	
ニッセイ	111	
日精エー・エス・ビー機械	109	
日精樹脂工業	108	
日成ビルド工業	136	
日宣	223	
ニッソウ	138	
日総工産	204	
日創プロニティ	104	

ニッタ	96	
新田ゼラチン	89	
日鍛バルブ	125	
ニッチツ	110	
日鉄鉱業	133	
日鉄住金物産	144	
ニットー	139	
日東エフシー	88	
日東化工	96	
日東工器	109	
日東工業	116	
日東精工	101	
日東製網	82	
★ 日東電工	87	
日東富士製粉	77	
日東ベスト	81	
日東紡	96	
日特エンジニアリング	112	
日特建設	137	
ニッパンレンタル	219	
ニッピ	132	
NIPPO	135	
日邦産業	151	
日本アビオニクス	120	
日本アンテナ	122	
日本一ソフトウェア	222	
日本ガイシ	97	
日本瓦斯	154	
日本カーバイド工業	85	
日本カーボン	96	
日本金属	99	
日本ケアサプライ	207	
日本軽金属ホールディングス	102	
日本毛織	82	
日本ケミコン	116	
日本ケミファ	92	
日本高周波鋼業	99	
ニッポン高度紙工業	84	

日本コンクリート工業	96	
日本コンセプト	187	
日本CMK	119	
日本システムウエア	193	
日本車両製造	126	
日本触媒	86	
日本新薬	92	
日本水産	133	
日本精化	87	
★ 日本精機	125	
★ 日本精工	107	
日本政策金融公庫	175	
日本政策投資銀行	175	
日本製紙	83	
日本精線	99	
日本製粉	77	
日本ゼオン	86	
日本タングステン	119	
日本鋳造	100	
日本鋳鉄管	99	
日本通運	184	
★ NEC	114	
日本電気硝子	97	
日本甜菜製糖	77	
日本電信電話	188	
日本電設工業	135	
日本電通	138	
日本道路	135	
日本特殊陶業	97	
日本トムソン	107	
日本ドライケミカル	109	
★ 日本取引所グループ	173	
ニッパツ	101	
日本ハム	77	
日本バルカー工業	87	
日本パレットプール	217	
日本ピストンリング	107	
日本ヒューム	96	

	日本ピラー工業	108
	日本プロロジスリート投資法人	172
	日本ペイントホールディングス	87
	日本ヘルスケア投資法人	172
	日本冶金工業	99
	日本郵政	205
	日本郵船	185
	日本ラッド	217
	日本リーテック	138
	日本リテールファンド投資法人	171
	日本リート投資法人	172
	ニトリホールディングス	159
	ニフコ	129
	ニプロ	128
	日本アイ・エス・ケイ	104
	日本アクア	137
	日本アコモデーションファンド投資法人	172
	日本アジアグループ	199
	日本アジア投資	170
	日本アセットマーケティング	179
	日本アルコール販売	154
★	日本板硝子	96
	日本エアーテック	109
	日本エス・エイチ・エル	220
	日本エスコン	176
	日本エスリード	176
	日本エマージェンシーアシスタンス	223
	日本M&Aセンター	200
	日本エム・ディ・エム	146
	日本エンタープライズ	198
	日本オラクル	197
	日本海洋掘削	134
	日本化学工業	85
	日本化学産業	89
	日本瓦斯	191
	日本紙パルプ商事	143
	日本化薬	86
	日本観光ゴルフ	226

日本管財	206
日本管理センター	177
日本乾溜工業	139
日本ギア工業	111
日本基礎技術	137
日本金銭機械	117
日本空港ビルデング	176
日本空調サービス	192
日本ＫＦＣホールディングス	207
日本経済新聞社	227
日本原子力発電	191
日本工営	135
日本興業	98
日本航空	186
日本航空電子工業	116
日本高純度化学	89
日本光電	115
日本コークス工業	95
日本国土開発	141
日本コンピュータ・ダイナミクス	216
日本再生可能エネルギーインフラ投資法人	173
日本サード・パーティ	218
日本色材工業研究所	91
日本システム技術	198
日本自動車ターミナル	188
日本社宅サービス	178
日本住宅ローン	175
日本出版販売	154
日本出版貿易	150
日本酒類販売	154
日本商業開発	177
日本証券金融	173
日本食品化工	80
日本信号	114
日本伸銅	103
日本スキー場開発	212
日本製缶	103
日本精鉱	103

	日本製鋼所	105
	日本製麻	83
	日本精密	128
	日本精蝋	95
	日本石油輸送	184
	日本セラミック	117
	日本創発グループ	133
	日本曹達	85
★	日本たばこ産業	79
	日本駐車場開発	177
	日本調剤	158
	日本賃貸住宅投資法人	172
	日本通信	188
	日本抵抗器製作所	119
	日本テクノ・ラボ	216
	日本デコラックス	91
	日本テレビホールディングス	188
	日本テレホン	189
	日本電技	140
	日本電計	150
★	日本電産	118
	日本電子	115
	日本電子材料	118
★	日本電波工業	117
	日本動物高度医療センター	212
	日本特殊塗料	87
	日本土地建物	181
	日本トランスシティ	186
	日本トリム	118
	日本農薬	87
◎	日本能率協会マネジメントセンター	227
	日本ハウズイング	209
	日本ハウスホールディングス	137
	日本パーカライジング	85
	日本パワーファスニング	103
	日本ＢＳ放送	189
	日本ピグメント	89
	日本ＰＣサービス	216

	日本ビューホテル	195
	日本ビルファンド投資法人	171
	日本ファルコム	215
	日本フイルコン	101
	日本フエルト	82
	日本フェンオール	120
	日本フォームサービス	121
	日本プライムリアルティ投資法人	171
	日本プラスト	124
	ニホンフラッシュ	130
	日本プリメックス	152
	日本プロセス	217
	日本マイクロニクス	116
	日本マクドナルドホールディングス	217
	日本モーゲージサービス	174
	日本山村硝子	96
	日本ユニシス	191
	日本ユピカ	91
	日本ライトン	151
	日本ライフライン	146
	日本リビング保証	174
	日本ルツボ	97
	日本ロジスティクスファンド投資法人	171
	日本ロジテム	185
	日本和装ホールディングス	208
	ニヤクコーポレーション	185
	ＮＥＷ　ＡＲＴ	163
	ニュー・オータニ	228
	ニューテック	122
★	ニュートン・フィナンシャル・コンサルティング	223
	ニューフレアテクノロジー	113
	ニレコ	122
	任天堂	191

【 ね 】

ネオジャパン	203
ネオス	201

	ネクシィーズグループ	197
	ネクスグループ	122
	ネクステージ	159
	ネクストウェア	220
	ネクストジェン	222
★	ネクソン	201
	ネットイヤーグループ	210
	ネットマーケティング	208
	ネットワンシステムズ	195
	ネポン	131

【 の 】

農協観光	225
農業総合研究所	149
能美防災	114
ノエビアホールディングス	89
野崎印刷紙業	131
ノザワ	97
ノジマ	155
ノダ	131
のと鉄道	183
乃村工芸社	196
ノムラシステムコーポレーション	204
野村総合研究所	193
野村不動産ホールディングス	177
野村不動産マスターファンド投資法人	173
野村貿易	154
野村ホールディングス	169
野村マイクロ・サイエンス	113
ノリタケカンパニーリミテド	96
ノーリツ	102

★	ノーリツ鋼機	127

【 は 】

ハイアス・アンド・カンパニー	213
パイオニア	115

パイオラックス	102
バイク王＆カンパニー	149
バイタルケーエスケー・ホールディングス	146
ハイデイ日高	195
バイテックホールディングス	143
ハイパー	152
パイプドHD	203
ハイマックス	196
ハイレックスコーポレーション	125
パイロットコーポレーション	130
ハウス オブ ローゼ	155
ハウスコム	180
ハウス食品グループ本社	78
ハウスドゥ	178
ハウスフリーダム	179
パウダーテック	100
パーカーコーポレーション	90
はかた匠工芸	83
萩原工業	130
萩原電気ホールディングス	147
PKSHA Technology	214
ハークスレイ	157
博展	222
伯東	141
白銅	144
パーク２４	176
博報堂ＤＹホールディングス	205
白洋舎	192
はごろもフーズ	80
パシフィックシステム	216
パシフィックネット	160
橋本総業ホールディングス	146
パス	208
パスコ	186
パスポート	161
はせがわ	156
長谷川香料	88
長谷工コーポレーション	134

パソナグループ		201
パーソルホールディングス		201
八十二銀行		164
ハチバン		217
バーチャレクス・ホールディングス		215
バッファロー		163
初穂商事		151
はてな		213
ぱど		220
ハードオフコーポレーション		157
パートナーエージェント		212
バナーズ		159
★ パナソニック		115
HANATOUR JAPAN		214
花屋敷ゴルフ倶楽部		226
ハニーズホールディングス		158
ハーバー研究所		91
パパネッツ		187
ハビックス		84
ハピネス・アンド・ディ		163
ハピネット		146
パピレス		223
ハブ		200
ハマイ		104
浜井産業		110
ハマキョウレックス		184
浜名湖観光開発		225
浜松ホトニクス		118
Hamee		159
ハーモニック・ドライブ		113
林兼産業		77
パラカ		178
原弘産		178
原田工業		120
パラマウントベッドホールディングス		130
ハリマ化成グループ		87
ハリマ共和物産		148
ハリマビステム		217

バリューHR		202
バリューコマース		195
バリューゴルフ		213
バリューデザイン		213
バルクホールディングス		216
パルグループホールディングス		157
★ パルコ		156
パルステック工業		120
PALTAC		143
PALTEK		149
バルニバービ		212
パルマ		179
はるやまホールディングス		156
パレスホテル		226
パレモ・ホールディングス		162
ハローズ		158
バロックジャパンリミテッド		159
バローホールディングス		156
阪急阪神ホールディングス		182
阪急リート投資法人		172
バンク・オブ・イノベーション		228
阪神高速道路		188
阪神電気鉄道		182
阪神内燃機工業		110
ハンズマン		162
バンダイナムコホールディングス		130
パンチ工業		109
バンドー化学		95
飯能ゴルフ倶楽部		226
阪和興業		142

【 ひ 】

ぴあ		194
B−R31アイスクリーム		81
PR TIMES		213
ビーアールホールディングス		137
ヴィスコ・テクノロジーズ		122

ビーイング		219
ピーエイ		207
ピーエス三菱		136
ピエトロ		79
ビー・エム・エル		192
日置電機		118
ビオフェルミン製薬		92
ヒガシ21		184
東日本銀行		168
東日本建設業保証		175
東日本高速道路		188
東日本旅客鉄道		182
東松山カントリークラブ		224
ヒガシマル		80
光製作所		152
★	光通信	188
光ハイツ・ヴェラス		216
光ビジネスフォーム		132
ひかりホールディングス		138
ピクスタ		161
ピクセラ		120
ピクセルカンパニーズ		152
ビーグリー		204
ビケンテクノ		206
肥後銀行		167
日阪製作所		107
久光製薬		93
PCIホールディングス		203
ピー・シー・エー		194
ピーシーデポコーポレーション		157
ビジネスブレイン太田昭和		193
ビジネス・ブレークスルー		200
ビジネス・ワンホールディングス		179
ビジョン		189
ピジョン		130
ビズライト・テクノロジー		209
ピースリビング		138
日高カントリー倶楽部		226

★	日立化成	86
★	日立キャピタル	170
★	日立金属	99
★	日立建機	109
★	日立製作所	114
	日立造船	107
★	日立ハイテクノロジーズ	143
★	日立物流	184
	日立ヘルスケア・マニュファクチャリング	123
	ビックカメラ	158
	ピックルスコーポレーション	79
	ヒップ	222
	ヒト・コミュニケーションズ	201
	備南観光開発	225
	ヒノキヤグループ	137
	日野自動車	123
	BEENOS	158
	日ノ丸自動車	183
	ヒーハイスト精工	113
	ピーバンドットコム	149
	ビーピー・カストロール	145
	ヒビノ	217
	日比谷総合設備	134
	ビープラッツ	214
	ピープル	132
	ビーブレイクシステムズ	213
	ビーマップ	220
	ヒマラヤ	156
	百五銀行	165
	百十四銀行	165
	ビューティ花壇	149
	ビューティガレージ	147
	ヒューマン・アソシエイツ・ホールディングス	214
	ヒューマンホールディングス	221
	ヒューマン・メタボローム・テクノロジーズ	211
	ヒューリック	176
	ヒューリックリート投資法人	172
	兵機海運	187

平賀	132	ファンコミュニケーションズ	200
平河ヒューテック	102	ファンデリー	161
ヒラキ	160	ファンドクリエーショングループ	174
平田機工	109	ブイキューブ	202
ヒラノテクシード	110	フィスコ	218
ひらまつ	199	フィックスターズ	202
平山ホールディングス	128	◎ フィット	139
ビリングシステム	210	フィデアホールディングス	166
広島ガス	191	ＶＴホールディングス	146
広島観光開発	183	ブイ・テクノロジー	128
広島銀行	165	フィード・ワン	79
広島ゴルフ観光	224	フィル・カンパニー	139
広島電鉄	182	フィールズ	147
ＨＥＲＯＺ	215	フィンテック　グローバル	174
ヒロセ通商	175	フェイス	198
ヒロセ電機	116	フェイスネットワーク	179
ビーロット	178	フェスタリアホールディングス	163
備後観光開発	226	フェニックスバイオ	215
		フェリシモ	158
		フェローテックホールディングス	121
【　ふ　】		フォーカスシステムズ	206
		フォーサイド	220
		フォーシーズホールディングス	160
ファイズ	187	フォスター電機	115
ファイバーゲート	189	フォーバル	143
ファインシンター	103	フォーバルテレコム	189
ファインデックス	201	フォーバル・リアルストレート	221
ファステップス	207	フォーライフ	179
ファーストコーポレーション	137	フォレストホールディングス	154
ファースト住建	177	ｆｏｎｆｕｎ	220
ファーストブラザーズ	178	深川製磁	98
★ ファーストリテイリング	155	福井銀行	164
ファーストロジック	203	福井県観光開発	225
ファナック	116	福井コンピュータホールディングス	195
ファーマフーズ	80	福井鉄道	183
ファーマライズホールディングス	158	福岡カンツリー倶楽部	181
ファミリー	153	福岡銀行	167
ファルコホールディングス	197	福岡サンレイクゴルフ倶楽部	227
ファルテック	125		
ファンケル	88		

福岡中央銀行	167
ふくおかフィナンシャルグループ	166
福岡リート投資法人	171
福島印刷	132
福島銀行	165
福島工業	110
福田組	136
フクダ電子	122
福留ハム	80
フクビ化学工業	90
福邦銀行	168
福山観光開発	226
福山コンサルタント	225
福山通運	184
フコク	96
ＦＵＪＩ	105
フジ	156
藤井産業	151
フジオーゼックス	125
フジオフードシステム	221
藤ケ谷カントリー倶楽部	224
不二硝子	98
伏木海陸運送	187
藤木工務店	141
藤久	156
富士急行	181
フジクラ	101
藤倉化成	87
藤倉ゴム工業	95
フジコー	83
ＦＵＪＩＫＯＨ	208
富士興産	141
不二越	107
フジコピアン	131
フジ・コーポレーション	156
不二サッシ	103
富士山マガジンサービス	161
フジ住宅	176

藤商事	113
フジシールインターナショナル	130
不二精機	113
富士精工	112
富士製薬工業	93
不二製油グループ本社	78
富士石油	95
富士ソフト	193
富士ソフトサービスビューロ	219
冨士ダイス	109
藤田エンジニアリング	139
藤田観光	192
フジタコーポレーション	221
★ 富士通	114
富士通コンポーネント	120
富士通ゼネラル	115
富士通フロンテック	120
フジックス	83
フジッコ	78
富士テクノソリューションズ	209
フジテック	107
富士電機	114
不二電機工業	117
フジトミ	174
フジ日本精糖	79
フジパングループ本社	81
富士ピー・エス	137
富士フイルムホールディングス	87
富士古河Ｅ＆Ｃ	138
フジプレアム	91
富士変速機	112
富士紡ホールディングス	82
フジマック	103
フジミインコーポレーテッド	97
フジ・メディア・ホールディングス	188
藤森工業	88
不二家	77
フージャースホールディングス	177

不二ラテックス		96
扶桑化学工業		88
扶桑電通		148
扶桑薬品工業		93
フタバ産業		124
双葉電子工業		118
府中カントリークラブ		226
ブックオフコーポレーション		156
ブティックス		161
不動テトラ		134
船井総研ホールディングス		193
船井電機		117
フーマイスターエレクトロニクス		153
フマキラー		90
フュージョン		216
フューチャー		197
フューチャーベンチャーキャピタル		174
フュートレック		208
芙蓉総合リース		171
ブライトパス・バイオ		94
フライトホールディングス		208
フライングガーデン		218
プラコー		112
プラザクリエイト本社		218
★ ブラザー工業		114
ブラス		205
プラス・テク		92
プラッツ		131
ぷらっとホーム		120
ブラップジャパン		221
プラネット		218
プラマテルズ		151
ブランジスタ		212
フランスベッドホールディングス		130
PLANT		157
フリークアウト・ホールディングス		211
フリージア・マクロス		110
ブリヂストン		95

フリービット		196
プリマハム		77
フリュー		110
Ｆｒｉｎｇｅ８１		214
古河機械金属		100
古河電気工業		101
古河電池		115
フルキャストホールディングス		198
フルサト工業		146
フルスピード		210
フルッタフルッタ		80
フルテック		204
ブルドックソース		80
古野電気		118
古林紙工		84
ブルボン		80
フルヤ金属		104
ブレインパッド		201
プレサンスコーポレーション		177
プレシジョン・システム・サイエンス		128
プレス工業		124
プレステージ・インターナショナル		198
プレナス		194
★ プレミアグループ		174
プレミア投資法人		171
プレミアムウォーターホールディングス		80
フレンドリー		207
フロイント産業		113
プロシップ		199
プロスペクト		178
ブロッコリー		132
プロトコーポレーション		218
ブロードバンドタワー		221
ブロードメディア		220
★ ブロードリーフ		202
プロネクサス		130
プロパスト		180
プロパティエージェント		178

プロパティデータバンク	215
プロルート丸光	150
プロレド・パートナーズ	228
ブロンコビリー	196
フロンティア	92
フロンティア不動産投資法人	171
ＦＲＯＮＴＥＯ	210
文化シヤッター	101
文教堂グループホールディングス	162
文渓堂	216

【　へ　】

平安レイサービス	220
ベイカレント・コンサルティング	213
平和	108
平和紙業	148
平和堂	155
平和不動産	176
平和不動産リート投資法人	171
ベガコーポレーション	161
ペガサスミシン製造	109
碧	209
ベクター	163
ベクトル	202
ベステラ	137
ベストワンドットコム	214
ペッパーフードサービス	146
ベネッセホールディングス	197
ベネフィットジャパン	188
ベネフィット・ワン	208
ペプチドリーム	93
ヘリオス	94
ヘリオス　テクノ　ホールディングス	117
ベリサーブ	199
ベリテ	160
ベルク	159
ベルグアース	133

★ ベルシステム２４ホールディングス	203
ヘルスケア＆メディカル投資法人	173
ベルーナ	156
ベルパーク	189
弁護士ドットコム	212

【　ほ　】

ホウスイ	141
房総カントリークラブ	226
放電精密加工研究所	113
ホウライ	224
豊和銀行	167
豊和工業	106
ポエック	153
ホギメディカル	83
北越銀行	164
北越工業	107
北越コーポレーション	84
北越メタル	100
北興化学工業	87
ホクコン	98
ホクシン	131
ホクト	133
北都銀行	167
北部製糖	81
ほくほくフィナンシャルグループ	166
ほくやく・竹山ホールディングス	150
北雄ラッキー	161
北洋銀行	165
北陸瓦斯	191
北陸観光開発	226
北陸銀行	167
北陸鉄道	183
北陸電気工業	116
北陸電気工事	137
北陸電力	190
北陸電話工事	138

	北陸放送	190
◎	ホクリョウ	133
	ポケットカード	176
	星医療酸器	152
	ホシザキ	109
	ホシデン	115
	星野リゾート・リート投資法人	172
	ホソカワミクロン	108
	細田工務店	140
	細谷火工	91
	ボーソー油脂	79
	ホーチキ	114
	北海電気工事	139
	北海道ガス	191
	北海道銀行	167
	北海道建設業信用保証	175
	北海道コカ・コーラボトリング	80
	北海道曹達	92
	北海道中央バス	182
	北海道電力	190
	ホッカンホールディングス	101
	北国銀行	164
	堀田丸正	148
	ホットマン	163
	ホットランド	203
★	ホットリンク	211
	ホテルオークラ	225
	ホテルニューアカオ	226
	ホテル、ニューグランド	217
	保土谷化学工業	86
	ポバール興業	91
	ホープ	133
	ホープ	213
	ポプラ	157
	ほぼ日	163
★	HOYA	127
	VOYAGE　GROUP	205
	ポーラ・オルビスホールディングス	89

	ポラテクノ	91
	ホリイフードサービス	222
	堀場製作所	116
	ボルテージ	201
	ポールトゥウィン・ピットクルーホールディングス	201
	ホロン	128
	本州化学工業	89
★	本田技研工業	124
	本多通信工業	118
	ホンダファイナンス	175
	翻訳センター	218

【　ま　】

	マイスターエンジニアリング	206
	毎日コムネット	178
	マイネット	204
	Mipox	98
	前沢化成工業	88
	前沢給装工業	102
	前沢工業	108
	前田建設工業	135
	前田工繊	130
	前田製作所	112
	前田道路	136
	マキタ	114
	牧野フライス製作所	105
	マキヤ	162
	マーキュリアインベストメント	173
	マクセルホールディングス	116
	マクニカ・富士エレホールディングス	147
	マークラインズ	203
★	マクロミル	204
	マーケットエンタープライズ	161
	誠建設工業	178
	マサル	140
	マースエンジニアリング	109
	マーチャント・バンカーズ	174

—281—

松井建設	134	丸尾カルシウム	89
松井証券	169	マルカキカイ	144
マツオカコーポレーション	83	マルキョウ	163
松尾建設	141	マルコ	160
松尾電機	120	マルサンアイ	80
マックス	107	丸三証券	169
マックスバリュ九州	163	マルシェ	195
マックスバリュ中部	161	丸順	125
マックスバリュ東海	160	マルゼン	103
マックスバリュ東北	160	丸善ＣＨＩホールディングス	158
マックスバリュ西日本	160	丸全昭和運輸	184
マックスバリュ北海道	161	マルタイ	80
マックハウス	162	丸大食品	77
マツダ	124	丸千代山岡家	218
松田産業	144	丸東産業	91
マツモト	132	丸ノ内ホテル	225
マツモトキヨシホールディングス	158	丸八証券	169
松本油脂製薬	91	丸八倉庫	187
松屋	154	丸八ホールディングス	83
松屋フーズ	193	マルハニチロ	133
松山観光ゴルフ	225	丸藤シートパイル	147
マナック	90	丸文	144
マニー	127	★ 丸紅	141
マネジメントソリューションズ	214	丸紅建材リース	191
★ マネックスグループ	169	マルホ	95
マネックスファイナンス	175	マルマエ	111
マネーパートナーズグループ	172	マルマン	133
マネーフォワード	215	丸山製作所	106
マブチモーター	118	マルヨシセンター	160
マーベラス	196	ＭＡＲＵＷＡ	97
マミーマート	162	丸和運輸機関	184
マミヤ・オーピー	111	万世電機	149
豆蔵ホールディングス	195	マンダム	88
マリモ地方創生リート投資法人	173	まんだらけ	160
丸井グループ	154		
丸一鋼管	99	【 み 】	
マルイチ産商	149		
丸運	184	★ 三浦工業	109

三重銀行	167
三重交通グループホールディングス	177
美樹工業	140
三城ホールディングス	155
ミクシィ	210
ミクニ	124
三国商事	153
ミクロン精密	112
ミサワ	158
ミサワホーム	137
ミサワホーム中国	140
MrMaxHD	155
ミズノ	129
みずほ銀行	167
みずほ信託銀行	167
みずほフィナンシャルグループ	166
ミズホメディー	94
Misumi	150
ミスミグループ本社	147
御園座	215
ミタチ産業	146
ミダック	216
三谷産業	145
三谷商事	147
三谷セキサン	96
みちのく銀行	164
三井E&Sホールディングス	123
三井海洋開発	109
三井化学	86
三井金属エンジニアリング	138
三井金属鉱業	100
三井住建道路	138
三井住友海上火災保険	170
三井住友銀行	168
三井住友建設	134
三井住友信託銀行	168
三井住友トラスト・パナソニックファイナンス	175
三井住友トラスト・ホールディングス	166

三井住友ファイナンス&リース	175
三井住友フィナンシャルグループ	166
三井精機工業	113
三井製糖	77
三井倉庫ホールディングス	186
三井ハイテック	117
★ 三井物産	142
三井不動産	176
三井不動産ロジスティクスパーク	173
三井ホーム	137
三井松島産業	134
ミツウロコグループホールディングス	141
御調観光開発	227
MICS化学	91
三越伊勢丹ホールディングス	158
三ツ知	104
ミツトヨ	129
ミツバ	117
三菱鉛筆	129
三菱化工機	106
三菱瓦斯化学	86
★ 三菱ケミカルホールディングス	89
三菱地所	176
三菱地所物流リート投資法人	173
三菱自動車工業	125
三菱重工業	107
★ 三菱商事	142
三菱食品	145
三菱製鋼	99
三菱製紙	84
三菱倉庫	186
三菱総合研究所	194
三菱電機	114
三菱マテリアル	100
三菱UFJ銀行	167
三菱UFJ証券ホールディングス	169
三菱UFJ信託銀行	167
三菱UFJフィナンシャル・グループ	166

三菱ＵＦＪリース	171	ミルボン	89
三菱ロジスネクスト	126	ミロク	131
三ッ星	105	ミロク情報サービス	194
三ツ星ベルト	95	みんなのウェディング	211
ミツミ電機	123		
光村印刷	129	【　む　】	
水戸カンツリー倶楽部	225		
水戸証券	169	ムゲンエステート	178
みなと銀行	168	ムサシ	150
ミナトホールディングス	121	武蔵カントリー倶楽部	225
南日本銀行	167	むさし証券	169
ミニストップ	155	武蔵精密工業	125
ミネベアミツミ	114	武蔵野銀行	164
美濃窯業	98	武蔵野興業	206
Ｍｉｎｏｒｉソリューションズ	196	ムトー精工	132
三原京覧開発	226	ＭＵＴＯＨホールディングス	117
ミマキエンジニアリング	117	村上開明堂	125
三益半導体工業	102	ムラキ	151
美々津観光開発	226	村田製作所	115
宮入バルブ製作所	111	ムロコーポレーション	126
宮城県建設会館	181	ムーンバット	148
ミヤコ	105		
宮越ホールディングス	119	【　め　】	
宮崎瓦斯	191		
宮崎銀行	165	メイコー	122
宮崎ゴルフ	225	名港海運	187
宮崎太陽銀行	167	名工建設	139
宮地エンジニアリンググループ	102	明光ネットワークジャパン	193
ミューチュアル	112	明治海運	185
妙徳	112	明治機械	110
三好ゴルフ倶楽部	180	明治座	225
ミヨシ油脂	86	明治電機工業	144
ミライアル	89	明治ホールディングス	79
未来工業	121	明星工業	136
みらい証券	169	明星電気	119
ミライト・ホールディングス	137	名鉄運輸	185
みらいワークス	214	メイテック	205
みらかホールディングス	194	明電舎	114

名糖産業		77
メイプルポイントゴルフクラブ		228
明豊エンタープライズ		179
明豊ファシリティワークス		140
盟和産業		124
明和産業		143
明和地所		176
メガチップス		118
メガネスーパー		164
メタウォーター		205
★ メタップス		215
メタルアート		100
◎ メック		88
メディア工房		209
メディアシーク		209
メディアスホールディングス		146
メディアドゥホールディングス		202
メディアファイブ		216
メディアフラッグ		211
メディアリンクス		122
メディカル一光		162
メディカルシステムネットワーク		157
メディカル・データ・ビジョン		203
メディカルネット		210
メディキット		128
メディネット		209
メディパルホールディングス		144
メドピア		211
メドレックス		94
メニコン		128
めぶきフィナンシャルグループ		166
メルカリ		215
メルコホールディングス		118
免疫生物研究所		94
★ メンバーズ		195

【 も 】

モジュレ		154
モスフードサービス		192
持田製薬		93
モーニングスター		219
物語コーポレーション		201
ＭｏｎｏｔａＲＯ		159
モバイルクリエイト		228
モバイルファクトリー		203
モブキャストホールディングス		211
もみじ銀行		168
桃太郎源		229
森尾電機		119
森組		138
モリ工業		99
森下仁丹		94
モリタホールディングス		107
森田薬品工業		95
モリテック　スチール		102
モリト		143
森トラスト総合リート投資法人		171
森トラスト・ホテルリート投資法人		173
森永製菓		77
森永乳業		77
森ビル		181
森ヒルズリート投資法人		172
守谷商会		140
森六ホールディングス		88
モルガン・スタンレーＭＵＦＧ証券		169
モルフォ		211
ＭＯＲＥＳＣＯ		95
モロゾフ		78
モンデ酒造		81

【 や 】

焼津水産化学工業		78
ヤオコー		158
ヤガミ		149

	ヤギ	148
	薬王堂	157
	ヤクルト本社	78
	八洲電機	145
	安江工務店	140
◎	安川情報システム	207
◎	安川電機	114
	安田倉庫	187
	安永	125
	ヤスハラケミカル	90
★	八千代工業	126
	ヤナセ	154
	矢作建設工業	137
★	ヤフー	197
	山一電機	119
	ヤマウ	98
◎	ヤマウラ	137
	ヤマエ久野	150
	山形銀行	164
	山喜	83
	山口銀行	167
	山口フィナンシャルグループ	166
	山口放送	190
	ヤマコー	181
	ヤマザキ	112
	山崎金属産業	154
	山崎製パン	77
	ヤマザワ	156
	山下医科器械	154
	ヤマシナ	103
	ヤマシンフィルタ	109
	山善	142
	やまぜんホームズ	138
	山大	150
	ヤマダ・エスバイエルホーム	136
	山田クラブ２１	227
	ヤマダコーポレーション	110
	山田コンサルティンググループ	219

	山田債権回収管理総合事務所	174
	山田製作所	126
	ヤマダ電機	155
	ヤマタネ	143
	ヤマックス	98
	ヤマト	136
	ヤマト・インダストリー	133
	ヤマトインターナショナル	145
	大和工業	99
	大和製衡	129
	ヤマトホールディングス	184
	ヤマナカ	161
	山梨中央銀行	164
	やまねメディカル	222
	ヤマノホールディングス	162
	ヤマハ	129
	ヤマハ発動機	124
◎	やまびこ	109
	やまみ	81
	山本製作所	123
	やまや	155
	ヤーマン	119

【　ゆ　】

ユアサ商事	142
ユアサ・フナショク	148
ユアテック	134
有機合成薬品工業	87
ＵＳＥＮ－ＮＥＸＴ　ＨＯＬＤＩＮＤＳ	203
ゆうちょ銀行	166
ＵＡＣＪ	102
ユー・エス・エス	195
ＵＭＮファーマ	94
ユー・エム・シー・エレクトロニクス	119
ＵＬＳグループ	221
雪印メグミルク	79
ユークス	220

	ユーグレナ	79
	UKCホールディングス	146
	油研工業	107
	ユーザベース	215
	ユーザーローカル	213
	輸出入・港湾関連情報処理センター	229
	ユシロ化学工業	95
◎	ユーシン	116
	ユーシン精機	108
★	ユタカ技研	126
	豊商事	174
	ユタカフーズ	80
	UTグループ	222
	ユナイテッド	210
	ユナイテッド・アーバン投資法人	171
	ユナイテッドアローズ	157
	ユナイテッド＆コレクティブ	215
	ユナイテッド・スーパーマーケット	159
	ユニオンツール	108
	ユニカフェ	79
	ユニゾホールディングス	177
	ユニチカ	82
★	ユニ・チャーム	143
	ユニデンホールディングス	117
	ユニバーサル園芸社	223
◎	ユニバーサルエンターテインメント	113
	ユニバンス	125
★	ユニー・ファミリーマートホールディングス	155
	ユニフォームネクスト	161
	ユニプレス	125
	ユニマット　リタイアメント・コミュニティ	217
	ユニリタ	223
	ユビキタスAIコーポレーション	222
	Ubicomホールディングス	204
	ユビテック	121
	夢真ホールディングス	221
	夢テクノロジー	221
★	夢展望	161

	夢の街創造委員会	222
	夢みつけ隊	163
	ユーラシア旅行社	220

【　よ　】

	揚工舎	209
	幼児活動研究会	222
	養命酒製造	78
	ヨコオ	115
	横河電機	115
	横河ブリッジホールディングス	101
	横田製作所	113
	横浜魚類	151
	横浜銀行	167
	横浜高速鉄道	183
★	横浜ゴム	95
	横浜スタジアム	227
	横浜丸魚	151
	ヨコレイ	141
	ヨシコン	180
	ヨシタケ	112
	ヨシックス	203
	吉野家ホールディングス	193
	ヨシムラ・フード・ホールディングス	79
	ヨータイ	97
	四日市カンツリー倶楽部	227
	淀川製鋼所	99
	ヨネックス	131
	よみうりランド	192
	ヨロズ	125
	ヨンキュウ	151
	四電工	136
	ヨンドシーホールディングス	155

【　ら　】

	ラ・アトレ	180

ライオン		87
ライオン事務器		154
ライク		200
ライクキッズネクスト		202
★ ＲＩＺＡＰグループ		216
ＲＩＳＥ		140
ライトアップ		214
ライトオン		156
ライドオンエクスプレスホールディングス		202
ライト工業		135
ライフコーポレーション		159
ライフネット生命保険		170
ライフフーズ		218
★ ＬＩＦＵＬＬ		200
★ ＬＩＮＥ		206
ラウンドワン		195
ラオックス		160
ラクオリア創薬		94
ラクス		215
ラクスル		215
★ 楽天		197
ラクト・ジャパン		147
ラクーン		146
ラサ工業		85
ラサ商事		145
ラサールロジポート投資法人		173
ラック		222
ラックランド		192
ラピーヌ		148
ランシステム		218
ランド		177
ランドコンピュータ		203
ランドビジネス		177

【 り 】

リアルワールド		211
リオフジワラカントリー		228

リオン		117
リーガルコーポレーション		132
★ ＬＩＸＩＬグループ		102
ＬＩＸＩＬビバ		159
★ リクルートホールディングス		196
理経		148
リケン		107
理研グリーン		153
理研計器		127
理研コランダム		97
リケンテクノス		86
◎ 理研ビタミン		78
★ リコー		116
リコーリース		171
リスクモンスター		208
リズム時計工業		127
理想科学工業		108
リソー教育		197
リゾート＆メディカル		175
リゾートトラスト		196
りそな銀行		167
りそなホールディングス		166
リソルホールディングス		191
リーダー電子		121
ＬＩＴＡＬＩＣＯ		204
リックス		147
リーディング証券		169
リテールパートナーズ		159
リード		119
リニカル		201
リネットジャパングループ		161
リーバイ・ストラウス　ジャパン		150
リバーエレテック		121
リヴァンプ		229
リヒトラブ		131
リファインバース		213
リブセンス		201
リプロセル		92

Lib Work	139
リベレステ	179
リボミック	94
リミックスポイント	208
琉球銀行	165
琉球セメント	98
りゅうせき	154
りゅうとう	181
涼仙	227
菱電商事	142
良品計画	156
両毛システムズ	224
菱友システムズ	217
リョーサン	145
リョービ	101
菱洋エレクトロ	147
りらいあコミュニケーションズ	195
リリカラ	150
リログループ	197
リンガーハット	196
★ リンクアンドモチベーション	201
リンクバル	212
リンコーコーポレーション	187
リンテック	130
リンナイ	102

【 る 】

ルックホールディングス	145
ルーデン・ホールディングス	140
ルネサスイーストン	143
ルネサスエレクトロニクス	119
ルネサンス	196

【 れ 】

レアジョブ	211
レイ	220

レオパレス２１	176
レオン自動機	109
レカム	152
レーザーテック	116
レーサム	179
レシップホールディングス	124
レック	88
レッグス	198
レッド・プラネット・ジャパン	153
レナウン	146
レノバ	190
レンゴー	84
レントラックス	212

【 ろ 】

ロイヤルホテル	206
ロイヤルホールディングス	191
ログリー	214
ロコンド	161
ロジザード	214
ロジネットジャパン	185
ロゼッタ	212
ローソン	155
ローツェ	109
ロックオン	211
ロック・フィールド	78
ロックペイント	90
六甲バター	77
ロードスターキャピタル	179
ロート製薬	93
ロブテックス	103
ローム	118
ローランド　ディー．ジー．	117
ロングライフホールディング	220
ロンシール工業	90

【 わ 】

ワイエイシイホールディングス	108
ワイエスフード	219
ＹＫＫ	133
ＹＫＴ	150
ワイズテーブルコーポレーション	207
和井田製作所	112
ワイヤレスゲート	189
ＷＯＷＯＷ	188
若築建設	135
わかもと製薬	92
ワキタ	143
ワークマン	162
和弘食品	81
和心	161
ワコム	118
ワコールホールディングス	82
早稲田アカデミー	197
和田興産	180
綿半ホールディングス	156
ワタベウェディング	197
ワタミ	195
ワッツ	157
ワットマン	162
わらべや日洋ホールディングス	79
★ ワールド	154
ワールドホールディングス	199
ワンダーコーポレーション	163
Ｏｎｅリート投資法人	172

─── 執筆者一覧（50音順）───

上 村 浩 樹 （日経広告研究所主任研究員）　2－⑧

坂 井 直 樹 （日経広告研究所研究部長）　2－⑦、4

土 山 誠一郎 （日経広告研究所主席研究員）　2－②、④

松 本 数 実 （日経広告研究所主任研究員）　1、2－⑤、⑨、3

村 上 拓 也 （日経広告研究所主任研究員）　2－①、⑩

望 月 　均 　（日経広告研究所主席研究員）　2－⑥

渡 部 数 俊 （日経広告研究所事務局長）　2－③

※本書の内容を他の報告書・出版物などに利用する場合は、あらかじめ当研究所に使用
　許諾の申請をしてください。そのうえで、「日経広告研究所・有力企業の広告宣伝費
　（2018年版）」に基づく旨を明記してください。

有力企業の広告宣伝費
〈2018年版〉
－NEEDS日経財務データより算定－

無断複製、転載を禁ず

2018 年 9 月 30 日　発行

定価〔本体15,000円＋税〕

編 集 日 経 広 告 研 究 所 ©

発行者 近 藤 太 一

発行所 日 経 広 告 研 究 所

〒101-0047

東京都千代田区内神田1-6-6

MIF ビル 8 階

電 話 東 京 (03)5259-2626

印刷・製本 エム・アール・アイビジネス 株式会社

ISBN978-4-904890-39-4　c3033　¥15000E